山东省涉水文化遗产保护研究丛书

考古学视野下古代泰山文明
学术研讨会论文集

山东省水下考古研究中心　泰安市文物保护中心　编

上海古籍出版社

编委会

主　任：刘延常

副主任：杨　勇　王泽冰　楚鲁鹏

主　编：魏泽华

副主编：张　宾　田承军

序

在历史长河中,中华民族形成了伟大民族精神和优秀传统文化,这是中华民族生生不息、长盛不衰的文化基因,也是实现中华民族伟大复兴的精神力量。习近平总书记多次强调,"文化自信是更基础、更广泛、更深厚的自信,是更基本、更深沉、更持久的力量""中国有坚定的道路自信、理论自信、制度自信,其本质是建立在5000多年文明传承基础上的文化自信"。在对山东工作的重要批示中,习近平总书记要求山东用好齐鲁文化资源丰富的优势,加强对中华优秀传统文化的挖掘和阐发,为做好改革发展稳定各项工作提供强大精神力量。

山东是中华文明的重要发源地,山河交汇,河海交融,山海相望,山河海共同孕育形成海岱文化区,创造了后李文化、北辛文化、大汶口文化、龙山文化、岳石文化等脉络清晰、自成谱系的史前文化体系,成为中华文明自古延续、从未中断的重要实证。山东是文物资源大省,文物灿若繁星,有不可移动文物3.35万处,国有可移动文物286万余件(套),全国重点文物保护单位226处,省级文物保护单位1711处,博物馆610余家(位居全国第一),不可移动革命文物897处等。这些文物是历史中国源远流长的实物见证,是当代中国独立自信的动力源泉,是未来中国通达复兴的宝贵财富。保护好这些文物资源,传承好其承载的优秀文化,弘扬好其蕴含的精神价值,是我们应担当的重要使命和迫切任务。

泰山作为第一个世界自然与文化双遗产,融汇五千年中华文化,历来被视为天下安定、国家昌盛、民族团结的象征,是中华民族文明和信仰的象征,"是中国文化史的一个局部缩影"。泰山文化与黄河文化、齐文化、鲁文化、儒家文化、红色文化、运河文化、海洋文化等产生发展息息相关,共同孕育了齐鲁文化。泰山文化内容丰富,博大精深,林林总总,帝王封禅文化、平民祈福文化、石敢当镇宅保平安民俗文化、一山三教合一宗教文化、石刻文化、古建筑文化等。在区域空间内有大汶口文化、福寿桃文化、水浒文化、大禹治水传说、"和"文化等。历史名人、文人骚客留下了许多不朽名作,杜甫"会当凌绝顶,一览众山小",李白"天门一长啸,万里清风来"等传颂至今。北朝经石峪、宋代天贶殿、泰山古建筑群、泰山书院等文物遗迹灿若星河。

目前对泰山文明和泰山文化的研究,还多以历史文献和民俗研究为主,针对泰山和泰山文化开展的考古项目和考古研究不多。山东省水下考古研究中心作为全国首家也是目前唯一一家涉水文化遗产保护研究机构,坚定践行"两创"方针,将考古学研究与区域文化研究相结合,切实推动发挥好文物承载的民族认同、文化自信、社会教育等功能,致力于让文物真正"活起来"。以考古研究成果为依托,计划推出"山东省涉水文化遗产保护研究系列丛书"。去年省水下考古研究中心与泰安市文化和旅游局联合举办了考古学视野下古代泰山文明学术研讨会,从考古学的视角,梳理泰安泰山丰富的文化和文物资源体系,开展古代泰山文明、泰山文化研讨交流,并将与会专家学者的真知灼见结集出版,这必将为研究与弘扬泰山文化探索新路径、拓展新视野,也必将为考古学科发展与研究提供新思路。

王廷琦

2021.11.18

目 录

序 ………………………………………………………………… 王廷琦	1
泰山区域文化与泰山文化的考古学解读 ………………………… 刘延常	1
泰安大汶河流域先秦秦汉文化遗址举要 ………… 马天成 邢向前 魏 国	6
泰山地区史前居民体质问题摭谈 ……………………………… 周晓冀	15
山东宁阳早更新世哺乳动物化石 …… 原著：张兆群 翻译：于 勇 周 璐	25
宁阳史前至汉代历史文化遗存 ………………………………… 徐承军	37
岱岳区汉代以前古文化遗址基本情况介绍 …………………… 陈 奇	46
肥城市史前至汉代文化遗存 …………………………… 王新华 张 毅	52
浅析东平县古代城邑聚落遗址及其文化内涵 ………… 杨 浩 展亚星	59
新泰域内秦汉以前重要文物遗存 ……………………… 张 勇 孙 颖	86
泰山景区史前至近代文化遗存 ………………………………… 邸志刚	91
徂徕山汶河景区重要文化遗存概述 …………………………… 张 谦	98
济南城市考古概论 …………………………………… 郭俊峰 李 铭	104
燕语城遗址调查研究 …………………………………………… 王丽华	126
莱芜山地大型石墙遗迹探究 …………………………………… 王丽华	137
泰山谢过城新考 ………………………………………………… 赵金凤	143
大汶口文姜台遗址调查研究——泰山文化重要历史地标 …… 周 晓	149
转型提升谋发展——泰安市西城村遗址考古发掘记 ………… 司久玉	160
大汶口文化对民族文化的深远影响 …………………………… 赵 辉	168
六千年前的大汶口文化 ………………………………………… 赵 辉	177
大汶口文化文明之光 …………………………………………… 李继生	192
大汶口文化陶文缀义 …………………………………… 孙敬明 黄 可	208

篇名	作者	页码
早期祭山遗存与泰山祭祀的初步探索——从宁阳于庄出土的大汶口文化陶文谈起	王 青	218
商周时期泰山附近的遂国、铸国、商丘与出土青铜器	梁圣军	239
济南长清灵岩寺千佛殿建筑研究	王 晶	254
泰山岱庙出土宋代妙音鸟研究	赵 鹏 张世林	275
大汶口文化与泰山信仰的缘起	栾丰实	285
大汶口遗址社会形态研究——泰山"柴、望"礼制探源	温兆金	290
泰山与五帝	李继生	315
殷墟甲骨征夷方卜辞与泰山文化	江林昌	327
泰山"东更道七器"与泰山祭祀	马纯壮	343
浅论先秦时期泰山封禅思想的形成——封禅仪式的"纪念碑性"	甲宗杰 胡利君	350
泰山周明堂遗址调查研究	刘 丰	360
肃然山考	邓庆昌	369
泰山封禅的起源及秦汉封禅遗址调查研究	温兆金	373
奉高古城与北埠古镇	陈相元 李 鹏 赵成东	386
汉武帝泰山封禅史迹新考	周 郢	392
泰山无字碑考	刘 丰	401
《唐登封纪号文大字摩崖》与《唐登封纪号文小字碑》考	郭 伟	408
由岱庙碑刻看乾隆帝的泰山神信仰活动	马纯壮	413
平安使者——泰山石敢当	邸志刚	423
泰山西王母信仰的起源与沿革	魏莉莉	443
碧霞元君信仰的起源与碧霞祠创建	魏莉莉	450
泰山崇奉老子三题	张 琰	461
同样的泰山,不一样的精彩——以"渐入佳境"石刻研究为例	宋洪兵 丁海洋	469
从流传的诡异看现存"秦泰山刻石"的真伪	赵兴彬	475
文史互动背景下的历代泰山辞赋创作	姜维枫	489
东岳访古——黄易的泰安旧事	田承军	511
泰山文物古迹中的励志内涵	田承玉 吕继祥	518
泰山与生态文明	张 鹏	524
后记	刘延常	532

泰山区域文化与泰山文化的考古学解读

刘延常

(山东省水下考古研究中心)

作为世界首例自然与文化双遗产,泰山文化遗产丰富而多样,自古以来就被赋予神山、圣山之美称。倘若我们的目光不只聚焦于一座山,而放大到更广泛的区域中,又该如何看待它在文明的发展过程中所起的作用?泰山区域文化孕育了泰山文化,泰山成就了泰山文化,泰山文化则扩大提升了泰山区域文化。我们试从考古学视野阐释泰山区域文化发展、泰山文化形成过程,及其在中华文明的发展中所起的重要作用。

一、海岱地区为中华文明起源与形成贡献了东方文明的要素

山东是礼仪之邦,以泰山在这里崛起、黄河在这里入海、孔孟之乡而著称于海内外。山东地区历史悠久、文化灿烂、源远流长,具有浓郁的地域特点,学术界称之为海岱历史文化区,"海"指的是渤海和黄海,"岱"指的是泰山。这个独立的地理单元,非常适宜人类繁衍生息及发展。距今40万年的沂源猿人证明了山东是人类起源地之一,凤凰岭细石器文化发达,后李文化、北辛文化、大汶口文化、龙山文化、岳石文化一脉相承,奠定了东夷族团的文化基因,是我国多元一体传统文化形成过程中的重要一元。海岱地区的主要文化内涵与传统为东夷文化和齐鲁文化,为中华文明起源和传统文化的形成作出了突出贡献。大汶口晚期海岱文明向西南、中原地区传播,一直到龙山时代,持续逐鹿中原,文化不断地交互作用,积极融入并奠定了中华传统文化的

基础。在海岱地区大汶口文化至龙山文化时期发现诸多城址、聚落社会分层、礼制等遗存,表明其文明化程度达到相当高的水平。东夷族团迁徙中原,以大汶口文化、龙山文化的玉钺、牙璋、绿松石等为代表的玉器、陶礼器、棺椁、图像文字等东方文明要素,逐渐注入中原和周边地区,在与不同文化融合的过程中,为中华文明的起源和形成作出了很大贡献。

二、齐鲁文化从地域文化走向了主流文化

夷夏、夷商文化融合,共同形成了中华传统文化的基因,如同江流汇集成海。商族与东夷联合打败了夏桀,建立商王朝,之后商王朝快速推进到东方。商代甲骨文、周代金文都证明了东夷的存在,山东地区成为商王朝的东土,夷商文化得到充分地融合。周王室分封齐、鲁等国控制东方,周文化与商文化、东夷文化交流融合;东周时期各诸侯国争霸称雄,周边古国古文化在山东地区再度融合,海岱地区稷下之风盛行,百家争鸣,文化兴盛,多种思想融合交流,形成了富有浓厚地域特色的齐鲁文化。战国晚期开始,山东地区言必称齐鲁,邹鲁之风盛行,区域文化推崇孝道、仁义礼智信、温良恭俭让等优秀传统文化,影响了秦始皇、汉武帝东巡并封禅泰山,之后独尊儒术,西汉晚期以后思想文化认同逐渐形成,汉代画像石有其丰富的内容就是很好的证明。横向分析,齐文化、鲁文化、莱文化、莒文化、珍珠门文化(商西周时期的东夷文化)等多种文化并存和交流融合,齐、鲁、逄、纪、莱、莒、滕、薛、邾、小邾、寺等古国已经被考古发现证实,与周边地区的吴、越、楚、晋和三晋、燕等古国古文化互相交流,诸多大文化传统和小文化传统在广阔的空间范围内得以充分融合,形成了繁荣的文化艺术、丰富的思想学说。纵向分析,东夷文化是山东地区古代文化的基因,先与商文化融合,之后再与周文化融合,既有面向海洋开放包容的文化特点,又有面向中原大陆厚重含蓄的文化特点,在长时段发展过程中能够继承优秀传统文化基因。所以,齐鲁文化具有鲜明的区域特色,只有在此基础上才能产生孔子与儒家思想、诸子百家学说,更加清晰地阐释清楚中华传统文化的形成过程。从周代全国区域文化来看,长江上游有巴蜀文化,中游地区是楚文化,下游为吴越文化,黄河流域有秦文化、晋文化,北面有燕赵文化。为何黄淮下游的齐鲁文化能够脱颖而出?是因为在齐鲁文化的基础上产生了孔子和儒家思想及诸子百家学说,并且从汉代至今都是中华传统文化的核心,所以齐鲁文化从地域文化走向了主流文化。

三、泰山区域文化是海岱文明与齐鲁文化的重要组成部分

泰山区域是一个相对独立的地理单元，以泰山为中心的山脉位于泰沂山系的西北部，被现在的黄河、大汶河、小清河包围，古代处在济水、汶河与小清河之间，行政区划包括泰安市、济南市黄河以东县区。古代泰山区域南部被大汶河环绕，济水流经其西北部，北部为小清河上游，泰山南北文化源远流长，文化遗产丰富而重要，多种文化在以泰山为中心的区域交流融合，秦汉以后泰山的地位更加重要，逐渐形成了泰山文化。泰山区域是海岱地区古代文明的核心区之一，是齐鲁文化的重要组成部分。济水起源于太行山东南部的河南省新乡市济源县，流经泰山西部，注入渤海，沟通了中原文明与海岱文明，融合了大陆文化与海洋文化，形成了丰富的文化遗产。泰山北侧主要是济水和小清河流域，这里的古代文化从早期到晚期丰富而繁荣：以章丘区西河、小荆山和长清区月庄遗址为代表的后李文化遗存，说明泰山北侧山前地带新石器时代早期就非常繁荣；以章丘区焦家遗址为代表的大汶口文化遗存，以城子崖遗址为代表的龙山文化遗存，证明这里已经进入古国文明阶段；以章丘区城子崖、王推官庄和济南彭家庄遗址为代表的岳石文化遗存，说明东夷文化依然发达，同时证明了其与先商文化的交流与融合；以济南刘家庄遗址、大辛庄遗址、长清区小屯遗址为代表的商文化遗存，证明了商王朝东扩、商文化东渐在泰山北侧已经属商文化分布区；以长清区仙人台、济南王府、章丘区宁家埠遗址为代表的西周文化遗存，证明了周文化已经到达并与地方文化融合；济南王府、长清仙人台、历城百草沟等遗址证明泰山北侧在春秋早期属鲁国、鲁文化区域，春秋中期以后齐文化到达这里，春秋晚期至战国时期济水两岸均为齐国重镇，如长清岗辛战国墓、东平湖土山战国墓、济南梁王庄墓等；汉代则发现了长清区双乳山济北王陵、济南国平陵城、洛庄汉墓、章丘危山汉代俑坑；千佛山、灵岩寺、历城四门塔等隋唐佛教造像表明佛教文化亦在此兴盛。泰山南侧主要是大汶河流域，考古发现了丰富的文化遗存：大汶口遗址丰富的北辛文化遗存，证明在距今7000年前泰山南侧就比较繁荣；大汶口文化遗存则证明了这里是中心聚落，代表了东夷文化发展的高度；大汶河流域各县区分布较多的龙山文化（如泰安汉明堂遗址南邻的西城子遗址）、岳石文化遗存，证明东夷文化得以延续；东平、宁阳和肥城发现较多的商文化遗址，莱芜嬴城遗址出土殷墟二期青铜斝、爵，新泰府前街出土商代晚期青铜器等，证明了商文化东渐已经进入大汶河腹地；周代分封后，泰山之

阳属鲁国,亦有其他诸侯国文化遗存,如泰安龙门口出土西周青铜器、徂徕山城前村出土鲁侯鼎、新泰锅炉检验所出土淳于公之御戈、肥城小王庄出土陈侯媵器,文献记载泰山以南汶河之阳有遂、铸、须句、宿等东夷古国;战国时期齐国继续扩张,陆续占领了大汶河流域,考古发现如莱芜西上崮、戴鱼池、新泰周家庄、泰安康家河等众多遗址和墓地均为齐文化特征就是证据,之后越国、楚国、燕国等都征伐至此,如1954年在泰安东更道村发现楚国青铜罍等祭祀泰山的文化遗存。综上,泰山南侧大汶河流域史前时期为发达的东夷文化,5000年前就进入了文明时期,东夷文化遗存一直延续至春秋时期还有诸多古国;商文化、周文化先后到达这里并以大汶河、济水作为交通干道向东发展,齐、鲁文化在这里交汇,陈国、吴国、越国、燕国、楚国文化遗存在这里融合。总之,以泰山为中心的区域,有发达的史前文化,5000多年前率先进入文明阶段,代表了东夷族团创造的高度文明;商、西周文化沿济水、大汶河东渐并在这里不断与东夷文化融合,齐、鲁文化及诸多古国文化在这里交流融合,成为齐鲁文化的重要区域;泰山区域高度发达的东夷文明和丰富的齐鲁文化,为泰山文化的形成奠定了基础。

四、泰山与泰山文化是东方文化的代表

泰山是海岱地区海拔最高的山,周边山脉相连,济水、大汶河环绕,先秦时期形成了具有融合特点的区域文化,秦代以来泰山上文化遗产多样而丰富,逐渐形成了崇拜祭祀泰山、封禅泰山为核心的古代泰山文化,象征着"国泰民安",泰山与泰山文化成为东方文化的标志。海岱地区在大汶口文化、龙山文化时期就有崇拜祭祀大山的传统,如在沂南县罗圈峪发现大汶口文化晚期玉牙璋、泗水尹家城遗址发现一组龙山文化石质生产工具及在曲阜、邹城山顶发现龙山文化遗存应为祭祀遗存。泰山东北部有周明堂遗址、东南部有汉明堂遗址,是周代、汉代封禅泰山的遗存,泰山前侧的蒿里山出土宋代真宗禅地玉册。《论语》等文献记载孔子批评季孙氏僭越礼制要"旅祭泰山",孔子"登泰山而小天下"等,说明在春秋时期崇拜泰山、祭祀泰山的确是存在的,《史记·封禅书》记载自史前时期至汉代就有诸多帝王封禅泰山,之后的文献记载东汉至宋代诸多帝王封禅泰山,宋代以后,多位帝王祭祀泰山,古建筑、碑刻等文化遗产便是最好的证据。文献记载也表明泰山成为儒学、佛教、道家文化的圣地,是文人墨客常驻之地并留下诸多遗产和佳作,是群众登高祭拜的神山,泰山文化逐渐形成并持续发展,不断传承延续。泰山区域文化、泰山和泰山文化是海岱地区古代文明、齐鲁

文化的重要组成部分,是几千年以来逐渐发展形成的,是多种文化交流融合的结晶,是人陆文化和海洋文化的交汇,是中华优秀传统文化和中国统一多民族国家形成的代表,正如学术界阐释的"泰山是政治的山、文化的山、宗教的山、民俗的山、精神的山"。保护、发掘、研究、阐发、传承与弘扬泰山文化,考古学能够发挥其独特作用,我们考古工作者责无旁贷应该作出更多贡献。

泰安大汶河流域先秦秦汉文化遗址举要

马天成 邢向前 魏 国
(泰安市文物保护中心)

大汶河,古称汶水,是泰安的母亲河,自古以来一直是泰安人民赖以生存的重要水源。大汶河发源于沂源县境内,汇泰山山脉、蒙山支脉诸水,自东向西流经莱芜、新泰、泰安城区、肥城、宁阳、汶上、东平等地,又经东平湖注入黄河。泰安大汶口以上为上游,大汶口至东平县戴村坝为中游,戴村坝以下为下游。习惯上把戴村坝以上称大汶河,以下称大清河。大汶河干流长208公里,流域面积8536平方公里,是黄河下游的最大支流。其中,泰安市境内流域面积6093平方公里,占总流域面积的71.4%,占全市总面积的83%。大汶河支流主要有上游的北支牟汶河、南支柴汶河,中游的海子河、苗河、漕浊河、王河及下游的汇河。

据文物普查和考古资料显示,泰安大汶河流域文化类型多样,物质遗存丰富,时间序列完整,发现先秦至汉代文化遗址130余处,并出现了有一定规模的城池、贵族墓地等,展现了泰山文明不同时期的历史文化。现就代表性遗址(墓葬)进行简要介绍。

乌珠台智人化石地点

乌珠台智人化石地点位于新泰市东都镇乌珠台村南700米,是一处旧石器时代洞穴遗址。1966年4月,乌珠台村民在挖井时发现一石洞,洞高约60厘米,洞口朝向正西,洞向北延伸。石洞为石灰岩喀斯特溶洞,化石堆积在洞口附近,主要是动物牙齿化石和一枚人类少年女性的左下臼齿。根据牙齿的特征及动物群的情况判断,乌珠台的人类当处在地质时代的更新世晚期,人类发展的智人阶段,距今约5万-2万年。该化石出土地点是山东省少见的早期古人类遗址之一,对研究山东地区古人类的发展及分布具有重要价值。

前张庄遗址

前张庄遗址位于宁阳县东疏镇前张庄村南,是一处旧石器时代至西周时期的聚落遗址。该遗址为一条东西走向、长约1公里的沙土岭,较周围地面高出3米,面积约20万平方米,距地表0.3米处为文化堆积层。该遗址采集到旧石器时代晚期的细石器砸击石核、锤击石核、石块、石片等,是泰安市首次发现的一处重要的细石器文化遗址。

大汶口遗址

大汶口遗址位于泰安市岱岳区大汶口镇卫驾庄村和大汶河南岸的宁阳县磁窑镇堡头村。大汶河自东向西把遗址分成南北两部分,遗址跨河总面积80余万平方米。大汶河北岸遗址面积25万平方米,南岸遗址面积约20万平方米。为配合国家建设工程,大汶口遗址于1959年、1974年、1978年进行了三次考古发掘,揭露面积7200平方米。自大汶口国家遗址考古公园立项以来,国家文物局分别于2012年、2014年、2015年、2016年先后四次批准发掘面积共计3400平方米,由山东省文物考古研究院承担考古发掘工作,清理了大汶口文化时期房址21座、大汶口文化墓葬2座、大汶口文化及龙山文化灰坑153个、北辛文化灰坑2个、大汶口文化柱洞坑8个、元末至清代墓葬13座,出土陶器、石器、骨器、猪骨架等。通过考古发掘,对聚落布局有了较清晰的了解,进一步丰富了对大汶口文化的面貌尤其是聚落形态和社会性质方面的认识。最重要的收获是发现了一片大汶口文化早期阶段的居住区,区内存在分布密集且有明显规划的房址。

北坛遗址

北坛遗址位于肥城市老城街道办事处北坛村南,是一处大汶口文化时期、东周和汉代的聚落址。遗址南北约400米,东西约300米,面积约12万平方米,由一条南北大道将遗址分成东西两段。西段于20世纪70年代平整土地时被清理,东段于20世纪90年代后期被平整。遗址原文化层堆积约 1-3 米。1973 年,在整地中陆续出土了大量的石器、陶器、骨器、玉器及青铜器、铁器等。该遗址是肥城至今发现最早的人类居住遗址。

于庄东南遗址

于庄东南遗址位于宁阳县伏山镇于庄村东南约 300 米处,平面呈不规则长椭圆形,南北约 210 米、东西约 120 米,面积约 2.5 万平方米。2018 年,为配合宁梁高速公路建设,济南市考古研究所对该遗址进行考古发掘,共清理灰坑 141 个、灰沟 12 条、水井 2 个、墓葬 4 座及柱洞 26 个,出土大量陶片及少量瓷片、兽骨、石器等遗物,年代主要包括大汶口文化晚期、龙山文化早期、战国秦汉及北宋、明清时期。

贾北遗址

贾北遗址位于肥城市汶阳镇贾北村北侧,是一处龙山文化时期的聚落遗址。遗址东西长 100 米,南北宽 100 米,呈正方形,面积约 1 万平方米。原是一高台地,20 世纪 60 年代平整土地时被发现。在遗址南端的断崖上,发现许多灰坑,文化层暴露在外,约 1.5-3 米,采集有龙山文化时期的泥质黑陶盆、壶和石凿、斧、镞等。

瑞谷庄遗址

瑞谷庄遗址位于新泰市果都镇瑞谷庄村东 500 米处,是一处新石器时代聚落遗址。遗址东西 600 米,南北 200 米,面积约 12 万平方米,文化堆积厚约 0.5 米。采集有大汶口文化时期的泥质黑陶背壶、杯、鼎、夹砂褐陶纺轮、泥质黑陶高柄杯、豆、夹砂红陶鼎等残片及石铲等。20 世纪 80 年代修建砖厂时,遗址西南角部分遭到破坏。

龙门口遗址

龙门口遗址位于泰安市岱岳区道朗镇大马村北,是一处新石器时代至东周时代聚落遗址。1960年修水库时发现。遗址东西长140米,南北宽90米,面积约1万平方米。文化层堆积厚约2米,暴露有龙山文化土坑墓。采集有龙山文化时期夹砂褐陶鼎足,商代夹砂灰陶绳纹鬲足、夹砂灰陶鼎足、泥质灰陶弦纹簋残片,西周夹砂红陶绳纹鬲足、夹砂褐陶绳纹罐口、泥质灰陶豆盘,东周夹砂灰陶绳纹鬲足、泥质灰陶豆盘及豆柄等。

云亭山遗址

云亭山遗址位于泰安市岱岳区大汶口镇马家大吴村北云亭山上,是一处新石器时代至商周时期的祭祀遗址。遗址南北长130米,东西宽77米,面积1万多平方米。遗址残存一个高大的土丘,称为祭台,高7.7米,顶部长4.2米、宽2.9米,底部周长30米。祭台分上下两层,上层有明、清时期的建筑遗存,下层土丘四周散落大量汉代陶片。在遗址上曾发现新石器时代、商周时期陶鬲足、陶豆柄等遗物。

黄家庵遗址

黄家庵遗址位于宁阳县蒋集镇黄家庵村西40米,是一处新石器时代至商代的聚落遗址。该遗址为疏松灰土台,高1.5米,面积1132平方米。采集到龙山文化黑陶杯、鼎足,岳石文化黑陶蘑菇状盖钮、器盖,商周时期鬲足、罐口沿及钵、鬶、豆残片。

沈西皋遗址

沈西皋遗址位于宁阳县鹤山乡琵琶山东南,大汶河南岸台地上,是一处新石器时代至商周时期聚落址。该遗址地处丘陵台地,高出大汶河河道六七米,面积约1.4万平方米。距地表2米处可见文化层,文化堆积厚1-5米,灰褐色土质,暴露有灰坑等。采集有龙山文化黑陶杯、夹砂灰陶鼎足、泥质灰陶纺轮,商周时期夹砂红陶绳纹鬲足、夹砂灰陶绳纹盆口等。

抬 头 寺 遗 址

抬头寺遗址位于新泰市汶南镇果庄村北200米,是一处新石器时代至东周时期聚落遗址。遗址为河旁高台地,南、西两面环河,高出河床约20米,平面呈不规则形,东西长150－180米,南北宽120－150米,面积约2.7万平方米。东部文化堆积厚约3米。暴露有灰坑、房址等遗迹。采集有大汶口文化、龙山文化夹砂灰陶鬶及鼎残片、泥质黑陶纺轮、网坠和石斧、铲、锛、球、环及骨锥、笄、镞,商周时期夹砂灰褐陶绳纹鬲足、泥质灰陶绳纹簋口沿等。

柳 杭 遗 址

柳杭遗址位于泰安市泰山区省庄镇柳杭村西南,是一处新石器时代至秦汉时期的聚落遗址。遗址面积约为10万平方米,文化层堆积厚1－5米。采集有新石器时代的石斧、陶纺轮、鬲足及商周时期泥质灰陶罐、豆等残片。

东 焦 遗 址

东焦遗址位于肥城市王庄镇东焦村东侧的高台地,是一处商至汉代的聚落遗址。遗址高约2米,长宽各100米,基本呈正方形,面积约1万平方米,文化层堆积厚2－3米。采集有商周时期的陶鬲足、陶豆柄等。1986年,农田基本建设时,曾挖到一批汉代铁器,有扁足铁鼎、铁釜、铁链、铁马镫等。1993年,村民取土时,又出土了一批战国青铜器,有鼎、豆、壶、盨、匜。

小 王 庄 遗 址

小王庄遗址位于肥城市潮泉镇小王庄村南,是一处西周、汉代的聚落址。遗址南北长130米,东西宽140米,大体呈长方形,面积约1.8万平方米,地表采集有西周和汉代的陶器残片。1965年,小王庄村在庄东南平整土地时,挖出了10余件青铜器及玉器,为陈侯为其女陪嫁的媵器,现藏于山东省博物馆。

遂城遗址

遂城遗址位于东平县接山镇上遂城村南 150 米处,为商周时期遂国都城址,遗址面积约 8.4 万平方米,基本为四方形,城门在南,夯土城墙,现平整为高台地农田。表层黄土,地表暴露物有灰、褐、红色陶罐、鬲口沿及豆盘残片。据《左传》等载,商汤灭夏,封虞舜之后于遂,始建遂国,后被齐国所灭。此处遗址年代较早,下部城墙保存较好,文化内涵丰富,历史记载清晰,为古代城邑研究提供了较好的资料。

燕语城遗址

燕语城遗址位于泰安市岱岳区化马湾乡沙沟村东,商至汉代城址。面积约 10 万平方米,文化堆积厚约 4.5 米。暴露有西周至春秋时期的土坑竖穴木椁墓,汉代夯土等遗迹。采集和出土遗物有商周时期"鲁侯乍姬翏"鼎、簋等,汉代灰陶绳纹瓦、豆盘、罐、瓮、太阳纹砖等残片。

周明堂遗址

据《史记·封禅书》载:"泰山东北址有古明堂处,齐有泰山之明堂也。"《泰山小史》称:"周明堂在岳之东北,山峪连属四里,今遗址尚存。"周明堂为周天子巡狩祭祀和朝见诸侯之所,遗址位于泰山景区沙岭村明家滩,面积约 800 平方米。现标志性地貌已辨别不出,但在田地四周水沟旁有残缺不全的瓦砾。1921 年,李家泉村民韩富甲兄弟在明家滩整修地堰时,挖出周明堂遗物玉器、盘、碗、鼎等 11 件,被济南茹古斋购去变卖,后流散国外。

郕城故城址

郕城故城址位于宁阳县东庄乡南故城新村西北角 500 米,是春秋时期至汉代聚落遗址,城内文化堆积厚约 2 米。据清乾隆《宁阳县志》载为春秋鲁国孟孙氏封地成邑故址。城址平面略呈长方形,东西约 630 米,南北约 850 米,面积约 53.6 万平方米。四周城墙唯东北角保存较好,残高 2-12 米,宽约 10-20 米,北墙、东墙残长 100 余米,西南角仅存转弯轮廓。城墙为黄土夯筑,北墙墙中留有夹棍眼。采集有春秋时期泥质灰陶豆盘、树木双兽纹半瓦当残片,汉代泥质灰陶云纹瓦当、"长乐未央"瓦当、几何纹方砖等。

周家庄墓地

周家庄墓地位于新泰市青云街道办事处周家庄村,是一处东周时期墓葬群。2002 年至 2003 年,山东省文物考古研究院和新泰市博物馆对周家庄基建范围进行了勘探及考古发掘,发掘区约 1 万平方米,两次共发掘墓葬 78 座,出土文物近 2000 余件(组),其中以兵器见长,并有吴越风格。3 座墓葬随葬 4 辆木质车,车放置于椁顶部,保存较差,均为独辕车,主要由衡、轭、辕、舆和轮组成。墓葬文化性质明确,随葬品丰富,对研究齐文化、齐国称雄争霸的历史、齐国与吴国关系、齐国与鲁国关系、墓葬制度、吴越兵器等学术课题均具有重要意义。

文姜城遗址

文姜城遗址位于泰安市岱岳区大汶口镇和平街东北 500 米处,东周至汉代城址。面积约 6 万平方米,文化堆积厚约 1.8 米。残存有高约 2 米的方形土台,占地面积 2 万平方米。地表及剖面暴露遗物较多,采集有战国时期泥质灰陶绳纹盆口沿、豆盘和汉代泥质灰陶壶口、筒瓦残片等。

汉明堂遗址

汉明堂遗址位于泰安市泰山区泰前办事处东城村东。遗址现为一高土台地,台地高出地面约 10 米,面积约 1 万平方米,文化堆积层厚 1-3 米。汉砖、汉瓦等到处可见,并有红烧土、灰坑、夯土墙基等。采集有泥质灰陶、夹砂红陶陶片等。

东 平 故 城

东平故城位于东平县东平街道宿城村,汉代故城遗址。据清光绪《东平州志》记载,汉东平国"治东二十里危山前,古宿国,男爵,宿入齐,改无盐邑……治无盐,无盐为县城,宿为王城,晋改东平国为东平郡,宿为郡城"。宿城作为东平政治、经济、文化中心长达千余载。现城北侧还保留一段城墙。

博 城 遗 址

博城遗址位于泰安市泰山区邱家店镇后旧县村北。遗址城墙东西长2000米,南北宽1250米,其中西北部城墙高约10米。在城址中曾发现大量春秋至秦汉时期的陶罐、盆、双兽纹瓦当等残片,还有隋唐陶瓷片等,北部城墙底部还有石质排水口一处。此处在春秋战国时期为博邑、秦代为博阳、汉代为博县、北魏为博平县、隋代为博城县、唐代为乾封县,宋开宝五年乾封县迁至岱岳镇(今泰安城)后,古城废止。该地是泰山地区长期的政治经济中心,历代帝王来泰山封禅也都驻跸此城,是至今保存较为完整的古城址。

泰安大汶河流域古代文化起源早、历史脉络清晰,文化遗址呈区域状集中分布且特点明显。距今约5万年的新泰市东都镇乌珠台村智人牙齿化石,是泰安地区已知的最早的人类遗存。宁阳前张庄细石器文化遗存,为探寻本地新石器时代文化渊源提供了线索。泰山区省庄柳杭遗址和新泰汶南抬头寺遗址,发现了新石器时代早期遗物,成为大汶口文化的前奏。大汶口遗址作为中华文明重要的发源地之一和大汶口文化代表遗址及命名地,在中国文明史上占有重要地位。宁阳黄家庵和沈西皋遗址,延续了龙山文化、岳石文化乃至商周文化。在大汶口文化遗址中发现的日、月、山图形,是东夷人朝拜泰山的标志,表明对泰山的祭祀崇拜在先秦之前已经形成。《史记》中司马迁记载上古时期封泰山禅梁父者有无怀氏、伏羲氏、神农氏以及七十二帝王。

随着国家的出现,大汶河流域诸多小的古国不断涌现。文献记载的有东平的宿国、须句国、鄣国、东平国,宁阳的郕国、遂国,肥城的肥子国,新泰的杞国等十余个。进入春秋战国时期,泰安地区进入诸侯争霸的战火之中。齐国以泰山及泰山山脉为屏障,筑起了防御工程齐长城;孔子助鲁国迫使齐国归还龟阴之田,鲁国遂筑谢过城;

齐国与吴国交战,在徂徕山留下了吴王伐齐时所设中军帐;新泰周家庄墓地出土的具有吴越特点的青铜器,是齐吴等国交恶相战的见证。秦汉以后,中国社会进入了朝代更替的封建社会。泰山封禅与祭祀成为泰安地区最重要的文化事项,形成了独一无二的泰山文化,作为中华精神文化的象征之一,与黄河、长江、长城、孔孟故里等同为中华民族的重要文化形象标识。

泰山地区史前居民体质问题摭谈

周晓冀

(泰山学院)

泰山地区是史前海岱文化的核心区域,其居民的主要成分是东夷人,东夷文化是后来泰山文化的主要源头之一。根据既往研究,中国大陆是现代蒙古人种的主要发祥地之一,而东夷人又是其中东亚蒙古人种的重要来源,这一认识来源于对更新世时期以来,海岱地区直立人、智人和现代人遗骸的体质分析。[1] 东夷人作为一支连续进化间以杂交形成的单一种族,其发展为现代蒙古人种的过程具有直系继承性和内部交换性。

一、泰山地区古人类遗存的人种考察

从地缘上看,泰山史前文化的发源与海岱地区自古生活的东夷人关系密切。《尚书·禹贡》中就提到,在上古青州、徐州一带生活着嵎夷、莱夷和淮夷等人群,泰山谷地是当时人们重要的经济温床。《禹贡》中"岱畎丝、枲、铅、松、怪石",说的正是泰山丰富的物产资源。[2] 其实在更早的更新世时期,泰山及周边的汶泗流域、沂沭流域就已经有人类活动的遗迹了。如在邻近嬴城遗址的边王许遗址,曾采集到尖状器、砍砸器等细石器以及制作粗糙的斧、锛等,呈现出旧石器时代晚期的特征,可以说是最早的东夷人活动遗存之一。当然,东夷人的来源比较复杂,传统学术中有"入夷则夷,入夏则夏"的说法,甚至商代"华夷之别"还主要是种族的区别。不同种群并存是古人

---

[1] 韩康信、潘其风:《大汶口文化居民的种属问题》,《考古学报》1980年第3期。
[2] 王世舜、王翠叶译注:《尚书》,中华书局,2012年,第61-62页。

类发展过程中的普遍现象。众所周知,晚期智人(late Homo sapiens),即所谓现代人的祖先,生活在距今约5万到1万年前,中国境内的山顶洞人、河套人、柳江人、峙峪人等都属于晚期智人。考古证据和当代人类学研究表明,历史上我国各民族都源于蒙古人种,但是蒙古人种在直立人阶段尚未完全分化出来,与现代人还有很大的差异。人种的分化要晚至旧石器时代以后的智人阶段。在关于周口店山顶洞人的早期报告中,魏敦瑞曾认为当地存在过三种不同的种族,其中男性老年头骨与虾夷人(即近代居住在北海道的阿伊努人)的头骨相同,另外可能还有爱斯基摩人和美拉尼西亚人。根据1960年吴新智的研究,山顶洞人虾夷型代表了原始蒙古人种类型,同北京人相比更接近晚期智人的骨骼测量指标。[1] 其后学界普遍认为,山顶洞人面部特征与现代蒙古人近似,两者之间可能存在着明显的亲缘关系。[2] 在泰沂山地,考古学家也陆续发现了一批从早期智人到晚期智人的骨化石资料,其中最著名的当属沂源猿人和新泰乌珠台人,分别距今60万年和3万年左右。发现地点附近及周边地区还有典型的旧石器文化遗存,如沂源县千人洞遗址、上崖洞遗址、扁扁洞和沂水县南洼洞旧石器遗存。后者位于沂水县诸葛乡范家旺村西南山顶部,采集到打制石器12件,类型有石核、石片和砍斫器以及具有砍砸痕迹的斑鹿角。此外,在临沂市的泉上屯、青峰岭、凤凰岭和郯城以及汶上县东栾柏村、宁阳县前张庄等处陆续发现了四五十处细石器遗址,均处于晚更新世时期到全新世早期阶段。[3] 上述考古遗存为证实泰沂地区古人演化的连续性,探寻前期新石器文化的渊源提供了线索。针对现代人类起源,当代考古学提出两种假说,一是非洲单一起源说,二是多地区进化说。近二十年来,根据中国境内连续发现的直立人和智人化石,吴新智等又提出"连续进化,附带杂交"的新理论。在旧石器时代的过渡阶段,实际生活着不同类型的智人和早期现代人,他们在连续进化过程中曾与其他地区的人种发生基因交流,彼此又进行生存竞争,最后才形成以本地人种为主流的东亚现代人。华北一带主要以蒙古人种为大多数,则要晚至新石器时代末期,对这些人种步达生使用了"中国原人"一词。[4] 在中国境内发现的所有直立人,如北京人、和县人、河套人等,上颌门齿均具有铲形特征,说明与蒙古人种可能有着遗传学上的某些联系。而到晚更新世的早期智人阶段,其

---

[1] 吴新智:《山顶洞人的种族问题》,《古脊椎动物与古人类》1960年第2期。
[2] 中国国家博物馆编:《文物史前史》,中华书局,2009年,第55页。
[3] 山东省地方志编纂委员会:《山东省志·文物志》,山东人民出版社,1996年,第16-17页。
[4] 步达生:《甘肃河南晚石器时代及甘肃史前后期遗址之人类头骨与现代华北及其他人种之比较》,《古生物志》丁种第六号第1期,1928年,第81页。转引自李济:《中国早期文明》,上海人民出版社,2007年,第13页。

骨骼化石则进一步表现出某些向蒙古人种方向演变的性状。早期智人所出现的与西方同类智人如此不同的种属特点,反映了现代蒙古人种起源于我国直立人的极大可能性。[1]

根据考古工作者对沂源猿人化石的测定,其头盖骨厚度与北京人上限值7.1毫米十分接近。而且其眉脊粗壮,眉脊与额鳞之间有一条明显的沟槽,与北京人十分相像,牙齿齿面也带有原始形状。结合其化石层面出土的哺乳动物,如硕猕猴、大河狸、棕熊、黑熊、鬣狗梅氏犀、三门马和肿骨鹿等,可以看出其生存环境接近于距今四五十万年前的北京人,代表温暖湿润的气候和森林—草原环境。[2]所以有些学者大胆预测,两者关系十分密切,有可能是北京人的一支迁到了沂源。[3]这一推断与普遍认同的更新世晚期,北方动物大迁移相一致。如果说北京人属于典型的直立人,那么沂源猿人则是从直立人跨越到了早期智人阶段。而且从现存遗址的遗存分析,当地有人群活动的历史可能长达60万年,一直延续到新石器时代初期。根据对旧石器时代古人类遗址分布的情况分析,最早的中国境内的直立人来自北、西和西南三个方向,时代为更新世早期。[4]沂源猿人应该是出现在山东地区的第一批古人类,如果说北京人有可能是直立人首次走出非洲在东亚地区的变种,那么沂源猿人很可能是北京人在中国境内独立进化的结果。根据两者间存在的潜在遗传关系,可以认为沂源猿人是蒙古人种形成的重要参与者。即便沂源猿人或许是直立人第二次走出非洲在亚洲演化的结果,北京人种基因和生物学特征继承的连续性仍然十分强大。从更新世直立人的迁徙发展史来看,距今190万至170万年前非洲直立人开始扩散到亚洲地区,至迟到约100万年前,他们在冰期环境下已经初步具备智人的特征了。又到距今3万年左右,来自非洲的古人再次来到亚洲,而沂源猿人也进入到晚期智人阶段。有力的支撑证据来自新泰地区,1966年在此出土的乌珠台人化石,被明确测定为晚更新世人种,根据牙齿形态分析比较接近智人,应当属于晚期智人。[5]最近的研究表明,沂源猿人的牙齿尽管保留一些原始特征,但是也表现出更多的进步性——比其他亚洲直立人和中国早期智人更接近于现代人。[6]因此,沂源猿人很可能就是东夷人乃至华东、华北地区蒙古人种的近亲祖先,与之相应的旧石器文化也出现了区域性和

---

[1] 吴新智:《中国远古人类的进化》,《人类学学报》1990年第4期。
[2] 吕遵谔、黄蕴平、李平生、孟振亚:《山东沂源猿人化石》,《人类学学报》1989年第4期。
[3] 中国国家博物馆:《文物史前史》,中华书局,2009年,第15-16页。
[4] 刘庆柱:《中国考古发现与研究(1949-2009)》,人民出版社,2009年,第86页。
[5] 乌珠台人与胶东地区的长岛人都属于晚期智人,距今5万-2万年左右。
[6] 孙承凯:《山东地区古人类化石研究》,《中国博物馆》2010年第2期,第98-104页。

多样化的趋势。在中国境内,晚更新世的直立人进化或许是普遍现象,北方地区以外也有演化出现代人始祖类型的可能性,比如和县人和郧县人头骨化石证据表明,当地直立人生物学特征与早期智人有些相似。不过蒙古人种的地区分化则开始于晚期智人阶段,进而形成华南和华北两个不同的旧石器文化区。2004年在沂源猿人遗址附近的扁扁洞再次发现人骨化石,经检测约为距今11000-9500年,同时伴出的红色和红褐色夹砂陶基本为釜、钵类圜底器,文化面貌近似于稍晚的后李文化,为山东地区旧石器晚期向新石器早期过渡提供了有力线索和依据。[1] 扁扁洞遗址是目前仅见的山东新石器时代早期遗址,充分证明这一地区自旧石器时代以来薪火相传,古人类的活动生生不息,应该是最早的东夷人诞生地之一。

二、泰山地区史前居民身高问题的考察

各种有关海岱地区考古发现的报道,都普遍提及大汶口文化居民的身高问题。尽管不同研究得出的数据不尽相同,但是大汶口文化居民,特别是泰山地区的男性居民普遍身材高大却是不争的事实。这不仅体现在其平均身高为同时期全国各地史前居民中最高,而且在同一区域内也比之前和之后的居民身材更高。颜誾最早对大汶口遗址男性身高进行了推测。他通过对79例大汶口遗址出土的人体骨骼观察和测量,认为部分大汶口文化居民身材较高。根据相关的身高公式推算,大汶口组和西夏侯组男性居民的平均身高分别为172.26和171.3厘米。[2] 而根据樊榕2013年的复原研究,大汶口文化男性平均身高约为173.7厘米,女性约为165.6厘米,这在史前文化区系中显然较为罕见。[3] 甚至在史前居民身材较高的黄河流域也十分突出。有学者曾统计过黄河流域史前时代经过体质人类学鉴定并有男性身高记录的墓地,按照不同时期进行了分析对比,发现大汶口文化时代的居民比之前和之后的居民身材都要更高一些,似乎是史前居民身高的高峰期。这些遗址主要有以下13处:

裴李岗时代2处,贾湖墓地男性平均身高171.12厘米、石固墓地男性平均身高167厘米。仰韶时代7处,姜寨一期墓地男性平均身高170.29厘米、姜寨二期墓

---

[1] 山东省历史地图集编纂委员会:《山东省历史地图集·文化》,山东省地图出版社,2015年,第18页。

[2] 颜誾:《大汶口新石器时代人骨的研究报告》,《考古学报》1972年第1期,第91—122页。

[3] 樊榕:《北阡遗址大汶口文化时期居民健康状况试析——以人骨生物考古学为视角》,山东大学硕士学位论文,2013年,第41页。

性平均身高168.81厘米、北首岭墓地男性平均身高168.82厘米、横阵墓地男性平均身高167.7厘米、元君庙墓地男性平均身高168.4厘米、半坡墓地男性平均身高169.5厘米、下王岗墓地男性平均身高161厘米。大汶口文化2处,西夏侯墓地男性平均身高169.63厘米、大汶口墓地男性平均身高171.68厘米。龙山时代2处,庙底沟二期墓地男性平均身高166厘米、孟庄墓地男性平均身高165.5厘米。按时代综合统计这13处墓地男性平均身高数值如下,裴李岗时代墓地男性平均身高169.1厘米,仰韶时代男性平均身高167.79厘米,大汶口文化时代男性平均身高170.66厘米,龙山时代男性平均身高165.75厘米。[1]

2017年,张晓雯对焦家遗址大汶口文化墓地个体(75例)进行研究,利用四种身高复原回归方程或推算公式分析,得出男性平均身高171.62厘米,女性161.81厘米。特别提到测算平均值的最大结果,男性为182.81厘米,女性171.86厘米;而测算数据最大值男性为188.29厘米(M92),女性173.97厘米(M46),均根据陈世贤公式得出。结合张馨月曾制定的"山东地区各组居民身高复原统计表",将焦家遗址数据代入计算,发现其中最高的三组分别是:大汶口遗址组(男性170.4厘米,女性157.3厘米)、西夏侯遗址组(男性169.4厘米,女性164.19厘米)和焦家遗址组(男性169.33厘米,女性160.75厘米)。此三组均在泰山地区,且身高数据十分接近,明显高于其他各组。

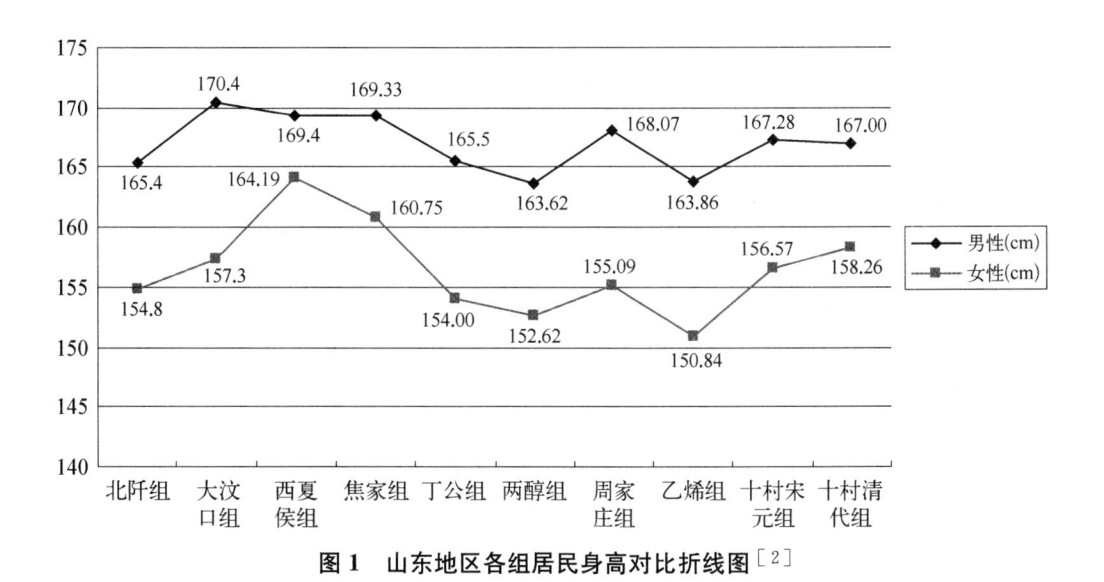

图1 山东地区各组居民身高对比折线图[2]

---

[1] 王建华:《黄河流域史前人口健康状况的初步考察》,《考古》2009年第5期。
[2] 张晓雯:《章丘焦家遗址大汶口文化居民生存状态研究》,山东大学硕士学位论文,2017年,第37页。

从整体来看,山东地区内部各组居民身高普遍高于其它地区,如同时代的淅川下王岗仰韶时代男性居民的平均身高仅为 161 厘米。[1]而且自龙山文化之后,各地区从事农业的人口身高均呈现下降趋势,到两周之际到达最低值。据推测,农业化程度的加深增加了人类的劳动强度,增强了功能性压力,导致黄河流域史前男性群体平均身高的降低。[2]对山东地区特别是大汶口文化遗址居民身高的讨论仍在继续。2020 年,牛月明也根据焦家遗址新出 53 例适合遗骨统计,按照股骨尺寸估算墓主身高,得出大汶口文化男性居民的平均身高为 171.04 厘米,女性居民的平均身高为 161.09 厘米,与之前研究相差无几,但对身高最大值却有新的认知。本次估算男性最高值为 197.15 厘米(M184),女性为 169.49 厘米(M210)。[3]

总之,目前关于大汶口文化居民身高的研究基本形成定论,就是普遍高于同时期其他地区和其他文化的居民。此类研究数据足以证明在大汶口文化时期,泰山地区居民已经具备"山东大汉"的身高基因,成为整个新石器时代中国境内最高的古人类。

三、泰山地区史前居民体质与民族融合

山东地区目前发现的旧石器文化遗址和地点有百余处,多分布于鲁中南的沂沭流域、汶河流域、日照沿海及胶东山地丘陵区,时代多为旧石器时代晚期。而古人类遗骨化石主要发现于鲁中山地和沂河上游一带,这里洞穴与河流较为发达,具有资源和环境的多样性,为远古人类和动物的生存提供了丰富的物质条件。不过,从已知的发现地点看还较为孤立,彼此之间缺乏相互联系的证据。该地区人群的迁徙及与周边区域文化的交流情况,直到传说中的五帝时期才开始有所流传,从各种神话版本中可以看出东西交融的历史已拉开序幕。1989 年在泰山西南麓汶泗流域的宁阳、汶上和兖州等地,相继发现 40 多处细石器地点。这些文化遗存与沂沭流域有所不同,主要以黑色燧石为主,其次为褐色和灰色燧石,而石英和玛瑙数量极少。工具类型则比前者丰富,有刮削器、尖状器、石钻、斧状小石器、石锯,从类型学上看与河源地区以及洛颍地区甚至江汉地区考古学文化有一定关系。进入新石器时代以来,中国境内各

---

[1] 张晓雯:《章丘焦家遗址大汶口文化居民生存状态研究》,山东大学硕士学位论文,2017 年,第 33 页。
[2] 王建华:《黄河流域史前人口健康状况的初步考察》,《考古》2019 年第 5 期。
[3] 牛月明:《章丘焦家遗址史前体型和行为模式研究》,山东大学硕士学位论文,2020 年,第 26—27 页。

区域的民族逐渐形成。以泰沂山地为中心的海岱文化区，当时已经成为东亚大陆的地理制高点和文化制高点，其文化谱系最清晰、社会发展水平最高，并且最先步入了文明社会的门槛。而泰沂山地的沂沭流域、汶泗流域构成所谓"东亚两河平原"，在此演化出远古中华民族的重要组成成分——东夷族。如果说沂沭流域在更新世造就了东夷人，那么汶泗流域则在全新世成就了东夷文化，正是在这一时期，汶水之滨的嬴姓部族诞生了，并逐渐成为东夷族的代表。作为海岱文明载体的先民们，也开始被视为具有高度一致性的东夷族。通过对大汶口文化遗址遗骸的分析，东夷族先民的体质特征已经与仰韶文化居民相近，同属于黄河流域人种地理分区，显示两地人群经历了较长历史的基因融合。从遗传特征最为明显的颅面部来看，河南郑州西山、淅川沟湾，湖北房县七里河、枣阳雕龙碑等遗址的古代居民最接近于大汶口文化居民。此外，遗址内还出土了一些带有大汶口文化因素的器物，这些地方应该有从海岱地区迁徙而来的大汶口文化居民。[1] 不过，与中原地区的仰韶文化居民相比，大汶口文化的东夷人身材略高一些，颅形更高，面部比较高、宽，接近现代东亚蒙古人种的性状更为突出，可以归为同一族团的地方类型。[2] 传统史学认为上古时代的中华始祖和首领人物，如炎帝、黄帝、太昊、少昊、蚩尤、颛顼、帝喾、伯翳、后羿乃至夏禹、商汤等，大多源于东夷部落，或与东夷部落有着很深的渊源关系，并显示出较早的东西文化交流。[3] 同类看法不乏其人。如上个世纪的二三十年代，古史学家蒙文通曾根据文献记载推测："中国古代文化，创始于'泰族'，导源于东方，炎、黄二族后起，自应多承之。"[4] 王献唐先生也认为，泰山地区"往古先民，生聚于斯，历代诸皇，建业于斯"，泰山一域实"为中华原始民族之策源地"。[5]

东夷民族形成以后，影响所及从今山东全境到周边的江苏、河北、河南，甚至包括安徽和辽东半岛，大体与考古学勘查的大汶口文化和龙山文化分布区域重合。东夷文化以发达的三足器和圈足器为典型特征开始不断与中原地区的河洛族团（河原、洛颖、桑卫）产生交流互动，到五帝时期终于形成今天中华民族的母体——华夏族群，东夷文化也到达顶峰。当然，这种文化的互动首先是以"东夷西夏"的区分为基础的，加

---

[1] 赵永生、肖雨妮、曾雯：《从人骨材料谈大汶口文化居民西迁》，《东南文化》2019年第5期。
[2] 潘其风、朱泓：《先秦时期我国居民种族类型的地理分布》，宿白主编：《苏秉琦与当代中国考古学》，科学出版社，2001年。杨楠编：《考古学读本》，北京大学出版社，2006年，第50—66页。
[3] 山东省历史地图集编纂委员会编：《山东省历史地图集·文化》，山东省地图出版社，2015年，第7页。
[4] 蒙文通：《古史甄微》，商务印书馆，1933年，第39页。
[5] 王献唐：《炎黄民族文化考》，青岛出版社，2006年，第50页。

上当时长江流域的苗蛮和北方草原的戎狄,构成史前文化大一统的历史背景。在大汶口文化时期,东夷族就发明了以"陶鼎、陶鬹"为主要炊煮器的"鼎鬹文化",奠定了中国礼器文明的基石。到大汶口文化后期,东夷文化大举进攻中原地区,影响到河原地区仰韶文化由"灶釜文化"向"鼎鬹文化"转变。对此我们可以称之为东夷文化的第一次西征,泰沂山地为中心的鼎鬹文化区正式确立。根据《盐铁论·结和篇》的记载,少昊氏和太昊氏曾参与了蚩尤和黄帝的涿鹿之战,综合各种历史与考古资料,涿鹿之战应发生在距今5000年前后。[1] 从龙山文化时期开始,东夷族为主导的海岱文化日益强劲,不断向周边地区扩张,与中原地区的仰韶文化争夺势力范围。附近的桑卫地区、江淮地区远至江汉地区,纷纷受其影响发展出鼎鬹文化。[2] 此可谓东夷文化的第二次西征。随着各区域考古学文化交融汇聚,到龙山文化末期,海岱文化遗址遍及黄淮海平原和长江下游地区。[3] 中国东部地区首次出现文化意义上的大一统局面,此时正值五帝时期,东夷部族最终形成,并成为主导中国文明走向的决定性因素。到五帝时期末段,经过西方的黄帝部落和东方炎帝部落、蚩尤部落以及南方苗蛮等集团的斗争与融合,各族先民在中原地区的文化熔炉中汇聚成华夏民族大家庭,开创了中国文明的新局面。

四、体质差异下泰山史前文化区系的形成

现代人的多地区连续进化的学说,在中国境内的古人类化石和旧石器考古材料上均得以证实。中国旧石器文化表现为以连续性发展为主,自5-10万年以来在各地生存的古人类相继发展为现代中国人种。他们在与来自西方的石器技术有限交流中,保持了本地的旧石器技术传统,并最终进入到全新世的新石器文化阶段。距今1万年左右,中国境内各地先后开始了"农业革命",人种的差异性发展开始表现为文化区系和类型的形成。针对中国考古发现和研究成果的大量涌现,二十世纪七十年代著名考古学家苏秉琦先生提出史前文化区系的概念。即我国数以千计的新石器遗址

---

[1] 王青:《从大汶口到龙山:少昊氏迁移与发展的考古学探索》,《东岳论丛》2006年第3期。

[2] 如桑卫地区的石北口文化、江淮地区的龙虬庄文化和马家浜文化的原始陶鬹、高柄杯、篦形器等都与大汶口、龙山文化同类器形有传承关系,江汉地区的大溪文化晚期也出现了陶鼎和圈足器,至屈家岭文化还出现了陶鬹,青龙泉三期文化更是受大汶口文化影响流行人工拔牙习俗。

[3] 传统认为江汉地区的苗蛮(九黎)属东夷集团,这在《山海经》《帝王世纪》和《国语》《左传》中都有描述,反映了两者间在文化谱系上的亲缘关系。见《山东省历史地图集·文化》第10页。

可以分为六大板块：以燕山南北长城地带为中心的北方、以山东为中心的东方、以环太湖为中心的东南部、以鄱阳湖—珠江三角洲一线为中轴的南方、以洞庭湖和四川盆地为中心的西南部以及以关中、晋南和豫西为中心的中原。从分布上看，黄河流域的中原文化，为北、东、南三面的四夷文化所环形包围。其中东方即是以大汶口文化和龙山文化为代表，在泰山周边地区最为密集的东夷文化，上限可推至距今七、八千年。而到了距今四千年左右，东夷文化与来自黄河流域的仰韶文化碰撞、交融，遂诞生蕴含原始统一因素的炎黄联盟。中国古代文明和国家产生、发展的"多元一体"的模式，或者称之为"满天星斗"，在史前文化"区系类型"理论中得以推演。在上个世纪中国的早期考古实践中，很多学者都注意到一个奇怪的现象，就是一度盛行于黄河流域长达数千年的彩陶文化，在山东却是一个例外，在此发现的白陶和黑陶成为最具地方特色的文化遗存。

围绕泰山的大汶口文化和龙山文化遗存分布十分密集，苏秉琦认为这里是中国一个重要的古文化区。前述扁扁洞遗址文化下限为 9.5 kaBP，应该是山东地区新石器文化的源头之一。后李—北辛—大汶口—龙山文化在山东境内自成系统，其中后李和北辛文化具有类似磁山和裴李岗文化的独立性，在北因遗址的下层文化显示了两者的衔接性。同样的证据在大汶河北岸遗址也找到了线索，比如典型的堆纹腰带釜，一直延续到大汶口文化后期。同时，北辛发现的三足杯，可以与王因遗址、大汶口遗址的三足杯以及后期出现的高脚杯衔接起来，最终演变为龙山文化的蛋壳黑陶杯。[1]文化的演进也带来时空的转化，到龙山文化时期，东夷文化的活动重心也从泰山地区转移到鲁东的临沂和昌潍，而这种转化最早是从泰山东麓开始的。大汶口文化、龙山文化及其后来的岳石文化因此成为所谓"海岱"地区的主流文化，进而从中分化和孕育出内部具有各自地方特色的流域文化。对泰山地区史前居民的体质问题考察，或可为旧石器时代以来当地文化源与流的梳理提供崭新视角。

参考文献：

[1] 颜訚：《大汶口新石器时代人骨的研究报告》，《考古学报》1972年第1期。
[2] 颜訚：《西夏侯新石器时代人骨的研究报告》，《考古学报》1973年第2期。
[3] 韩康信、陆庆伍、张振标：《江苏邳县大墩子新石器时代人骨的研究》，《考古学报》1974年第2期。
[4] 张振标：《从野店人骨论山东三组新石器时代居民的种族类型》，《古脊椎动物与古人类》1980年第1期。

---

[1] 苏秉琦：《中国文明起源新探》，生活·读书·新知三联书店，1999年，第53-54页。

[5] 韩康信、潘其风:《古代中国人种成分研究》,《考古学报》1984 年第 2 期。
[6] 张振标:《山东野店新石器时代人骨的研究报告》,山东省博物馆、山东省文物考古研究所编:《邹县野店》,文物出版社,1985 年,第 180-187 页。
[7] 韩康信、常兴照:《广饶古墓地出土人类学材料的观察与研究》,张学海主编:《海岱考古》(第 1 辑),山东大学出版社,1989 年,第 390-403 页。
[8] 黄象洪:《花厅遗址 1987 年发掘墓葬出土人骨的鉴定报告》,《文物》1990 年第 2 期。
[9] 韩康信:《山东诸城呈子新石器时代人骨》,《考古》1990 年第 7 期。
[10] 张君、韩康信:《尉迟寺新石器时代墓地人骨的观察与鉴定》,《人类学学报》1998 年第 1 期。
[11] 韩康信:《山东兖州王因新石器时代人骨的鉴定报告》,中国社会科学院考古研究所编:《山东王因》,科学出版社,2000 年,第 388-407 页。
[12] [日] 中桥孝博、[日] 高椋浩史、栾丰实:《山东北阡遗址出土之大汶口时期人骨》,《东方考古》(第 10 集),科学出版社,2013 年,第 13-51 页。
[13] 朱晓汀、林留根、朱泓:《江苏邳州梁王城遗址大汶口文化墓地出土人骨研究》,《东南文化》2013 年第 4 期。
[14] 曾雯、赵永生:《山东地区古代居民体质特征演变初探》,《东南文化》2013 年第 4 期。
[15] 魏东、张桦、朱泓:《郑州西山遗址出土人类遗骸研究》,《中原文物》2015 年第 2 期。
[16] 王一如:《沟湾遗址新石器时代人骨研究》,吉林大学硕士学位论文,2015 年。

山东宁阳早更新世哺乳动物化石

原著：张兆群[1]　翻译：于　勇[2]　周　璐[3]
(1. 中国科学院古脊椎动物与古人类研究所　2、3. 宁阳县文物保护中心)

一、简　介

1999年秋天，王元庆博士将胡长康博士的化石转移给了作者。这些材料是由山东博物馆的工作人员从山东省宁阳县伏山地区的裂隙堆积物中收集的。从脉石的角度来看，化石(12属12种)可能属于同一动物群。最有趣的材料是"*Caprolagus brachypus*"的两个破碎头骨，它们的通用名称已经争论了80多年了。*Pachycrocuta perrieri*(以前仅在中国的泥河湾和榆社盆地记录过)将其地理范围扩展到山东省和中国南方(巫山)。该物种在欧洲和中国的分布显示出其生物年代学相关性的巨大潜力。下面详细介绍了有关"*Caprolagus brachypus*"的修订，简要介绍其他物种(除了松鼠和麂鹿)，并讨论了这一动物群的地质时代。

缩写：L＝长度；W＝宽度。所有尺寸均为毫米(mm)。

二、系统介绍

食肉目 **Order Carnivora Bowdich, 1821**
犬科 **Family Canidae Gray, 1821**
犬属 **Genus *Canis* Linnaeus, 1758**

---

* 原文发表于《古脊椎动物学报》2001年第39卷第2期。

变种狼 Canis variabilis (Pei, 1934)

(图版Ⅰ,4)

材料: 7个破碎下颌: 左下颌具 p2 - m1(V 12367.1), 右下颌具部分 p2 和p4 - m3 (V 12367.2), 左下颌具 p1 - p3(V 12367.3), 右下颌具 p2 - p3 和破碎的 p4 (V 12367.4), 右侧具 m1(V 12367.5), 左侧具 m1(V 12367.6), 右侧具 p3(V 12367.7); 2个断裂的 DP4 (V 12367.8 - 9); 7枚 P4(V 12367.10 - 16); 9枚 M1 (V 12367.17 - 25); 3枚 M2(V 12367.26 - 28); 4枚 m1(V 12367.29 - 32); 和2枚 m2 (V 12367.33 - 34)。

测量结果: 见表一。

表一 Canis yariabilis 的测量结果 (毫米)

	m1		m2		P4		M1		M2		m1 下方的下颌骨深度
	L	W	L	W	L	W	L	W	L	W	
N	7	7	3	3	4	1	6	6	2	2	3
范围	22.3 - 23.9	7.9 - 9	83 - 10.1	6.1 - 7.3	20.3 - 21.2	8.8	12.4 - 13.6	14.8 - 16.5	7.8 - 7.9	11.8 - 12	21.2 - 21.3
平均值	22.83	8.67	9.03	6.57	20.73	8.8	13.13	15.83	7.85	11.9	21.25

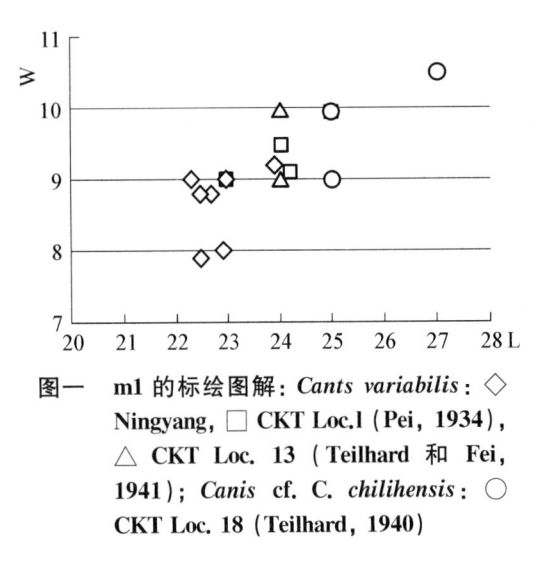

图一 m1 的标绘图解: Cants variabilis: ◇ Ningyang, □ CKT Loc.l (Pei, 1934), △ CKT Loc. 13 (Teilhard 和 Fei, 1941); Canis cf. C. chilihensis: ○ CKT Loc. 18 (Teilhard, 1940)

描述: 下颌骨比华北地区现存的狼更细长, 在 m1 下方的下缘略凹。中颏孔在 p2 下方, 后颏孔在 p3 下方。在 p2 和 p3 之间存在间隙。下裂齿(m1)有一个高的下原尖和一个小但很清晰的下后尖; 下次尖比下内尖大。一些标本在下后尖和下内尖之间存在很弱的下后附尖。m2 是细长的, 下原尖比下次尖稍高, 没有发育下内尖。m3 非常简化。上裂齿(P4)相当小, 其原尖弱, 齿根孤立, 位于原尖面的前面。除了体积较小以外, 与现存的狼相同。

记述: 根据下颌骨和牙齿的特征, 此处描述的材料与 CKT Loc.(Pei, 1934)和 CKT Loc. 13(Teilhard 和 Pei, 1941)中的 Canis variabilis 十分吻合。但牙齿的大小和下颌骨的深度略小。如图一所示, 来自 CKT Loc. 18 的 Canis cf. C. chilihensis 在

尺寸上要大得多，并且可能属于其他物种(Teilhard 和 Pei, 1941 年)。变异狼 *Canis variabilis* 似乎显示出尺寸随时间增加的趋势。这些较小的尺寸的材料可能表明它比中更新世的材料更原始。

貉属 *Nyctereutes* Temminck, 1838 - 1839
中华貉 *Nyctereutes sinensis* (Schlosser, 1903)
(图版 I, 2)

材料：4 个断裂的下颌：右具 p1 - m1(V 12368.1)，左具 p2 - m1(V 12368.2)，右具犬齿和 p1 - m1(V 12368.3)，左具 m1 - m2(V 12368.8)；2 个独立的 m1(V 12368.4 - 5)；2 个断裂的头骨(V 12368.6 - 7)。

测量结果：牙齿测量参见表二。长度：p1 - m1：45 mm；p2 - m1：40.6 mm；p1 - p4：30.7 mm。

表二 *Nyctereutes sinensis* 的牙齿测量结果(长×宽)　　(毫米)

	V 12368.1	V 12368.2	V 12368.3	V 12368.8
p1	4.0×2.2		3.6×2.4	
P2	7.0×3.2	6.7×3.1	6.8×3.1	
p3	7.9×3.7		7.9×3.4	8.0×3.3
p4	9.4×4.4	8.8×4.4	9.5×4.5	
m1	15.4×6.1	15.1×6.4		14.8×6.1
m2	8.4×5.5			8.5×5.5
p1 - p4	30.8		31.4	

描述：在两个破碎的头骨上只保留了上颌骨的一部分和鼻骨。鼻骨突出到额上颌骨缝线开始的位置。鼻骨的侧边彼此平行。前额的轮廓是平坦的，在鼻骨近端三分之一处有一个明显的凹陷。

p3 具有一个较弱的下后附尖，这在 p4 上更为发达。m1 是低齿冠，有个明显的下后尖，一个圆形的下内尖，一个前后延伸的下次尖和矩形的下跟座。m2 退化。m3 单根。

记述：由于 Schlosser(1903)并未指明该物种的正模标本或作详细描述，Tedford 和 Qiu(1991)选择了 Schlosser 的"Kiefer A"作为选型，并建议将 *Nyctereutes sinensis* 的泥河湾样本用作该名称所附的生物实体，以便进行比较。迄今为止，该物种发现于上新世的榆社(Tedford and Qiu, 1991)，灵台(Zhang et al., 1999)和早更新世的地区，如泥河湾(Teilhard 和 Piveteau, 1930)，巫山(Huang et al., 1991 年)和淄博

(Zheng et al., 1997 年)。

从下颌牙齿的特征来看,宁阳的材料可以被称为该物种。它的尺寸比灵台和榆社的要小,与泥河湾和巫山的类似。

鬣狗科 Hyaenidae Gray, 1869
硕(粗壮)鬣狗属 Pachycrocuta Kretzoi, 1938
皮氏硕鬣狗 Pachycrocuta perrieri (Croizet et Jobert, 1828)
(图版Ⅰ,5a,5b)

材料：2 枚破碎左下颌：一处为断裂犬齿,p3 - p4,和 m1 的下三角座(V 12366.1)；另一个是犬齿和 p2 - m1(V 12366.2)。

测量结果：见表三。

表三　*Pachycrocuta perrieri* 的牙齿测量结果以及与相关类群的比较

		Ningyang		*Pliohyaena* Wushan *brevirostrilis licenti* (Qiu, 1987)		*Pliohyaena brevirostrilis* (Howell and Petter, 1980)		*Pachycrocuta perrieri* (Howell and Petter, 1980)	
		V 12366.1	V 12366.2	CV 877	V 7293	Nihowan (Type)	范围	平均数	范围	平均数
p2	L		15.2	13.9	16.4		18 - 19	18.57	14 - 17.7	15.63
	W		10.4	10.2	12.1		12.3 - 14.5	13.2	9.3 - 12.2	10.73
p3	L	21.5	20.2	20.2	23.7	23.8	22.5 - 25.6	24.35	19.5 - 22.9	20.93
	W	14.5	13.7	13.7	16.7	16.0	15.6 - 19	17.7	13.3 - 16.6	14.52
p4	L	22.4	23.1	21.8	26.0	25.3	25.5 - 28.1	27.27	21.4 - 25.5	23.46
	W	14.7	13.1	13.7	16.8	16.1	16.2 - 17.8	16.77	11.8 - 16.1	14.62
m1	L		24.2	23.5			27.5 - 30	29.35	23.4 - 26.9	25.44
	W		12.0	12.9			13.2 - 15	14.42	10.8 - 14.6	12.80

描述：这里描述的两个下颌骨都有相对较浅的水平分支。p2 下方的深度分别为 34.3 mm 和 36.7 mm。颏孔位于 p2 下方,位置较高。犬齿圆锥形。P1 缺失。p2 小,后副齿尖相当发达。p2 具有较宽的后部部分。p4 具有相对较高的前副齿尖和几乎相等大小且偏高的后副齿尖。m1 的下前尖没有明显的大而笨重,下跟座有三个尖瓣,下后尖小但明显,下次尖位于牙齿的中线并且比下内尖大。

比较和讨论：由于 m1 明显的下跟座,清晰的下后尖和较小的尺寸,这里描述的材料明显不同于华北地区的中华缟鬣狗(*Hyaena sinensis*),分别被命名为 *Pliohyaena* *brevirostrilis*（Kurten, 1956; Qiu, 1987），和 *Pachycrocuta brevirostrilis sinensis*（Howell and Patter, 1980）。

根据 Qiu(1987)对 *Pliohyaena brevirostrilis licenti* 的研究,这只来自宁阳的动物的 p2 具有相对较大的后副齿尖,p4 具有较高的前副齿尖,m1 的下前尖较窄且不那么笨重,并且从表三看出尺寸较小。

该材料的牙齿尺寸和一块来自巫山的下颌骨(Huang 等,1991)的尺寸,完全在 *Pliohyaena perrieri* 的尺寸变化范围内(Qiu, 1987; Howell 和 Petter, 1980)。牙齿特征也与后一个物种相吻合,前者在 p4 上的前副齿尖升高,而 m1 相对较窄,等等。到目前为止,这种物种仅在中国的泥河湾和榆社被记录(Qiu, 1987)。

该物种的系统地位仍存在争议。Werdelin 和 Solounias(1990)认为,没有足够的证据证明 *Pliohyaena Kretzoi* 属的恢复,并且 *Pliohyaena* 应该仍然是粗壮斑鬣狗属(*Pachycrocuta*)的同义词。本作者暂时使用粗壮斑鬣狗属(*Pachycrocuta*),以待对该困难组群的修订。

鼬科 Mustelidae Swainson, 1835
真(狗)獾属 *Meles* Brisson, 1762
狗獾未定种 *Meles* sp.
（图版Ⅰ,3）

材料: 3 个断裂下颌骨: 2 枚右具 m1(V 12369.1-2),1 枚右具 p4-m1(V 12369.3)。

描述: m1 具有短下三角座和相当发达的下跟座。下前尖在下原尖的稍后方。下次尖在下内尖稍稍偏后的位置,但处于活体形态时,它几乎和下内尖水平或者在它前面。前臼齿较少退化。下颌骨细长,冠状突的后边缘向内弯曲。咬肌窝浅而咬肌线弱。下颌骨水平部分的基线笔直并急剧向着支点弯曲。角状突狭窄,其基部横向扩展较少。

记述: 通过下裂齿的形状和结构,本材料无疑属于 *Meles*。迄今为止发现的中国第四纪的獾中,来自 CKT Loc18 的 *Meles chiai*,正如 Teilhard(1940)所描述的,具有典型的盆形下跟座和前部的勾缝。尽管作者无法获得这些材料,但 Teilhard 的图表和描述中的下颌骨给人的印象很明显,即下颌骨的结构与现存的 *Meles meles* 几乎相同。到目前为止,在 CKT Loc. 1,2,3,5,6,13,山顶洞和 Sjara-osso-gol 等地发现的 *Meles meles* 具有较少退化的前臼齿,宽而坚固的冠状突,非常深的咬肌窝和突出的咬肌线。

宁阳的材料显示出一些原始特征: 前臼齿较少退化;浅咬肌窝,较不明显的咬肌脊,角状突横向窄,表明它们可能代表了一个新物种。尽管只有三个破碎的下颌骨,作者更喜欢暂时将其命名为 *Meles sp*,有待进一步发现。

猫科 Felidae Gray, 1821

似剑齿虎属 *Homotherium* Fabrini, 1890

似剑齿虎（未定种）*Homotherium* sp.

（图版Ⅰ，1）

材料：1个上犬齿的近端（V 12370.1）；3个下犬齿（V 12370.2-4）；3枚 I3（V 12370.5-7），1枚 I2（V 12370.8）。

描述和讨论：在上犬齿上，牙冠内边缘和外边缘呈锯齿状。虽然只保留了犬齿的尖端，上犬齿的大小似乎与 CKT Loc.9 的大小相同。下犬齿的大小也与 CKT Loc.9 的相似，比 CKT Loc.1 的小。

两侧锯齿状上犬齿和锯齿状的门齿，无疑将这些材料归为 *Homotherium* 属。在中国，至少有五个种与之符合。没有裂齿和更完整的材料，很难将这些材料认定为任何已知的物种。不过，根据尺寸和地理区域，该动物可能接近 *H. ulitima*，但这种鉴定结果是不能肯定的。

兔形目 Lagomorpha Brandt, 1855

兔科 Leporidae Fisher de Waldheim, 1817

短吻兔属 *Brevilagus* gen. nov.

基因型：低冠短吻兔 *Brevilagus brachypus*（Young, 1927）。

判断：体形小，齿隙短。下门齿向后延伸到 p3 或 p4 的下部，穿过颏部。p3 有后内褶沟或釉岛，前外褶沟浅，后外褶沟大约在咬合面的一半深度。上颌—前颌骨缝略呈锯齿状，将切牙孔切成相等的两半。腭桥比鼻后孔宽。P2 有两个凹角：唇部的比主凹角浅得多。P3-M2 的内褶皱比 Lepus 弱。

地质时代和分布：上新世晚期至早更新世，华北地区。

讨论：1927年，C.C. Young 根据来自 Lok.60（CKT Loc.18）的材料，建立了 *Caprolagus brachypus* 物种。后来，Teilhard 和 Young（1931），和 Young（1935）分别用相同的名字描述了 Loc.2（静乐）和寿阳的一些材料。在与 *Hypolagus browni* 进行比较之后，Schreuder（1936）认为该物种应该属于 *Hypolagus*。Young 所描述的 p3 具有明显不同的咬合特征。*Caprolagus* 中 p3 的后外部褶皱几乎到达内侧，并具有很强的釉质褶皱。Bohlin（1942a）认为，该物种既不属于 *Caprolagus brachypus*，也不属于 *Hypolagus*，因此将其称为 *Alilepus*。Fejfar（1961）根据后内部釉岛的存在将其归到 *Pratilepus*。Qiu（1987）针对这个特殊物种提出了一个新属，但并没有命名。

对从宁阳以及淄博寿阳 Loc.2（静乐）找到的所有下颌骨进行重新研究后，作者发现,它们都具有相同的特征:齿隙短;门齿向后远伸至 p3 或 p4 之下;p3 有后内褶沟或釉岛。这些特征将这些材料与迄今为止已知的所有兔科区分开了。与 *Alilepus* 相比,它的齿隙更短,切牙末端的后部位置更多,p3 的后内褶沟或釉岛略微褶皱。*Trischizolagus* 的 p3 具有前部和前内褶沟,并且具有明显现代化的下颌骨。二者材料很容易区分,因为后者在 p3 上没有后内褶沟或釉岛。*Pratilepus* 的 p3 具有发达的后内褶沟,也具有前内褶沟,前外侧壁和后外褶沟的后壁具有很强的褶皱。*Nekrolagus*,*Oryctolagus* 和 *Lepus* 在 p3 上有前褶沟。

通过 p3 的结构,目前的物种与 *Alilepus* 最相似,但后者的下颌骨具有非常先进的结构。切牙后远伸仅在 *Ochotona* Bohlin(1942b)和古近纪兔科中发现,例如 *Ordolagus teilhardi*,其切牙末端位于 m1 以下。因此,这可能是个原始特征。这个特殊的物种被命名为 *Brevilagus*。

低冠短吻兔 *Brevilagus brachypus* (Young, 1927)
(图二;图版 II, 2a, 2b; 3a, 3b, 3c)

1927 *Caprolagus brachypus* Young, Young, Pal Sin, C, Vol. 5, Fasc. 3, Taf.3, Figs. 14 – 18

1931 *Caprolagus brachypus* Young, Teilhard and Young, Pal Sin, C, Vol. 9, Fasc. 1, Pl.5, Figs. 25 – 27

1935 *Caprolagus brachypus* Young, Young, Pal Sin, Vol. 9, Fasc.2

1936 *Hypolagus brachypus* (Young), Schreuder, Arch Neerl Zool, 2

1940 *Alilepus* cf. *A. annectens* (Schlosser), Teilhard, Pal Sin, New Ser C, no. 9

1964 *Alilepus brachypus* (Young), Gureev, Fauna USSR, **3(10)**

1976 *Hypolagus brachypus* (Young), Zheng, Vert PalAsiat, 14(2)

1996 *Alilepus* cf, *A. annectens* (Schlosser), Cheng et al., Pl. I, 12, Fig.3 – 5

1996 *Hypolagus* cf. *H. brachypus* (Young), Cheng et al., Pl. I,13, Fig.3 – 6

选型:一对下颌骨来自北京附近的 Lok.60(乌普萨拉大学古生物博物馆, UM 15010)(Young, 1927. Taf. III, Fig, 14).

判断:属相同。

参考材料:Loc.2(山西静乐):一对下颌(RV 31038.1),1 枚右下颌(RV 31038.2);寿阳:1 个右下颌(RV 35016);合水(甘肃):1 枚 p3

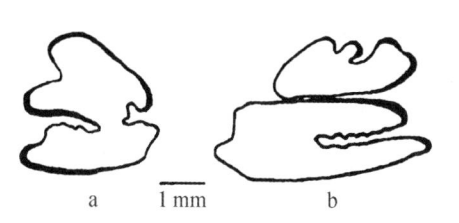

图二 宁阳的 *Brevilagus brachypus*
a. 左 p3(V12375.2)的咬合面;
b. 右 P2 – P3 (V 12375.4)的咬合面

(V 4775);淄博(山东省):7枚断裂下颌具 p3-m3(V 10413,V 10414.1-6),1枚右 p3 (V 10414.7),2个下臼齿(V 10414.12-13),1个上切牙(V 10414.14),4个上臼齿 (V 10414.8-11);宁阳:2个断裂下颚(V 12375.1-2),2个断裂颅骨(V 12375.3-4)。

地质时代和分布:属相同。

描述:大小相对较小,上齿隙短(18.3 mm),上颌—前颌骨缝略呈锯齿形,切牙孔被切成相等的两半。腭桥比内鼻孔宽。P2 有两个凹角:唇部的比主凹角浅得多。P3-M2 的内褶沟壁的褶皱比 Lepus 弱。

讨论:在迄今为止发现的 p3 上,所有牙齿要么具有后内褶沟,要么有釉岛,两者均延续到牙齿的根部。没有发现中间案例。因此,存在釉岛可以暂时解释为个体变异。

淄博市标本(Zheng 等,1997)的基本结构与 *Brevilagus brachypus* 非常吻合,只是 p3 的下三角座更尖锐和狭窄。

Loc. 18(Teilhard,1940)的 *Alilepus cf. A. annectens* 齿隙短小,下颌骨结实,下门齿突出到 p4 的基部,应该属于 *brachypus*。

来自甘肃合水(郑,1976 年)的 p3(V 4775)有一个釉岛和一个折叠的后内褶沟。根据其大小和基本结构,暂定归到本属中。

Cheng 等人(1996 年)将 p3 上有后内褶沟的样本命名为 *Alilepus cf. A. annectens*,以及在 p3 上有釉岛的样本命名为 *Hypolagus cf. H. brachypus*。在这里,由于下颌骨和 p3 的结构,它们被分类到 *Brevilagus brachypus*。

地质时代:来自 Loc. 2(静乐)的 *Brevilagus brachypus*(Teilhard 和 Young,1931)是从 B 区红色黏土中发现的,它与 *Arpholinus Siphneus* 同时存在。根据 Zhou (1988)的说法,该动物群与 MN18 类似。寿阳的材料,*Siphneus cf. S. chaoyatseni* 和 *Elaphas indet* 一起,是从 Lower Sanmenian 的一个砂岩层中发现的。来自合水的 *Brevilagus brachypus* 是和 *Siphneus arvicolinus*,*S. chaoyatseni*,*S. hsujiapingensis* 以及 *Ochotonoides complicidens* 一起发现的。Zheng(1976)基于对动物群的比较,认为所有这些都属于同一时期。*Siphneids*,*Siphneus arvicolinus*,*S. chaoyatseni*,*S. hsujiapingensis* 主要见于午城黄土的中部和上部(Liu 等,1985),与泥河湾层(Sensu Stricto)极为相似。基于 *Episiphneus youngi* 和最原始的 *Allophaiomys* 的发现,Loc.18 被认为是早期泥河湾(Tong 等,1995)。淄博的动物群 A 的组成与 CKT Loc. 18 类似。因为共有物种 *Ochotona nihewanica*,*Youngia tingi* 和 *Lasiopodomys probrandti* 的存在,周口店西洞被认为与 Loc.9 有关联(Cheng 等,1996)。在最近的灵台剖面研究中,该物种通过湿洗法在上新世晚期(约 3.0 Ma)地层中被发现(Zheng 和 Zhang,2000 年)。因此,*Brevilagus brachypus* 的时间跨度非常有限,从上新世晚

期到早更新世,仅出现在中国华北地区。

野兔属 *Lepus* Linnaeus, 1758
野兔未定种 *Lepus* sp.
(图版 Ⅱ, 1)

材料: 1 个断裂左下颌具 p3 - m2(V 12376)。

描述和讨论: p3 具有典型的兔属(*Lepus*)结构,有前褶沟和两个内褶沟,其中后一个突出到唇侧边缘;由于标本不足,很难判定它是哪个种。

偶蹄目 Artiodactyla Owen, 1848
牛科 Bovidae Gray, 1821
瞪羚属 *Gazella* Blainvelle, 1816
瞪羚未定种 *Gazella* sp.
(图版 Ⅱ, 4)

材料: 2 个断裂上颌骨:右侧 1 个,具 P4 - M3(V 12372.1);左侧 1 个,具 M2 - M3(V 12372.2)。

描述: 长冠牙。舌侧没有基柱发育。在上臼齿的唇壁上具有明显的尖,臼齿前副尖和中齿尖之间的脊轻微发育,而中齿尖和后附尖之间没有脊。

牛羊亚科属种未定 Ovibovinae gen. et sp. indet
(图版 Ⅱ, 5)

材料: 1 枚左 p4(V 12371.1)和 1 枚左 m3(V 12371.2)。

描述: 尺寸大,典型长冠牙。p4 内壁平坦,下后尖下前尖融合。m3 舌壁平坦,下后附尖弱,无基柱。后凸缘向后突出。根据上面提到的大小和牙齿特征,认为这些材料是麝牛。

鹿科 Cervidae Gray, 1821
鹿属 *Cervus* Linnaeus, 1758
鹿未定种 *Cervus* sp.
(图版 Ⅱ, 6)

材料: 一部分下颌具 p2 - m3(V 12373.1),1 枚 P3(V 12373.2),2 枚 P4(V 12373.3 - 4),3 枚 M1/ M2(V 12373.5 - 7),4 枚 M3(V 12373.8 - 11)。

描述：中等大小的鹿科动物，下颌骨无骨肥厚，p4 的下后尖向前方延伸并与下前尖融合。上臼齿具有发达的基柱，前脊比后脊更明显。p2 - m3 的长度：104.4 mm，p2 - p4 的长度：42.4 mm，m1 - m3 的长度：62.5 mm。

三、生物年代学

到目前为止，在宁阳的 12 种中，*Brevilagus brachypus* 仅在华北地区的上新世晚期至早更新世(泥河湾阶段)地区有记录。*Lepus* 最早的记录来自早晚更新世(淄博 B 动物群；CKT Loc.9；贾家山等)(Zheng 等,1997)。根据 *Canis variabilis* 较小的尺寸判断，可能要比中更新世早。*Nyctereutes sinensis* 的尺寸小于上新世地区的样本(灵台地区，高庄上部和榆社盆地马泽沟化石群)，与泥河湾和巫山等早更新世地区的类似。来自榆社，泥河湾和欧洲局部地区的鬣狗 *Pachycrocuta perrieri* 显示了从上新世晚期到更新世的地质范围。*Meles sp.*比常见的中更新世物种 *Meles meles* 更原始，表明其为早更新世。总之，来自宁阳的动物群很可能属于早更新世时期。

致谢：感谢胡长康博士和王元庆博士的慷慨解囊，向作者介绍材料，并感谢崔桂海先生拍摄照片。Mikael Fortelius 教授(赫尔辛基大学)对草稿进行了改进，Solweig Stunes 博士(乌普萨拉大学进化博物馆)帮助作者在 1997 年参观博物馆时对一些兔科样本进行观察。

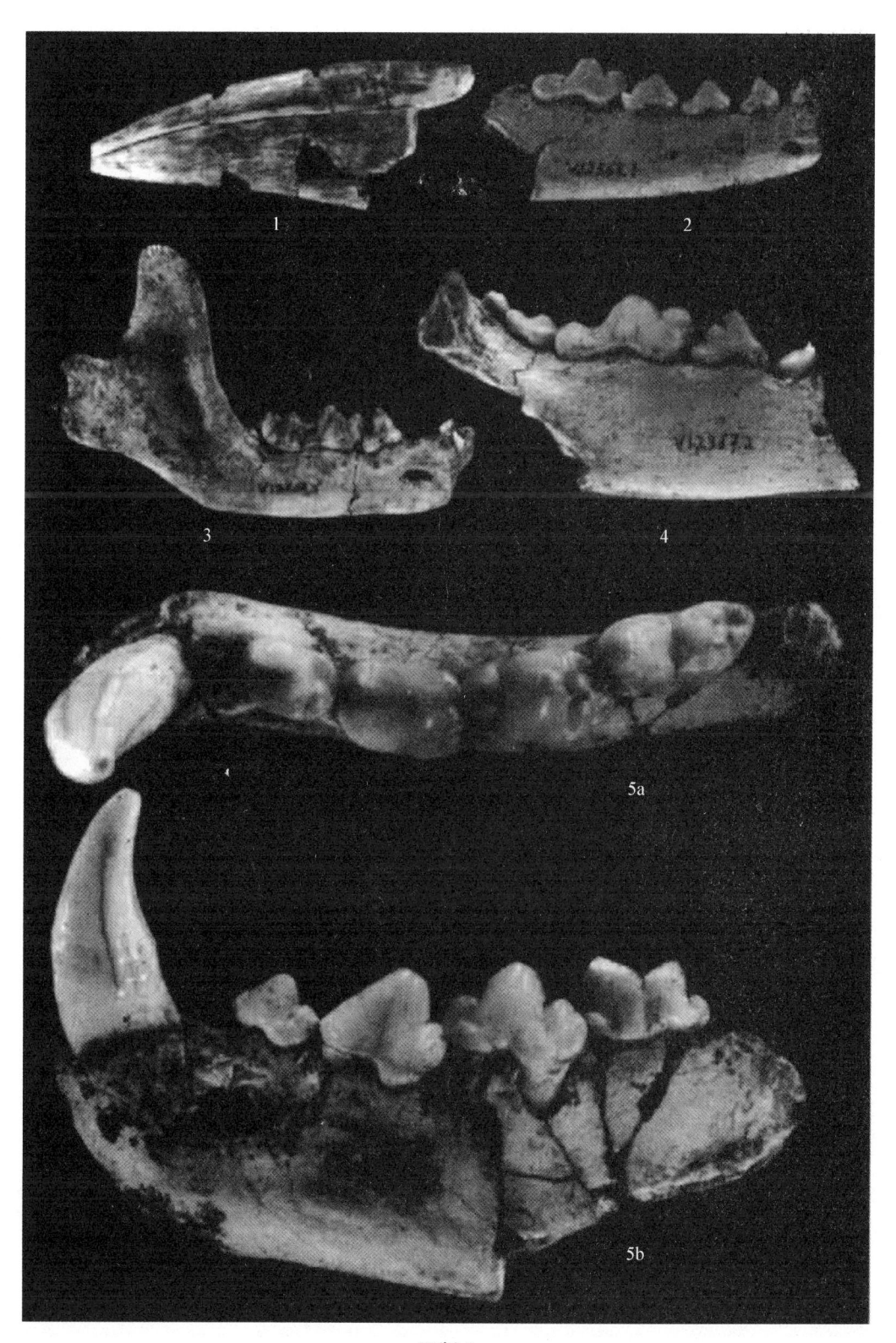

图版 I

・36・

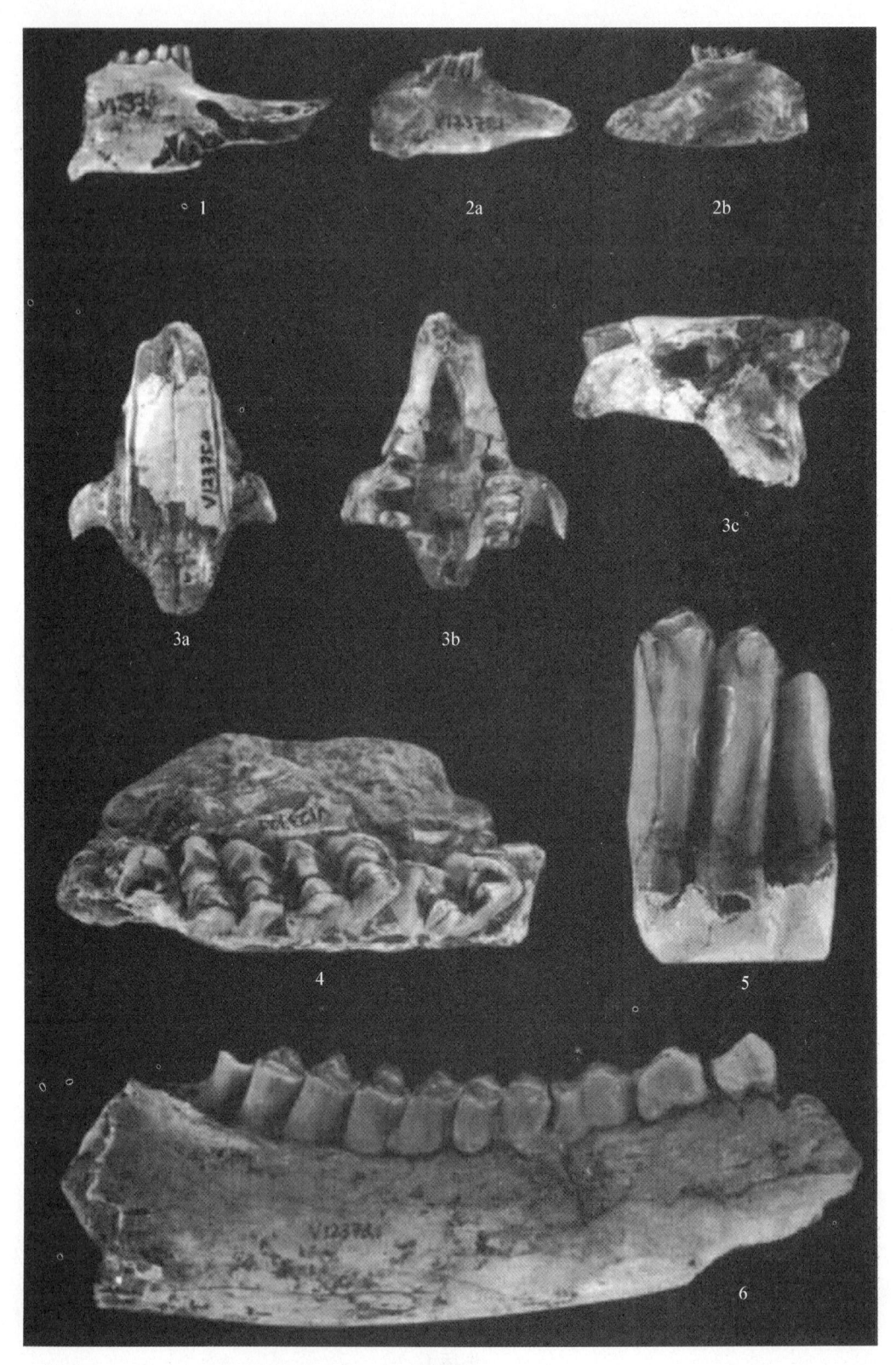

1

2a   2b

3a   3b   3c

4   5

6

图版 Ⅱ

宁阳史前至汉代历史文化遗存

徐承军

(宁阳县博物馆)

宁阳县自然条件优越,人类起源较早,至今发现 2 万年前的旧石器时代细石器遗存点近 30 处。举世闻名的大汶口文化遗址 1959 年首次在县境东部磁窑镇堡头村发现发掘,从而揭开了人类社会从母系氏族向父系氏族社会过渡的历史篇章,创造了辉煌灿烂的古代文明,被评为中国二十世纪百大考古发现之一。经过全国第三次不可移动文物普查,我县共发现各类文化遗址、遗迹 440 处,已公布的县级以上文物保护单位 69 处,其余均公布为宁阳县第一批不可移动文物名录。

普查遗址类 186 处,见表一。

时代	旧石器时代	旧石器、新石器、西周	新石器	新石器、夏、周	新石器、商	新石器、周、汉、隋、唐	新石器、汉	新石器、汉、宋、元	商、周	西周、汉	西周、东周、汉	西周	周、汉	东周	东周、汉	春秋、汉	春秋、战国、汉	战国、汉	汉代	其他古遗址
数量	30	1	10	2	2	2	1	5	1	1	3	1	1	3	4	3	9	1	6	48	52
总计	186

一、旧石器时代历史文化遗存

1. 1989-1990 年,中国社会科学院考古研究所山东考古队在发掘汶上县东檀柏遗址时,在宁阳境内的东疏镇 5 个村庄周边采集黑色燧石质"细石器"12 件。所采集石制品以黑色燧石为主要石料,不含压剥技术,也未发现典型的细石器工艺制品。

发现的旧石器时代细石器遗存,详见表二。

表二 1989－1990年发现旧石器时代细石器遗存5处

编号	名称	类型	级别	地址
1	庞庄遗址	古遗址		东疏镇庞庄村
2	西张庄遗址	古遗址		东疏镇西张村东
3	前学村遗址	古遗址		东疏镇前学村
4	陈家黄茂遗址	古遗址		东疏镇陈家黄茂村
5	前张庄遗址	古遗址	市级	东疏镇前张庄村

2. 2019年4月,山东省文物考古研究院联合宁阳县博物馆在县境内展开了为期10个月的旧石器调查工作,发现近30处旧石器时代细石器遗存。其中以伏山镇张家庄村东山岭遗址石制品数量、类型最为丰富,发现最为重要。

东山岭遗址位于伏山镇与堽城镇交界处,在南北长200米、东西100米的2万余平方米地表上,共采集石制品千余件,类型包括锤击、砸击石核、石片及断块等;采集细石核及预制品数十件,类型包括船形、锥形石核及细石叶等;工具包括拇指盖刮削器、雕刻器、凹缺刮器、琢背刀及石镞等。细石器石料以各色燧石为主,其余则以石英为大宗。

东山岭遗址发现的重要意义首先是证明了汶、泗流域存在一种有别于此前发现的小石器工业的细石器传统,说明在此流域存在典型的细石器文化;为下一步在该区域开展的旧石器考古工作提供了极为重要的线索和突破点。

此次发现证明在宁阳也存在与沂沭河流域著名的凤凰岭遗址、马陵山遗址群特征极为接近的细石器遗址。并且体现出很大的一致性,通过对比研究,具有较为典型的山东区域特色。结合山东地区细石器工业的工作研究成果,初步判定此次发现的细石器遗址时代均为旧石器时代晚期晚段,绝对年代应在距今2到1万年间。

2019年以来新发现的旧石器时代细石器遗存,详见表三:

表三 2019年以来新发现的旧石器时代细石器遗存26处

编号	名称	类型	地址
1	骆驼山第一地点	古遗址	蒋集镇卧虎庄
2	骆驼山第二地点	古遗址	蒋集镇卧虎庄
3	骆驼山第三地点	古遗址	蒋集镇卧虎庄
4	骆驼山第四地点	古遗址	蒋集镇卧虎庄

续 表

编号	名　称	类　型	地　址
5	黑山头地点	古遗址	葛石镇黑山头村
6	东云冈地点	古遗址	葛石镇东云冈村
7	东古树口第二地点	古遗址	葛石镇古树口村
8	东古树口第三地点	古遗址	葛石镇古树口村
9	百果园地点	古遗址	葛石镇张崖村
10	新村第一地点	古遗址	蒋集镇杏山头村
11	新村第二地点	古遗址	蒋集镇杏山头村
12	杏山后第一地点	古遗址	蒋集镇杏山头村
13	杏山后第二地点	古遗址	蒋集镇杏山头村
14	杏山后第三地点	古遗址	蒋集镇杏山头村
15	张阁老山地点	古遗址	堽城镇杨李庄
16	陆家渠地点	古遗址	葛石镇宁家村
17	虎城地点	古遗址	葛石镇虎城村
18	东山岭遗址	古遗址	伏山镇张家庄
19	狼山遗址	古遗址	葛石镇程家庄
20	虎北岭遗址	古遗址	堽城镇泉头村
21	黑石地点	古遗址	葛石镇黑石铺
22	路家庄地点	古遗址	东庄镇路家庄
23	枣庄第一地点	古遗址	磁窑镇枣庄村
24	枣庄第二地点	古遗址	磁窑镇枣庄村
25	枣庄第三地点	古遗址	磁窑镇枣庄村
26	东古树口第一地点	古遗址	葛石镇古树口村

二、新石器时代至汉代历史文化遗存

(一) 古遗址

1. 古城遗址

位于县城南 8 公里的泗店镇古城村南和畲庄村西一带,属北辛文化至大汶口文化遗址。遗址南北长450米,东西宽320米,宁阳沟南北穿过遗址中心部位,文化层厚1.5米以上。两岸暴露出丰富的红陶片、夹砂黄褐陶片、红烧土堆和人骨、兽骨。采集到鹿角、猪头骨及石铲、石凿、石斧、石锤、石网坠等多件。1977年秋,在沟西岸清理单人竖穴土坑墓两座,均为头东脚西、仰身直肢葬。出土了夹砂黄褐陶单把鼎、灰陶圆腹鼎各1件,灰陶镯7支,用猪獠牙劈成的束发器一对和松绿石耳坠,还出土了骨管、骨匕、石铲、石纺轮、红陶觚形器等。采集到玉石镯和白彩红陶器,还有属北辛文化的含贝壳末的黄褐陶鼎圆柱尖足和釜形鼎锥足。其上叠压汉宁阳故城址。2006年被公布为市级重点文物保护单位。

2. 大汶口文化遗址宁阳部分(堡头遗址)

位于磁窑镇堡头村西京沪铁路桥西侧,北接大汶河,南为堡头村果园边缘,西距S801公路约200米,通堡头村公路东西走向穿过遗址。时代为新石器时代至商周时期,是大汶口文化遗址的最早发现地。初称"堡头类型",后命名为"大汶口文化",1982年被公布为全国第二批重点文物保护单位。

1959年5月,修筑津浦铁路复线时,在堡头村西暴露出部分遗物,经专家鉴定,为一处新石器时代文化遗址。同年,由山东省文物管理处和济南市博物馆主持,发掘墓葬133座,陶窑1座,出土文物1800余件。随葬陶器的墓占发掘墓数的96%。陶器早、中期为手制,晚期出现轮制。器形美观,有鼎、豆、壶、背壶、罐、杯、鬶、尊、盆、瓶、钵、盉、匜、盔等。陶色红、白、灰、黑共存。早期以红陶为主,晚期灰、白、黑陶大量发现,兼有精美的彩陶。随葬有石、骨器,以石器居多。一般制作精细,棱角整齐,通体光滑,刃口锋利。农业生产工具有扁平长方形琢穿或管穿有孔石铲、剖面椭圆形石斧、断面近方形或长方形石锛和石凿、石刀、石矛、石锤、石磨棒;渔猎工具有骨矛、骨镖、鱼钩、骨镞;纺织和缝纫工具有石纺轮、陶纺轮、骨梭形器、骨针、骨锥、角锥,骨针最长的17.2厘米,最细直径1毫米,且一端有穿线孔;装饰口、雕刻工艺品有白色大理石、翠绿色玉石、绿松石制品、月牙形束发器、象牙梳、臂环、指环、骨牙雕刻物等。一件用绿松石镶嵌的呈三角形骨雕筒,是我国迄今发现最早的绿松石镶嵌工艺品。各墓随葬品数量极不平衡,多寡悬殊,质量优劣差别大。少的只有1件简陋器物,多的达180余件,制作精致,质料贵重。个别墓中有极贵重的玉器和象牙制品。男性工具较多,女性有纺轮和装饰品。成年男女合葬墓中,随葬品的安置偏于男性一侧。在随葬品中,还有数量不等的大量家养猪骨。少的有半个猪头骨,多的达14个完整猪头骨。

堡头遗址的发现,为我国原始社会晚期历史的研究提供了新的重要资料。

3. 官庄遗址

位于县城东 15 公里处,葛石店北、大官庄南的高台地上,是新石器时代大汶口文化至龙山文化时期的遗址,总面积 2 万平方米,文化层厚约 0.5－1.5 米。暴露遗物有灰坑、红烧土块、夹砂黄褐陶鬲、红白灰黑陶片,还有漆黑光亮的蛋壳陶片、磨光石器、陶纺轮等。该遗址的发现,对研究这一地区原始社会的发展及私有制的产生有重要意义。1979 年被公布为县级文物保护单位。

4. 周公台遗址

位于宁阳经济开发区周公台社区(村),属于新石器时代大汶口文化、龙山文化、岳石文化、商、周时期,遗址东西长约 500 米,南北宽约 400 米。2012 年 6 月被公布为宁阳县第一批不可移动文物名录。

1958 年曾发掘出兵器铜箭头(铜镞)。遗址范围内局部区域陶片堆积厚约 0.5 米-3.5 米,采集到新石器时代大汶口文化、龙山文化、岳石文化、商、周等时期的文物标本,是一处具有重要历史文化价值的遗址(图一)。

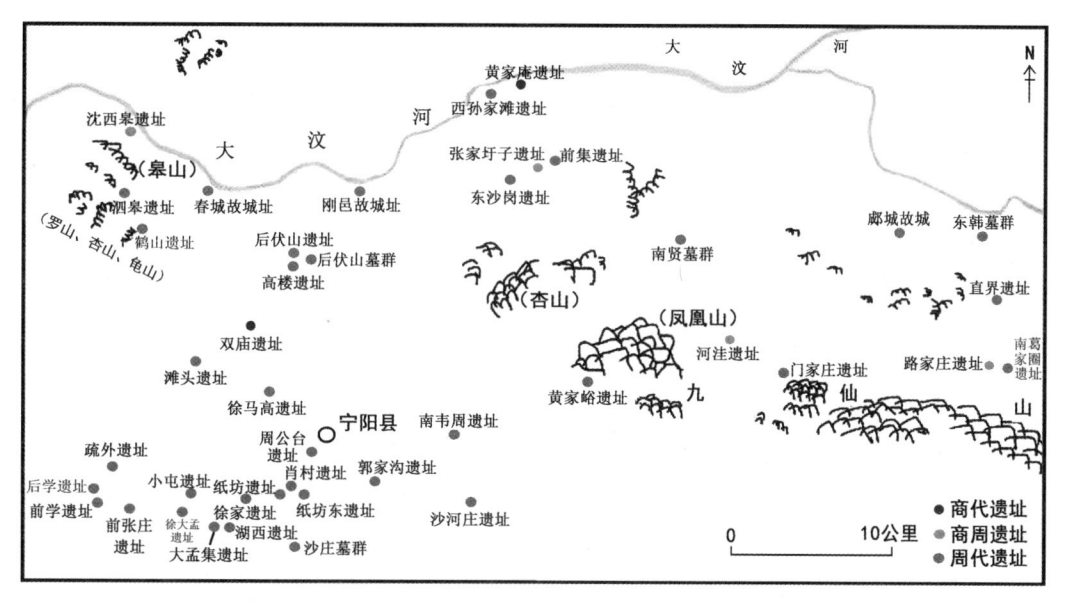

图一　鲁国北部—大汶河南岸商周遗址分布图

5. 沈西皋遗址

位于县城西北 21 公里处,大汶河南岸的台阶地上,属新石器时代遗址。遗址高出大汶河河道 6、7 米,面积约 1.4 万平方米。断崖上暴露出直径 1-15 米的灰坑 10 多个,土呈灰色,最深约 5 米,世称"灰包地"。文化层厚约 1-5 米,出土龙山文化时期的黑陶杯和灰褐陶纺轮等,另有商周时期的灰褐陶、红褐陶鬲、灰陶盆、灰陶豆、灰褐夹砂陶鼎等。该遗址对研究境内龙山文化到商周时期的历史具有重要价值。1994 年被公布为市级重点文物保护单位。

6. 于庄东南遗址

为配合董梁高速公路建设,济南市考古研究所对于庄东南遗址进行了考古发掘。该遗址位于伏山镇于庄村东南约 300 米处,平面呈不规则长椭圆形,南北约 210 米、东西约 120 米,面积约 2.5 万平方米。文化堆积丰富,发掘大汶口文化晚期至明清时期六层文化层,共清理灰坑 141 个、灰沟 12 条、水井 2 眼、墓葬 4 座及柱洞 26 个,出土"日月山"符号大口尊及大量陶片、兽骨、石器等遗物。

根据出土器物特征及叠压、打破关系推测发掘区域时代自大汶口文化晚期延续至明清时期。

7. 黄家庵遗址

位于蒋集镇黄家庵村南,是新石器时期龙山文化、岳石文化到商周时期的古遗址。现存高约 1 米、面积约 3000 平方米的疏松灰土台,俗称"小庵"。从小庵上储藏地瓜的窖井内可见文化层厚约 3 米。地表及河旁暴露有丰富的陶器碎片。以漆黑光亮的泥质黑陶为主,泥质灰陶次之,间有夹砂灰褐陶。陶器纹饰有粗绳纹、细绳纹、篮纹、刮纹、附加堆纹和弦纹。采集到龙山文化黑陶杯、鼎足,岳石文化黑陶蘑菇状盖钮、器盖,商周时期的鬲足、罐口沿、钵及鬶、豆残片,还伴存石器和鹿角等标本出土。2006 年被公布为市级重点文物保护单位。

8. 河洼遗址

位于县城东北 13 公里处,属商周时期遗址。遗址南北长 200 米,宽 80 米,高出地面约 2-8 米,北高南低,根据陶片、红烧土散布的范围和出土铜器判断,北部为居住区,南部为墓葬区。从取土剖面看,地表以下为淤积而成的沙层和沙土层,1.5 米以下局部有灰土和红烧土。南部靠近村落处曾出土陶罐、铜器。1975 年以来经常有文物出土。采集到的器物有铜鼎、铜爵、铜觚、陶鬲各 1 件,铜戈 2 件。出土铜器,制作精细、庄重。在较小的范围内经常出土典型的商代后期和西周早期的铜器,是县内少有的。2010 年被公布为市级文物保护单位。

9. 西孙家滩遗址

位于堽城镇西孙家滩村北,是战国时期至汉代聚落遗址,遗址地势平坦,面积约6.8757万平方米,文化堆积层厚1.5米。暴露有汉代砖室墓葬。采集有战国时期夹砂红褐陶绳纹鬲足、夹砂灰褐陶罐口、泥质灰陶弦纹豆盘、篮纹盆口,汉代泥质灰陶板瓦、筒瓦残片以及铜镜等器物遗存。1979年被公布为宁阳县文物保护单位。

(二) 故城址

1. 郕城故城址

位于县城东北37公里的华丰镇北故城、西故城和东庄镇南故城三村之间,西至故城河,是春秋时期至汉代聚落遗址。2015年6月,被公布为第五批省级重点文物保护单位。

城址平面略呈长方形,蒙馆公路、磁莱铁路东西方向分别穿过城址中部、南部,东西长约1020米,南北宽约1050米,面积约107.1万平方米。四周城墙唯东北角保存较好,残高2-12米,宽约10-20米,北墙、东墙残长100余米,西南角仅存转弯轮廓。城墙为黄土夯筑,局部含汉瓦片,夯层厚约0.2米,北墙墙中留有夹棍眼。西北角和西南角亦发现夯筑墙基。故城河流经城西和西南,并破坏了西、北、南部城墙。城内文化堆积厚约2米,西北角有大汶口文化遗存。采集有春秋时期泥质灰陶豆盘、豆把、罐口、树木双兽纹半瓦当残片,汉代泥质灰陶云纹瓦当、"长乐未央"瓦当、几何纹方砖等文化遗存。

2. 刚邑故城址

位于县城东北约17公里,堽城镇堽城里村,为春秋鲁国阐邑,至北魏沿用了一千多年,现仍有部分城墙残存,属宁阳时代最早、沿用时间最长、保存较好的一处古城址。

该城址内遗迹、遗物丰富,除颓垣断壁外,还暴露有基石、石柱础和丰富的砖瓦等建筑材料及春秋陶鼎、汉代半两石范等。还发现红烧土、灰土、陶片、人骨等。曾出土半两钱范、铜箭头和陶器等。2006年12月,被公布为市级重点文物保护单位。

3. 春城故城址

位于县城西北14公里处,南北长400米,东西宽200米,曾出土铜鼎,地表散布有汉代瓦片、陶豆残片等,暴露出多眼水井,井体大部分为陶井圈,并伴有多眼土井。井口径约在0.9-1.4米之间,由于受大汶河河水常年冲刷,井上半部及其文化层今荡然无存。现残存井深度在1-2米之间,井内填土为黑淤泥,伴有少量灰陶绳纹、素面陶罐、陶豆柄、绳布纹筒瓦等残片出土。此遗址上部文化层被大汶河河水冲刷殆尽,无法观察地表文化层遗迹。2003年被公布为县级文物保护单位。

宁阳县8处故城址,详见表四。

表四　宁阳县8处故城址

城址名称	时代	文保级别	位置
春城故城址	东周、汉	县级	鹤山镇徐家平村
郕城故址	春秋、汉	省级	东庄镇南故城新村
刚邑故城址	春秋战国汉	市级	堽城镇堽城里村
半城故城址	汉代	县级	乡饮乡沈家屯村
钜平故城址	汉代	县级	磁窑镇西太平村
汶阳故城址	汉代	县级	磁窑镇前石桥村
桃山故城址	汉代	县级	葛石镇石碣集村
宁阳故城址	汉代		泗店镇古城村

三、与泰山有关的历史文化遗存

1. 秦始皇禅梁父处

中国古代帝王封禅泰山,在泰山上祭天,称"封",在泰山下小山祭地,称"禅"。

《史记·封禅书》记:"管仲曰:古者封泰山禅梁父者七十二家,而夷吾所记者十有二焉。"班固《后汉书》:"故升封者,增高也;下禅梁父之基,广厚也。"

齐相管仲、汉班固认为古代帝王封禅时的禅地处在梁父。

《史记·封禅书》记:"秦始皇即帝位三年(前219),上自泰山阳至巅,立石颂秦始皇帝德,明其得封地。从阴道下,禅于梁父。"

岱岳区境内有东梁父、西梁父,宁阳境内有南梁父。

《汉书·地理志》泰山郡下列二十四县,其中有梁父县。民国十八年重修《泰安县志》有梁父的记载:在泰山东南九十里。由大汶口过桥,折而东南八里许,即圣姑堂岭,岭东尽处为南梁父村。村东即梁父岭。岭巅有小庙,后人所建。亦非地王祠。皆在小汶之南。水北有西梁父、东梁父村。然所谓梁父山者,疑即梁父岭之高处也。

古人祭祀中的郊祀,在地貌上亦有讲究,就秦汉之际而言,秦始皇泰山封禅期间,在今山东地区祭祀其一为"八神",其二为"地主"。《封禅书》说地主"祀泰山梁父。盖天好阴,祠之必于高山之下,小山之上,命曰'畤'。地贵阳,祭之必于泽中寰丘云。"

这里的含意比较复杂。按照中国古代人的阴阳观念:相反相成。而祭地主,则因为"地贵阳,祭之必于泽中寰丘云"。质言之,天好阴,祭天则于山间寻水;地贵阳,则当在水中求丘。而梁父山北临柴汶河,南有古淄水(故城河)东、南、西三面皆低下,可能在秦汉之际,亦为水环绕。所以不仅"七十二家"禅"梁父",秦皇汉武也因习惯而禅梁父。

实地考察,梁父山实为柴汶河南岸一长形丘陵,由于常年取土取石,时至今日除临河树林外,其余岭地皆已耕种,但老百姓留一土堆,不予侵犯。据当地老人讲,那是一块神仙宝地。河水泛滥时节,不管水多大,淹多少地方,此土堆处不会被淹,是人们避水患之所。另有一说,此处原有一庙宇,今已圮毁,唯存一土堆。据泰山学者汤贵仁等专家实地考证,结合历史文献记载,秦始皇禅地处为今宁阳县华丰镇南梁父山。

2. 孔子见荣启期处

荣启期(生卒不详),字昌伯,春秋时期郕邑人(今宁阳县城东北约90里处)。郕邑位于泰山曲阜之间,北临大汶河,西绕潺潺北流的淄水(俗称故城河);南与俊秀的灵山、巍巍的凤仙山相望。2500年前,在这片秀美的山水之间,曾有一段孔子与一位长者畅谈快乐人生的对话。

此事载于《列子·天瑞篇》:孔子游于泰山,见荣启期行乎郕之野,鹿裘带索,鼓琴而歌。孔子问曰:"先生所以乐,何也?"对曰:"吾乐甚多。天生万物,唯人为贵。而吾得为人,是一乐也。男女之别,男尊女卑,故以男为贵,吾既得为男矣,是二乐也。人生有不见日月,不免襁褓者,吾既已行年九十矣,是三乐也。贫者士之常也,死者人之终也,处常得终,当何忧哉?"孔子曰:"善乎?能自宽者也。"

经多方考证,孔子会荣启期的确切地点,"郕之野",在今宁阳县华丰镇北故城村北二里许,这里原是古驿道,往北不远便是柴汶河之阴的秦始皇登封泰山时的禅地处——南梁父山。孔子登泰山,会齐王,皆经过此地,此处印满了圣人的足迹。

岱岳区汉代以前古文化遗址基本情况介绍

陈 奇

(泰安市岱岳区文化和旅游局)

泰安市岱岳区历史悠久,文物古迹众多。6000多年前就孕育了灿烂的大汶口文化。目前全区拥有不可移动文物140余处,其中全国重点文物保护单位4处、省级文物保护单位10处、市级文物保护单位24处、县级文物保护单位42处。全区汉代以前古文化遗址18处(其中汉代4处),有国家级文保1处、省级文保1处、市级文保3处、县级文保9处、一般不可移动文物4处。汉代墓葬2处,汉代至清代墓葬1处。馆藏文物汉代以前的文物藏品59件/套,其中保存较好且具有一定特点的汉代以前文物藏品有:汉代陶器20余件、春秋战国时期陶器5件、战国时代铜剑2件、铜戈1件、铜镞3件、新石器时代石器9件、旧石器时代大汶河猛犸象后槽牙化石等类藏品。

一、古文化遗址

1. 大汶口遗址

为新石器时代中晚期遗址,是大汶口文化的发现地和命名地。位于泰安市岱岳区大汶口镇卫驾庄村南和宁阳县磁窑镇堡头村之间。为第二批全国重点文物保护单位。遗址分布于大汶河两岸的卫驾庄村和堡头村。遗址经过三次(1959、1974、1978年)考古发掘,揭露面积7200平方米,依据《大汶口发掘报告》《大汶口续集》,统计出土文物5800余件及大量陶片,类型主要包括陶、石、玉、骨、牙器。根据2009年山东省文物考古研究院考古勘探结果,现存遗址总面积约45万平方米,其中大汶河北部遗址面积25万平方米,文化层堆积厚2-3米。2012-2017年共发掘遗址面积3400

平方米,发现有北辛文化灰坑、大汶口文化和龙山文化时期房址及灰坑、大汶口文化墓葬等,出土可复原的陶器和若干石器及少数动物骨骼等遗迹。目前,大汶口考古遗址公园已初具规模。另据《山东省志·泰山志》记载:1981年和1982年在大汶口卫驾庄出土汉双筒三足铜灯、唐鎏金铜莲花座2件。

2. 云亭山遗址

时代为新石器至商周,位于泰安市岱岳区大汶口镇马家大吴村北云亭山上。为第二批市级文物保护单位。遗址南北长130米,东西宽77米,面积1.001万平方米。残存一土丘高7.7米,底部周长30米。遗址上散布有陶片等。《水经注》、《班固白虎通略》、中华民国十八年《重修泰安县志》均有记载亭亭山。经专家考证,云亭山即是黄帝泰山封禅祭地的亭亭山。遗址现状保护一般。

3. 龙门口遗址

时代为新石器至东周,位于泰安市岱岳区道朗镇大马村。1979年12月被泰安县革命委员会公布为第一批全县重点文物保护单位。1960年修水库时发现。遗址在龙门口水库北岸。遗址南北长90米,东西宽140米,面积1.26万平方米。文化层堆积厚1.68-2米。采集有龙山文化白陶鬶,商代褐陶绳纹鬲足,西周、东周时期泥质灰陶豆盘等。目前,遗址现状保护一般。据《山东省志·泰山志》记载:1960年出土大汶口文化滑石勺、商龙凤冠人形玉雕、西周饕餮纹铜方盘、春秋商丘叔铜簠(2件)。

4. 姚庄遗址

时代为商至汉代,位于泰安市岱岳区祝阳镇姚庄村。为第一批市级文物保护单位。推荐申报为第六批省级文保。遗址宽1000米,长1500米,面积约150万平方米,文化层堆积厚0.8-1米,出土器物有铜钱、兵器、石器、骨化石、商周陶鬲、战国陶豆、汉代瓦当等。地表散布有陶片等。1998年发现汉代水井一口。遗址地表之上为农田,部分被民房及公路占压。目前,遗址现状保护一般。2020年7月,在南距姚庄遗址约250米处新发现东周时期的古墓群,已公布为第六批区级文物保护单位。

5. 吴家庄遗址

时代为西周,位于泰安市岱岳区祝阳镇吴家庄村。为第二批区级文物保护单位。遗址面积约16万平方米,文化层堆积厚1-2米。采集有西周时代陶片、砖块等。遗址大部分被村庄所压。地表之上为农田。目前,遗址现状保护一般。

6. 文姜城遗址

时代为东周至汉,位于泰安市岱岳区大汶口镇和平村,东北边邻近汶河。为第五批省级文物保护单位。文姜为春秋鲁桓公夫人。遗址是一个正方形高土台,高1.8-2米,面积2.25万平方米,文化层堆积厚1.8米。早期遗存为文姜行宫居址。采集标本有战国时期的罐、壶、瓮、豆、板瓦等陶器残片、汉砖等。目前遗址保护较好,地表之上为农田。该遗址对研究古代城址建置提供了重要依据。

7. 东城子遗址

时代为汉代,位于泰安市岱岳区夏张镇东城村,传说为蛇丘城。为第一批县级文物保护单位。该遗址分内城、外城。遗址长450米,宽360米,总面积17.16万平方米;内城被东城村占压。采集遗物有:战国时期高领罐、侈口圆腹高圈足壶、宽沿深腹壶、刀币等。曾出土汉代石钱范等遗物。地表之上多为农田。遗址现状保护一般。2020年泰安王家院水库至大河水库供水工程考古勘探发现遗址总面积约40万平方米,并发现汉代墓葬10座。

8. 王士店冶铁遗址

时代为汉代,位于泰安市岱岳区夏张镇王士店村,当地称造甲地冶铁遗址。为第四批区级文物保护单位。遗址面积约1.5万平方米。地表1米以下为文化层,文化层堆积厚1-3米。曾出土盔甲、犁铧等。曾采集到铁镬、铁铧等农具。地表散布有汉代陶片、红烧土、铁渣等。地表之上为农田。目前,遗址现状保护一般。

9. 南角峪冶铁遗址

时代为汉代,位于泰安市岱岳区角峪镇南角峪村。为第二批区级文物保护单位。遗址面积约1.8万平方米,文化层堆积厚1.5-4.5米。1958年修水库时发现。曾出土鹿角化石、石斧等。地表散布有陶片、铁渣、太阳纹砖块等。采集有铁铧等。遗址地表之上为农田,部分被水库、村道、民房占压。目前,遗址现状保护一般。

10. 玄家庄遗址

时代为汉代,位于泰安市岱岳区道朗镇玄家庄村。为一般不可移动文物。2009年12月,西气东输天然气管道二线工程考古调查勘探发现,遗址面积6万平方米,文化层堆积距地表深约 0.80 米。采集遗物有：汉代泥质灰陶绳纹筒瓦、篮纹陶罐、盆残片等。目前,遗址现状保护一般。

11. 山口西村新村南遗址

时代为汉代,位于泰安市岱岳区山口镇西村新村南侧约 400 米。为一般不可移动文物。2016 年济泰高速公路建设工程考古调查勘探发现。遗址南北长约 300 米,东西宽约 200 米,遗址面积约 6 万平方米。遗址中部地层分为四层,耕土层、黄沙土层、浅褐黏土层、浅红褐黏土层。二至三层文化层厚约 0.9 米,含红烧土粒、草木灰、陶片等。目前,遗址现状保护一般。

12. 瀛县故城遗址

时代为东汉,位于泰安市岱岳区范镇东岔河村。为第一批县级文物保护单位。史料记载,曾是西汉时代的奉高城遗址。遗址面积约 34.2 万平方米。遗址上散布有商周、汉代陶片等。文化层中商周遗物丰富。曾出土陶罐、铜权、铜钱等。遗址部分被村庄占压,部分为农田。目前,遗址现状保护一般。

除以上 12 处文保之外,还有满庄镇的中淳于遗址(时代为新石器至东周)、大汶口镇的彭宿店遗址(时代为岳石文化至唐宋)、送驾庄遗址(时代为东周至汉代)、山口镇的冶庄遗址(时代为汉代)、山口西村新村遗址(时代为西周至汉代)、范镇的沟头村遗址(时代为汉至隋代)。

二、古墓葬

1. 淳于意墓

时代为西汉,位于泰安市岱岳区满庄镇中淳于村。为第四批市级文物保护单位。淳于意(公元前 205 年-前 140 年),西汉初齐山东临淄人,著名医学家,中医病例的创始人。墓地封土堆高 5 米,占地面积 353 平方米。目前,淳于意墓现状保护较好。中华民国十八年《重修泰安县志》《汉书·地理志》《上下五千年》《史记·扁鹊仓公列传》《泰安医药志》和《千古中医传奇》等书籍都有与其的相关记载。

2. 安乐庄王坟

时代为汉代,位于泰安市岱岳区角峪镇安乐庄村。为第一批县级文物保护单位。

封土高约 2 米,直径约 20 米。周边散见太阳纹饰砖块等。目前,古墓葬保护一般。

3. 西大吴墓地

时代为汉至清,位于泰安市岱岳区大汶口镇西大吴村。为第四批市级文物保护单位。墓地面积约 7.3 万平方米。2008 年 5 月,京沪高速铁路工程考古调查勘探发现。共清理 24 座墓葬,发掘面积约 320 平方米。出土有陶器及铜矛、铜钱等随葬品共计 70 多件。其中清理汉代墓葬 12 座。对研究大汶口一带汉代至宋元时期的经济、社会、文化等,具有重要的意义和价值。目前,现状保护一般,地表之上多为农田。西大吴墓地被载入山东省文物考古研究院编著的《京沪高速铁路山东段考古报告集》。入选 2009 年中国文物报社《发现中国 2008 年 100 个重要考古新发现》。

除以上 3 处文保之外,还有位于夏张镇鸡鸣返村的东周时期古墓群,2016 年 4 月青兰高速公路考古调查勘探在公路附近调查发现,墓葬数量和分布情况不详。

三、汉代以后与泰山文化相关的重要文化遗存

主要有无梁殿、十字穿心阁(三圣阁)、阴佛寺造像、总司庙、祝山遗址、付家庄观音阁、粥店崇兴寺;还有香水寺遗址、三官阁、全真观遗址、西萧家林云泉庵、碧霞行宫遗址、大佛寺、增福寺、河洼村通真寺、武顶寺遗址、东大官村泰山行宫、北张村白马寺遗址、泉上村华严寺遗址等十余处不可移动文物。

四、今后工作打算

岱岳区文物资源丰富,文化底蕴深厚。由于本人认知水平有限,在文物保护利用和研究展示古代泰山文明方面还做得不够。下一步,我将认真学习这次会议精神和各位专家宝贵的意见,认真梳理全区汉代以前古文化遗址、古墓葬等类文物遗存,加强文物保护工作。做好古文化遗址、古墓葬保护区域确界工作,加强文物标本采集和研究,做好文物陈列展示室的文物标本陈列工作,提升文物藏品展示水平。提升文物资源展示水平和影响力,推进文旅深度融合。

参考文献：

[1] 刘康:《泰安文物大典——第三次全国文物普查实录》,泰山出版社,2013年。
[2] 山东省地方史志编纂委员会编:《山东省志·文物志》,山东人民出版社出版发行,1996年。
[3] 山东省地方史志编纂委员会:《山东省志·泰山志》,中华书局,1993年。
[4] 刘荣奇:《千古中医传奇》,海潮出版社,2009年。

肥城市史前至汉代文化遗存

王新华　张　毅

(肥城市文物保护服务中心)

一、肥城文物基本情况

经过多年的文物普查,截至目前,肥城市现有不可移动文物238处。按级别划分,全国重点文物保护单位2处、省级8处、泰安市级34处、县级92处,尚未核定102处。根据我市的地理特点和文物古迹分布情况,肥城市的文物遗迹可以划分为北部牛陶山文化名胜区、中部山区文化区、南部汶河流域文化区三个文化区。有古遗址52处(包括建筑遗址),古墓葬9处,古建筑93处,石窟寺及石刻52处,近现代历史建筑及重要史迹33处。馆藏文物2600余件,其中国家二级文物16件,三级文物341件。其中,史前文物196件/套、商周文物117件/套、汉代文物537件/套。

二、肥城古遗址基本情况

肥城市现有古遗址26处。市级文物保护单位3处,县级文物保护单位12处。其中,史前遗址5处,分别是:北坛大汶口文化遗址、旅店遗址、李家小庄遗址、王晋和贾北龙山文化遗址;商周遗址10处,分别是:东焦遗址、潮泉小王庄遗址、董城宫遗址、边院小王庄遗址、三娘庙遗址、孙孝门遗址、锁鲁城遗址、夏谨遗址、西古城遗址和蝎子城遗址;秦汉遗址10处,分别是:小店遗址、晒书城遗址、闫屯遗址、孤山汉遗址、莲花峪遗址、张花峪遗址、王南阳遗址、庄坡地遗址、沙沟遗址和魏庄遗址。

三、重 点 遗 址

(一) 北坛大汶口遗址

北坛大汶口文化遗址,位于老城街道办事处北坛村南。遗址南北约 400 米,东西约 300 米。省道 104 将遗址分成东西两段。西段已于 1974 年整地运动时期被群众清理,东段 90 年代后期被整平,现仅存遗迹。遗址处原文化层堆积约 1-3 米,1973 年,在整地运动中,陆续出土了大量的石器、陶器、骨器、玉器及青铜器、铁器等。陶器以夹砂红陶和泥质红陶为主,另有白陶、黑陶和灰陶,以三足器、圈足器、平底器、袋足器较多。石器多为磨制,有石铲、石斧、石凿、石镰、石刀、石纺轮等。还有战国至西汉时期的灰陶鼎、杯、豆、青铜剑、铜镞、铜镜、铜戈、铁剑等,各种器物达 300 余件。经专家断定,为大汶口文化晚期至西汉时期文化遗址,是肥城至今发现最早的聚落遗址,是肥城历史古老、文明悠久的实物见证。

(二) 东焦遗址

东焦遗址位于王庄镇东焦村东侧的高台地,黄褐土,高约 2 米,长宽各 100 米,文化层堆积厚 2-3 米。采集标本有商周时期的陶鬲足、陶豆柄等。1986 年,农田基本建设时,村民卢承芳曾挖到一批汉代铁器,有扁足铁鼎、铁釜、铁链、铁马镫等。1993 年,村民赵德祥、赵德泉取土时,又出土了一批战国青铜器,有鼎、豆、壶、盨、匜。

(三) 潮泉镇小王庄遗址

小王庄遗址,位于潮泉镇小王庄村南,南北长 130 米,东西宽 140 米,大体呈长方形,面积约 1.8 万平方米。遗址东部因取土,低于村庄地面约 1 米,中部是沟地,约低于村庄 2 米,西部是高于村庄 2 米的高台地,东部、中部、西部各占总面积的三分之一,地表采集有西周和汉代的陶器残片。1965 年,小王庄村村民在庄东南平整土地时,挖出了 10 余件青铜器,还有几件玉器,这批文物已送交山东省博物馆收藏。1972 年,《文物》第五期记载:"一九六五年,小王庄出土一批陈侯为其女陪嫁的媵器,有壶二、鼎二、鬲二、簠二、盘一、匜一、穿带小壶一、勺二,共计 13 件",其中陈侯壶的铭文作:"陈侯乍妫橹媵壶其万年永宝用。"

(四) 晒书城遗址

晒书城遗址位于肥城市桃园镇晒书城村南,北依玉皇山,南邻东里水库,肥桃路穿过遗址北部。相传孔子东游列国，曾晒书于此，故名。遗址于1966年发现，南北约350米，东西200米，面积约7万平方米。文化遗存分属东周、汉、魏晋、金元、明、清等数个时期。以东周、汉及魏晋时期遗存最为丰富。

为配合S329肥城市仪阳至石横段改建工程建设，2018年5月-7月，对工程所经晒书城遗址进行考古发掘。共布设5×10米探方10个，发掘面积500平方米。清理的遗迹有东周时期水井、窖穴、灰坑，汉、魏晋时期灰坑、沟、水池，金元时期房屋、灰坑等。东周、金元时期遗物较少，汉、魏晋时期则较多，以陶、铁器为主，陶器除生活器具如盆、罐等外，以板瓦、筒瓦数量最多，昭示着当时这里建有大型建筑。同时，清理的这一时期的水池保存完整，造型独特，在山东地区系首次发现。另外，通过勘探，发现一座汉魏时期城址，东西宽约150米，南北长约200米，面积达3万平方米，城墙宽约22米，墙外壕沟宽约16米。

(五) 李家小庄遗址

李家小庄遗址位于李家小庄村北，顾庄社区南侧，东西宽约100米，南北长约100米，面积约1万平方米，大体呈正方形。遗址东侧因早年取土已成深沟。地表采集有大汶口文化黑陶残片、商周鬲足、河贝、汉代陶片和宋元瓷片，西侧为农田，地下1米可见文化层，文化层厚2米，有灰坑。采集有鹿角、汉代陶片等，据采集标本分析，该遗址应是大汶口文化至宋元时期的遗址。

(六) 孙孝门、三娘庙遗址

孙孝门遗址位于汶阳镇孙孝门村南，三娘庙遗址位于汶阳镇三娘庙村东北，两个遗址相连，面积约4万平方米。遗址东南是汶河大堤，一条土路从遗址西部南北穿过，土路东边的遗址因早年修河堤已毁坏，路西边的遗址保存尚好。地表采集有战国陶器残片、汉代豆柄、豆沿、罐口沿等陶器残片和唐代瓷器残片和宋、元时期的磁州窑瓷片等。初步断定为战国至宋元时期的遗址。

四、其他古遗址

(一) 旅店遗址

旅店遗址，位于石横镇旅店村北200米处，东西宽300米，南北长100米，面积3万平方米，大体呈长方形。村中心公路从遗址中部偏西南北穿过，路东遗址因早年取土已成深沟。地表采集有汉代陶片和唐代至元代瓷片,路西为农田,采集有大汶口文化的石铲、红陶及灰陶残片和汉代陶片。据采集标本分析,该遗址应是一处大汶口文化至元代的遗址。

(二) 贾北遗址

贾北遗址,位于汶阳镇贾北村北侧,东西长100米,南北宽100米,呈正方形,面积约1万平方米。原是一高台地,俗称"塚圪塔",黄褐土,文化层厚1.5-3米。早年整修土地时,曾出土龙山文化的泥质黑陶盆、壶和石凿、斧、镞等。属新石器时代龙山文化遗址。

(三) 王晋遗址

王晋遗址位于仪阳乡王晋村西300米处,遗址南北宽50米,东西长60米,面积3000多平方米。土质为黄黏土,文化层堆积厚约1-3米。1973年曾出土过蛋壳黑陶器及陶片,有鼎足、口沿、鬲足和一件较完整的黑陶匜,另外还有石凿、石斧。从采集到的器物来看,具有龙山文化器物的典型特征,属龙山文化遗址。1975年农田基本建设时,遗址表面已被高处运来的生土所覆盖,现遗址已成麦地。

(四) 董家城宫遗址

董家城宫遗址位于肥城市汶阳镇董家城宫村东南200米处。此遗址在1980年5月10日的全省文物普查中发现。据当地群众反映,遗址半米以下有大量的陶片出土,有时还挖出过完整的陶器,现在还能在遗址上捡到陶片。遗址东西长1000米,南北宽200米,大体呈长方形,大汶河大堤董城宫段从遗址中部东西穿过。普查人员在遗址上采集到战国至汉代的盆、板瓦、豆、缸、瓮等器物残片。

(五) 蝎子城遗址

蝎子城遗址位于孙伯镇北关村南山坡,地处丘陵地区,四面环山,遗址处地面较平整。面积约5万平方米,文化堆积厚1.7米。1981年5月文物普查时,在此见到大量战国时代的陶制器物和尸骨、灰坑,春秋时期夯土等痕迹。采集有大汶口文化夹砂红陶鼎足、堆纹及篮纹缸残片、石斧、刀,春秋时期夹砂红陶绳纹鬲裆及鬲足、夹砂灰陶绳纹罐口、泥质灰陶豆盘及豆把等。从遗址以北"北关村"命名和遗址南边沿的城基看,疑为古城址。

（六）锁鲁城遗址

锁鲁城遗址，为东周遗址，位于锁鲁城村东 400 米处，东西 200 米，南北 200 米，面积约 4 万平方米。早年曾发现夯土城基遗迹，并出土夹砂灰陶罐等残片。民国《泰安县志》载："安驾庄西北五、六里，小汶河西半里，有村曰古城，北里许望鲁山，西南二里为护鲁山，锁鲁城在两山之间。"现遗址已成平地，古城遗迹已不复存在。

（七）夏谨遗址

夏谨遗址，为东周遗址，位于安庄镇南辛庄村西南 600 米处，南北 200 米，东西 200 米，面积约 4 万平方米，早年曾发现夯土城基。光绪十七年《肥城县志》载："今夏辉村为古夏谨城遗址，齐桓公曾在此设宴会群臣。"由于早年的大汶河修堤，遗址已遭严重破坏。地表采集有夹砂灰陶砖、瓦残片及泥质灰陶壶、盆残片等。

（八）边院镇小王遗址

边院镇小王遗址，位于边院镇小王村布金山东侧山脚下，为山下 1－2 级台地，南北长 2000 米，东西宽 600 米，面积约 120 万平方米，整个小王村坐落于遗址东部。遗址早年曾出土过陶鬲足、陶豆柄、铜剑、滑石璧等，这次普查，在地表采集有鬲、豆等陶器残片。据标本及出土器物分析，该遗址应是一处东周遗址。

（九）西古城遗址

西古城遗址，为战国—汉遗址，位于边院镇西古城村北 500 米处，俗称"北寨"，又称"羽父城遗址"。遗址南北 200 米，东西 400 米，呈正方形，为高台地，南断崖处有一处古城址，西古城来历与此有关。泰安县旧志曾记载：在泰安"西南七十里羽父山之阳古城庄，相传为鲁公子羽文食邑。"遗址曾出土战国时期的黑陶壶、陶瓮、陶豆及汉代的五铢钱、铜箭头等。

（十）小店遗址

小店遗址位于湖屯镇小店村西北 150 米处，遗址东西长 200 米，平均宽度 100 米，遗址分布面积约 2 万平方米。遗址东半部分由于用土，地表下挖 1 米，文化层暴露在外，遗址表面到处散布汉代瓦片、瓦当、唐代瓷器残片等。西半部分还未曾挖掘，遗址表面散落有汉代陶片，初步判定为汉、唐遗址。

（十一）闫屯遗址

闫屯遗址位于王庄镇闫屯村正西，王五路西 20 米处。地处平原地区。遗址东西宽 75 米，南北长 180 米，面积 1.35 万平方米。北面路直通村中心路。原为瓦渣地，村民犁地时不断翻出一些灰陶碎片，有些甚至暴露在地表。整个遗址一年整地出的碎片，可装二十多辆小推车。数量非常可观。遗址出土有灰陶碎片、红陶碎片、瓷碎片，暂无完整器物出土。根据遗址出土的陶、瓷碎片推测，初步断定为汉、元遗址。

（十二）王南阳遗址

王南阳遗址位于仪阳镇王南阳村西，南北长 170 米，东西宽 300 米，面积 5.1 万平方米，东连王南阳村，北、南、西三面均为深沟，一条土路从遗址中心东西穿过。遗址表面和南北断崖上，采集有罐、缸、盆等汉代陶器残片。初步判定为汉代遗址。

（十三）庄坡地遗址

庄坡地遗址位于肥城市仪阳镇大拷山村东南，遗址为一高台地，遗址东侧和北侧为深沟，呈长方形，东西长 240 米，南北宽 180 米，分布面积 4 万平方米。地表采集有汉代泥质灰陶罐残片、豆柄；唐、宋、元代时期的瓷器残片等。此遗址于 1980 年文物普查时被发现，文化层堆积厚 1.2 米，在沟沿处原暴露有汉代石椁墓。初步判定为汉、唐—元遗址。

（十四）孤山汉遗址

孤山汉遗址位于肥城市潮泉镇孤山村西南 2000 米处，遗址呈长方形，东西长 224 米，南北宽 110 米，面积 2.2172 万平方米。现为有机蔬菜基地。地表采集有汉代的灰陶豆、罐、鼎等器物残片，从出土的陶器残片判断，此处为汉代遗址。该遗址的发现，为研究肥城汉代聚落分布特征、人类生存环境等提供了新的资料。

（十五）莲花峪遗址

莲花峪遗址位于孙伯镇莲花峪村村西 400 米处的农田里，地处汶河平原，北面是丘陵山区。东西宽约 200 米，南北长约 300 米，面积约 2 万平方米。遗址东南角有长 60 米，宽 60 米，深 2.5 米的土地因取土而被破坏。当地居民以前称此处为"官家林"，曾出土过青铜器、陶罐。现遗址上仅找到少量陶、瓷片，初步判定为汉代遗址。

(十六) 张花峪遗址

张花峪遗址位于老城镇张花峪村西南 1000 米处,遗址为一椭圆形的高台地,高于地面约 3 米,南侧为麦地,其他三面为深沟。遗址东西长 32 米,南北宽 18 米,面积约 550 平方米。从遗址的断层看,1 米以下表面有灰土层,文化层堆积 0.5 米。地表以上采集到鬲足、缸、罐口等灰陶残片,初步断定为汉代遗址。

(十七) 沙沟遗址

沙沟遗址位于新城办事处沙沟村西北,面积约 1.3 万平方米。遗址分两块,一块位于村北农田,南面紧靠民宅,东北为村内大沟,呈边长为 150 米左右的直角等边三角形。另一块紧接三角形,沿大沟往南,呈长约 100 米,宽 20 米的带状分布。文化堆积厚约 0.5 米。采集有汉代泥质灰陶粗绳纹板瓦片、盆口沿、豆盘残片、泥质红褐陶壶口沿及宋元时期黑花白釉瓷器残片、部分钧窑瓷器残片。初步判定为汉、元遗址。

(十八) 魏庄汉遗址

魏庄汉遗址位于边院镇魏庄村南 150 米处,遗址长宽各 100 米,基本呈正方形,面积约 1000 平方米。早年曾采集到豆柄、罐口沿等汉代陶片,初步判定为汉代遗址。

浅析东平县古代城邑聚落遗址及其文化内涵

杨 浩　展亚星

(东平博物馆)

东平位于泰山西部,属于鲁西南地区,因为湖、山、田三分天下的地理环境和厚重的文化,素有"雄藩""重地""剧郡"之称;又因东平"东振齐鲁,北抵幽燕,西逾赵魏,南距大河""为齐鲁一都会"。持续600年的南北交通枢纽大运河穿越其中,历来属齐鲁要冲。历史上先后为东平国、东平郡、东平府、东平路、东平州,为泰山西部一带地域性政治、经济、文化中心。

目前有世界文化遗产1处、国保单位4处、省保单位13处、市级27处。馆藏文物10万多件。

一、东平遗址现存情况

东平历史上先后出现古国城邑十余个,如遂国、须句国、宿国、鄣国、济东国、东平国以及郈邑、毂城、富城、阳城、桃城、东平陆、晋城等等。

根据全国三次文物普查,古代生活聚落遗址有近百处,多数为汉代遗址,在遗址上可捡到较多的器物标本。其中有大汶口、龙山文化时期的丁坞遗址、烟墩龙山文化遗址以及前口头、后路口、井仓、屯村铺等商周遗址。

(一) 东平境内古国城邑

1. 遂国故城:遂,一作隧。遂国,妫姓国,故城在今东平县接山镇上遂城村。始封君虞颉次子虞遂,是舜的后裔,夏初商时期守之。《史记·陈世家》记载:"舜重之以明德。至于遂,世世守之",意为舜帝重于施行德政来治国,后来舜的德行安置于遂国,让遂国世代继承下来。西周中期遂国某位国君铸造的青铜器"遂公盨"铭文上也铸刻着遂国"为政以德"的训示。《左传集解》中记"遂,舜后。盖殷之兴,存舜之后而封遂。言舜德乃至于遂"。周武王元年(前1046年)封遂国,后为鲁之附庸,有遂因氏、颌氏、工娄氏、须遂氏四姓。周僖王元年(前681年)春,为平定宋国之乱,齐桓公、鲁庄公及宋、陈、蔡、郑等国于北杏会盟,遂国被邀但没有参加。六月,管仲为壮齐之国威,出兵灭掉遂国,地归于齐。接山镇于清代有与古遂国相关的弋姓、爼、仇、计、容等姓氏。

现存遂城遗址属山间台形地,东西450米,南北350米。文化层堆积厚约0.6米。表层黄土,地表暴露物有灰、褐、红色罐和鬲口沿、豆盘等器物陶片。遗址区内西南部有一高土台,为当时遂国内城城址,被当地群众俗称为"南城台子"。(图一)现为县级文保单位。

2. 须句国故城:须句,又作须朐,风姓,子爵,太昊之后,为西周和春秋早期小型诸侯国。须句为中国夏代以前最古老的四个诸侯国之一,伏羲正姓氏,给自己定姓氏为风姓,自己的后代建立了四个方国,取名任、宿、须句、颛臾,这四国皆以国名为姓,负责祭祀太皞和济水。周襄王十三年(前639年)秋,邾国人灭亡了须句,须句君逃亡到鲁国。鲁僖公母亲成风为须句人,在成风劝说下,明年三月,僖公带兵讨伐邾国,占领须句,帮助须句复国。邾国由此攻打鲁国,鲁国因轻敌而大败。周襄王三十二年(前620年)春季,鲁文公发兵攻打邾国,占取须句,须句国亡。《汉书·地理志》曰:"东郡,秦置。……须昌,故须句国,风姓。"《水经注》曰:"(济水)又北过须昌县西。京相璠曰:须朐(句)一国二名,盖迁都。须昌,朐(句)是其本,秦以为县。"须句国治原在安民山东,后来北徙,仍叫须句,秦时改名须昌县。清《东原考古录》中记载:"须句,风姓国,鲁附庸,灭于邾,地入鲁,城在安民山东济水上……今安民山东六里张家庄(今属梁山县)其故地也。"清代东平有与须句国相关的河、车、豆及现代宿、任等姓氏。(图二)

由于年代久远,河水淤积,今去实地调查,已看不到故城迹象。唐代文学家韩愈在郓州诗中有"来朝当路日,承诏改辕时。再领须句国,仍迁少昊司"之句。

3. 宿国(东平国)故城:宿国,风姓。夏代以前中国最古老四国之一,周初武王分封七十一国中,封伏羲氏之后代"宿夷"在宿立诸侯国,男爵,和须句国一样,负责祭祀东夷族太皞和济水之神,是为姬姓之外的异姓国,《东平州志》中有"倚崤开国,筑宿为城"的记载。山西曲沃县北赵村晋侯墓晋侯苏编钟铭文中记载周厉王三十三年(公元前846年),晋献侯曾受命跟随周王东征风夷(夙夷,即宿国)之事。春秋时期,宿属宋

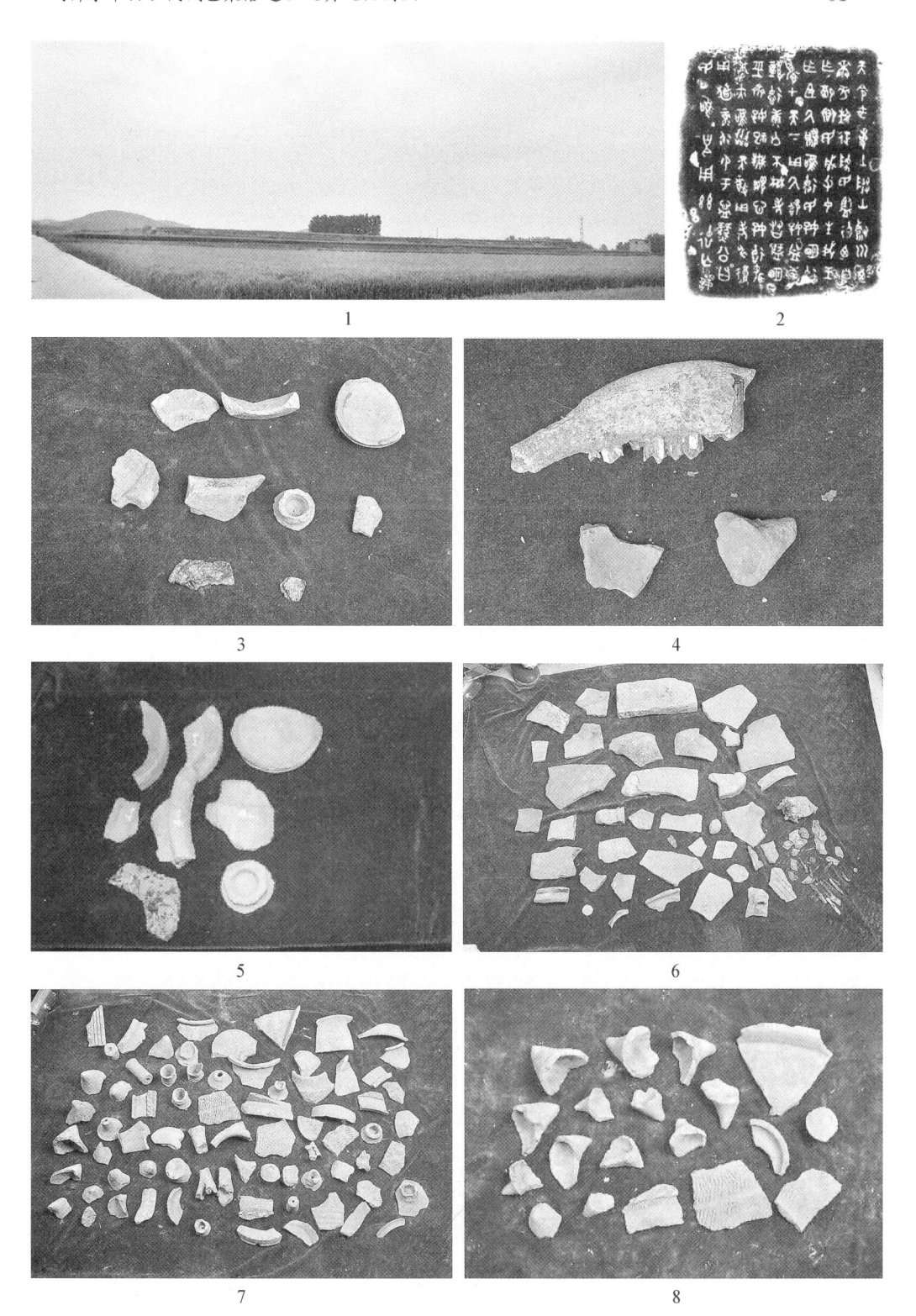

·浅析东平县古代城邑聚落遗址及其文化内涵·

图一 遂城故城遗址及遗物
1. 遗址 2. 青铜簋铭文 3-8. 拣选遗物

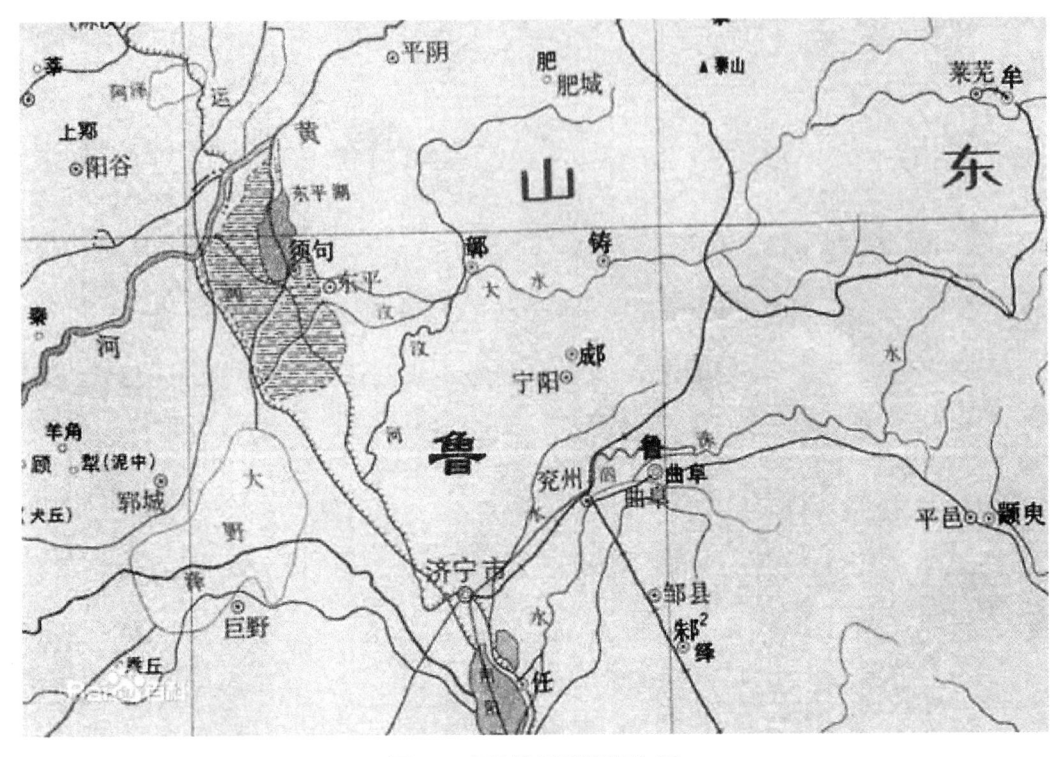

图二　春秋战国时期须句国

国附庸,周平王四十九年(前722年)九月,鲁、宋两国遣使通好,鲁隐公与宋穆公还会于宿城登坛盟誓。周庄王十年(公元前684年)三月,宋湣公占取宿城,把宿人迁往他地,至此国亡。两汉至三国、晋时,东平为皇子国,宿城一直是东平国王城。唐贞元四年(788年),宿城县改为东平县,寄至须昌城,自此,宿城不再是县以上政权机构,但仍是一个大型集镇,现为东平街道办事处行政驻地。

宿城城址现在包括宿城、焦园、郭庄、魏庄、营子新村四个自然村,城垣大体呈长方形,东西长约1600米,南北宽约1300余米。城垣大体轮廓尚能看清,明显高于其周围田地,城址的西北角仍存北城墙一段,高1-2.5米之间,长180米,宽15米,其夯土层、柱洞特别明显。城区内曾出土汉代钱范、铁锄,晋代虎符及隋唐瓷器等。(图三)2004年,山东省考古研究所配合济、菏高速路建设对故城西北部进行局部发掘。现为省级文保单位。

4. 鄣国故城:鄣国,本黄帝后任姓国,在今东平县接山镇鄣城村。约始于前11世纪,灭于前664年。西周初,其为纪国附庸,后被齐太公收为附庸国,将鄣国及邻近的齐国分封给庶子。鲁庄公三十年(前664年)秋七月,被齐国灭,末代国君鄣胡公被杀,更为姜姓国。任姓鄣国亡国,部分鄣人逃奔纪国。纪国被齐国吞并,纪人与原来鄣人南下,于今江苏赣榆东北纪鄣城定居。汉代时东平鄣城为章县,元代曾设巡检

图三 宿国故城遗址及遗物

1. 汉代城基发掘 2. 汉代城墙 3. 北城墙夯土基址
4-5. 拣选标本 6. 铁锄 7. 晋代虎符 8. 唐代注子 9. 汉代五铢钱纹陶瓦

司,明清时期为鄣城集。《路史·国名纪一》云:"鄣,东平无盐东北有章城,古章国。"又云:"章与谢本皆任姓。周始以封太公之支子于鄣。"《春秋·庄公三十年》载:"秋七月,齐人降鄣。"杜注:"鄣,纪附庸国。东平无盐县东北有鄣城。小国孤危,不能自固,盖齐遥以兵威胁使降附。"《后汉书·郡国志三》载:"东平国,七城……无盐本宿国,任姓。有章城。"清《春秋地理考实》亦云:"鄣,在今东平州东六十里有鄣城集,即鄣故城也。"鄣国世系从鄣穆公姜虎到鄣胡公姜祥共历十二代。东平清代有与鄣国相关的皮、豆、滑、神、檀姓等姓氏。

史载鄣国世系:1.鄣穆公姜虎 2.鄣靖公 3.鄣康公 4.鄣植公 5.鄣平公 6.鄣厉公 7.鄣武公 8.鄣定公 9.鄣隐公 10.鄣缪公 11.鄣闵公 12.鄣懿公 13.鄣胡公姜祥。

鄣国故城位于今鄣城村,遗址范围约东西长1300米、南北宽650米。故城遗址的中心部位被现在的鄣城村所占压,其南部被大汶河剥蚀严重。地表有板瓦、筒瓦和残罐、瓮、盆等陶器物残件。(图四)现为县级文保单位。

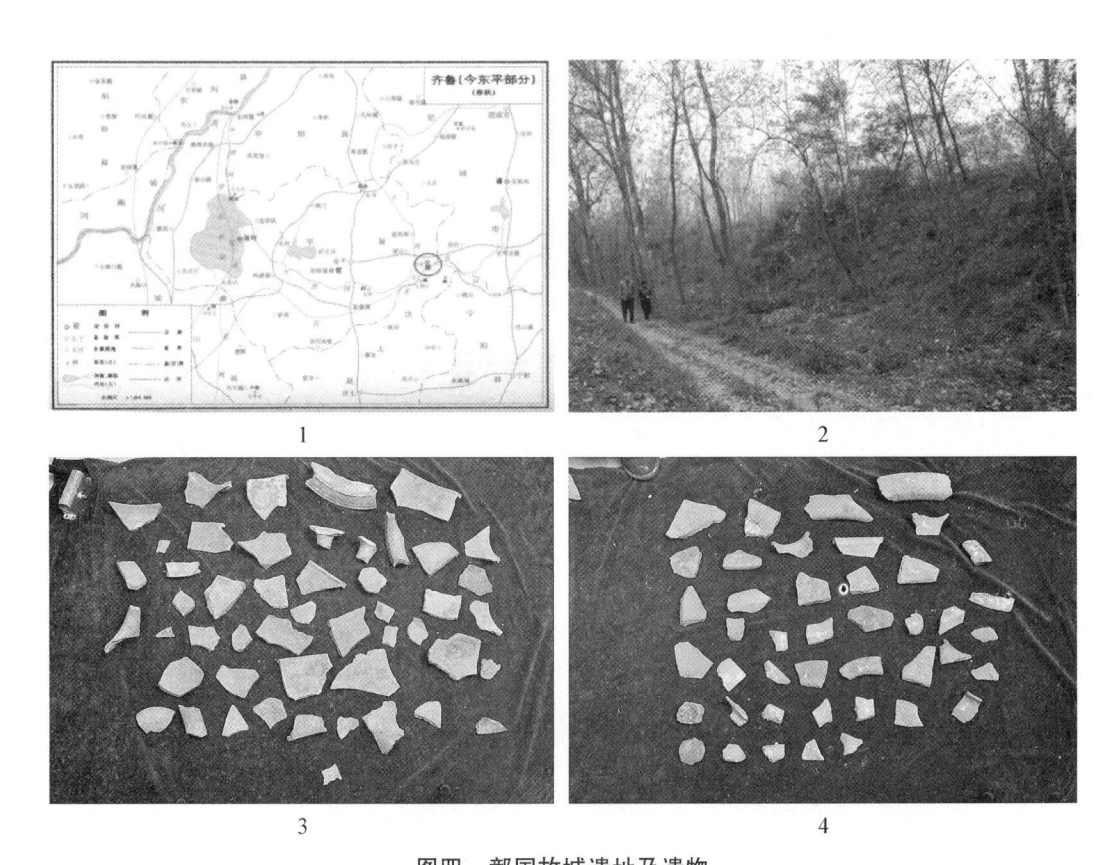

图四 鄣国故城遗址及遗物

1. 春秋时期的鄣国 2. 鄣国遗址调查 3-4. 拣选标本

5. 须昌故城：须昌城为商周至宋时故城。唐代称郓州，后唐称须城，位于东平县的西部，土山以东，埠子村旧址以西。今淹没于东平湖中。作为地方行政机关，须城（须昌城）前后历经2000余年。

除此以外，许多著名诗人、文学家先后在这里留下他们的足迹和不朽的诗篇。诗人李商隐曾任郓州参军；李白写有《送梁四归东平》；高适住东平时，曾写诗《东平路中遇大水》；文学家韩愈写有《郓州溪堂诗序》；柳宗元写有《贺东平表》的奏文。

关于须昌城的位置，在清代《东平州志》中载：须昌"距须句三十里""沦没陂泽中旧址无存。埠子头东岳庙其东关也。西南陂中有石刻'南门'二大字，为南门遗址。遗址今淤水中"。据清代进士蒋作锦所著《东原考古录·须昌城考》记载，"须昌南距须句（今小安山东三公里的东张庄村附近）三十里，城在金山东南，土山东，埠子头西，沦没陂泽中，旧址无存，埠子头东岳庙其东关也，西南陂中有石刻南门二字，为南门遗址"。又据《资治通鉴》记载，须昌城南距寿张县城（今新湖乡霍庄）30里，东南距汶上县城90余里，西距长安（今西安）1694里，城北隔鱼山与东阿县相望。另据《东平县志》（民国志）记载，须昌故城西南12里有洄源亭。唐代郓州太守苏源明曾邀四郡太守游小洞庭湖（今东平湖），并于此亭宴请。须昌北翊燕赵，南控江淮，城临官道，曾一度为北方重镇。

根据志书记载及近几年国家和省水下考古部门进行水下考古，须昌城在今东平湖中的土山岛东面、埠子村（旧址）西面。

6. 无盐故城：无盐在西周、春秋时期为宿国地，战国时齐置无盐邑，战国女政治家、齐宣王王后钟离春即出生于这里。秦设无盐县，西汉景帝中元五年（前145年）置济东国，治无盐县。元鼎元年（前116年）废为大河郡，设为东平国治。历史上著名的东平人索卢恢以少胜多、战败王莽大军的"成昌之战"（无盐大捷）就发生在这里。

故城遗址位于今东平县城东南2.5公里，大清河北岸无盐村附近。遗址保存不明显，只有残存约0.5-1米厚的土褐色文化堆积，暴露物有灰陶素面缸、盆瓮、瓦当残片及大型砖石等，曾出土鎏金三足双鱼纹青铜洗等文物。（图五）为县级文物保护单位。

7. 郈邑故城：位于东平县汶河南岸、彭集镇后亭村一带。为春秋时鲁叔孙私邑。鲁定公十二年（公元前498年）夏，孔子言于定公曰："臣无藏甲，大夫无百雉之城。"定公使仲由季氏宰，将堕季孙氏、孟孙氏、叔孙氏三人封地之城邑即"堕三都"。于是叔孙州仇率师堕郈邑三尺，即用驷赤为郈宰。这里的"郈邑斗鸡"，也是我国最早的斗鸡记载。

该遗址属汶河冲积区，今整个后亭村坐落在遗址之上，上为堆积沙层，2-5米以下为文化层，农民挖沙曾出土过一些泥质夹砂灰陶饰绳纹瓮、罐残片和豆柄、筒瓦等。（图六）

图五　无盐故城遗址及遗物

1. 遗址　2. 青铜洗　3-4. 拣选标本

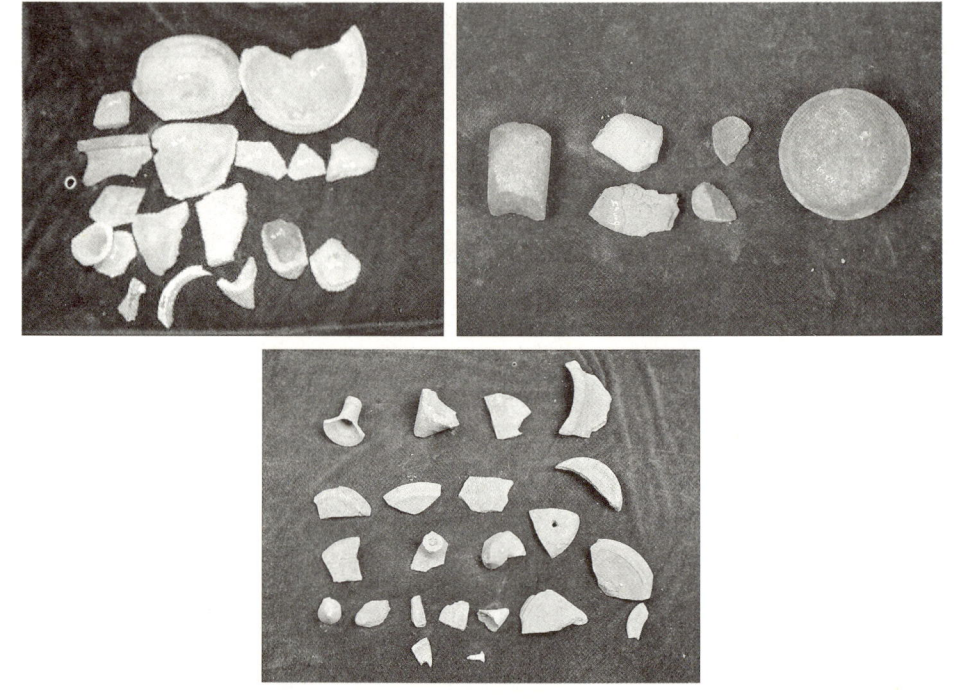

图六　郚邑故城遗物

8. 榖城故城：即阳谷邑故城。据《左传》记载，阳谷邑在春秋战国时为齐国城邑，也曾是齐国名相管仲的采邑。鲁庄公、鲁僖公、鲁文公都曾在此地与齐桓公会盟，鲁季孙行父和公孙归父也在此会见过齐桓公。另外，在鲁成公五年（公元前594年），叔孙侨如在此地会见晋国使者荀秀。周宣王十八年（公元前634年）齐孝公乘鲁国岁饥之时，兴兵伐鲁，鲁僖公派大夫臧孙辰带着礼物去楚国恳求援助。楚成王发兵与鲁国一齐攻伐齐国，攻占了齐国的谷邑，即此阳谷邑，并封昔日出走楚国的齐桓公之子雍在此，以易辅助。并留下兵士1000人，让申公叔侯统率，以便及时声援鲁国，楚并据此伐宋，欲窥视中原，但第二年冬又被齐国夺回此邑。

遗址位于旧县乡王古店村东1000米处的山坡地上，三面环山，北邻楚霸王项羽陵墓。遗址东西800米，南北900米，两条山水沟从遗址内穿过。土质是山间黏土与坡积物混合土。从断层上观察，文化层厚度不等。分上下两层，下层为商周文化层，内含大量蚌片和陶片；上层为汉代文化层，内含有豆柄、豆盘等残陶器。（图七）现为东平县文物保护单位。

图七　谷城故城遗址及遗物
1. 遗址　2. 遗址北部灰坑　3. 陶片　4. 蚌片

谷城，春秋时称为谷、小谷，属齐国，为齐相管仲的封地。东汉时置谷城县。谷城与东阿为邻县，东阿县治今阳谷县阿城镇（阿城古称柯）。谷城与东阿多次分分合合，南北朝刘宋大明元年(457年),撤东阿县,县域并入谷城县。北魏恢复东阿县,北齐谷城县并入东阿县。隋朝置阳谷县,县域西南部划归阳谷。唐天宝元年曾又恢复谷城县,六年后再次并入东阿。东阿县城曾先后迁至南谷镇(今东平县旧县乡)、利仁镇(今旧县乡大吉城村),后于明洪武八年迁至谷城,即今济南市平阴县东阿镇。1947年,东阿县城迁今址,即铜城镇。

9. 霍庄遗址:即寿张故城。据光绪版《东平州志》载,霍庄系汉代寿张县故城遗址,三国魏时曹操之子曹徽为东平国王,国都即从宿城迁至寿张(今霍庄),属兖州。西晋时国都又迁至须昌。也是元代状元东平人霍希贤故里。另据《霍氏族谱》载,元朝时霍姓人在此建村,因出状元霍希贤,遂以霍姓命村名。

遗址位于新湖乡霍庄村东200米处,面积约2万平方米。地处汶、黄两水冲积平原区,在东平湖二级湖内。从修筑房台动土的断面观察,0.5米以下即是文化层。文化堆积厚约0.8米,下层包含物有灰陶豆盘、豆柄、鬲足和少量的灰陶绳纹夹砂鬲足、瓮、罐口沿、板瓦、筒瓦等;上层有灰陶篮纹瓦片、砖等建筑残件,还有少量的素面罐,鼎等器物残件。该遗址保存较好。现为东平县文物保护单位。

在霍庄附近,当地村民垫房台时曾发现有许多汉墓,并有一些汉画像石墓,其中部分画像石今存东平县文物管理所。(图八)

图八 霍庄遗址附近出土汉画像石

10. 其他故城还有富城、阳城、桃城、晋(棘)城、东平陆城等,史料记载较少,遗址位置不明确。

(二)东平境内聚落遗址

在聚落遗址中,有大羊镇的丁坞村遗址、老湖镇的烟墩村和卢山村遗址、东平街道的一担土村和虹桥村的"皇姑坟"遗址这5处新石器时代遗址,曾有大汶口文化玉斧、龙山文化陶甗以及其他石斧、石凿、石镰等石器以及蚌形刀等出土；有东平街道井仓村、旧县乡的旧县三村、接山镇的后口头村和林马庄、新湖镇的刘楼村以及大羊镇的三王村、南留屯、郭山村"窑洼"等 8 个商周遗址；周或周汉遗址则有梯门镇的前范山遗址，老湖镇的后林村、焦铺村、高沟村、沈铺村遗址，东平街道的石马村、北马庄、小赵村遗址，大羊镇的李大羊、前郑庄、裴洼村、郭山村、郭山村南遗址，新湖镇的霍庄、西叶庄遗址等 15 个遗址点。

1. 丁坞遗址：丁坞遗址，位于东平县大羊乡丁坞村西北处，距县城 13.7 千米，是东平县比较重要的一处古文化遗址，现为县级重点文物保护单位。该遗址面积约 2.4 万平方米，属山坡台形地。从遗址断面观察，文化层堆积厚约 1-2.5 米。文化层以土灰褐色为主，内包含有红烧土块，从文化层内的包含物看，其上层为龙山文化层，下层为大汶口文化层。地表暴露遗物主要有夹砂红陶鬲足、夹砂灰陶残片和黑陶残片等。从拣选的标本看，龙山文化层主要有陶鼎、盆、罐、豆、杯、甗和磨制石器等器物；器表装饰以素面为主，有的打磨光亮，部分器物上有压划纹、附加堆纹、篮纹、竹节纹等，有的鬲足呈较长的鸟喙状。1993 年，县文物管理所工作人员在此遗址区东南处发现一处龙山文化时期的墓葬，该墓为土坑竖穴式，为单人仰身直肢葬，头向略偏东北（未全面清理）。主要随葬品系在头部发现有蛋壳灰陶高柄甗 1 件，高 18 厘米，喇叭形口，壁薄如蛋壳，细长圆形柄饰以竹节纹，圆饼形座，座下有三支腿附足，器座部有刻划纹。此甗是龙山文化的典型器物，属于龙山文化早期。

丁坞遗址下层是大汶口文化层，从遗址出土文物看，主要器物有各式鼎和罐、钵、盆、豆、壶等陶器和石器等。陶器以灰陶和夹砂褐陶较多，还有部分红陶；器表饰篮纹、绳纹者较多，另有弦纹、附加堆纹、刻划纹、乳钉纹等。陶制工艺多数运用快轮制陶技术。从当地群众手中征集到的部分石器看，有斧、铲、镰等农业生产工具，制作细致，通体磨光，并采用管钻法穿孔。在当地群众手中征集到一件月牙纹青玉斧，长约 20 厘米，宽约 10 厘米，厚约 1.5 厘米，刃部较尖锐，斧顶部呈弧形并有一直径 1 厘米的圆形孔，一面饰有连续的月牙纹，此玉斧是大汶口文化时期不可多得的重要出土遗物。（图九）

丁坞遗址的发现和调查，对于古海岱文化区的考古研究具有重要的参考价值，它不仅是创造"东原文化"这一地方文化体系的先躯，而且对于整个山东地区的史前文化考古也具有重要的资料研究价值。

2. 沟坝遗址：泰安市文物保护单位，位于东平县梯门乡沟坝村西侧。遗址东接村庄，北临大山，南为山水沟。其范围南北长 70 米，东西宽 90 米，遗址高出四周 3-6 米，形成台形地。最近几年，遗址区东部动土比较严重，为附近村民取土盖房之用。

图九　丁坞遗址及遗物

1. 遗址局部　2. 陶壶　3. 玉斧　4-7. 拣选陶片标本　8. 蛋壳陶高柄杯

从取土自然断面上观察,文化层深度为5米左右,土质为灰色和灰褐色,层次不很明显。上半部分以豆、罐、鬲残件较多,下半部分土层中以鬲足、鬲足沿、罐口沿多见,还有些兽骨和红色烧土块。1973年文物复查时在西侧断面上曾普查到一个直径8米、深2米的大灰坑,灰坑的底部已接近生土层。坑内土质为灰色,有些地方白灰色,内有很多兽、骨、罐口沿,大型的鬲足残件等。最近几年,还从群众手中征集到从遗址地区挖出的陶豆、罐和青铜削等。(图十)此遗址文化层深、包含物丰富。

图十 沟坝遗址及遗物

1. 遗址 2. 遗址南部灰坑 3. 陶鬲 4 - 6. 拣选标本

根据征集的器物和地上拣选的标本分析，沟坝遗址为商周时期的一处村落遗址。1958年在遗址东南角挖土时，从地下6米深处挖出过较大型动物化石（群众称"龙骨"）。据此判断还有早期文化遗存，有待今后考证。

3. 朱桥遗址：位于东平县老胡镇朱桥村东侧。整个遗址坐落在土岗子上，为一高出四周的台形地。1960年，中国考古研究所山东考古队曾进行过发掘，为县级文物保护单位。

该遗址由于靠近村庄，村民整地建房对其破坏比较严重，文化层已暴露出地面，其范围南北长200米，东西宽150米。从群众挑土的断面上观察，文化层深度不一，一般在0.5－1米左右，内包含有红色烧土块、罐、鬲、钵残片，还有一些兽骨、蚌片等。从地表灰色土面上观察，暴露物有罐、鬲、钵残件以及器耳等。拣选标本有：外有绳纹的夹砂红陶鬲足、素面红陶钵口沿、方唇，外有绳纹的灰陶罐口沿；外部有附加堆纹的夹砂灰陶口沿等。据一些村民讲，过去在岗子上挑土时，在下层出过一些石器，还发现有很多古墓，大多为土框墓，据判断下层还有早期遗存，有待今后发掘考证。

根据拣选标本和暴露物分析，朱桥遗址为商周时期的村落遗址。

4. 屯村铺遗址：位于东平县旧县乡屯村铺村东北1.5公里洪顶山之间的东风水库内和坝西200米处，县级文物保护单位。该遗址三面环山，遗址东有"茅峪泉"，南北山腰两处有北齐时的摩崖刻经。遗址区为山坡地，长年经山水冲刷，遗留文化层很少，暴露物十分丰富，大部分都被冲到西大坝内。特别是当时东风水库及拦水大坝的修筑，对遗址占压、破坏较为严重。遗址区其范围东西长500米，南北东部宽50米、西部宽200米，呈扇形分布。从冲刷断面考查，今存文化层厚度约1－2米之间，土质为山区黏土与坡积物、淤积沙土的混合土，呈灰褐色。遗址区内有两处较为重要的残存文化层堆积，皆位于库内和山脚下，东部长3米，高2米，西部长8米，高2.3米，土质为黑褐色，内有大量的蚌片和器物残片。附近地里和坝西地里地上散布着大量的器物残片和大量的蚌片、瓷片等。（图十二）

查阅有关志书资料和历史书籍，对此均无记载，根据拣选标本和现场考查，屯村铺遗址属商周时代的一处遗址。

5. 井仓遗址：位于井仓村北200米，老百姓称为"高岗子地"，属于山间台形地。文化层丰富，堆积厚0.3－0.5米，暴露有灰坑等。由于村民平整土地，于地头拣选标本有商代夹砂红陶鬲残片、夹砂灰陶鬲足、陶豆柄、绳纹罐口沿等。（图十三）

图十一 朱桥遗址及遗物
1. 遗址 2. 陶罐 3-6. 拣选标本

图十二　屯村铺遗址及遗物
1-2. 遗址　3-5. 拣选标本

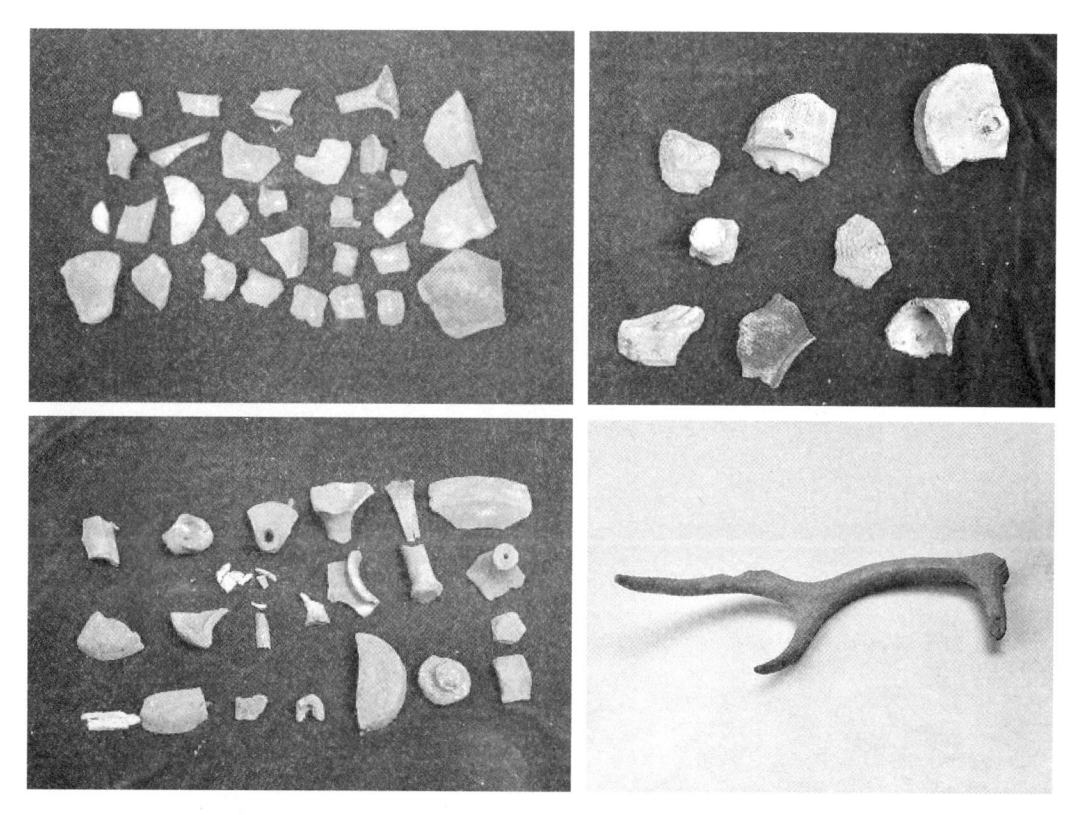

图十三　井仓遗址出土遗物

6. 前口头遗址：位于前口头村东面大汶河西河堤东侧(遗址西部被河堤占压)，地表暴露陶器残器物较多，曾拣到一件10公分左右的石斧和一块带有单字印戳文的陶砖。(图十四)

7. 石马遗址：有陶路钉砖、云纹瓦当、加砂鬲足、细绳纹筒瓦、灰陶瓮罐、绳纹口沿等。

8. 后路口遗址：位于大汶河北岸后路口村东，遗址中间有一座汉代封土堆墓。遗址内较大型乳状鬲足较多。(图十五)

9. 青峰山遗址：位于县城东南青峰山东部山峪内，是去年2月份疫情期间独自外出闲游时发现的。在一条即将施工的南北向路段上(一担土村至无盐村)，前后两次拣选了部分标本。

此处遗址是一处山间高岗形高台地，鸡鸣山稍偏西南约1000米处、青峰山东400米处。灰土层位于地表黄土层0.4米以下，分布面积不大，初看南北10米、东西10米左右，灰土层明显，薄的地方0.5米左右。从修路推出的土中寻找陶片，捡回约有300余件。(图十六)陶片有夹砂红陶、夹砂红褐陶、灰陶、泥质灰陶等，陶片上绳纹

图十四　前口头遗址及遗物
1. 遗址　2-4. 拣选标本　5. 石斧

图十五 后路口遗址出土遗物

图十六 青峰山遗址出土陶片

最多,另有附加堆纹、弦纹等,有的陶片保留有使用痕迹,附着有黑灰。有的陶质粗糙疏松,有的光滑细腻。其中鬲足20多件,有馒头状鬲足直径十四五公分,有小鬲足直径不足2厘米,有的鬲足使用了模型制作,有绳纹,外部再涂抹厚泥。残青石质石斧一件,长8.5、宽6.8、厚2.5厘米;灰陶残豆一件,宽圈足,口沿较宽,从残存口径看有20多厘米,较浅约3厘米,外壁上有阴刻细弦纹,器表光滑。这处遗址在以往调查资料中没有记载。

10. 其他遗址:还有三王遗址、林马庄遗址、庐山遗址、北马庄(出土有陶纺轮、灰褐色鬲足、灰陶罐口沿、灰陶豆盘)、南屯遗址、东斗山遗址、蒋桥遗址、小赵村遗址、王村遗址、毛翁遗址、上水河遗址、叶庄遗址、旧县三村遗址、解河口遗址、虹桥"皇姑坟"遗址、李所遗址等。

二、贵族墓地

东平汉代以前贵族墓地有西汉思王陵、东汉宪王陵和楚霸王项羽陵,一些古国如遂国、鄣国、宿国等贵族家族墓地至今都还没有发现。也有唐宋以至明清较多的名人官宦家族墓地等,如梁氏墓群、巩氏墓群、吕氏墓群、李氏墓群、王氏墓群、颜氏墓群,唐卢国公程咬金墓、宋经学家孙奭墓、学士孙复墓、元千户李世英墓、明兵部侍郎刘源清墓、尚书王宪墓、千户王富墓、清代上海道台宫慕久墓等等。

1. 楚霸王项王陵:也称项羽墓、霸王墓、霸王坟,位于东平县旧县乡旧县三村东侧高台地上。

霸王墓,当地人亦称霸王坟,墓在墓区偏北处。原存封土直径100余米,高10米左右,前为神道,神道前碑刻4方,汉柏数十株,惜在"文化大革命"中大部分被毁掉,遂辟为学校、果园和民房。今墓前有一残存碑刻,其碑文曰:"楚霸王□□,一剑亡秦力拔□,重瞳千载孰能攀。秋风蕉鹿行人憾,□寝于今草亦斑。……戊申之春,余来守汶阳,过谷城见村碑苔藓,古冢□□,询诸士人亦为□之墓……凄风瑟瑟,曾无过而……"字体为行楷阴刻,颇有宋代瘦金体的风韵。

关于项羽墓,《史记》《资治通鉴》《水经注》《括地志》《皇览》等史书,均认定其所葬地在谷城。《史记·项羽本纪第七》详载:"项王已死,楚地皆降汉,独鲁不下。汉乃引天下兵欲屠之,为其守礼义,为主死节,乃持项王头示鲁,鲁父兄乃降。始,楚怀王初封项籍为鲁公,及其死,鲁最后下,故以鲁公礼葬项王谷城。汉王为发哀,泣之而去。"《东阿县志》载:楚霸王墓在县城南(古东阿县),即现在旧县三村。

楚霸王项羽是我国历史上著名的农民起义领袖,千百年来,当地群众逢年过节,都要自发的到霸王墓前祭扫,以祈福免灾,而且还演绎出很多神话传说广为流传,充分体现了广大民众对楚霸王这位"力拔山兮气盖世"英雄的崇拜之情。尤其是后代的文人名士多有前来凭吊楚霸王墓者,并留下许多不朽诗文。如清代进士、德清人俞樾在《项王墓》诗中有"已置头颅生赠客,还留魂魄战死神"之句;清洪亮吉(乾隆时进士)曾专程来寻访项王墓,并撰《东阿西楚霸王墓记》一文,其文词有"予以屠维之岁始夏之有夜抵东阿旧县舍第及长白廖君寻西楚霸王之墓……寻碑读之,云有'李将军从王死,实附葬'"。清代泰安知州宋思仁来东平凭吊项羽,并于其陵前立碑以记。

2. 西汉思王陵:位于东平县城西侧白佛山山脚下,目前发现墓葬三座,依山而建,顺山体向下挖20余米,再开凿出墓室。1号墓已露出墓室上部崖石部分,高3.5米,为人工凿劈而成。向南是长长的墓道,当地群众称之为"马道"。墓道近墓口处宽5米,越向南越宽,最宽处9米,总长100余米,两边亦是崖石,可以看出它是与墓室相连并同时开凿出来的,由此看出它的墓门应是向南的。由于墓室深埋地下,具体结构不详,在墓道中残留有汉代陶片。在墓室的上顶部地面上,北距墓口10米处还残存着封土堆,直径30余米,高1.5米,两边及北面是山间田地。2号墓位于1号墓西180米处,形式与1号墓相同,早年被打开,距地表近20米,从露出的墓室口部看,宽约4米,墓室向北深入,内有积水。墓道向南残长30余米。1、2号墓道石壁上均有明显的开凿墓穴时留下的大量凿痕,錾道平行排列,整齐均匀,还分布着较多的凹槽石窝。在两座崖墓之间向南100米处还有一座,其形式与1、2号墓类似,但看不出崖壁上有雕凿痕迹,或是年久风化所致。在这个墓区的东侧,还有一座东汉时期的带有高大封土堆的赵桥汉墓,高8米左右,直径近100米,夯土层明显。

汉宣帝甘露二年七月,汉宣帝立东平国,以皇子刘宇为东平国思王,国治无盐,复领无盐、任城、东平陆、富城、章、亢父、樊七县,署于兖州。且以庆普(后改为公孙文)、王尊、张禹分别为东平太傅、相、内史。刘宇为嫔妃公孙婕好所生,即后来汉元帝之弟、汉成帝之叔。元帝即位后,刘宇就国。阳朔四年(前21年)九月,刘宇去世,其在位三十二年,其子炀王刘云嗣位。哀帝建平二年(前5年)十一月,刘云和王后谒去祭祀东平瓠山上突然转立的石头,并刻像建祠。有人诬告刘云有犯上之意,刘云自杀,东平国除,改治为郡,史称"东平案"。刘云在位十七年。元始元年(公元元年)初,汉平帝又立已故刘云之太子刘开明为东平王,同时立东平思王刘宇之孙、桃乡顷侯刘宣之子刘成都为中山王。元始三年(公元3年),刘开明去世,开明无子,复立开明兄严乡侯刘信之子刘匡为东平王,以嗣奉开明,开明在位三年。居摄元年(公元4年),王莽篡汉,刘匡与严方侯刘信等联合起兵,欲诛杀王莽,立刘信为帝。兵败后,刘匡父子均被王莽杀害,刘姓东平王族之号也至此灭亡。如此,刘宇一支东平为王总约五十六年。

史书中没有记载思王刘宇的陵墓在什么位置,但有记载他的陵墓在东平,如宋代《太平寰宇记·郓州》中记载:"东平思王墓。汉东平思王,宣帝之子;在国,思还京师;后葬其冢,松柏皆西靡。"清代《东平州志》载"汉东平思王墓:州东故无盐城东北三里",虽地理位置与此稍差,但至少说明汉东平国思王刘宇陵墓在东平。再者,崖洞墓这种王侯陵墓形式的出现是在汉武帝以后,在西汉中晚期盛行,当时东平国王刘宇正处于这个时代。从以上西汉东平诸王侯的在位时间、承袭情况以及为王结局看,只有东平国思王刘宇一支最有可能营造如此规模的峣山崖洞墓。刘宇在位三十二年、刘云在位十七年、刘开明在位三年,并且当时东平国还设有直属于朝廷的造币机构,具备依山建陵的政治、经济条件和时间。所以,峣山汉王陵就是西汉思王刘宇一支的王侯陵墓,他的存在填补了泰安一代没有西汉王侯陵墓(崖墓)的空白,也丰富了山东地区汉代考古研究内容。现为山东省重点文物保护单位。

3. 宪王陵:也称"九子塚""北桥墓群",位于我县汶水之阳杏花岗东,为东汉东平国宪王刘苍及其子孙的墓葬群。墓群占地百余亩,原其九座高大的封土堆墓从北向南呈左右对称式排列。最北一号大墓即宪王墓,今存封土高 21 米、直径 310 米,夯土层明显。2、4、8、9 号墓封土基本完整,高度在 3－11 米、直径在 10－50 米之间。5、6、7 号墓于"文革"中被毁,墓区内还有当时陵堂建筑之残石。

1958 年山东考古所发掘队曾对 2 号墓进行发掘。墓为砖室,大型墓砖上模印有五株钱币、四方连续回纹等图案。墓室分前、中、后和左右耳室,出土有金银器、铜铁器、玉器、象牙器、陶器等一大宗文物,重要的是还出土铜缕玉衣一套,其形状与河北满城刘胜墓金缕玉衣相同。为山东省重点文物保护单位。

郦道元的《水经注》记载:"汶水又西南,长直沟水注之,水出须昌城东北穀阳山南,迳须昌城东,又南漆沟水注焉。水出无盐城东北五里阜山下,西迳无盐县故城北,水侧有东平宪王苍冢,碑阙存。"道光年间《东平州志》记载:"州北五里峣山前,凡九冢,目前有佛寺。明嘉靖中,州同赵文华改建王祠,有司祭享,以殿中侍御史马伸配。"清光绪五年州志载:"王陵山,州北五里,汉东平宪王墓在焉。其西为杏花岗,南枕大清河。"元代在给兖州同知五翼总领王德禄的墓铭中也有"王(得禄)之殁……迁其柩于宪王陵之东。幸吾子为志之"。

《后汉书》记载:刘苍,为光武帝第八子,阴皇后所生。少好经书,雅有智思。要带八围,美髯长飘。建武十五年(公元 39 年)为东平公,十七年进爵为王。为政东平,受人称颂,诣京朝政,群臣赞服,被后人称为"汉代周公"。深得三帝(光武帝、明帝、章帝)器重,尝受皇赐。如"诸王归国,上特留苍。赐以秘书列图、道术秘方……复赐乘舆服御,珍宝鞍马,钱布以亿万计"。永平十一年送苍"列侯印十九枚,诸王子五岁以上能趋拜者,皆令带之"。刘苍经常被皇帝招进京城,明、章二帝问政于苍,苍皆悉心应答。特别是他帮助明帝"开东阁,延英雄""定南北冠冕、车服制"以及光武庙登歌、八佾舞数等礼乐制度。经过刘苍的荐贤能、谏忠言、行节俭、修礼乐,使当时天下出现一派四海升平、家给民足之景象。刘苍病后,帝"遣驰名医,小黄门侍疾,使者冠盖不绝于道。又置驿马,千里传问起居"。苍于建初八年(公元83年)正月时薨,丧葬时章帝"遣大鸿胪持节监丧,令四姓小侯(樊、阴、郭、马)诸国王主悉会葬"。元和二年,章帝又"幸宪王陵,祠以太牢。掌拜祠坐,哭泣尽哀,不忍离去"。

"为善最乐"的典故也出于宪王,皇帝经常问他"在家何业最乐?"苍对曰:"为善最乐。"上嗟叹之。宋代徐钧有《东平宪王苍》诗"重修礼乐佐文明,乐善终能保令名。两汉贤王谁与并,河间以后便东平"。

三、东平城邑聚落、贵族墓地产生的背景

古老的大汶河数千年来自东向西流淌不息,东平属于汶河下游和黄河下游区域,特殊的地理环境使它成为节钺要地,如清康熙《东平州志》言:"东原,四战之区也,居子午之要冲,为节钺之重地。春秋战国而后,代有变更,炎汉仙李以来,权归藩镇,其广袤统辖靡定,其治乱反复无常,水路咽喉之会,势在必争。"宋陆游《巩法之妻杨夫人墓志铭》也有"郓为东方大邦,宋兴以来多名公卿"之赞。

"东平"之名起于虞夏据《尚书禹贡》载"大野即潴,东原厎平"是为东平得名之始。由于东原特殊的地理位置,致使各方面迅速得到发展而成为独具特色的"东原文化区",历史上曾先后为宿夷阳夷部落活动区以及济东国、大河郡、东平国、东平郡、东平府、东平路、东平州,为泰山西部一带政治经济文化中心。

东平之所以出现这么多的古邑和聚落遗址,不是历史的偶然,而是有其必然的鲜明浓厚的历史原因。一方面是前面所说的与地理环境有关,"东原,四战之区也,居子午之要冲,为节钺之重地",且"东振齐鲁,北抵幽燕,西逾赵魏,南距大河,为齐鲁一都会"。

二是与我国的古代文化有关。东平属于东夷族文化区,也有相应的器物出土和历史记载。在太昊、少昊部落时代,东平一带属于东夷族中的风姓部落活动区域,此时相当于北辛文化和大汶口文化时期。《左传》中载:鲁僖公二十一年(前639年),"是岁,邾国灭须句国,须句子奔鲁,因成风也。任、宿、须句、颛臾,风姓也。实司太昊

与有济之祀,以服事诸夏。成风,庄公之妾,须句子之女也,生子申,即僖公。成风因劝僖公封须句,是崇昊、济而修祀纾祸,乃行周礼也",这几个小国实际是延续祭祀太昊和济水之神。山西出土的晋侯苏编钟铭文中,就有伐夙夷之记。周厉王三十三年(公元前845年),厉王要亲自巡视东方和南方,晋侯苏跟随,正月八日从宗周即镐京出发,走了一个多月,周王向晋侯苏下达全面发动对夙夷的攻击命令,要求攻击夙夷的两座城邑,先后经过三次战役,共斩首480人,俘虏114人,战果赫赫,厉王在12天内两次赏赐晋侯苏,晋侯苏为了报答和颂扬周王的美德,铸作了一虞乐音和谐的钟,把周王的恩宠记在钟上,并以此昭显有美德的先人。夙夷亦即宿夷,是当时活动在东平境内的部落,其中一支是居于峗山之前,如清代蒋作锦《东原考古录》中有"东平古名郡也。考自倚峗开国,筑宿为城,南澄汶水之清,东撷龙山之秀"之记。阳夷约活动于泰山西南境内北部的今大羊镇一代,大羊古称"大阳",乾隆三十七年《东平州志》中称"大阳集",当地至今流传"阳城六十年一现"的古老传说。

《后汉书·东夷传》:"夷有九种,曰畎夷、于夷、方夷、黄夷、白夷、赤夷、玄夷、风夷、阳夷。"在《竹书纪年》中,也有夙夷、阳夷的记载,如"夏后泄二十一年,王姒泄封诸夷为侯,诏令赐畎夷、白夷、赤夷、玄夷、风夷、阳夷爵号""帝相元年戊戌,帝即位……二年,征风夷及黄夷"。

史前文化时期东平属于东夷族,东夷文化也是缔造中华文明的三大文化之一,夏商之际境内一直存在着东夷遗民古国,如须句、宿等,直至周初,须句、宿等周之异姓国仍是祭祀太昊和济水之神的古国。

东夷人以讲究礼让、崇尚仁德而著称。据说东夷人最早发明弓箭,《说文通训定声》有载"夷,东方之人也。东方夷人好战,好猎,故字从大持弓会意。大,人也"。所以东平一代先民在上古时代既有礼德思想,又有斗争观念。

春秋战国时期,东平又为齐鲁文化的交界处,在境内,基本是以古老的大汶河为界,汶河之南属于鲁国,汶河之北属于齐国。南有鲁国最北边的城邑须句城、郿邑,北有鄣、遂、须昌等城。

鲁国,是周代姬姓"宗邦",诸侯"望国",故"周之最亲莫如鲁,而鲁所宜翼戴者莫如周",周成王赋予鲁国"郊祭文王""奏天子礼乐"的资格,这是希望作为宗邦的鲁国能够"大启尔宇,为周室辅"。这是鲁国在政治上的优势,成为典型周礼的保存者和实施者,世人称"周礼尽在鲁矣"。各国诸侯了解周礼也往往到鲁国学习,鲁国是有名的礼仪之邦。鲁国建国的治理政策是"变其俗,革其礼""尊尊而亲亲"(《史记·鲁周公世家》),以至西汉时期东平出现了夏侯胜、夏侯建两位今文尚书学即大、小夏侯学的开创者。

齐国,是周代异姓诸侯爵国,分为姜姓吕氏齐国和田齐两个时代。始封君姜太公,在诸侯国中地位很高。其建国的治理政策是"因其俗,简其礼,通商工之业、便鱼盐之利"(《史记·齐太公世家》)、"举贤而上功"(《汉书·地理志》),活跃了齐国经济和文化。齐国发展中,可以说国内战事较多:一是子孙争权内斗杀戮;二是对外称霸,至齐桓公"九合诸侯",还灭了谭、遂、鄣等小国,成为"春秋五霸"之一;三是田氏(田和)代齐,姜姓齐国为田氏取代,成为"战国七雄之一"。而齐国疆域基本是原来东夷族地区,或许是受到夷族"好战"风习影响所致。

从以上齐鲁两国发展可以看出,鲁国是发展了东夷文化的仁德思想,而且周代的礼乐传统经孔门师徒的弘扬已更加深入到人们的意识深层,它并没有因为鲁国的灭亡而丧失。鲁文化是一种当时社会的主流文化,对社会的影响是巨大的。齐文化是发展了东夷文化的好战思想,随着齐国的争霸称雄,兵戈文化发展成熟。虽然两国都在山东境内,但其所继承和发展的道路、制度和文化是一文一武的两个方面,所以山东不但出了孔、孟儒学思想家,还有孙武、吴起等军事思想家。

东平地处古夷之地,又分属齐鲁两国,可以说东平也是齐鲁文化的发祥地、传播地。如康熙五十九年《东平州志》中知州李继唐说:"东原,鲁地也,元公礼乐之化,至圣道德之传,数千百年,毓灵孕秀,世有达人。汉唐以来,开封建,树雄藩,为王家之屏翰也,亦非一代。居是邦者,缅想为善最乐之旨,德音不远,其流风遗韵,犹在人心也""东平,密迩阙里,浸淫礼教,士之跻闻,科登膴仕者,且后先相望"。《泰安府志》记"东平之人,喜治宫室,又往往负气任侠,嚣凌成习。然故多士族,重科第,且勤耕织以养生,为乡约以送死。盖其土沃衍,其民乐阜,故其俗浩大宽舒也"。文学圣道以通达,武成风雄以报国,东平文武兼备的传统礼俗传承数千年,也造就了东平诸多的历史名人。有历代状元、进士及荫封、例贡,共 1060 人,其中有历代状元 4 人、进士 131 人,武状元 1 人,武进士 7 人,包括宋代"父子状元"梁颢梁固、明代"父子进士"王宪王汝孝等,也出现有毕氏家族、程氏家族、梁氏家族、巩氏家族等较多的名门望族。

四、研究古代遗址的时代意义

习总书记在中央政治局第二十三次集体学习时强调:要高度重视考古工作,努力建设中国特色、中国风格、中国气派的考古学,更好认识源远流长、博大精深的中华文明,为弘扬中华优秀传统文化、增强文化自信提供坚强支撑。

文物是文化自信的一个重要载体,他代表着一个民族文化的根基,一种精神文明的传承。文物消失了,他承载着的历史和文化也必然会被冲淡或消亡。保护好这些历史文物,发挥历史文物作用,在继承和弘扬民族的优良传统,进行爱国主义教育等方面,都具有重要的现实意义。

东平属于海岱文化区,属于北方古老文化的发祥地之一,境内史前遗址、古国、贵族王侯墓地及官宦家族墓地等较多,是文物考古工作中的重要实物资料,发掘、整理、研究这些古代文化遗存,可以丰富研究我国文明起源和发展以及海岱文化的史料。国家和领导对文物工作的重视,使文物工作迎来了春天。作为一名文物工作者,更要增强文化自信,保护好、传承好历史文化遗产,打造文物精品工程、精品成果,这是对工作负责、历史负责、文化负责。进而做出我们应有的奉献。

新泰域内秦汉以前重要文物遗存

张 勇[1] 孙 颖[2]
(1. 新泰市博物馆 2. 泰安市文物考古研究所)

一、历史沿革、地理简介

新泰,地处鲁中腹地,泰沂山脉之间,春秋鲁隐公八年(前601)设平阳邑,汉置平阳县,西晋泰始年间(280)征南将军羊祜取泰山、新甫山首字表改新泰县,沿用至今,面积1946平方公里,辖20个乡镇街道办事处,人口137万。域内多山、丘陵地貌,大小山头396座,水系发达,重要河流59条,大汶河第二支流柴汶河东西贯穿全境,先民们逐水而居,留下众多文物古迹,现已调查发现一般不可移动文物315处,其中包括古遗址41处,古墓葬41处。

二、秦汉以前古遗址

根据第三次全国文物普查资料,新泰域内秦汉以前古遗址41处,其中：旧石器时代古遗址4处、新石器时代古遗址14处、商周时期古遗址17处、秦汉时期古遗址6处。重要遗址有：

1. 新泰智人化石地点。位于东都镇乌珠台村南,1966年4月发现,遗址分布在玉皇山、凤凰山之间,面积约36000平方米。距今2-5万年,属旧石器时代晚期遗址。出土有智人牙齿,动物虎、马属、披毛犀、猪、鹿、牛等化石标本。这一发现标志着人类已进化到现代人的阶段,开启了人类新的发展史,对旧石器时代我国人类的分布和泰山区域内文化研究具有重要意义。

2. 光明水库坝前遗址。位于小协镇光明水库灌溉局光明水库大坝泄洪渠东侧，地处山区丘陵地貌，1958年修建水库时，对遗址造成严重破坏。采集遗物有大汶口文化时期夹砂白陶鬶、泥质黑陶背壶、杯、夹砂褐陶罐形鼎残片、玉铲等。

3. 抬头寺遗址。位于汶南镇果庄村北200米，河旁三级台地，南、西两面环河，面积约2.7万平方米，是一处大汶口文化时期至东周时期的聚落遗址，断崖可见灰坑、半地穴房址等遗迹。采集有大汶口文化、龙山文化时期夹砂灰陶鬶、鼎残片、泥质黑陶纺轮、网坠和石斧、铲、锛、球、环及骨锥、笄；商周时期夹砂灰褐陶绳纹鬲足、泥质灰陶绳纹簋、罐口沿、铜镞、剑等遗物，是一处极为重要的历史文化遗址，对于研究远古历史具有重要的价值。

4. 北单家庄遗址。位于新泰市羊流镇北单家庄东200米处，遗址分东西两部分：东侧俗称"佛山子"，为河旁高台地，是一处龙山文化时期至商周时期的聚落遗址，略呈圆形，直径约50米。文化堆积厚1-2米，在遗址东南部暴露灰坑等遗迹，采集有龙山文化夹砂白陶鬶流、鬶足、夹砂红陶罐形鼎腹片、鼎足、泥质黑陶罐口沿、壶口沿、石斧、鸟喙足等标本以及西周时期泥质灰陶豆、夹砂灰陶绳纹鬲、夹砂褐陶罐等残片。2007年山东大学研究生在此实习，发掘春秋时期墓葬7座。西侧俗称"岭盖子地"，是一处汉代冶铁遗址，呈长方形，南北长82米，东西宽29米，面积2378平方米。文化层堆积厚约1米，断崖暴露有灰坑和窑炉三座，窑炉平面呈长方形，长2.4米，宽1米，残高约2米，地表散布有木炭灰，矿渣等。周边发现采矿点、木炭烧制点、陶烘范窑等遗迹，出土西汉末期至东汉早期的铁鼎陶范，初步确定为汉代山东十二铁官之一泰山郡铁官管辖的一处冶铁作坊。

5. 新泰一中田齐陶文遗址。位于青云街道办事处新泰一中教师宿舍院内，2002年春建设新泰一中音体美教学楼时出土大量的战国田齐陶量（修复）、陶文、陶片。对研究新泰历史、齐国量具与陶文及齐鲁争霸的历史具有重要学术价值。发现有字陶文、刻符陶片共计387件，其中印文陶片382件，刻文陶片2件，刻符陶片3件。陶文多数为"立事"陶文，是一处官营制陶作坊遗址。

6. 西南关制陶作坊遗址。位于西南关副食品公司院内，东北距新泰一中田齐陶文遗址一公里。2002年发现该遗址，清理面积30平方米，发现遗迹陶窑一座，灰坑三个，水井一眼。出土陶器900余件，较完整者350件，一般为泥质灰陶，少量灰褐陶。器形有豆、壶、钵、釜、盂等，另有筒瓦、板瓦、陶塑动物等。遗址属齐国文化遗存，时代战国中晚期，陶器戳印"臧"字，为民营制陶作坊遗址。

7. 柴城遗址。位于楼德镇东柴城村东，东南距云云山遗址约500米，南与泗水县接壤，1978年被公布为第一批新泰市级文物保护单位，城址平面呈长方形，南北长

200 米,东西宽 150 米,面积约 3 万平方米。地面不见城墙,文化层堆积厚约 1 米,采集有泥质灰陶豆盘、残瓦当、筒瓦等标本。据《水经注》载:"淄水西南柴县故城北,世谓之柴汶。"清乾隆版《泰安县志》载:"柴县故城,县东南一百里,汉置县,属泰山郡",即指此。

三、秦汉以前古墓葬

根据第三次全国文物普查资料,秦汉以前墓葬有 41 处,其中:商周时期墓葬 2 处、东周时期墓葬 28 处、汉代墓葬 11 处。重要墓葬有:

1. 府前街商周墓。位于新泰市政府宿舍东南角,1984 年 10 月市政工程施工发现,地层严重扰乱,从残存长方形土坑、几段碎骨和出土文物分析,初步推测为商周时期墓葬。共出土文物 15 件,其中青铜器 8 件、陶器 1 件、石镯 1 件、石戈 1 件、蚌饰片 4 件,均具中原文化特色。

2. 周家庄东周墓地。位于青云街道办事处周家庄(福田社区)村南,现保护范围面积 4.96 万平方米。2002 年由山东省文物考古研究所发掘,发掘面积共计 1 万平方米、墓葬 78 座,出土各类文物 2300 余件组,时代为春秋晚期至战国中晚期。入选"2003 年全国重要考古发现"。周家庄东周墓地及相关遗址的发现证明新泰曾是齐国的战略前沿和军事重镇。

3. 郭家泉东周墓。位于小协镇郭家泉村北 150 米,南临柴汶河,年代为东周。分布面积约 4.5 万平方米,1982 年由山东大学历史系考古专业与新泰市文化局联合发掘 21 座墓葬,均为土坑竖穴木椁墓,一棺一椁,个别墓有二层台、壁龛。出土陶器以夹砂和泥质灰陶为主,少量褐陶、黄陶和红陶,纹饰有绳纹、弦纹和彩绘,器形有鬲、鼎、盆、豆、罐、尊、壶、盘、匜、瓒。铜器有舟、剑、戈、镞以及铁器等。

4. 凤凰泉东周墓。位于东都镇凤凰泉村 200 米,南临柴汶河,墓群分布面积约 6 万平方米。1973 年初勘探墓葬 3 座,1981 年清理 11 座土坑竖穴墓,墓口长 2.50 - 3.30 米,宽 1.25 - 2.4 米,其中 M4 有生土二层台,一椁一棺,棺椁间和墓壁间施青膏泥。均为仰身直肢,多腐朽。出土有夹砂灰陶绳纹鬲、泥质灰陶弦纹盆、豆、弦纹罐及铜矛、剑等文物,时代为东周。

5. 城里砖厂墓群。位于新泰城区教师进修学校东北角,东临平阳河 500 米。据调查,80 年代在此修建砖窑,出土青铜铺首衔环、剑、戈、陶灶等重要文物,2001 年初勘探墓葬数座,推测时代为东周—汉,现部分被民居及公路覆盖。

6. 南鲍村汉画像石墓。位于东都镇南鲍村东,北邻柴汶河,1997年5月发现。早期被盗,但墓葬保存较为完整,由于画像石较大,不便搬运,在清理结束后,就地掩埋保护。出土画像石13块,铜钱6枚,陶器多为残片,均为泥质灰陶。可复原者有罐4件、盂1件、钵1件,时代为东汉。

四、与泰山相关的文物遗存

1. 云云山封禅遗址。云云山位于新泰市楼德镇南4公里东柴城村东南,形似丘垄,海拔210米。又名"五云山"。现存清代肇建观音殿碑刻一通。史籍《管子·封禅》记载:上古时期无怀氏、伏羲氏、神农氏、炎帝、颛顼、帝喾、尧、舜、商汤九帝王封泰山禅云云。

2. 羊祜城遗址。时代为汉代—隋,位于天宝镇古城村。遗址平面呈长方形,东西长1500米,南北宽1000米,面积120万平方米。现存东、北两段城墙。城内文化堆积厚1-3米。采集有汉代泥质灰陶绳纹罐口沿、豆盘、卷云纹瓦当、菱形纹砖和铜镞等。《泰安县志》载:为汉代梁父县治,晋为羊祜封邑。为齐地八主祠之地主祠。《汉书·武帝纪》记载武帝封禅,"遂登封泰山,至于梁父,然后升祖肃然"。

3. 新泰羊氏墓地。新泰羊氏墓地由羊流镇沟西村、天宝镇颜前村、西张庄镇后高佐村三处组成,时代为南北朝—隋。新泰羊氏发祥于山西,秦乱,徙居泰山平阳(今新泰羊流),从东汉至隋唐时期,其家族绵延七百余年,英彦辈出,公侯代起,并与世家大族、皇族联姻,史载:世吏两千石,至祜九世,并以清德闻。史称其为泰山第一望族,为泰山文化发展做出重要贡献。出土有:羊烈墓志、羊烈妻墓志、羊祉墓志、羊祉妻墓志、孙夫人碑刻等。

五、结　语

1. 新泰域内文化遗存是建构泰山文化的重要组成部分。新泰智人化石地点的发现填补了泰山地区智人阶段地理分布的空白,对研究古人类的发展与分布具有重要的价值。《封禅书》记载秦始皇封禅,"自泰山阳至巅,立石颂秦始皇帝德,明其得封也。从阴道下,禅于梁父"。表明云云山封禅遗址、羊祜城遗址均与上古时期的封禅有着紧密的联系。域内文化遗存从城址、聚落遗址、封禅遗址到中小型墓葬,推演了泰山文化不断融合、发展和改进过程。

2. 为探索秦汉以前社会发展变化的历史轨迹提供了宝贵的实物资料。文化遗存的实证资料表明,秦汉以前,新泰地区就呈现出辉煌的面貌。目前在新泰域内发现的秦汉以前重要文化遗存,古遗址以新石器时代和商周时期的为主,墓葬以东周时期为主。其中周家庄东周墓地及相关遗址中出土的青铜剑等大量兵器,表明新泰曾是当时军事战略基地,并且和其他诸国保持着密切的联系。对研究当时的军事组织、兵器种类、铸造工艺以及经济发展提供了重要依据。

3. 秦汉以前的文化遗存研究需进一步深化。通过对新泰域内秦汉以前文物遗存的梳理,累积了一些丰富的考古史料,泰山文化源远流长,不同时期有着不同的历史特性,秦汉以前的文化遗存的进一步发掘,对厘清泰山文化脉络、探究泰山文化起源,以及泰山地位在社会历史发展过程中的变化都有着重要的意义。同时也感受到了未来考古的历史重任,今后应加强不同时期的泰山文化特质研究,深化泰山文化形成过程中的地位、作用的研究。同时新泰东周墓群及羊氏墓地的发现表明,当时的新泰地区与外界有着密切的联系,早期中原文化交汇研究也是我们不可忽视的一点。

泰山景区史前至近代文化遗存

邱志刚

(泰山风景名胜区管理委员会遗产保护部)

泰山自古是帝王封禅告祭的神山,历代王朝或制郡县,或设州府,均委重臣镇守。建国后,人民政府专设机构,以加强对泰山的管理保护和开发建设。

先秦时,由地方长官岳牧主祀管理泰山。汉代,泰山郡守兼管泰山,另有使者持节祠和山虞长专司泰山盘道和庙宇古建筑的管理。汉以后,设岳令、庙令及岱岳镇使,都虞侯等实施管理维修,宋开宝年间,由县令兼管泰山,同时又有巡山使,掌岳令掾主管泰山之事。金元至清,州、府、县长官均把祭祀和管理泰山作为主要任务之一,并设泰山守,泰山权守专管泰山。

近代"海岱文化区"说中的"岱"就是泰山。史前时代的海岱文化区内,有距四十万年前的"沂源人"和五万年前的"新泰智人"化石发现,新石器时代的大汶口文化和龙山文化,与泰山文化的缘起关系密切,著名考古学家苏秉琦先生就曾明确指出,是大汶口文化的居民创造了早期的泰山文化。那个由"日、火(月)、山"组成的图像文字,不仅发现于陵阳河大汶口文化遗址,近年在泰安市的宁阳境内也有发现。我对这个图像文字的解释是,借大山之高燎祭于天,这与泰山封禅之"封"字的原始含义大体一致!

"山"这个概念对于中国人来说是最为熟悉的,就拿"名山大川"来说,山就放在了特别突出的位置,古时候把国家称为社稷江山,因为中国有70%的地形地貌是由山构成的,大兴安岭、太行山、巫山、雪峰山成为我国自然地势地貌第二阶梯和第三阶梯的分界线,西侧为内蒙古高原、黄土高原和云贵高原,东侧为华东平原和长江中下游平原,尽管泰山的高度在中国的山脉当中并不算高,但是由于其陡然矗立于华东平原之上,所以就显得格外高大和与众不同。五岳之中,泰山被称为东岳,属震位,即是太阳升起的地方,又是帝王出生的地方(帝出乎震)。因此,泰山自古以来就是历代帝王和文人雅士争相到来之处,正是这些原因使得泰山现在留下了大量的文化遗存,下面我们来一一列举,细数如下。

一、姜博士起义遗址

位于泰山凌汉峰处,属军事设施遗址,为南宋建炎元年(1127)的遗存。南宋建炎元年,泰山石匠姜博士和副寨主孙上座等领导抗金起义军,在凌汉峰、九女寨一带安营扎寨。现起义军营房残基共六处,总面积1702平方米。1号遗址位于泰山凌汉峰小高峰。此处遗址有毛石垒砌的大平台,东西长12米,南北宽10米。东西以天然石为墙,南面以毛石垒砌,长12米,残高0.4米。北面毛石墙已坍塌,仅存残迹。遗址南十米处崖壁上有楷书摩崖石刻两处。一刻"本县石匠姜皋起寨,副寨主孙上座□□□□,建炎元年八月";一刻"石匠姜博士今滞(带)群寇累次到县打劫,十四人□□并孙上座□□共纠到三尖山起寨,时建炎元年八月□日"。2号遗址在1号遗址西北三米处,存残基,南北长5米,东西宽3米。东面以山石为墙,其他三面为毛石垒砌墙,残高0.5米。3号遗址在2号遗址西北约12米处的山梁上,南北长13米,东西宽7米,毛石垒砌墙体,东墙残高2米,其余残高1-1.4米。4号遗址在3号遗址东约6米外,位于数块巨石之间,为毛石垒砌,高出地面2米,边长3米的平台,应为原有建筑的基础部分。5号遗址在4号遗址西北之小高峰北20米的山脊东坡,房基呈圆形,内径2.6米,周围毛石垒砌,墙基宽0.8米,残高0.7米。西面辟门,门宽0.8米。6号遗址在5号遗址西北另一高峰峰顶,东西宽39米,南北长40米,周围毛石砌围墙,墙基宽0.8米,残高0.92米。墙内西北角,有一处3平方米的房基。房基西北两壁,即围墙墙基,东面开辟一门。围墙正中部西侧有一内径3米的圆形房基,房基后墙为围墙的一部分。在姜博士起义遗址之西500米处,有"赵氏林界""赵氏祭天田界"摩崖石刻两处,年代不详。姜博士起义遗址墙基等遗迹暴露明显,遗址周边的摩崖石刻保存较好。

二、天胜寨遗址

位于泰山扇子崖处,属军事设施遗址,为西汉末年文化遗存。明萧协中《泰山小史》载:"天胜寨,在傲徕山前,崔峨特起,坦处可容千人,昔赤眉刘盆子聚兵于此。"天胜寨遗址长约3000米，宽约600米，面积为18万平方米。遗址东临深谷，西南有两片巨石相对，为天然寨门，门旁石坪上转窝、张旗石清晰可见。门内有演武场、张旗石、柱窝、碓础之迹，地面坦荡开阔，可容千名军士驻扎操练。寨内有数个山洞，其中名为"三透天"的石洞南开阔处有演武场和住宅遗迹；石洞西南有跑马场、小校场、大校场和栓马场。遗址内存有石臼、石碾、石磨、营房等遗迹遗物，遗址文化遗存丰富。

三、碧峰寺遗址

位于泰山桃花峪，属寺庙遗址，始建年代不详，明隆庆五年(1571)重修。碧峰寺俗称铁佛寺，遗址上现存明隆庆五年(1571)"重修铁佛殿"碑，据碑文记载，寺古已有之，明隆庆五年，鲁府王亲孙绍，赐进士、陕西按察司副使萧大亨等出资重修。据记载，明清时期，铁佛寺香火兴盛，在泰山西部地区影响较大，后逐渐废弃。1999年10月，泰山管委在其旧址附近重修了大雄宝殿。现存遗址为坡台地，仅存"重修铁佛殿"碑一通。

四、周明堂遗址

位于大津口乡沙岭村明家滩，属宫殿祭祀遗址，时代为周，据《史记·封禅书》载："奉山东北址有古明堂处，齐有泰山之明堂也。"《泰山小史》称："周明堂在岳之东北，山峪连属四里，今遗址尚存。"该遗址总面积约800平方米，现为农田，农田周边残存瓦砾等遗物。1921年，李家泉村民韩富甲兄弟在明家滩整修地堰时，挖出遗物有玉器盘、碗、鼎等11件，被济南茹古斋购去变卖，后流散国外。据考察资料判断，遗址文化特征一部分呈春秋战国时期的特点，一部分为汉代遗物。周明堂遗址现为农耕地。今沙岭村西首山崖下有清泉。

五、玄都观遗址

位于泰山桃花源老虎窝东300米处，为寺庙遗址，始建年代不详。《岱览》载："清风岭，延亘突兀，凿磴磊错。下为老虎窝，石穴深暗，中有泉。其东，石棚最渊敞，有隙可通。旁有玄都观,圮。"遗址东北向为天然石壁。现存遗址面阔5米,进深8.27米,面积为41.35平方米。遗址现存柱础石两个、房基条石五块、残存台基一处。柱础长0.82米,宽0.7米,厚0.2米,鼓径0.51米。条石高0.25米,长0.84米,宽0.47米。西向台基为毛石垒砌,高2.4米。遗址北行不远处,有自然石上开凿的台阶16级,全长6米。台阶踏步高、宽不等,部分台阶踏步高0.33米,宽0.4米,最小踏步高0.19米,宽0.22米。玄都观遗址基址可见,柱础、条石保存完好。

六、黄伯阳洞遗址

位于大津口乡栗杭村北,属洞穴遗址,始建年代不详。黄伯阳洞遗址坐落在栗行村之北山岭的一处平地上,其下半部分为洞穴,上半部分为毛石堆砌成的圆形盖顶,顶部留有一出口,可容一人出入。盖顶高2.2米,直径2米。传说此洞为战国方士黄伯阳修炼之处,附近村民又称为"黄病秧子洞"《岱史》云:"黄伯阳隐于此洞中,故名。"明萧协中《泰山小史》记载:"黄伯阳洞,在岳顶北十五里,战国时黄伯阳修隐之地,旧有伯阳庵,今费。"黄伯阳(杨)事,史书无载,乃民间文学中虚构之神异人物,明代说部大兴,有好事者遂将泰山一洞穴附会为伯阳(杨)隐处,并建庵以祀。现黄伯阳洞遗址盖顶部分有残损,周边积有淤泥,总体状况保存较好。

七、望仙台遗址

位于大津口乡牛山口村瓦岗寨东侧,属汉代祭祀遗址。《岱史》云,望仙台为汉武帝时所筑。此处"山石峭削,而上平可登"。民国《重修泰安县志》载:"望仙台,在县东北三十里。今青山下尚有废台基。青山,距大津口五里,积翠上侵蔚蓝,绝顶巨石如冠"。望仙台遗址在瓦岗寨东侧小山的顶端,与泰山主峰玉皇顶遥遥相望。遗址为南北宽35米,东西长40米的平台,其东、北、南三面均为断崖,西侧有小路通往顶部。望仙台的南、西、东三侧面存有文化堆积,厚达0.3-0.5米。在东侧断崖处采集瓦、砖标本7件,遗物鉴定为汉代。据现存遗物判断,望仙台原有一定规模建筑且存在期较长。从望仙台所处位置及遗物内涵看,为祭祀遗址。望仙台遗址现为农田,周边遗物数量多,分布广。

八、白阳坊遗址

位于泰山三阳观北,属洞穴遗址,年代不详。明《岱览》云:"仙趾峪南,为云头埠。在迥马岭西北,巑(cuan)岏(wan)堆众□,云气结构中,人立虎蹲,难备状。其南多白杨,曰白杨(阳)坊。石厂幽霭,额白杨洞。供石弥勒。中有池,水潪(chi)漻(ji)西南流,过凌汉峰阴。汇诸山涧,为碧油湾。水碧如油,俗呼香油湾。入竹林寺西河,又南为凌汉峰。"据清嘉庆十七年(1812)所立"白阳坊碑记"记载:"先高祖侍御公购白阳坊一处,以为游观之所。"可见,至清代,"白杨坊"已称"白阳坊"。白阳坊遗址现存天然石洞一处,洞宽5米,深5米,高4.8米。洞内存石质造像3尊,年代不详。其中,弥勒造像1尊,陪侍造像2尊,石首皆缺失。洞外立宣统年间"祭天碑"残碑一块。白阳坊遗址洞内石造像头部皆缺失,洞外石碑残损严重。

九、藏峰寺遗址

位于泰山桃花峪曹家庄,属寺庙遗址,始建于元延祐六年(1319),据《岱览》载,藏峰寺建于元延祐六年,为僧福岩始建。据泰安州新泰县主簿刘绂(fu)撰并书"始建藏峰寺"碑文记载:僧福岩"发私箧所存,市村雇工,构佛殿于上,塑弥陀像及护法神鬼像主伴一十位宝座华鬘(man)菜色炳耀。殿之左右,翼以二室。又东为积香,西为云堂,寮舍、库厩、碓砲之类,蔬果竹之圃,罔不具备。"可见,始建之初藏峰寺规模宏大。"文革"期间藏峰寺被拆毁,旧址以南高僧墓塔,被砸碎填埋。寺中"始建藏峰寺"碑于1977年迁至岱庙保存。藏峰寺遗址现存面积为468平方米,其上栽种果树众多。遗址西侧树明成化十五年(1479)朱铎撰文、张琏书丹"重修藏峰寺"碑一通,碑上文字模糊难辨。碑阴刻有"宗派之图"。

附近存有石质赑屃底座,赑屃头部缺失。藏峰寺遗址现存碑1通,建筑正殿基址尚见。

十、吴道人庵遗址

位于泰山桃花源襚负山山坳里,属寺庙遗址,始建于清宣统年间,桃花峪吴道人庵遗址依山而建,坐北朝南,三进院落层叠而上,总面积为854平方米。一进院落内东侧存有火池一座,神龛一处,其北建一配殿,坐东朝西,面阔5.75米,进深3.6米,现仅存部分墙体。西行,有坐北朝南的殿堂三间,面阔9米,进深3.73米,现残存部分墙体,据《岱览》记载为山神庙。山神庙之西有老君洞,洞额"老君洞"牌匾尚存。此建筑名为"洞",实为连接山洞而建的平顶小屋,为吴道人庵遗址的二进院落。洞内幽邃平坦,内侧依山,外侧为毛石垒砌,顶部搭建条石。出老君洞西行下台阶,为吴道人庵遗址的第三进院落。此院与之前院落的高低落差达5米之多。院中现残存坐北朝南的玉皇殿三楹,面阔7米,进深4.07米。玉皇殿两侧各有一配殿,东配殿面阔2.38米,进深3.9米。西配殿面阔3.44米,进深3.8米。正殿、配殿屋面皆坍塌,墙体尚存。在玉皇殿南3米处存"始建吴道人庵记"残碑一通,根据碑文记载,吴道人庵为清宣统年间吴道人所建,盛于民国之初,为吴道人隐居处,故得其名。桃花峪吴道人庵遗址建在深谷之中,三面峭壁,殿宇、残碑尚存。

除上述有证可查的历史遗存,泰山也还有很多遗址至今还没有得到社会广泛学者的认可,例如圣水井遗址、西宫署遗址、青阳台遗址、冬冻台遗址等等,还有待我们这一代人继续深入的勘察研究。正是因为古代人们对泰山的崇拜,为泰山增加了厚重的历史,而这些厚重的历史又为泰山增添了浓墨重彩的文化光环。

泰山是一座神山。早在远古时期,泰山就被视作"天"的象征。传说无怀氏、神农氏、炎帝、黄帝、尧、舜、禹等72位功德卓著的君主都曾到泰山封禅,以表达对天神佑护的谢意。自秦以来,史中记载又有秦始皇、秦二世、汉武帝、汉光武帝、唐高宗、唐玄宗、宋真宗、清圣祖、清高宗等12位皇帝到泰山举行封禅、祭祀大典。泰山就像一座超乎人力的天然神坛,"气通帝座""镇坤维而不摇",使历代帝王借泰山的神威巩固了他们的统治,而泰山也在帝王的礼敬中被披上了一袭金贵无比的龙凤华衮,其地位自是国内其他名山大川所无法比拟的了,帝王的"朝拜",自然影响着百姓,于是泰山产生了众多的神祇,也就在泰山上建立了众多的宫观庙宇,代代周而复始。

泰山是一座圣山。在帝王封禅的同时,泰山也正以它博大的胸怀陶冶着真正的人文精神。春秋时期,以孔、孟为代表的思想家、政治家就曾直接受到过泰山的巨大影响。孔子留下"登泰山而小天下"的名言,就是两千年前中国圣贤们决心"以天下为己任",站在泰山般的高度上观察社会与人生,最终实现自己理想的政治宣言。孔子形象已同泰山永远地连在了一起。古人说"孔子,人中之泰山;泰山,岳中之仲尼!"比喻得十分贴切。孔子的弟子颜回、曾参、孟子、柳下惠等都曾与泰山有着种种关联。到了北宋初年,范仲淹的门生孙复、石介、胡瑗等在泰山创办书院,探讨儒学要义,弘扬圣人学说,从此之后泰山兴办书院之风不绝,上书院遗址、天书观遗址等等,为泰山的儒学文化奠定了扎实的基础。

　　自古以来,泰山便以其高大、厚重、尊严、进取、向上的形象和它所蕴含的优秀文化,启示、激励着整个民族去完善自我品格,实现自身价值。早在战国时期,鲁国人民在一次征战凯旋后,唱出了历史上第一首咏颂泰山的歌"泰山岩岩,鲁邦所瞻"。他们歌颂泰山,不再是因为山能通神,而是借泰山的高大雄伟来歌颂像泰山般坚强的英雄。泰山在人们的心中已开始具备了它应有的形象,而人在泰山的启示下也逐渐地增强了人所应有的主体意识。西汉史学家、太史公司马迁同样以泰山为标准,来衡量人的社会、伦理和道德价值,他说:"人固有一死,或重于泰山,或轻于鸿毛",真是掷地有声,振聋发聩。千百年来,灾难深重的中华民族从未沉沦过,正是有着心系"泰山"的无数中华儿女为社会的进步而前仆后继,血染丹青,推动了祖国历史的发展。泰山造就了一代代伟人,而他们的思想又积淀在泰山,丰富了泰山文化,使它在众多名山中地位更加突出,形象更加高大了。伟人的思想闪现着泰山的灵光,泰山又折射出优秀民族文化的璀璨光芒,泰山的历史文化早已演变为中华民族的民族精神。

　　古人在泰山的活动,为泰山留下了众多的历史遗迹,周天子巡游泰山会盟诸侯的周明堂,汉武帝亲手栽植的汉柏,我国最大的宫廷式古建筑群岱庙,以及历朝历代建起的宫阁亭坊和数不清的碑刻与摩崖石刻。泰山的自然景致也有独到之处,它的一峰一石,一草一木都被古代人审视过、命名过、加工过。因此,泰山的自然景观就具有了更多的文化内涵,世界自然保护协会的世界遗产专家卢卡斯先生考察了泰山后说:"列入世界遗产的或是自然遗产,或是文化遗产,很少有双重价值遗产在一个保护区的。泰山把自然与文化独特地结合在一起了,这意味着中国贡献了一种特殊的,独一无二的遗产,它使世界自然保护协会的委员们大开眼界。泰山使我们认识到必须重新评价自然与人的关系。"

　　这就是泰山,它伴随着华夏民族从远古走来,记录了中华民族的文化与历史。泰山上所有现存的建筑物和遗存的历史遗迹,在历史的长河中都是一座丰碑、一部巨著,在向世人诉说着中国这个古老的东方古国所走过的不寻常的历程。

徂徕山汶河景区重要文化遗存概述

张 谦

(徂汶景区文旅部)

徂徕山汶河景区总面积 481 平方公里,总人口 21.3 万人。大汶河是中华文明的母亲河,徂徕山是泰山的姊妹山,景区生态宜居,风光优美。自商周以来,地区历史文化脉络清晰,传承序列从未间断,历代均有重要文化遗迹遗存,历史悠久,文化灿烂。徂徕山汶河景区有不可移动文物 60 余处,其中省级文物保护单位 4 处,市级文物保护单位 16 处,县级文物保护单位 4 处,三普登记文物 36 处。历代帝王封禅泰山,均在泰山和汶河地区筹备并举行封禅活动。徂徕山西麓大汶口文化遗址为夏代以前的重要遗址,是华夏文明的发祥地之一。

一、汉代以前泰山文化重要遗存

1. 桥沟遗址。位于徂徕景区徂徕镇桥沟村南 200 米处,西距牟汶河约 500 米。新石器时代聚落址,龙山文化并含有岳石文化。面积约 4 万平方米。距地表 1 米以下为文化层,文化堆积厚 0.3－0.5 米,内含大量灰褐陶片。采集遗物有:龙山文化夹砂灰褐陶鸟喙形足鼎、夹砂灰陶子母口器盖、罐口沿等。2003 年 8 月,岱岳区人民政府公布为第三批县级文物保护单位。

2. 梁父山遗址。位于徂徕山东南部,徂汶景区天宝镇北部。梁父山是徂徕山东峰,即当代村民所称映佛山。《史记》记载,古代"封泰山禅梁父者七十二家"。秦始皇、汉武帝、东汉光武帝、宋真宗封禅泰山时,都到梁父山举行了封禅仪式。梁父山是齐国"八主信仰"中地主祠的所在地。在民间传说中,梁父山是"众鬼之府",逝者的鬼魂在这里聚集。梁父山顶峰的映佛岩上,还有著名的北齐摩崖石刻《般若波罗蜜经》,经主为王子椿,所刻经文与泰山经石峪《金刚经》书风非常接近,多数学者推断二者同是北齐名僧安道壹所书。

3. 东夏村古墓群。位于徂汶景区滨河片区夏村北约 1000 米处,总面积约 1.2 万平方米。墓葬群系当地农民取土时发现,近年已零星破坏 20 多座。因未正式发掘,故墓葬分布及排列情况不详。墓坑系长方形穴土坑,长 2 米左右,宽 1.2 米左右。葬式为仰身直肢,头北向。随葬品多是一把青铜剑、几件日用陶器(壶、豆等)。剑位于人体右侧,长 30 厘米至 47.5 厘米不等,但风格造型一致。根据墓葬形制及随葬品类型,此古墓群为战国时期墓葬。

4. 黄花岭古墓葬群。位于徂徕景区天宝镇黄花岭村西南,遗址区为河旁高台地,东西南三面绕河,根据出土文物初步断定是一处东周时期贵族墓。现存台地东西长 35 米,南北 25 米,分布面积约 900 平方米。1956 年,村民取土时发现一批青铜器和陶器。泰安市博物馆共收集商代晚期至战国早期文物 18 件,其中有铭文青铜器 2 件,其中簋 1 件、爵 1 件;无铭文青铜器 16 件,其中鼎 1 件、盘 1 件、匜 1 件、铲 1 件、车饰 2 件、马衔 2 件、串珠 1 组、矛 1 件、剑 1 件、戈 5 件。

5. 燕语城遗址。位于徂汶景区化马湾乡城前村东北,为商周时代至汉代古城遗址。1956 年被发现,遗址区为高出地面约 10 米的高台,面积约 7.2 万平方米,文化层堆积厚达 10 米,暴露有西周至春秋时期的土坑竖穴木椁墓、汉代夯土等遗迹,墓葬残存长度 1 米左右,一棺一椁,铺白膏泥,呈西北东南向,距地面 4.5 米左右,残存随葬品有鲁侯三足青铜鼎两件、壶等。遗址内采集和出土遗物有:商周时期泥质灰陶豆把、盒口沿、绳纹罐口及铜壶、镞、鲁侯乍姬翏鼎、簠;汉代灰陶绳纹瓦、豆盘、罐、瓮、筒瓦、太阳纹砖、青瓷豆等残片。该遗址对研究古代城址建置提供了重要依据。1957 年泰安县公布为应保护的文物古迹。1979 年泰安县公布为县级重点文物保护单位。1994 年 3 月被泰安市人民政府公布为市级重点文物保护单位。

6. 柳下惠墓。位于徂汶景区天宝镇郭家庄村北 500 米处,地处平原,南距柴汶河 1 公里,东临郭家庄河。墓地范围南北长 180 米、东西宽 90 米,面积 1.6 万平方米。墓前存有清光绪二十九年(1903)泰安知县毛蜀云德政碑一通,主要记载毛澄修复柳下惠墓的事迹。1992 年夏,毛蜀云重孙台湾民主同盟联合会主席毛铸伦先生捐资重修,增建牌坊一座、碑刻两通、碑亭两座、加高墓葬封土。1978 年被公布为县级文物保护单位,2016 年被公布为市级文物保护单位。

7. 博城故城遗址。位于徂汶景区滨河片区旧县村以北,东周至宋代古城遗址。遗址东西长约 2000 米,南北宽约 1250 米,面积约 250 万平方米。遗址中间有邱旧公路穿过,城墙基础北端与西段部分尚存,西北角城墙高约 10 米,顶部宽约 10 米,其余部分高 3－10 米不等。城墙系层层夯筑而成。遗址北部墙体现已被当地村民改建成果园,上面栽满了大樱桃树,由于长期作为农业生产用地,城墙原貌被严重破坏。遗址中曾发现大量春秋时的陶罐、盆、树木及兽纹瓦当,汉代陶片、布纹瓦、板瓦、盆、罐、瓮等口沿残片及隋唐瓷片等。该遗址先后为春秋战国博邑,秦博阳县,汉代博县,隋代博城,唐宋乾封县城旧址。隋代,原奉高县被并入博城县。到了唐代,泰山附近的嬴县、肥城县也都并入博城县。唐高宗封禅时,还把博城改名乾封,替代奉高,成为泰山南麓的一大都会。宋开宝五年(972)驻地迁往岱岳镇后,古城废止。该古城曾长期作为泰山地区的政治经济文化中心,是至今保存较为完整的古城遗址,在泰山封禅活动中具有重要地位。古博城是研究泰安城市的雏形和研究泰安城市起源与发展的重要实物资料,对研究泰山地区的历史沿革和古城建设具有重要的历史价值。2013年被公布为省级文物保护单位。

8. 羊祜城遗址。位于徂徕景区天宝镇古城村及其周边,汉代梁父县城遗址,1994年被公布为第一批泰安市级重点文物保护单位。据民国十八年版《泰安县志》载:为汉代梁父县治,晋为羊祜封邑。汉代为"梁父城",晋武帝时赐羊祜土地于此,又名"羊祜城"。遗址区呈长方形,东西长1500米,南北宽1000米,总面积约150万平方米。北部城墙保存较为完整,南墙的全部及东、西墙的南部被柴汶河破坏。城墙现存总体长度约为1780米,其中北墙长约570米,高1-3米。黄黏土夯筑,夯层厚约0.14米。北墙西侧拐弯部分长约190米,小沟南北墙部分长约390米;东墙残存长度约300米,西墙残存约330米。墙体宽度为20-45米。梁父城城址建筑包括城墙、壕沟、间隔地带、门道等。城址中有一高台地,现存长约50米,高出周围地表1.5米。城内文化堆积3米以上。城址以外还发现了较为丰富的东周时期堆积。采集有汉代泥质灰陶绳纹罐口沿、豆盘、卷云纹瓦当、菱形纹砖和东周时期铜镞等。

二、汉代以后泰山文化重要遗存

1. 徂徕山摩崖刻经。刻经共有二处,一处位于徂汶景区天宝镇后寺村北1公里处梁父山顶映佛岩,一处位于光化寺东500米处将军石。1992年6月被公布为第二批山东省重点文物保护单位,是北齐时期一处集经文、佛名、题记于一体的摩崖石刻。石刻分别在映佛山顶和光华寺林场内,共2处。映佛山刻石刻于高8米,宽5米的巨石上,分上、中、下三段题刻,隶书。上段竖刻"般若波罗蜜 经主",旁刻"冠军将军梁父县令王子椿"。字径大小不等,小字仅10厘米,大者字径45厘米,保存较好。中段竖刻"普憘""武平元年""僧齐大众造""维那慧游"4行年号及题记。字径6-12厘米,其中"憘"字残损。下段竖刻《般若波罗蜜经》文,14行,行7字,字径12-26厘米。石刻前半部分保存较好,后半部分剥蚀。光华寺林场路旁俗称"将军石"的自然石上,正面竖刻《大般若经》,隶书。石高1.8米,宽2.4米,厚1.2米。《大般若经》13行,行4-7字,共计89字。字径12-16厘米。镌刻面积3平方米。经末有"冠军将军梁父县令王子椿造,椿息、道升、道昂、道昱、道恂、僧真共造"等题记。经文下方题刻"王世贵"三字。东侧竖刻"武平元年中正胡宾"。该石刻为研究北齐摩崖刻经的表现形式、中国书法史及著名书僧安道壹的刻经活动及佛教文化交流提供了新的资料,受到佛学史、美术史研究者和书法界人士的关注。

2. 泰山南城羊氏文物。"东魏羊银光造像"出土于徂徕山东南部光化寺。文物为保存完好的背屏式一铺三尊像,二级文物藏品。滑石质,通高60厘米,宽37厘米,素面舟形背光。正面三尊像高浮雕,中间主尊立,身像高37厘米,头部残,后有浅浮雕双重莲瓣纹头光。长颈,内着僧祇支,外着褒衣博带袈裟,衣裙下摆略外侈,服饰显厚重。手残,从迹象看应施无畏与愿印,跣足立于莲台之上。左胁侍高27厘米,面目模糊,头后有双重莲瓣纹头光。长颈,佩项圈,溜肩,肩饰二圆形物。袒胸,下着裙,披帛自双肩垂下至两膝交叉后上卷,绕小臂而过沿体侧下垂,裙摆略外侈。双手捧净瓶,跣足立于莲实之上。右胁侍头残,双手于胸前持莲蕾,余同左胁侍。整尊造像布局合理,雕技娴熟,线条流畅,精制工整。背面题记4行,铭文:"□□□和三年四月壬寅朔八日己酉清信女佛弟子羊银光造像一躯所愿从心。"铭文首行前三字缺,年代不明。查证为东魏兴和三年(541)。羊氏墓地位于天宝镇颜前村。1964年,墓地出土了《魏镇军将军兖州刺史羊祉墓志铭》和《魏镇军将军兖州刺史羊使君夫人崔氏墓志铭》,1973年出土了《羊令君妻崔夫人墓志铭》。

3. 竹溪六逸遗迹。位于徂徕山南部独秀峰及其周边。开元年间,李白在兖州安家后,经常与名士孔巢父、韩准、裴政、陶沔、张叔明在徂徕山中聚会,世称"竹溪六逸"。李白所书的"独秀峰"摩崖石刻,就是当时的遗迹。隐仙观前曾经建有六逸亭一处,观中有六逸堂,奉祀六位唐贤。

4. 徂徕书院。位于徂汶景区徂徕镇樱桃园村南,徂徕山北部长春岭前,遗址区存有姜潜"读易堂"建筑遗址。徂徕书院为北宋四大书院之一,孙复、石介是泰山徂徕书院的创始人,是北宋创立最早、最著名的书院。曾在中国书院史上占有极其重要的地位。徂徕书院及石介思想文化研究,在思想史、文化史、政治史等方面都具有相当重要的价值。徂徕书院培养了一批富有成就的人才,树立了一代严谨学风,形成了对后世影响深远的"泰山学派"。泰山徂徕书院门生弟子云集,著名的有姜潜、刘牧、张洞、李蕴、祖择之、杜默、张续、李常、李堂、徐遁等人。

5. 石介墓。位于徂汶景区徂徕镇桥沟村南300米处。北宋时代墓葬。该墓坐落于桥沟村南的石家墓林中。墓林前有明万历年间御史宋焘所立宋太子中允徂徕石先生神道碑。碑后为石介墓。石介墓为圆形,封土高1.7米,砖砌墙保护。石家墓林中原有石介撰《石氏先茔墓表碑》、欧阳修撰书《徂徕先生墓志铭》。

6. 作书房。位于徂徕山秋千峰西北、徂汶景区徂徕镇徂徕村东南方向3千米处。宋金书院遗址。2003年被公布为第三批区级文物保护单位。古称竹溪庵,遗址南北长50米,东西宽30米,占地1500平方米。作书坊建在高于地面1.5米平台上,坐北朝南,建筑面积716平方米,仅存残房室和四面墙体。由于此处山坞峻秀,地势奇伟,怪石兀立,自隋唐以来,历代名流隐士不断至此隐居著书立说,故名作书房。重要人物有王希夷、党怀英等。

7. 隐仙观。位于徂汶景区天宝镇北部,徂徕山林场礤石峪林区内,四面环山,是一处明清时期祠观建筑。寺庙座北朝南,依山而建,东西宽80米,南北长40-60米,占地面积4800平方米。现存三清殿、吕祖殿、六逸堂、玉皇阁等建筑四座,共15间。三清殿、吕祖殿各三间,面阔10米,进深7米,抬梁式木构,硬山顶。观内尚存有清康熙文渊阁大学士、上书房大臣赵国麟撰写《徂徕山礤石峪赡田碑记》《毛澄堂谕碑》等碑刻14通,吕祖殿前方石壁上刻有"竹溪""湍激""云路""壁立千仞"等摩崖石刻20余处。另有仙人台、炼丹炉、道士坟等遗迹。据民国十八年版《泰安县志》载,明代道士于蟫虚修道于此,创立全真教蓬莱派。据碑刻记载,该观于明万历年间(1573-1620)始建,清代屡经重修,原有灵官庙、山神庙、迎仙桥等建筑,后废圮。该建筑群对研究徂徕山东南麓区域宗教文化分布及建筑、摩崖石刻艺术提供了实证。

8. 徂徕山抗日武装起义旧址。位于徂徕山西部四禅寺,俗称大寺。1938年1月1日,以黎玉、赵杰、林浩等为主要领导,中共山东省委在大寺发动徂徕山抗日武装起义,组建八路军山东人民抗日游击队第四支队。1月26日,在大汶口至新泰必经的寺岭村伏击日军告捷。2月18日,在泰安至新泰之间的四槐树伏击日军再捷。后又攻克莱芜城,挥军向淄川、博山进发,沿途扩大队伍至2000人,成立抗日人民政权"莱芜县政执行委员会",四支队改为山东人民抗日联军独立第一师,洪涛任师长。徂徕山抗日武装起义是山东省委直接发动领导的起义,发挥了山东抗战的源头作用、山东抗日队伍的种子作用,在山东首次打出了八路军的旗号,打响了山东省委独立领导山东抗战的第一枪,揭开了山东省党组织独立自主领导抗战的序幕。

三、徂徕山汶河景区文化遗存在泰山文化中的地位

1. 泰山、徂徕山、大汶河血肉相连。泰山世界地质公园、泰山封禅活动、泰山传说故事始终把徂徕山、大汶河作为泰山自然与文化遗产的重要组成部分。泰山封禅活动发源于大汶口文化时期,植根于泰山、徂徕山,封在泰山,禅在梁父,因此徂徕山是封禅文化的重要节点;北朝摩崖刻经,以泰山为中心,辐射周边的徂汶景区、邹城市、汶上县、东平县等地区,刻经多达 40 余处,多数学者认为:北朝摩崖刻经系列活动的起点是徂徕山映佛岩、将军石,终点是泰山经石峪;吕洞宾、碧霞元君、石敢当等道教故事的传播,也把泰山、徂徕山作为重要自然环境和社会背景。

2. 徂徕山、大汶河是泰山文化的重要支点。大汶河是运河血脉:明清引汶济运工程,始终把大汶河作为治运的"命脉""血脉"所在。徂徕山是汶水之核:徂徕山分汶河南北两支,然后合四汶于大汶口,徂徕山泉是保障汶河水源补给的核心。徂徕山、大汶河是泰山地区驿路交通、军事冲突的重要空间;齐鲁要地:徂徕山大汶河是齐鲁文化的融合区,处于齐鲁交通的咽喉,汶河东岸的阳关是鲁道要塞,明清福州官路的开通,致使徂徕山的战略地位更加突出;泰安名胜:泰安八景中的"徂徕夕照""龟阴秋稼"均在徂汶景区境内;文化制高点:大汶口文化、博城遗址、羊祜城遗址等重要文化遗址区,封禅制度的形成和演化,泰山第一望族泰山羊氏崛起、李白隐居徂徕山、赵州禅师隐居徂徕山、石介创建徂徕书院等史实,说明徂徕山汶河地区多次占据文化制高点。

3. 徂汶景区是一座被忽视的研究宝库。关于徂徕山文化的研究课题较少;徂徕山文化的研究队伍还很弱小,更多是自发单干,缺少有组织的系统整理发掘;徂汶景区文化研究大有可为——泰山封禅中的梁父山研究、地主祠研究、《梁父吟》研究、竹溪诗词文化研究、博城和梁父城研究、泰山羊氏研究、石介和徂徕书院研究等,角度多,冷门多,专家和业余作者系统深入挖掘,都可以出成果,结硕果。

济南城市考古概论

郭俊峰 李 铭

(济南市考古研究院)

一、城市考古的背景

1. 城市历史课题研究的需要是开展城市考古的动力

济南因位于古时济水之南而得名,是国务院公布的第一批历史文化名城之一,早在8500多年前,我们的祖先就在这块土地上生息繁衍。

济南城市的发展史分前后两个中心。第一个中心是平陵城区域。指现济南古城以东三十公里处章丘市东平陵城区域建立的济南城,从龙山文化、岳石文化一直延续到至汉、西晋时期,之后废弃成为农田。第二个中心是古城区域。西晋永嘉末年(313年),济南郡治所从东平陵城迁至历城县(即现济南市古城区域)之后成为历代郡、州、府、县的行政中心。现代城市发展是以古城区为中心向四周拓展的。古城区域在春秋时期便为齐国西部重镇。公元前694年"公会齐侯于泺"(《春秋·桓公十八年》)。"泺",指泺水,发源于趵突泉,是现济南市区见于记载的最早的地名。古城区的建城史被认为有2600年,便是自此算起的。至于平陵城迁至现市区之前,济南城是怎样的状况,有多少人居住,迁至历城之后的治所究竟位于什么位置,当时的城究竟有多大,城墙何时兴建,城内布局发生着怎样的变化等等这些问题就无从知晓了。史料记载的济南的城市变迁非常稀少,即使有记载也是极其模糊。我们在这里探讨的"城市考古"主要是围绕以古城区为中心及其周边区域的考古发掘及研究。通过配合城市建设的考古发掘,力图去解决城市变迁问题,即把每次古城区内的考古发掘看作是"一个点"放到整个城市发展历史对应的"面"中去研究城市的发展变迁历史,从而还原埋藏在现代城市下古代城市在不同时期的布局。

2. 法律法规的支持是城市考古顺利开展的保障

2002年1月,在市文物局多年的努力下,济南市政府公布了整个建成市区内第一批共六大片地下文物保护区,六大保护区为以往经常发现文物的地区,这就为城建中的文物保护工作奠定了基础;2007年11月,济南市又通过了《济南市文物保护规定》,在法律上保证了地下文物保护区的地位;2010年《山东省文物保护条例》的通过执行,再一次明确了"地下文物保护区"的性质。这一系列法规的公布施行为市区内考古工作的顺利开展提供了法制保障。

3. 大规模的城市建设为城市考古提供了机遇

济南城市考古的开展基本上以2002年为分界线,2002年前市区总体建设比较缓慢,1997年济南市考古研究所成立后,配合工程建设在古城区附近2公里内的城区内也做了一些零星的古墓葬的发掘工作,取得了一些成绩。如1997年发掘的中银大厦战国墓出土了战国时期的铜器(图一)和数百枚骨贝币(图二),2000年发掘的隋文帝之舅吕道贵兄弟墓葬[1]填补了《隋书》记载的空白(图三、图四)。但因发掘规模较小,对整个城市历史的研究有限,还不算真正意义上的城市考古。2002年以后,济南城市建设特别是在古城区内的城市建设突然增多,这在一定程度上对地下文物造成了破坏,但另一方面也为城市考古的开展提供了千载难逢的机遇。至今在古城区4平方公里的区域内陆续已开展了近三十次较大规模的考古发掘(图五),发掘面积近十万平方米,大量的遗迹遗物被发现,不同时期的格局逐渐开始走向清晰。

图一 中银大厦战国青铜提梁壶

---

[1] 李铭、郭俊峰:《济南隋代吕道贵兄弟墓》,《文物》2005年第1期。

图二　中银大厦战国骨币

图三　吕道贵墓隋朝武士守门石俑

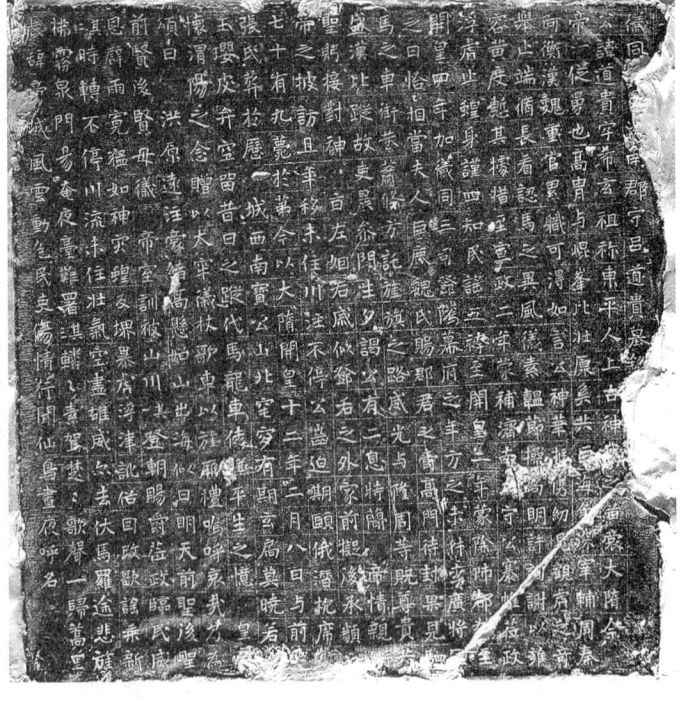

图四　吕道贵墓志拓片

图五　1997–2020年济南主城区重点考古发掘位置图

4. 丰富的城市文化底蕴是城市考古取得成绩的一个重大前提

2002年在古城区西门内高都司巷遗址进行的考古发掘，是济南市第一次对古城区内遗址进行的大规模发掘，此次发掘面积3000平方米。从此揭开了城市考古的序幕。这也是第一次了解到在济南古城内的西部地下文化层堆积达6米之厚，文化堆积上起春秋战国下至明清几乎没有间断，文脉清晰、连贯，出土了大量陶瓷器（图六）、骨器、钱币。此次在不足300平米内竟然发现春秋战国到明清时期的40余口水井，证明了济南古城区内自春秋战国就有先民在此繁衍、生息，井的分布密集，也说明了人口的众多。古城区泉城的地理特色，在这次考古发掘中得到充分的印证，泉水自古以来就是济南的特色。从发掘看，战国汉代水井都打在生土层向下3-4米，那是名副其实的泉水。随着时代的推移，地层堆积越来越厚，宋代的水井就打在生土层向下1-2

图六　唐代白釉深腹碗

米,开始有地表水渗入。到了明清时期,水井很多已达不到生土层。这是第一次在考古发掘中,从剖面看各时代古井的演变过程和泉水的变化,为济南特色的泉水文化研究,提供了第一手实物资料。[1]

二、古城区内考古取得的丰硕成绩

2002年高都司巷考古发掘之后,古城区考古工作配合工程建设全面展开,先后组织了对旧军门巷、县西巷、按察司街、运署街、府学文庙、趵北路老城墙、巡抚大堂后殿、大明湖扩建区域、省府前街、卫巷、大明湖钟楼、小明湖、天地坛街、黑虎泉路185号、宽厚所街、按察司街北首、百花洲等遗址的大规模抢救性发掘。至今,我们已在古城区进行了近30次较大规模的考古发掘,覆盖古城区的各个方位,除出土大量文物外,把每次考古发现联系起来研究,都还有对城市布局沿革的重要发现,这为济南市的城市发展史提供了不可多得的实物资料。这使我们对济南古城的历史,也有了更深刻的解读。重大发现简介如下:

2002年位于古城区西南部的旧军门巷遗址,发现了商代文化遗存,出土了商代早期大型陶鬲残片(图七)。这是在济南古城区内第一次发现商代时期的人类活动遗迹,将济南古城区人类活动的历史向前推进了近千年。[2]

2003年开始对古城中北部县西巷遗址[3]先后发掘六次,发现的宋代砖雕地宫,是目前国内发现的同时期雕刻最精美的地宫;同时在地宫南侧发现了佛教举行宗教仪式的"坛",这在全国已发现的佛教造像埋藏坑中尚属首次(图八);出土雕刻精美、形态各异、种类繁多、时代跨度大(从北朝到宋代)的八十余尊残佛教造像(图九)和唐代经幢构件,引起考古学界及

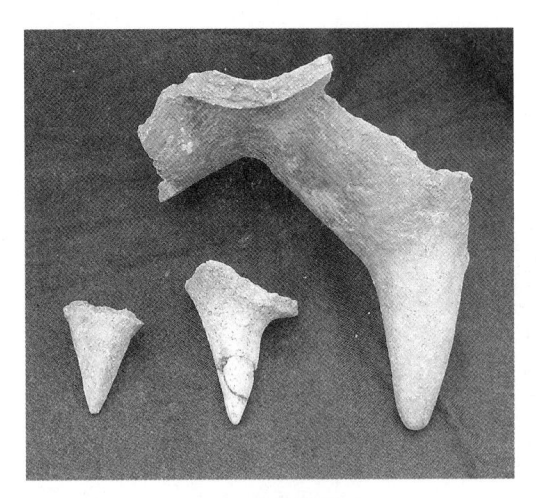

图七　商代陶鬲足

---

[1] 李铭、郭俊峰:《济南高都司巷遗址发掘侧记》,《济南重大考古发掘纪实》,黄河出版社,2003年。
[2] 房道国、郭俊峰等:《济南旧军门巷遗址发掘成果丰硕》,《中国文物报》2003年9月3日。
[3] 高继习、郭俊峰等:《济南市县西巷发现地宫和精美佛教造像》,《中国文物报》2004年1月2日。

图八　地宫

图九　佛像窖藏

社会各界的广泛关注,有些佛像(图十)的艺术价值在全国也属最高水平,对研究济南地区和山东地区佛教的发展和雕刻艺术均具有重大意义。县西巷的多次发掘证实了县西巷南部在宋代以前是开元寺的旧址,说明济南地区在南北朝和隋唐时期,佛教是非常兴盛的,这与济南南部山区众多的从南北朝到宋朝的摩崖造像形成呼应之势,改写了济南在中国佛教史中的地位。

2004年发掘的按察司街遗址,位于古城区东部,发掘出了唐代晚期墓,这是在古城区第一次发现唐代墓葬(图十一),说明了此区域在唐代或可能是城外或是边缘区域。紧接着2005年底在紧邻按察司街遗址的运署街遗址发现了规模较大的汉代铁器冶炼遗址,出土了一批汉代冶铁用的陶范(图十二)和冶铁后的铁渣,大体定位了汉代此区域存在一个大型冶铁的手工业作坊,这为研究汉代的冶金史提供了重要的实物资料,也证实了此地在汉代的重要性,推断其可能是汉代在济南除东平陵城之外的另一处铁官厂址。[1]

图十 佛像

图十一 按察司街遗址唐代白瓷执壶

图十二 运署街遗址汉代横銎镢陶范

2005年,对文庙故址进行了考古发掘,确认了文庙大成门、御碑亭、甬道、东西廊庑、大成殿月台的位置和大成门东西廊庑,为文庙的恢复大修工作提供了考古依据。根据

---

[1] 刘剑、何利:《山东济南新发现汉代铁农具》,《农业考古》2009年第1期。

考古结果将原设计中,不符合原文庙建筑布局的方案,重新修改设计。如大成门原设计方案为三间,考古证明为五开间,故将原设计三间改成五开间。同年,在清巡抚大堂北侧,发掘出古水井、排水沟和原清巡抚后大殿建筑基址等。根据考古发掘结果和遗址现状,我所提出了原址保护遗址的建议被采纳,将古井、排水沟和大殿建筑基址保留并修复成新景观,这是市区内第一处由历史遗址保护和现代园林景观相结合的成功范例。

2007年在位于古城区西门以北0.5公里处的趵突泉北路6号遗址发现了一段深埋地下的老城墙,城墙内檐墙长80米,外檐墙长55米,可分为墙体部分和墙基部分(图十三)。通过解剖发掘,发现城墙的最早建筑年代不早于宋代,这为研究济南城墙的最早建筑年代及构筑方法提供了珍贵的第一手资料。这是济南第一次对古城墙的考古发掘,对济南建城的历史研究有着重大价值。[1]

图十三 趵突泉北路6号从远处高楼上拍到的城墙

---

[1] 郭俊峰、王兴华等:《济南趵突泉北路6号工地发掘获得丰硕成果》,《中国文物报》2007年8月1日。

2008年发掘的卫巷遗址，位于古城区的中南部偏西，南端紧临南城墙，发现了一个武库，并发现一千多枚明代守城的石弹（图十四）。这是古城考古中发现最多的一次，以前古城考古中发现的零星石弹不知用途，通过这次出土大量的石弹确认其用途，对济南明代城防有了初步认识。另外出土宋代金银器一罐（图十五），还原了宋金战乱时期富人逃难时藏宝的情景。[1]

图十四　卫巷遗址出土的明代石弹

图十五　卫巷遗址宋代凤鸟金钗

---

[1] 李铭、郭俊峰：《济南恒隆广场出土的金银器窖藏》，《中国国家博物馆馆刊》2016年第6期。

2008年对位于古城区中北部、大明湖南侧的钟楼台基遗址清理,发现钟楼遗址由台基主体、阶梯、顶部建筑等组成,始建年代应为明代中期。发掘显示整个建筑台基为逐层夯打而成。夯筑方式为平面夯打而成,夯面平整,层次分明。台基底部铺以基石,四角砌有角石。阶梯位于台基北部,上部已破坏,现存长度约8.8、宽1.6、残存高度约4.4米,青石筑成,石料经过粗加工,平行错缝垒砌而成。通过考古发掘,发现明代中期济南该地区地面比现地面低1.8米,500年城市长高了1.8米。为研究城市历史变迁提供了翔实的证据。

2010年发掘小明湖遗址。其位于古城区的西部,大明湖西南门的对面,西侧紧邻护城河。发掘面积500平方米,发现了多处唐宋时期遗迹和少量器物。发掘收获以唐宋时期遗迹为主,基本上没有发现元至明清时期的遗迹。本次考古发掘发现了4条宋代沟渠(图十六),证明了本区域在宋代时期即有泉水丰沛的景象。在宋代地面上相距10米之内即有3条南北走向的沟渠,说明当时这一地区泉水遍流,而且流量相当大。砖砌的沟渠系人工水利工程,把大沟渠中的水引到所需之处。在宋代地面之上大量的淤泥层层淤积,一直堆积到民国时期,持续时间很长。这一淤泥层在初期形成过程中可能与本地区发生过水灾有关,而且淤泥层的底部发现了汉代及其更早时期的器物,可以断定洪水把附近其他区域地层中的器物冲积到本地区而形成这种

图十六 小明湖遗址发掘出的宋代水沟(约4米)

现象。发现的唐至宋代时期的道路,在唐代即已经形成,一直延续使用到宋代,道路的平面与沟渠的平面基本一致,均为南北向,可以断定道路就是水面旁边的主要交通道路。综合以上可以推断,本次考古发掘发现的众多遗迹,为济南地区宋代即有丰沛泉水提供了直接证据,为研究济南地区唐、宋等历史时期的城市变迁、环境变化提供了原始资料。

2012 年在古城东南部的宽厚所街遗址发现的宁阳王府建筑基址规模巨大,其院墙的范围为南北长 134 米、东西长 83 米,由中轴院落、东西跨院以及其他相关建筑遗存构成,是全国迄今发现保存最完整的明代郡王府平面建筑遗址(图十七)。院内有完善的排水设施,总长度达到了 400 多米。整个排水系统设计、修建得非常科学完善,明暗结合,有效利用南高北低、中高东西低的自然地势布局。通过几个直接在院墙上砌出的排水口,污水汇聚到贴近东、西墙内侧的两条主下水道内,经过院墙东北、西北的两个主排水口流出王府(图十八)。这套排水系统可充分证明郡王府在建设前经过科学合理的整体设计,此次发掘为郡王府布局的研究提供了重要资料(图十九),入选"2013 年度全国重要考古发现"。[1]

图十七　宁阳王府遗址航拍

---

[1] 高继习、房振、郭俊峰等:《济南古城内发现明代郡王府基址》,《中国文物报》2012 年 5 月 11 日八版。

图十八　宁阳王府北墙出水口和基址

图十九　宋代玉琮

2016年在百花洲遗址发现的泰山行宫,是山东地区第一次发掘泰山行宫遗址(图二十)。[1]

图二十　泰山行宫遗址航拍照

另外,2009年大明湖扩建工程区域揭露出一批明代院落遗址,证明大明湖的湖面面积在明代比现代要小;在天地坛街遗址发现龙山文化的遗迹和遗物,是我市第一次在济南古城内部发现龙山文化时期遗存,为济南城市建设史、舜文化研究提供了突破性研究素材。

每一次考古发掘无论是遗迹还是遗物,都会有新的亮点、新的信息,古城区的历史面貌逐渐汇集并清晰起来。

---

[1] 邢琪、丁文慧、郭俊峰:《山东济南百花洲发现明清时期泰山行宫遗址》,《中国文物报》2017年5月19日八版。

三、古城区周边考古工作也是城区内考古工作的有力补充

古城区周边考古发掘为古城的研究提供了重要资料。围绕古城区3公里之内的较大规模发掘也达近十次,通过发掘了解到济南古城周边3公里内各时期墓葬的分布情况,有力地丰富、佐证了古城区的历史,为进一步研究城市各时期的功能打下了坚实的基础。

2009-2010年在位于古城区西部1公里处的魏家庄遗址,共发掘古代墓葬168座(其中汉墓95座),战国及唐宋元明清墓葬68座,成为市区内发现墓葬数量最多、发掘出土完整文物种类最丰富的一次考古发掘。[1] 出土了银器、铜器、铁器、陶器、瓷器、石器、玉器等各类文物600余件(套)。其中,人形铜镇(图二一)、博山熏炉(图二二)等精美青铜器和大量带有礼器性质的铁鼎均为国内少见。魏家庄遗址一次性发现数量如此众多的汉代贵族墓,无疑为重新定位济南在汉代时期的地位和作用提供了重要实物资料。

图二二　魏家庄墓地汉代铜博山熏炉

图二一　魏家庄墓地汉代人形铜镇

---

[1] 郭俊峰、房振等:《济南市魏家庄汉代墓葬发掘报告》,《海岱考古》(第8集),科学出版社,2015年。

2011年位于古城区西北部3公里处刘家庄遗址,共发掘面积4000平方米,是市区面积最大的商周遗址。发掘商周和唐宋时期墓葬122座,出土各类文物250余件。其中M121(图二三)、M122[1]等商代墓规格极高,发现了100余件青铜器(图二四)和玉器(图二五),部分青铜器(图二六)上有族徽或铭文。这是济南市区正式考古发掘中首次出土带铭文的铜器,对研究商代该地区的政治、经济、文化具有重要意义。

图二三　M121商代墓内的随葬品

另外如古城东南1公里的和平路47号明清墓地;古城东0.6公里的七家村宋代墓群;[2]古城东1.5公里华强广场汉代唐宋墓地等大型墓地,共清理墓葬近百座。如此密集的墓群集中在古城区周围,必然与古城区有着千丝万缕的关系,也在不同方面佐证着古城区在不同历史时期的辉煌。

一些单个的墓葬也在古城区周围陆续被发现,它们虽然数量少,但围绕古城星罗棋布,对古城区的研究意义同样重大。如城南的司里街壁画墓;2001年城西南发掘的腊山汉墓,长28米,宽8米,是市区发现的最大汉墓(图二七、二八);[3]2005年城东发掘的35中元代墓,墓志(图二九)记载了当时为山东最高行政长官的墓主生平及

---

[1] 郭俊峰、房振、李铭:《济南市刘家庄遗址商代墓葬M121、M122发掘简报》,《中国国家博物馆馆刊》2016年第7期。

[2] 房道国、刘善沂等:《济南七家村发掘报告》,《东方考古》(第6集),科学出版社,2009年。

[3] 郭俊峰、刘剑等:《山东济南市腊山汉墓发掘简报》,《考古》2004年第8期。

图二四　铜提梁卣

图二五　商代玉柄形器

图二六　方鼎内壁

图二七　腊山汉墓

图二八　腊山汉墓出土的水晶印章

图二九　35中元代墓出土墓志

其附近的地理沿革；[1] 2005年郎茂山路元代墓反映了济南元代家族(图三十)……[2]我们试着把城周围的发现与古城联系起来，努力筛选出与古城有关系的墓葬。

四、积极开展宣传工作，进行公共考古

城市考古注定了是在城市的建设中开展的考古工作，决定了不可能关起门来做考古工作。这就需要及时地把工作宣传出去，把考古成果展示出去，增强建设单位和广大市民的文物保护意识，取得建设单位的理解和支持，取得市民的拥护。这就给我们做好公众考古，让文物活起来提出了工作要求。济南市考古研究所始终发挥公益单位的作用，通过报纸、电视、展览、宣讲多渠道把考古的成果向社会宣传。据不完全

---

[1] 郭俊峰、李铭：《济南经五纬九路发现一处元代墓》，《中国文物报》2007年3月16日二版。
[2] 郭俊峰、李铭：《山东济南朗茂山路发现元代家族墓》，《中国文物报》2005年3月30日。

图三十　郎茂山路元代家族墓 M1 全景

统计 2002 年以来,济南市考古研究所通过新闻媒体向社会宣传近万次;与大众日报联合推出"考古探秘"系列,对重要的考古发现进行连载,社会反响强烈;与市博物馆推出"牵手文明"流动文化巡展《济南考古知识》系列讲座,使更多的群众了解济南悠久的历史和灿烂的文明。为更好地将文物考古知识惠及民众,举办展览十余次,其中比较重要的有《洛庄出土文物精品展》《县西巷出土佛教造像展》《建国六十周年文物精品展》《泺源华章——济南城市考古成果展》《济南城市考古暨古建筑保护图片展》《山东省全国十大考古发现图片展》《济南十大考古发现图片展》《济南抗战遗址图片展》等,努力让文物活起来。2017 年 9 月我所创办的"济南考古馆"正式开馆,成为山东第一个市级考古馆,推出了"济南城市考古展"。通过积极努力的宣传,弘扬了济南的历史文化,宣传了济南文物事业所取得的成绩,大大增强了市民对历史文物保护的责任感,取得了良好的社会效益。

五、城市考古对济南地方史的研究意义

通过城区考古发掘我们逐步了解到,济南古城区文化堆积从龙山文化时期一直延续到现在,文化内涵非常丰富,文化堆积层最深处达七米,呈现出较强的文化连续性。城区的考古发掘解决了一些事先没有想到、史料未记载的情况,经常带给我们震撼与惊喜。古老济南的神秘面纱通过一次次的考古发掘一点点的揭开,发掘的成果也进一步充实丰富着济南历史文化名城的内涵:

1. 出土的众多文物和遗址直接丰富补充城市的历史。从细腻精美的白瓷到令人眼花缭乱的青花瓷;从大名鼎鼎的官窑瓷器到充满生活气息的民窑瓷器;从普通的厚重的石器、质朴的陶器、光亮的瓷器到闪闪发光的金器;从神秘的地宫到劫后余生的佛像;从雄壮的古城墙、宏伟的王府大院到小巧的观庙、精致的民居基址等等。

2. 将济南古城区人类活动的历史大大地向前推进。史料上对济南最早的记载是公元前694年,即春秋时期。而2002年旧军门巷遗址发现的商代残陶鬲,将济南历史向前推进了近千年。2010年天地坛街遗址发现龙山文化时期陶器,又将济南历史向前推进了近两千年。

3. 一些发现纠正了史料记载的谬误。如原小明湖位置发现唐宋时期生活遗迹,纠正了此处宋代以前为湖面的记载,为研究济南地区唐宋等时期的城市变迁、环境变化提供了珍贵资料。

4. 建筑遗址的考古发掘为修复保护提供第一手资料。府学文庙千年大修中,通过考古发掘确认了各种遗迹的早晚关系和建筑的建造方式,为科学恢复文庙历史原貌提供了可靠的历史依据。钟楼台基遗址、清巡抚大堂北侧建筑遗址的发掘都为以后的科学保护奠定了基础。

5. 为开展系列研究提供了基础材料。在运署街遗址发现一批汉代冶铁用的陶范和冶铁后的铁渣及铁矿石,而在魏家庄遗址出土大量的铁器,它们之间是不是存在某种联系呢?遂开展了"基于新考古出土材料的济南地区汉代冶铁技术研究"课题,并获得山东省文化厅的立项。另外,我们还与山东省国土资源资料档案馆合作开展课题"济南地区古代采矿冶铁状况考古与调查研究",进行深入研究。

6. 与现有史料记载相互印证。例如,卫巷形成于明代,因该巷南首东为明代"济南卫"驻地而得名。在卫巷遗址发掘中,就发现了上千枚石弹,进一步印证了此处确为军事机构的驻地。

7. 古城区周边也数次进行大规模的发掘,对于辅助古城区的研究意义重大。

六、城市考古面临的问题及其前景

济南的城市考古虽遍布古城区内,但多是一个个的点,还未能形成完整的面的研究。由于古城区的考古发掘只能限于建设施工的区域,周边多有地面建筑,无法进行拓展,使有些研究无法深入进行。特别是,济南是各时期城址的叠压,目前仅知明朝以来的城址,以前的城在哪里、是什么样的,还没有找到。这就对城市考古工作的连续性提出了要求,需要考古工作者时刻关注。济南的城市考古工作取得了一些成绩,代表了一个区域的特点。但应当承认还存在一些不足,城市考古未来需要建立一个科学的三维坐标系,把所有的点及其各时期的信息纳入这个大坐标系中,进行全方位系统的研究,这应该作为以后的研究重点。

七、城市考古发掘思考

济南城市考古工作的开展,得益于这些年城市现代建设的步伐,为考古工作的开展提供了难得的机遇。但同时,考古工作与基本建设间也有着众多的矛盾。许多的开发商对城市考古的认识不到位,重视不够,经常有毁坏遗址、墓葬的情况发生。能争取到发掘的机会是非常不容易的,经常是据理力争,形容为"跑断腿、磨破嘴"是一点也不夸张。原小明湖位置施工时,我所提出要提前进行考古发掘,建设方很不理解,觉得就是一个湖底,全是淤泥,能有什么重要发现!经过我们的极力争取,建设方给予配合,通过考古发掘,取得重要成果,发现唐宋时期生活遗迹,纠正了此处宋代以前为湖面的记载,为研究济南地区唐宋等时期的城市变迁、环境变化提供了珍贵资料。严重的是,经常还要面临突发事件,建设破坏文物保护、阻挠考古发掘,如在和平路 47 号墓地考古发掘时,就遇到建设方的野蛮阻挠,甚至摔坏了相机,在上级主管部门和公安部门的支持下,依法解决。

考古是一门综合学科,特别是在城市考古中,面临的情况更加复杂。在济南城市考古发掘中揭示的信息是非常丰富的,不仅能了解古代人口分布及古人的生产、生活、思想文化情况,也能了解当时自然科学方面如气候、水文、灾害、地形、地貌等等,与物理、化学、生物学也有着密切的关系。但由于目前济南市考古研究院尚缺乏自然科学方面的专业人才,虽然在考古发掘中有所发现,却未能开展相关方面的研究,还存在许多空白和薄弱环节,不能不说是巨大的遗憾,今后还需要在研究的深度和广度上下功夫。

济南的城市考古工作取得了一些成绩,但还存在一些没有解决的问题。我们希望通过自己的努力,为城市考古工作的发展做出贡献。

燕语城遗址调查研究

王丽华

(泰山文物考古研究所)

图一 燕语城遗址位置图

燕语城位于徂徕山北麓化马湾乡城前村北,占地约十万平方米,原为一高约4-5米的大土台,由于八十年代当地群众烧窑取土现被分割成几块大土堆(图一)。从文献和考古资料来看,春秋时嬴、牟汶河流域的莱芜盆地有三座古城:一是嬴城,位于今莱城区羊里镇城子县村;二是艾邑,位于今钢城区辛庄镇赵泉村牟县故城遗址;三是平州城,位于今燕语城遗址。《魏书·志第六·地形二中》记载:泰山郡"牟(县)汉、晋属。有莱芜城(位于今莱城区苗山镇南文字县村)、平州城、牟城"。[1]

《泰安文物大典》记载:燕语城为商至汉代城址,文化层堆积厚约4.5米,暴露有春秋时期的土坑竖穴木椁墓、汉代夯土等遗迹。采集和出土遗物有商周时期泥质灰陶豆把、盒口沿、绳纹罐口及铜壶、镞、"鲁侯乍姬翏"鼎、簠,汉代灰陶绳纹瓦、豆盘、罐、瓮、筒瓦、太阳纹砖、青瓷豆等残片。[2]

---

[1] (北齐)魏收撰:《魏书》,中华书局,北京图书馆藏,第2519页。
[2] 刘康主编:《泰安文物大典——第三次全国文物普查实录》,泰山出版社,2013年,第173页。

一、鲁国公主姬翏为何葬在燕语城(平州城)

燕语城遗址春秋木椁墓出土的鲁侯鼎铭文为:"鲁侯作姬翏媵鼎,其万年眉寿永宝用。"鲁侯即鲁公,鼎的主人为姬翏,是鲁公为姬翏陪送的嫁妆。鲁国的出嫁公主为何葬在燕语城呢?按照春秋礼制,鲁国公主应嫁给非姬姓国的国君或公子,鲁侯女儿姬翏下葬时燕语城的国属是解决这一谜案的关键。齐、鲁是周武王灭商后,封于泰沂山脉南北两侧的两个重要诸侯国,西周及春秋早期莱芜盆地隶属鲁国,至春秋时关于两国的交往和领土纷争在《左传》中记载甚详。

(一) 春秋早期燕语城属鲁

《左传·隐公六年(前717年)》记载:

【经】夏五月辛酉,公会齐侯,盟于艾。

【传】夏,盟于艾,始平于齐也。[1]

《左传·桓公三年(前709年)》记载:

【经】三年春正月,公会齐侯于嬴。

【传】会于嬴,成昏(婚)于齐也。[2]

《左传·恒公十五年(前697年)》记载:

【传】十五年春,复会焉,齐始霸也。[3]

自此之后,"齐始霸也",艾邑再未在《左传》中出现。

《左传·庄公十年(前684年)》记载:

【经】十年春,王正月,公败齐师于长勺(位于今苗山镇杓山之阳的齐鲁故道上)。

【传】十年春,齐师伐我。[4]

---

[1] (春秋)左丘明撰,(晋)杜预注:《左传》,上海古籍出版社,2016年,第23-24页。
[2] (春秋)左丘明撰,(晋)杜预注:《左传》,上海古籍出版社,2016年,第49-50页。
[3] (春秋)左丘明撰,(晋)杜预注:《左传》,上海古籍出版社,2016年,第105页。
[4] (春秋)左丘明撰,(晋)杜预注:《左传》,上海古籍出版社,2016年,第95-96页。

以上就是历史上著名的长勺之战,"齐师伐我",说明此时嬴邑还隶属于鲁。

《左传·僖公元年(前659年)》记载:

  【传】公赐季友(鲁桓公最小的儿子)汶阳(大汶河之北)之田,及费(位于今费县费邑故城)。[1]

《左传·僖公四年(前656年)》记载:

  【传】楚子使与师言曰:"君处北海,寡人处南海,唯是风马牛不相及也。不虞君之涉吾地也,何故?"管仲对曰:"昔召康公命我先君大公(姜太公)曰:'五侯九伯,女实征之,以夹辅周室。'赐我先君履(姜太公),东至于海,西至于河,南至于穆陵,北至于无棣。"[2]

可见,至少在鲁僖公四年(前656年)齐鲁之间仍以今泰沂山脉的齐长城为国界,今莱芜盆地仍属鲁国。

(二) 杞国东迁与杞、鲁婚姻纠纷

《左传·僖公十四年(前646年)》记载:

  【经】十有四年春,诸侯城缘陵(位于今潍坊市坊子区黄旗堡镇杞城村杞城遗城)。

  【传】十四年春,诸侯城缘陵而迁杞(杞国)焉。不书其人,有阙也。[3]

据上可知,此时杞国从今河南杞县迁今山东潍坊市坊子区黄旗堡镇杞城村杞城遗城。

《左传·文公十二年(前615年)》记载:

  【经】杞伯来朝。二月庚子,子(女儿)叔姬卒。

  【传】杞桓公来朝,始朝公也。且请绝(离婚)叔姬而无绝昏,公许之。二月,叔姬(杞桓公休妻)卒,不言杞,绝(离婚)也。书叔姬,言非女也。[4]

据上可知,叔姬为鲁文公之女、杞桓公之妻,杞桓公请求解除与鲁叔姬的婚姻关系,鲁文公同意了杞桓公的请求。可是不久叔姬就去世了,"书叔姬,言非女也",说明

---

[1] (春秋)左丘明撰,(晋)杜预注:《左传》,上海古籍出版社,2016年,第148页。
[2] (春秋)左丘明撰,(晋)杜预注:《左传》,上海古籍出版社,2016年,第153-154页。
[3] (春秋)左丘明撰,(晋)杜预注:《左传》,上海古籍出版社,2016年,第179页。
[4] (春秋)左丘明撰,(晋)杜预注:《左传》,上海古籍出版社,2016年,第296-297页。

鲁文公又反悔了,据此判断,叔姬应是殉情自杀。

《左传·文公十五年(前612年)》记载:

【经】十有二月,齐(齐国)人来归子叔姬(灵柩)。

【传】十五年春,季文子如晋,为单伯与子叔姬故也。……齐人来归子叔姬(灵柩),王(周王)故也。[1]

据上可知,由于杞恒公已经解除了与叔姬的婚姻关系,杞国并未安葬叔姬,因而两国发生了纠纷,"齐(国)人来归子叔姬(灵柩),王(周王)故也"。这进一步说明叔姬是非正常死亡,杞国不敢把叔姬的灵柩直接送到鲁国,在周天子的协调下由第三方齐国把叔姬的灵柩送到鲁国。

《左传·宣公元年(前608年)》记载:

【经】公会齐侯于平州(今燕语城)。公子遂如齐。

【传】会于平州以定公位。……六月,齐人取济西之田,为立公故,以赂齐也。[2]

据上可知,此时今燕语城仍隶属鲁国,此后,虽未见《左传》关于平州的记载,但燕语城春秋墓的主人姬翏葬于此后是可以肯定的。

《左传·宣公八年(前601年)》记载:

【经】城平阳(位于今新泰市)。

【传】城平阳,书,时也。[3]

据此,今新泰市创建于前601年。

《左传·宣公十八年(前591年)》记载:

【经】公伐杞。[4]

《左传·成公四年(前587年)》记载:

【经】杞伯来朝。

【传】杞伯来朝,归(接走)叔姬(灵柩)故也。[5]

---

[1] (春秋)左丘明撰,(晋)杜预注:《左传》,上海古籍出版社,2016年,第308-312页。
[2] (春秋)左丘明撰,(晋)杜预注:《左传》,上海古籍出版社,2016年,第326-328页。
[3] (春秋)左丘明撰,(晋)杜预注:《左传》,上海古籍出版社,2016年,第346-348页。
[4] (春秋)左丘明撰,(晋)杜预注:《左传》,上海古籍出版社,2016年,第385页。
[5] (春秋)左丘明撰,(晋)杜预注:《左传》,上海古籍出版社,2016年,第408-409页。

以上说明,从前615年叔姬自杀身亡至此已经28年,叔姬仍未安葬,上文"公伐杞"可能与叔姬的死亡有关,至此,鲁国又提出由杞国负责安葬叔姬的请求,但杞国并没有同意。

《左传·成公九年(前582年)》记载:

【经】九年春,王正月,杞伯来逆(接回)叔姬之丧以归。

【传】九年春,杞桓公来逆叔姬之丧,请之也。杞叔姬卒,为杞故也。[1]

据上可知,叔姬是因杞国而死,杞桓公接回叔姬安葬是为了维护鲁国的颜面,至此,三十余年的婚姻官司圆满解决。至于叔姬安葬于何处,《左传》虽无记载,但从今燕语城出土姬翏墓葬来看,叔姬应是葬在了今燕语城,姬翏与叔姬应是同一个人。

《左传·襄公十五年(前558年)》记载:

【经】夏,齐侯伐我北鄙(北部边境),围成(位于今柴汶河南岸成邑故址)。公救成,至遇。

【传】夏,齐侯围成,贰于晋故也。[2]

"围成"说明齐国已越过今柴汶河南侵至鲁国的成邑,柴汶河之北以及徂徕山之阴的平州城(今燕语城)已完全被齐国占领。

《左传·襄公二十九年(前544年)》记载:

【经】仲孙羯(鲁人)会晋荀盈、齐高止、宋华定、卫世叔仪、郑公孙段、曹人、莒人、滕子、薛人、小邾人城杞(为杞国筑城)。

【传】晋平公,杞出也(杞国的公主),故治杞。……晋侯使司马女叔侯来治杞田,弗尽归也。晋悼夫人(杞桓公女)愠曰:"齐也取货。先君若有知也,不尚取之!"[3]

《左传·昭公元年(前541年)》记载:

【传】祁午(晋人)谓赵文子曰:"……子相晋国以为盟主,于今七年矣!再合诸侯,三合大夫,服齐、狄,宁东夏,平秦乱,城淳于(位于今新泰市区)……子之力也!"[4]

---

[1] (春秋)左丘明撰,(晋)杜预注:《左传》,上海古籍出版社,2016年,第425—426页。
[2] (春秋)左丘明撰,(晋)杜预注:《左传》,上海古籍出版社,2016年,第552—554页。
[3] (春秋)左丘明撰,(晋)杜预注:《左传》,上海古籍出版社,2016年,第656—661页。
[4] (春秋)左丘明撰,(晋)杜预注:《左传》,上海古籍出版社,2016年,第690页。

综上可知,"城杞"和"治杞田"是两项不同的工作,"城杞"是为杞国筑"淳于"城,淳于故城位于今新泰市区;"治杞田"是为杞国要回由齐国占领的杞国领土,由于齐国不同意,晋国未能帮杞国要回杞田。

《左传·昭公七年(前535年)》记载:

> 【传】晋人来(第二次)治杞田(杞国封邑平州城),季孙将以成(位于柴汶河南岸成邑故址)与之。……晋人为杞取成。[1]

此时,杞国已迁都今新泰市6年,晋人第二次帮助杞国要回被齐国占领的杞田,由于杞田被齐国占领无法归还,所以鲁国用成邑代替杞田。据此完全可以断定:鲁国是先把平州城(今燕语城)作为封邑赠与杞国,再由杞国在平州城安葬叔姬,"杞叔姬卒,为杞故也""逆叔姬,为我也",杞、鲁皆大欢喜。

周郢在《孟姜女故事与泰山》一文中写道:

> 明弘治《泰安州志》卷二《古迹》云:"怨女城:故址在州东四十里。"又嘉靖《山东通志》卷二十二云:"怨女城:在泰安州城东四十里。"清人叶圭绶考其地即贞女山祠,所著《续山东考古录》卷二十七《杂考·泰安县》云:"怨女城:一作燕语城,县东六十里。"[2]

可见,燕语城是怨女(叔姬)城的讹传,怨女即叔姬。

二、燕语城与泰山封禅

(一) 梁父山、梁父县、梁父地主祠考辨

1. 梁父山与梁父县

《汉书·地理志第八上》记载:

> 泰山郡……县二十四:奉高(位于今泰安市范镇故县村)……博(位于今泰安东邱家店镇大汶河北岸旧县村)……梁父(位于徂徕山之阳新泰市天保镇古城村)。[3]

---

[1] (春秋)左丘明撰,(晋)杜预注:《左传》,上海古籍出版社,2016年,第753页。
[2] 周郢:《孟姜女故事与泰山》,《文史知识》2008年第6期。
[3] (汉)班固撰,(唐)颜师古注:《汉书》,中华书局,1999年,第1271页。

北魏郦道元著《水经注·卷二十四·汶水》记载：

"《邹山记》曰：徂徕山在梁甫(县)、奉高(县)、博(县)三县界""汶水又南，左会淄水(柴汶河)，水出泰山梁父县东，西南流，径菟裘城(新泰市楼德镇)北。……淄水又迳梁父县故城南，县北有梁父山(即徂徕山)。"[1]

《魏书·志第六·泰山郡》记载：

奉高(位于今泰安东范镇故县村)二汉、晋属。(南)有梁父山。[2]

综上可知，梁父山即徂徕山，梁父县因位于梁父山之阳而得名。

2. 梁父县地主祠

《史记·封禅书》记载：

秦穆公即位九年(前651年)，齐桓公既霸，会诸侯于葵丘，而欲封禅。管仲曰："古者封泰山禅梁父者七十二家，而夷吾所记者十有二焉。"[3]

"禅于梁父"的地望，《史记·封禅书》记载：

于是始皇遂东游海上，行礼祠名山大川及八神，求仙人羡门之属。八神将自古而有之，或曰太公以来作之。齐所以为齐，以天齐也。其祀绝莫知起时。八神：一曰天主，祠天齐。天齐渊水，居临菑南郊山下者。二曰地主，祠泰山梁父。盖天好阴，祠之必于高山之下，小山之上，命曰"畤"；地贵阳，祭之必于泽中圜丘云。[4]

"祠泰山梁父"即在泰山郡梁父县地主祠祭祀大地；"地贵阳，祭之必于泽中圜丘云"，即祭祀大地的祭坛周围有水泽，这说明地主祠不在梁父(徂徕)山上，应在梁父(徂徕)山下的梁父县境内，据笔者考证今新泰市国都镇裹头城遗址即梁父县地主祠故址。

《史记·秦始皇本纪》记载："二十八年，始皇东行郡县……乃遂上泰山，立石，封，祠祀。下……禅梁父(梁父县地主祠)。"[5]《史记·孝武本纪》记载：元封元年(前110年)"四月，还至奉高。上念诸儒及方士言封禅人人殊，不经，难施行。天子至梁父(县)，礼祠地主"。[6]可见，秦始皇、汉武帝元封元年(前110年)泰山封禅均是在

---

[1] (北魏)郦道元著，陈桥驿校证：《水经注校证》，中华书局，2007年，第581-582页。
[2] (北齐)魏收撰：《魏书》，中华书局，北京图书馆藏，第2519页。
[3] (西汉)司马迁：《史记》，台海出版社，2002年，第418页。
[4] (西汉)司马迁：《史记》，台海出版社，2002年，第419页。
[5] (西汉)司马迁：《史记》，台海出版社，2002年，第37页。
[6] (西汉)司马迁：《史记》，台海出版社，2002年，第87页。

今新泰市国都镇裹头城遗址祭祀大地的。

(二) 西汉宣帝创建燕语城地主祠

经笔者多次实地考察,燕语城汉代夯土台属汉代官方台形祭祀建筑,形制同新泰市国都镇裹头城遗址,曾多次重修,说明使用了很长时间。泰安文物爱好者王延波先生2017年在燕语城采集到一块带有"元康五年"残砖,反字,有的学者认为"元康五年(前57年)"是正刻在砖模上的(图二)。元康是西汉宣帝刘询的第三个年号,从公元前65年到公元前61年二月,总共使用4年2个月。

图二 "元康五年"残砖

《汉书·郊祀志第五下》记载:

> 其三月,(汉宣帝)幸河东,祠后土,有神爵集,改元为神爵(前61年)。制诏太常:"夫江海,百川之大者也,今阙焉无祠。其令祠官以礼为岁事,以四时祠江海雒水,祈为天下丰年焉。"自是五岳、四渎皆有常礼。东岳泰山于博(泰山庙创建)……唯泰山与河岁五祠,江水四,余皆一祷而三祠云。[1]

据此可知,今泰山岱庙即创建于神爵元年(前61年),也就是在这一大背景下,由于梁父县地主祠(裹头城遗址)与郡治奉高城较远,"元康五年(前57年)"汉宣帝诏令就近重建燕语城地主祠。

(三) 东汉光武帝刘秀泰山封禅与燕语城地主祠

《后汉书·志第七·祭祀(上)·封禅》记载:

---

[1] (汉)班固撰,(唐)颜师古注:《汉书》,中华书局,1999年,第1034页。

建武三十年（公元54年）……三月，上幸鲁，过泰山，告太守以上过，故承诏祭（望祭）山（泰山）及梁父（今徂徕山）。……二月，上至奉高，遣侍御史与兰台令史，将工先上山刻石。文曰：维建武三十有二年（公元56年）二月，皇帝东巡狩，至于岱宗……《河图会昌符》曰："……封于泰山，刻石著纪，禅于梁父（地主祠），退省考五。"……是月辛卯，柴，登封泰山。甲午，禅于梁阴（徂徕山阴燕语城地主祠）。……后有圣人，正失误，刻石记。……二十五日甲午，禅，祭地于梁阴（今燕语城地主祠），以高后（刘邦皇后吕雉）配，山川群神从，如元始（西汉平帝年号）中北郊故事。[1]

"元始中北郊故事"，据《汉书·卷十二·平帝纪第十二》记载："（元始）四年（公元4年）春正月，郊祀高祖以配天，宗祀孝文以配上帝。"[2]

文物爱好者王延波先生2017年在燕语城还采集到一块带有"延光八月廿四日"汉砖（图三），延光（公元122年3月－125年）是东汉汉安帝刘祜的第五个年号，"延光（元年）"也应与燕语城地主祠有关。西晋陆机在《泰山吟》诗中写道："梁父（今徂徕山）亦有馆（指燕语城地主祠），蒿里亦有亭（指蒿里山神祠）。"可见，直到西晋燕语城地主祠仍在使用。

图三 "延光八月廿四日"汉砖

三、贞女山祠与良庄镇茅茨东村遗址

《魏书·地形二中·泰山郡》记载：

梁父县（位于徂徕山之阳天保镇古城村）"二汉、晋属。有菟裘（位于今新泰市楼德镇）泽，徂来山在北，梁父城、龟山（位于新泰市西南）、羊续碑（梁父城旧有羊续碑）、贞女山祠、云母山。"[3]

---

[1] 许嘉璐主编：《后汉书》，汉语大词典出版社，2004年，第285－289页。
[2] （汉）班固撰，（唐）颜师古注：《汉书》，中华书局，1999年，第249页。
[3] （北齐）魏收撰：《魏书》，中华书局，北京图书馆藏，第2519页。

上文"贞女山祠",即祭祀贞女山的祠祀建筑,贞女山应是一座大山。上文已提到燕语城由怨女城讹传而得名,怨女即葬于燕语城的鲁国公主叔姬,叔姬既怨又贞。据此,贞女山应是徂徕山的别称。

茅茨东村遗址位于徂徕山主峰正前方的岱岳区良庄镇,当地叫"望儿城"(图四)。据《泰安文物大典》记载:

图四　茅茨东村遗址

"遗址上有一高约 6 米的土台",土台及周边"采集遗物有商周时期夹沙褐陶素面鬲足、罐、绳纹鬲足、绳纹鬲口、瓮口沿及残石斧,汉代泥质灰陶豆盘、罐口等"。[1]

据笔者实地考察,茅茨东村遗址并非城址,实是古时在此望祭徂徕山的祭坛,这与《魏书》关于贞女山祠的记载相符,可见,贞女山祠故址即茅茨东村遗址。

四、结　　语

综上所述,燕语城《左传》称平州,春秋姬嫠墓的主人即叔姬,鲁国是先把平州城作为封邑赠与杞国,再由杞国在平州城安葬杞桓公的休妻叔姬,故此明《泰安州志》又

---

[1] 刘康主编:《泰安文物大典——第三次全国文物普查实录》,泰山出版社,2013年,第173页。

称怨女城,燕语城是怨女城的讹传;徂徕山古称梁父山,梁父县因位于梁父山之阳而得名,秦始皇、汉武帝"禅梁父"即在泰山郡梁父县地主祠祭祀大地,故址位于今新泰市国都镇裹头城遗址;西汉宣帝于"元康五年(前57年)"创建燕语城地主祠,东汉光武帝刘秀泰山封禅即在此祭祀大地,至西晋之后才被废弃;茅茨东村遗址是古时望祭徂徕山的祭坛,《魏书》称之为贞女山祠。

莱芜山地大型石墙遗迹探究

王丽华

(泰安市泰山文物考古研究所)

据《山东文化遗产古遗址·莱芜山地大型石墙遗迹》记载：

莱芜山地大型石墙遗迹西起莱芜区的崇崖山，向东沿徂徕山余脉蜿蜒分布，东至钢城区的黄羊山与青羊崮一带，全长30余千米。

石墙遗迹均位于山岭北侧，由石砌的城墙与城堡组成。在埠东南与五龙村北一带保存较好。城墙存高一般约1米，高处可达2米以上，厚1.2米至2.8米，较厚处以石砌城墙中间夹杂沙土碎石。城墙多修筑于两山之间的平缓地带，山顶之上构筑城堡和防卫哨所，悬崖绝壁之处往往借助自然天险。城堡多呈圆形或近圆形，居于山顶最高处，由2个至3个城圈依山势修建。……墙体保存较好的哨所在北壁上可见瞭望口。城墙和城堡多就地取材，利用山顶石料垒砌而成。(图一)

……根据现有的走向来看，这一大型石墙遗迹向东、西方向沿山势伸入泰安市境内的可能性非常大。

普查队员在大型石墙遗迹所经过的山顶及山下关口附近发现多处春秋战国时期遗址，为这一石墙遗迹的年代提供了依据。采集陶片可辨识器形有陶鬲、陶盆、陶罐和陶豆等，年代范围大多在春秋晚期至战国时期(山下遗址年代范围上限可到西周晚期)。……普查队在重点复查中对峪门山和青羊崮城堡内的2座小型房屋进行了局部清理。在后者房屋垫土内发现原生堆积，出土的陶片和玉璜属于春秋晚期至战国时期。上述发现说明，此次发现的莱芜段的长城遗迹，年代应该在春秋(前770-前476年)晚期至战国(前475-前221年)时期。

从地理位置上看，这段长城遗迹北距齐长城遗址七八十千米，两者之间为汶河

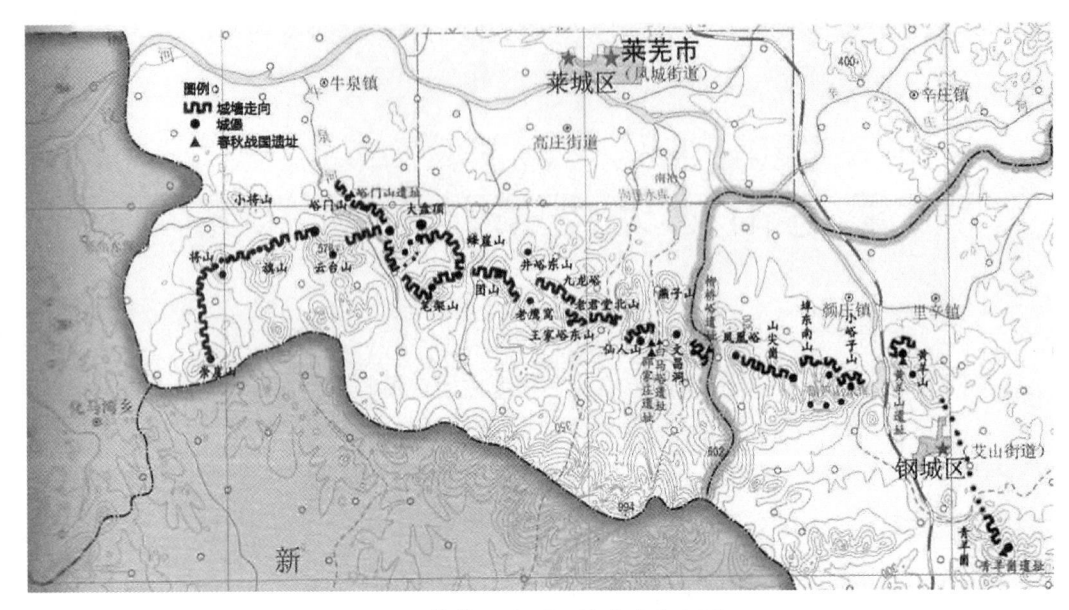

图一 莱芜山大型石墙遗迹分布图

支流牟汶河冲积平原。这一地区是春秋时期齐、鲁两国的交界之地,齐鲁两国之间的战争(如长勺之战和艾陵之战)与会盟(夹谷之会)就发生在这一区域之内,地理位置十分重要。从此次发现的长城的修筑方式和走向来看,主要是修筑于山岭的北坡,且与齐长城大体平行,应该是鲁国为了防御北面的齐国而修建的。[1]

依据文献对此长城的年代、性质、国属等做如下探究。

一、齐、鲁两国的边界之争

《史记·齐太公世家》记载:

> 于是武王已平商而王天下,封师尚父于齐营丘。……及周成王少时,管蔡作乱,淮夷畔周,乃使召康公命太公曰:"东至海,西至河,南至穆陵,北至无棣,五侯九伯,实得征之。"齐由此得征伐,为大国。都营丘。……胡公徙都薄姑……献公元年,尽逐胡公子,因徙薄姑都,治临淄。[2]

《史记·鲁周公世家》记载:

---

[1] 山东文物局编:《山东文化遗产——第三次全国文物普查重要新发现卷》,科学出版社,2013年,第43-45页。

[2] (西汉)司马迁:《史记》,台海出版社,2002年,第442-443页。

> 周公旦者,周武王弟也。……武王九年,东伐至盟津,周公辅行。十一年,伐纣,至牧野……破殷,入商宫。……遍封功臣同姓戚者。封周公旦于少昊之虚曲阜,是为鲁公。周公不就封,留佐武王。[1]

据上,在西周初今莱芜嬴、牟汶河流域的莱芜盆地属鲁国封地。

《左传·僖公四年(前656年)》记载:

> 【传】楚子使与师言曰:"君处北海,寡人处南海,唯是风马牛不相及也。不虞君之涉吾地也,何故?"管仲对曰:"昔召康公命我先君大公(姜太公)曰:'五侯九伯,女实征之,以夹辅周室。'赐我先君履(姜太公),东至于海,西至于河,南至于穆陵,北至于无棣。"[2]

《管子·轻重丁》也记载:

> 管子曰"长城之阳,鲁也,长城之阴,齐也"。[3]

可见,至少在鲁僖公四年(前656年)齐鲁之间仍是以今泰沂山脉的齐长城为国界的,今莱芜盆地仍属鲁国(图二)。

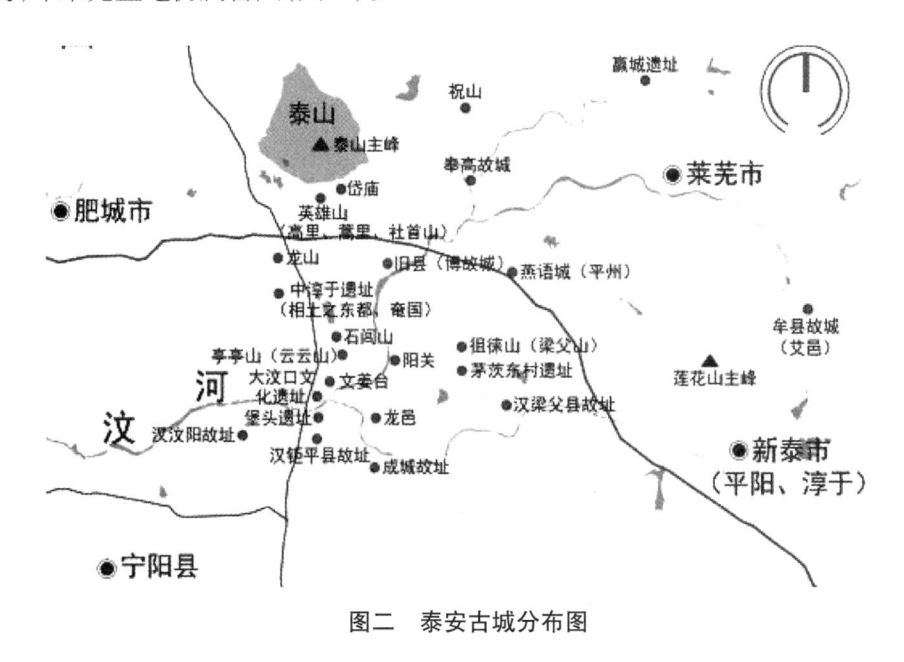

图二 泰安古城分布图

《左传·僖公二十六年(前634年)》记载:

---

[1] (西汉)司马迁:《史记》,台海出版社,2002年,第451页。
[2] (战国)左丘明撰,(晋)杜预注:《左传》,上海古籍出版社,2016年,第153-154页。
[3] (唐)房玄龄注,(明)刘绩补注,刘晓艺校点:《管子》,上海古籍出版社,2015年,第470页。

【经】夏,齐人伐我北鄙(边疆)。[1]

《左传·宣公元年(前608年)》记载:

【经】公会齐侯于平州(今泰安燕语城遗址)。公子遂如齐。

【传】会于平州以定公位。[2]

据上,此时今燕语城仍隶属鲁国。

《左传·宣公八年(前601年)》记载:

【经】城平阳。

【传】城平阳(位于今新泰市),书,时也。[3]

从此,徂徕山——莲花山山脉之北的鲁国土地被齐国占领或自动放弃,鲁国在莱芜盆地的行政中心转移到新泰盆地的平阳城(今新泰市区)。

《左传·昭公二十六年(前516年)》记载:

【经】夏,公围成(故址位于宁阳县东庄乡成邑故址)。

【传】告于齐师曰:"孟氏,鲁之敝室也。用成已甚,弗能忍也,请息肩于齐。"齐师围成。成人伐齐师之饮马于淄(今柴汶河)者,曰:"将以厌众。"[4]

以上说明,此时齐国已不满足泰山之阳柴汶河——大汶河以北的大片鲁国土地,还越过柴汶河占领成邑。

二、鲁国平阳城先后为淳于国和杞国都城

《左传·桓公五年(前707年)》:

【经】冬,州(州国)公如曹。

【传】冬,淳于(淳于国)公如曹。度其国危,遂不复。[5]

《左传·桓公六年(前706年)》记载:

---

[1] (战国)左丘明撰,(晋)杜预注:《左传》,上海古籍出版社,2016年,第223页。
[2] (战国)左丘明撰,(晋)杜预注:《左传》,上海古籍出版社,2016年,第326-328页。
[3] (战国)左丘明撰,(晋)杜预注:《左传》,上海古籍出版社,2016年,第346-348页。
[4] (战国)左丘明撰,(晋)杜预注:《左传》,上海古籍出版社,2016年,第885-886页。
[5] (战国)左丘明撰,(晋)杜预注:《左传》,上海古籍出版社,2016年,第53-55页。

>【传】六年春,(州公、淳于公)自曹(曹国)来朝。书曰:"实来",不复其国也。[1]

据上,州公与淳于公实为同一人,州国也即淳于国,在桓公六年(前706年)亡国。淳于国是州国重新建国后的国名,据笔者考证位于今新泰市区,前为鲁国平阳城,何时灭国文献无载。

《左传·僖公十三年(前647年)》记载:

>【经】公会齐侯、宋公、陈侯、郑伯、许男、曹伯于咸。
>
>【传】夏,会于咸,淮夷病杞(伐杞,杞国位于今河南杞县)故,且谋王室也。[2]

《管子·大匡》记载:

>宋不听,果伐杞,桓公(齐桓公)筑缘陵(州国故都)以封(分封)之。[3]

《左传·僖公十四年(前646年)》记载:

>【经】十有四年春,诸侯城缘陵。
>
>【传】十四年春,诸侯城缘陵而迁杞焉。[4]

综上,杞国于前646年从今河南杞县迁都缘陵——原州(淳于)国故都,位于今潍坊市坊子区黄旗堡镇杞城故城遗址。

《左传·僖公二十七年(前633年)》记载:

>【经】杞子来朝。夏六月庚寅,齐侯昭卒。秋八月乙未,葬齐孝公。乙巳,公子遂帅师入杞。
>
>【传】"二十七年春,杞桓公来朝,用夷礼,故曰子。公卑杞,杞不共也。""秋,入杞,责礼也。"[5]

"公子遂帅师入杞""杞桓公来朝,用夷礼"均说明杞国已东迁缘陵。

《左传·襄公二十九年(前544年)》记载:

>【经】仲孙羯(jié,鲁人)会晋荀盈、齐高止、宋华定、卫世叔仪、郑公孙段、曹人、莒人、滕子、薛人、小邾人城杞(为杞国筑城)。晋侯使士鞅来聘。杞子来盟。

---

[1] (战国)左丘明撰,(晋)杜预注:《左传》,上海古籍出版社,2016年,第56页。
[2] (战国)左丘明撰,(晋)杜预注:《左传》,上海古籍出版社,2016年,第177-178页。
[3] (唐)房玄龄注,(明)刘绩补注,刘晓艺校点:《管子》,上海古籍出版社,2015年,第127页。
[4] (战国)左丘明撰,(晋)杜预注:《左传》,上海古籍出版社,2016年,第179页。
[5] (战国)左丘明撰,(晋)杜预注:《左传》,上海古籍出版社,2016年,第227-228页。

【传】晋平公,杞出也(杞国公主),故治杞。六月,知悼子合诸侯之大夫以城杞,孟孝伯会之。……文子曰:"甚乎！其城杞也。"……范献子(晋国公族大夫)来(鲁国)聘,拜城杞也。[1]

《左传·襄公三十年前(前543年)》记载:

　　【传】三月癸未,晋悼夫人食舆(宴请)人之城杞者。[2]

据上,鲁国和晋国均是为杞国筑城的主要参与者。

《左传·昭公元年(前541年)》记载:

　　【传】祁午谓赵文子曰:"……子相晋国以为盟主,于今七年矣！再合诸侯,三合大夫,服齐、狄,宁东夏,平秦乱,城淳于,师徒不顿,国家不罢,民无谤讟,诸侯无怨,天无大灾,子之力也。有令名矣,而终之以耻,午也是惧。吾子其不可以不戒！"[3]

以上说明,以鲁国和晋国为首为杞国筑的新城叫淳于城,据笔者考证位于今新泰市区,也即原淳于国的亡国之都。

《左传·哀公九年(前486年)》记载:

　　【经】九年春王二月,葬杞僖公。[4]

这是杞国最后一次出现在《左传》中,《左传》止于前468年。新泰市周家庄东周墓葬均为春秋晚期至战国中晚期齐国墓葬,[5]战国始于前475年,据此分析,杞国是在齐国的强大军事压力下于公元前468年之后被迫离开今新泰市的。

综上,从前544年"仲孙羯(jié,鲁人)会晋荀盈、齐高止、宋华定、卫世叔仪、郑公孙段、曹人、莒人、滕子、薛人、小邾人城杞(筑淳于城)"至前468年之后离开淳于城,杞国在今新泰市至少存在了76年。莱芜山地大型石墙遗迹的年代在"春秋(前770-前476年)晚期至战国(前475-前221年)时期",恰在杞国都新泰期间,据此判断莱芜山地大型石墙应属杞国所筑军事防御工事。

---

[1] (战国)左丘明撰,(晋)杜预注:《左传》,上海古籍出版社,2016年,第656-661页。
[2] (战国)左丘明撰,(晋)杜预注:《左传》,上海古籍出版社,2016年,第669页。
[3] (战国)左丘明撰,(晋)杜预注:《左传》,上海古籍出版社,2016年,第690页。
[4] (战国)左丘明撰,(晋)杜预注:《左传》,上海古籍出版社,2016年,第1013页。
[5] 山东省文物考古研究所:《山东新泰周家庄东周墓发掘简报》,《文物》2013年第4期。

泰山谢过城新考

赵金凤

(泰山管委遗产保护部)

位于泰山东麓的谢过城,因在齐鲁夹谷会盟后齐归侵鲁之田以谢过,"鲁筑城以旌孔子之功"(《史记正义》)而得名。近来,笔者在查阅有关谢过城的资料时,发现了一些存疑,如历史上的夹谷会盟是否真实发生过,泰山谢过城的形制及具体位置等。为进一步说明泰山谢过城遗址的真实性与完整性,笔者欲结合当今思想界的新观点和考古学上古代城市布局的研究成果,并根据当年的有关墓葬抢救性考古发掘情况对此进行探讨。

一、夹谷会盟之有无

谢过城因夹谷会盟而产生,如夹谷会盟不存在,那么对谢过城的考察就无从谈起。周郢教授在他的《泰山志校证卷二·谢过城》中,也列举了这个问题:"'夹谷之会',论者多以为史实;而徐北文先生则云:'斯事乃儒者为美化孔子而虚构,其事本虚,又何必斤斤考证其地。'"

徐北文先生的观点可能来自 H.G.顾立雅(1905－1996)(美国芝加哥大学教授,曾任芝加哥大学东方语文系主任、美国东方学会会长、亚洲学会会员等,是美国著名的老一辈汉学家、孔子研究专家。)在《孔子与中国之道》第四章《生平纪事》中的说法:夹谷之会"这个故事中的许多地方是不对头的,一些中国学者很久以来就持反对态度。如果这个事件真的发生过,那将是孔子政治实效性的高峰。然而,无论是《论语》还是《孟子》对此都只字未提。那是一个被加到原典中的传奇事件,与孔子的一生是不相干的。"

之所以认为夹谷会盟"这个故事中的许多地方是不对头的,一些中国学者很久以来就持反对态度",是因为问题的焦点集中在孔子在夹谷会盟中斩杀齐国优倡一事上,后世学者认为提倡施仁政的孔子不可能做出如此举动。

正如葛兆光在《读书》(2003.1)上发表的《思想史:既做加法也做减法》一文中指出,"古代思想史中一些被减省掉忽略掉的事实告诉我们,过去一些'不文明'、'不理性'的东西,曾经合理过,也曾经很正当,甚至很神圣。举一个例子,当年葛兰言(按:法国的汉学家,也是很杰出的人类学家葛兰言(Marcel Granet),是沙畹的学生)就注意到了我们的经学家、历史学家有意回避和淡忘的一件事,那就是《春秋谷梁传》鲁定公十年的夹谷之会。《春秋谷梁传》定公十年传记载:'夹谷之会,孔子相焉,两君就坛,两相相揖。……齐人使优施舞于鲁君之幕下。孔子曰:'笑君者罪当死。'使司马行法焉,首足异门而出。这件事情在《史记·鲁周公世家》同样有记载:'(定公)十年,定公与齐景公会于夹谷,孔子行相事,齐欲袭鲁君,孔子以礼历阶,诛齐淫乐,齐侯惧,乃止,归鲁侵地而谢过。'同书的《孔子世家》又记载了这事件,而且详细说齐国的'优倡侏儒为戏而前',孔子便'历阶而登,不尽一等,曰'匹夫而营惑诸侯者罪当诛,请命有司','于是'有司加法焉,手足异处'。葛兰言便追问道:为什么在齐鲁盟会上,孔子要下令斩优倡?为什么杀戮了以后还要将他们'首足异门而出'?很奇怪的不是这件事情本身,而是关于它的记载。这件事不仅《左传》、《公羊》不载,而且连范宁注、杨士勋疏也不加解释。特别值得追问的是:为什么《谷梁传》、《史记》记载的这一事情,朱熹要把它删去?为什么特别重视历史证据的清代儒者,后来面对这种情况,却不相信古代的证据甚至是经典的证据,还觉得朱熹删得有理?如果我们拿这样的记载来当历史,那么'夹谷之会'就从历史的筛子中被筛除了,我们可能会忽略不计,把这种忽略当做偶然的遗忘。"

正因为"止杀"后来成为一种与"仁"相关联的人道思想,所以后来康熙年间的皇家版《钦定春秋》连《左传》记载也不相信,径直删去了这一段文字。

葛兆光认为这正是思想史中的"减法":"所谓'减法'是指历史过程和历史书写中,被理智和道德逐渐减省的思想和观念,过去的思想史太多地使用'加法'而很少使用'减法'去讨论渐渐消失的那些知识、思想与信仰,包括被斥为野蛮、落后、荒唐、荒淫以后逐渐'边缘化'和'秘密化'的过程。"

由此我们可以分析出来,不管认为"夹谷会盟"是加进原典中美化孔子也好,还是认为故事丑化了圣人而屡次被从原典中删除也罢,其实都是一个问题的两个方面,那就是"因为它无法按照传统的历史观念被安置在历史叙述的某个部位"。但"夹谷会盟"还会以另外的形式从角落中被唤起,那就是也屡屡被文献所提起的谢过城(见周郄《泰山志校证》303页谢过城条目）。

二、谢过城遗址的布局体现了古代"两城制"原则

通过以上对文献记载的分析,我们认为谢过城是真实存在过的,并且还有考古学上的依据。

当代有关谢过城的说明有:

1. 周郄《泰山志校证卷二·谢过城》"(谢过城)其地当在今泰安城东北东城、西城两村附近"。

2.《泰山区地名志》中颜景盛《谢过城踪迹溯源》"(谢过城)当在今市区东北西城与东城之间。西城、东城两村名皆有'城'字,传均源于'谢过城'之说,事出有因,似乎是可信的"。

3.《泰安市地名志》中关于"西城"的说明为:在泰安市东北部,面积0.3平方公里,人口320,地处丘陵,聚落分布呈长方形。创建无考,因在谢过城之西得名西谢过城,简称西城。

从以上说明可以看出,大家均认为东城、西城两村位置明确,而谢过城在两村之间或附近。

当年夹谷会盟正处于春秋战国期间,由此推测谢过城的建成使用时代不会晚于战国时期。当时的城市分为王城、诸侯国都、卿大夫采邑三类。春秋中期以后,卿大夫采邑逐渐突破等级城制的约束,采邑逾制筑城成为当时的筑城运动之一。而谢过城正是那一时代卿大夫采邑,也必然带有那个时代的城市布局特点。

查阅《考古学通论》(蔡凤书等主编)中关于战国都城的形制特点为:1. 都城皆由大、小两城,即城与郭组成。城与郭的布局除少数沿用传统的内城外郭制度外,可分为两类:一是宫城在郭城之外;二是宫城占据郭城的北半部,或者说割取郭城的一部分为宫城。二者均打破了西周以来内城外郭的传统。2. 宫殿建在高大的台基上,这样既可便于统治者居高临下监督臣民,也可作为军事上的制高点,有利于城防的观察和指挥。

从春秋战国时期各国都城的考古资料来看,其城郭形式有两种,一种为小城(即宫城)位于郭城之中,另一种为小城(即宫城)与郭城分开。早期的大多是宫城位于郭城之中,后来则宫城与郭城分离。

杨宽先生的《中国古代都城制度史研究》则认为，西周初期东都成周开创了"西城东郭"的城市布局方式，影响之下，鲁国都城曲阜也是"坐西朝东"的布局，其后，以西为贵，将宫城设在城市的西部作为核心，东连大郭，"坐西朝东"，成为中原各诸侯国都城布局的共同特征，秦国都城雍也不例外，甚至，西汉长安也受到影响。再后来，曹魏邺城、隋唐长安演变为宫城位于城市北部，是"坐北朝南"的格局。

按照以上特点，作为采邑的谢过城的城市布局，具有当时城郭并列的东西两城应该是顺理成章的，所以现在人们认为的东城村、西城村正是谢过城的东西两城。笔者曾专门实地考察过这两个村子，发现两村之间仅以一河相隔，没有明显的分隔区域，并且西城面积要比东城面积略小，体现了"西城东郭"的布局形制特点。

此外，位于谢过城北部有一丘陵高地，当地群众俗呼"城子陵"。《管子·乘马》云："凡立国，非于大山之下，必于广川之上。高毋近旱而水用足，下毋近水而沟防省。因天材，就地利，故城郭不必中规矩，道路不必中准绳。"正体现了谢过城的营建因地就势利用了天然高地，"既可便于统治者居高临下监督臣民，也可作为军事上的制高点，有利于城防的观察和指挥"的作用。

无独有偶，在今山东省枣庄市山亭区桑村镇陡城村有战国时期的灵邱邑城。据《读史方舆纪要》记载：灵邱，战国齐南境邑。清道光《滕志·考异》云："灵邱之名，战国始见之。"故城址位于县城东40里明水（漷河支流）之南，城周8里，内有子城，至今故址犹存、城基明显可识，横置于长约5公里的长岭上。打凿的基石重达300-500公斤。城依岭势，高于周野4-5米，据高凭险，陡峻四峭，以见古为军兵据争之地。物换星移，城变成民居为村，村子以此名曰陡城。此城的建筑特点正与谢过城有异曲同工之妙。

由此，谢过城的平面布局应该包括西城、东城两村在内，城依自然丘陵高地而建，中有河流穿过。

三、谢过城的兴衰

如果说在没有全面考古勘探发掘的情况下，把现在的西城、东城两村定为谢过城的东西两城有些大胆的话，那么2003年3月发现的大型战国墓葬则为此提供了另一个依据，说明谢过城的规模在当时非同一般。

此墓葬位于谢过城的正西方向，距离谢过城2500米。按照聚落考古的观点，一个城址的出现不会是一个孤立的点，而是位于一片一般遗址之上，以城址为中心向四面辐射,就会发现与之相关的考古文化内容,而墓葬则是其中重要的一项。如果以谢过城为圆心,在半径 5 公里的区域内考察,就会发现,其东、南为广阔肥沃的汶阳田,其北、西为丘陵,特别是西面北依泰山东麓,山脚下的高台地有河流通过,正是古代墓葬的典型分布地形。而按照杨宽先生的"西城东郭",以西为贵的观点,墓葬分布在城市的西面也是可以理解的。由此我们可以看出谢过城的筑城选址是有一定的规划思想的。正如《管子·度地篇》所说:"故圣人之处国者,必于不倾之地,而择地形之肥饶者,乡山,左右经水若泽,内为落渠之泻,因大川而注焉。乃以其天材、地之所生,利养其人,以育六畜。天下之人,皆归其德而惠其义。……此所谓因天之固,归地之利。内为之城,城外为之廓,廓外为之土阆。地高则沟之,下则堤之,名之曰金城。"

《管子·权修》又说:"地之守在城,城之守在兵,兵之守在人。"它们都是一个城市、一个国家生命的维系所在。食物的富足要求适量的土地,而谢过城正是建在肥沃的汶阳田上。正是占据、利用了得天独厚的位置,谢过城的营建使用一定达到过它的极盛时期,那座大型战国墓葬的发现为我们这一推断提供了证明。

那是一座发现时即被破坏了的大型战国晚期墓葬(棺椁全无),位于泰安市泰山区下峪村,由当时的泰安市文物考古研究所(今泰山景区文物考古研究所)负责抢救发掘,笔者全程参与了此次工作。墓葬为甲字形,北偏西 5°,西向开有墓道(是东西向墓葬),墓口东西、南北长度均在 10 米以上。在未被干扰的地层中发现了随葬的陶器组合(已不完整)、大量已变为土质尚保留图案的全部漆器组合,此外还有陪葬坑内大量破坏的陶器,群众送交的玛瑙饰品、铜带钩等。那些残存的器物特别是大量的漆器,虽已无法复原,却仍能透露出 2000 多年前一座城市的强盛气息:必定是农业、手工业发达,人口达到一定数量的城市才能拥有如此显贵的墓主。而如此规模的墓葬,据当地群众反映有七座(包括此次已发现的),俗呼"七星堆",为地面上曾有圆形封土的大土台(学大寨时封土被平)。七座大型带有封土的墓葬,虽然我们无从知晓其内部的详细信息,但一个墓葬区的连续时间可以反映出与之相关的那座城市的存在时间,所以谢过城的使用时间一定不是昙花一现。

《考古学通论》(蔡凤书等主编)中关于战国都城的形制的第三个特点为"宫城内设手工业作坊,这是战国都城的新现象,反映了国家对发展手工业的重视"。正如李自智先生(《东周列国都城的城郭形态》,《考古与文物》1997 年第 3 期)指出的:"如果说春秋型城郭形态多少还受到此前早期都城建制观念上的一些制约,从而呈现出与其诸多相似的地方,那么战国型城郭形态则完全突破了这种限制,呈现出一种全新的格局,即将宫城独立出来而置于郭城的一侧或一隅。这种新格局的形成,是与当时的社会背景密切相关的。"春秋中晚期之后,鲁国由于"三桓"等私门的崛起,在城的中部修筑小城，其东面墙垣的防御性比北面强，有很明显的针对性，城市布局发生结构性转换，两城制出现。齐国田氏代齐后夷平了原大城东北部姜齐的宫殿区，在西南另修小城，而且其东墙和北墙的防御措施显然针对东北大城内的居民，姜齐时期惨烈的政治斗争给新的统治者留下了太深刻的印象。

如此看来，谢过城的东西两城布局与其大型墓葬的出现是相辅相成的，而城市的营建使用过程也是在长时间内逐渐完成的。谢过城后来的衰落也许与秦汉以来郡县制的建立有关。张光直先生曾经说过："在三代的两千年间，许多的城邑都为人连续地居住着，而且城邑与城邑之间在空间关系上的资料始终没有变化。但是它们之间的在分级制度上的相互关系则常常变化，而且有时变化剧烈。"（见《青铜挥麈》74-75页）我们是否也可以猜想，随着秦汉在泰山附近设置郡县格局的到来，谢过城便结束了它作为一个重要城市的使命，转而以西城村、东城村的形式存于后世。

历史的长河迂回曲折，昔日的谢过城与汉明堂是否曾经重逢已超出了本文讨论的范围，只是笔者在想，无论是文献中的记载，还是现实中的传说，无论是地上的遗迹，还是地下的文物，当它们有朝一日重逢的时候，一定会增加我们现在城市的文化底蕴。

大汶口文姜台遗址调查研究

——泰山文化重要历史地标

周 晓

(泰山文物考古研究所)

文姜台,又称文姜城,位于大汶口镇驻地东约500米处,东南濒临大汶河,国家级文保单位。《泰安文物大典·文姜城遗址》记载:该遗址是一处"东周至汉代城址""文化堆积厚约1.8米。残存有高约2米的土台,占地面积约2万平方米。""采集有战国时期泥质灰陶绳纹盆口、豆盘和汉代泥质灰陶壶口、缸口、瓮口及筒瓦残片等。"[1]

据实地调查,文姜台遗址是一处东西144米、南北136米的近方形夯土台,其中南边中段偏西60-114米处向外凸出6米,东西两侧为登台坡道,整体极像一处古代的大戏台。土台四周有大量春秋至汉代陶片等遗存,土台四周未发现城墙遗迹,台上也未发现古代建筑基址。

一、文姜台《左传》称"讙(同欢)""巢丘"

《左传·桓公三年(前709年)》记载:

【经】九月,齐侯(齐僖公)送姜氏于讙(同欢)。公(鲁桓公)会齐侯(齐僖公)于讙。夫人姜氏至自齐

【传】会于嬴(位于今莱芜区羊里镇嬴城遗址),成昏(婚)于齐也。

……

---

[1] 刘康主编:《泰安文物大典——第三次全国文物普查实录》,泰山出版社,2013年,第174页。

齐侯(齐僖公)送姜氏,非礼也(不合于礼制)。凡公女嫁于敌国,姊妹则上卿送之,以礼于先君;公子则下卿送之;于大国,虽公子亦上卿送之;于天子,则诸卿皆行,公不自送;于小国,则上大夫送之。[1]

《左传·桓公十八年(前694年)》记载:

　　【经】十有八年春,王正月,公(鲁桓公)会齐侯于泺(今济南)。公与夫人姜氏遂如齐。夏四月丙子,公薨于齐。丁酉,公之丧至自齐。秋七月,冬十有二月己丑,葬我君桓公。

　　【传】十八年春,公将有行,遂与姜氏如齐。申繻(rú)曰:"女有家,男有室,无相渎也,谓之有礼。易此必败。"公会齐侯于泺,遂及文姜如齐。齐侯(齐襄公)通焉(私通)。公谪(zhé,责备)之,以告。[2]

《史记·齐太公世家》记载更为详细:

　　四年(前694年),鲁桓公与夫人(文姜)如齐。齐襄公故尝私通鲁夫人。鲁夫人者,襄公女弟(妹妹)也,自釐公(齐僖公)时嫁为鲁桓公妇,及桓公来而襄公复通焉。鲁桓公知之,怒夫人,夫人以告齐襄公。齐襄公与鲁君饮,醉之,使力士彭生抱上鲁君车,因拉杀鲁桓公,桓公下车则死矣。鲁人以为让,而齐襄公杀彭生以谢鲁。[3]

　　齐鲁两国联姻具有明显的政治意义,按照春秋礼制齐鲁两国还应在讙(欢)举行盟约仪式。

　　在西周及春秋早期,齐鲁两国是以今泰山齐长城为国界的,长城之阳为鲁,嬴、博(今旧县村博城遗址)、阳关(房村镇阳关遗址)、龙(房村镇龙邑遗址)是齐鲁故道(鲁道)上的重要城邑(图一)。从文献和考古资料来看,在今泰山之阳的鲁道上还未发现讙(欢)的任何信息,据此,讙(欢)应在齐鲁故道之侧。

《左传·庄公十年(前684年)》记载:

　　【经】十年春,王正月,公败齐师于长勺(据考位于今苗山镇杓山之阳的齐鲁故道上)。

　　【传】十年春,齐师伐我。[4]

---

[1] (春秋)左丘明撰,(晋)杜预注:《左传》,上海古籍出版社,2016年,第49-51页。
[2] (春秋)左丘明撰,(晋)杜预注:《左传》,上海古籍出版社,2016年,第80-81页。
[3] (西汉)司马迁:《史记》,台海出版社,2002年,第433页。
[4] (春秋)左丘明撰,(晋)杜预注:《左传》,上海古籍出版社,2016年,第95-96页。

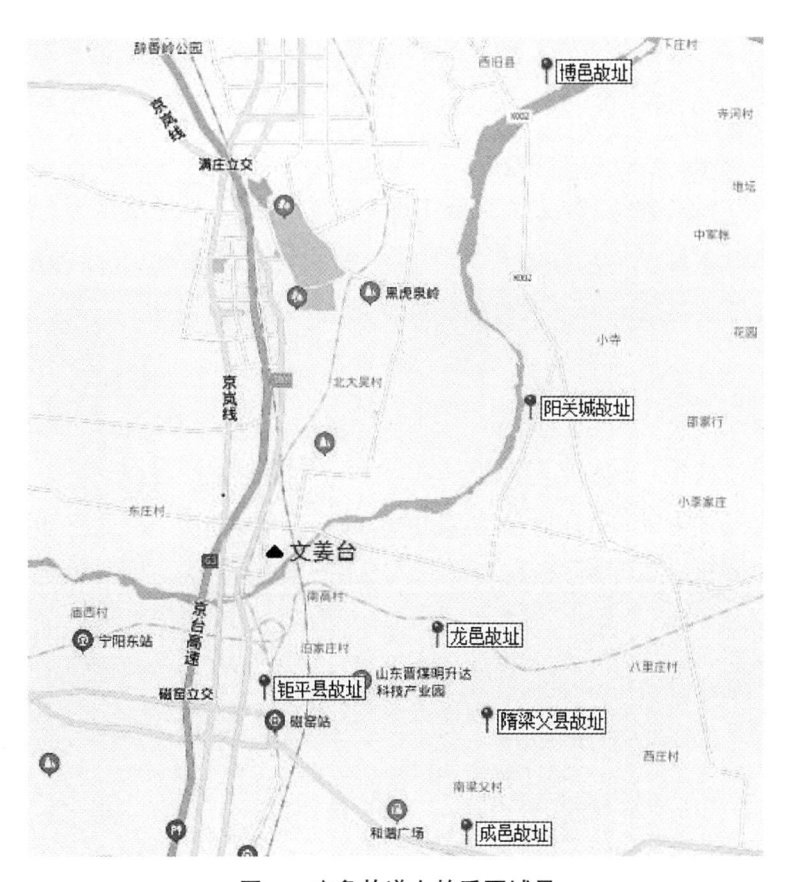

图一 齐鲁故道上的重要城邑

以上就是历史上著名的长勺之战,《管子·大匡》也有记载:

> 三年(应为二年),(齐)桓公将伐鲁,曰:"鲁与寡人近(接近),于是其救宋也疾,寡人且诛(讨伐)焉。"管仲曰:"不可。臣闻有土之君,不勤于兵,不忌于辱,不辅其过,则社稷安。勤于兵,忌于辱,辅其过,则社稷危。"公不听。兴师伐鲁,造于长勺。鲁庄公兴师逆之,大败之。

> 四年(应为三年),修兵,同(齐整)甲十万,车五千乘。谓管仲曰:"吾士既练,吾兵既多,寡人欲服鲁。"管仲喟然叹曰:"齐国危矣。君不竞于德而竞于兵。天下之国带甲十万者不鲜矣,吾欲发小兵以服大兵。内失吾众,诸侯设备,吾人设诈(行诈),国欲无危,得已乎(能办到么)?"公(齐桓公)不听,果伐鲁。鲁不敢战(迎战),去国(都)五十里而为之关(设关防守)。鲁请比于关内(侯),以从于(服从)齐,齐亦毋复侵鲁。桓公许诺。鲁人请盟(会盟)曰:"鲁小国也,固不带剑,今而(若)带剑,是交兵(战争)闻于诸侯,君不如已。请去兵(兵器)。"桓公曰:"诺。"乃令从者毋以兵(兵器)。管仲曰:"不可。诸侯加忌

(忌恨)于君,君如是以退(告退)可。君果弱(削弱)鲁君,诸侯又加贪(贪名)于君,后有事,小国弥坚(愈加顽抗),大国设备,非齐国之利也。"桓公不听。管仲又谏曰:"君必不去鲁,胡(怎么)不用兵(兵器)?曹刿之为人也,坚强以忌(狠毒),不可以约(盟约)取也。"桓公不听,果与之遇。庄公自怀剑,曹刿亦怀剑,践坛(登山会盟坛),庄公抽剑其怀曰:"鲁之境去国五十里,亦无不死而已(一死而已)。"左揕(zhèn,用剑刺)桓公,右自承(右手指着自己)曰:"均之(一起)死也,戮死于君前。"管仲走(跑向)君,曹刿抽剑当(会盟坛)两阶之间,曰:"二君将改图(计划),无有进者!"管仲曰:"君与(归还)地,以汶(汶水)为竟(国界)。"桓公许诺,以汶为竟而归。桓公归而修于政,不修于兵革,自圉(yǔ,自守),辟人以过,罢师(息病罢战)。"[1]

上文"庄公自怀剑,曹刿亦怀剑,践坛(会盟坛)""曹刿抽剑当(会盟坛)两阶之间",说明齐桓公和鲁庄公也是在今大汶河附近的会盟坛上举行的,会盟的结果是"以汶(河)为竟(国境)而归",从此大汶河之北隶属齐国。

《左传·僖公元年(前659年)》记载:

【传】公赐季友(鲁桓公最小的儿子)汶阳(大汶河之北)之田,及费(位于今费县费邑故城)。[2]

上文说明此时鲁国又夺回了齐国侵占的大汶河之北的鲁国领土。

《左传·僖公四年(前656年)》记载:

【传】楚子使与师言曰:"君处北海,寡人处南海,唯是风马牛不相及也。不虞君之涉吾地也,何故?"管仲对曰:"昔召康公命我先君大公(姜太公)曰:'五侯九伯,女实征之,以夹辅周室。'赐我先君履(姜太公),东至于海,西至于河,南至于穆陵,北至于无棣。"[3]

据上,至少在鲁僖公四年(前656年)齐鲁之间仍是以今泰沂山脉的齐长城为国界的,今莱芜盆地仍属鲁国。

关于文姜台的记载最早见于郦道元撰《水经注·汶水》:"今汶(大汶河)上夹水

---

[1] (唐)房玄龄注,(明)刘绩补注,刘晓艺校点:《管子》,上海古籍出版社,2015年,第124-125页。

[2] (春秋)左丘明撰,(晋)杜预注:《左传》,上海古籍出版社,2016年,第148页。

[3] (春秋)左丘明撰,(晋)杜预注:《左传》,上海古籍出版社,2016年,第153-154页。

(大汶河与柴汶河交汇处)有文姜台。"[1]文姜台因文姜得名,"讙"同欢,据此文姜台应为讙所在地,也是齐桓公和鲁庄公在汶水之滨会盟之处。

《左传·成公二年(前589年)》记载:

【经】二年春,齐侯伐我北鄙(北部边境)。

【传】"二年春,齐侯伐我北鄙,围龙(位于今房村镇龙邑故城遗址)。……齐侯亲鼓士陵城(屠城),三日,取龙,遂南侵及巢丘。""秋七月,晋师及齐国佐盟于爰娄(位于齐都临淄西),使齐人归我汶阳(大汶河——柴汶河之北)之田。"[2]

"齐侯伐我北鄙",也就是齐国侵略鲁国北部边境地区的龙邑,"遂南侵及巢丘",说明巢丘与龙邑相邻,巢丘即像鸟巢一样的台型建筑,这正与文姜台地貌相符。

二、文姜台与齐鲁"夹谷会盟"

齐鲁"夹谷会盟"所在地至今在学术界仍有争议,为此,特做如下探究。

《左传·定公七年(前503年)》记载:

【传】齐人归(归还)郓(故址位于今山东省郓城县东)、阳关(故址位于今房村镇阳关村),阳虎(原为鲁国季孙氏家臣)居之以为政。[3]

《左传·定公八年(前502年)》记载:

【传】阳虎入于讙(今文姜台)、阳关以叛。[4]

至此,今大汶河——柴汶河之北隶属齐国,齐鲁以此为国界。

《左传·定公十年(前500年)》记载:

【经】夏,公会齐侯(齐景公)于夹榖(同谷)。公至自夹榖。……齐人来归郓、讙(文姜台)、龟(龟山位于大汶河北岸旧县村北)阴田。

【传】夏,公会齐侯于祝其,实夹榖。孔丘相。……将盟,齐人加于载书(盟

---

[1] (北魏)郦道元著,陈桥驿校证:《水经注校证》,中华书局,2007年,第582页。
[2] (春秋)左丘明撰,(晋)杜预注:《左传》,上海古籍出版社,2016年,第390-395页。
[3] (春秋)左丘明撰,(晋)杜预注:《左传》,上海古籍出版社,2016年,第949页。
[4] (春秋)左丘明撰,(晋)杜预注:《左传》,上海古籍出版社,2016年,第957页。

书)曰:"齐师出竟(国境),而不以甲车三百乘从我者,有如此盟(有盟誓为证)。"孔丘使兹无还揖对曰(孔丘让兹无还作揖回答说):"而不反(返)我汶阳(大汶河之北)之田,吾以共命者,亦如之。"……齐人来归郓、讙、龟阴之田。[1]

上文"祝其,实夹榖(谷)",说明"夹谷""祝其"实为一地,"夹谷"即大汶河与柴汶河交汇之处,"祝其"有祝愿、祈福之意,这正与"夹谷会盟"相符,"夹谷会盟"之后,"齐人来归郓、讙、龟阴之田"。

《榖梁传·定公十年(前500年)》记载:

夏,公会齐侯于颊谷(夹谷)。公至自颊谷。……曰:颊谷之会,孔子相焉。两君就坛(会盟坛,即文姜台),两相相揖,齐人鼓譟(同"噪")而起,欲以执鲁君。孔子历阶而上……齐人来归郓、讙(同欢,即文姜台)、龟阴之田者,盖为此也。因是以见虽有文事,必有武备,孔子于颊谷之会见之矣。……齐人来归郓、讙(欢)、龟阴之田。[2]

《孔子家语·相鲁》记载:

定公与齐侯会于夹谷,孔子摄相事,曰:"臣闻有文事者,必有武备。有武事者,必有文备,古者诸侯并出疆(国境),必具官以从,请具左右司马。"定公从之,至会所,为坛位土阶三等(层),以遇礼相见,揖让而登,献酢(zuò,客人用酒回敬主人)既毕,齐使莱人以兵鼓劫定公。孔子历阶而进……将盟,齐人加载书曰:齐师出境,而不以兵车三百乘从我者,有如此盟。孔子使兹无还对曰:而不返我汶阳(大汶河之北)之田,吾以供命者,亦如之。……于是乃归所侵鲁之四邑及汶阳之田。[3]

从上文"两君就坛……孔子历阶而上""至会所,为坛位土阶三等"以及"古者诸侯并出疆(国境),必具官以从,请具左右司马"来看,夹谷会盟是在大汶河与柴汶河交汇处齐国一侧的会盟坛上举行的,这正与文姜台地望相符。

《后汉书·志第二十一·郡国三》徐州东海郡记载:"祝其(县)有羽山。春秋时曰祝其,夹谷地。"[4]祝其县故址位于今江苏省赣榆县班庄镇古城村,与齐、鲁都城均比较遥远,在当时的交通条件下舍近求远是不可能的,可见,祝其(县)"春秋时曰祝其,

---

[1] (春秋)左丘明撰,(晋)杜预注:《左传》,上海古籍出版社,2016年,第963-965页。
[2] 白本松译注:《春秋榖梁传全译》,贵州人民出版社,1998年,第569-570页。
[3] 王国轩、王秀梅译注:《孔子家语》,中华书局,2011年,第7-8页。
[4] 许嘉璐主编:《后汉书》(第一册),汉语大词典出版社,2004年,第386页。

夹谷地"肯定有误。

齐鲁夹谷会盟之后,文姜台仍是齐鲁必争之地,《左传·哀公八年(前487年)》记载:

【经】夏,齐人取讙(文姜台)及阐(宁阳县罡城镇刚县故城遗址)。……冬十有二月癸亥,杞伯过卒。齐人归讙(文姜台)及阐。

【传】齐悼公之来也,季康子以其妹妻之,即位而逆之(悼公即位以后来迎接她),季鲂侯通(私通)焉。女言其情,弗敢与也。齐侯怒。夏五月,齐鲍牧帅师伐我,取讙及阐。……冬十二月,齐人归讙及阐,季姬嬖故也。[1]

《左传·哀公十五年(前480年)》记载:

【经】十有五年春,王正月,成(位于今柴汶河南岸成邑故城遗址)叛。

【传】"十五年春,成叛于齐。""吴人加敝邑以乱,齐因其病,取讙与阐。"[2]

三、文姜台与泰山封禅

泰山封禅的主要礼仪有两项:一是在岱顶祭天,二是在泰山下祭地。汉武帝泰山封禅据《汉书·武帝纪》记载:"(太初)三年(前102年)春正月,行东巡海上。夏四月,还,修封(登封)泰山,禅石闾。"天汉三年(前97年)"三月,行幸泰山,修封(封禅),祀明堂(奉高明堂),因受计"。太始四年(前93年)"春三月,行幸泰山。壬午,祀高祖于明堂,以配上帝,因受计。癸未,祀孝景皇帝于明堂。甲申,修封。丙戌,禅石闾"。征和四年(前89年)"春正月,行幸东莱,临大海。……还幸泰山,修封。庚寅,祀于明堂。癸巳,禅石闾"。[3] 石闾的地望据《史记·封禅书》记载:"(前102年)东巡海上……夏,遂还泰山,修五年之礼(即封禅)如前,而加以禅祠石闾。石闾者,在泰山下址(山脚)南方,方士多言此仙人之闾也,故上亲禅焉。"[4] 从泰山之阳的考古资料来看,文姜台和位于其东北方的亭亭山两处遗址均有汉代遗存,前者遗存比后者更为丰富,再从"方士多言此仙人之闾也,故上亲禅焉"来看,石闾应是一处早于西汉的古人类遗址,这正与文姜台考古资料相符。天汉三年(前97年)汉武帝泰山封禅,《史记》

---

[1] (春秋)左丘明撰,(晋)杜预注:《左传》,上海古籍出版社,2016年,第1009-1013页。
[2] (春秋)左丘明撰,(晋)杜预注:《左传》,上海古籍出版社,2016年,第1039-1042页。
[3] (汉)班固撰,(唐)颜师古注:《汉书》,中华书局,1999年,第143-149页。
[4] (西汉)司马迁:《史记》,台海出版社,2002年,第428页。

和《汉书》均未记载在何处祭地,但从考古资料来看,今亭亭山顶峰有一处汉代祭坛遗址,《魏书·兖州》泰山郡记载钜平县(位于宁阳县磁窑镇钜平县故址)"有亭亭山祠……祝丘(今文姜台)",[1]《史记·封禅书》还记载"黄帝封泰山,禅亭亭",[2]据此,汉武帝这次泰山封禅也应是"禅亭亭"。

文姜台称谓始于北魏郦道元撰《水经注》,明代泰安知州戴经《汶河古渡》诗云:"曲水亭边云漠漠,文姜台畔雨沉沉。"[3]乾隆年间修订的《泰安县志》记载:"渡口傍文姜之城,汇五汶通济。"可见,直到明代文姜台的称谓一直未变,清代始称文姜城。

四、文姜台与泰山望祭

泰山信仰始于大汶口遗址原始先民,"柴、望"礼制一直延续到西周,[4]前770年周平王迁都洛阳后,嵩山成为"天地之中",故称中岳,从此中国由"四岳"时代进入"五岳"时代。《史记·封禅书》记载:"天子祭天下名山大川,五岳视三公,四渎视诸侯,诸侯祭其疆内名山大川。"[5]从此,"柴、望"礼制退出国家祀典,天子巡狩"四岳"举行的"柴、望"之礼演变为天子祭祀"五岳"的陟祭(旅祭,即登而祭之)之礼。在"诸侯祭其疆内名山大川"这一历史背景下,泰山和蒙山鲁国是不能不祭祀的。

(一) 蒙山祭祀考

蒙山之阳的费县东蒙镇台子沟村有一座水库,水库大坝坝体的位置原是一座约十亩的方形大土台,人工夯制而成,俗称点将台。1966年在"点将台"出土了徐子氽鼎,铭文为"徐子氽之鼎百岁用之",[6]同时出土的还有一个没有文字的青铜鼎和许多陶器、鹿角等等,后经专家确认属春秋时遗物,应是春秋时期徐国祭祀蒙山时掩埋的礼器,"点将台"应为望祭蒙山的祭坛。在大祭坛附近,还有一处小祭台,其性质与大祭坛是一样的,至今,每逢正月十五,村民都要去小祭台放灯,祈求风调雨顺、平安

---

[1] (北齐)魏收撰:《魏书》,中华书局,北京图书馆藏,第2519页。
[2] (西汉)司马迁:《史记》,台海出版社,2002年,第418页。
[3] (北齐)魏收撰:《魏书》,中华书局,北京图书馆藏,第2519页。
[4] 温兆金、陶超:《泰山信仰与国家的起源》,《山东社会科学研究(2017)》,山东人民出版社,2018年,第92-104页。
[5] (西汉)司马迁:《史记》,台海出版社,2002年,第417页。
[6] 心健、家骥:《山东费县发现东周铜器》,《考古》1983年第2期。

祥和,这或许是古代祭祀蒙山的历史延续。

春秋时期祭祀蒙山的礼制,据《左传·隐公八年(前715年)》记载:

【经】三月,郑伯使宛(派遣宛)来归祊,祊邑故址位于蒙山之阳的费县探沂镇许由城村(图二)。庚寅,我入祊。

【传】郑伯请释(免除)泰山之祀而祀周公,以泰山之祊易(交换)许田(许国周天子之田)。三月,郑伯使宛来归祊,不祀(祭祀)泰山也。[1]

图二 祊故城遗址位置图

《史记·鲁周公世家》也记载:隐公"八年(前715年),与郑易天子之太山之邑祊及许田,君子讥之。"[2]《史记·周本纪》记载:周桓王"五年(前715年),郑怨,与鲁易许田。许田,天子之用事(祭祀)太山田也。"[3]

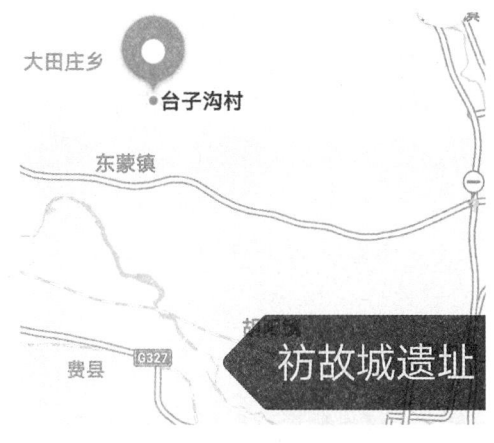

《公羊传·隐公八年(前715年)》记载:

三月,郑伯使宛来归邴(祊邑)。宛者何?郑之微者也。邴者何?郑汤沐之邑也。天子有事于(祭祀)泰山(实为蒙山),诸侯皆从泰山之下,诸侯皆有汤沐之邑焉。庚寅,我入邴。[4]

《左传·桓公元年(前711年)》记载:

【经】元年春,王正月,公即位。三月,公会郑伯于垂,郑伯以璧假许田。[5]

《史记·鲁周公世家》记载:"桓公元年(前711年),郑以璧易天子之许田。"[6]

以上文字说明,隐公八年(前715年)"与郑易天子之太山(蒙山)之邑祊及许田",今又用璧换回"天子之许田"。今河南省许昌市南有鲁城,即此许田,系周成王赐周公,用以鲁君朝见周王的朝宿之邑。郑拟以远易近,故欲以祊易许,桓公元年(前711

---

[1] (春秋)左丘明撰,(晋)杜预注:《左传》,上海古籍出版社,2016年,第28-29页。
[2] (西汉)司马迁:《史记》,台海出版社,2002年,第453页。
[3] (西汉)司马迁:《史记》,台海出版社,2002年,第20页。
[4] 梅桐生译注:《春秋公羊传全译》,贵州人民出版社,1998年,第42页。
[5] (春秋)左丘明撰,(晋)杜预注:《左传》,上海古籍出版社,2016年,第42-43页。
[6] (西汉)司马迁:《史记》,台海出版社,2002年,第453页。

年),郑伯以祊加璧,交易成功。自此祊归鲁,许田属郑。

(二) 泰山祭祀考

《诗经·鲁颂·閟宫》记载:"泰山岩岩,鲁邦所詹。"[1]再从文姜台的地望看,文姜台濒临大汶河,远离齐鲁故道,肯定与人类生活无关,鲁桓公为迎娶文姜也不可能建造如此规模的大型土台建筑。据此,文姜台同蒙山祭坛一样,也应是一处望祭泰山的祭坛。北魏郦道元撰《水经注·卷二十四》载到东晋《从征记》曰:泰山有下中上三庙,(今泰山岱庙)墙阙严整……门阁三重,楼榭四所,三层坛一所,高丈余,广八尺。"[2]据此,至少在东晋时期祭祀泰山仍使用祭坛。

关于祭祀泰山的礼制,《左传·僖公三十一年(前629年)》记载:

【经】夏四月,四卜郊不从,乃免牲,犹三望。

【传】夏四月,四卜郊不从,乃免牲,非礼也。犹三望,亦非礼也。……望,郊之细也,不郊,亦无望可也。[3]

《公羊传·僖公三十一年(前629年)》记载:

夏四月,四卜郊不从,乃免牲,犹三望。……鲁郊,非礼也。鲁郊何以非礼?天子祭天,诸侯祭土。天子有方望之事,无所不通,诸侯山川有不在其封内者,则不祭也。……三望者何?望祭也。然则曷祭?祭泰山、河、海。曷为祭泰山、河、海?山川有能润于百里者,天子秩而祭之,触石而出,肤寸而合,不崇朝而遍雨乎天下者,唯泰山尔。河海润于千里。犹者何?通可以已也。何以书?讥不郊而望祭也。[4]

《左传·宣公三年(前606年)》记载:

【经】三年春,王正月,郊。牛之口伤,改卜牛,牛死,乃不郊。犹三望。

【传】三年春,不郊而望,皆非礼也。望,郊之属也。不郊亦无望,可也。[5]

《左传·成公七年(前584年)》记载:

---

[1] 袁梅:《诗经译著》,齐鲁书社,1985年,第1021页。
[2] (北魏)郦道元著,陈桥驿校证:《水经注校证》,中华书局,2007年,第580页。
[3] (春秋)左丘明撰,(晋)杜预注:《左传》,上海古籍出版社,2016年,第247-248页。
[4] 心健、家骥:《山东费县发现东周铜器》,《考古》1983年第2期,第216-217页。
[5] (春秋)左丘明撰,(晋)杜预注:《左传》,上海古籍出版社,2016年,第334-335页。

【经】夏五月,曹伯来朝。不郊(祭天),犹三望。[1]

《晏子春秋·卷一·内篇·篇二十二》记载:

  景公(前547-前490年)举兵将伐宋,师过泰山,公梦见二丈夫立而怒,其怒甚盛。公恐,觉,辟门召占瞢者,至。公曰:"今夕吾梦二丈夫立而怒,不知其所言,其怒甚盛,吾犹识其状,识其声。"占瞢者曰:"师过泰山而不用事,故泰山之神怒也。请趣召祝史祠乎泰山则可。"公曰:"诺。"

  明日,晏子朝见,公告之如占瞢之言也。公曰:"占瞢者之言曰:'师过泰山而不用事,故泰山之神怒也。'今使人召祝史祠之。"晏子俯有间,对曰:"占瞢者不识也,此非泰山之神,是宋之先汤与伊尹也。"公疑,以为泰山神。[2]

五、结　　语

综上所述,文姜台创建于春秋早期,原是鲁国望祭泰山的大型祭坛;《左传》称"讙",又称"巢丘""夹谷(谷)""祝其";北魏郦道元《水经注》始称文姜台;文姜台即为齐鲁多次会盟之地,也为汉武帝"禅石闾"之所。

---

[1] (春秋)左丘明撰,(晋)杜预注:《左传》,上海古籍出版社,2016年,第417页。
[2] 李万寿译注:《晏子春秋全译》,贵州人民出版社,1993年,第54页。

转型提升谋发展

——泰安市西城村遗址考古发掘记

司久玉

(山东省水下考古研究中心)

为配合泰山国际颐养城工程建设,经国家文物局批准,山东省水下考古研究中心于2020年10月-12月对泰安市泰山区西城村遗址进行了考古发掘。为探索加强考古能力建设和专业技术队伍培训新路径,结合西城村遗址的发掘,省水下考古研究中心与泰安市文化和旅游局共同举办了田野考古专业技术培训班,来自泰安市考古研究所、泰山区文化和旅游局、泰山管委考古所、肥城市博物馆、新泰市博物馆、宁阳县博物馆、东平县博物馆、日照市考古研究所、潍坊潍水文化遗产保护中心和省水下考古研究中心等10家单位的24名专业技术人员参加了考古发掘与培训。考古发掘和人员培训工作实现两促进两提升,取得明显实效。

一、考古发掘收获

西城村遗址位于泰安市泰山区经济技术开发区西城村东部,属大汶河支流——牟汶河流域。遗址南北长约760米、东西约460米,面积约35万平方米。本次发掘面积1200平方米,发掘区位于遗址东南部边缘,文化堆积较浅,文化遗存年代包括龙山文化、东周时期和宋代(图一、图二)。共清理灰坑236个,年代以东周时期为主,其中战国时期窖穴较多,有少量龙山文化和宋代灰坑;发现沟7条,灶3座,窑1座(图三),井1眼,房址1座等,出土石器(图四)、可复原陶器等遗物50余件。龙山文化陶器可辨器形有甗(图五)、鬶、鼎(图六)、罐、盆(图七)、杯等,年代相当于龙山文化中期;春秋时期陶器可辨器形有盆、盂(图八)、豆、罐等,为鲁文化特征;战国时期陶器可辨器形

图一 发掘区全景图(左北右南)

图二 发掘现场

图三　Y1 整体提取

图四　H176 出土石刀

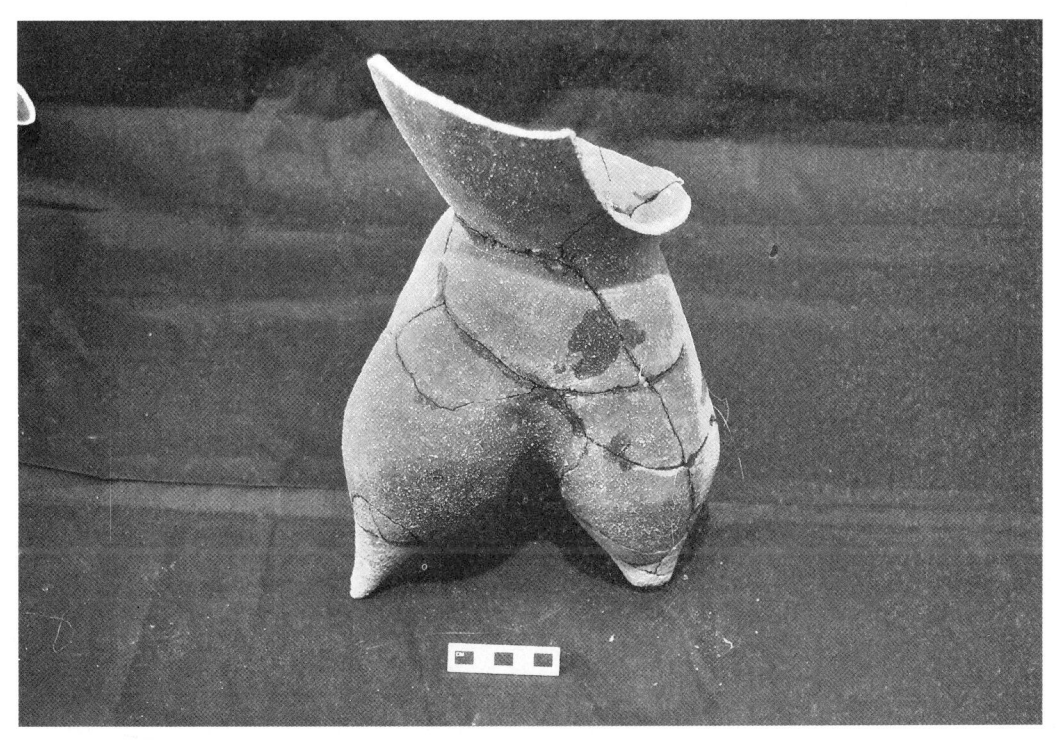

图五　H88 出土陶鬶

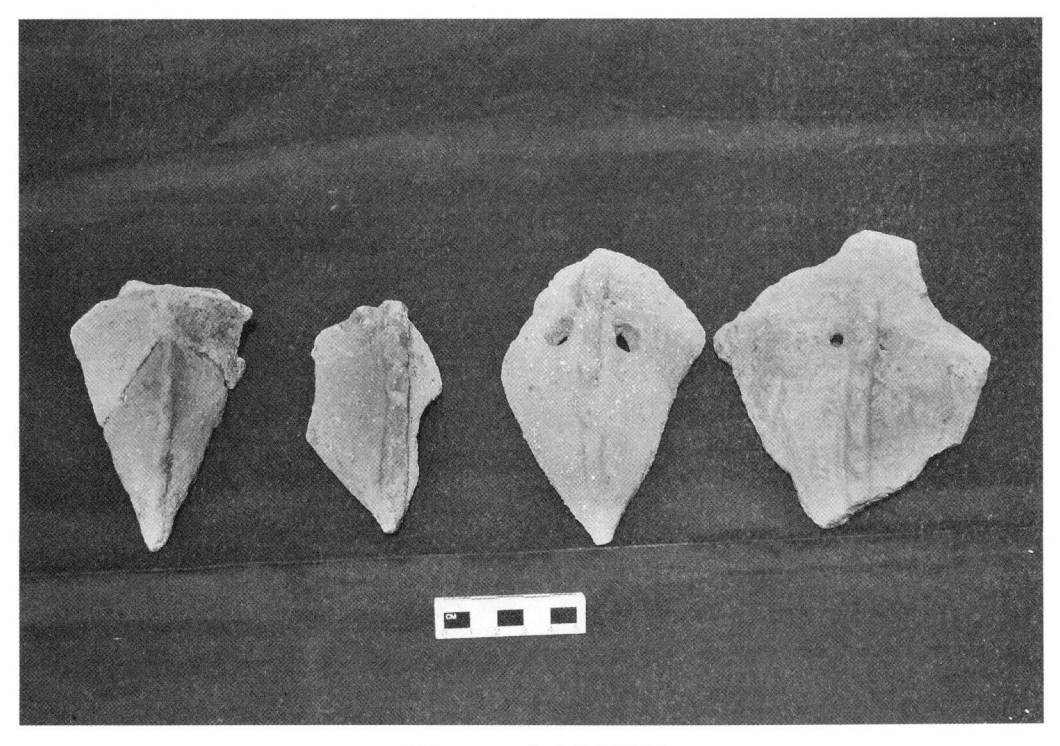

图六　H70 出土盆形鼎足

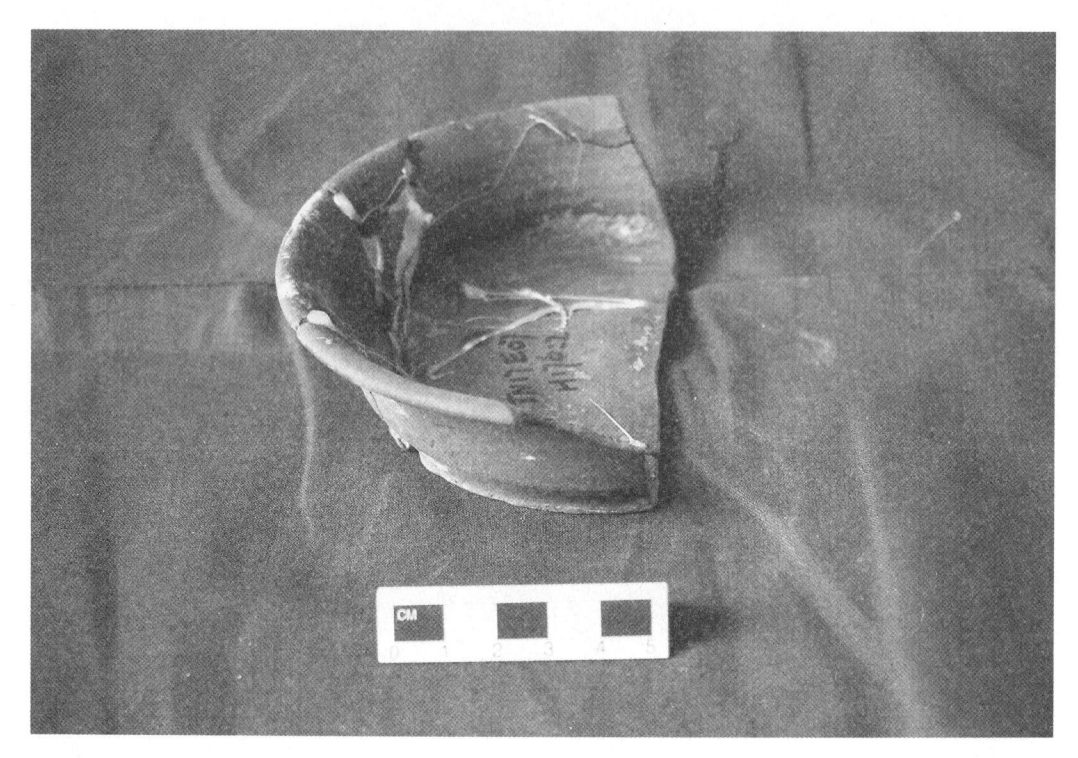

图七　H170 出土陶盆

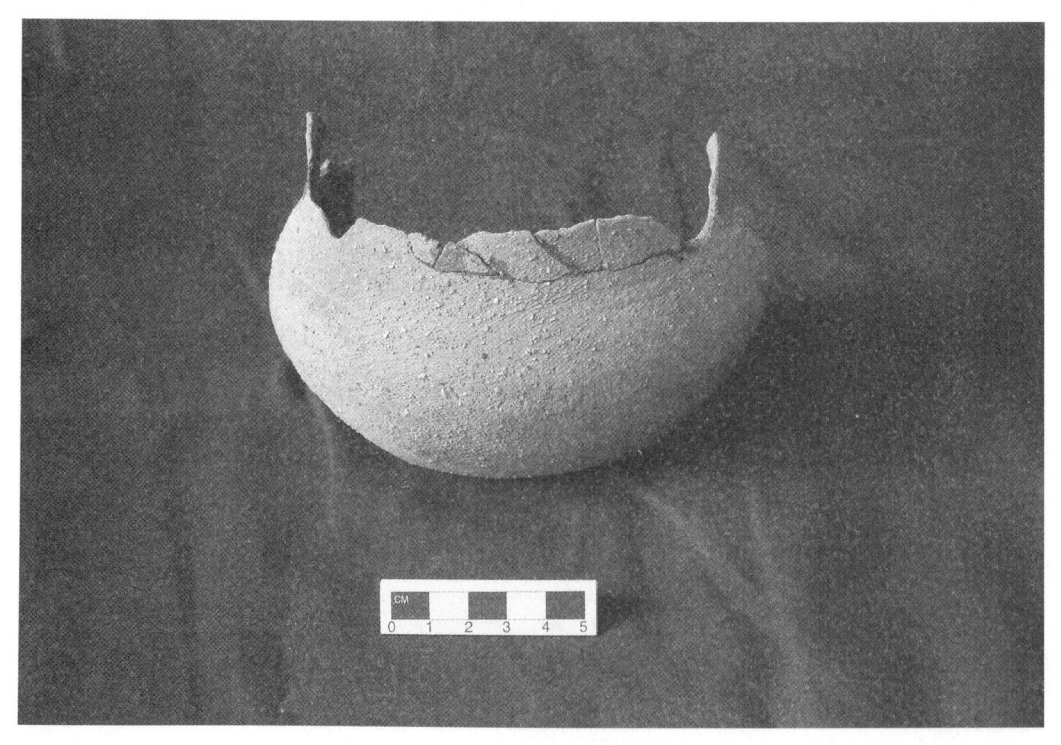

图八　H88 出土陶盂

有盆、豆、罐等，主要为齐文化特征等。比较重要的是发现了一座春秋晚期的小型陶窑，圆形，直径55厘米，结构包括窑床、火眼、火门、火塘，如此小的陶窑在以往发掘中较为少见，其烧制何种陶器还需进一步研究，本次发掘采取套箱提取的方式运回室内保护，以便进行深入发掘和展示。这次发掘主要收获：廓清了遗址范围、文化内涵和保存状况，及其与汉明堂遗址的关系；发现了龙山文化遗存，在泰山左近区域是第一次发掘；证明该遗址春秋时期为鲁文化、战国时期为齐文化，与文献记载这一带属齐、鲁两国交界区是相吻合的，其中战国时期大型窖穴较多，说明遗址规格较高。总之，西城村遗址延续时间长，地理位置重要，对研究泰山区域文化具有重要价值，为今后开展文物保护研究利用提供了新资料。

二、田野考古专业技术培训

考古队将考古发掘与人员培训工作并重，发掘工作始终贯穿"安全、干净、清楚、科学、高效、惠民、和谐"理念，注重精细化、规范化和科学化，注重现场文物保护、科技手段应用、多学科研究、公众考古等方面的实践与培训。先后邀请山东大学历史文化学院王青教授、王芬教授、栾丰实教授，省水下考古研究中心刘延常研究员(图九)，省

图九 陶器、陶片标本知识培训

文旅厅文物保护与考古处王守功处长、兰玉富副处长为学员授课,内容包括田野考古理论、方法与技术、记录、采样、认识研究陶器、山东地区先秦时期考古学文化谱系、大遗址保护与考古勘探、建设工程文物保护工作的组织与管理等;发掘过程中,中心为考古队员们编印了《习近平总书记对文物工作的系列重要指示批示》汇编材料,购买了《考古学概论》和《田野考古学》读本,领队利用晚上时间为大家讲解发掘记录、收集标本和发掘工作注意事项等,在工地现场则集中讲解、个别指导具体操作技术,来自不同单位的人员日常交流文物考古相关知识;两个多月的发掘与培训,既保证了遗址发掘质量、及时完成了工作任务,又提升了参训人员的田野考古专业水平。结合西城村遗址的发掘,我们积极谋划、担当作为,培训了单位的年轻业务人员、合作单位业务骨干力量和泰安市文物干部,考古能力与专业素养明显得到提升,这种做法受到业界的普遍赞誉,得到了省文旅厅文物保护与考古处的充分肯定。

三、公 众 考 古

发掘过程中我们积极开展公众考古活动,利用展板和工地现场向周边镇街政府部门、工程建设部门干部和村居群众宣传考古学知识与考古工作成果。接待莱芜职业技术学院文物保护修复与考古探掘技术专业、泰山学院文物与博物馆学专业师生120余人到发掘现场参观(图十、图十一)。考古队临时党支部与泰安市文化和旅游

图十 莱芜职业技术学院文物保护修复和考古探掘技术专业师生到工地参观

图十一　泰安学院文物与博物馆学专业师生到工地参观

局机关第二党支部50余人联合举办了主题党日活动。

泰安市属大运河、黄河交汇区域,古济水及其支流大汶河环绕泰山流经,东平湖镶嵌其西部,丰富的涉水文化遗产是泰山区域文化的丰厚底蕴。承担泰安西城村遗址发掘任务并培训泰安市文物干部,是山东省水下考古研究中心有计划地开展文化遗产保护传承利用工作的重要内容,是贯彻落实大运河文化带、黄河文化带建设,挖掘研究阐发弘扬传统文化,推动考古能力和人才队伍建设的新举措,"十四"五期间,我们将在泰安市开展更多考古研究工作,为我省文物考古事业高质量发展做出更多新贡献。

大汶口文化对民族文化的深远影响

赵 辉

(泰山风景名胜区管理委员会)

包括大汶口文化、龙山文化在内的海岱地区东夷文化,它在中华文明的形成与发展过程中是有着广博而深远影响的:大汶口文化、龙山文化的发现与研究,有力地驳斥了西方学者的"中国文化西来说";大汶口——龙山文化在当时历史背景下的对外交流与传播,既促进了东夷地区的文明进程,同时也扩大了东夷文化的影响;特别是文字的发明,城池的筑建,成为文明社会的重要标志。

一、大汶口文化发现的重要意义

中国是世界四大文明古国之一,中华民族所创造的辉煌成就曾使世界各国学者们叹服不已,而中国文明的起源问题也始终为国外汉学界所关注。近代以来,中国曾沦为半封建半殖民地社会,成为世界二等公民,有一批西方学者借此戴着有色眼镜来审视中国文化,首当其冲者是法国学者拉克伯里(1844－1894年)。拉克伯里,从小生长在香港,有机会接触到中国的古代典籍。1870年他前往英国,在伦敦大学东方语言学院任教。其间他主编过《巴比伦与东方纪事》的小报,并先后出版了《古巴比伦文字及其中国起源》《中国文化西源考》等著作。他以19世纪后半叶欧洲考古界对近东地区发掘成果为基础,大胆地或别有用心地提出了中国文明源于两河流域的古巴比伦文明。拉克伯里的"中国文化西来说"在当时中国的学术界产生了很大的影响,"一般讲述历史、编纂地理者,大率奉为圭臬"。[1]恰在这个时期,中国的中原地区却发

---

[1] 缪凤林:《中国民族西来辨》,《学衡》1925年第37期。

现了史前文化遗存即仰韶文化。仰韶文化的发现本来就可以解决中国文化并非"西来说"的问题,20世纪20年代瑞典考古学家安特生却又提出了"仰韶文化西来说",令常以"五千年文明史"而感到自豪的炎帝子孙深感心酸和愤慨。

心酸也好,愤慨也罢,要用事实说话才行,事实胜于雄辩。1928年,中国考古学家在海岱地区今山东省济南市东郊,也就是现在的章丘市龙山镇城子崖发现了史前时期的古文化,即龙山文化遗址,出土的陶器多为黑陶,也有一定数量的灰陶。龙山文化与仰韶文化比较,龙山文化以黑(灰)陶为主,仰韶文化以褐(彩)陶为主;在地域上,龙山文化在东方,仰韶文化在中原;后来又研究发现龙山文化在绝对年代上稍晚于仰韶文化。如此大的差别,即使顽固坚持"仰韶文化西来说"的学者们也无法解释通龙山文化也是"西来说"了。但是问题还没有完全解决,从20世纪30年代开始,在中国考古学或者在古史学领域渐渐形成了一个"仰韶龙山、华夏东夷"这样一个东西二元对立的学术观点。这种学术观点一直流传到20世纪的五六十年代,问题终于解决,那就是大汶口遗址的发掘与大汶口文化的命名,为龙山文化找到了来源——即大汶口文化,而大汶口文化又源于北辛文化,北辛文化源于后李文化。海岱地区新石器时代一脉相承的文化序列,足以说明,包括大汶口文化在内的东夷文化,对中华文明的起源起到了支撑性作用的。

二、大汶口文化的对外交流与传播

1. 中原地区

在大汶口时期,以泰山为中心的海岱地区和以嵩山为中心的中原地区东部,地域毗邻,两区域之间没有高山大川阻隔,自始至终存在着文化上的往来与交流。早在北辛时代,豫中地区的早期仰韶文化遗址中,就存在着北辛文化的因素。海岱地区由北辛文化发展为大汶口文化,亦即中原地区仰韶文化的中期阶段,彼此之间的文化交流和影响呈现出明显加强的趋势。到了距今5500年左右,随着仰韶文化的衰落和大汶口文化的崛起,中原仰韶文化对东方的影响迅速回落并趋于消失,而东方对中原地区文化的传播和影响渐居主导地位,并呈现出方兴未艾之势。以中原地区仰韶文化大河村类型为例,大河村类型早期阶段遗存中大汶口文化的因素已有一定数量,但多数经过了一定程度的改造,少见与东方原产地完全相同的现象。反映在陶器上,主要有鼎、壶、豆、杯等器类。如大汶口文化中常见的小口壶形鼎、深腹盘形鼎,就分别见于大河村类型的大河村和石固等遗址,至于器身上部或颈部加饰密集弦纹,这就是本地文化的因素了。到了大河村类型的晚期，来自大汶口文化的因素，不仅数量增多，而且地域分布上也有向西拓展的趋势，表现在器物上有二：一是壶形鼎、盉、壶、圈足杯、尊形甗等源于大汶口文化，但又部分地注入了本地内容的因素。二是背壶、宽肩壶、平底尊、圈足尊等都具有典型的大汶口文化因素。背壶是大汶口文化特有的器类，犹如尖底瓶之于仰韶文化。这表明大汶口人西迁的序幕已拉开，像大河村9号墓和周口地区烟草公司仓库的墓葬等，就是西迁的大汶口人先驱们的遗存。距今5000年至4600年前后，大汶口人西迁达到了高潮，文化影响的辐射面则指向更远的区域。仅就其空间分布而言，可分为三个地带：第一地带，主要包括安徽省的淮北西部、山东省的西南部和河南省的杞县到周口一线以东地区。这一区域由于大汶口人的大量涌入，驱除和同化了当地的土著文化，从而形成了与山东、苏北地区同期文化面貌基本一致但又有所区别的一支大汶口文化，考古学界称之为大汶口文化"尉迟寺类型"。这一类型的形成，大大拓展了海岱文化的范围。第二地带，位于第一地带之西，主要包括河南省的中部和东南部一带，呈弧形分布，向西可达洛阳盆地。这一区域的庙底沟二期文化遗存中，不仅包含着大量的大汶口文化因素，而且还在若干处地点发现了大汶口人的墓地。这些东方迁徙而来的大汶口人，对当地的社会经济和文化发展，作出了卓越贡献。第三地带，位于第二地带之外侧，主要包括晋南、陕东、豫西南和鄂北地区。这一区域内的同期诸文化遗存中或多或少均发现有大汶口文化的因素。大汶口文化向西部的传播以及部分迁徙而来的大汶口人在中原地区定居，繁衍生息，贡献聪明才智，这为中原地区龙山时代文化的发展以及后来夏王朝的形成，都有着不可忽视的作用。

2. 江浙地区

曾有过一段时间，部分考古界学者，把分布于江淮流域、与大汶口文化有着密切关系的古文化称之为"青莲岗文化"，但随着研究的深入，学术界已形成共识，即分布于淮海下游以北地区的古文化称之为"大汶口文化刘林类型"。再往南，则属于另一个文化区了即"太湖文化区"。太湖文化区以太湖周围为中心，分布区域包括长江下游和钱塘江流域，这一区系的考古学文化主要是马家浜文化、崧泽文化和良渚文化。

大汶口文化与崧泽、良渚文化之间存在许多共同点，主要表现在以下几个方面：一是均以鼎为饮具，属于鼎文化系统；二是墓葬随葬品的基本组合均为鼎、豆、罐、壶、杯；三是两者都有一些诸如大口尊、石（玉）钺、骨牙雕筒和玉琮、镞形器等相同或相近的重要器形；四是两地都发现了目前所知最早的文字；五是两地都有拔牙和头骨人工变形的习俗。当然，两者之间的差异也十分明显，大汶口文化是以粟为主要农作物的农业区,崧泽、良渚文化是以稻为主要农作物的农业区等等。下面主要所讲的是,崧泽、良渚文化中的诸多大汶口文化因素。

崧泽文化时期,在许多崧泽文化遗址中,都程度不同的存在大汶口文化因素。表现在文物遗存上,主要有凿形鼎、钵形鼎、鬶、觚形杯和高柄杯等。江苏海安青墩遗址、吴县草鞋山遗址发现的钵形鼎,与大汶口文化的同类鼎完全相同。在一些崧泽文化遗址中,还出土了少量凿形鼎足,为典型的大汶口文化风格。鬶是大汶口文化的特征性器类,而在海安青墩、吴县邱城、武进潘家塘等崧泽文化遗址中均有发现。觚形杯在大汶口文化中出现早,数量多,演变关系十分清楚,相同或相近的器形在青墩、崧泽等遗址中也有少量发现。高柄杯是大汶口文化的典型器类,绵延不断地一直延续到龙山文化晚期。同类杯在青墩、邱城、崧泽等遗址中均有发现,以青墩遗址出土最多,其中第43号墓共随葬6件陶器,就有5件是高柄杯。就器表装饰而言,崧泽、草鞋山和青墩等遗址出土的一种彩陶片,在白地上用黑褐彩绘出花瓣纹和弧线三角形等图案,与大汶口文化的同类纹饰相同。大汶口文化别具特色的八角星纹,在青墩、潘家塘和崧泽等遗址出土的器物上也有类似的构图刻划。良渚文化时期,仍然存在来自大汶口文化的因素,主要有鬶、背壶、盉和双连玉环等。海岱地区是鬶的原生地,而良渚文化中也有数量较多的陶鬶,分布也较广,在形态特征上与大汶口文化既有联系也有区别,这是传播过程中变异的结果。背壶是大汶口文化独有的器物,其在海岱地区之外极少发现,但在良渚文化福泉山遗址却出土了一件完整的背壶,为泥质红陶并饰红色陶衣,器表主体部分饰红彩涡状纹。这件背壶无论是从器形还是纹饰构图上来看,都与大汶口文化大墩子遗址出土的背壶十分相似。

3. 辽东半岛

电视连续剧《闯关东》的热播曾引起社会各界的广泛兴趣。其实,环黄海北部的胶东半岛、辽东半岛和朝鲜半岛之间,自古以来就存在着一条水陆交通线。山东地区的居民,正是通过这条交通线,源源不断地由内地渡海向东北地区迁徙的,而相互之间文化的传播与交流,更是异常活跃。据目前所掌握的资料,这种现象至少可追溯距今5500年以前的大汶口文化早期阶段,到了稍后的龙山文化和岳石文化时期,人口的迁徙、文化的传播和交流出现了一个高潮。与胶东半岛隔海相望的辽东半岛南部地区,则是山东地区古代居民向东北亚寻求发展的一个重要滩头堡,在这里很早就发现了典型的大汶口、龙山、岳石文化或具有大汶口、龙山、岳石文化元素的遗存。

辽东半岛小朱山二期文化的年代与大汶口文化相当,其突出特征是,在当地原有文化之中融入了一定数量的大汶口文化因素。考古学界把小朱山二期文化分为早、中、晚三期,在基本文化因素的构成上又可分为甲、乙两组,甲组代表本地土著文化因素,乙组代表外来的大汶口文化因素。早期阶段,乙组工具(武器)中的有铤镞,陶器中有盆形鼎、觚形杯和角状把手器物,陶器装饰中有附加堆纹和彩陶(彩陶多数为红地黑彩,个别为白地红彩,纹样主要有弧线三角双勾涡纹、三角加平行斜线纹),制陶技术中出现的附件特殊安装方法(如在鼎足、把手的结合部位先做榫头,然后采用插入法安装)等等,这些因素均非本地所固有,而具有大汶口文化的典型特征,应属于来自山东地区的大汶口文化因素。中期,乙组因素的构成上,与早期有所不同,如壶形鼎、角状把手器物以及早期存在的三角双勾涡纹、三角加平行斜线纹彩陶纹样,逐渐消失,却新出现了鬶、盉、豆、钵、壶等器物,尤其是陶钵,发现数量甚多,彩陶多为红地红彩,流行直、斜、弧线三角纹。这些变化,均与胶东半岛地区大汶口文化的发展同步。到了晚期,出土的陶器有两个明显的变化:一是有大汶口文化特征的陶器数量增多;二是在甲组的典型陶器——筒形罐上,开始出现近似柱状的耳,且均两两成对设置,这种柱状耳,始见于胶东半岛的白石村类型,且一直延续了很长时间,被视为典型的胶东特征,在辽东半岛的辽南地区本地典型器物上却出现这种部件,昭示着两种文化的融合。综上所述,小朱山二期文化时期,由于大海南侧山东地区大汶口文化因素的流入,使辽东半岛辽南地区的原始文化面貌发生了很大的变化。在小朱山二期文化早、中、晚三期的发展过程中,来自大汶口文化的因素,其比例呈逐渐上升的趋势,文化传播的轨迹也十分清晰。

三、大汶口文化的图像文字

  文字的出现是人类进入文明社会的一大标志,也是人类自身谋求发展的一大进步和巨大动力。对此,摩尔根曾在《古代社会》一书中指出:"文字的使用是文明伊始的一个最准确的标志,刻在石头上的象形文字也具有同等的意义。"[1]汉字的发明和使用,更是对人类文明的一大贡献。关于汉字的起源,自古以来就有着各种不同的解释。一是"结绳说"。《易经·系辞》云:"上古结绳而治,后世圣人易之以书契。"东汉许慎在《说文解字·序》中更进一步认为:"及神农氏结绳为治而统其事,庶业其繁,饰伪萌生。"二是"八卦说"。《易经·系辞》讲:"古者庖羲氏之王天下也,仰则观象于天,俯则观法于地,视鸟兽之文,与地之宜,近取诸身,远取诸物,于是始作八卦,以通神明

---

[1] 摩尔根:《古代社会》,中译本,商务印书馆,1993年,第30页。

之德,以类万物之情。"而对后世影响较大的是"仓(苍)颉造字说"。传说他是文字的创始人。《韩非子·五蠹》云:"古者苍颉之作书也,自环者谓之私,背私谓之公。公私相背也,乃苍颉固已知之矣。"《吕氏春秋·审分览》谓"苍颉作书"。高诱注《淮南子》之"史皇产而能书"语曰:"史皇仓颉,生而见鸟迹,知著书,故曰史皇,或曰颉皇。"许慎《说文解字》也称:"黄帝之史仓颉见鸟兽蹄迒之迹,知分理之可相别异也,初造书契。"在纬书《春秋元命苞》中,仓颉更被神话成一位超凡入圣的人物,他"龙颜侈侈,四目灵光,实有睿德,生而能书。于是穷天地之变,仰观奎星圆曲之势,俯察龟文鸟羽山川,指掌而创文字,天为雨粟,鬼为夜哭,龙乃潜藏"。诸说或多或少的都有着一定的道理,其实"任何民族的文字都和语言一样,是劳动人民在生活中从无到有,从少到多,从多到尝试的约定成俗,所逐步孕育、选练发展出来的。它决不是一人一时的产物"。[1] 仓颉、庖羲造字的神话传说虽不能看作信史,但也绝非孟浪,如果不机械地去理解"仓颉"和"庖羲",那么大汶口文化居民就完全可以视为"仓颉"和"庖羲"了。

中国文字起源于新石器时代,从大的文化区系来看,分别见于仰韶文化和海岱文化区的大汶口、龙山文化。二者比较而言,仰韶文化陶器的"图像文字"都非常简单,严格意义上讲只能算是记事"符号",而海岱地区的大汶口、龙山文化居民创造的图像文字则先进多了,对后世的影响也最大,称之"象形文字"的雏形绝不为过。拿这些图像文字与商周甲骨文、金文相比较,在结构上和造字方法上有相似之处。大汶口文化晚期,在陵阳河、大朱村、杭头、前寨、尉迟寺和尧王城6处遗址均发现了图像文字,其中以陵阳河遗址发现的最多,大汶口遗址出土的陶器彩绘中也有近似图像文字的彩绘图案。据初步研究,这些图像文字可分为六大类。一类由日、火、山三部分组成或日、火两部分组成的图形。解义后详。二是系带柄钺的象形,可释为"钺"。三类是带柄锛的象形,可释为"斤"。四类是四边内弧的四边形图像。五类冠形图像。六类是长方形物体之上置一棵树,见于大汶口文化陵阳河遗址,同样图像在良渚文化中也有发现。值得注意的是这些图像文字,均刻于大口尊的外表,除个别外,多为每器一字,有的还在图像上涂朱,或许有着宗教性的含义。大口尊这类器物,个体较大,陶胎厚重,多见于大、中型墓葬之中,它的主人可能是当时的社会上层。

龙山文化时期的文字比大汶口文化时期的图像文字又前进了一大步。1992年1月,山东大学考古学系师生在整理邹平丁公遗址第四次发掘的资料中,发现了龙山文化的文字。文字刻在一件大平底盆底部残片的内面,陶片上存有文字计5行11个字,笔画流畅,独立成字,整体排列比较规则,刻写也有一定章法,显然已经脱离了一

---

[1] 郭沫若:《古代文字之辨证的发展》,《考古学报》1972年第1期。

个短句或辞章,记载了一个特定内容。冯时认为,"丁公陶文是古彝文",并将全文释读为"魅卜,阿普渎,告。吉长,百鸟拐爪……",其性质"为招祖护佑,驱邪求吉的卜辞"。[1] 而日本国东京大学的松丸道雄在《新发现的"中国最古的文字"》一文中则释读为:"荷父以夔犬A于B。(署名)CD。"松丸道雄认为,B很可能是地名,C、D应是收信人的地址。全文是一封传递公文,大意为:"荷父率领夔地的犬(武官职名)们,攻下了B地(署名)。"[2] 与此相关的是昌乐骨刻文的发现。近年来,山东昌乐袁家庄发现了一批"刻字骨头",与这批刻字骨头同时出土的还有具有典型龙山文化中晚期的器物或器物残片,诸如骨耜、骨刀、骨锥以及磨光黑陶片和鬼脸鼎足等,这说明这批刻字骨头属于龙山文化的中晚期,属于东夷文字。研究发现,它是一批记事刻骨。它与丁公陶文同区域、同时代,文字风格也有相近之处,其中的奥妙,只能说明龙山文化居民已经较为熟练地使用了这种文字。

四、大汶口文化的城池建筑

早期的城与现代的城市在功能上是不一样的,早期城的主要功能是防御,也就是古籍《礼记·礼运篇》所讲的"城郭沟池以为固"。城的产生与文字的发明同等重要,都是文明社会形成的重要标志。古汉字中有一个"國"字就是城邑的意思,"國"字的内外造型均像围起来的城墙之形,也就是内城外郭。在海岱文化区内,大汶口文化、龙山文化均有城址,特别是安徽固镇垓下遗址俗称"霸王城"的大汶口文化城址的发现,引起了学术界的极大重视,被评为"2009年度全国十大考古新发现"之一。

传说中的"霸王城"即垓下遗址,其实是一处大汶口文化城址。从2007年开始,安徽省文物考古工作者先后对垓下遗址进行了4次发掘,发掘约1000平方米。经钻探可知,该城址城圈长度约1510米,城内面积约15万平方米,主要遗存有城墙、壕沟、道路与排水系统、夯土建筑基址、红烧土遗迹、窑址、水晶、灰坑、排房。城墙为平地起建,先用比较纯净、黏性较好的棕色土间杂沙性白土块和由黄、褐、浅灰色沙性土等各种土混杂而成的花土平堆成上窄下宽的坡形,再以其为核心,在上面顺坡逐层堆筑,使墙体加宽增高。勘探解剖得知,城墙结构基本一致;东城墙墙基宽约24.7米,

---

[1] 冯时:《山东丁公龙山时代文字解读》,《考古》1994年第1期。
[2] 松丸道雄:《新发现的"中国最古的文字"》。转引自栾丰实著:《海岱地区考古研究·海岱龙山文化的发现和研究》,山东大学出版社,1997年。

残存高度最高达3.8米;北城墙墙基宽约22.5米,残高约2米;东墙和北墙均系堆筑建造。城墙堆积内出土的遗物以残陶片为主。陶质多夹细砂,泥质较少;陶色以红、褐色为主,其中外红内黑陶最多,有一定数量的灰陶;器表多饰有纹饰,流行横、斜篮纹,极少量饰有绳纹或方格纹;可辨器型有鼎、罐、鬶、觚形杯、高柄杯等,器物形态具有大汶口文化晚期较为典型的特征。在北城墙偏西的城墙顶部,发现了一组东西向排房,系顺城墙走向而建,为浅地穴式房屋。排房由5间连间房屋和1间独立的附属性房屋组成,各房屋均为长方形,五连间房屋共长约16米,每间房屋面阔2.3-3.3米不等,进深约4.45米,房屋间设有隔墙,隔墙宽约16-32厘米。在墙址西北角,城内靠近城墙处还发现了一座台形基址,呈西北—东南走向,推测可能是一座毁弃的建筑基址。大汶口文化的核心区目前还没有发现城址,但是像大汶口遗址这样大的面积,这样大的聚葬墓地,还有承接大汶口文化的海岱地区龙山文化发现了多处城址,据此,估计大汶口遗址附近应该有城邑,只是目前还没有发现罢了。

截止到目前,海岱地区发现的龙山文化城址有8处,即城子崖、边线王、丁公、田旺、薛故城、景阳岗、教场铺和丹土,详情列表如下(表一):[1]

表一 海岱地区发现的8处龙山文化城址

名称		位置	形状	面积	城内外遗迹	时代	备注
城子崖		章丘龙山镇东北	近方形	东西430米、南北530米,面积20多万平方米	房址、水井、灰坑、墓葬	龙山文化	另有岳石文化和周代城址
边线王	内城	寿光县边线王村	圆角方形	边长100多米,面积1万多平方米	灰坑	龙山早期	四面城墙正中各有一门
	外城	同上	圆角方形	边长240多米,面积5.7万多平方米	奠基坑、灰坑	龙山晚期	四面城墙正中各有一门
丁公		邹平县丁公村东	近方形	东西310米、南北350米,面积10多万平方米	房址、水井、陶窑、墓葬	龙山文化	遗址面积超过30万平方米
田旺		临淄田旺村东北	近方形	面积约15万平方米	灰坑等	龙山文化	遗址面积超过30万平方米
薛故城		滕州市张王镇薛故城内东南角	近方形	东西170米、南北150米,面积约2.5万平方米	灰坑等	龙山文化	压在薛国故城的宫城之下

---

[1] 此表参考栾丰实《海岱地区考古研究·海岱龙山文化的发现和研究》,山东大学出版社,1997年。

续表

名称	位置	形状	面积	城内外遗迹	时代	备注
景阳岗	阳谷县景阳岗村	弧边长方形	长1200米、宽300－400米，面积约35万平方米	大、小台基和灰坑等	龙山文化	面积在同时期城址中最大
教场铺	在茌平县教场铺西北	近长方形	长1100米、南北300米，面积约33万平方米	大、小台基	龙山文化	
丹土	五莲县丹土村	近方形	面积约20余万平方米	墓葬、灰坑等	龙山文化	城东北有大片的红烧土堆积

说来龙山文化的城址发现甚早。1930年，第一次发掘山东章丘龙山镇城子崖遗址时就发现城墙，1931年第二次发掘进一步确认城墙为"黑陶期遗存"。但后来有人对年代问题产生怀疑。20世纪90年代以来，山东省文物考古研究所再次连续发掘城子崖遗址，用确凿的层位关系证明，1931年确认的黑陶期城墙，为岳石文化时期所筑，同时又在岳石文化城墙之下发现了龙山文化城墙。至此，多年悬而未决的城子崖城墙年代问题得到全部解决。综合8座龙山文化城址的发掘资料，大致可分环濠城和台城两种类型，前者有丁公，后者有城子崖等。这些城址的城墙，宽度一般在十余米，墙体之下有挖槽填筑和平地起筑两种情况，夯筑方法以杂乱的单棍为主。各城址的面积相差悬殊，大者三十多万平方米，小者仅二、三万平方米，这种情况，可能与各自所处古国的经济实力和政治势力有关，也与其本身在古国中的等级有联系。具有防御功能的城是应社会需要而产生的，是社会内部分化和外部矛盾激化的结果。城作为一种文明因素，其产生经历了一个漫长过程，而城的直接前身则是具有政治、经济、文化中心地位的聚落。这种中心聚落至晚在大汶口文化早、中期之交已经出现。因此讲，大汶口文化晚期出现诸如固镇垓下大汶口文化晚期的城是社会历史发展的结果，而龙山文化时代城邑遍布更是势所必然。

六千年前的大汶口文化

赵 辉

(泰山风景名胜区管理委员会)

大汶口文化的发现与确立,是新中国考古的重大收获之一。它不仅把海岱地区的历史由此前已知的龙山文化提前了1500多年,而且还在海岱地区的考古学研究方面确立了一个目标,随着海岱地区考古发掘、研究的深入,原区域内的新石器时代文化有了一个较为明晰的发展序列,那就是后李文化—北辛文化—大汶口文化—龙山文化—岳石文化。在这个发展序列中,大汶口文化有着承前启后的作用。

一、大汶口文化的发现命名地

泰山之阳,汶水之滨,有一处古镇,名曰大汶口。大汶口因大汶河而得名。大汶河是一条母亲的河,文化的河。《诗经·齐风·载驱》赞之曰:"汶水汤汤,行人彭彭""汶水滔滔,行人儦儦"。而最为世人所乐道的是,在大汶口镇附近发现、发掘了一处新石器时代的文化遗址,考古学界以此作为大汶口文化的发现命名地。

(一) 大汶口遗址的发现、发掘与命名

1959年5月,国家在修筑津浦铁路复线时,在大汶河南岸的宁阳县磁窑镇堡头村发现彩陶和其他遗物。随后在堡头村西进行了发掘,揭露面积5400平方米,发掘出墓葬133座,随葬品多达1000余件。整理出的《大汶口——新石器时代墓葬发掘报告》,于1974年由文物出版社正式出版。1974年、1978年,又对大汶河北岸进行了两次考古发掘,不仅发现了大汶口文化遗存,而且还发现了北辛文化和龙山文化遗存,大大丰富了大汶口遗址的文化内涵。这两次发掘的资料,以《大汶口续集——大汶口

遗址第二、三次发掘报告》的名义,由科学出版社于 1997 年出版公布。经发掘与勘探,大汶口遗址南起宁阳县的堡头村,北到泰安县(今泰安市岱岳区)的大汶口和卫驾庄,跨大汶河南北两岸,面积达 80 万平方米。1982 年被国务院公布为第二批全国重点文物保护单位。

回顾大汶口文化遗址发现与研究的历程,其实早在大汶口遗址发现、发掘之前就发现了同种文化属性的古遗址,如苏北新沂县花厅村遗址(1952 年)、鲁南滕县(今滕州市)岗上遗址(1952 年)、安丘县景芝镇遗址(1957 年)、苏北徐州高皇庙遗址(1958 年)等等,但因当时或发掘面积太小,或研究不够,认识不清,没有得到学术界共识性的认可。

而大汶口遗址之所以能成为世人公认的大汶口文化发现命名地是当之无愧的。山东大学考古学教授栾丰实认为,1959 年 5 月宁阳堡头村即大汶口墓地的考古发现"令人耳目一新"。[1] 第一,这一批材料非常新,特点很明显。这片墓地分布非常集中,墓葬的数量很大,排列也比较整齐,所以它代表了一个比较完整的氏族墓地,而且它的埋葬习俗也比较特殊,墓葬和墓葬之间的关系也非常复杂。第二,随葬品的数量很多,种类很丰富,制作非常精致。大汶口这个墓地有 133 座墓葬,出土了众多随葬器物,这在大汶口以前,在新中国早期的历史考古上,史前考古上是没有的,这是首见。第三,墓葬和墓葬之间的差距很大,有的墓很小,有的墓随葬品非常多,有的墓随葬品很少,甚至完全没有。基于此,1961 年出版的《新中国的考古收获》一书把它叫作"堡头类型"。1962 年考古工作者在泰安南面的曲阜西夏侯遗址,发掘出和堡头墓地基本一样的遗存及其龙山文化遗存,明确的地层关系说明,大汶口遗存不同于龙山文化遗存且早于龙山文化,到了 1963 年学术界就正式提出了"大汶口文化"的命名。特别是 1974 年、1978 年的两次发掘,大大丰富了大汶口遗址的文化内涵,大汶口遗址作为大汶口文化的发现命名地得到巩固。

(二) 大汶口遗址的文化遗存

大汶口遗址既有北辛文化遗存,也有龙山文化遗存,但主要是大汶口文化遗存。

1. 墓葬

大汶口遗址是一处氏族墓地。1959 年在大汶河南岸的堡头发掘了 133 座墓葬,1974 年、1978 年又在大汶河北岸发掘了 46 座,总计达 179 座,大、中、小三种墓

---

[1] 栾丰实:《大汶口文化之谜》,《名家话泰山》,齐鲁书社,2009 年。

型都有。大汶口墓地的被葬者,有男有女,有成年人也有儿童;在埋葬习俗方面,既有土坑葬,也有葬具葬;既有男女分别单独埋葬,也有成年男女合葬;既有一次葬,也有二次迁葬;既有单人、多人仰身直肢葬,也有个别屈肢葬,但以仰身直肢葬最为普遍。这里最值得注意的是,大汶口墓地的葬俗及其随葬品的多少,反映了当时的社会性质。

2. 房址

在大汶口遗址内发现、发掘了北辛文化房址13座和大汶口文化房址3座。北辛文化的房基有半地穴、浅地穴和地面起建式等不同结构,平面形状有圆形、近椭圆形和方形等;而大汶口文化的房基则平面呈方形,方形房屋又分为半地穴式和地面起建式两种。大汶口文化F204号房址,坐南朝北,平方形态接近正方形,内径东西宽2.25米,南北长2.1米,面积为4.6平方米。四面有墙,墙基是在灰土上挖沟槽,沟槽四周内栽埋有14根木柱,推测这是一座木骨墙上架起四角斗尖顶的房屋建筑,门道处附有两面坡式顶的门棚。大汶口文化F201号房址,系半地穴式房屋,房坑由居室和门道坑两部分组成。居室作方形,南北长2.1米,东西宽2.3米,四周浅沟槽内有密集的木柱,推测是一座密柱式两面坡建筑。大汶口文化F4号房址,为地面起建式方形建筑,长、宽约4.1米,面积达16.8平方米。这表明,北辛——大汶口人在长期生活中,已从窝棚式低矮的小屋走向冬暖夏凉的半地穴房屋和宽大的地面住房,这是建筑技术上的一大进步。在同种文化属性的大汶口文化遗址中,诸如山东兖州王因遗址、山东蓬莱紫荆山遗址、山东诸城呈子遗址、山东长岛北庄遗址、皖北蒙城尉迟寺遗址等也有房址发现。

3. 窑址

大汶口遗址出土了很多陶器,无论是陶质陶色还是造型器类,都有着一定的技术含量,这些陶器都是那个时代北辛——大汶口文化居民自己烧制的,有发现的窑址为证。大汶口遗址发现北辛文化窑址一座,残口距地表1.6米,窑座距地表1.82米,椭圆形火膛长径1.8米、短径0.9米,火门宽0.82米。大汶口文化窑址一座,窑呈马蹄形,窑身径长1.83米。这两座窑址虽然残破,但它透露出的历史信息却十分重要。

4. 器物

在大汶口遗址中,发现发掘出的各类器物达2000多件,按质地分类有石器、陶器、玉器、骨牙器等。石器中有石铲、石斧、石凿、石锛、石刀、石锤、石磨棒等。陶器中有鼎、豆、壶、罐、杯、鬶、尊、钵、盆、碗、匜、兽形器等；玉器中除精美绝伦的玉铲外，还有臂环等装饰品；骨器包括骨镞、骨镖、骨锥、骨雕以及利用动物的角、牙等制成的器物。

（三）大汶口文化的分布、年代及其地方类型

大汶口文化的分布，大体上在海岱文化区的范围之内。关于大汶口文化的年代，上限与北辛文化晚期相衔接，大约在距今 6100 年；下限与龙山文化相衔接，大约在距今 4600 年，如是，大汶口文化前后延续的时间长达 1500 年之久，其间，又可划分为早、中、晚三个发展阶段。

在海岱文化区内，分布着众多的大汶口文化遗址，但由于地区的不同，不可避免地出现一些文化特征上的异同现象，这就出现了稍有区别的文化类型。早期阶段有王因类型、刘林类型和紫荆山类型。王因类型直接继承北辛文化北辛类型发展而来。刘林类型主要分布于淮河下游以北地区，即泗河和沭河的下游地区。紫荆山类型主要分布于胶东半岛及其沿海岛屿地区。

中、晚期阶段可划分为大汶口、花厅、陵阳河、尚庄、五村、三里河、北庄和尉迟寺 8 个类型。大汶口类型以泰安大汶口遗址为代表，主要分布于汶河流域和泗河中上游地区，东起汶、泗河上游，西达古运河西岸，北至泰山，南到微山湖畔。经过发掘的遗址除大汶口、野店、西夏侯外，还有泗水之尹家城、天齐庙，曲阜之南兴埠，兖州之六里井，滕州之岗上、西康刘，微山之尹洼，枣庄之建新等。花厅类型分布于泗、沂、沭等河下游地区以及下游沿岸淮河以北的苏北地区，经过发掘的遗址除花厅和大墩子外，还有徐州高皇庙、泗洪赵庄和沭阳万北等。陵阳河类型主要分布沂、沭河中上游以及山东日照、江苏赣榆等东部沿海地区，经过发掘的遗址除陵阳河、大朱庄之外，还有莒县杭头，日照东海峪等。尚庄类型主要分布于鲁西北的小清河和徒骇河中上游地区，经过发掘的遗址，除尚庄外，还有章丘龙山镇西河。五村类型主要分布于鲁北的淄河和孝妇河流域地区，南抵泰沂山系北麓，北向越过黄河至于惠民、东营一带。三里河类型主要分布于潍河、氵弥河流域，西、南分别与五村、陵阳河类型相邻，东跨胶莱平原，南依沂山山脉，北靠莱州湾。经过发掘的遗址除三里河和呈子外，还有诸城前寨、安丘景芝镇、潍县鲁家口等。北庄类型主要分布于胶莱平原东部的半岛大陆和沿海岛屿，经过发掘或试掘的除北庄之外，还有莱阳于家店、长岛大钦北村和栖霞扬家圈等。尉迟寺类型主要分布于以淮河支流——涡河为中心的皖北、豫东和鲁西南地区。经过发掘的遗址除尉迟寺和段寨外，还有固镇垓下，亳州付庄、宿县芦城子、小山口、古台寺，肖县花甲寺，鹿邑栾台，淮阳平粮台，永城黑孤堆等。这一文化类型有着相对较浓的自身特色。这里需要特别指出的是，在安徽固镇垓下遗址发现了筑于大汶口文

化晚期的城址,被评为"2009年度全国十大考古新发现"之一。

大汶口文化虽然分布广袤,延续时间很长,不同小的区域也有其地方特色,但总体说来,泰沂山系是其中心地带,大汶口遗址是这个中心地带最为重要的遗址。

二、大汶口文化的基本特征

大汶口文化与同期不同区域的其他文化相比较,有着鲜明的基本特征,诸如生产力水平相对发达,处在社会变革的节点,有着奇特的风俗和较高的审美情趣等等。

(一) 相对发达的生产力水平

根据考古发掘资料,大汶口文化存在着多种经济部门,从总体上看,可以归结为以定居农业为主,兼有家畜饲养、渔猎和采集、手工业的综合经济。当然在早、中、晚不同的阶段,各门类的比重和发展水平又有所不同,但总体趋势是与时俱进的,快速发展的。

1. 农业

农业是大汶口文化最主要的经济部门。农业生产工具是农业发展水平的重要标志。大汶口文化的农具主要有石铲、石镰、石刀和角锄、牙镰、牙刀等。而石斧、石锛等工具也具有伐树垦荒等与农业生产相关的功能。根据1959年大汶口墓地出土的石质农具情况统计,有20座墓葬出土石铲计27件,10座墓葬出土石斧计10件,16座墓葬出土石镰计63件,5座墓葬出土石刀计11件;另有18座墓葬出土骨(牙、蚌)刀计25件,7座墓葬出土牙刀计53件。大汶口文化的农具较为精致,石器经过磨光,刃部锋利,有的还有穿孔,如后来龙山文化最主要的工具——长方形双孔石刀,在大汶口文化晚期阶段就业已定型。大汶口文化种植的农作物主要是粟,另外还有黍等。粟类作物是黄河流域最主要的农作物,如同长江流域的水稻。如胶州三里河大汶口文化遗址中发现了一座粮仓,粮仓房屋窖穴中储存着一立方多米的粟粒。这说明随着生产力水平的提高,粮食有了一定的剩余。还有大汶口文化特别是中晚期饮酒盛行,这也间接地表明了农业生产的发展。

2. 家畜饲养业

家畜家禽饲养是大汶口文化综合经济的重要组成部分。家畜的驯化和饲养早在后李文化时期就已存在,经过北辛文化的发展,到了大汶口文化的早期已达到较高的水平,中、晚期阶段尤为发达。俗话讲"马、牛、羊、鸡、犬、豕"六畜兴旺,其实在大汶口文化时期,除马类外,其他五畜均已存在且被广泛饲养了。猪是大汶口文化家畜的主体,也是大汶口文化居民的主要肉食来源,有时还作为祭祀活动所用的牺牲品。就大汶口遗址而言,133 座墓葬中,有 43 座墓共随葬 96 个猪头,其中第 13 号墓多达 14 个。据专家鉴定,"大汶口遗址出土的猪骨是很多的,由以上鉴定的标本来看,它们都是饲养的猪"。[1] 其他同属大汶口文化的遗址中也普遍和集中发现了猪的骨骼,例如在刘林遗址第二次发掘的地层内,仅猪的下颌骨就发现了 170 多个,在一条灰沟底部还集中堆放着 20 个猪牙床;在三里河遗址中有 18 座墓葬随葬 144 件猪下颌骨,其中第 M302 号墓达 37 件之多;花厅墓葬中随葬的猪头或猪下颌骨,少则 2 个,多者达 10 余个;陵阳河遗址 45 座墓葬中,有 29 座墓葬随葬猪下颌骨,总数达 174 件,其中最大的 3 座墓葬共用了 83 件,约占总数的一半。另外,在野店遗址、三里河遗址还发现了埋有整猪的现象,如三里河遗址,三个不大的袋形坑内出土了 5 具完整的幼猪,乃属有意而为。特别值得一提的是在大墩子遗址中发现了陶质畜圈模型,表明猪的圈养已在大汶口文化时期出现了。狗的饲养在大汶口文化的家畜饲养中,地位仅次于猪,遗址中也多有出土,如大汶口遗址出土的那件兽形器,惟妙惟肖,怎么看都像是狗。狗的用途很多,其肉可食,其毛皮可衣,经过训练的狗在许多方面可以成为人的帮手,狩猎、看家护院等等。

3. 渔猎业

渔猎活动在大汶口文化时期,是农业、家畜饲养业的有益补充,在社会经济中也占有一席之地。海岱地区东部有黄海、渤海环绕,西部则河流湖泊密布,水产资源十分丰富。沿海一带的大汶口文化遗址,发现鱼类及贝、蚌类甚多。内陆沿湖的鲁西王因大汶口文化遗址,在发现的成千上万件动物标本中,水生或喜水的动物有水獭、水鹿、乌龟、扬子鳄、7 种硬骨鱼、8 种淡水蚌和 2 种螺,仅贝类就有 10 属 26 种。至于捕鱼方法,从许多遗址发现的石质网坠以及彩陶纹中网状纹占有重要地位看,以网捕鱼是重要的捕捞手段,垂钓、鱼镖刺鱼等捕捞方法同时存在,如大汶口遗址就有鱼钓、鱼镖出土。古老的海岱地区,林木繁茂,栖息生长着众多的飞禽走兽,这使狩猎成为可能,仅就大汶口遗址而言,不仅出土了矛、镞、箭等狩猎工具,还出土了野生动物如麋鹿、斑鹿、狸、雕等骨骼。

---

[1] 李有恒:《大汶口墓群的兽骨及其它动物骨骼》,《大汶口·附录一》,文物出版社,1974 年。

4. 手工业

大汶口文化的手工业突出表现为制陶业、制石制玉业、制骨制牙业，以及建筑、纺织和加工业等。自新石器时代早期发明制陶以来，到了大汶口文化时期，已历数千年，制陶技术已经达到了相当高的水平，成为最主要的手工业部门之一。大汶口遗址，北辛文化、大汶口文化时期的陶窑均有发现。这说明"大汶口人"不仅掌握了陶器的烧制技术，陶器的制作、陶色、纹饰、种类也有着清晰的发展轨迹：制作方法由手制到轮制，提高了制作数量和质量；陶色由单色（红褐色）到多色，红、褐、灰、白、黑兼而有之；纹饰由素面到彩绘，富有情趣；器类由少到多，器形由一般到奇特，如造型似鸟的陶鬶，像狗、像猪的兽形器等，栩栩如生。大汶口文化的石器数量不仅数量多，种类也多，而且制作也较为精致，磨制技术得到广泛应用。大汶口文化虽然发现的玉器总量不多，但也已成规模，从大汶口遗址出土的玉铲，大汶口、王因遗址发现的玉钺，三里河遗址出土的筒形玉镯，以及相关遗址出土的璜、琮、璧、环、珠、坠来看，种类不少，精细化程度也达到了相当高的水平。与玉、石器制作技术相比，大汶口文化的骨、角、牙制作工艺水平高超，成就十分突出。如大汶口遗址出土象牙梳和骨、牙雕筒及其獐牙勾形器，无论从制作工艺还是造型美观来看，都达到当时"中华"大地前所未有的高峰和举世无双的程度。

（二）社会变革的真实写照

社会存在决定社会意识，经济基础决定上层建筑。大汶口文化上承北辛文化，下接龙山文化，在长达1500余年的发展历程中，由于生产力水平的不断提高，社会经济持续发展，社会性质也发生了渐变、质变。

大汶口文化的早期阶段，同北辛文化相比，生产力水平有所提高，社会生产力进一步发展，墓葬制度呈现出引人注目的变化。其一，家族墓地的出现，表现在墓地之中，则是产生了小墓区域分群分组埋葬的现象。例如，两次发掘刘林遗址的197座墓葬，在布局上可划为6个墓群，每一个墓群少者20余座墓，多者近50个墓，且分布密集，排列有序。再如20世纪70年代发掘的大汶口遗址44座早期墓葬，可划分为3组。其二，贫富分化现象已经产生，并有逐渐加重趋势，这一时期的贫富分化主要表现为家庭之间的分化和个人与个人之间的分化，即墓葬大小有别，随葬品多寡不一。其三，男女社会分工已十分明显，双方的社会地位也随之产生变化。即男子在生产生活中占主导地位，而女子则以从事纺织、缝纫等家务劳动为主。这种变化，是导致女性为中心的氏族公有制向男性为中心的家族私有制变革的内在基本原因和动力。距今 5500 年前后,大汶口文化进入中期阶段,社会生产力水平迅速提高,社会财富空前增多,随之而来的是贫富分化更加明显,有的大墓内已出现了用人殉葬的现象,这说明,以家族私有制为主体的新的生产关系不仅形成,而且得到巩固。到了距今 5000 年前后的大汶口文化晚期阶段,粮食有了剩余,手工业突飞猛进,用于交换的商品生产业已经出现,贫富分化进一步加剧,乃至出现了阶级对立的现象。特别是这个时期还创造出了图像文字以及筑建了城池,如此众多的社会重大变化,表明在大汶口文化晚期,海岱地区已陆续进入了文明社会的初期,大汶口、陵阳河、垓下等中心遗址,或许就是统治一方的古国所在。

大汶口文化的"主人"是谁,根据考古发现,结合古史传说,大汶口文化的分布区域内主要有三大部族,即太昊部族、少昊部族和蚩尤部族。太昊部族的活动大致在豫东和鲁西南地区。蚩尤部族活动的具体区域范围虽不能清晰界定,但他是大汶口文化时期的东夷人首领是可以确定的:《逸周书》讲"蚩尤寓于少昊"。另据《韩非子·十过》记载,黄帝与蚩尤曾在泰山一带展开了一场惊心动魄的宏大战争,虽然蚩尤部族以失败而告终,但却有着"不屈的战神"的美誉,《史记》所说齐祀八神,兵主蚩尤就是其中之一。少昊活动的范围在今以曲阜为中心的鲁中南地区,唐兰、刘敦愿、田昌五都认为大汶口文化就是少昊文化。古籍文献记载也很明确,如《左传·定公四年》载:"因商奄之民,命以伯禽而封于少皞之虚。"杜预注云:"少皞虚,曲阜也,在鲁城内。"至今曲阜尚存有"少昊陵"等名胜古迹。《左传·昭公十七年》所载郯子言"少皞氏以鸟名官",犹如一个完整的国家政权体系:"我高祖少皞挚之立也,凤鸟适至,故纪于鸟,为鸟师而鸟名。凤鸟氏历正也;玄鸟氏司分者也;伯赵氏司至者也;青鸟氏司启者也;丹鸟氏司闭者也。祝鸠氏司徒也;鴡鸠氏司马也;鳲鸠氏司空也;爽鸠氏司寇也;鹘鸠氏司事也。五鸠,鸠民者也。五雉为五工正,利器用,正度量,夷民者也。九扈为九农正,扈民无淫者也。"曲阜距大汶口仅 30 公里左右,大汶口遗址或许就是少昊部族的古国所在。

(三) 寓意深邃的奇特习俗

大汶口文化中存在一些引人注目的特殊习俗,如拔牙、口含石(陶)球、头骨人工变形以及用龟甲器、獐牙器随葬等等。这些看似不可思议的奇特习俗,或许在那个历史时期是非常自然的,并有着深邃的文化内涵。抛开头骨人工变形不明原因外,其他略有简述。

1. 拔牙习俗

拔牙习俗是大汶口文化的重要特征之一。在大汶口文化中,首先在泰山脚下的大汶口遗址发现被拔牙齿的人骨,后来又在汶、泗流域许多大汶口文化遗址中也都发现了拔掉牙齿的人骨。出土的大量人骨标本表明,当时拔牙的部位和数目都是一致的,即拔掉上颌两颗侧门齿。拔牙的年龄大多在15岁-20岁之间,即青春期;反映在性别上则没有多少差异。牙齿作为人体不可缺少的组成部分,具有咀嚼食物、帮助发育、保持面部外形的功能,而大汶口文化居民们将特定部位健康生长的牙齿拔掉,一时的生理疼痛暂且不讲,生活上受到影响则是不可避免的,那么是什么原因、何种信仰促使他们采取了在现代人看来无法理解的举措呢?对此学术界有着不同的观点。严文明在《大汶口文化居民的拔牙习俗和种属问题》一文中认为,这与当时人们的审美观念有关,也就是"爱美说":"根据大汶口文化本身的资料,只能认为拔牙在当时无论男女,也无论贫富,大多数人都热烈追求的社会风尚,是一种完全自愿的行为。并且这种风尚极有可能是与审美观念联系在一起的,否则就很难理解一定要到青春期才实行,既是一种社会风尚,当然会有许多人参加,也一定会有人不愿去赶那个时髦。"[1]韩康信在《我国拔牙习俗的源流及其意义》中则认为,这种习俗与成年的生理标志有关,即"婚姻说":"从拔牙施术年龄特点来看,它是在个体进入性成熟的转折时期进行的,这时,第二性特征的发育已很明显,青春期开始,在生理上为迈入成年准备了条件。这种生理发育的转折阶段自然也是容易被原始时期居民感觉到的,因而也容易成为严格的氏族生活中拔牙风俗所依循的可靠生理标志。根据这样的判断,我们认为拔去一对上颌侧门齿的原义仅表示氏族成员获得婚姻资格或同时兼有达到成年意义的一种标志,这两者最早可能源于一种意义。"[2]

"爱美说"和"婚姻说"均有一定的道理,但最大的可能是,这种拔牙习俗与宗教观念有关,或者说,拔牙习俗是由某种宗教观念引起的。前已述及,大汶口文化时期是原始社会急剧变革的时期,早期处在母系氏族社会的末期,中期开始向父系氏族社会过渡,晚期则进入了父系氏族社会。面对社会的动荡,贫富差距的增大,大汶口文化居民感到惶恐不安。内心压抑,在这种情况下,人们所需要的是慰藉,神灵仿佛成为最基本的宗教观念形态之一。吃、穿、住是人类生存的基础条件,吃是第一需要。饥饿是非常难受的,乃至危及生命,对史前人类来说,能填饱肚皮就是最大的享受、最大的精神安慰了。众所周知,牙齿对吃东西来说非常重要,将兽肉撕破,将果实咬碎,将杂物嚼细,牙齿功不可没。须知,在原始人心目中"万物有灵",这样牙齿也就既有功

---

[1] 严文明:《大汶口文化居民的拔牙习俗和种属问题》,《大汶口文化讨论文集》,齐鲁书社,1981年。

[2] 韩康信:《我国拔牙习俗的源流及其意义》,《考古》1981年第1期。

也有过了,负罪心理由此产生。怎么办?拔掉局部牙齿作为祭物献给神灵,以期赎罪及祈求持续馈赠,则是一种必然的选择了。此诚如费尔巴哈所论述的那样:宗教的整个本质表现并集中在献祭之中。献祭的根源就是依赖感——恐惧、怀疑、对后果对未来的无把握、对于所犯罪行的良心上的咎责,而祭祀的结果、目的则是自我感——自信、满意、对后果的有把握、自由和幸福。[1] 依据费尔巴哈的理论,大汶口文化拔牙习俗的形成,说到底是一种献祭行为所形成的礼俗,所表现的是对神灵的祭祀。

2. 口含石球习俗

大汶口文化居民还存在一种口含石球或陶球的习俗。据鉴定,持有这种习俗者多为女性,因此学者们认为石、陶球应视为"鸟卵",与原始的生殖崇拜有关。

大汶口文化居民以鸟为图腾,这无论是从考古发掘资料还是文献记载都是非常明确的。在大汶口文化、龙山文化出土的陶器中,陶鬶和陶鼎数量极多,陶鬶的造型极似禽类,鼎足也多作鸟喙状。前已提及,大汶口文化系少昊文化,而少昊氏以鸟名官。还有太昊氏,风姓,风即凤凰的"凤",也就是说太昊氏是以凤凰为图腾的。

鸟是一种卵生动物,鸟下蛋,再用蛋孵化出小鸟,新的生命就是这样诞生的。古人对此看在眼里,记在心中,特别是以鸟为图腾的先人们,认为人类的繁衍如同鸟类,于是就有了"蛋生人"的神话传说。帝舜为东夷之人,而《国语·鲁语》则讲"商人禘舜",即商人是帝舜的后裔。商人不仅以鸟为图腾,而自认为是卵生的,对此文献记载颇多。《诗经·商颂》之《玄鸟》《长发》载:"天命玄鸟,降而生商""有娀方降,帝立子生商。"郑笺云:"天使鳦鸟下而生商者,谓鳦鸟遗卵,娀氏之女简狄吞之生契""禹敷下土之时,有娀氏之国,亦始广大,有女简狄,吞鳦卵而生契"。《楚辞》之《离骚》《天问》亦载:"凤凰既受诒兮,恐高辛之我先""简狄在台喾何宜,玄鸟致贻女何嘉"。王逸注:"帝喾之次妃有娀氏之女生契""简狄,帝喾之次妃也;玄鸟,燕也;贻,遗也。言简狄侍帝喾于台上,有飞燕坠遗其卵,喜而吞之,因生契也"。

另外,《吕氏春秋·音初篇》《史记·殷本纪》等更是把简狄吞卵而生契(商)描写的绘声绘色。证之于考古资料,商代青铜器中有一"玄鸟妇壶",它从另一个侧面印证了商人以鸟为图腾以及鸟生人的神话。徐偃王诞生的神话也很有意思。西周时期,在海岱地区有一徐国,第32世国君为徐偃王。相传第31世徐君的宫人十月怀胎,分娩时产下了一个肉卵,徐君认为是不祥之物,命人将其弃之于水滨。徐君家有犬名曰

---

[1] [德]路德维希·费尔巴哈著,荣震华等译:《费尔巴哈哲学著作选集》(下集),商务印书馆,1984年,第462页。

鹄苍,将弃之水滨的肉卵衔回,咬破卵皮,卵内有一男孩,这就后来成为东夷盟主的徐偃王。徐偃王诞生的神话现在看来似乎荒诞,但在更早的古人看来,诸如在大汶口文化居民眼里,这是很正常的、很神圣的。

综上所述,大汶口文化居民口含石(陶)球的习俗,不仅与鸟图腾崇拜有关,祈求生殖繁育、人丁旺盛也是不言而喻的。

3. 龟甲器随葬

《诗经·鲁颂》中有"奄有龟蒙"的诗句,是说距大汶口遗址不远的古之奄国境内有一座龟山,可知龟山之名由来已久。殊不知在更早的新石器时代海岱地区的先人们就特别关注龟了。在大汶口文化中,有一种用龟的背甲和腹甲制作而成的器具,我们称之为"龟甲器"。将龟甲器随身带入墓葬中,是一种罕见的文化现象。龟在动物分类上属于爬行纲,是一种寿命很长的动物。据此,古人们将其演绎得神乎其神。由考古发掘到的龟之遗骸可知,这种被人们推崇的神灵动物,在大汶口文化及其之前的海岱地区并不罕见。如早在北辛文化时期,就在北辛遗址中发现了现生种的乌龟腹甲;汶上县东贾遗址一个坑内还整齐地堆放着若干龟甲。大汶口文化时期发现的最多,在经过发掘的2000多座墓葬中,共有41座墓葬出土了龟甲。其中大汶口墓地,有11座墓葬出土了龟甲,约占大汶口墓地全部墓葬的8.3%;刘林遗址第一次发掘时收集到33片龟甲。这些龟甲器的用途和功能是什么呢?学术界有着不同的观点。栾丰实认为,"大汶口文化的龟甲器,是一种巫行的工具,即巫医施展法术驱除病魔的作法之器。同时,平时也利用龟甲器盛放医用器具"。[1] 由此进一步推断,龟甲器的拥有者应是当时社会上的巫医。行医是一种特殊的社会职业,因与人们的身体健康有着直接的关系,历来受到社会的重视和尊敬。行医者的社会地位尽管远不如部落或部落集团的首领尊贵,但与普通社会成员相比,则高出许多。这也与考古发现的情况,即龟甲器多出自中、小型墓葬之中颇为吻合。

4. 獐牙及獐牙勾形器

大汶口文化时期,在汶、泗流域十分流行用獐牙及獐牙勾形器随葬习俗,如在大汶口遗址属于大汶口文化中、晚期的133座墓葬中,其中有88座墓葬随葬了獐牙,约占66.2%。所谓獐牙,均为雄性獐的犬齿,出土的獐牙,其中不少齿根部位经过磨制

---

[1] 栾丰实:《大汶口文化的骨牙雕筒、龟甲器和獐牙勾形器》,《海岱地区考古研究》,山东大学出版社,1997年。

加工,有的则保持原貌。而獐牙勾形器是指獐牙和鹿角合制而成的勾形器。那么獐牙、獐牙勾形器的人文意蕴是什么呢?

獐为一种小型鹿类动物,性喜水,四肢壮而有力,善于奔跑,多产于暖温带芦苇的沼泽地带。就当时的自然环境和气候条件而言,海岱地区特别是汶、泗流域非常适宜獐的繁殖和生长,它对于以狩猎作为重要生活来源之一的先民们来说,具有较高的经济价值。此外,獐在哺乳类动物中,是除灵长目以外智能较高的动物,常以其敏捷的行动和诡秘的隐匿技巧,来摆脱敌害的袭击。雄獐发达的犬齿,又是武器和勇猛的象征,故而形成了当时人们的獐之崇拜,獐之牙齿也随之成为有灵的吉祥符了。

再说獐牙勾形器,它是由骨、角质的柄和两枚雄獐之犬齿组成的复合型器具,柄长一般在 11 厘米-17 厘米之间,柄之前端两侧各挖有一个长方形槽,尾端多数穿有一圆孔,个别刻有一周凹槽,以利于用绳穿、系,便于随身携带。獐牙经过加工,尖端锐利,内凹之面有锋刃,牙根部分的凹侧面多刻有牙齿,一般为 3 个,多者可达 7 个,用于嵌入柄内时绑缚结实,以防止使用时獐牙脱落。有人持工具说,认为它可以用来勾割,可能是为收割谷物的工具。这当然有一定的道理,但不能排除其他用途的可能。从獐牙勾形器的拥有者来看,以青壮年男性为主,女性拥有者较少,其中不少人还拥有石钺、玉钺。钺状如斧,有穿,可安装长柄,是一种用于砍杀的武器,常为军事首领所拥有,是一种指挥权的象征,如《诗经·商颂·长发》云:"武王载旆,有虔秉钺";《尚书·牧誓》讲:"王左杖黄钺,右秉白旄以麾"。由此分析,多为男性青壮所拥有的獐牙勾形器在实用功能上来讲,是一种随身携带的防身的武器;从信仰层面分析,又是"由对獐崇拜而衍生出来的护身或压胜之类的瑞符"。[1]

(四) 独具特色的审美情趣

爱美之心,人皆有之,古今亦然。早在距今五、六千年前的大汶口文化居民,就十分爱美,其影响所及,至今不衰。如我们常说"山东大汉!"此非孟浪。考古发掘证明,大汶口文化居民,男子平均身高为 1.73 米,比创造仰韶文化的中原人高出三至四厘米。个大则力大,在古人看来,山东大汉是一种人体美的象征,《说文解字》上讲:"夷,从大从弓,东方之人也。"人体个大有力而又善射,故后人造字将大、弓合在一起,便称之为"夷"了。古史传说也证明了这一点,力大无比且能射日的那位"羿",就是东夷人。

---

[1] 吴汝祚:《大汶口文化獐牙勾形器和象牙雕筒文化含意考释》,《东南文化》1988 年第 1 期。

1. 造型艺术

大汶口文化的器物种类繁多,就其用途而言,绝大多数是实用品,但其中也蕴含着审美情趣。

仅就大汶口文化陶器而言,有两点值得注意,一是因观察动物而产生了灵感,制造了一批仿生陶器,最典型的如陶鬶、陶猪和陶狗。再者是三足器,它是大汶口文化、龙山文化中常见的一种陶器,造型如鸟而又三足,实用与仿生的巧妙结合,既寓含着东夷人的鸟图腾崇拜,也有一定的力学原理,令人称奇。至于陶猪、陶狗,栩栩如生,即使以现代人的眼光分析,也不亚于高水平的仿生工艺品。三足器"对审美——艺术更为重要",李泽厚认为"这也是中国民族的珍爱"。三足器形象并非模拟或写实(动物多四足,鸟类则两足),而是来源于生活实用(如便于烧火)基础上的制造,其由三足造型带来的稳定,坚实(比两足)、简洁、刚健(比四足)等形成感知独特的形象,具有高度的审美功能和意义。[1] 由三足器发展而来、后世则成为主要礼器的大鼎,有着特殊的政治内涵。古人云:"国之大事,惟祀与戎。"谁拥有了鼎谁就拥有了政权。相传夏禹收九州之金铸成九鼎,遂以鼎为传国的重器。后世据此称建都或建立王朝为"定鼎","问鼎"则意欲夺取政权。汉武帝刘彻封禅泰山时,铸造了三足大鼎,有鼎铭曰:"登于泰山,万寿无疆,四海宁谐,此鼎传芳。"神鼎之于泰山,稳上加稳,国祚永年。

大汶口文化遗址中还出土了许多骨牙雕筒。骨牙雕筒的质地有象牙和大型兽类动物的肢骨两种。象牙雕筒制作精致,形态也规整固定,多为正圆筒形。骨雕筒则骨料将就,横断面或为圆形,或为椭圆形,或为并列双圆形,或圆角三角形,形态有别,异彩纷呈。象牙是一种罕见而珍贵的牙骨。大汶口文化居民使用在当时堪称尖端工艺的雕镂技术,把象牙加工成雕筒,且雕筒外表还刻有凹凸弦纹带作为装饰,有的还镶嵌着绿松石圆饼,显得十分精美别致。学者们认为,大汶口文化的雕筒是一种精美的人体装饰品。

2. 彩陶艺术

在大汶口文化的早期阶段就有了彩陶,多达 22 类:弦带纹、垂弧纹、直边三角纹、弧边三角纹、勾叶纹、圆点纹、圆圈纹、花叶纹、双弧纹、直(斜)线纹、折线纹、折括纹、回纹、菱形纹、八角星纹、连山纹、双角纹、斜栅纹、网纹、鱼纹、草木纹等等。就纹样图案而言,绝大多数是两种或两种以上的纹样为母题组合成连续的带状纹样图案,绘于

---

[1] 李泽厚:《美的历程》,文物出版社,1981年,第29页。

器物最醒目的肩、腹部位，一般为一条纹样带，个别的有两条纹样带。有的还在各类器物的宽沿上加绘一些简明的醒目的纹样。到了大汶口文化的中期阶段，彩陶纹样母题以及构图的形式和图案，都发生了很大的变化。虽然消失了一部分纹样母题，但又新出现了一部分纹样母题，如水波纹、连珠纹、扁"U"字形纹、纽索和成组的弧线纹等。无疑，大汶口文化的彩陶图案是装饰性的，但是，透过现象看本质，有的也有着宗教性的内涵。

大汶口文化彩陶图案中有"八角星纹"者，其实就是发光的太阳。与太阳有关的考古发现还有，大汶口遗址出的陶壶上有"太阳鸟"图案，大汶口文化陵阳河遗址出土的图像文字中也有太阳，海岱文化区的连云港将军崖则刻有成组的太阳岩画。还有一个例证是大汶口文化的葬俗。大汶口遗址先后三次发掘，在发掘的189座墓葬中，墓向也就是人体头向，没有特殊情况，无一例外都向着东方。东方是太阳升起的地方，太阳升起，为人们带来光明，也带来温暖，据何新研究，"太阳神崇拜，乃是远古时代遍及东西方（包括美洲在内）各大文明区的一种原始宗教形态"，"一元的日神信仰"说是否存在暂且不论，大汶口文化居民崇拜太阳则是无疑义的。前已述及，东夷首领有太昊(皞)、少　昊(皞)，大汶口文化就是少昊(皞)文化，昊(皞)中的日、白指的都是太阳，部落首领的名字中包含着太阳，崇拜之极，可想而知。

3. 装饰打扮

大汶口人个大力壮，自然的形体之美固无问题。但大汶口人也十分注重装饰打扮自己，美上加美。仅从大汶口遗址出土的装饰品来看，有成串的头饰、成串的颈饰和臂环、指环、束发器、簪笄等等；在质地方面，有玉、有石、有牙、有骨，可谓琳琅满目，美不胜收。特别是挂在脖子上的成串颈饰，与现代美女的项链，有着异曲同工之妙，不过大汶口人比现代美女早了五六千年就有了这种审美情趣了。

头部从来都是最重要的部位，也是古今中外人类最在意装饰打扮的部位。在《山海经》中，那位"半人半兽"形象的西王母，虽然蓬着头发，但也戴着首饰——"戴胜"。具体到大汶口人来讲，对于头部的打扮装饰，则尤为着力了。大汶口人早就知道，蓬着头发并不好看，于是就发明了梳子。1959年在大汶口墓地中出土了两件象牙梳子，其中编号为26号墓出土的象牙梳子完好无缺，这是迄今为止，考古发掘中发现的年代最早的一把梳子，堪称世界第一。这把象牙梳，高16.7厘米，背厚齿薄，整体略呈长方形，梳齿与梳背分界处一侧有突起的台面，顶端四个楔形口，其下平行镂刻三个圆孔，梳身中部用平行的三行条孔组成类似"8"字形的镂空装饰，内填"T"形花纹，在"8"字形的镂空装饰的左右两侧刻出一个长方形的装饰画面。梳的下端有15个细密的梳齿,可以用来梳理头发。大汶口人发明及使用梳子,在古史传说中也能找到傍证,如《事林广记》中就有"赫胥氏造梳,以木为之,二十四齿,取疏通之意"的记载。还传说梳子是由炎帝的下属赫廉发明的。赫廉看到当时人们的头发乱作一团,不好看,还碍事,于是找来兽骨,模仿人的手指,做了一把五指梳,献给炎帝。炎帝用五指梳试了一下,头发顺了,头皮还很舒服,惊喜不已,就命赫廉进一步改造,推广到民间。[1] 大汶口人用梳理好头发,然后再插上笄簪、加上束发器,并配置成串的头饰,其美完全可以跨过时空,与今人相较。

---

[1] 苗明峻:《魅力宁阳·名胜古迹卷》,山东人民出版社,2009年,第218页。

大汶口文化文明之光

李继生

(中共泰安市委党史研究院)

中华民族不仅在中华大地上创造了悠悠数千年不断的文明,也是世界文明古国中唯一没有历史断层和缺环的幸存者。特别是以泰山地区为中心,东夷族文化和大汶口文化不断向四周辐射而东渡后渐达美洲,形成了环太平洋文化圈。更为突出的是历史学家和考古学家在当今新时代对《山海经》远古图腾、列祖列宗血缘传承及对三皇五帝传说的破释,驱散了自西汉以来两千多年的历史迷雾,揭开了中华文明至少具有五、六千年的历史新篇章。

泰山在原始时代是中央之大山,以泰山为中心的地域被称为中土、中原、齐州、中州、冀州、中国等,所以《尔雅·释地》:"中有岱岳,与其五谷鱼盐出焉。"《淮南子·地形训》:"中央之美者有岱岳,以生五谷桑麻,鱼盐出焉。"史学前辈吕思勉在《先秦史·民族原始》(上海古籍出版社1982年版)中精辟论述:"吾国古代,自称其地为齐州,济水盖亦以此得名。《汉书·郊祀志》曰:'三代之居,皆在河洛之间,故嵩高为中岳,而四岳如其方。'以嵩高为中,乃吾族西迁后事,其初实以泰岱为中……可见,汉族缘起,必在震方(即东方)也。"王国维在《殷周制度论》(见《观堂集林》中华书局1959年版)中言:"自上古以来,帝王之都皆在东方。太昊之虚在陈(今河南淮阳),大庭氏之库在鲁(今曲阜),黄帝邑于涿鹿之阿(王献唐考为今邹城),少昊与颛顼之虚皆在鲁卫,帝喾居亳(今山东曹县)。"王献唐在《炎黄氏族文化考》(齐鲁书社1985年版)中论断:"往古先民,生聚于斯,万代诸皇,建业于斯。伏羲号称泰皇,亦以为泰地之皇,犹今言祖国也。盖中国原始民族起于东方,东方尤以泰岱一带为其故土,木本水源,血统所出,泰山巍然,同族仰镜……泰山一带为中华原始民族之策源地。"著名考古学家苏秉琦、邵望平均言:"泰山是个大文物,是大汶口人的神山,是东方部落原始文化的神山。"(见青岛海洋大学出版社1989年版《泰山研究论丛》第一集、第四集)

古史与考古资料一再证明：自伏羲、神农炎帝至黄帝氏族等，均发祥于泰山，而夏族是华族之后裔，所以华夏族源于东方，只是在大汶口文化后期，不少东夷人西迁中原，一直延续到龙山文化时期。此后，以"泰岱为中"的政治、经济、文化中心便由东方逐渐转移到了居于黄河中游的中原地区，开始以华夏族为主体、融合中原土著民族创造了夏、商、周三代文明的历史。

一、什么是泰山考古序列文化？

当中华民族进入新石器时代，东夷人在泰沂山区迎来了文明的曙光，陆续创造了灿烂的东夷文化、海岱文化、齐鲁文化、泰山文化。近现代不断发掘出与之相呼应而独立成长又相互承袭的考古系列文化：既有八千年之前的后李文化，也有六千年之前的北辛文化；既有五千年之前的大汶口文化，也有四千年之前的龙山文化；还有相当于夏王朝的岳石文化。对彰显五千年中华文化自信奠定了坚实的基础，为实现中华民族伟大复兴的中国梦做出新的贡献。

二、为什么说旧石器时代的"新泰智人"和"沂源猿人"是东方文明的主要源头？

泰沂山区是比较适宜古人类生存和居住的地区之一。据考古发现，远在旧石器时代就有人类居住。二十世纪六十年代和八十年代，在泰沂山区相互毗邻的新泰县和沂源县先后发现旧石器时代古人类化石，被定名为"新泰人"和"沂源人"（图一）。距今约四十万至五十万年的沂源人尚处于猿人或直立人阶段，而距今约二万至五万年的新泰人被称为"智人"或"新人"，已进化到了现代人阶段。新泰智人改写了山东人类进化史，揭开了泰山地区人文历史的序幕。可以说，新泰智人是新石器时代东夷人的祖先。众所周知，东夷人创造了以大汶口文化、龙山文化为代表的东夷文化，创造了东方文明，是中华民族文明的重要源头之一。

早在1923年《地质界报》披露："瑞典一传教士（安特生）在（泰山前）新泰县宁家沟挖走完整的恐龙化石，藏于瑞典国家博物馆。"后来，考古工作者又在此中生代陆相地层中发掘出古脊椎动物化石和恐龙化石。这是在泰安发现的最早的动物化石群，揭开了泰山地区在7000万年前的自然环境背景和生态状况内幕。

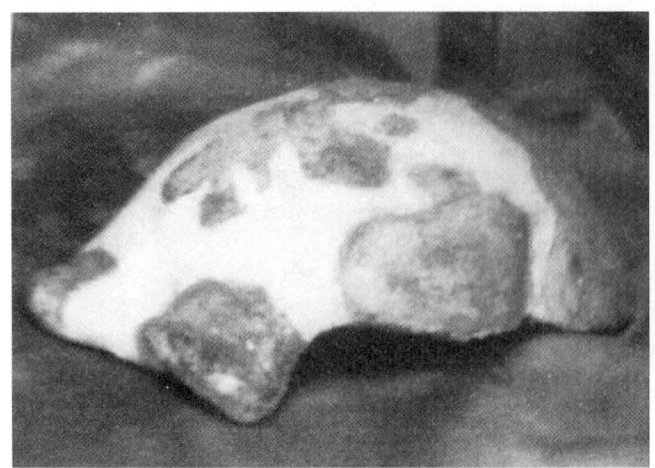

图一　沂源猿人头骨化石和新泰智人牙齿化石

同时,在新泰东周又发现了旧石器时代与北京猿人和沂源猿人同期的哺乳动物化石群,为 1966 年在乌珠台发现的少女"智人"牙齿和哺乳动物牙齿化石找到了生存环境踪迹。接着又在宁阳前张庄发现了新旧石器更替时的一万年前的细石器。

三、什么是大汶口文化？其影响如何？

1959 年考古学家在泰山前汶河两岸的大汶口镇和宁阳县堡头村,发掘出 133 座墓葬,是一种土生土长而前所未有的独特文化面貌;1974、1978 年又相继发掘出 56 座墓葬(其中最底部一座属于北辛文化),引起考古学界的极大关注;之后,又在江苏北部、安徽东部及山东半岛、辽宁半岛都发现了同类文化遗存,被考古界命名为"大汶口文化",而原生地被命名为"大汶口遗址",1982 年被国务院公布为《国家重点文物保护单位》(图二)。山东省考古研究所总结:大汶口文化早期阶段尚处在氏族公有制末期,贫富分化不明显,多人合葬(图三)反映着氏族成员间的血缘纽带还相当牢固,这时正处于母系氏族社会末期向父系过渡阶段;大汶口文化

图二　大汶口遗址文物保护单位标志碑

的中、晚期，一些手工业部门已脱离农业而独立发展，贫富分化，私有制逐渐形成，男女合葬墓出现，父权制确立，已进入父系氏族社会阶段。家庭私有制进一步发展，社会进入初级文明时代，出现了冶炼红铜、图像文字(图四、图五)、祭台等。大汶口文化上承北辛文化，下拓龙山文化，存留上下两千多年极其丰富的遗迹。

图三　35号墓出土3人合葬

图四　大汶口文化陶尊上的图像文字：日火山

图五　大汶口文化图像文字

与此同时,在岱岳区桥沟至北望村一带的商王相土之东都遗址上,又发掘出继龙山文化之后的岳石文化(3900至3500年前)。至此,在泰山地区已经呈现出整个新石器时期互相承袭的完整考古文化序列。

　　大汶口遗址最上层叠压着龙山文化,出现了薄如纸、亮如漆、坚如瓷、声如磬的蛋壳黑陶。在大汶口文化遗址中,出土了一个高脚杯,高20厘米,厚度不足0.1毫米,重量却不足50克,可见制陶技艺之高超。

　　大汶口文化在同期的考古学文化中,一直处于强势地位,而且直接影响到其他文化的发展。在长江、淮河地区的龙虬庄文化、崧泽文化、良渚文化就有大汶口文化的影响;在中原仰韶文化中,也有很多大汶口文化因素,还曾发现大汶口人墓葬;在长江中游的屈家岭文化和石家河文化中的器皿与大汶口文化相似;在辽东半岛的郭家村、吴家村及辽西的"后红山文化"中都能看到大汶口文化的影响。

四、大汶口文化中的大汶口人属于哪一个族属?

　　传统考古学和古文献学多认为大汶口文化中的大汶口人是东夷人中的太昊、少昊氏。国内外分子遗传学的突破性进展,为今天重要思考以往老一辈学者如徐旭生、蒙文通、傅斯年等人的"华夏、东夷、苗蛮三集团说""夷夏东西说""江汉、河洛、海岱三民族说"提供了新佐证。可以明确大汶口文化的主人就是太昊、少昊部落和蚩尤部落,尤其重要的是,其八角形太阳纹彩陶器昭示了大汶口人在精神信仰、价值观念、文化渊源等精神文化层面上的成熟。

五、大汶口遗址的发掘产生了什么样的社会效应和历史文化价值?

　　大汶口遗址不仅揭示了社会发展从母系进入父系、从原始社会跨入阶级社会的全过程,肇始着文明社会的诞生,还证明东夷人和山东大汉的由来:"夷"是由"大"和"弓"组成,即东方高大的人善射弓箭;大汶口人的男子平均身高1.75米,与同时期的仰韶文化半坡宝鸡组相比,高出5厘米。

　　美国民族学家摩尔根在《古代社会》中指出"继蒙昧时代、野蛮时代之后的人类社会发展的第三个时期,以文字的发明和使用为其始点"。恩格斯在《家庭、私有制和国家的起源》中援用此语,并深刻指出"随着劳动分工与生产领域的扩大,出现手工业与艺术的时期。人类跨入文明时代的门槛,大体上也就是阶级社会的开端"。

近现代中国学者认为:文明起源的要素,除了农业发达、手工业分离、贫富悬殊、阶级产生之外,还诞生了王者都城,建立了军队,出现了青铜冶炼、文字与宗教等。大汶口文化遗址已出现了中国最早的红铜和黄铜及图像文字,莒县陵阳河大汶口文化遗址中,发掘出了大将军的权杖和灰陶牛角号。大汶口遗址中的10号墓,是一位老妇人,手下放着碧玉铲等180多件随葬品,她既是母系晚期的氏族领袖,也是宗教领袖。

但文明起源和文明社会的诞生却是两个不同的历史阶段,国家的出现是文明社会的标志。中国社科院考古研究所原所长徐苹芳在《中国文明起源·中国文明的形成》(2004年新世界出版社和美国耶鲁大学出版中英文版本第9章第1节)中概述道:"中国文明的起源到文明社会的诞生,经历了从仰韶时代晚期到龙山时代,大约3000余年的时间。苏秉琦把中国文明的形成概括为'古文化、古城、古国'和'古国、方国、帝国'等不同的阶段(见苏秉琦《中国文明起源新探》,1997年香港商务印书馆),有极重要的影响。夏鼐认为,殷墟文化是一个高度发达的文明,但不是最早的文明,中国文明的起源应上溯到二里冈文化和二里头文化(见夏鼐《中国文明的起源》76页,1985年文物出版社;邵望平认为:二里头文化是大汶口文化西进的结果)。"如此看来,中华文明的起源理应上溯到大汶口文化初期的伏羲时代。

大汶口文化晚期和龙山文化时期恰与黄帝与少昊的军事民主时代相吻合,有《五帝本纪》说黄帝"置左右大监,监于万国"可证。少昊是"邑于穷桑,以登帝位,都曲阜",均已建立了军队、出现了都城和国家。唐兰先生以为"大汶口文化就是少昊文化"。中国文明是土生土长的独立的原生文明。商周是中国早期文明社会的繁荣时期,以宫庙为主体的城市和以玉器、青铜器为礼器的出现,是中国早期文明社会的标志。大汶口文化中的陶鼎、陶鬲、三足鸟形器就是商周礼器的先声(图六)。

秦始皇统一,改商周以来血缘政治为地缘政治,建立统一的中央集权帝国,打破"家天下"而实行郡县制。这对中国历史文明的发展具有决定性的影响和深远的历史意义。不过,中国的统一大业,最后是由汉武帝完成的。

三足鸟形器(空足鬶) 　　　　　　　　红陶背壶

图六　大汶口文化陶器

六、为什么说"大汶口文化"的发现批驳了"中国文化西来说"的谬论？

1921年瑞典地质考古学家安特生被北洋军阀政府聘为地矿局顾问，他发掘了著名的"仰韶文化遗址"，拉开了中国近现代田野考古的序幕。因仰韶文化的陶器是以彩陶为主，这恰恰是欧美地域考古的重要标志之一，所以安特生断言"中国文化由西方传入，中国人的祖先在西方"。但是大汶口文化却是土生土长的原始东方文化，随葬品不仅有彩陶，还有形形色色的灰陶、白陶、红陶，最上层还有属于龙山文化的蛋壳黑陶，从而颠覆了"中国文化西来说"的谬论，为中国人争得了文化自信。

七、五六千年之前的大汶口文化遗址中保留的象牙梳和獐牙勾形器上的先天八卦图及彩陶器上的四面八角太阳纹说明了什么？

大汶口遗址出土的象牙雕梳(图七)、临沂市收藏家苏昭杰收藏的江苏邳县"大墩子北辛文化和大汶口文化遗址"中出土的獐牙勾形器上都有刻符,今被释为最早的《阴阳八卦图》。

象牙梳发现于1959年6月在汶水南岸堡头村发掘的133座墓葬中的26号墓中,该墓为最大的早期墓,随葬品有60余件,距今约为5500年前。1974年出版的《大汶口》发掘报告称:"为长方形象牙皮制成,有十六个细密的梳齿,齿端略薄,把面稍厚,近顶端穿圆孔三个,顶端刻四个缺口,梳身镂花纹,用平行的三道条孔组成'8'字形,内里填'T'字形图案。界框仍有条孔组成。"国家文物局将其列为《第三批禁止出境展览文物目录》中的"国宝"级一级文物。由于梳身雕刻的精美图案颇似后世的八卦太极图,故而学术界认为:这是我国最早的太极阴阳八卦图。

最早发现和提出这一问题的是山东社会科学院逄振镐研究员。他在《论原始八卦的起源》(1991年《北方文物》第1版)中,结合大汶口文化

图七 大汶口文化遗址出土象牙雕梳

原始居民对太阳的崇拜考定:"S"形上端的三个圆圈是"太阳的象形";"S"下面密密的直条纹梳齿正好是海水的象形,这样就与"S"形内的"—1"(上),"1—"(下)统一了起来,上为太阳,下为海水,上为乾,下为坤;而在"S"形左右两边又各有三条竖刻的直线(丨),《说文》释为"丨,上下通也"。段玉裁注:"可上可下,故曰上下通也。"

临沂市博物研究员李玉亭认为:八卦符号源于先民观察天象,以摹画鸟兽足迹之文为鉴,摹画天地、星辰运行的轨迹,由此推演出天、地的卦形,并由考古发现象牙梳上的刻画得以证实;象牙梳上的三个圆孔,象征着日、月、星"三光","S"形是由乾卦组成的,象征天道运行的规律,两边的条孔是坤卦,象征地;上下相对的"T"形,是甲骨文、金文中的"上下"两字,有天地的意思;古人观察天体运行,这是太阳从地面、海上升起、降落,生生不息的象征。李玉亭与山东省文物考古研究所原所长张学海就此问题分别发表《八卦符号起源新说》和《再议八卦符号起源》(2009年《华夏考古》第4期)。

云南大学考古教授、著名易经学者黄懿陆在《大汶口文化遗址出土"天地之数"》中则对图案作了更细致的解析。他认为,在中国远古社会,要追溯中国早期文明的起

源，只有一条主线，就是被其后人历朝历代应用得炉火纯青的阴阳文化。从出土文物看与《易经》有关的阴阳文化，应以大汶口文化遗址出土的文物象牙梳为代表。

确认象牙梳图案为我国最早八卦并非此一例孤证。临沂市（交通工程公司退休干部）苏昭杰先生于2007年在江苏邳州收藏的一件属于大墩子大汶口文化早期遗址的刻符獐牙勾形器（见图八、图九），可佐证象牙梳图案确为我国最早八卦。此器与太阳石璧、骨雕鸟（双鸟拥太阳）均在村民的窗台上，被热心收藏的苏先生发现并收购。阳鸟刻画是图腾，这是6000年前东夷文化中的阴阳八卦天地图。

图八　有八卦符号和上、下文字符号的獐牙勾形器　　图九　獐牙勾形器局部图示

獐牙勾形器一面刻 ▶、一、− −、☳、☵ 五个符号；另一面刻 ☳、☷、⼲ 三个符号。这些符号与《系辞》中八卦卦形符号完全相同，"▶"似甲骨卜字。"− −""一"为阴阳爻符号。"☳"在《系辞》中称为少阳；"☵"在左下少一半阴爻符号，应是《系辞》中的坎卦符号。柄的另一面刻画为："☳、☷、⼲"。"☳"应该是震卦的卦形。"☷"为坤卦。"⼲"是合文。"⊥"是上字，"⊤"是下字。

张学海认为：刻有八卦符号獐牙勾形器的面世，证明八卦起源甚早，他们已经确定阴阳爻的基本符号，并由此构成若干卦形，所发现的八卦符号，当然和现存的《易经》不能同日而语，但可以说已是易经的滥觞期，这比通常认为的易学萌芽于商周之际要早两千年。事实证明易学源远流长，其源头在海岱地区的大汶口文化，在漫长的发展过程中逐渐积累完善最终形成儒家的重要经典《易经》。中国科学院研

究生院科技考古学家王昌遂教授和中国科学院自然科学史研究所博士后武家璧教授认为,骨器上的刻符前两个是卦象,后面的字是合文表示上下,全部合起来表示"天上地下(神祇,地神)"。獐牙钩形器柄上的刻符与《系辞》中八卦卦形符号完全相同,无疑是大汶口文化时期先民刻画的原始卦形,对传说中的"伏羲"画八卦是一个有力的佐证。

獐牙勾形器与象牙梳同出大汶口文化地域,两器物都有完全相同的八卦符号和表示"上""下"的符号。从獐牙勾形器已有坎卦、震卦、坤卦等足可推定,两地当时已有八卦的乾(☰)、坤(☷)、震(☳)、巽(☴)、坎(☵)、离(☲)、艮(☶)、兑(☱),并已应用于社会活动。八卦象征着自然和社会的万事万物,其基本象征意义分别是天、地、雷、风、水、火、山、泽。执卦者借由"八卦"彼此间的交互演变及其象征意义,来理解和阐发自然与社会的运行变化及其法则。

王大有和江林昌教授也分别在《上古中华文明》(2000年中国社会出版社)与《中国上古文明考论》(2005年上海教育出版社)中均认为"这是中国最早的阴阳八卦图"。

我的挚友——山东航运局史学家傅道津在他的新作《寻踪画卦伏羲》(2016年团结出版社)中旁征博引、翔实考证:大汶口遗址中的26号墓主人就是祖居于汶泗流域而始画八卦的百王之先伏羲,把象牙梳图案置于科学的视野下予以再识读,揭示了中华文明之源的伏羲易八卦丰富深厚而神秘的内涵。他对画卦伏羲气化宇宙观的论述,为我们打开了一扇全新大门:从伏羲名号中的"气"字,破译出图案中太极"S"和卦符的两个"气"字,悟到了中华和泰山文化的肇始源头,这在我国文化领域和哲学界具有极高的学术价值,是闻所未闻的重大发现。同时,他还对伏羲为什么能悉知宇宙密码和人体奥妙功能也做出了令人信服的释疑。

《说文解字》释伏羲的本意:"伏,司也。""羲,气也。"伏羲即为"司气者",就是专门管理"气"的。东汉王充《论衡·自然》:"天地合气,万物自生。"北宋张载《正蒙·太合》:"太虚不能无气,气不能不聚而为万物。"古文字学家于省吾以为:甲骨文和金文中的"三"即是气,俗作乞,为与数字"三"相区别,则此"三"为中间一短横。此"三"与阴阳八卦有关,即"三画卦"或"三爻符",其上爻代表天,中爻代表人,下爻代表大地,亦即天地人"三才"。其气源于象牙梳阴阳八卦中的三画,寓天气、人气、地气之运化,后来才有了卜辞"三"为气之义。

王大有释象牙梳图案:"S或为气字……中国人造字为乙、己、乞、气、氣、炁、氩、印、卯等来象其形。"他在《图说中华文明大典·宇宙全息自律》中说得更明白:"中华先人早在自然人时代,就对宇宙的创生大彻大悟。他们发现宇宙的本源是'气',宇宙全息生化的原动力是太极气自旋,在观察了气化宇宙和物化宇宙的形形色色的诸象、相、像之后，归结为'通天下一气耳'，气有阴阳，宇宙万象有阴阳，从而创立了道气太极文化。"他又说：气化宇宙元气有三态，气、炁、气（下加一个火）。"气是零宇宙（按大爆炸理论在0℃左右）的零态气，为常态气""炁为命气、体气，比0态气温度高，通常在0℃-50℃之间""气（下加一个火）是高质能致密度的炽热高温的气核，存在于粒子、中子、原子、分子、天体、星系的核心'皇极'，以'光'的形式显化"。还认为：无极气盘演化为太极气盘，"宇宙元气阴阳合和时，其气盘称为无极，无极又称'混沌'，无极气盘是大宇宙缩微，其元气有三态，自中心核向外依次为气（下加一个火）、炁、气"。

八、泰山文化与大汶口文化在海外

法国汉学家德·吉涅于1761年在《中国与墨西哥》中指出："《梁书·东夷传》中所说扶桑国就是墨西哥。"访美学者王大有在《昆仑文明播化》中详细论说："中美洲的玛雅文明，是东夷少昊羲和文明同化了或吸收了奥尔梅克文明的结果。《山海经》的《大荒东经》和《海外东经》里讲的海外大壑、咸池、汤谷扶桑的少昊羲和国，就是中美洲的羲华华（奇瓦瓦）地区：这里有第一汤谷，第二汤谷，第一甘渊，第二甘渊。大壑咸池又为墨池，为地下钟乳石水道，直通尤卡坦半岛，可在拉文塔登陆。扶桑为高大的中华桧柏和其他用以测日的日表木，树龄多在万千年。羲——即伏羲和羲和之意（笔者注：华，本义"莱"，即野生麦，"莱夷作牧"（出自《尚书·禹贡》：莱夷所献的贡品是畜牧业产品。《汉语大词典》："来，小麦。"莱牟，即今莱芜市的古称。莱族在野生麦的基础上：选育出了小麦，牟族选育出了大麦。何新：华族起源于以泰山、曲阜为中心的山东，居于华山是错误的，华是光华之意。古代又称"华胥氏"，是伏羲氏祖先。故伏羲和炎帝的典乐都称"扶莱"或"风来"）。

少昊羲和东渡美洲后，在这里定居，故命名"羲华华"。羲和常羲都是"莱夷"，发明了旋玑玉衡。太昊少昊都崇拜太阳。昊即杲，造日表木，在东方称扶木（扶桑），在西方称若木，在中原称建木。太昊伏羲首作八卦。所以美洲的太昊—少昊—羲和—常羲文化以太阳金乌八卦扶桑文化为主，金星白虎扶桑文化为辅，又次为玉兔月亮扶桑文化，再次为天梯建木扶桑文化，地母扶桑文化，汤谷扶桑文化等。几乎中美洲的天文历法都取八卦五行扶桑文化格局。"他又称："《易经》一在中国，一在墨西哥，三千多年前的易经是周文王根据伏羲先天易发展而来的，原始的八卦图、八卦历在中国久已失传，而在墨西哥古历——阿斯特克太阳历且保持了八卦历的原始形态。在六七千年前的八角垂芒形八卦太阳历以太极八卦为中心,概括宇宙模式和生命模式,揭示宇宙密码。保持距今七千年前至四千年前之间的伏羲先天八卦太阳历原始形态。"这皆源于大汶口文化遗址出土的象牙梳和獐牙勾形器上的先天八卦图。

九、伏羲天地人"三才"文化,也早已孕育了中美印第安人的玛雅文化

台湾中研院院士、美国科学院院士张光直在《中国文明起源·中国文明在世界文明史上的地位》(第9章第2节)中说:"玛雅是中美印第安人所创造的文明,其分布主要在墨西哥。玛雅文化大约在公元前后进入它的'古典式',开始有文字和很高明的历法,这种历法和中国的干支有很大的类似。

玛雅文明也是在史前时代的基础上出现的。出现时有文字、阶级社会和战争,有非常繁缛的仪式和伟大的建筑等等。从这些特征来看,玛雅文明无疑已经从野蛮社会进入了文明社会。但它与中国文明相似,从史前到文明的转变也没有牵涉到技术上的突破,他们在生产工具上仍使用史前时代的石器。继续比较下去还可以看到,整个中美洲的文明是一个连续体。玛雅文化以后就形成了在墨西哥的阿兹忒克(Aztec)文化,其首都是特诺其蒂特兰(Tenochititlan)。1979年,理查德·汤森(Richard Townsend)写了一本关于特诺其蒂特兰文明的宇宙观和国家形态的书,他写道:'墨西哥人把他们的城市与其自然环境之间的关系看成一个内容整合的宇宙性的结构——即一个有秩序的世界,在其中各种自然现象被当作在根本上是神圣的、活的,并且与人类的活动可以密切地结合起来。……印第安人则以一种参与的意识来掌握自然现象:宇宙被看成生命力量的关系的反映,而生命的每一方面都是一个彼此交叉的宇宙系统的一部分。'这种印第安人对自然的宇宙观,在他们的城市建筑和他们的文明各方面所表现的与自然的关系,与中国古代的自然观是可以相通的。

那么,我们怎么解释中国文明与中美洲文明的相似呢?这是一个有争论的老问题。虽然它们起源不同,但中国文明和中美洲文明实际上是同一祖先的后代在不同时代、不同地点的产物。我们把这一个文化背景叫作"玛雅——中国文化连续体"。所以这样称呼是因为目前我们对中国文明和玛雅文明了解得比较清楚,而实际上这个连续体的地理范围是整个旧大陆和新大陆,其时间也远远超过中国文明或玛雅文

明起源的时间,至少可以早到旧石器晚期。"

十、在大汶口文化后期的黄帝时代把极度发达的东夷文化逐渐扩展到国内外,也早已到达了美洲,影响极为深远

王大有在其《印第安文化源于中华文化》中记述道:"我们发现并破译了保留在今美国纽约州易洛魁人手中的轩辕黄帝族族徽和其他相关遗存。从而证明,在五六千年前中国上古时确有黄帝、蚩尤、夸父族团,而且他们都是后来移民美洲。夸父族还在四五千年前在南美洲和华鲁河谷及德丘科山建立了查文因文化,成为后来纳斯卡、印加和摩旦文化的渊源。"

1991 年在全世界纪念哥伦布发现美洲新大陆 500 周年之际,美国《国家地理》杂志纪念专号,刊登了一幅在美国纽约易洛魁人手中保存 500 年前的珍贵彩色鹿皮画——《天鼋黄帝族酋长礼天祈年图》和《蚩尤神凤后归虚值班扶桑图》,向全世界宣布:中国东方的天鼋黄帝(齐人奉为八神之一的天主)族早在 5000 年前就来到了美洲。山东航运局史学家傅道津为此出版了专著《天鼋皇帝下美洲》(2012 年 6 月团结出版社)(图十)。关于"黄帝"之名,不见于殷商卜辞,也不见于西周铭文,最早见于东周时的"陈侯因齐敦"铭文"高祖黄帝"。说明周人运用"血缘政治"而主张"万世一系源于黄帝",势必将原来的部分与其不利的资料予以"视而不见",造成后世疑案。

此书有二大突破。

一是破解了困惑中国历史几千年的重大课题,给予当年孔子也难以自圆其说的"黄帝是人还是非人,为什么活了三百年?"的问题圆满的解答。黄帝是人不是神,但并非是一人之名,而是如藏佛"达赖""班禅"之名,为首领沿用的职位称号。因远古时

图十 《天鼋黄帝下美洲》

代"氏者,所以别子孙之所出"(见《集解》),故黄帝有不同姓氏的称谓:天鼋、轩辕、有熊、缙云、帝鸿、地皇、归藏等。说明分别出自7个母族的7位黄帝,而出生并建都于曲阜的天鼋黄帝系"黄帝王朝"早期的一位君主,也是后来齐人奉为八神之首的天主。天鼋即大龟、大鼋、大鳖、大鳌,是中国古代四灵之一,为东方龟族族徽,在商周铭文中多见其徽识。《国语·周语》也言"我姬氏出自天鼋"。

二是揭开了美洲印第安人为什么自称是"天鼋黄帝后裔"的神秘面纱。1991年在美国纽约州易洛魁人手中保存500年前的珍贵彩色鹿皮画公布于世,中国学者认定大酋长就是"天鼋黄帝",向全世界宣布:中国东方的天鼋黄帝族人早在5000年前就来到了美洲。总之,此书与众多史学家和考古学家的观点不谋而合,是与疑古派反其道而行之的新兴学派,这将为"中华文明探源工程"做出贡献,也是中华文化影响世界的里程碑。

十一、大汶口遗址中的地平龟说明了什么?是真的形成了环太平洋文化圈吗?

1959年在泰山前的大汶口遗址中发掘的133座墓葬中,有11座出土了一种叫"文化地平龟新种"的龟甲20块,包括4种:背甲骨、腹甲内、腹甲腹及甲壳左侧(约原大)(图十一)。而5000年前的中国没有这种龟,所有这种龟的化石只限于中美洲。另外,大汶口人的拔牙习俗、口含砂石和枕骨人工变形在太平洋诸岛广为流传,说明大汶口文化时期的黄帝、蚩尤、风后等族人借助海流和风向,以高超的航海技术,携带着各种先进的生产技术和信息而来回漂洋过海,早已习以为常。有的学者对此说持怀疑或否定态度,也就是对咱们老祖宗的能力和胆识极不相信,对大汶口文化和龙山文化的先进性或充耳不闻,或毫无所知。这难道不是史学界的悲哀吗?

《国语·晋语》:"昔少典氏娶于有蟜氏,生黄帝、炎帝。"王献唐依《伏羲庙残碑》考证:"少典奉祀伏羲,知为伏羲族裔。"史学家吕思勉《三皇五帝考》及《古史辨》:"炎帝遗说实始东方,后乃随姜姓之西迁。"(因与书中正文重复,故从略)笔者则在《三皇五帝及三代之祖探源》中认为:"以炎黄为中心的远古帝王,上至伏羲女娲,下至三代之祖皆源于大汶口文化和山东龙山文化的发源地——汶泗流域。至春秋战国时,这里还有几十个三皇五帝及其后裔在此建立的国家。从系统学、考古学、古文字学、五行学及封禅遗址遗迹都证明了这些观点。"

大汶口文化遗址就是伏羲族裔和炎黄时期留下的遗存,反映了太昊后期和少昊

图十一　大汶口遗址出土的"文化地平龟"

时代大汶口遗址是整个东方的政治、经济、文化中心,也是考古学家至今尚未找到而应该存在的中国最早的都城遗址。

十二、周武王伐纣灭商后,殷人东渡到达中美洲,使殷商文化一直传承至今

美洲的第一个文明是在墨西哥和中美地区兴起的,有着亚洲特征的奥尔梅克文化。其地发现印第安人保存的四块玉圭上有殷商文字:俎……祀农妣辛……蚩尤……王亥。另外还有4个甲骨文符号,北京商代学术研究专家陈汉平先生已译出符号大意:"统治者和首领们建立了王国的基础。"这显然是周武王伐纣灭商后东征时,有25万殷人东渡大海的移民。所以近代墨西哥还有人自称是殷人后代:1919年,清政府因墨西哥革命中诸多华侨被杀而去索赔时,墨西哥奇华华州就自称是殷人之后,请求清廷官员保护他们,并宣称:"我们是殷人后裔,是三千年前由天国经天之

浮桥岛到达这里的。"

张小华在《中国历史上的太平洋人种》云："在太平洋的夏威夷群岛和关岛上发现大汶口人遗骨的情况，与山东大汶口人遗骨对照，不仅拔牙和枕骨变形相同，而且身高也相同，都是1.72米。"李锦山《东夷原始宗教概论》："这种习俗见之于我国东部沿海和南部地区的史前墓葬以及少数民族晚期墓葬，方志中亦不乏记载，是海洋性民族风格之一。各地凿齿的齿数、位置差异较大，但从渊源上考察，都不及山东地区早。"这说明大汶口人的拔牙习俗和枕骨人工变形早已在太平洋诸岛广泛传播，大汶口人漂洋过海也早已习以为常。进一步证明黄帝、蚩尤、风后都是大汶口人，他们从山东半岛出航，借用海流和风向，以高超的航海技术，携带着各种大汶口文化的先进信息沿朝鲜半岛绕入日本海，进入太平洋，然后借助北太平洋海流而直飘美洲。

此外，当今不断有媒体披露：在南美洲印第安人中发现了中国的先天八卦图及中国东夷人的凿齿和人工头骨变形等习俗和与之有关的遗迹等。中科院考古所研究员韩昌信，自1989年至1991年先后在青海、新疆发现距今4000多年前的头盖骨后脑勺上有非常规整的圆洞或方洞。1992年在山东临淄博物馆中也发现一个大汶口文化傅家遗址中出土的带圆孔的头盖骨，距今5200多年。最为巧合的是：这种头盖骨圆洞在南美也有出土，距今也是4000多年前。韩教授与山大齐鲁医院专家以此为据，运用高科技手段，断言："这是最早的开颅手术所致。"2011年5月初《央视10台·探索与发现》又爆出一大新闻：中国岩画学者宋耀良与贺兰山岩画管理处贺吉德经多年考察，起源于五千年前大汶口文化时期的人面岩画向东北、西北流传，从贺兰山到阴山游牧区，直至东北亚、贝加尔湖、白令海峡、阿留申群岛、美洲西海岸阿拉斯加、西雅图，形成环太平洋岩画圈。这与苏秉琦先生所言"泰山大文化是个环太平洋的文化圈"则不谋而合。这些岩画似是从贺兰山和黑龙江下游入海口岩画群移植过去的，一模一样，经宋教授于2010年去美洲亲自考察后认为中西岩画文化同源同类，而且与玛雅文化、印第安人的人面画也有一定的联系。这与纽约易洛魁人手中的鹿皮画如出一辙，值得深思、深究、深考。

大汶口文化陶文缀义

孙敬明　黄可

（潍坊市博物馆）

自20世纪60年代，莒县陵阳河及其附近出土大汶口文化陶尊上刻划20余个文字，其中，最为典型的则是"旦"字（图一）。对此古文字学界多家释说，如先恩师于思泊省吾先生明确指出：此字上部为"日"，中部为"云气"，下部为"五峰山"，"云气承托着初出山的太阳，其为早晨旦明的景象，宛然若绘。因此我认为，这是原始的旦字，也是一个会意字。"[1]俟后又在诸城前寨遗址发现同一时期、同一种文化类型、同一种器物、同一部位所刻画的相同文字（图二）。唐兰先生则认为此字上部是"日"，下部为"火"，而释作"炅"。[2]后来又在安徽蒙城尉迟寺考古出土相同的数个文字刻画，其中亦有"旦"字；（图三、图四）2018年在泰山脚下宁阳于庄东南遗址出土一件带有"旦"字刻画的大口尊。（图五）凡此四处地点出土大汶口文化陶文，并且都有"旦"字，可见"旦"字最具普遍与典型意义。所以，本文则以"旦"字为代表，由此而阐发大汶口陶文之意义。

图一　莒县陵阳河出土带刻划"旦"字大口尊

---

[1] 于省吾：《关于古文字研究的若干问题》，《文物》1973年第2期。
[2] 唐兰：《从大汶口文化的陶器文字看我国最早文化的年代》，《光明日报》1977年7月14日。

·大汶口文化陶文缀义·

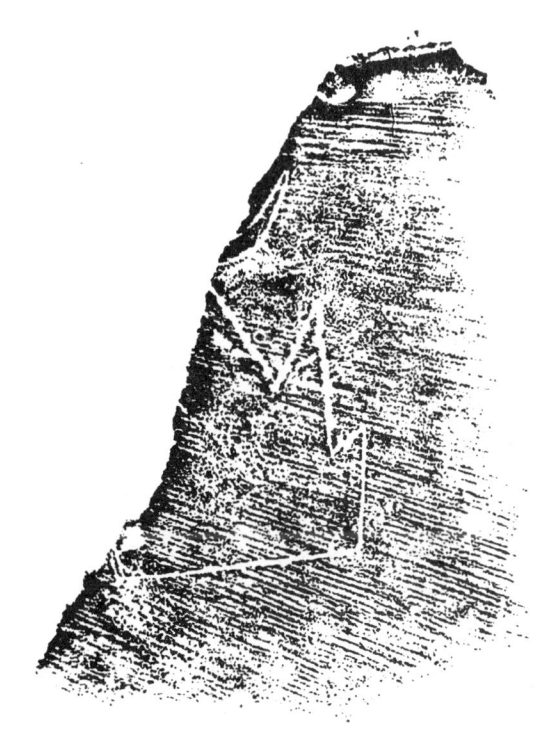

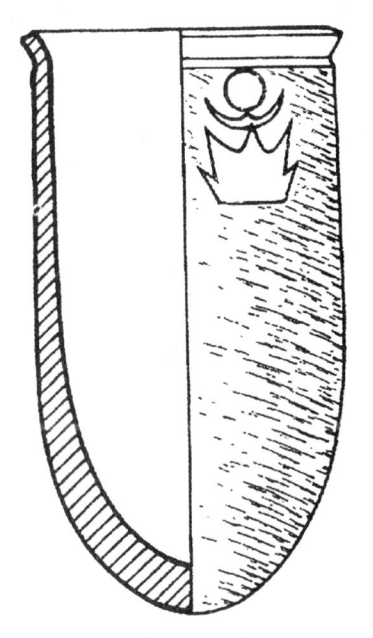

图二　诸城前寨出土陶文　　　图三　安徽蒙城尉迟寺出土陶文

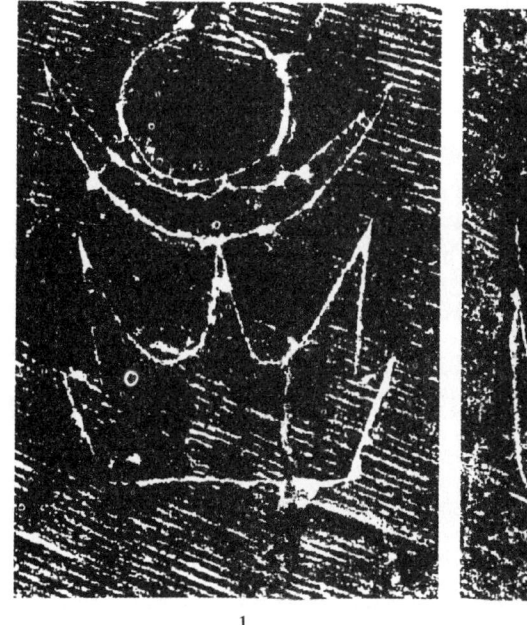

1　　　　　2

图四　安徽蒙城尉迟寺出土陶文

图五　宁阳于庄东南出土带刻划"旦"字大口尊

由莒县陵阳河到诸城前寨约60公里,到宁阳230余公里,到蒙城410多公里,在如此大范围内出土相同陶尊之刻画"旦"字,这在距今四五千年之历史时期,其意义非同寻常。而对相关资料之探索,自陶文发现之始,先后即有苏兆庆、于思泊、林沄、何琳仪、唐兰、彭邦炯、高明、邵望平、李学勤、王吉怀与孙敬明等学者进行考释探究其性质寓意,或现场考察相关时令、气象与宗教崇拜诸种。随资料渐多与分布范围扩大,于其所包孕之文化文字与文明内涵,以及在中华文明起源探究中的重要意义等,都有重新审视思考之必要。

一、考古类型学

关于"考古类型学"的理论与实践,诚如近期考古学者所指出:"考古类型学是借鉴生物学对生物进行分类的方法而进行的考古类型分期。中国的考古类型学是在古斯塔夫·奥斯卡·蒙特留斯(Gustaf Oscar Montelius)考古类型学的影响下,经苏秉琦等学者的不断研究完善,从而被愈来愈多的学者接受。其为我国考古遗迹、遗物的分期研究,考古学文化的时空框架的建立贡献巨大。1903年,瑞典考古学家蒙特留斯《东方和欧洲古代文化诸时期》一书,系统地阐述了类型学理论。1935年,中国学者郑师许、胡肇春以及滕因分别翻译了此书,考古类型学理论开始传于中国。"[1]

西方考古学类型学理论传入中国,经过近百年的考古学实践,已经渐趋完善。但是,这种归类比较分析研究所指向,大都是时空框架内的众多遗迹、遗物,通过立足时代区域和相关典型遗迹、遗物进行科学的分期断代归类分型和探索纵向演化寻求内在发展规律,以及横向跨区域间的非同一种文化类型的比较研究,从而发现区域间文化的交流影响的频率与密度。通常考古类型学比较研究的对象往往以可移动的器物

---

[1] 赵丛苍等:《关于"考古类型学"的新思考》,《西北大学学报》(哲学社会科学版)2020年第3期。

为多见，诸如石器、陶器、铜器、铁器、瓷器以及碑版、造像等等。大汶口文化陶文的载体均为常见的大口尊。

1959年，泰安宁阳大汶口文化遗址出土了一种带有早期刻划符号的大口尊，器形硕大，厚壁尖底，外壁布满粗或细的篮纹。该类器物主要在大中型墓葬中出土，文字均刻划在口沿下的腹外壁上，有的文字刻划还涂有朱红色。1957、1963至1979年，在距泰安数百公里的莒县陵阳河与大朱家村大汶口文化遗址中，因群众取土及科学考古发掘，又陆续成批发现此种刻划有同类型文字的陶尊20余个，除去重复，单字亦有10余个。

在莒县陵阳河以北约60公里的潍坊诸城前寨遗址，也发现了相同的陶尊。前寨村位于诸城西南枳沟公社西北、潍河北岸，遗址大部位于村西古河道附近，有一部分为现代居住区所占压。根据出土文物考证，该遗址年代大致为大汶口、龙山文化至商周时期。1973年3月，村民在挖地窖时，出土一件大汶口文化的大口尊残片，高50、宽29、厚5.5厘米。文字刻画在大口尊残片外壁上，下部呈五峰山形，中部保留云气刻画的右半，上部残缺。经比较莒县出土的陶文，其与学界所释读为"旦"的文字形体一致，不但所在的器物、部位、刻画形式相同，并且文字的大小和字口涂朱亦相一致。[1] 此遗址出土的陶文，引起了北京大学考古专家的重视，1980年秋联合昌潍地区文物组、诸城县博物馆共同对该遗址进行考古发掘，获取了大量文物资料，其中也有不少大口尊，但是上面并没有陶文。

2018年济南市考古研究所对泰山之阳宁阳于庄东南遗址进行了考古发掘。此次发掘基本确定于庄东南遗址为大汶口文化晚期延续至明清时期的聚落遗址，文化堆积丰富，其中大汶口文化晚期和龙山文化早期遗存较多，是本次发掘的重要收获。尤其是出土的一件刻有"旦"符号的完整大口尊是近年来大汶口文化的首次发现，同时也是鲁中南地区大汶口文化核心区域首次发现的带有刻划符号的大口尊，对研究该区域的文明发展、大汶口文化时期的文化传播以及中国早期文字起源具有重要意义。[2] 中国社会科学院考古研究所安徽工作队和安徽蒙城县文化局分两阶段：1989年至1995年、2001年至2003年，多次对安徽蒙城尉迟寺遗址进行发掘，在祭祀坑、墓葬、探方出土了大汶口文化陶文，第一阶段出土5件，第2阶段出土4件。"图案的组合为两种，一种上部是个圆圈，下部类

---

[1] 任日新：《山东诸城县前寨遗址调查》，《文物》1974年第1期。
[2] 房振、郭俊峰、颜奕：《山东宁阳于庄东南遗址发现刻符大口尊》，《中国文物报》2020年3月6日第8版。

似笔架或弯月;另一种是上部为圆圈,中部似笔架或弯月,下部是一个上边呈多齿状的'山'字。"[1]《蒙城尉迟寺》发掘报告《结语》称:"本次发掘又发现了4件大口瓮上刻划有符号,关于该类符号的性质至今仍有不同认识:有些学者认为是族徽,有的认为是摹画,有的认为是图腾标志,而大多数学者认为是较早的文字。尉迟寺遗址出土的大口瓮上多次发现了这种符号,我们应该从另一个角度去考虑:如果作为族徽,应有它特定的内容,它是为同一信仰或具有同一崇拜对象的人群所共有;如果作为摹画,应该与自然环境相联系。尉迟寺出土的刻划符号不宜简单地理解为族徽,当地的自然景观也不会出现这种摹画。至于是否是文字似乎还需要更多的资料来支持,现在所发现的毕竟还仅仅是几个单个符号的重复,因此我们仍将其作为符号来认识。尉迟寺大汶口文化遗存作为大汶口文化晚期分布在皖北的一个地方类型,它与山东汶泗流域大汶口文化区别较大,其中突出表现在埋葬制度上,例如尉迟寺儿童流行瓮棺葬,这与山东地区的完全不同。埋葬习俗体现了埋葬制度的一个侧面,也是文化方面的一个要素,它反映了人们的意识形态、宗教信仰和风俗习惯,这种因素在文化传统中是相对稳定的,它不会轻易被外来因素所影响,不同的埋葬习俗似乎不可能有同一信仰。这些刻划符号往往出现在同一器型的同一部位,这种器物又多与墓葬、祭祀有关,因此,我们就不得不考虑它可能与宗教有一定的关系。"[2]这些陶文之中的"旦"字,与莒县出土者几乎别无二致。文字是记录语言的符号,具备社会的普遍性,并在特定的时代、区域流通。山东泰安、莒县、诸城与安徽蒙城的大汶口文化遗址之间虽相距甚远,却共同使用相对统一的文字,这一发现,显得极为重要,许多知名的学者纷纷撰文阐明学术观点。尽管对这些文字的释读意见尚不统一,但是在确定这是中国最早期的文字,其与甲骨文之间有一脉相承的关系,以及其对中华文明起源研究有着巨大意义等方面,大家的意见还是较为一致的。

由上所揭列,可见在以泰山为中心的南北狭长近500公里之范围内的大汶口文化典型器物大口尊及其之上所刻画的"旦"字,不但具有考古类型学比较研究意义,而且还具有刻划文字书体比较研究的双重意义。这无疑是考古类型学比较应用的最具双重意义的典型。

---

[1] 中国社会科学院考古研究所、安徽省蒙城县文化局编著:《蒙城尉迟寺》(第二部),科学出版社,2007年,第105-106页。

[2] 中国社会科学院考古研究所、安徽省蒙城县文化局编著:《蒙城尉迟寺》(第二部),科学出版社,2007年,第422页。

二、文 明 探 源

中国学界前数年所进行的文明探源工程,取得重大成果。通常关于人类文明起源,大都认可文字、城堡与青铜为其三大特征。但是随着中国考古学的进展,众多极为重要的考古现象或资料被揭示,有的学者依据众多精美绝伦的玉器、气势磅礴的巨型宗教祭祀遗存,或将他们作为中国区域文明起源的重要标志。无论如何,大家对于文字是人类文明起源的重要标志的观点还是一致认同的。

再来观察这些刻划陶文出土区域的相关遗存。莒县陵阳河、杭头、朱家村遗址的东面不远处为地方名胜景点"屋楼崮",此处群山漫延相属,南北有五座山峰,宛如陶文刻划"旦"字山峰形象。据莒县博物馆苏兆庆先生长时期现场考察,每到春分、秋分季节,山区空气饱含水分,站在遗址向东远望,但见早晨太阳冉冉升起,云蒸霞蔚承托太阳,而五峰山之轮廓清晰明显,此时此景正是陶文所描摹的景象。我们在有关文章中曾经提出文字起源于宗教之假说,[1]而这种描摹大自然山峰、云气与太阳三者互动的景象应是当时人们对他们宗教崇拜的客观摹写。而其他三处遗址:诸城前寨、宁阳庄东南、安徽蒙城尉迟寺,附近均无陶文所描写的山峰景象。对此我们窃想这些陶文刻划其所创生的地点,应该在山东莒县的陵阳河一带,而随着文化的传播或人群部族的迁徙,这些相同的刻划文字则出现在相同的器物、相同的部位;而他们应该是早期人类文明交流传播的鲜活例证。考古发现大汶口文化以海岱区域为核心,密集分布在潍、淄、沂、沭、汶、泗、淮、过、汝水流域。

潍水起源于莒县北境,[2]淄水起源于泰沂山脉北侧,北流入渤海;而沂、沭、汶、泗诸水均起源于泰沂山脉南侧,南流汇淮河而入东海。潍水淄水之源头与沂、沭、汶、泗相毗邻;而沂沭汶泗南流与江淮水系相贯通,如此水网相连,是古代文化得以便捷交流的孔道。亦是大汶口文化得以迅速在此广大区域内分布繁盛的最得天独厚的地理优势。

同时又向南、西和北方传播,在江淮中下游以及黄河的中游如伊洛与汾河流域都

---

[1] 孙敬明:《东方与文明——关于古汉字起源于宗教之假说》,《东方考古》(第1集),科学出版社,2004年。

[2] 潍水与淮水有渊源关系。殷商甲骨文有"隹夷",两周金文有"淮夷""南淮夷";汉代潍水有时称"淮水"。新中国成立初安丘一部分设"淮安县",后改"潍安县"。今五莲有"西淮河""北淮河"村名,老年人仍称潍河为淮河。由此可见潍水与淮河流域文化关系。

发现有大汶口的遗存,而向北的辽东辽西地区亦有发现,在蓬莱港口海域打捞出的大汶口文化陶器,则是通过海洋而进行文化交流的明证。还有在山东、辽东发现的大汶口与良渚文化的典型物证,足以表明当时天下人类文化交流所达到的密度与广度,充分证明文化播迁与影响的生命力。[1] 而在如此广袤的区域范围内发现相似性或说几乎一致的文字图形,既表明当时文化的传播与影响的力度,同时也说明文化文字宗教的传播与相对统一的社会性质,所以说凡此现象应该是人类文明早期社会的突出或典型文化特征。

试想,我们今天同样临摹王羲之的《十七帖》,或者临摹甲骨、金文,往往由于各自的学识、经历、情感的差异而形成各自的面貌,甚至相同的一个字而落在纸面上的形体则往往是各异其趣。甚至还可考察春秋战国时期的文字,如东土齐、燕、三晋、楚与西域之秦,不但东西差异极大,而且东土列国之间的差异亦是十分明显的。这也是一种自然而然的人文社会现象。那么早在五千年前,在千里区域之内,不但"旦"字所在器物、所在的位置相同,而且刻画的书体、大小相同,甚至文字刻划涂朱的现象亦皆相同。凡此现象跟秦王朝的文字统一,或者跟今天的文字规范统一现象作比较则毫不逊色。这种字体以及其他方方面面所达到惊人相似的程度,这又说明了什么?凡此现象之后必定有着极为深厚的历史文化背景!

由此似乎说明:当其时,在这千里广袤之区域内有着相对的文化统一或者是宗教的统一,这也应是人类文明的重要特征之一。

三、泰山崇拜

二十世纪末,程继林先生撰文研究泰山崇拜起源,曾论及陶文"旦"字,其认为:"这种文字可能就是表示对日和山的崇拜在山上点火来祭祀的表意形式。"并将这种文字现象与《周礼》所载的古代"燔燎"之祭祀形式相联系。[2] 我们在有关文章中或尝试将"旦"字解释作"阳",而且汉代莒地旧有五阳:安阳、城阳、开阳、南武阳、阳都;更早莒地为少昊之虚,少昊部族也是崇拜太阳的,这里的五阳应与崇拜太阳有关,应是从大汶口文化时期的太阳崇拜逐渐发展延续的结果。[3] 2020 年山东省水下考古

---

[1] 参见许永杰:《距今五千年前后文化迁徙现象初探》,《考古学报》2010 年第 2 期。
[2] 程继林:《试论泰山崇拜的起源》,《中国先秦史研究动态》1992 年第 2 期(总第 22 期)。
[3] 孙敬明:《阳都三题》,《临沂文物》2005 年第 2 期。

中心举办的全国"考古学视野下古代泰山文明学术研讨会",有的学者再次论及莒县陵阳河以及宁阳于庄东南遗址的陶文,由此而联系到关于泰山崇拜的起源。我们认为莒县陵阳河一带应是这种对太阳、山川予以崇拜,并且对这种崇拜寓意景象最早摹刻于大口尊之上的,于是这种形制硕大、卓然不群的大口尊就成为人们崇拜和祭祀太阳、山川形象刻划的载体,同时也成为区域文明的重要标志。随着人文的播迁和文化的交流与影响,而使得这种宗教崇拜意识愈渐浓重凸显,尽管有的地域在相对的范围内并没有山峦群峰,但是宗教传承的意识形态却早已牢牢的扎根于人们的心灵之中了。

由于原居部族的迁徙,和巍巍泰山的雄浑气势,于泰山之巅恭敬日出则是震撼人们魂魄心灵终生难忘的神圣冲击,所以由当初的五峰山屋楼崮而逐渐演变发展成为普天之下崇拜泰山、帝王封禅泰山、泰山成为五岳独尊、天下第一山了。

而这种崇拜泰山的宗教,之所以遍通天下,最初应该与大汶口文化高度发达的人类文明程度,创造出寓意宗教的文字,而且随着这些文明部族的迁徙和文化交流的影响,而首先在海岱区域再逐渐推及以远天下四方,同时又随同历史的发展积淀而影响深远传承万世。

四、文 字 起 源

关于古文字的起源,1984 年中国古文字研究会第五届年会在西安召开,当时中国古文字研究会秘书长、著名古文字学家中华书局赵诚先生曾云:"如果说'爱情'是文学创作的永恒主题,那么'文字起源'则是古文字研究的永恒主题。"由此可见文字起源研究探索的意义与长期性。我们认为探索中国古文字的起源必须要和考古资料密切结合,不仅需要考古类型学同时还需要考古地层学,不仅需要文字资料同时还需要文字的载体器物,无论陶、石、竹、木与皮革,都同样的重要。

从宏观考察,似乎大汶口文化中晚期的陶器上的,以及保存于美国弗利尔艺术馆(The Freer Gallery of Art)良渚或者是大汶口文化玉器上的刻划文字图符,其与商代甲骨金文书体的结构形象最具可比性。而其他文化类型陶器、玉石器上的刻划则是过于单一,往往是简单的线条刻划,不具备象形会意的体式,可视作纪事、计数的简单符号。类似莒县陵阳河陶文体系之外的,如仰韶、马家浜、良渚、石家河、红山等类型文化莫不如此。

山东莒县陵阳河、杭头、大朱家村、日照尧王城、诸城前寨、宁阳于庄东南、安徽蒙城尉迟寺等大汶口文化遗址出土陶文 30 余个，尽管学界考释论证意见有差异，如考释作"旦""炅""炅山""岛""南""封""阳""斤""戌""戉""彤""凡"等等。但是，大家基本都认为这些大汶口文化的刻划是文字。如唐兰先生举例称："有的是代表一种语义的意符文字，如'炅'（热）一共有三个，两个是繁体，上面是日，中间是火，下面是山，像在太阳光照下，山上起了火；一个是简体，只有日下火。"李学勤先生则将于省吾先生考释为"旦"、唐兰先生考释为"炅"字繁体的释读为两字"炅山"。[1] 这就提示我们，这些刻划的文字不仅有独体象形、复体会意，还有繁体与简体之别，而其本身亦应有较长的发展历史。

既然文字是人类文明的重要标志，其他还有城堡、青铜，甚至精美玉器与大规模宗教祭祀建筑等。这些重要标志不仅仅是陶文，大汶口文化时期的古城堡约有十几座，其中又以陵阳河周近的五莲丹土、日照尧王城、两城、莒县薄板台面积为大。胶县（今胶州）三里河遗址发现铜锥，陵阳河、两城、丹土出土的玉器极为精美，有的形体巨大，国内少见；还出土重要礼器玉牙璋、玉琮、玉钺、玉璧等等。所以，有这些综合文化文明因素，即可证明大汶口文化陶文是中国古文字的重要源头，是中国目前所见到的历史最早的古汉字。

五、研究思考

大汶口文化陶文发现已经半个多世纪，最初因资料和出土地点较少，俟之资料渐多，曾经引起学界一度热烈讨论，发表了数十篇文章。此后则渐渐淡化。窃想时至今日资料逐渐丰富，应该结合中华文明探源加强研究。同时考古工作更要跟进，对文物出土情景、器物组合、地理环境等应予以极为细致的考察报道。

这些陶文均刻画于大口尊器壁外上部，应该探索这种器物的用途，及其在器物群组合中的作用地位。同时应该利用现代化科技考古手段，对各地出土的同种器物进行科学检测，检测其土壤结构成分，以及这种土壤存在的区域。

研究大汶口文化陶文与东夷文明的关系。东夷是一个极为古老的东方部族，随

---

[1] 参见于省吾：《关于古文字研究的若干问题》，《文物》1973 年第 2 期；唐兰：《从大汶口文化的陶器文字看我国最早文化的年代》，《光明日报》1977 年 7 月 14 日；裘锡圭：《汉字形成问题的初步探索》，《中国语文》1978 年第 3 期；邵望平：《远古文明的火花——陶尊上的文字》，《文物》1978 年第 9 期；高明：《论陶符兼谈汉字的起源》，《北京大学学报》1984 年第 6 期；李学勤：《论新出大汶口文化陶器符号》，《文物》1987 年第 12 期。

着历史的发展而逐步建立联盟和国家。学界最早有"夷夏东西"说和"夷夏之防"的界划。当然这只是建立在传统文献和历史概念的基础之上,到底如何?则需要考古学的工作证明和诠释。尤其东夷文化与早期夏文化之间的关系,都需要考古的工作。大汶口文化陶文的源与流,其与夏文化以及商代甲骨文金文之间的关系都需要深入研讨。

海岱区域应该有大量的海洋文化的基质,这需要我们从历史文献和考古学方面予以重视。战国秦汉时期所谓"燕齐之间海上多神仙",不但有碣石仙境、蓬壶三岛与芝罘、琅琊神游之地,还有考古所见辽西红山文化的大型祭坛女神庙等,这些神话传说、考古遗迹对于研究大汶口文化陶文以及宗教起源,以及太阳与山海的崇拜等等,都具有十分重要的意义。

岁次辛丑四月初吉于潍水之湄白浪河干潍坊市博物馆

早期祭山遗存与泰山祭祀的初步探索
——从宁阳于庄出土的大汶口文化陶文谈起

王 青

(山东大学考古系)

泰山地处鲁中南地区北端,泰山祭祀是我国古代政治文化的重要组成部分,也是泰山古代文明的重要象征。根据有关文献记载,秦汉唐宋王朝的帝王曾多次举行了大规模的泰山封禅活动。作为一项国家祭祀制度,其酝酿和形成当有一个长期的过程,其中泰山周围及其所在鲁中南地区的早期祭祀可能是重要源头之一,对此先秦文献曾有所记载,但最早只能追溯到春秋早期。近年来,在鲁中南地区陆续发现了一些与史前祭山相关的考古遗存,其中尤以宁阳于庄出土的大汶口文化陶文最具意义,为研究先秦时期的泰山祭祀等古史问题提供了重要考古资料。以下结合宁阳于庄陶文等几批考古资料,对泰山周围及鲁中南地区先秦时期的祭山遗存做一梳理分析,并对其与周汉时期泰山封禅祭祀活动的关系进行初步探索。

一、于庄陶文的发现与意义

鲁中南地区是大汶口文化的重心地带,也是山东史前考古的重心地带,半个多世纪以来在这一地区做过多次大规模发掘工作,但一直没有发现大汶口文化陶文,这给相关研究带来了很大困惑。直到2018年,在宁阳于庄东南遗址出土了大汶口文化陶文。根据现有报道资料可知,[1]该遗址位于宁阳以北伏山镇于庄东南,面积2.5万平

---

[1] 张伟:《来自5000年前的"国宝重器"现身济南》,齐鲁网 http://yx.iqilu.com/2019/0409/4240849.shtml;许倩:《泰安于庄遗址出土带刻画符号大口尊》,《山东商报》2019年4月9日;房振等:《山东宁阳于庄东南遗址发现刻符大口尊》,《中国文物报》2020年3月6日。

米,东距泰安大汶口遗址28公里,北距泰山顶50公里(图一)。为了配合宁梁高速公路建设,济南市考古研究所于2018年8月对该遗址进行了发掘。此次发掘共清理灰坑141个、灰沟12条、水井2眼、墓葬4座及柱洞26个,出土大量陶片及少量瓷片、兽骨、石器等遗物,年代主要包括大汶口文化晚期、龙山文化早期、战汉及北宋、明清时期。大汶口文化晚期和龙山文化早期遗存较多,是本次发掘的重要收获。

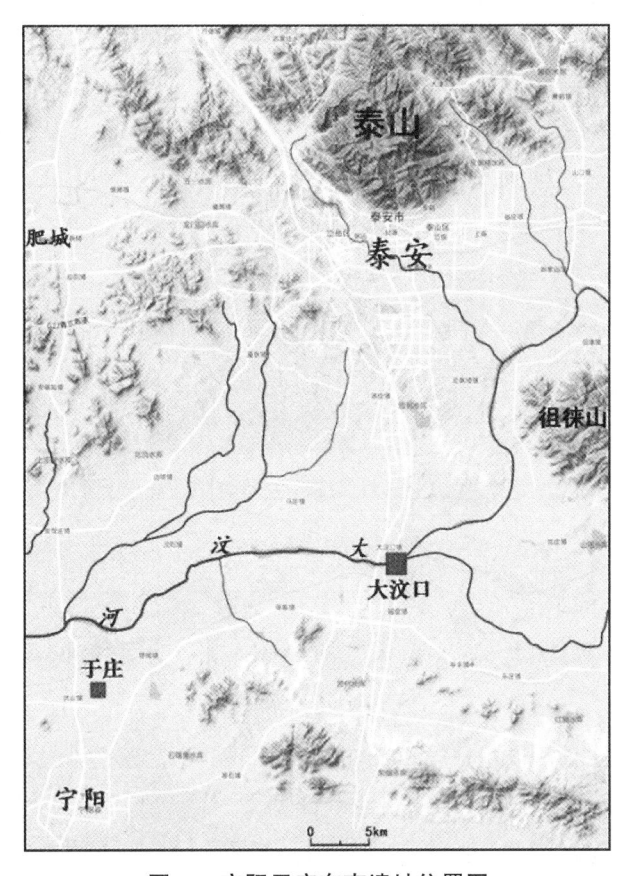

图一 宁阳于庄东南遗址位置图

其中的大汶口文化晚期遗存,可以灰坑H129、H137为代表,出土陶片的可辨器形主要有夹砂灰陶尊、夹砂红褐陶或黑陶扁凿形足鼎、夹砂灰陶或红褐陶罐等,发掘者从陶器形制分析认为其属于大汶口文化晚期。值得注意的是,在H129出土了一件夹砂灰陶大口尊,此坑为规整的圆形坑,直壁平底,大口尊斜置于坑底一侧,大口尊口径32、高62厘米,在外壁偏上刻有醒目的陶文,可简称为"日火山"组合(图二)。从此坑的规整程度看,很可能是祭祀坑,大口尊则为献祭后的遗留。这件大口尊形体硕大厚重,保存基本完整,唯口部略残,形制为圆唇折沿,深直腹,下部收成尖底,外壁通体饰斜篮纹。其形制特征比较鲜明,与莒县陵阳河等地出土的大口尊形制基本相同,

"日火山"陶文的刻写组合方式也基本相同(图二,右)。[1] 根据有学者的分期和断代,大口尊的形制特征应属于大汶口文化晚期偏晚,即公元前 2700 年左右。[2]

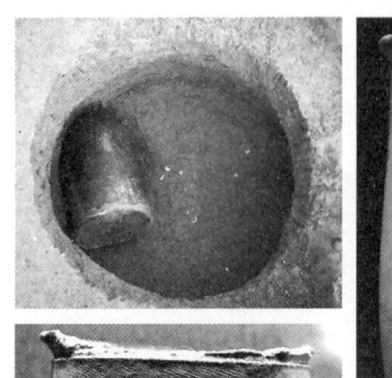

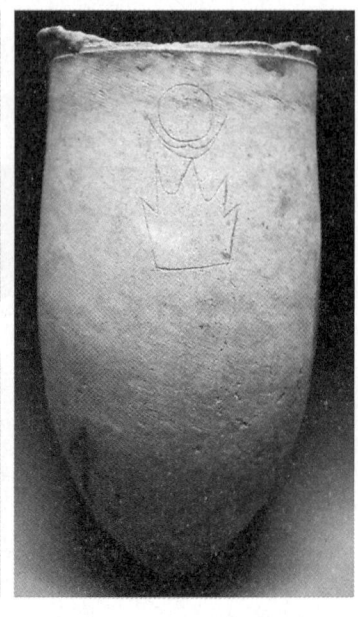

图二 于庄东南遗址大口尊(右为陵阳河出土大口尊)

早在 20 世纪六七十年代,当莒县陵阳河等地首次发现大汶口文化陶文之初,诸位学者在识读的过程中已指出,这些陶文与古文献记载的史前东夷人的重要代表太昊氏和少昊氏应有密切关系。[3] 这就使考古学研究太昊氏和少昊氏成为可能,所以,每次发现大汶口文化陶文时,都会受到学界的强烈关注。据笔者初步统计,截至目前已在至少 13 处遗址发现了大汶口文化晚期陶文,主要包括鲁中南的宁阳于庄,鲁东南的莒县陵阳河、大朱村、杭头、日照尧王城、苏家村、五莲丹土、诸城前寨、胶州赵家庄,皖北的蒙城尉迟寺、固镇霸王城,苏北的泗洪赵庄和南京北阴阳营等。[4] 其

---

[1] 山东省文物考古研究所等:《山东莒县陵阳河大汶口文化墓葬发掘简报》,《史前研究》1987 年第 3 期。

[2] 栾丰实:《大汶口文化的分期和类型》,《栾丰实考古文集》,文物出版社,2017 年。若按新的大汶口文化年代方案,则在距今 4400-4300 年前后。

[3] 于省吾:《关于古文字研究的若干问题》,《文物》1973 年第 2 期;唐兰:《关于江西吴城文化遗址与文字的初步探索》,《文物》1975 年第 7 期。

[4] 山东省文物管理处等:《大汶口——新石器时代墓葬发掘报告》,文物出版社,1974 年;王树明:《谈陵阳河与大朱家村出土的陶尊"文字"》,《山东史前文化论文集》,齐鲁书社,1986 年;山东省文物考古研究所等:《山东莒县陵阳河大汶口文化墓葬发掘简报》,《史前研究》1987 年第 3 期;山东省文物考古研究所等:《山东莒县大朱家村大汶口文化墓葬》,《考古学报》1991 年第 2 期;山东省文物考古研究所等:《山东莒县杭头遗址》,《考古》1988 年第 12 期;中国社科院考古研究所等:《蒙城尉迟寺——皖北新石器 (转下页)

分布范围广大,基本涵盖了以山东省境为中心的海岱地区的西部和南部区域(图三)。这些陶文可分为 10 余种,刻画在 30 余件大口尊上。其中与太昊氏、少昊氏关系最密切的陶文是"日火"组合及"日火山"组合(图四)。唐兰、李学勤等先生主张,这两个组合可分别释为"炅"和"炅山",[1]田昌五先生又进一步认为,这里的"炅"字"其意应是太皞和少皞之皞字,有如后来铜器上的族徽"。[2]我们对这些认识表示赞同,并大致推测,"昊"字应即"日火"组合的"炅"字之本体。

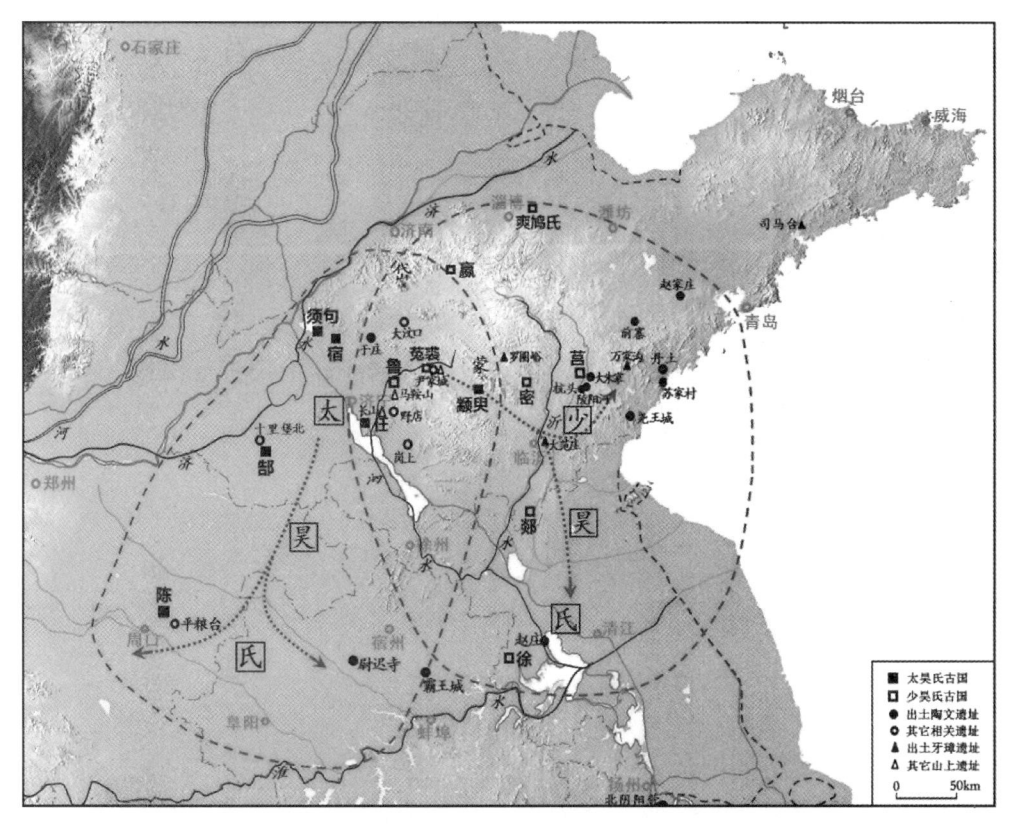

图三　大汶口文化晚期太昊氏、少昊氏的分布格局及相关遗址分布图
(古地物及古国据谭其骧主编《中国历史地图集》"春秋齐鲁幅"绘制,中国地图出版社,1982 年)

(接上页)时代聚落遗存的发掘与研究》,科学出版社,2001 年;中国社科院考古研究所等:《蒙城尉迟寺》(第二部),科学出版社,2007 年;南京博物院:《北阴阳营——新石器时代及商周时期遗址发掘报告》,文物出版社,1993 年;甘恢元:《江苏泗洪赵庄遗址第二、三次考古发掘》,《黄淮七省考古新发现(2011-2017 年)》,大象出版社,2019 年。其他遗址如日照尧王城、苏家村、五莲丹土、诸城前寨、胶州赵家庄、宁阳于庄等,发掘资料尚未发表,固镇霸王城遗址陶文为近年勘探出土。

[1] 唐兰:《中国奴隶制社会的上限远在五、六千年前》,《大汶口文化讨论文集》,齐鲁书社,1981 年;唐兰:《从大汶口文化的陶器文字看我国最早文化的年代》,《大汶口文化讨论文集》,齐鲁书社,1981 年;李学勤:《论新出的大汶口文化陶器符号》,《文物》1987 年第 12 期。

[2] 田昌五:《古代社会断代新论》,人民出版社,1982 年。

| 陵阳河 | 大朱村 | 陵阳河 |
| 陵阳河 | 于庄 | 尉迟寺 |

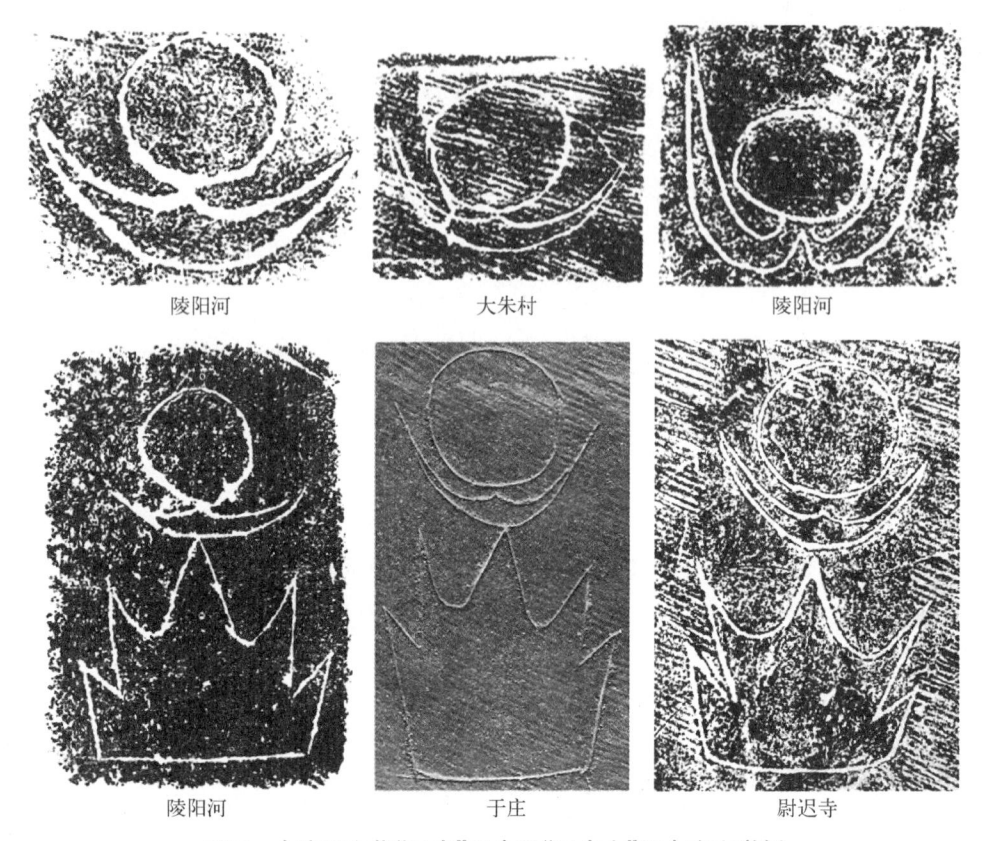

图四　大汶口文化"日火"组合及"日火山"组合陶文举例

在宁阳于庄陶文发现之前,学界一直认为鲁中南地区的大汶口文化应不存在陶文,并在这一前提下对太昊氏和少昊氏的分布与发展做了深入研究。[1] 现在,宁阳于庄陶文的发现填补了鲁中南地区此类陶文的分布空白。最近,笔者基于这一新发现对太昊氏和少昊氏的分布与发展做了重新探讨,认为:大汶口文化晚期太昊氏与少昊氏应首先在鲁中南一带兴起,并创作了标识族群身份的"日火山"及"日火"组合陶文作为族徽,以及精神信仰和神灵崇拜的物化载体,最先出现的应是同一个"昦(昊)"族,在后来的迁移和发展中分化出少昊氏与太昊氏两个支族;太昊氏在大汶口文化晚期主要分布于鲁中南至豫东皖北一带,豫东皖北的大汶口文化应是从鲁中南迁移而来,后来逐渐融入中原地区的龙山文化之中;少昊氏在大汶口文化晚期主要分布于鲁中南和鲁东南一带,后来龙山时期又迁移至鲁东南及江淮地区;宁阳于庄大口尊及其陶文应出自祭祀坑,与皖北尉迟寺等地的大口尊及其陶文出土场景相近,而与鲁东南的大口尊及其陶文多出自大墓不

---

[1] 杜金鹏:《大汶口文化颍水类型为太皞文化考》,《史学月刊》1993年第2期;栾丰实:《太昊和少昊传说的考古学研究》,《中国史研究》2000年第2期;王青:《从大汶口到龙山:少昊氏迁移与发展的考古学探索》,《东岳论丛》2006年第3期。

同,因此于庄陶文很可能是太昊氏的遗留。[1] 这是我们讨论以下问题的重要前提。

二、史前时期的祭山遗存分析

宁阳于庄陶文是"日火山"组合,这种组合的陶文莒县陵阳河、蒙城尉迟寺、固镇霸王城等遗址也有发现,而单独的"日火"组合陶文则在莒县陵阳河和大朱家村等遗址有出土,唐兰、于省吾先生认为,这两个组合应是繁体与简体的差别,实则为一个图像文字,[2] 唐兰、李学勤先生将其分别释为"炅山"和"炅"也是此意。除此之外,尉迟寺遗址还出土了"日火+羽冠"上下组合陶文,而单独的羽冠陶文已在陵阳河、大朱村等遗址有发现,这种羽冠陶文李学勤、杜金鹏等先生认为应代表羽毛做成的羽冠。[3] 如此看来,尉迟寺的"日火+羽冠"组合应是将两个单独存在的陶文上下组合在一起,这表明大汶口文化晚期的陶文已经出现了类似后世汉字偏旁部首的做法,可以根据意图组合成新的陶文(图五,左)。受这种组合方式的启发,我们认为于庄等地的"日火山"组合也应是

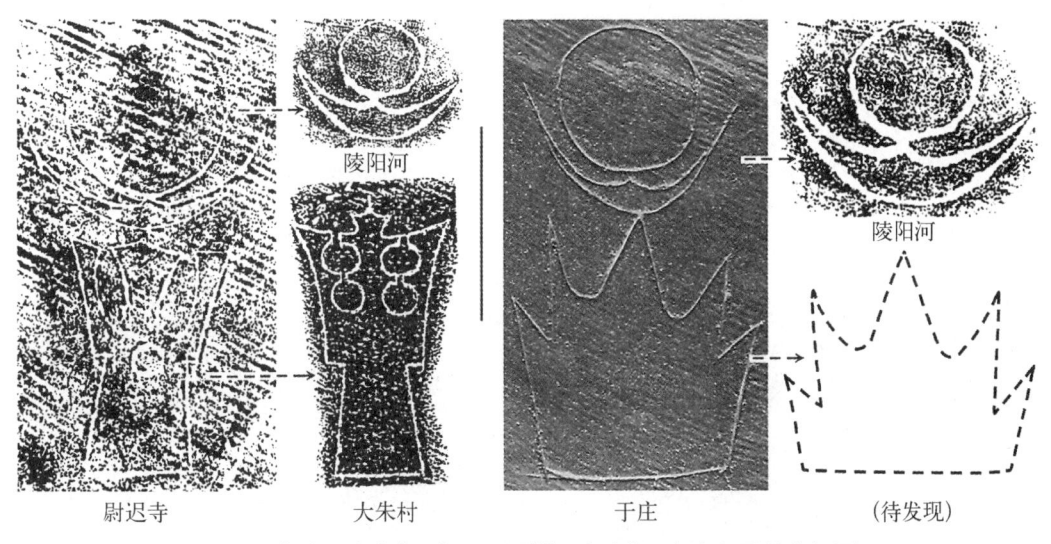

图五　大汶口文化"日火+羽冠""日火山"组合陶文及其分解图

---

[1] 王青:《太昊氏与少昊氏的考古学探索——从宁阳于庄出土大汶口文化陶文谈起》,《中原文物》2021年第4期。

[2] 于省吾:《关于古文字研究的若干问题》,《文物》1973年第2期;唐兰:《关于江西吴城文化遗址与文字的初步探索》,《文物》1975年第7期;唐兰:《从大汶口文化的陶器文字看我国最早文化的年代》,《大汶口文化讨论文集》,齐鲁书社,1981年。

[3] 李学勤:《论新出的大汶口文化陶器符号》,《文物》1987年第12期;杜金鹏:《说皇》,《文物》1994年第7期。

两个单独存在的陶文上下组合而成,因为上部的"日火"组合已在多个遗址反复发现,证明是单独存在的陶文,则下部的"山"字陶文也应是单独存在的,"日火山"组合陶文的发现已经证明了这一判断,当然今后也可能发现单独的"山"字陶文(图五,右)。

这一分析表明,至少大汶口文化晚期已出现了祭山传统,因为将神圣的"昃"字族徽置于山形之上,这个山形显然应是"昃(昊)"族人心目中的神山即"昃山",是对"昃山"崇拜的艺术摹画和神化,那么祭祀神山藉以祈福也就是题中应有之意。"日火山"组合陶文最早发掘出土于陵阳河遗址,发掘者经过多年研究和观察,发现遗址东侧的寺崮山每年春分日之晨太阳必从主峰山顶升起,因此主张陵阳河出土的"日火山"组合陶文应是对春分日出景象的摹画(图六)。[1] 这一观点值得重视,因为近年在传为尧都平阳的山西襄汾陶寺遗址就发现了由13根夯土柱呈扇形排列、扇心并有圆形夯土芯的大型建筑遗迹,经实地观测发现,能与遗址东侧的塔儿山(古称崇山)形成一套用于观测太阳日出、确定四分日等重要节气的观象台(图七),发掘者认为与《尚书·尧典》"(帝尧)乃命羲和,钦若昊天,历象日月星辰,敬授民时"的记载相符,因而主张是观象台遗迹。[2] 这

图六 莒县陵阳河遗址东侧寺崮山的春分日出景象(中下为陵阳河出土陶文)

---

[1] 王树明:《谈陵阳河与大朱家村出土的陶尊"文字"》,《山东史前文化论文集》,齐鲁书社,1986年;苏兆庆:《东夷民族天文学初探》,《考古发现与莒史新征》,中国文史出版社,2015年。

[2] 中国社科院考古研究所等:《山西襄汾陶寺中期城址大型建筑ⅡFJT1基址2004-2005年发掘简报》,《考古》2007年4期;何努:《试论都邑性聚落布局的宇宙观指导理论——以陶寺遗址为例》,《三代考古》(五),科学出版社,2013年。

一遗迹的年代在龙山时期,说明原始天文观测已达到了较高水平。大汶口文化陶文的年代比陶寺略早,"日火山"组合反映神山祭祀乃至观象还是很有可能的。说的更具体一些,至少陵阳河东侧的寺崮山很可能是莒县一带"旲(昊)"族(少昊氏)心目中的神山,在山下聚落中以刻饰"日火山"组合(及其他组合)陶文的大口尊举行祭祀也是很可能的。

图七　陶寺遗址的观象台遗迹及其观象复原

当然,像太昊氏分布的淮北大平原上少有丘陵高山,历史上也没有名山,但蒙城尉迟寺、固镇霸王城等遗址却出土了"日火山"组合陶文。这看似与上述判断相矛盾,实则不然。目前的考古证据主要来自尉迟寺遗址。该遗址经过大规模发掘,已出土刻饰陶文的大口尊超过 10 件,陶文种类主要是"日火"组合及"日火山"组合。一方面,该遗址的大口尊多出自祭祀坑和儿童瓮棺葬中,与少昊氏所在鲁东南地区的大口尊多出自成人大墓明显不同,反映了太昊氏的自身文化传统。另一方面,该遗址还出土了一件罕见的陶制鸟神器,由鸟身、圆锥形(两侧有对称歧牙)、圆柱形组成,有学者研究认为,这件鸟神器反映了东夷人的鸟崇拜文化传统。[1]我们看其各部位与"日火山"组合陶文大致可相互对应(图八),由此推测,这件鸟神器基本可视为"日火山"组合陶文的实物展现,而它又出自众多房址围成的小广场上,则可进一步推测,尉迟寺先民应是以这件鸟神器作为"灵山"的象征物,遂将其放在小广场中央举行程式化的祭祀活动,以此来表达"灵(昊)"族神鸟崇拜和神山崇拜的精神信仰。进言之,当时处在平原地带的"灵(昊)"族人很可能将祭山传统进行了程式化改造,以适应当地少山的地理环境特点。这也进一步凸显了太昊氏自身的文化传统。

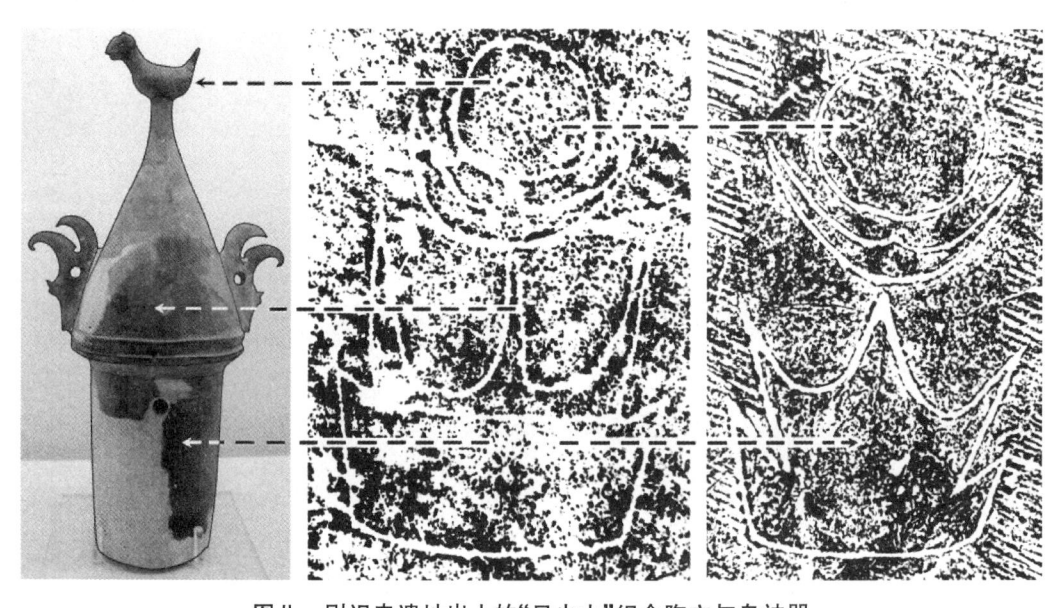

图八 尉迟寺遗址出土的"日火山"组合陶文与鸟神器

上述判断也能得到相关文献记载的佐证。《左传·僖公二十一年》记载:"任、宿、须句、颛臾,风姓也。实司大皞与有济之祀,以服事诸夏。"《论语·季氏》载:"夫颛臾,昔者先王以为东蒙主",汉何晏《集解》引《孔传》云,颛臾"为东蒙主"是"使主祭蒙山"。历代考证,颛臾国在今鲁中南平邑县东,蒙山是山东沂蒙山的重要组成,主要分布于平邑、费县一带,颛臾正在蒙山脚下。[2]这表明,颛臾在蒙山专司祭祀自己的祖先太昊氏之事。《史记·封禅书》曾述上古至秦皇汉武封禅泰山事(下详),《正义》引张晏注云:"天高不可及,于泰山上立封,禅而祭之,冀近神灵也。"可见,颛臾在蒙山祭祀太昊氏应是借助高山与天上的祖

---

[1] 韩建业、杨新改:《大汶口文化的立鸟陶器和瓶形陶文》,《江汉考古》2008年3期。
[2] 详见杨伯峻:《春秋左传注》(修订本),中华书局,2009年。

先神沟通。由此也可见,颛臾对蒙山的祭祀应是一种承自史前大汶口文化的神山崇拜和祭祀的古老传统,也充分说明了它与太昊氏之间的渊源关系,应是先秦时期长久在神山脚下生存、专司祭祀自己祖先的古老方国。宁阳于庄尽管离颛臾所在的费县有近百公里的距离,但都是太昊氏的后裔,所以对推想他们祭山的某些环节应有启发价值。

宁阳于庄和颛臾古国距离泰山较远,但与泰山同处鲁中南地域之内。目前所知已在该地域的多处山顶发现有大汶口、龙山文化遗址,如邹城长山、曲阜马鞍山等,部分遗址尚遗有较多陶片,调查者推测可能与祭山乃至祭天活动有关。[1] 再如泗水尹家城遗址附近的戈山岩缝中一次性出土了 15 件石器,包括石钺和石斧等,周围再无其他遗存,所以调查者推测应是祭山活动的遗留,并以石器的总体特征推测属于龙山时期(图九,右上)。[2] 迄今在海岱地区发现的明确属于史前祭山遗存是在鲁东南及

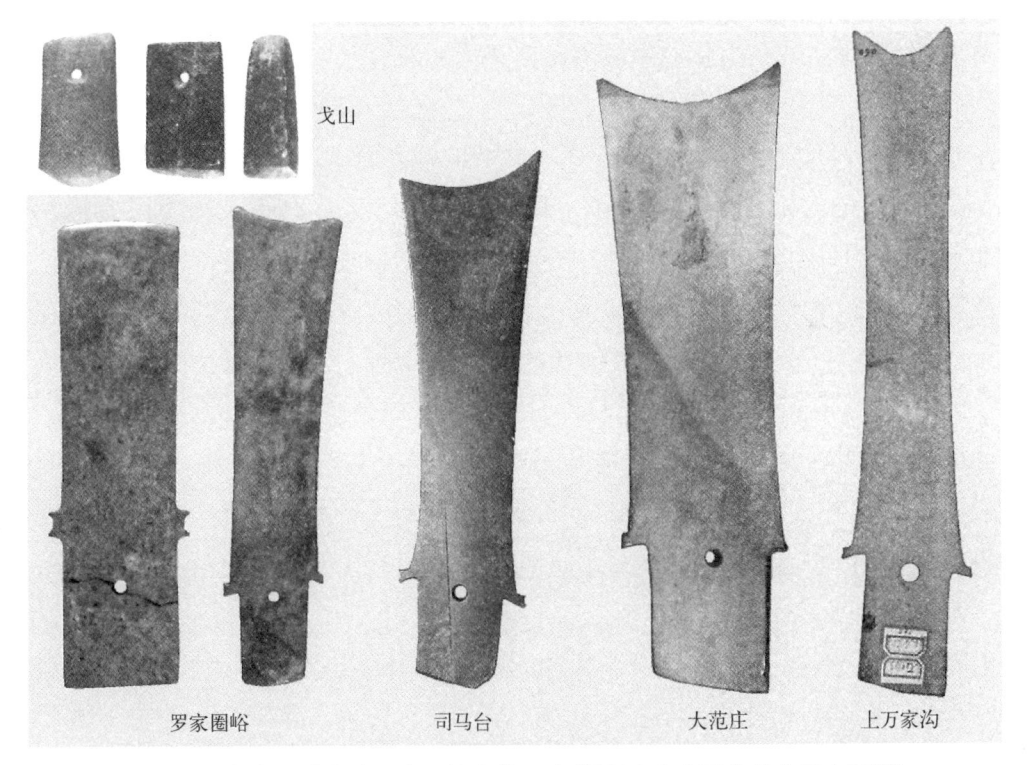

图九　鲁东南和胶东地区出土的史前牙璋举例(右上小图为戈山出土石器)

---

[1] 高广仁:《海岱区史前祭祀遗迹的考察》,氏著:《海岱区先秦考古论集》,科学出版社,2000 年,该文提出:"看来封禅这一政治行为由来已久,它应是从原始时代开始的祭天活动的延续和蜕变。秦汉王朝的封禅,无疑可以上溯至邹城长山、曲阜马鞍山的祭天活动。"另见何德亮等:《山东史前宗教祭祀遗存探析》,《海岱考古》2011 年第 4 辑。

[2] 兰玉富:《山东泗水县戈山发现一组龙山文化石器》,《考古》2008 年第 5 期;兰玉富等:《谈海岱地区发现的史前时期山地祭祀遗存》,《中原文物》2008 年第 4 期。

胶东发现的9件玉石牙璋,发现地点包括临沂大范庄、五莲上万家沟、沂南罗家圈峪和海阳司马台等,年代普遍认为是大汶口文化晚期至龙山前期。这些玉石器多出自山区石缝中,所以学界普遍认为应是祭山瘗埋的遗存(图九)。[1]这四处地点的分布范围与鲁东南发现大汶口文化陶文的遗址分布范围有很大重合(参见上图三),而且年代也有很大重合,因此基本可认定其为少昊氏的遗存。这也启示我们,在太昊氏的分布地域尤其是鲁中南地区也可能存在类似的祭山遗存,有待今后的考古发现。

更为重要的是,大汶口文化中晚期(主要应为太昊氏)还进一步西进中原地区,晚期甚至从豫东和豫中深入到豫西和晋南一带,仅河南境内发现的大汶口文化遗址就达到30多处,在河南平顶山寺岗、商水章华台、禹州谷水河、郑州大河村、偃师古滑城等遗址都发现了比较单纯的大汶口文化墓葬,甚至远在晋南的芮城清凉寺、襄汾陶寺等遗址还发现了大汶口文化的精美陶礼器和玉礼器,其中多数都应是从鲁中南地区传入的,对此已有多位学者做了探讨(图十)。[2]与之相应,大汶口晚期至龙山前期的玉石牙璋也传入了中原地区,甚至远在陕北的神木石峁遗址也出土了大批牙璋等来自山东地区的玉礼器,到夏代偃师二里头遗址则出土了个体更大、造型更复杂精美的牙璋,到商周时期牙璋则已从中原地区进一步扩散到长江中上游地区和岭南地区,总数量已有400余件,对此有学者已做了深入研究(图十一)。[3]在四川广汉三星堆遗址甚至还出土了刻饰以牙璋祭祀神山的大牙璋,以及手奉牙璋祭拜的铜人,明确展示了牙璋用于祭山的生动场景,是我们研究史前牙璋用途的重要依据(图十二)。[4]由此可知,《周礼·典瑞》所载"牙璋以起军旅,以治兵守",很可能是周代后起说法。我们相信,正是在大汶口文化大规模西进中原的历史大背景下,起源于鲁东南及可能的鲁中南一带的祭山传统才传入了中原地区,并被进一步发扬光大。

《尚书·尧典》记载:"(帝舜)正月上日,受终于文祖。在璇玑玉衡,以齐七政。肆类于上帝,禋于六宗,望于山川,遍于群神,辑五瑞。既月乃日,觐四岳群牧,班瑞于群后。

---

[1] 邓聪等:《东亚最早的牙璋——山东龙山式牙璋初论》,《玉润东方:大汶口、龙山、良渚玉器文化展》,文物出版社,2014年;栾丰实:《再论海岱地区的史前牙璋》,《中原文物》2020年第4期。

[2] 武津彦:《略论河南境内发现的大汶口文化》,《考古》1981年第3期;杜金鹏:《试论大汶口文化颍水类型》,《考古》1992年第2期;栾丰实:《试论仰韶时代东方与中原的关系》,《考古》1996年第4期;孙广清:《河南境内的大汶口文化和屈家岭文化》,《中原文物》2000年第2期;栾丰实:《试论陕北和晋南的龙山时代玉器——以石峁、碧村和陶寺为例》,《中原文物》2021年第2期。

[3] 邓聪等:《东亚最早的牙璋——山东龙山式牙璋初论》,《玉润东方:大汶口、龙山、良渚玉器文化展》,文物出版社,2014年;邓聪主编:《牙璋与国家起源:牙璋图录及论集》,科学出版社,2018年。

[4] 四川省文物考古研究所等:《三星堆祭祀坑》,文物出版社,1999年。

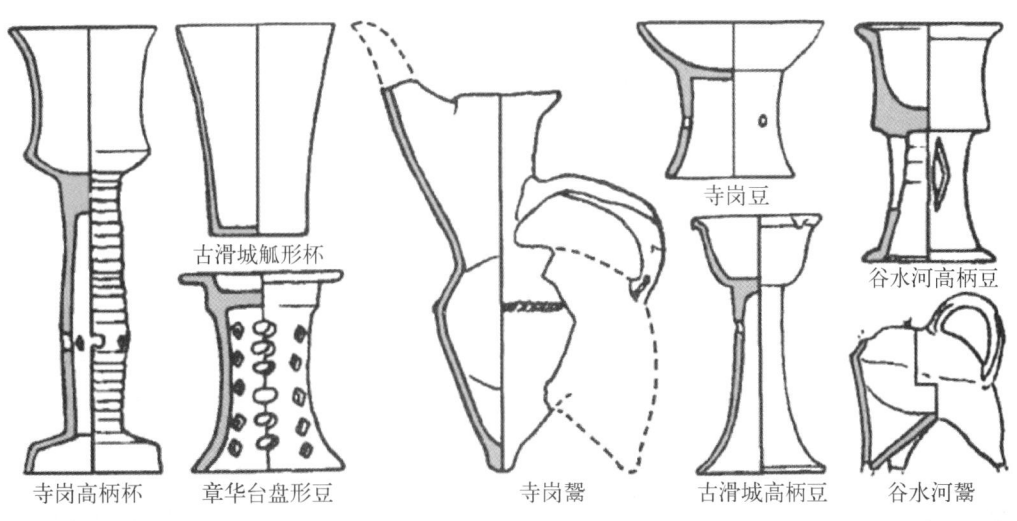

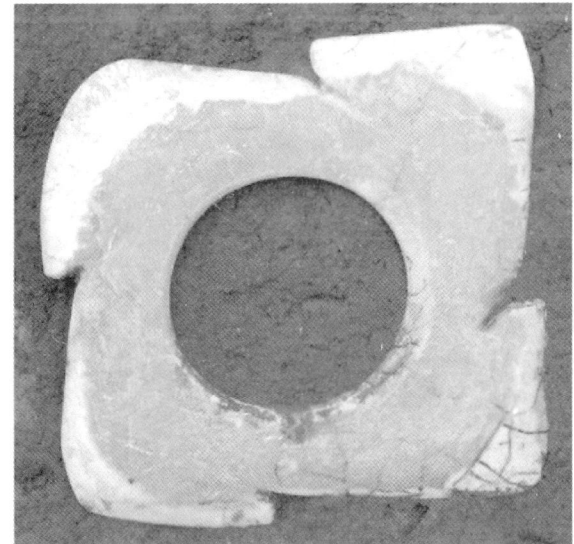

•早期祭山遗存与泰山祭祀的初步探索•   · 229 ·

寺岗高柄杯　古滑城觚形杯　章华台盘形豆　寺岗鬶　寺岗豆　古滑城高柄豆　谷水河高柄豆　谷水河鬶

清凉寺玉璇玑　　　　　　　清凉寺方形玉璧

陶寺玉琮　　　　　　陶寺彩绘陶簋

图十　中原地区发现的大汶口文化陶器、玉器举例（上排线图均为陶器）

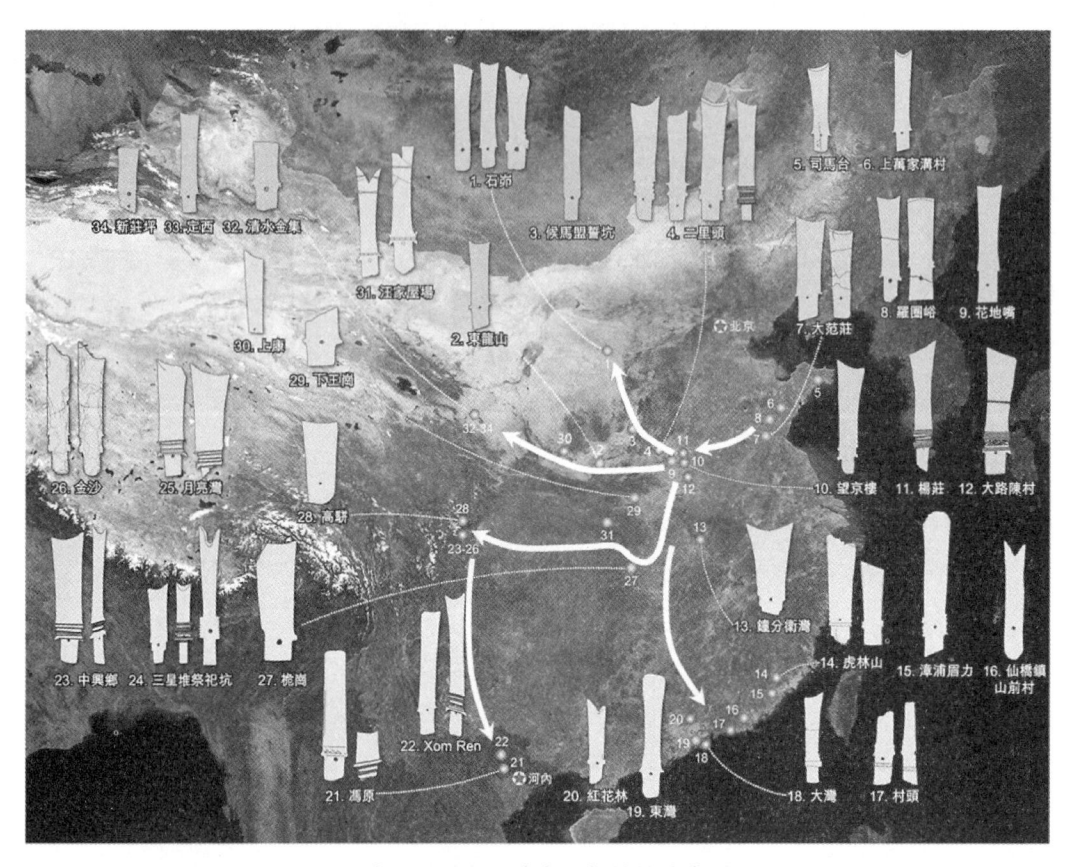

图十一　玉石牙璋发现与扩散分布图

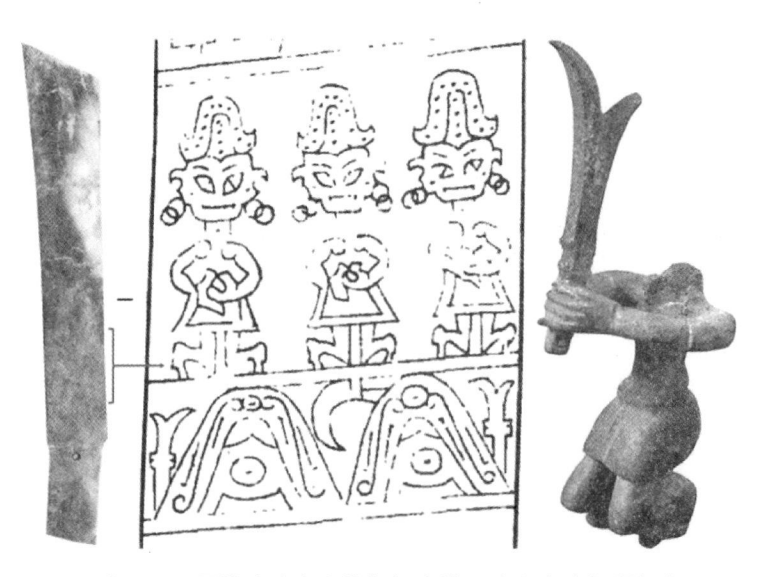

图十二　三星堆遗址出土的祭祀山神牙璋和奉璋祭拜铜人

岁二月,东巡守,至于岱宗,柴。望秩于山川,肆觐东后。"这段记载过去多认为是周汉学者的比附,但随着考古发现的增多与研究的不断深入,尧舜禹所在的时代应为考古学上的龙山时期已是学界共识,[1]而龙山文化遗址中出土的牙璋和钺、圭、璇玑等玉礼器的种类与数量也显著增多,[2]这就为研究"璇玑玉衡"及"五瑞"的玉器构成提供了真实的历史背景。这些出土玉器的遗址主要分布在黄河中下游,长江中游也有少量发现,所谓四大名山的"四岳"也基本落在这一范围之内,再加上源自海岱地区、用于祭山的玉石牙璋的分布范围也基本落在这一范围之内(参见图十一),这也为研究龙山时期"望于山川,遍于群神"的祭祀活动提供了真实的历史素地。总之,《尚书·尧典》的这段记载为我们重新认识玉礼器在史前社会演进历程中的关键地位提供了很有价值的线索,而来自海岱地区的史前牙璋等玉礼器在这一历史进程中又起了重要作用。

三、东周时期的泰山封祭遗存分析

根据济南大辛庄、长清小屯和滕州前掌大等遗址的考古发现可知,中原王朝在商代中晚期已占据了海岱西部,包括鲁中南地区大部分在内。古本《竹书纪年》甚至有商王南庚迁都于奄的记载,奄即今曲阜一带。近年在曲阜南郊西陈一带发现了较大面积的商代遗址,遗址中房址区、祭祀区、窖穴区等区划明显,其中祭祀区以界沟与房址区相隔,面积达 2000 多平米,祭祀坑分布密集,殉祭种类有猪、牛、羊、马、狗和人等,是海岱地区目前发现的面积最大、祭祀种类最丰富、分布最集中的商代殉祭遗存。[3]从出土的陶器等遗存看,为比较单纯的商文化特征,基本不见土著东夷文化遗存,表明应是一处由商人直接控制的聚落,这为寻找商奄提供了重要线索。另据《史记》等文献记载,西周王朝在"少昊之墟"曲阜封建了鲁国,在曲阜以北则有鲁国的附庸国如郕(在今宁阳东)、铸(在今宁阳西北)、鄣(在今东平东)等,鄣的附近还有太昊氏的后裔须句、宿等小国。[4]它们均在今鲁中南地区北部,分布格局与鲁国以南小国林立相似,鲁中南成为海岱地区西周诸国分布最密集之地,也是西周王朝经略海岱的重点之地。

目前能够确定与祭祀泰山有关的较早文献记载,是春秋早期郑国在泰山下设有

---

[1] 苏秉琦:《中国通史·远古时代》序,上海人民出版社,1999年。
[2] 参见国家文物局等:《早期中国——中华文明起源》,文物出版社,2009年;中华玉文化工作委员会中华玉文化中心:《玉魂国魄:玉器、玉文化、夏代中国文明展》,浙江古籍出版社,2013年。
[3] 张九龙:《曲阜西陈遗址:商周遗存丰富,或与鲁国最初都城有关》,《齐鲁晚报》2020年7月10日。
[4] 详见杨伯峻:《春秋左传注》(修订本),中华书局,2009年。

"汤沐邑"。据《左传·隐公八年》记载:"郑伯请释泰山之祀,而祀周公,以泰山之祊易许田。三月,郑伯使宛来归祊",杜注:"祊,郑祀泰山之邑,在琅邪费县东南";《春秋公羊传》同年载:"三月,郑伯使宛来归邴……邴者何?郑汤沐之邑也。天子有事于泰山,诸侯皆从。泰山之下,诸侯皆有汤沐之邑焉。"鲁隐公八年即公元前715年,"祊"同"邴",历代考证在今费县东。[1] 可知春秋早期郑国在泰山之下还有专用的"汤沐邑",以便住宿和沐浴盥洗,跟从周天子祭祀泰山。《春秋公羊传·僖公三十一年》载:"曷为祭泰山河海?山川有能润于百里者,天子秩而祭之。触石而出,肤寸而合,不崇朝而遍雨乎天下者,唯泰山尔。"说出了天子祭祀泰山的原因,在于祈求风调雨顺。换言之,天子主祭泰山很可能已形成了制度性安排。《史记·封禅书》所载齐桓公既霸诸侯"而欲封禅",却被管仲劝止,其真正原因应在于此。

另据《史记·封禅书》引管子言,上古无怀氏、伏羲氏以下至西周成王,曾有至少十二家"帝王"封禅泰山,并言明其降禅之地,其中周成王之禅地为社首山,在今泰安市区(1951年被炸毁)。司马迁认为,"爰周德之洽维成王,成王之封禅则近之矣"。这些记载尽管目前尚无考古资料支持,但郑国的"汤沐邑"为西周宣王所赐,而且祊邑就在专司蒙山祭祀的颛臾附近,"齐地八主"的"地主"、秦汉以来的降禅之地梁父山则在泰山东麓。[2] 今泰安以南大汶口镇还有文姜台遗址,传为鲁国望祭泰山的"汤沐邑"。这些泰山周围诸神山祭祀传统的存在,也可视为西周王朝可能存在泰山封祭制度的历史背景。实际上,《诗经·鲁颂·閟宫》的"泰山岩岩,鲁邦所瞻",也正反映了泰山在当时的崇高地位。当然我们也要看到,春秋以来天子封禅泰山之制已逐渐废弛。如上述《隐公八年》郑伯用许田与鲁国交换泰山下的"汤沐邑",就是明显的例证。另有《论语·八佾》记载,春秋晚期鲁国大夫季孙氏曾以天子之"旅"礼祭祀泰山,此事尽管被孔子视为"非礼之举",也说明天子封禅之制已基本废弛了。

目前能够确定属于祭祀泰山的年代最早的考古遗存,是泰安出土的东周"东更道七器"。这批器物是1954年在泰安县城西南隅东更道村窑场取土时发现的,共有7件,即铜浴缶6件、铁盘1件。器物个体较大,铜缶铸造精美,大小略有不同,腹径在40-64厘米之间,高在35-37厘米,铁盘的口径47厘米,高13.5厘米(图十三)。[3]

---

[1] 详见杨伯峻:《春秋左传注》(修订本),中华书局,2009年。

[2] 详见杨伯峻:《春秋左传注》(修订本),中华书局,2009年;王睿等:《八主祭祀研究》,文物出版社,2020年。

[3] 袁明:《山东泰安发现古代青铜器》,《文物参考资料》1954年第7期;杨子范:《山东太安发现的战国铜器》,《文物参考资料》1956年第6期;鲁文生:《山东博物馆藏珍:青铜器卷》,山东文化音像出版社,2004年;刘延常:《中国出土青铜器全集》(山东下),科学出版社,2018年。

· 早期祭山遗存与泰山祭祀的初步探索 ·

东更道浴缶　　　　　　　　　　东更道浴缶

下寺M11浴缶　　　　　　　　　下寺M10浴缶

东更道铁盘(半幅)　　　　　　薛故城M4铜盘

图十三　泰安"东更道七器"及其对比标本举例

根据抢救清理的结果看,这些金属器应出自祭祀坑,每座方坑放置1件器物,7座祭祀坑由东向西一字排开,每坑深近4米,相互间隔3米余,显然是人为有意挖就和安排的。由于出土年代较早,又是村民取土发现,故抢救清理并没有留下详细的资料。最近,李零先生对这批器物的出土环境做了核实与探究,得知出土位置应在现今泰山市区东部东更路一带,具体应在灵山大街以南九州家园小区一带,附近有与后世帝王封禅泰山有关的社首山、蒿(高)里山、灵应宫和岱庙等,均在泰山火车站(原津浦铁路泰安站)以东以南不远;并对这批器物所出祭祀坑的埋藏顺序做了复原,使我们能更好推想原来的祭祀环境和场景(图十四)。[1]

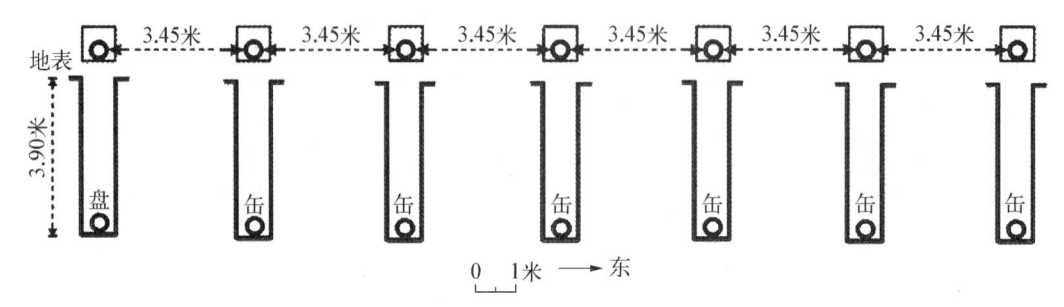

图十四　泰安"东更道七器"的排列和埋藏顺序复原

东更道祭祀坑的位置正对着泰山主峰日观峰,盘匜或盘缶(浴缶)又是东周时期贵族常用的盥洗礼器,再联系上述郑国"汤沐邑"的文献记载,所以学界一致认为祭祀坑的性质应是东周时期祭祀泰山的遗存。但对这批器物的具体年代和国别却一直有较大分歧,主要是对6件浴缶上的铭文"楚高""冶(或释征)尹"等存在不同释读。如近年发表的王恩田先生遗稿主张,这6件浴缶应是楚国铜器,"楚高"是器主名,器物年代应在春秋末年(公元前476年),是楚国公子"高"北伐东夷取得胜利并获得大铁盘,然后用它们祭告泰山,不是过去认为的战国晚期楚灭鲁后祭告泰山的遗存。[2] 李零先生也认为6件浴缶是楚器,但主张"冶尹"的写法为战国燕国铭文特点,"楚高"则是冶铸之官"冶尹"属下的工匠私名,不表示国别,这批浴缶的年代应在战国晚期,可能是楚国灭亡鲁国后所留,又为齐王建得自鲁国,并命留在齐地的燕国工匠加刻了铭文,然后用它们在泰山脚下举行了祭祀活动。

我们经反复比较分析,认为这套缶、盘的年代特征应在春秋晚期前后。其中浴缶整体形制较胖,腹部圆鼓,下腹缓收,平底较大并呈假圈足之势,浑身装饰繁缛的蟠螭或几何纹饰带,中腹部还有浅浮雕团形图案,双耳为高浮雕兽首形。从形制到纹饰和个体大小,都与豫南淅川下寺等地楚墓出土的浴缶极为相近,是典型的春秋晚期楚器(图十三)。从郢都附近的湖北荆门包山等地楚墓出土的浴缶看,战国中晚期楚国的浴缶变化较大,尤其下腹急收成小平底并出圈足,纹饰也变得简素,兽首耳则简化成

---

[1] 李零:《东更道七器的再认识》,《中国国家博物馆馆刊》2017年第10期。
[2] 王恩田:《楚高缶与楚公子高伐东夷——春秋晚期大铁盘的发现及其重要意义》,《江汉考古》2018年第1期。

铺首衔环,对此有关学者已做了深入研究(图十五)。[1] 安徽寿县作为战国末期楚国的都城,也有大批楚墓发现,其中朱家集楚王墓出有浴缶(失盖),其形制特征与战国中晚期流行的浴缶样式较为接近,但纹饰繁缛和兽首耳却与春秋晚期的浴缶比较相似,我们推测有可能是"复古之作",东更道浴缶与之相比只是纹饰和兽首耳比较相近,但形制上却差别明显,似不能以局部特征断在战国晚期。

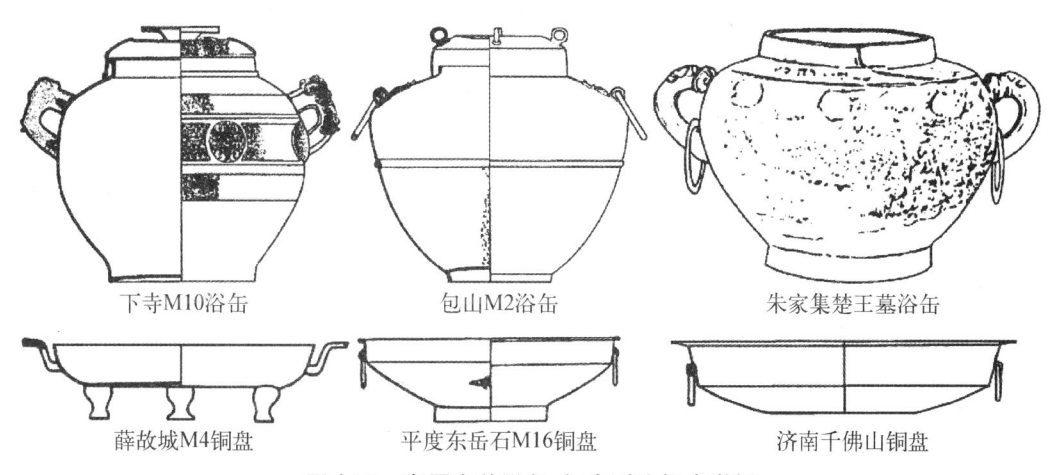

下寺M10浴缶　　包山M2浴缶　　朱家集楚王墓浴缶

薛故城M4铜盘　　平度东岳石M16铜盘　　济南千佛山铜盘

图十五　东周有关浴缶、铜盘对比标本举例

东更道大铁盘王恩田先生认为是山东莱芜铸造,从早年发表的图片可知,铁盘形制以浅盘大平底、下附三矮胖蹄足为显著特征。这与滕州薛故城等地出土的春秋晚期铜盘很相似,可推测东更道铁盘应是仿造同时期的铜盘而来(图十三)。战国中晚期海岱地区的铜盘变化也很大,普遍流行沿下有铺首衔环的折腹平底盘,附耳和蹄足均已消失,这在平度东岳石和济南千佛山等地战国墓都有不少出土,对此笔者曾做了综合研究(图十五)。[2] 战国时期楚地铜盘的形制演变与海岱地区基本相同。由此可知,东更道这套缶、盘的年代应在春秋晚期前后,应不会晚到战国晚期。当然,铭文的情况比较复杂,有待进一步研究。总之,这套器物应为春秋晚期(或笼统说东周时期)楚国祭祀泰山时斋戒沐浴所用的盥洗礼器。但是也应看到,尽管楚国用七器祭祀泰山合乎诸侯之礼,没有僭越天子"用九"之制,但其祭山之地今东更路一带

---

[1] 河南省文物考古研究所等:《淅川下寺春秋楚墓》,文物出版社,1991年;淅川县博物馆:《淅川楚墓青铜器精粹》,中州古籍出版社,2013年;刘彬徽:《楚系青铜器研究》,湖北教育出版社,1995年;袁艳玲等:《楚系青铜器的分期与年代》,《考古学报》2015年第4期;路国权:《东周青铜容器谱系研究》,上海古籍出版社,2018年。

[2] 山东省济宁市文物局:《薛国故城勘查和墓葬发掘报告》,《考古学报》1991年第4期;王青:《海岱地区周代墓葬与文化分区研究》,科学出版社,2012年。

正在周成王封禅泰山的降禅之地社首山东侧,二者几乎可视为一地(图十六)。这应是明显的僭越之举,与上文分析的春秋以来天子封禅制度已基本废弛的历史背景相符。

　　据相关文献记载和实物发现,秦汉至唐宋时期,共有六位帝王在泰山举行了封禅活动,在泰山顶峰及山下也留下了相应的遗存。如山顶的日观峰西侧有登封台遗址,史载唐高宗、唐玄宗和宋真宗曾在此设坛祭天,明清时期曾发现宋真宗的祭天玉册。日观峰正南山下则有蒿里山和社首山,为降禅祭地之处,20世纪30年代曾在蒿里山发现了唐玄宗和宋真宗的封禅玉册,现存台北故宫博物院。我们注意到,这些降禅祭地之处均在东更路附近,相隔很近,并都在日观峰正南山下,尤其传为周成王的降禅之地社首山就在东更路西侧,可推测社首山很可能是西周以来祭祀泰山降禅之地的礼定位置,东周楚国于今东更路祭祀泰山就在附近,这一位置又为后世帝王封禅泰山所遵循。汉代以来,又在社首山以东兴建了岱庙(泰山庙),以举行封禅大典。此外,今泰山东北麓的明家滩村还有周明堂遗址,东南麓山下的西城村则有汉明堂遗址(图十六)。明堂为古代帝王会见诸侯、发布诏令之处,这两遗址相传分别为周成王和汉武帝封禅泰山时所建,都处于山之阳,约合《孝经》所载明堂"在国之阳"的方位。相传

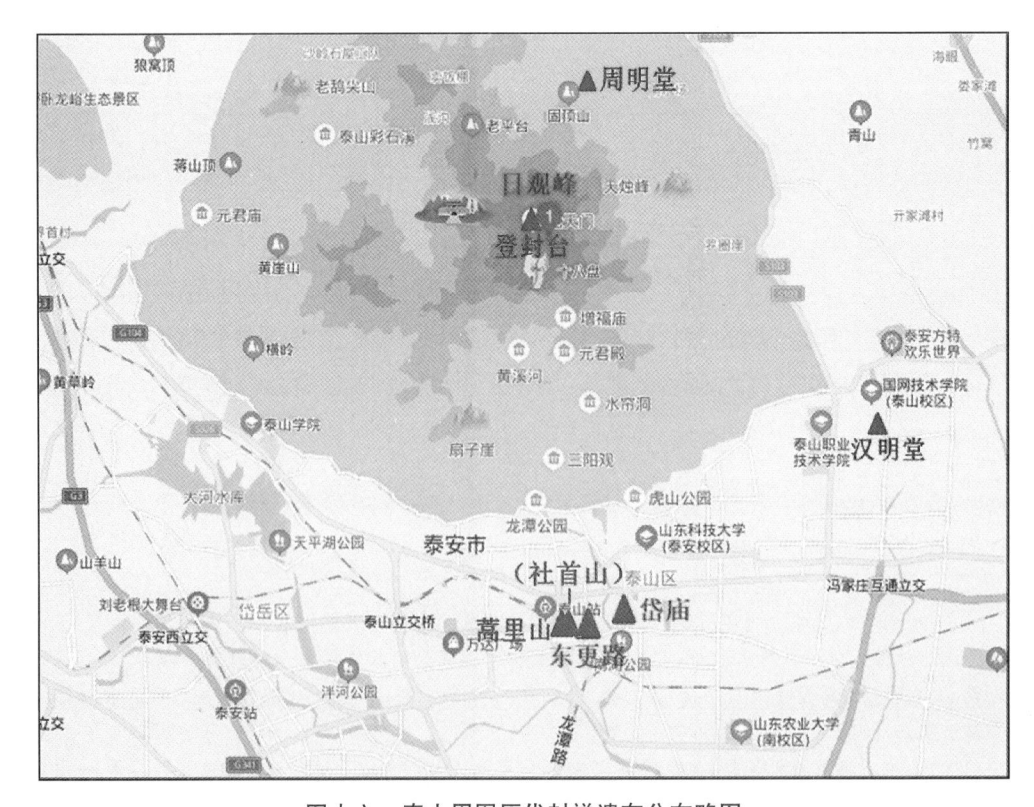

图十六　泰山周围历代封禅遗存分布略图

1921年周明堂遗址曾挖出过鼎、玉盘、碗等,后流失海外。[1]

四、结　　语

综上所述,本文着重对泰山周围及其所在的鲁中南地区的先秦时期祭山遗存做了梳理和初步分析,总的看来,从新石器时代的祭山遗存到周汉以来的泰山封禅,走过了漫长的历史过程。这期间既有鲁中南史前时期较为原始的祭山遗存,又有周汉以来泰山周围愈来愈丰富的封禅内涵与制度,也有祭山物化礼器的不断变换与更替,地域上则有逐渐向泰山靠拢和汇集的明显趋势,都体现出祭山文化传统不断发展和国家祭祀制度不断丰富的历史进程。针对泰山封禅的形成和早期发展而言,我们认为既有鲁中南地区史前陶文和牙璋所代表的祭山传统的奠基性贡献,也有史前东夷祭山传统等精神信仰逐渐西传中原从而促进中原王朝诞生的重要贡献,更有中原王朝在更广阔地理及文化环境下不断发展封禅制度,并逐渐东进使泰山封禅最终得以落实的关键贡献。总之,泰山封禅作为古代中国的一项重要政治文化,它的酝酿和早期发展代表了华夏文明历史进程的一个缩影,也是先秦时期海岱地区先民为华夏文明演进做出重要贡献的一个缩影。

但是也应该承认,从泰山作为我国历史上的"文化高地"和泰山古代文明发展史的高度来看,目前鲁中南地区发现的先秦时期祭山遗存还较少,已发表材料也较为零散,秦汉以来的考古资料也是如此,与相关文献记载还不能做充分的整合研究,导致我们的论证环节还有某些空白之处。但本文的分析已表明,类似遗存应是较为丰富而重要的,宁阳于庄大汶口文化陶文的发现只是前奏,有待今后考古工作的加强,尤其泰山周围地带,应是今后工作的重点区域。对此应引起高度重视,并主动开展田野工作。据悉,有关文物考古部门最近已对泰山脚下周明堂和汉明堂两遗址做了考古勘探和发掘工作,在汉明堂遗址南缘出土了龙山文化遗存,这是泰山周围首次发现龙山文化遗存,为进一步寻找相关祭祀遗存提供了重要线索。[2] 我们期待这样的考古成果越来越多。

---

[1] 参见(明)汪子卿撰,周郢校证:《泰山志校证》,黄山书社,2006年;山东地方史志编委会:《山东省志·泰山志》,中华书局,1993年。

[2] 山东省水下考古研究中心2020年秋冬发掘资料。

附记：图七塔儿山下陶寺观象台原址复建照片承中国社科院考古所高江涛研究员惠允使用，图十三滕州薛故城 M4 铜盘照片承济宁市博物馆傅吉峰馆长惠允使用，谨致谢意。

商周时期泰山附近的遂国、铸国、商丘与出土青铜器

梁圣军

(肥城市左丘明研究院)

山东是中华民族古老文明发祥地之一,居住在以泰山为核心的先民创造了与中原并驾齐驱的东夷文化,为华夏文明的形成与发展作出了重要贡献。泰山西南广大肥沃土地上的虞舜后裔铸国、遂国,是商朝或周初就建立的国家,也是大汶河流域古国之一。遂国区域包含今天肥城大部、东平东部一带,继承了大舜以德治国的传统,体现了民族文化尚德明德的伟大传统。铸国区域包括肥城东南、岱岳区西南部。商丘是宋在泰山汤沐邑,位于岱岳区西北部和肥城北部。这些国邑都有铭文青铜器等出土文物可以考证,对认识泰山汶水历史文化在华夏文明史的地位有重要意义。以往东周大国与泰山、大汶河古国的研究,有进一步深入的必要。[1]

一、小王庄出土青铜器,是遂国的器物

陈梦家《商代的神话与巫术》认为帝俊、帝喾、舜是一人,即太昊。杨伯峻《春秋左传注·庄公十三年》认为遂为虞舜之后,《世本》亦云:遂,妫姓。舜的一支后裔世守遂地,建立遂国。商朝有虞氏后裔在山东有遂、邹、辕、番等国,但真正延续时间较长文字记载明确的只有遂国。《左传》:"舜重之以明德。寘德于遂,遂世守之。"西周初年遂国受封,其实是周王朝对遂国的承认。《水经注》及地方志等文献

---

[1] 甲宗杰、胡利君:《东周时期诸国与泰山》,《泰山学院学报》2020年第5期。史卫东、仲俊涛:《泰安市域先秦古邦国历史地理考察》,《泰山学院报》2011年第5期。

认为,遂国的中心位置或者宗庙所在的都城故址,位于今肥城中心位置安临站一带。安临站原名安宁驿,在古代是重要的交通节点。城西有大汶河支流沟水,今名小汇河,又名五河。《汉书·地理志》介绍泰山郡蛇丘县时说,"蛇丘,遂乡,故遂国,春秋曰齐人歼于遂也。"也就是说古遂国位于汉朝的蛇丘县遂乡。《后汉书·地理志》记载济北国蛇丘县也说"蛇丘,有遂乡"。郦道元《水经注·汶水》对遂所在的沟水源流进行了细致勾勒,杨守敬《水经注疏》说"世有犹名沟水河"。瞿方梅也有准确的考证:遂成之。考遂邑在今肥城县,南去曲阜不二百里。[1]但目前当地尚未发现有城邑遗址。遂国存在上千年之久,居住地域有变化,大致可以知道肥城南部的布金山、望鲁山以北到齐长城一线,也就是肥城中北部的大部,向西到东平北部的山区,都有遂人的居住地。据《左传》庄公十三年(前681),齐灭遂而成之。《史记·齐世家》桓公五年(前707)伐鲁,鲁将师败,鲁庄公请献遂邑以平。记载差异,反映百年时间变迁的势力更替。[2]

小王庄出土文物为深化了解遂国文化奠定了基础。1963年发现的肥城潮泉镇小王庄西周遗址,核心在小王庄村南100米的一块土台上。范围西从寨山岭,东到孙楼村,南至大王水库,往北伸向小王庄北500米,有西周时期土陶作坊。其北剪云山有齐长城和传为鲁国防守石寨的狼顶寨。1965年春,对发现青铜器区域抢救性考古发掘,清理出土13件造型精美的青铜器:铜壶两件、铜鼎三件、铜鬲两件、铜簋两件、铜盘、铜匜、提梁小壶、铜勺各一件,由山东博物馆收藏,1989年调拨一件陈侯壶到国家博物馆。其中陈侯壶盖纽圆角,两耳作象首衔环,象鼻上卷。器盖对铭两行:"陈侯乍(作)妫橹舟媵壶,其万年永宝用。"北面相邻的长清仙人台后来出土春秋早期有铭郚召簋,与陈侯壶在形制上极相似,说明器物的本地化。腹饰卷体夔纹土父鬲,铭文一行:"土父作薿妃尊彝,其万年子子孙孙永宝用。"另外出土于肥城的相关的青铜器有:巽士父鬲。1961年出土的八兽耳兽足兽纹簠、西周早期鞏卣、继卣盖、颖簋(出于肥城,一说郯城),还有很可能为遂国器物的遂公盨。[3]

传世青铜器周遂启諆鼎,道光末年陕西出土,现藏江苏镇江金山寺。遂国器铭有遂,张二铭在其前后加刻伪铭124字,叶志诜据以成《遂鼎图题咏》一书。陈介祺《陈

---

[1]《学衡》1926年7月第五十五期第120页《瞿方梅遗著》。瞿方梅(1872-1921),字羹若,湖南龙山里耶人。民国初期任吉林省政务厅长及奉天省秘书长、代省长等职。有《史记三家注补正》。

[2] 杨伯峻:《春秋左传注》,中华书局,1990年,第173页、193页。

[3] 李晶:《铸国史事辨疑》,《南方文物》2016年第3期。王大有:《遂公盨·遂国·燧人氏解读》,《寻根》2003年第1期。陈英杰:《(遂)公盨铭文再考》,《语言科学》2008年第1期。李学勤:《遂公盨与大禹治水传说》,《中国社会科学院院报》2003年1月。

簠斋写东武刘氏款识》一文指出仅有"遂启諆作叔宝尊彝"8字是原鼎铭文,其余为后人伪刻。[1]中国嘉德2017年秋季拍卖会清晚期王懿荣、鲍康跋遂启諆鼎并铭文拓,钤印:王正孺、马家桐印、耿轩所得拓本、天津刘铜所得商周彝器拓本、刘近僧藏三代鼎彝铭。鲍康跋略曰:"是鼎乃道光末年秦中出土,余目击时尚折一足未补完,中有文二行曰:遂启諆作广叔宝尊彝。广字泐,遂改作庙字。苏氏得之,属凤眼张者,杂取虢盘诸文前后添刻一百二十余字⋯⋯子年记。"王懿荣跋题识略为:"取居中二行九字,再去广字下之半,因自可存。懿荣。"

  小王庄西周遗址,应该是遂国人的墓地。[2]遂人的姓氏值得探究。遂与陈同宗,故用陈姓,和秦为嬴姓《史记》又说姓赵一样。也有其他说法:王恩田认为陈侯壶是陈侯为他的女儿陪嫁做的媵器;陈侯壶应是陈国和铸国联姻的物证;出土陈侯壶的墓葬可能是鲁国的墓葬。[3]陈国是周武王褒封的妫姓"帝舜之后",传世陈侯所作鼎、鬲、簋、簠等器多件。《陈侯乍王妫媵簠》,与记载武王征商的《利簋》等器同出于陕西临潼窖藏。[4]陈的出土器物与遂国器物不易分别。遂国出土青铜器的特征是象元素的运用,如象首纹簋、象首纹匜等。

  春秋时遂人四支,即遂因氏、颌氏、工娄氏、须遂氏,也会有多个城邑。遂人的分支须遂氏在东平一带,因为邾国、鲁国先后并吞的须句国也在这里,后来设置有须昌县。东平县接山镇上遂城由上遂城东、上遂城西、下遂城、北遂城四个行政村组成,到肥城安临站东西直线距离有21千米,中间山岭阻隔,但有环山道路相通。村南250米处汇河两岸春秋战国遂城遗址呈台状,高出地面3米左右。西南部有当地称为"南城台子"的高土台,断面有器物陶片。出土有陶鬲、豆、罐、铁器等。民国《东平县志》卷十四《金石志》有出土的"遂城古钺":"铜质,重十一两,高四寸,刃润一寸五分,下调一寸强,厚八分,中空面有花饰,无字。年代不可考。疑古时仪仗所用,浑穆黝碧色泽甚古,必汉以上之物。清光绪三十二年(1906)北遂城村有人掘地得之,今为王润阜所藏。"所说花饰似为文字。(图一)

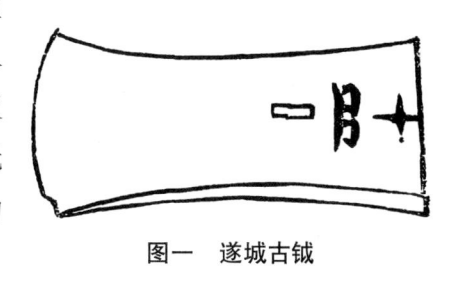

图一　遂城古钺

---

[1]　杨树达:《积微居金文说·遂启諆鼎》,上海古籍出版社,2007年。

[2]　徐中舒:《肥城县陈侯壶·士父鬲》,《殷周金文集录》,四川人民出版社,1984年,第432页。另参考《文物》1972年第5期、《山东画报》1985年第6期文章。

[3]　杨波、李大营:《青铜器》,山东友谊出版社,2002年,第229页。孙敬明:《西周东周两寝盂》,《中国文物报》1998年1月21日。

[4]　临潼县文化馆:《陕西临潼发现武王征商簋》,《文物》1977年第8期。

遂国范围西北到肥城石横衡鱼,传说是虞舜成都之处,旧称都君庄。都君可以理解成君都。舜是谥号。《史记》集解引谥法曰"仁圣盛明曰舜",皇甫谧云"舜字都君"也。都君庄可解释成舜庄。[1]康熙十一年(1672)《肥城县志》载:都君庄,在城西南四十里,即虞舜成都之处。石横镇道口村北有舜王冢。墓径30米,高10余米。该墓只有部分幸存,考察出土有从龙山到商周的遗物。

二、黄帝之后任姓铸国的青铜器

铸(也写做祝、畴、寿),《国语·周语》与《世本》载其为任(妊)姓邦国,《吕氏春秋·慎大览》《史记·周本纪》云其为黄帝之后,而《礼记·乐记》《潜夫论·五德志》言其为尧帝之后。任姓世代与周王室通婚,故《左传》有"不敢与诸任齿"之言,任姓十余国如薛、任、祝都在山东江苏一带,命他们司太昊之祀。[2]《左传·襄公二十三年》:"宣叔娶于铸。"杜预注曰:"铸国,济北蛇丘县所治。""铸国,尧后也,在济北蛇丘。"郦道元《水经注·汶水》记载了铸乡城范围:汶水又西迳蛇丘县南,县治铸乡城。汶水又西,蛇水注之。水出县东北,西南流迳汶阳之田,齐所侵也。自汶之北,平畅极目。僖公以赐季友即此。蛇水又西南迳铸乡城西,《左传》所谓"蛇渊囿"也。故京相璠曰:"今济北有蛇邱城,城下有水,鲁囿也。"清朝聂剑光《泰山道里记》记载:城西南七十里而有蛇邱故城,今楼上村是也。《竹书记年》载平王三年(前768)齐人灭祝。春秋晚期鲁昭公时,为鲁国城邑。与商甲骨金文与文献记载的刚、京、嬰诸地相毗邻。综上所述,铸国应在肥城西南部。

山东省博物馆藏铸子犭无礼器,内底铸阴文3行:"铸子犭无作,其永宝用。"另《文物》2004年12期、《殷周金文集成》等有铸姬鬲口沿铭文、铸司寇鼎拓片释文等。还有铸邑方足布,面文"铸邑",其中一种为铸邑合文。[3]这些金文保存了不见于史籍的铸国官制资料。传世金文有光绪初年青州出土铸公簠,铭曰:"铸公乍(作)孟妊

---

[1] 朱凤瀚:《中国青铜器综论·肥城小王庄出土春秋青铜器》,上海古籍出版社,2009年。金荣权:《周代淮河上游诸侯国研究·陈国的有铭青铜器》,河南大学出版社,2012年。代雪晶:《山东博物馆藏陈侯壶赏析》,《文物天地》2018年第12期。蒋群:《春秋名器——陈侯壶》,《走向世界》2005年第7期。

[2] 杨波、李大营:《青铜器·铸子抚巳》,山东友谊出版社,2002年,第255页。

[3] 中国钱币博物馆:《中国钱币博物馆藏品选》,文物出版社,2010年。刘飞燕、段颖龙:《东周钱币鉴藏知识问答》,安徽美术出版社,2012年。

车母媵(媵)簠,其万年眉寿,子子孙孙永宝用。"是铸公为孟妊车母所作媵器。铸公虩铭文:"铸公作孟妊东母媵簠,其万年眉寿,子子孙孙永宝用。"与之相类且格式相同,人名为东。泰安龙门口出土西周晚期铜鬲,铭文:"铸姬作孟妊姑兹羞鬲。"是铸国姬姓夫人为嫁到商丘的孟妊姑兹所作。山亭区东江墓群出土青铜器铸叔盘,铭文:"铸叔作叔妊秦媵盘,其万年眉寿,永宝用。"铸叔做铜盘作为叔妊秦随嫁的嫁妆带到小邾国。又有铸侯求钟铭文:"铸侯求作季姜媵钟,其子子孙孙永享用之。"这些说明铸国广泛的婚姻关系。桓台出土青铜器,铭文曰:"铸子叔黑匝肇作宝簋,其万年眉寿永宝。"铸国器物均于光绪年间出土,其中铸子叔黑颐鼎等出于青州、桓台、邹平,均在今山东北部淄博至潍坊一线,是铸国"叔族"等迁徙之地。春秋晚期的铸公簠、铸公虩、铸子叔黑鼎、铸子叔黑鬲、铸子叔黑盨、铸子叔黑簠、铸子叔黑簋、铸叔皮父簠、铸叔鼎、铸叔簠、铸叔盘、铸子匜、铸侯求钟,也有专业研究。[1]

肥城铸国国邑所在,也同遂国一样未确定。重点关注曾出土青铜剑的边院镇小王村东周遗址及周围的古城诸村,还有出土青铜器的汶阳镇三娘庙和孙孝门遗址。三娘庙遗址位于三娘庙村东北,北到宋家林,南到大汶河。文化层堆积1-2米。采集有泥质细沙灰陶瓮、灰陶罐缸盆豆、板瓦等器物残片,遗址定为春秋战国至汉代遗址。1935年10月,在泰安西南乡孝门(现肥城汶阳镇)三娘庙东北鸡嘴坝附近,乡民取水掘出大、小铜鼎、铜罐、铜炉、铜铃等十余件,因当场发生争夺,毁坏甚多,下落不明。1999年大汶河护堤,村民在取土过程中曾出土11件青铜器,被泰安市博物馆收藏。孙孝门遗址位于孙孝门村南的汶河大堤内,西至宋家林,东至孙庄以南,属春秋战国至汉代遗址。文化层堆积0.3-0.4米。采集有泥质夹砂灰陶罐口沿、灰陶豆柄、豆盘残片、泥质细砂粗绳纹灰陶板瓦、灰陶罐残片等。此遗址西与三娘庙遗址相邻,两个遗址是一个整体。还应关注出土战国铜弩机的仪阳柱子,《肥城县志》说这是铸亭所在。

三、青铜器史密簋、班簋铭文
有关遂、铸等地地理

出土青铜器史密簋、师簋、班簋等,对研究遂、铸参加在泰山大汶河流域的战争史

---

[1] 徐在国:《金文考释拾遗》,《中国文字研究》(第三辑),广西教育出版社,2002年。王珊珊:《山东西部诸侯国东周青铜器铭文汇考》(第十章),天津师范大学2017年硕士论文。

实提供了材料。

在陕西安康县以东王井沟、老君观之间的断崖上,于1986年出土史密簋一件,现藏于安康博物馆。内底有铭文93字,对研究西周史、方国地名都有重大的意义。铭文记载西周与东夷、南夷的一次战争,南夷等军入侵东国,周王命师俗、史密东征的作战过程。文为:"佳(唯)十左(又)二月,王令(命)师俗、史密曰:东征。敆南尸(夷)、卢虎,会杞尸(夷)、舟尸(夷)、雚(讙)、不坠,广伐东或(国)。齐师、族土(徒)、遂人,乃执鄙宽亚(恶)。师俗率齐师、遂人左,伐长必。史密右,率族人、釐(莱)伯、棘(殿),周伐长必。获百人。对扬天子休,用作朕文考乙伯尊簋,子子孙孙其永宝用。"此器引起了多家学者的考释与研究,成果丰硕。李学勤认为西周中期青铜器史密簋的铭文,记载周王命大臣率领齐、莱等四国军队与南夷和杞、州交战,取得长必大捷的事迹,是权威正确的。铭文讲南夷中的卢虎部族联合东夷杞、舟、讙、不坠等,大规模骚扰东国,所以周王命令师俗与史密率领齐师、族徒、遂人、莱伯与棘殿,兵分左右两路,在长必之地合围敌对势力。参战双方各部族,基本由汶淄流域的古国、古族构成。南夷诸部住在汶水流域一带,其中卢虎,在长清归德镇的卢子城;杞夷在今大汶河上游的新泰西部;舟夷,在汶水以北的东平一带,与安丘北部州(舟)国不是一地;讙地习见于《春秋》经传,位于肥城南部大汶河下游北岸。南夷、不坠不详。战争以居住在远处的齐师为主力。师俗与史密所率诸部,可考证的也在大汶河流域。族为从母,铸为照母,旁纽双声可通。族土应即为铸徒,在今肥城东南大汶河北岸。遂人即遂国,在铸国西北邻。莱伯,祖居莱芜一带。棘殿的棘地,汶水下游支流沟水流经棘地,与遂接壤。[1]有学者认为棘即棘,见于《春秋》经传,还见于西周晚期的师簋。棘与釐(莱)、齐、纪共同参与军事行动,在两次军事行动中都是殿军。李学勤认为棘应读"偪",棘地望在泰山博邑。[2]

著名的周穆王时班簋(毛伯彝)腹内底铭文20行198字,记述班追随毛公东征

---

[1] 周宝宏:《近出西周金文集释》第一册《史密簋铭文集释》,天津古籍出版社,2005年。又见李启良:《陕西安康市出土西周史密簋》,《考古与文物》1989年第3期。张懋镕、赵荣、邹东涛:《安康出土的史密簋及其意义》,《文物》1989年第7期。吴镇烽:《史密簋铭文考释》,《考古与文物》1989年第3期。李仲操:《史密簋铭文补释》,《西北大学学报》(哲社版)1990年第1期。李学勤:《史密簋铭所记西周重要史实考》,《中国社会科学院研究生院学报》1991年第2期。王辉:《史密簋释文考地》,《人文杂志》1991年第4期。李仲操:《再论史密簋所记作战地点》,《人文杂志》1992年第2期。张永山:《史密簋与周史研究》,《尽心集》,中国社会科学出版社,1996年。吕建昌:《金文所见有关西周军事的若干问题》,《军事历史研究》2001年第1期。林楠春:《史密簋铭文汇释》,《青年文学家》2011年第11期。不同意见如张懋镕:《史密簋与西周乡遂制度》,《文物》1991年第1期。方述鑫:《史密簋铭文中的齐师、族徒、遂人——兼论西周时代乡遂制度与兵制的关系》,《四川大学学报》(哲社版)1998年第1期。

[2] 邹芙都、马超:《西周金文所见佚记古国及相关问题讨论》,《历史研究》2019年第5期。

的史实。铭文所记主帅毛公"秉繁、蜀、巢命","遣令曰：以乃族从父征,遂城卫父身。三年静东国"。周王命令毛伯继承虢成公官位夹辅王位,监管繁、蜀、巢三国；族即铸国从征,遂国在毛公身边卫护。蜀,在汶水下游支流沟水(今肥城南部漕浊河一带),原先是商王的领地,《左传·宣公十八年》载其为楚战地。研究蜀地与三星堆古蜀的关系大有必要。巢(巢丘),在泰安市东南境。这些都在肥城南部汶阳田范围内。

四、肥城乔庄、泰安道朗龙门口同样出土商丘青铜器

商丘青铜器出土在与肥城北坛相连的乔庄和泰安道朗龙门口水库。

肥城北坛,地处康汇平原北去长清要道马山谷地关口,北去地势险要的大石关设有障城和烽燧,南行有王晋、锁鲁城、夏辉等东周遗址,基本沿 S104 两侧线状分布。北坛遗址是古代祭祀中心,位于肥城市老城镇北坛村南 0.5 千米处,陆续出土大汶口文化晚期到西汉时期的遗物,石器有磨光石铲、石斧等；出土陶器有红陶鬶、白陶鬶、大腹罐、夹砂黑陶壶、细加砂陶鼎、镂孔器等,其中黑陶罐光亮如漆,薄如蛋壳。分别收藏在泰山岱庙和肥城市博物馆。原老城镇西北的乔庄村位于牛山东麓,辖 5 个自然村,其中有乔家庄与北坦遗址邻近。[1] 光绪十七年《肥城县志》记载："城西北三里曰乔家庄,光绪二年(1816)有农人锄地得铜器四,文曰：商邱叔作其旅簠,其万年子子孙孙永宝用。农人不识,黠者市之,贩于济南,得重价焉。"2017年《乔庄村志·逸闻闻传说·青铜器》记载：光绪二年(1876),乔家庄的乔衍(彦)河在庄科(今乔庄九组村址)耕地的时候,耕出了一个茶壶、一只茶盘、四只茶碗的青铜器。青铜器上铭文为："商邱叔作其旅簠,其万年子子孙孙永宝用。"因为不识古董,让孩子当玩具,被走街串乡的货郎发现以80两银子贩卖到济南。1932 年,其孙乔玉钱在庄科耕地又耕出几件青铜器,被文物贩子重金收购。近期出土器物有绳纹陶罐。

乔家庄出土有铭器物商丘叔簠,内底铭文："商丘吊(叔)乍其旅□(簠),□(其)万年子子孙孙永宝用。"学者断为春秋早期器物。[2] 叔妃簠两件形制相同,器盖对铭各

---

[1] 苑胜龙、程兆奎、徐基：《山东肥城市北坦遗址的大汶口文化遗存》,《考古》2006 年第 4 期。
[2] 杨波、李大营：《青铜器》,山东友谊出版社,2002 年。

铸阴文 2 行:"叔妃作尊簠,其万年永宝用。"叔妃簠原由唐仰杜收藏,[1]于 1932 年出土。学者研究:叔为排行,妃为姓,从形制判断应属西周晚期,也有学者断代为西周中期。[2] 礼器史显簠,兽首鼻饰窃曲纹,盖身对铭同文:"史显作旅簠,其永宝用。"另故宫博物院藏叔妃簠盖。

龙门口遗址位于岱岳区道朗镇大马庄村埠子自然村南 100 米。其地在康王河主河道北,支流西岸,东距泰安西距肥城相差不大。出土文物有大汶口文化红陶鼎足、商代晚期至周朝时的陶鬲足、豆盘片、器物口沿,汉代陶盘、盒残片等,为龙山文化至汉的文化遗址。1960 年初,曾发现青铜器、陶器、石器。出土两件铭文相同的春秋早中期青铜器商丘叔簠,盖、底铭文相同:"商丘叔作其旅簠,其万年子子孙孙永宝用。"一级文物西周饕餮纹铜方盘,藏泰安博物馆。[3] 岱岳区馆藏文物有 1991 年由道朗征集的新石器时代石钺,证明此地文化有悠久的历史。

乔庄和龙门口出土的周代青铜器,题名都有商朝的特质,使用显贵的饕餮夔龙纹饰,两者是一国器物,都是盖器对铭且铭文有稳定性。1960 年龙门口出土国家一级文物西周龙凤冠人形青玉佩,展示出古人服饰的简貌,冠轮廓为象形。可见商丘与遂国的婚姻关系或艺术联系。为何小王庄、龙门口出土青铜、玉器含象的元素?因为舜的兄弟之族崇象,也因为象为泰山田猎的对象。董作宾发现商王田猎地名与征伐地名有关系,主要驻足地在当今泰山以西地带。陈絜也研究商王活动的泰山田猎区,周人东征以后,泰山周边尤其是汶水流域一带涌入大量以农耕为主的西土外来人口。[4]

商丘是地名,也是国族名,迁移后代表商的故地,和宋国都城名商丘一样。但龙门口附近不是商朝旧都。王国维考证"相土之东都"在泰山下。如亳(蒿)就是位于泰安城区蒿里山的蒿里山。商王曾经驻商邑,在泰山一两日路程的东平县接山镇鄣城村。器主商丘叔的叔是季父,出土商丘叔器的两地都又有叔妃器物出土,说明叔类似于爵位,而非人名和行次,如《左传》开篇的郑国京城大叔,如国家博物馆藏西周晚期京叔盘,铭文:"京叔作孟嬴媵,子子孙孙永宝用。"这也启发解读铸叔盘、叔良父匜和遂启諆鼎作"叔宝尊彝"的叔。商丘叔簠,反映了泰安曾为商朝都城的史实,也代表了

---

[1] 唐仰杜(1888-1951),1927 年起任山东省市政厅长、财政厅长。1939 年任伪省长兼财政厅长。1945 年任日伪华北政委会兼工务总督。通绘画,工书法,鉴赏水平也很高。收藏有青铜器、陶器章等,作为逆产由省立图书馆接受转省博。

[2] 刘雨、沈丁、王文亮:《商周金文总著录表》,中华书局,2008 年,第 540 页。

[3] 王恩田:《甲骨文中的济南和趵突泉》,《济南大学学报》2002 年第 1 期。

[4] 陈絜:《商周东土开发与象之南迁不复》,《历史研究》2016 年第 5 期。

商后在泰山的城邑,可能是宋的汤沐邑。有学者认为商丘叔簠是卫国铭器,也有认为其为春秋早期宋国器,未必准确。[1]

五、遂、铸、商丘及其青铜器研究历史的两点启发

研究遂、铸、商丘及其青铜器,有助于深化对商周政治经济文化的研究,以及对研究方法的扩展,还有助于对泰山学特别是封禅的研究。泰山的文献研究方面,以周郢为代表的学人进行了深入的研究,取得很大成果;泰山石刻,有袁明英《泰山石刻》为代表的成果。要深化研究泰山学特别是封禅文化,就要开阔视野,引入新的资源,多学科多层次协同研究,其中以青铜器、甲骨文、金文融合研究加上理论的建构是一个方向。考古、文字与文献相结合的多重证据法和多学科结合、多角度支持的研究方法是探索夏商周文明的必由之路,这有利于研究泰山区域文化,和泰山在大一统格局下中华文化基因构成中的意义。

1. 地方史的研究除必须利用典籍文献、石刻文献、考古资料之外,还有青铜器铭文、贞卜刻辞甲骨文。

甲骨文、金文、简牍等各种载体的文字资料,为研究先秦历史、政治、经济、军事、文化等提供了大量的且最为直接的宝贵资料。陈絜的甲骨文研究对理解泰山地域诸国邑和封禅制度具有重要意义。[2] 出土文物与传世器物、文献同证,商王武丁时期田猎地点近60个,其中45个东土地名位于今泰山周边。

如坐落泰山前的泰安有:鸿(红),在泰山前的洪沟一带。博邑,在今泰安市邱家

---

[1] 刘卫东、张爱菊:《山东泰安市龙门口遗址调查》,《文物》2004年第12期。郑清森:《山东泰安出土"商丘叔"簠考》,《中国历史文物》2010年第6期。赵平安:《山东泰安龙门口新出青铜器铭文考释》,《中国历史文物》2006年第2期。赵平安:《金文释读与文明探索》(上),上海古籍出版社,2011年,第24页。

[2] 陈絜、赵庆淼:《"泰山田猎区"与商末东土地理——以田猎卜辞"盂""榃"诸地地望考察为中心》,《历史研究》2015年第5期。陈絜:《商周东土开发与象之南迁不复》,《历史研究》2016年第5期。陈絜:《"鸡麓"地望与卜辞东土地理新坐标》,《古代文明》2017年第1期。陈絜:《卜辞滴水与晚商东土地理》,《中国史研究》2017年第4期。陈絜、田秋棉:《卜辞"龟"地与武丁时期的王室田猎区》,《故宫博物院院刊》2018年第1期。陈絜:《卜辞中的柴祭与柴地》,《中原文化研究》2018年第2期。陈絜、刘洋:《宜侯夨簋与宜地地望》,《中原文物》2018年第3期。陈絜:《滕州所出妊爵在商周地理研究中的意义》,《河北师范大学学报》2020年第4期。

店镇旧县村西。滳北九麓之一奚(鸡麓),在今泰安、莱芜一带。穆公簋盖铭中的虘,在汶阳之田。曺地则在泰山东南。庆、曺间的牢(御),在今肥城、泰安一带。阳关,今泰安东南约六十里。龟,位于泰山东南的汶水西岸龟阴之田。龙、巢二地大致在汶水上游的下段,接近柴汶汇入汶水干流处。

坐落泰山西南的有肥城:覈,在平阴或肥城。沟即大汶河支流沟水附近地名,謹,今肥城南部大汶河北岸夏辉。东平:夙(宿),故地在今东平宿城镇。[1]宁阳:商成(郕),在今宁阳古洸水之东北、刚(堽城里)之西南、宁(阳城)之西北,与春秋在宁阳东部的成邑不同。[2]犅(刚),在今宁阳堽城镇一带。兆(桃),在汶水下游,成地毗邻的宁阳、汶上一带。壴、黄,在今宁阳境内商(今东平郡城)附近。平阴:庆(荠),在今平阴洪范镇一带,有战国庆蘁戈。京(京兹),是与平阴、卢城三足鼎立的城邑,约在今平阴孔村一带。

坐落泰山东南的有新泰、莱芜:旧,在莱芜新泰一带。奠,在汶水上游今泰安、莱芜间。宜,在莱芜和义一带。杞,新泰西境杞国。《左传·昭公元年》把城杞说成城淳于,新泰、泰安战国墓中都出土淳于戈。杞国有泰山下有同名淳于的城邑,即今岱岳区满庄镇的淳于,是柴汶流经的新泰柴城。另有敖、宫、谷、香等。

从经典文献可以理解上述城邑周朝时的规模和形制。《礼记·王制》:"王者之制禄爵,公、侯、伯、子、男,凡五等。不能五十里者,不合于天子,附于诸侯,曰附庸。凡四海之内九州,州方千里,州建百里之国三十,七十里之国六十,五十里之国百有二十,凡二百一十国。"周朝爵位的子男不成国,为附庸,就是不祭祀祖先神明,没有城防和专职军队。《左传·庄公二十八年》曰:"凡邑有宗庙先君之主曰都,无曰邑。"《国语·鲁语》云:"自伯子男,有大夫无卿,帅赋以从诸侯。"城邑的规模似乎不大,城也不大。《孟子·万章下》:"天公侯皆方百里,伯七十里,子、男五十里,凡四等。"辖区方百里换算大约是 40 平方千米。《战国策·赵策》:"古者四海之内分为万国,城虽大,无过三百丈者。"周制一尺 23.1 厘米,八尺为丈,边长三百丈约为 550 米。

学者研究商周交通和战争路线,肥城诸邑在交通中占有重要地位。[3]商王走东平郡城、肥城王庄、石横一线向东。春秋乐正子春弟子所走路线是从鲁都曲阜出发,

---

[1] 朱继平:《宿国地望及相关问题探析》,《中国历史地理论丛》2012 年第 3 期。
[2] 杜貴晨:《周公"居东""东征"与宁阳古国考证》,《济宁学院学报》2020 年第 1 期。
[3] 陈絜:《冉方鼎铭与周公东征路线初探》,《古文字与古代史》(第四辑),中研院历史语言研究所,2015 年。陈絜:《卜辞京、鸿地望与先秦齐鲁交通》,《史学集刊》2016 年第 6 期。庞小霞:《先秦时期齐鲁交通的考古学观察》,《管子学刊》2018 年第 3 期。陈絜:《小屯 M18 所出朱书玉戈与商人东进交通线》,《故宫博物院院刊》2019 年第 3 期。

北经刚、蘣、遂、肥城、长清、历城；或经肥城转而东进至商丘，转北走张夏谷地至历城；或经红再东北经嬴至历城，东折而至齐都临淄。但是没有青铜器铭文，有关城邑即使有器物出土也难以做历史考证。如东焦遗址位于肥城市王庄镇东焦村东南侧的高台地，文化层堆积2－3米。采集标本有商周时期的陶鬲足、陶豆柄等。1993年村民赵德祥、赵德泉取土时出土战国青铜器，但无铭文难以确定族属。徂徕山东南侧化马湾镇沙沟村东商至汉代燕语城遗址出土鼎、簋、壶、镞等，徂徕山南部徂徕镇黄花岭村出土春秋及西周时期青铜器，同样无法确定邑名。

陈絜据商周著名的青铜器群梁山七器铭文，结合殷墟田猎卜辞、《左传》城输、《清华简・系年》句俞之门等，推断是肥城句窳亭，也就是今衡鱼为真实出土地点。大保鼎与大保簋为召公奭本人所铸，其余四器器主则属于召公奭之子侄辈。商朝晚期青铜器小臣艅犀尊，以犀牛为原型制作的，内底有铭文27个字："丁巳，王省夒，京，王易（锡）小臣俞夒贝。隹（唯）王来正（征）人方，隹（唯）王十祀又五，肜日。"记述商王讨伐夷方，赏赐小臣俅夒贝。小臣俅的职务为奴隶总管。太保鼎底部有铭文"大保鼎"，应为西周成王时期的重臣召公奭所铸。礼器太保簋铭文："王伐录子（圣），謰厥反，王降征命于大保，大保克敬亡遣，王侃大保，易（锡）休榆土，用兹彝对命。"周初大保簋铭中的榆地，也就是商末田猎卜辞中的主要田猎地点榆，属商王近臣小臣俞所有，随着周初录子圣叛乱的平定，成为召公奭的燕国汤沐邑。榆与帝辛十五祀征人方时所省之夒、京两地相近。[1] 燕召榆与附近遂国的关系待考，此地隋朝曾废平阴建榆城县。

2. 遂、铸、商丘以及泰山附近出土青铜器反映的古国邑历史，有助于封禅文化的认识。

泰山地区是远古文明的重要发祥地。章太炎认为泰山是中国古代的政治中心。杨向奎指出泰山一带是古代中国的政治和文化中心，夷夏部族皆不远于此。在一段时间内，这样说法是正确的。苏秉琦认为泰山在中华文明史上是有过特殊地位的。舜太昊的发源地在济水流域，泰山之麓、河济之间是夏墟所在，也是殷商早期都城。商先王昭明迁商，相土居东都商丘，商汤居亳，都在泰山汶水一带。以海岱地区为核心的田猎区与人方（东夷）区域一致。晚商商王好田猎，甲骨卜辞记有大量的经常性田猎活动。

为什么西周春秋时，泰山前有大舜之后遂、黄帝之后铸、大禹之后杞国和商宋的商丘呢？这也和封禅有关。封禅一词是春秋才出现的名称，但是封禅的史实具有久远的历史，类似近两个世纪德国人雅斯贝斯用轴心时代概括一段两千多年前的历史时代，李希霍芬用丝绸之路概括一段两千多年来的历史地理。杨超明说：关于中国

---

[1] 陈絜：《"梁山七器"与周代巡狩之制》，《汉学研究》2016年第1期。

上古文明的一些记载,说有容易说无难,不宜轻易的去否定。

孔颖达《毛诗正义》:聚土为封,除地曰墠,变墠言禅。封禅是帝王祭祀名称,积土增山祭天曰封,除地为墠(坛)祭地曰禅,源于祭天拜地崇山,也是巡守制度的产物。詹鄞鑫指出:"从本质上说,封禅起源于部落联盟时代的盟主(王)巡视邦国的制度。"巡狩(守),又作巡省、巡幸、巡游等,源于上古军事民主制时期部落联盟首领对各地的武装巡视活动,从而成为控扼天下、维系王权、推行教化的重要举措。巡狩最早可追溯到尧、舜、禹时期,虞舜时代形成礼仪化的制度。把最高等级的山岳祭祀,和宗教性最高正统祭祀一体化运作,天子定时到各地巡视,祭祀名山大川,考察诸侯政绩。孟子曰:"天子适诸侯曰巡狩。巡狩者,巡所守也。"大舜的德礼传统被遂国继承,夏朝全部的文化都未被发现。商周王朝和其前后的亚述帝国、罗马帝国一样,通过分封为王朝或帝国统治服务,通过大规模田猎、巡狩对封地产生武力震慑和文化融合作用。

周代巡狩制度,是伴随大规模封邦建国运动而确立起来的控制诸侯制度,也是商周核心区域变迁的产物。周成王等巡狩东土,在泰山行封禅之礼,是有明确记载的。《今本竹书纪年》记载,周成王十九年"巡狩侯甸方岳",到泰山进行了封禅。《大戴礼记·保傅》称周成王"封泰山而禅梁甫,朝诸侯而一天下"。《墨子》称"有道曾孙周王有事",说明武王将山岳当作可以交流、求取庇佑的神灵。《诗·周颂·时迈》"怀柔百神,及河乔岳"是周武王巡狩诸侯的颂歌。《诗序》云:巡守告祭柴望也。郑笺说:"巡守告祭者,天子巡行邦国,至于方岳之下而封禅也。"孔疏曰:"《时迈》诗者,巡守、告祭、柴望之乐歌也。谓武王既定天下,而巡行其守土诸侯,至于方岳之下,乃作告至之祭,为柴望之礼。柴祭昊天,望祭山川,巡守而安祀百神,乃是王者盛事。"徐兴无认为:"封禅说是对古巡狩礼的发挥与改造。封禅为天下太平的隆祀,是巡狩礼的极至。"西周十二王中,真正巡视过东土的有成王、康王与穆王三位,其他王可能是定时遣使祭祀。

祭祀泰山有多种礼仪形式。《史记·封禅书》《汉书·郊祀志》引《尚书》曰:舜在璇玑玉衡,以齐七政。遂类于上帝,禋于六宗,望山川,遍群神。辑五瑞,择吉月日,见四岳诸牧,还瑞。东巡狩至于岱宗,柴而望祀山川,就是望祭(柴祭)。四海之内诸侯各以其职来助祭。据《仪礼》《白虎通义》有尸祭,周公祭太山,召公为尸。朱熹说,祀山川则是虞衡之类问尸之坐立。鲁公和齐侯长期祭祀泰山的习俗是旅祭。山岳是齐祖姜姓祖先神。《左传·庄公二十二年》载"姜,大岳之后也",《礼记·礼器》载齐人将有事于泰山,必先有事于配林。《论语》中载季康子要去祭祀泰山。齐桓公欲效法天子封禅,管仲以其他理由制止。楚占领杞国61年间,也单独祭祀泰山。1954年,泰安东更道村发现面对日观峰7个祭坎(器物坑),藏六件浴缶和一件三足铁盘,"右征尹楚高"铭文证明是楚国让国卿叶公祭祀泰山的遗物。[1]

《齐太公世家》《史记·封禅书》中载《管子》有《封禅篇》，不见今《管子》文本。汉朝司马相如《封禅文》和《封禅书》成了古代典籍保留的最早著述。《日知录·泰山治鬼》称：《左氏》《国语》未有封禅之文，是三代以上无仙论也。帝王巡守，要面见长寿之人。不顺宗庙为不孝，废爵；变礼易乐为不从，流放君主。所以巡守封禅泰山不是打猎，也非求仙，而是交通天地、宣扬文教。至于七十二位帝王封禅泰山之说，可能是虚数。[2]

岱宗封禅地的历代位置多变，器物众多。如元狩元年（前122）汉武帝于泰山以铜银铸三足高4尺鼎，篆书铭文："登于泰山，万寿无疆；四海宁谧，神鼎传芳。"（虞荔《鼎录》）东汉建武三十二年（56）郭坚伯部下杨通在泰山发现形状像钟有方柄的有孔铜器。密藏被发现记载也很多。泰山东北址明堂，即周王于泰山设坛柴望之处。赵新儒记载1931年出土玉器于周明堂，下落不明。封禅活动是公开的，封禅时在山上的具体活动是秘密的。名义上"燔柴于泰坛，祭天也；瘗埋于泰折，祭地也"。秦始皇"封藏皆秘之，世不得而记"。汉武帝上泰山"有秘祠其巅"。《白虎通》云："或曰封者，金泥银绳，或曰石泥金绳，封之印玺也。"《汉书·武帝纪》有三国孟康注曰："刻石纪号，有金策石函、金泥玉检之封焉石函、金泥玉检之封焉。"明朝丁寿岗《汉武东巡》诗曰："泰山梁甫封禅了，金泥玉检秘神功。"封禅所用的告天书函是金泥玉检，即以水银和金为泥作饰玉简。1931年蒿里山所出唐玄宗开元十三年（725）禅地玉册，自称"嗣天子臣隆基敢昭告于皇地祇"，还有宋真宗封禅玉册，藏台北故宫博物院，山上应当有祭皇天玉册。前代帝王密藏，也有被后人掘出的可能。

周天子赐予诸侯土地分为封地、朝宿邑和汤沐邑。方伯为朝觐天子受王畿之领邑名为朝宿邑，诸侯助祭泰山时住宿和斋戒沐浴的封邑名为汤沐邑。"方伯为朝天子，皆有汤沐之邑于天子之县内。"如《左传》定公四年，"取于相土之东都，以会王之东蒐"，杜注云：为汤沐邑，王东巡守，以助祭泰山。汤沐之邑是周天子祭泰山诸侯助祭，田亩收入专用于祭祀。安排诸侯的分支居住在泰山附近，在人员往来不便和物资运输不易的古代也便于代祭。这也可以确定泰山周围土地在西周春秋时代的地位，据《礼记·王制》名山大泽不分封，为天子辖县，而不属于齐鲁的附庸。

---

[1] 刘宪章：《泰山古明堂钩沉》，《岱宗学刊·泰安教育学院学报》2001年第4期。
[2] 参考何平立：《先秦巡狩史迹与制度稽论》，《军事历史研究》2003年第1期。孟宪实：《泰山的祭祀与封禅》，《光明日报》2010年12月2日。谢乃和：《先秦君主如何巡狩地方》，《人民论坛》2017年第19期。顾涛：《封禅礼的经学意旨》，《文史哲》2019年第3期。刘兴顺：《左传中是泰山国家祭祀考论》，《左丘明文化》2020年第1期。

西周分封虞舜后裔陈国、夏禹后裔杞国、殷商后裔宋国合称三恪。杞国国君夏公与商后殷公、尧后唐公、舜后虞公并列，则封禅活动时他们必定参加。诸大国在泰山附近都有自己的汤沐邑。郑国的祊，据杜预注在今临沂市费县东南。实际郑国泰山之祊或作邴，即卜辞载的磬地，距商(春秋时的鄩)半日行程，位于汶水中游汶阳之田。卫国的盂，在泰山东南相土东都地域的龟阴之田一带。周王近支燕召家族在泰山脚下所领有的汤沐邑榆，在泗水句窳亭一带，现在的肥城衡鱼。清华简《系年》载，周成王伐商，杀禄子耿(武庚)，蜚廉东逃于商盖(奄)，成王伐商盖，杀死蜚廉，西迁商盖之民(少昊族)于邾圉，"是秦先人"。秦的汤沐邑嬴，在今莱芜区羊里镇城子县村。夏的后裔杞国在泰山下有汤沐邑，即今岱岳满庄镇的淳于。《左传》郑国用汤沐邑祊换鲁国的朝宿邑许田，卫蒯聩献盂于齐，就反映了历史变迁导致的制度崩溃，南北鲁齐两大国势力开始染指泰山天子之县。

六、结　　论

没有综合解读，多少考古发现也是一堆破砖滥瓦，再精美的出土文物也是年代久远的工艺品。我们的时代在向后创造更高的历史记录，如果打破信古与疑古的纠结，我们历史研究者也能利用新科技新思路向前延伸有据的历史，把传说变成信史。通过历代出土的青铜器、玉器等文物，可以对封禅礼仪做出完整认识。同时，对封禅的研究也有助于对泰山前诸国邑的认识，特别是春秋战国齐鲁疆域的认识，进而加深对泰山文化与中华文明的整体认识。

小王庄出土青铜器，是遂国的器物。黄帝之后任姓铸国的青铜器，可考证铸国的历史文化与地理。青铜器史密簋、班簋等铭文有关遂、铸的史实，也有利于我们对历史做深入的探讨。肥城乔庄、泰安道朗龙门口出土同样的商丘青铜器，可知乔庄、龙门口附近的城邑，是宋国封禅泰山的汤沐邑商丘。多地商丘叔与叔妃器物出土，证明叔类似于爵位。遂、铸、商丘及其青铜器的研究，对历史的启发是：地方史和封禅文化的研究，除利用典籍文献、石刻文献、考古资料之外，还有青铜器铭文、贞卜刻辞甲骨文；遂、铸、商丘以及泰山附近出土青铜器和铭文反映的诸国邑，有助于确定他们的性质和地位，有助于对泰山封禅文化的认识。同时，对封禅的研究也有助于对泰山前诸国邑变迁的认识，进而加深扩展对历史地理的认识。由于缺乏近年专业考古队伍的科学聚落发掘，肥城等地区的史前面貌还有待清晰化。

封禅文化实际是中华礼乐文明的一部分。巡守、封禅实际是虞舜夏禹到商周统治从一隅扩展到广大中原产生的历史遗产,也是泰山成为中华民族象征地位的源头。封禅的理论和礼仪实践,实际是精神上在建构泰山于中华民族文化史上的国山乃至天下山的地位。孔子时代封禅说已经定型,故而孔子才有登泰山而小天下的伟大境界。

济南长清灵岩寺千佛殿建筑研究

王 晶

(山东女子学院教授)

灵岩寺地属济南市长清区万德镇辖区,在泰山主脉西北向的方山下,与地处泰山北麓的历城区柳埠街道办事处的神通寺(古称朗公寺)皆缘由东晋时期的朗公法师而兴起,是山东地区传入佛教后最早的两处佛教道场寺院,两者之间的直线距离约16公里。两座寺院的创立,标示着佛教在山东的正式传入和兴起。灵岩寺东北距省会济南市区45公里,南离泰安市16公里。西侧的万德镇驻地有南北向的京沪高铁、津浦铁路、京台高速和104国道,自古便是交通要道。1982年,灵岩寺被国务院公布为全国重点文物保护单位。千佛殿(图一)是灵岩寺现存建筑布局中的主殿,是诸座殿

图一 灵岩寺千佛殿

宇中规模最大、等级最高、时代特征最早、承用老构件最多的一座营造规范的建筑载体,研究该殿的时代特征与构造风格,对其今后的宣传、保护和利用,大有裨益。

一、千佛殿的创建与重修

千佛殿位于般舟殿前的断崖下,二殿在同一轴心线上。历城神通寺与长清灵岩寺皆因东晋朗公高僧传播佛教而兴起,[1]历史上均有千佛殿的营建,且为寺院之主殿;更伴有伽蓝殿、达摩殿的存在。[2]两者皆为佛教道场,寺院的起源均缘由于朗公,主要殿宇奉祀的内容相同,形成双姝寺院,并驾齐驱。至唐会昌五年(845年)唐武宗李炎下令灭佛,"暨乎会昌五年,毁去佛口,天下大同,凡有额寺五千余所,兰若三万余所,丽名僧人廿六万七千余人。所奉驱除,略无遗子。惟此龛佛像俨然,微有蕫残"。[3]神通寺与灵岩寺同遭劫难,彻底毁没。此后的神通寺再也没有大型殿宇的兴起,只有后来小型殿堂的营建和香火的苟延,[4]失去昔日的辉煌与影响,一蹶不振。而灵岩寺继而得到朝廷的赐予,"大中五年(851年)奉旨,许于旧踪再起精舍"。[5]又起香火,大有营造之风,拓建寺院,出现中兴态势,一路走向昌盛繁荣。同兴起、同发展的两座寺院由此结束"一茎双花"的模式。清康熙三十五年(1696)刻本《灵岩志》称,千佛殿由慧崇和尚创建于唐贞观(627-649年)中。据唐垂拱四年(688年)《慧绩塔记》碑载:"……昔有慧绩禅师在此山门住持五十余载……"自垂拱四年倒数五十余年,则至唐贞观年间(627-649年)前期。而现存于五花殿东侧台地展示的唐开元十三年(725年)石灯座(图二)镌有"慧崇"的法名,题记曰:"大唐开元十三年十月二十五日岁次戊午乙亥朔比丘僧灵範敬造石灯台一座。上为皇帝皇后,下为师僧父母,法界苍生,咸成佛道。僧法明供养、僧慧盛供养、僧慧敬供养、僧玄景供养、僧慧崇供养、僧无为供养、僧法藏供养、僧智慧供养、僧法□……"从中可知,当时的住持僧是法明,慧崇只是领导层成员的第五位,尚未充当住持僧。天宝元年(742年)李邕

---

[1] (清)马大相编纂,孔繁信校点:《灵岩志·沿革》,山东友谊出版社,1994年,第22页;王晶、张幼辉:《山东济南灵岩寺之历史沿革与古代建筑》,《齐鲁文史》2014年第4期,第45页。

[2] (清)聂剑光:《泰山道里记》,山东友谊出版社,1987年,第58页。

[3] (唐)牟珰:修方山证明功德记刻石,大中八年,灵岩寺红门造像佛座。

[4] 房振等:《济南市神通寺遗址2013年考古勘探及发掘简报》,《山东博物馆辑刊》2015年,第75-99页。

[5] (唐)牟珰:修方山证明功德记刻石,大中八年,灵岩寺红门造像佛座。

图二　唐代石灯座

的《灵岩寺碑颂并序》碑内容所示的"上座僧(即住持僧)玄景",在石灯座题记中排列于慧崇之前位,应是慧崇和尚的前任者,此时的灵岩寺住持僧还不是慧崇。关于慧崇塔的始建年代多料史载营建于天宝年间,按照石灯座僧人领导层的排序推断,其中的慧崇至天宝年间接任主持是可信的,任住持僧的时间应在天宝二年(743年)至天宝十五年(756年)之间。故此,而非《灵岩志》所载"唐贞观初……故慧崇长老改迁今寺"[1]之说。《灵岩寺碑颂并序》又载:"高宗临御(麟德二年即665年)[2]之后,克永光堂,大悲之修,舍利之□,报身之造,禅师之崇,山上灯□□切宇内,舍那之构,六身铁像。次者,三躯大□金刚□□增袤。远而望之,云霞炳焕于丹霄;即而察之,日月照明□□道。皆帝王之力,舍以国财……"由此观之,灵岩寺真正大规模的营造活动应是在麟德二年"高宗临御"之后开始的。

慧崇墓塔的规模、制作及地理位置所示,慧崇生前应在寺院历史发展的进程中做出过突出贡献。从灵岩寺唐代时期的营建活动看,现址院落唐代营建的大殿建筑唯有千佛殿,该殿的营建最显业绩成就,时间亦相适宜,因此,慧崇和尚任期内创建了千佛殿。故该殿始建于唐天宝二年(743年)至天宝十五年(756年)之间是可信的。否

---

[1]　(清)马大相编纂,孔繁信校点:《灵岩志》,山东友谊出版社,1994年,第29页。
[2]　唐高宗李治与皇后武则天到泰山封禅的前一站,驻跸灵岩二十四天。下诏齐州免租赋一年半。

则,不会出现如此高规格的慧崇墓塔。

唐武宗会昌五年(845年)灭佛,始建的千佛殿被拆除,四面檐柱得以保护,没有遭到破坏;柱础多已被毁坏或移位它处(大雄宝殿檐柱下的两个柱础、五花殿东侧台地上的两个柱础),因为该院落的唐代大殿建筑唯千佛殿一处,不会是其他殿堂的遗留。唐大中五年(851年)寺院恢复,千佛殿于唐代后期得以重建。此次重建,从大殿遗留的构件特征迹象看,有加工的檐柱柱础与唐代遗留的瓜棱檐柱匹配雕琢,顾及长短而加减,柱与础的结合在尺寸上非常吻合。金柱进行了规格与内容、形制上的一致设计,统一规划制作。沿用唐代初期的"金相斗底槽"式柱网结构,重建了千佛殿,规模与初创时期的千佛殿同。

宋代初期,"……先蒙朝廷拨赐山场地土,于乾德年立碑□说四至去处,沿为地畔广阔……";"实地面积近40平方千米,实属辽阔壮观";"虽有布施四方源源而来,但僧人的意识还是主要依赖于寺院的土地所获……"。[1] 宋代初期,朝廷对灵岩寺有过较大土地的恩赐。另据宋张公亮《齐州景德灵岩寺记》载:"每岁孟春迄首夏,四向千里,居民老幼,匍匐而来,散财施宝,惟恐不及。岁入数千缗,斋粥之余,羡盈积多。"[2] 朝廷拨赐的大量土地和佛教徒对寺院道场的捐资施舍,为灵岩寺带来巨大的财富,为千佛殿的重建积聚了能力和可能。

至正元年(1341年)河北道肃政廉访使张起岩撰并篆额《大元泰山灵岩禅寺创建龙藏记》碑文载:"历隋暨唐,殿堂齐寮,日新以盛。宋太平兴国天禧景德,偏以其号锡寓内寺院,故寺当号景德,寺之千佛殿、五花殿构于其时,石刻俱在,迄今广宇周廓,遗制尚存。"明确指出宋景德(1004-1007年)年间应是重修了千佛殿。会昌灭佛至宋景德间约160年,加之寺院的正常保养、维护和从檐柱上看,没有倒塌的迹象,故谓之重修。宋王逵《灵岩千佛殿记》描述:"……有琼环者次第以轮奂,其如土木之华、绘塑之美、泉石之丽、草木之秀、森林然棋布前后,远者咸以耳闻之,近者咸以目击之,于千佛殿之旨何啻于形影之外。"景德(1004-1007年)年间,琼环长老重建千佛殿。"……极其庄严,前后工程费逾万金,皆公卿士庶所乐施者,泛常僧能如实乎?"[3] 此次重建工程资金为社会上下各个阶层所捐施。"……至若黄金涂像,碧瓦凌空,回廊大殿,莹然尘外,层楼峻塔,俾彼霄际"。[4] 营建的千佛殿有周匝回廊,绿琉璃瓦覆盖。殿顶结

---

[1] 王晶、刘丽丽:《山东长清灵岩寺地界石碑考略》,《东方考古》(第12集),科学出版社,2015年,第112-119页。

[2] (清)马大相编纂,孔繁信校点:《灵岩志·碑记》,山东友谊出版社,1994年,第45页。

[3] (清)马大相编纂,孔繁信校点:《灵岩志》,山东友谊出版社,1994年,第35页。

[4] (宋)王逵:《灵岩千佛殿记》碑刻。

构势必为重檐。回廊作为大殿的附属配制,在宋《营造法式·大木作》模数制作中降级一等使用。此制为大殿单体建筑二至三檐的第一层檐,它不是屋顶,而是环绕主体殿身一周的裙顶,这就势必还有大殿的屋顶结构,故有回廊的建筑皆为二至三檐的屋顶形式。主体大殿的重檐屋顶,是建筑等级的最高形式,或重檐庑殿、或重檐歇山;前者规定为帝王级别使用,如唐大明宫麟德殿、北京故宫太和殿、济南府学文庙大成殿等。因此,这里的千佛殿只能使用重檐歇山顶,亦显示出高规格的主体建筑。且柱网"金相斗地槽"亦是营建回廊式大殿的专用结构。另有宋元祐(1086－1094年)间任济南郡从事的卞育在《游灵岩记》中记述:"……长廊大厦,其制甚雄……"[1]描述的也是千佛殿回廊的结构与气势,双料见证了千佛殿的建筑形制与规模,陈述的内容是可信的。从史料的记载结合中国古代建筑使用等级制度推测,此次重建的千佛殿应是重檐歇山式屋顶,覆以绿色琉璃瓦顶,彰显建筑等级之高、规模之大,极为富丽堂皇,雄伟壮观。此次重修,琼环长老将千佛殿平柱下唐代柱础更换为雕有龙凤图案的、宋代认为最美的柱础(图三),其主因是宋代人的审美观念发生变化。在显要位置、出入频繁的明间两侧,更换为当时人们最易接受和欣赏的图案柱础,是显示宋代中期传统文化阶段性变化的一种体现。同时,也证明当时的维修,明间梁架有过局部的落架。

1号柱础　　　　　　　　　　　10号柱础

图三　1号和10号柱础

1995年发掘鲁班洞得石碣(图四)一方,刻有"洪武二十三年重修千佛殿、共水陆殿,并修东西两架僧房三十余间。工毕,无准立缘谨志"文字,证明千佛殿于明洪武二十三(1390年)年有过重修。从文字中可以看出,不单是专修千佛殿,还维修了其他殿宇和僧房。从现存实物中看不出此次修复的痕迹,一是针对千佛殿维修工程规模

---

[1]　(清)马大相编纂,孔繁信校点:《灵岩志》,山东友谊出版社,1994年,第46页。

小，对千佛殿的结构没产生多大改变。次是后来的明嘉靖重建时没有保存和使用该时期的建筑遗件。

在千佛殿佛座后嵌有明嘉靖十六年(1537年)《佛宝殿碑记》一通："……法门之兴，全仗大檀越以扶持。遂施马一匹，与贾道人共同造佛宝殿，永远供养。"此碑尽管是小施财主刻制的碑刻，但叙述出有大檀越的存在，反映出大殿捐助的广泛与重建千佛殿的具体年代。

明万历十五年(1587年)德藩王施资重修千佛殿。据明代万历(1573-1620年)时期的监察御史傅光宅在《重修千佛殿记并词》中载"……逮于今日，道法陵夷，僧废清规，人罕正信，苾刍散于饥馑，殿阁圮于风霜，灵泉呜咽而断流，宝树萧疏而失荫。于是德藩先定，王以凤世机缘捐施帑藏。世殿下以深心、仁孝成就功德。先是丁亥之春，有苾蒭上人结盟于林壑。戊子之夏，则达观和

图四　鲁班洞发掘出土明代碑刻

尚说法于山岩。于时典宝副陈奉者，方奉王命督理寺工。受一言于苾藏，投五体于达观，奉戒精严，监工勤慎。遂尔山门炳焕，殿宇崔嵬。千佛殿者，面拥群峰，背环万壑。方丈廊庑，隐苍霭于星罗。宝刹浮图，出翠微而云起。玲珑栋宇，映日月而绕烟霞。轩豁檐楹，俯林峦而开紫翠。香灯于金碧辉煌，梵吹杂风泉上下。莲花座上依然三十二相之庄严，菩提树前俨然八万千门之妙好……"可知，德藩捐资维修所有的建筑，并在千佛殿明间脊檩下底附有"旹大明万历十五年岁次丁亥九月初八日德府重修"的题记字样。由以上记载可知，千佛殿有过明代洪武、嘉靖和万历间的三次修建。

自清代康熙(1662-1722年)间开始，寺僧对千佛殿有过多次的重修。康熙五十三年(1714年)、道光十四年(1834年)、道光二十八年(1848年)、同治十三年(1874年)、光绪二十二年(1896年)、1957年国家拨专款3.8万元，历次皆为维修。从现存殿宇的面貌看，历次维修只是小型的修修补补，没有看到结构上的改变，仍持有明代建筑的营造风范。

1957年的专款维修,只是对大殿屋顶的清理、瓦垄的修补及罗汉木屋的制作,其目的是解决屋顶的漏雨问题和对宋塑罗汉个体的保护。

1994年,国家文物局拨专款进行维修,是揭顶修复工程,目的是解决殿顶的严重漏雨问题。由专业队伍做出维修方案,经国家文物局批准,在确保彩色泥塑罗汉像和其他文物安全的条件下,进行揭顶维修工程。严格按照文物"修旧如旧"的原则,能用的原有脊饰、瓦垄构件,编号入座,继续使用。不能用的按照构件规格进行定制。采用中国传统的营造工艺技术,按照流程制作苫背,将脊饰原构件、原位置(除筒瓦外)恢复,完成建国后第一次大型的殿顶维修。同时,开凿扩大了千佛殿后的疏洪渠道,断绝水气毛吸现象,减少外部环境对室内的潮湿现象,增强雨季排洪的宣泄能力。

二、千佛殿的现状结构与构造

千佛殿(图五-1-7)坐北朝南,建于东、北、西三面临崖的高大台基之上。台基通长32.32米,通宽19.88米;南立面高2米,北立面高0.50米(均现有地表算起),故殿址营建于山体斜坡地势的台地之上。面阔七间,进深四间,单檐庑殿顶,覆以绿色琉璃脊饰及瓦件。正脊两端置高大气势的琉璃鸱吻(图六),身躯呈直立状俯首,首头斜状式张口衔脊,凝眉瞪目;布满祥云的绿色釉身躯附着一条蛟动的黄釉色幼龙,生动活泼,整体显示雄浑有力,尾部至顶做反卷曲。上部斜插剑把,外端伸出一幼龙,生动形象,雕刻颇显苍劲。鸱吻整躯釉泽深沉,包浆溢满。正脊为脊筒子垒砌,形体高大,素面无饰。釉面存有三种状态:失釉、弱釉、新釉,为不同时期的遗物。斜四向戗脊构造与正脊同,体量比正脊略小,遗存情况二者亦同。戗脊下端置有戗兽(图七),首尾翘起,嘴巴高抬,脖颈直挺,目视天空,身尾扭动飘逸,前腿下蹲,利爪抓地有痕,俨然一副下蹲欲跃、腾空而起的兽龙,造型庄重大方,雕刻尽显苍劲,釉泽尚存古朴,四戗脊兽皆同。四条岔脊置有走兽,唯东南隅走兽为原有作品,自角梁端向后依次为仙人、龙、凤、狮、海马、天马(图八),造型生动,形象威严,釉泽犹存,色泽沉厚,且有斑驳。走兽应为奇数,为后人重修时所减去一尊。其余岔脊走兽皆为1994年维修时仿制原件加工制作。四坡瓦面,只有北面部分保留使用1994年维修前的筒板瓦原件外,其余的筒板瓦、勾头滴水皆为烧制定做。新型烧制的筒板瓦竟比原件规格小一型号,不知何故?屋顶举折平缓。南北挑檐槫(令拱上)中心点之间距离为17.85米,且中心点与脊槫中心点的垂直高度为5.41米。出檐深远,自正心枋中间平出至檐口飞椽外端的水平距离为2.68米,实属舒展。檐下置疏朗硕大的成组斗拱,其布局(图九)中的补间铺作一朵,最显斗拱布局的早期时代特征。每

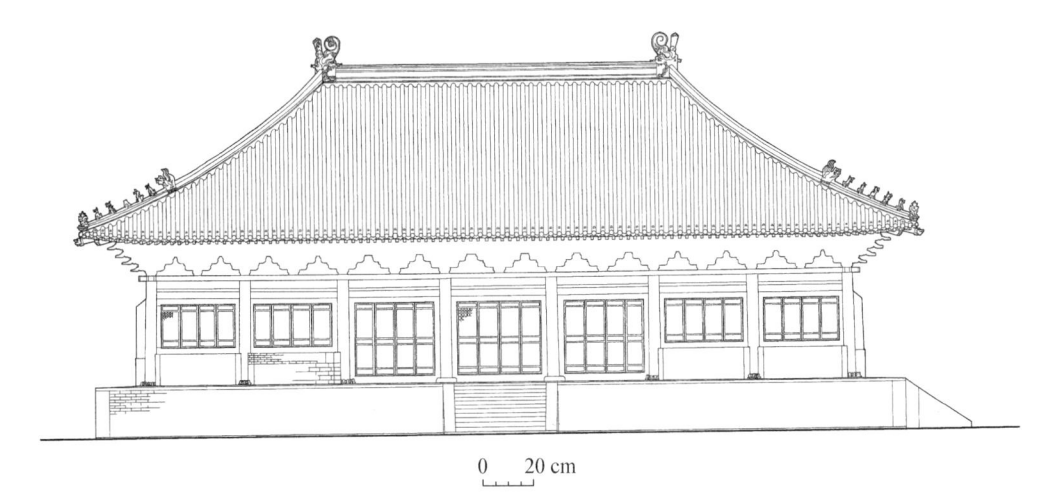

图五-1　千佛殿南立面图

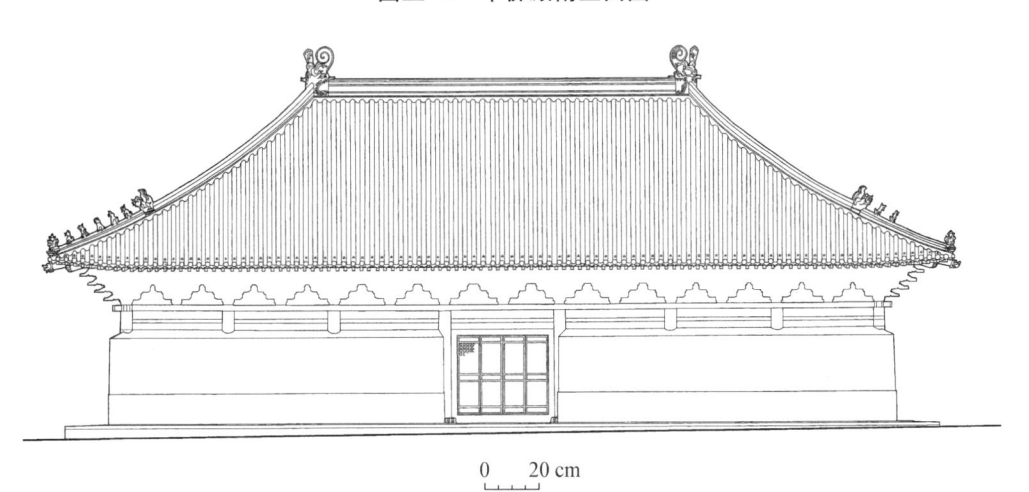

图五-2　千佛殿北立面图

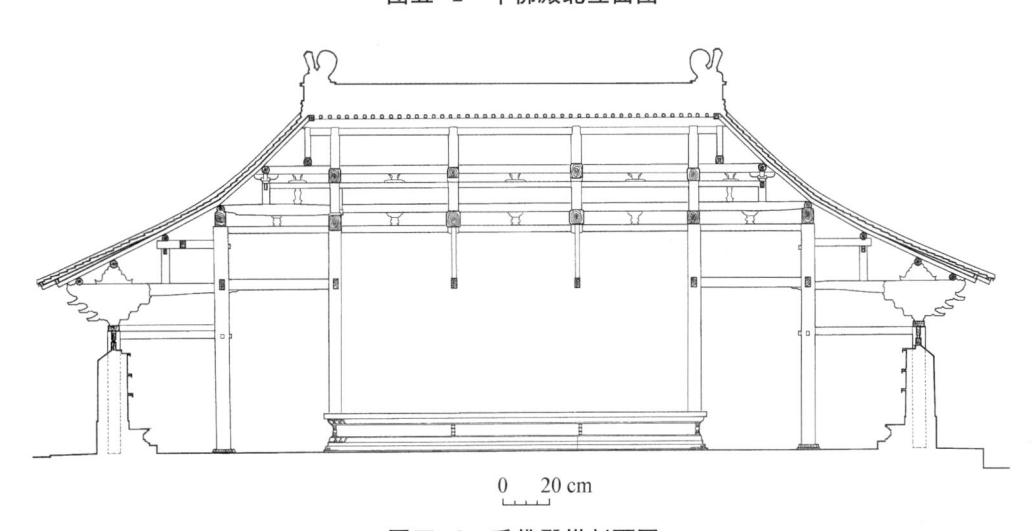

图五-3　千佛殿纵剖面图

0　20 m

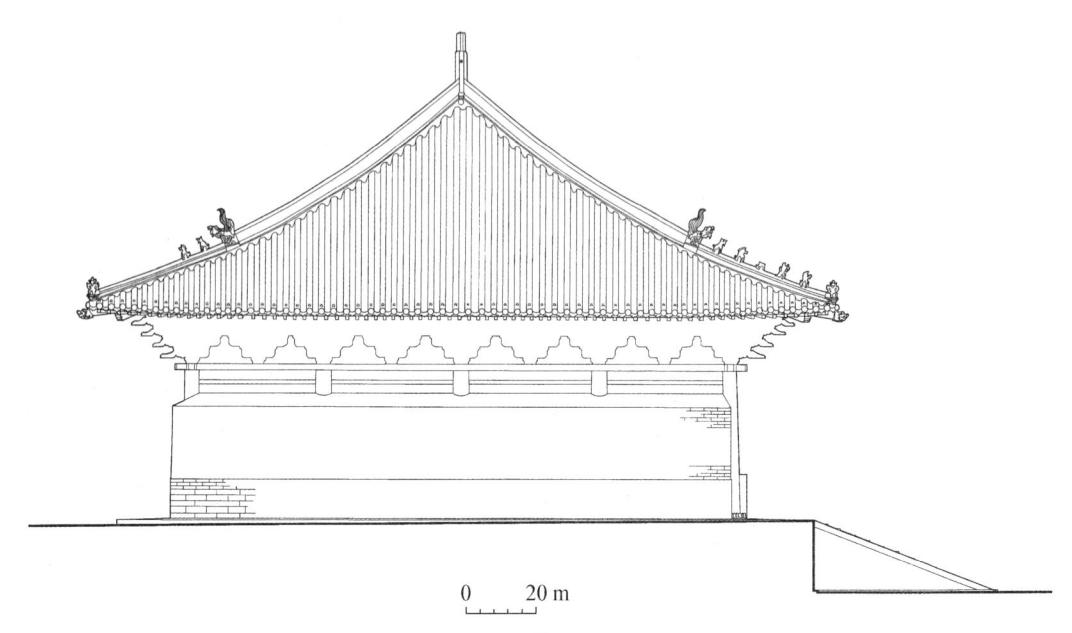

图五-4　千佛殿西立面图

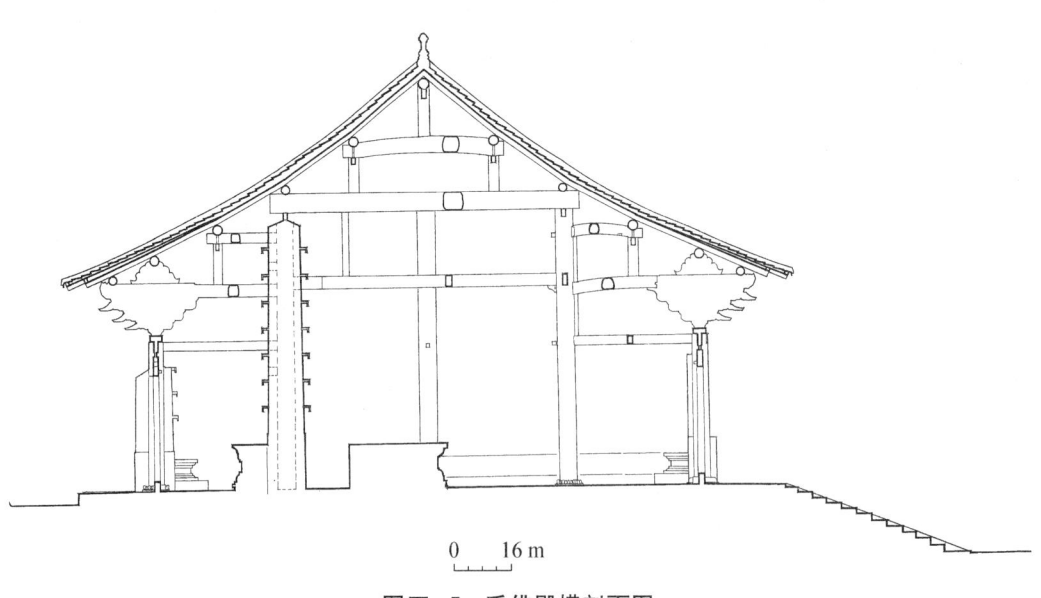

0　16 m

图五-5　千佛殿横剖面图

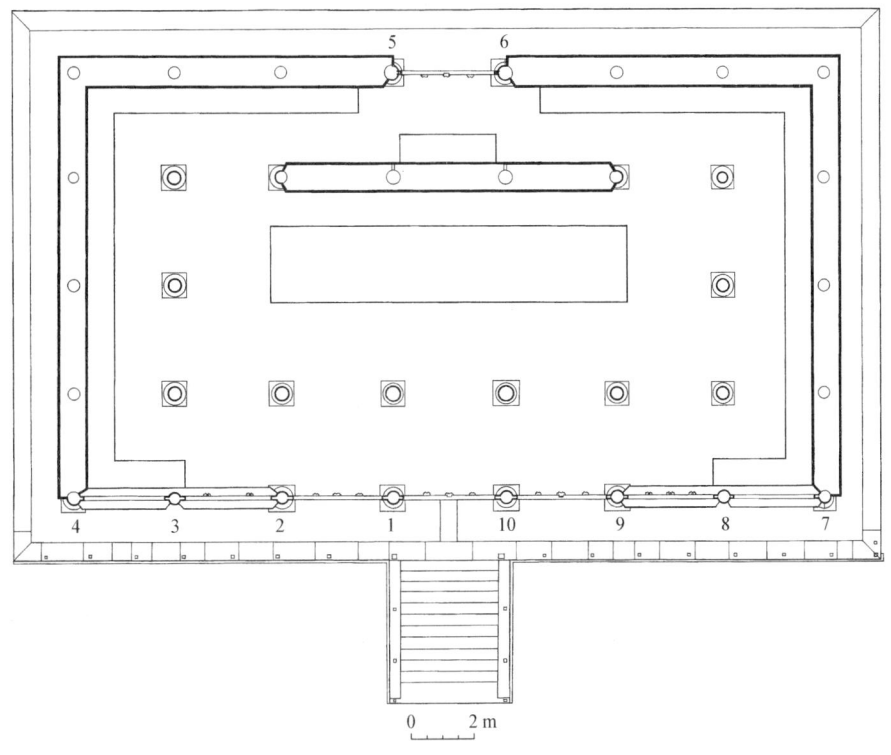

图五-6 千佛殿平面图

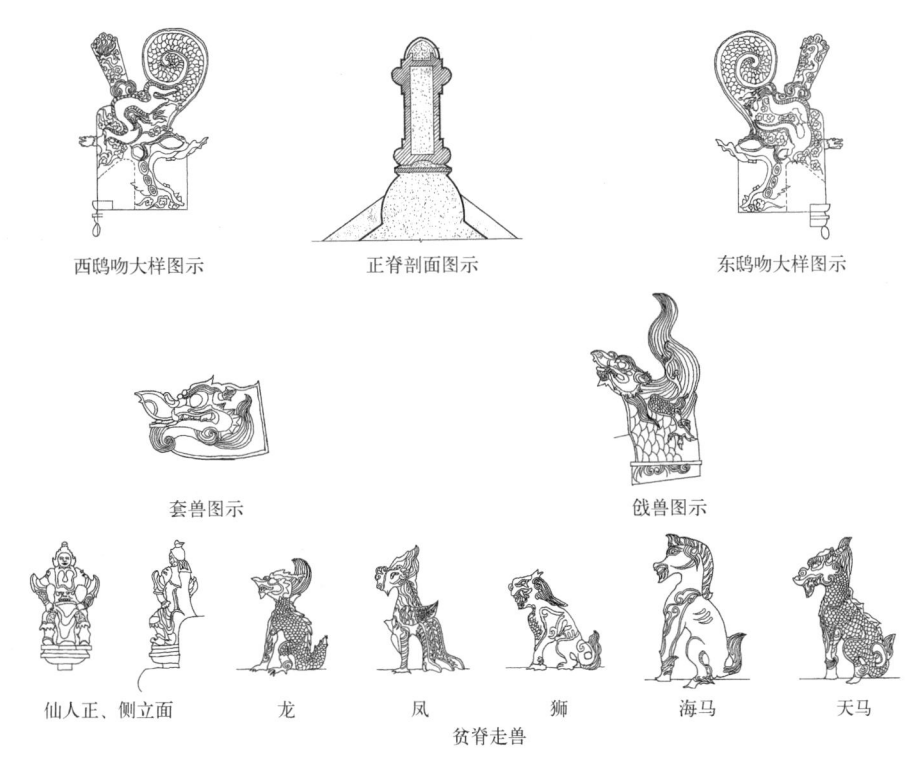

西鸱吻大样图示　　正脊剖面图示　　东鸱吻大样图示

套兽图示　　戗兽图示

仙人正、侧立面　　龙　　凤　　狮　　海马　　天马

戗脊走兽

图五-7 千佛殿脊饰图示

图六　千佛殿东端鸱吻

图七　东南隅戗兽

图八　殿顶东南隅走兽

·济南长清灵岩寺千佛殿建筑研究·

图九　千佛殿檐下斗拱布局

朵斗拱(图十)外曳出三跳,六铺作三昂(假昂)计心造,昂体平出,昂咀琴面。里曳(图十一)六铺作三抄计心造,拱头有砍杀。用材甚广,华拱立面尺寸高0.21米,宽0.14米。每朵斗拱之间用拱眼壁板间隔,并施以三株火龙图案,甚显制作规范。檐柱立面(图十二)加工成直棱内颤(凹槽)16棱柱,整体上下略显收分;柱头无卷杀,呈90度锯杀式。自平柱至角

图十　檐下外曳柱头斗拱

柱微微升起(图五-1,图五-2),明间西侧平柱高3.898米,至西端的角柱高3.934米,之间差距0.036米。经过全站仪测量,檐柱普遍向内倾斜,柱顶中心投影至柱底几何中心的偏心距为0.008米。柱头施用阑额、普拍枋结构。阑额插入柱头处作卷杀手法,至角柱外不出头(图十三);普拍枋制作面宽,目的是覆盖粗大的檐柱顶截面,至角柱出头,做成梅花状雕饰,二者制作极具精工。自阑额至斗拱上皮,皆施以彩绘,分别施以斗拱彩绘与金线和玺彩绘。

图十一　檐下里曳斗拱

图十三　角柱柱头阑额不出头

图十二　千佛殿前檐柱

图十四　金柱柱础

四周檐柱,只有前檐檐柱和后檐明间两侧的檐柱显露,其余两山墙及后檐墙内的檐柱及柱础深藏墙体,不能目睹。檐柱柱础与金柱柱础相比,从形体造型与莲瓣制作上有差异,可分为檐柱柱础类和金柱柱础类。金柱柱础(图十四)整体形象类同,只是局部的纹饰雕刻有些差异,莲瓣高耸(高于锁唇平面)、凸显、丰肥、匀称,立体效果极强,础隅减地刻花卉。柱础锁唇的直径在 0.78 - 0.87 米之间。檐柱柱础类比较复杂,造型相异,形式多样,且有不同时期的作品。东南隅的 7 号柱础莲瓣下起八角台面,每角刻有凸起圆形的小型花卉,柱础四隅雕有高浮雕半球形浮雕(为唐代早期特征)。锁唇高耸,莲瓣凸显,雄浑古朴,形态凝重。相同的柱础还有大雄宝殿檐柱下的两个柱础(图十五、图十六)、五花殿东侧台地上的两个柱础(图十七、图十八);后二柱础为原五花殿遗址西南隅原廊柱下的柱础(图十九)和西北隅遗存的柱础(图二十)。明间两侧的1、10号柱础为龙、凤追逐图案,龙为爬行疾走状,追逐的凤凰呈飞行状,之间有卷草纹饰或火球纹饰相连接。画面下有高山、大海的内容显示,础隅四角减地刻展翅鸟。檐柱柱础锭唇的直径在0.80-0.92米之间。檐柱柱础相同相近类归纳起来有:1号同10号(图三),2号同9号(图二十一),3号同6号(图二十二),5号同8号(图二十三);4号(图二十四)和7号(图二十五)独样。檐柱与柱础结构尚且匹配。

殿内梁架使用四椽栿,下附随梁枋,上置平梁,中置脊瓜柱。四椽栿两端搭接二椽乳栿,其外端加工成建筑模数,直接搭置在柱头斗拱上,外形雕琢成麻叶头(图十),以示美观。上置搭牵,其外端下立蜀柱,顶托下金槫;两端类出,构成梁架的一组缝架(图五-5)。脊槫伸出次间外端,下设一小缝架。两侧自中金槫处纵向设置二椽缝架梁,在伸出的脊槫外端下方横向放置二椽栿的太平梁,中立雷公柱,构成梁架的"推

图十五 大雄宝殿檐柱柱础(1)　　　图十六 大雄宝殿檐柱柱础(2)

图十七 五花殿东侧台地唐柱础　　　图十八 五花殿东侧唐柱础

图十九　原五花殿廊柱

图二十　原五花殿西北隅柱础

2号柱础

9号柱础

图二十一　2号与9号柱础

3号柱础

6号柱础

图二十二　3号和6号柱础

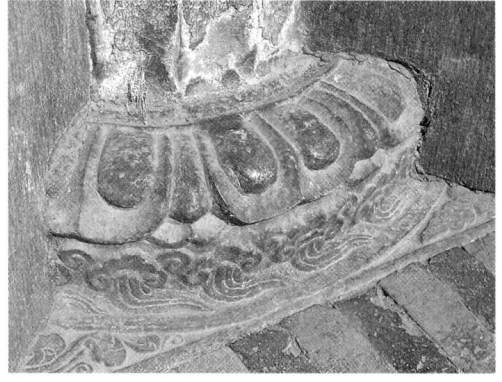

5号柱础　　　　　　　　　　　8号柱础

图二十三　5号和8号柱础

图二十四　4号檐柱柱础　　　　图二十五　东南隅7号檐柱柱础

山"式结构(图五-3),致使大殿正脊加长,四隅戗脊、岔脊平面透影呈曲线状,增强大殿线条的曲线美感。柱网是宋《营造法式》中的"金相斗底槽"者,减去中心分柱,增大佛教活动场所的空间。檐下施以砖砌围墙,向上略有收分,上端削肩至阑额下结束。前檐明间、次间辟直棂方格隔扇门;稍间、尽间启直棂方格窗。后檐只有明间辟门,置直棂方格隔门扇,无窗。

台基全部用规格石包砌,台明用条砖横立漫铺,台沿施压沿石剪边,前沿有方形柱窝的痕迹,应是有过栏板的安置。台基前设台阶踏道,面宽同明间面阔之广,垂带直对明间两侧的檐柱,象眼板石漫铺,制作安置非常规范。

三、千佛殿构造特征

千佛殿台基长与宽的比例为 1∶0.615,非常接近于古希腊毕达哥拉斯学派长方形唯美的"黄金分割"比例值1∶0.618,[1]因此,大殿的空间结构设计是非常适度的。因地势而致使台基南高北低,显示地势人工开凿之险要。庑殿顶是中国古代建筑中等级最高的屋顶形制,在整体古建筑群中凸显大殿地位,加之覆以绿色琉璃瓦饰,进一步标榜大殿的中心作用。从宋代的重檐歇山顶,到明代的单檐庑殿顶,应是明嘉靖十六年(1537年)重建时得以改变的。脊端的琉璃鸱吻,观其身姿及釉泽包浆,为明万历时期的遗物。正脊筒子,失釉者为明嘉靖时期,弱釉为明万历时期,新釉为1994年维修定制。戗脊状况与正脊同。东南隅戗脊下端的戗兽釉泽古朴,走兽色泽沉厚,二者均为明万历时期的遗物。屋面北坡部分保留的筒板瓦原件为明嘉靖时期的作品。其余岔脊走兽、筒板瓦、勾头滴水皆为1994年维修时仿制原件加工制作。

  屋顶举折平缓,是早期建筑形制重要的特征之一。宋《营造法式》规定大殿屋面的坡度定制:"如殿阁楼台,先量前后撩檐枋心相去远近,分为三份,从撩檐枋背至脊槫背举起一份……以举高尺丈,每尺折一寸,每架自上递减半为法。"[2]就是以前后撩檐枋的大殿横向宽度在中心点上举1/3处定脊槫中心点,向两侧折定两坡的金槫位置。第一折为总举高的1/10定上金槫的位置,继续下折,每一椽栿折上一椽栿折高的一半。由此而形成的大殿屋面曲线平缓悠长,是后期建筑屋面所不能达到的。千佛殿南北挑檐槫(令拱上)中心点之间距离为17.85米,脊槫中心点垂直下至南北挑檐槫中心点连接线的高度为5.41米,举高尚不到横宽的1/3,致使屋面平缓,加之出檐深远,以致屋面悠长,将雨水送以"溜远",此乃宋代时期的结构与尺寸之遗风。自正心枋中间平出至檐口飞椽外端的水平距离为2.68米,实属舒展之挑出甚远。出檐远近,与檐下斗拱的用材及出跳多少有关。用材越大、出跳越多,出檐越长。该殿檐下斗拱的华拱立面尺寸高0.21米,宽0.14米,用材甚广,是建筑用材等级的计算模数,是后期斗拱所不能比拟的。檐下斗拱布局补间铺作一朵,是早期建筑重要特征之一。宋《营造法式》中规定:"当心间须用补间铺作两朵,次间和稍间各一朵,其铺作分布,令远近皆匀。"[3]千佛殿的斗拱布局诸间皆设为补间铺作一朵,与《法式》中规定的补间铺作1-2朵同,是明、清时期斗拱布局所不及的。斗拱每朵外、内曳出三跳六铺作,皆计心造。前出三昂为假昂平出,制作有力,昂咀琴面。里跳三抄六铺作,计心造,拱头有明显的砍杀,尚显拱臂力度,与早期的拱头砍杀有区别,整朵斗拱的结构是明嘉靖时期的作品。每朵斗拱之间用拱眼壁板间隔,并施以三株火龙图案,为建筑制

---

  [1] 黄金分割是指将整体一分为二,较大部分与整体部分的比值等于较小部分与较大部分的比值,其比值约为0.618。这个比例被公认为是最能引起美感的比例,因此被称为"黄金分割"。
  [2] (宋)李诫撰,王海燕注译:《营造法式译解》,华中科技大学出版社,2013年,第90-91页。
  [3] 梁思成:《营造法式注释》(卷上),中国建筑工业出版社,1983年,第122页。

度中的规范做法,是明万历时期所为。檐柱立面加工成直棂内颤16棱柱,与古希腊雅典的巴特农神庙凹槽列柱极其相似。柱体略有收分,无柱头卷杀,与山西太原天龙山第16窟(北齐)、甘肃天水麦积山第4窟(初唐)前廊柱同,彰显早期构造之风。自平柱至角柱微微升起,檐柱普遍向内倾斜,此乃谓《营造法式》中的柱升起与柱侧脚的制度做法,促使大殿的整体重心向中心积聚,促使大殿线条的曲线美,增强大殿整体结构的重心,是宋金时期建筑构造特点的惯用手法。阑额插入柱头处作卷杀处理,是营造的规范制作;阑额至角柱外不出头,此种手法是我国现存最早木结构建筑唐代的南禅寺大殿、佛光寺大殿角柱皆具备的制作手法。阑额角柱不出头,成为唐代以前角柱的重要特征,更进一步证实大殿檐柱是唐代作品。灵岩寺鲁班洞遗址、般舟殿遗址上遗存的角柱,亦具备同样的特征,是难得的唐代实物资料。普拍枋至角柱出头做成梅花状雕饰,与阑额构件皆为明万历时期的遗物。檐柱之间的距离有自明间向外诸间不宜视觉的面阔递减。按照宋《营造法式》规定:柱高"不越间之广"[1]檐柱高位于3.898-3.934米之间,而明间至尽间的面阔尺度为4.26-3.80米之间,呈递减式状态,比对两者,诸间面阔皆大于《法式》规定的柱高尺寸。由此证明,在实际的营造过程中还是"随意加减",灵活掌握的。自阑额至斗拱上皮,皆施以彩绘,防护木质构件的风化雨蚀,有益于表层保护,增强建筑的神秘美感,为明万历间所致。

金柱柱础从整体形象、内容、尺寸及风格上比对,施工前有过统一的设计规划要求,只是在加工过程中因雕凿水平的不同而略有差异外,显现的整体形象还是类同的,说明是同一时期制作。莲瓣高于锓唇,证明开始的设计就是不会遭到雨淋,为殿内的金柱柱础而雕造;其高耸、丰肥、匀称的莲瓣,立体效果极强,显示有唐代莲瓣的风范。普遍础隅减地刻有花卉,表现出晚唐时期的一大特点。结合唐大中五年(851年)降旨复兴的史料记载,千佛殿的系列金柱柱础定为唐代晚期为妥。檐柱柱础比较复杂,是为迎合唐代檐柱而雕凿,致使在尺寸、内容、造型上形式多样,给予工匠自由雕琢的空间,体现出雕刻师傅的地域手法,从而导致柱础的形制与尺寸而异,没有具体规定统一雕刻形制与内容的标准,显现出雕刻工匠因人地域不同而雕琢的柱础形制与内容亦相异,各带有些地域性艺术手法所表现。东南隅的7号柱础莲瓣下起八角台面,每角刻有凸起圆形的小型花卉,柱础四隅刻高浮雕半球形花卉,锓唇高耸,莲瓣凸显,雄浑古朴,形态凝重。此种柱础在大雄宝殿檐柱中存在两个,五花殿东侧台地上有两个。在宋景德(1004-1007年)中琼环长老创建五花殿、崇宁间(1102-1106年)仁钦和尚创建献殿(后改称谓大雄宝殿)时,将千佛殿遗弃的始建柱础利用于创建

---

[1] 陈明达:《营造法式大木作研究》(上集),文物出版社,1981年,第17页。

二殿，它们应是与千佛殿檐柱同为慧崇和尚创建千佛殿时期的唐代遗存，并且皆为檐柱柱础。10个唐代的檐柱柱础找到5个，历史上遗失5个。五花殿遗址西南隅原遗存廊柱与西北隅柱础在2008年灵岩寺整治环境时拆除，移至五花殿东台地，致使唯一窥视宋代结构的构件及周匝廊厦尺寸尽失。二柱础、西南隅石柱尚在，廊柱础与柱之间的"抄手"石墩不知去向。二柱础皆双向开槽，是地栿放置的卡槽，应是原千佛殿明间两侧的柱础，被宋代重修时所代替。

沿用了一个唐代的7号柱础，其余皆为晚唐时期建造大殿而雕刻的，相同相近的柱础为同一个工匠而作。明间两侧的1、10号龙凤柱础，雕刻技法趋于柔和，内容显示为民俗题材，为宋景德(1004-1007年)年间琼环长老重修千佛殿时更换刻之。其位置是进出大殿最为显眼的地方，有意雕刻当时认为最美的艺术作品放置显要处，体现出宋代时期人们的审美观念发生变化。

殿内梁架的金柱、四椽栿、平梁，用材宏大，制作规制，与其他构件相匹配，有清《工部工程营造则例》的规范手法，颇显官式之作、规制之风，为明嘉靖时期的建筑遗构。乳栿与搭牵，用材小，且借用自然弯曲木材稍加剥皮即使用，不显规整，明显与前者的制作与用材不同。加之随梁枋、槫檩及其梁架的"推山"结构亦显略小，皆为明万历时期的遗作特征。殿内柱网采用宋《营造法式》中"金相斗底槽"，此种柱网代表作是全国著名唐代木结构建筑山西五台山佛光寺大殿是也，减去中心分柱，增大佛教活动场所的空间，是唐宋时期大殿盛行的殿柱布局。千佛殿四周围墙、台基的形制与其石块包砌、台阶踏道，观其风格皆为明万历时期所为。前檐明间和次间的直棂方格隔扇门，梢间和尽间的直棂方格窗、后檐明间直棂方格隔扇门为清代中晚期的遗作。

纵观千佛殿历次主要的重建和维修，唐天宝(743-756年)创建，唐晚期重建。宋景德间(1004-1007年)重修，且明间局部梁架落架。明洪武二十三(1390年)小型维修；明嘉靖十六年(1537年)重建，保持檐柱、里外柱础原样，梁架、金柱全部更换。明万历十五年(1587年)揭顶维修，主体梁架尚未大动，只是更换梁架的金槫、乳栿、搭牵，推山结构，谓之重修。1994年揭顶维修，木作部分更换，接续四隅大角梁前半部分和仔角梁，下金槫至檐口的檐椽、飞椽，大部分更换。其余都是小型维修，没有改变建筑的风貌。

四、千佛殿营造用材及其建筑模数

宋《营造法式》是一部宋代时期总结历史建筑营造规律的书籍，将多年约定俗成的建筑做法,加以归纳,形成文书,以朝廷名义颁布的官方建筑营造规范,具有法律效应的文法课本,是当时大兴土木标准化的建筑制度、历代匠师奉为的建筑规范。该书以材、栔为模数,单材15份,栔6份,单材加单栔谓之足材21份;材分八等,根据不同建筑规格的需求,确定营造的等级,制造相应的建筑构件,组合安装即成。其特点是减少营造工序、节约建筑材料、缩短工程工期、营造建筑规范。单材等同于华拱的立面尺寸,单栔等同于拱与拱之间的相对空间距离,只是将尺寸化作份数来计算。

经实地测量,灵岩寺千佛殿的单材拱尺寸为:高0.21米,宽0.14米,按照《营造法式》单材广与厚比为2/3的规定,千佛殿现实中的单材尺寸非常规范,彰显官式木作之营造。遵照现今尺度与宋代时期的折算:每一尺约等于0.309－0.329米,取中间数0.319米计算,高0.21米÷(0.319米÷10)＝6.58寸(宋)。宽0.14米÷(0.319米÷10)＝4.39寸(宋)。对应《营造法式》中将材分为八等和八种不同的尺寸比较,"五等材:广六寸六分,厚四寸四分,殿小三间,厅堂三大间则用之",千佛殿单材尺寸非常接近五等材的建筑规范,故此,该大殿应为五等材官式建筑等级。在中国古代木结构建筑营造体系中尚属略小等级模制,在《营造法式》中列入小型殿宇营造的建筑等级范畴。进而以五等材建筑模数为标准,分别加工制作相应的构件,组合营造出大殿。利用建筑模数加工的檐下斗拱,确定斗拱的补间铺作一朵的布局,进而确定檐椽的直径,计算出檐的长度。今日能看到如此建筑模数制作的痕迹与特征,实属难得。自斗拱的大栌斗底垂直升至罗汉枋的上皮,是整座斗拱的相对高度,该大殿的斗拱高度为1.38米,檐柱的高度为3.91米,斗拱为檐柱的1/2.83高。"辽中叶以后及宋、金时期约为30%。"[1]尚且斗拱与檐柱高的比例不足1/3,尽显早期时代特征之风采。该大殿斗拱的用材尺度,堪比唐宋时期的斗拱用材,是明清时期的斗拱用材无法比拟的。斗拱与檐柱的比例与明清时期悬殊颇大,有着天壤之别。因此,千佛殿在斗拱用材的裁量上,采用宋代时期的建筑模制,与其结构的构件(如梁枋端头)亦是加工成同等的建筑模制。否则,构件结合是不能匹配的。明嘉靖十六年(1537年)重建千佛殿时,工匠们应该看到当时还没有完全倒塌的宋代营建大殿遗迹,特别是大殿的出檐、斗拱规模及用材上,承袭采用了宋代时期的建筑尺寸。故此,留有诸多的宋代时期建筑特征。否则,明代的重建不会遗留宋代的建筑特征。

---

[1] 祁英涛:《怎样鉴定古建筑》,文物出版社,1981年,第35页。

五、千佛殿年代断定及其存在的现实意义

为了今后宣传、保护和利用千佛殿,研究中国佛教古建筑文化,要给它一个科学的概念和恰当的历史断代,才能具体显现其历史艺术价值,在今后的历史进程中,更进一步的加以认识、研究和利用。尽管大殿秉用唐代檐柱及中、晚时期的柱础、唐宋时期的柱网结构,承袭宋代屋顶举折、斗拱用材模数及斗拱布局的营造之风,但有过明代嘉靖及万历时期梁架的营造。主体梁架结构和斗拱的制作是明代嘉靖时期所为,此是大殿结构中的骨骼部分,占有很重要的结构成分。因此,从大殿遗存的结构特征和构件成分上分析,按照古建筑断代的三大基本要素:大殿的梁架、柱网和斗拱,综合起来分析断代,将现存实物定为明代嘉靖时期的遗作为妥。

中国古代建筑经过多年的风雨剥蚀,饱受战火与自然灾害的侵扰,极易腐朽、起火,不易保存下来,遗存至今的早期木结构建筑凤毛麟角。纵观中国古代建筑,遗留至今的多为寺庙建筑文化,这与统治阶级和大众的信仰有着直接关系。我国现存早期的木结构建筑山西五台山南禅寺大殿、佛光寺大殿、太原晋祠圣母殿、大同华严寺大雄宝殿、河北正定隆兴寺摩尼殿、转轮藏殿、天津蓟县独乐寺观音阁等,莫不是宗教建筑之大成,终因宗教信仰而保留至今。灵岩寺千佛殿亦是在历史宗教氛围的影响下幸存下来,历经千年沉浮,几度毁坏,几度重建,确实是耐人寻味。从建筑体量、规格、结构、时代特征等方面看,灵岩寺千佛殿还能看到唐宋时期的遗物及营造风格,甚是难得。1973年6月,古建筑学家陈从周先生来到灵岩寺,仔细观察千佛殿后说:"斗拱雄大,出檐深远,乍视之几认为唐宋遗构,实则木构为明建,清代修葺大耳。"[1]特别是直棱内龥16棱的檐柱,与古希腊雅典的巴特农神庙凹槽列柱极其相似,加之台基的"黄金分割"比段,也许是开放的唐朝建筑文化营造与欧洲之间的交流所致。目前,该建筑是济南地区遗存的木结构建筑使用唐代时期的檐柱与柱础、保留唐宋时期特征最规范的大殿。总之,灵岩寺千佛殿的存在,形象直观地展示出较早时期的古建筑风韵,为我们研究济南地区唐宋时期的结构特征及明代时期的梁架结构,提供了实物例证。

---

[1] 任远:《文苑高手颂济南》,《齐鲁晚报》2019年5月27日。

泰山岱庙出土宋代妙音鸟研究

赵 鹏[1] 张世林[2]

(1. 泰山文物考古研究所 2. 泰安市博物馆)

妙音鸟,即迦陵频伽,是佛教艺术中并不罕见的题材。1970年,泰山岱庙曾出土十余件宋代琉璃陶制妙音鸟,为考察宋代岳庙建筑规制及相关史实提供了物证。本文先概述岱庙出土妙音鸟的基本情况,进而考其功用,通过对相关问题的集中探讨,力求揭示岱庙妙音鸟的独特价值。

一、岱庙出土妙音鸟的形制

1970年,在泰山岱庙北城墙附近距地表约1米处出土一批陶制塑像,绝大部分为人首鸟身。经清理修复后,较完整的"人头鸟"11件,残件10余件。另有"凤鸟"、海马、菩萨像各一件。"人头鸟""凤鸟"被专家定为宋代妙音鸟。根据岱庙出土妙音鸟的形制特征大致可分为以下三式:

Ⅰ式,共10件,其中绿釉8件,黄釉1件,未施釉1件。修复后的尺寸,最小高约43厘米,最大高约60厘米,皆半人半鸟,个别仅在细微处稍有差异,故归为一类。其中一件,通体施绿釉,残高57厘米。上身人形,背生双翅,着天衣披帛,梳高髻,头戴宝相花冠,冠后饰飘带。颈部配胸花项圈,双手捧巾,巾上似盒状物;下部鸟身,双爪挺立,下腹部由一朵升腾的祥云承托,与饰有对称云纹的底座相接,似端坐其上。尾上翘,尾端留有粗大圆孔。面部端详,体态轻盈(图一)。

图一 绿釉妙音鸟

施黄釉的一件,残高46厘米。半人半鸟。头部及双翅残损,胸前饰宝相花,背张双翅,直立前倾,双爪踩于云纹底座,座圆形中空,后有一方孔。其他形式大致同前者(图二)。

图二　黄釉妙音鸟

图三　龙首座妙音鸟

Ⅱ式,通体施绿釉,共1件。残高61厘米,在这批妙音鸟中体量最大,造型上也与其他存在明显差异。其头部缺失,上身人形,着披帛,双手持物(物残)作捧奉状,手臂饰宝钏。背有双翅(已残),尾上翘,端部有一圆孔,两爪蜷于腹下,蹲坐在一龙首座上,龙头正面作龇牙状,侧面则似龙口大张。整体造型粗壮有力,纹饰刻画较Ⅰ式也更为细致(图三)。

Ⅲ式,形似"凤鸟"(图四),共1件。高45厘米,通体未施釉。上部是真正的鸟首(修复),顶冠山形,饰卷云纹,颈羽后飘凸起,颈前配挂似为宝珠法物;下部与Ⅰ式妙音鸟基本一致,底足为倒漏斗形,素面。

图四　"凤鸟"型妙音鸟

二、岱庙出土妙音鸟考略

妙音鸟,即汉译"迦陵频伽",有迦陵鸟、嫔伽、美音鸟等多种叫法。传此鸟声音极为婉转动听,故于佛经中常以其鸣声示喻佛音。岱庙现藏《大唐齐州神宝寺之碣》就载有"迦陵频伽之鸟,百啭间关"之句。作为佛教装饰艺术题材之一,学界普遍认为,国内妙音鸟的形象最早在敦煌壁画中得到确认,约流行于唐宋时期,[1]从已公布出的资料来看,主要作为装饰应用于建筑、石窟、壁画、石刻、雕塑以及工艺日用品等载体。

岱庙出土的这批妙音鸟塑像,从造型和制作上分析,头部占身体比例偏大,翅膀造型一致,为单独模制后黏合,尾端皆留有圆孔,用来安插单独烧制的长尾(可惜未见出土),部分塑像基座后部留有起固定作用的开孔,基座内残留的灰泥提示我们其与建筑的关联。果然,宋《营造法式》中诠释甚详:"殿阁至厅堂亭榭,转角上下用套兽、嫔伽、蹲兽、滴当、火珠等。四阿殿九间以上,或九脊殿十一间以上者,套兽径一尺二寸;嫔伽高一尺六寸……嫔伽施于角上,蹲兽在嫔伽之后。"[2]这里的"嫔伽"即指妙音鸟,是建筑上的一种重要脊饰。《营造法式》"瓦作""雕混作""彩画作"中,嫔伽(妙音鸟)频繁出现,作为一种艺术造型与图案,已完全模式化了。

从《营造法式》中揭示的安放位置来看,妙音鸟(嫔伽)一般置放于套兽上方的垂(戗)脊端,用"葱台钉"固定,后面根据建筑体量类别安配以不同数目的龙、凤等蹲兽,整体布局已与后世建筑差异不大。黄洪波认为,这种在《营造法式》中被划为"飞仙"一类的妙音鸟脊饰即是后来明清时期广泛出演仙人骑凤角色的雏形。[3]

宋代,妙音鸟用作建筑脊饰已相当普遍。除泰安岱庙外,在河南巩义宋陵、宋东京城顺天门(新郑门)遗址、镇江空青山宋代宰相墓等陆续发现出土有陶制妙音鸟。在镇江空青山宋代宰相墓地表采集到的数件灰陶嫔伽,下身蜷坐于筒瓦之上,着重刻画的双爪紧抓当头,这种直接与筒瓦结合的造型较为罕见。[4]

妙音鸟脊饰流行于中原地区的同时,这一装饰也为辽、西夏、金等少数民族政权的域内所接纳。梁思成先生在阐述宋辽金建筑特征时指出:"其脊之两端施鸱尾。垂脊之上用兽头,蹲兽,傧伽等。各等所用大小与件数,制度均甚严密。"[5]2000年底,

---

[1] 关于迦陵频伽的研究,可参见陈雪静:《迦陵频伽起源考》,《敦煌研究》2002年第3期;任平山:《迦陵频伽及其相关问题》,四川大学2004年硕士论文;孙武军、张佳:《敦煌壁画迦陵频伽图像的起源与演变》,《中国国家博物馆馆刊》2018年第4期;张艺洋:《佛教造像符号迦陵频伽的象征与表达》,陕西师范大学2018年硕士论文。

[2] (宋)李诫:《营造法式》,重庆出版社,2018年,第281页。

[3] 黄洪波:《宋代建筑屋顶仙人脊饰形象探析》,《装饰》2015年第6期。

[4] 镇江市文化广电和旅游局:"镇江博物馆考古项目获奖",http://wgl.zhenjiang.gov.cn/wgl/wlzx/202001/e9aba298c46a4c058cce7743bae2882c.shtml,2020年1月9日。

[5] 梁思成:《中国建筑史》,百花文艺出版社,2005年,第330页。

西夏王陵考古出土了多件妙音鸟,引起各界轰动。[1]这批妙音鸟分红陶、灰陶和绿釉陶三种,肩部裸露、形体丰满,下身鸟腿非常短小,贴饰于巨大方形底座上,造型样貌与岱庙出土的妙音鸟差异明显(图五)。牛达生认为,"迦陵频伽在西夏殿堂屋顶构件中占有重要地位"。[2]辽金城垣博物馆藏北京房山金陵出土的灰陶、绿釉妙音鸟,[3]体量较岱庙出土的小,面部稍丰腴,整体造型不似岱庙出土的妙音鸟般挺拔。此外,北京房山金陵也出土有与岱庙相似的"凤鸟"型绿釉妙音鸟(Ⅲ式)。1987年,河北省磁县观台磁州窑遗址出土了金代黄绿釉妙音鸟,[4]半人半鸟,双手合十,上半身人形装束明显不同于中原地

图五 西夏王陵出土的灰陶、釉陶妙音鸟

区的妙音鸟,尾端保留有粗大的长卷尾,站立姿势同岱庙出土妙音鸟。磁州窑系是宋元时期活跃在我国北方的一个巨大的窑系,妙音鸟于窑址中出土,证明当时需求使用广泛。2017年,河北崇礼太子城金代行宫遗址出土了"规格很高"的"龙、凤、迦陵频伽、绿釉凤纹脊饰等建筑构件"。[5]2020年,在距太子城遗址西偏北直线距离约9公里的砖瓦沟遗址,出土了与太子城遗址完全相同的凤鸟、嫔伽、兽头等建筑构件,专家分析后认定这里是一处"为建造太子城城址而设立的临时性御用砖瓦窑厂"。[6]辽代妙音鸟建筑脊饰,目前笔者仅查到一例,现收藏于首都博物馆。这件辽代绿釉迦陵频伽于永定河引水工程工地出土,上半身菩萨装束,容貌端详,背张双翅,下半身鸟

---

[1] 庄电一:《西夏陵"飞"出妙音鸟》,《光明日报》2001年5月21日。

[2] 牛达生:《自成体系的西夏陵屋顶装饰构件》,《西夏学》,2013年第2期。

[3] 北京市文物研究所:《金陵遗址调查与研究》,见北京辽金城垣博物馆编,《北京辽金文物研究》,北京燕山出版社,2005年,第113、114页,图31、图32、图33。

[4] 北京大学考古系等:《河北省磁县观台磁州窑遗址发掘简报》,《文物》1990年第4期。另见张美芳:《观台窑址金代佛教装饰用瓷略说》,《收藏家》2015年第8期。

[5] 黄信等:《河北崇礼太子城发现一处金代行宫遗址》,《中国文物报》2017年12月15日。

[6] 杨佳薇:《2020年河北文物保护新成果之冀北篇:泥河湾遗址群、崇礼太子城遗址再添新发现》,《燕赵都市报》2021年3月8日。

形,整体样貌与岱庙出土妙音鸟最为接近。[1]

综上分析,岱庙妙音鸟与辽金妙音鸟在造型、特征等方面相类,在表现元素上较西夏妙音鸟有着更多的共性,显示它们或大体处于同一时期,不排除彼此之间存在着艺术上的互鉴。而西夏由于地处东西方丝绸之路的交通要冲,"东西文化的交流在建筑装饰艺术中有突出表现",[2]具体到妙音鸟身上,则是更多地体现出多元文化融合的特点。

三、岱庙出土妙音鸟的相关问题

1. 关于釉色

中国古代,自彩色琉璃用于建筑屋顶以来,绿色和黄色逐渐成为最为普遍的建筑琉璃用色。岱庙出土的妙音鸟塑像以绿釉为主（Ⅰ式、Ⅱ式,共9件）,黄釉妙音鸟只有1件（Ⅰ式）,基本上是延续了唐代以来官式建筑的惯例,即以绿色作为建筑屋顶琉璃用色的主调。虽然黄色作为琉璃用色也已出现,但尚未上升为主流。显然,当时还未架构起严格以屋顶颜色为标识之一的建筑等级制度,将黄色作为最高等级的色系施用于建筑组群的主体建筑屋顶,已是明清时期的做法了。

2. 关于安放

在宋《营造法式》中,妙音鸟被非常明确的描述置放于屋脊转角处,但具体的样态,尤其是基座的处理未有提及。由于基座决定安放的位置和姿态,这里有必要予以分析。目前,已知出土实物中最多的是圆形或方形中空座,安放于垂（戗）脊时,以灰浆灌入座中封闭,有的座后用钉加固。岱庙出土的绝大部分妙音鸟、西夏王陵灰陶妙音鸟、金代房山金陵妙音鸟等都是此类。

在岱庙出土的Ⅰ式妙音鸟中,有两件的底座两侧留有弧形开口,其中一件的开口部分尚未与底座剥离(图六)。从边缘轮廓来看,似为了与筒瓦等构件相衔接。一般来讲,为保证脊饰正面朝向与垂（戗）脊的走向相一致,须于底座前后开口,以便与筒瓦接合,比如,山西朔州崇福寺金代弥陀殿琉璃仙人脊饰即是(图七)。此两件于两侧

---

[1] "厚德东方":《北京瞬间(3605):〈永定河引水工程工地出土绿釉迦陵频伽〉》,新浪博客(http://blog.sina.com.cn/s/blog_3baaeae90102ykz6.html),2018年11月2日。

[2] 陈育宁等:《西夏官式建筑再探》,《西夏学》2011年第1期。

图六　绿釉妙音鸟（底座两侧开口）　　　图七　山西朔州崇福寺金代弥陀殿琉璃仙人脊饰

开口，应是为适应某一型建筑屋顶的安置。有类于此，河北磁县观台磁州窑遗址出土的金代妙音鸟脊饰，整体布局与泰山岱庙出土的妙音鸟基本一致，底座同样是两侧弧形开口，且更为规整。杨彩虹等推导后认为："建筑屋顶中既能很好展示妙音鸟的形象，又和固定位置相吻合的地方应是处于最高位置的平行脊上，即建筑的正脊或是庑顶的四边脊上。"[1]此论值得商榷。首先，宋《营造法式》中，对于正脊的描述非常清晰，"嫔伽"只出现在"殿阁至厅堂亭榭转角上下"。对于如此重要的构件，若施用于正脊，李诫不会忽略不提。且无论是文献记载还是建筑实例，均难觅与嫔伽等相类施用于正脊的轨迹。其次，岱庙妙音鸟与磁州窑妙音鸟的底座有一个共同特征，即为保持整个塑像的稳定，开口并非居中，而是明显前移。若如文中所言妙音鸟用于正脊，显然重心偏离了脊的中心，恐不符合营造实践。这是否提示我们，其安放另有角度。再有，文中举敦煌428窟北周壁画中金刚宝座塔屋脊中央的"人面鸟"一例，作为"妙音鸟在屋脊中央"的立论，所引存疑，因其不符合业内对妙音鸟演变的普遍共识。从该

---

[1]　杨彩虹等：《磁州窑妙音鸟的建筑解读》，《地域建筑文化》2020年第4期，第237、238页。

鸟形态和所处位置判读，理当是佛教护法"大鹏金翅鸟"。[1]因本文并非专论，故不予详述。

此外，最大体量的Ⅱ式妙音鸟，显然安放位置更为突出。造型夸张的龙头底座，正面保持龙首的完整，突出装饰美观，两侧龙嘴大张形成的自然开口，可以衔含其他建筑构件，起到稳固的作用。此造型集实用性、艺术性于一体，彰显着古代匠人们的审美与巧工。

3. 关于手执物

用作建筑脊饰的妙音鸟，目前可见两种基本姿态，一是双手合十作礼佛状，如河南巩义宋陵、宋东京城顺天门（新郑门）遗址、镇江空青山宋墓、银川西夏王陵、河北磁县观台磁州窑遗址所出；另一种是双手执物拱于胸前。泰安岱庙、北京永定河引水工地、房山金陵、河北崇礼砖瓦沟遗址等处所出为此种样式。以第一种合十为常见。

岱庙出土妙音鸟皆手持（或曰捧）圆盒状物，至于是何种物件，耐人思量。考察妙音鸟的美术形象，或歌舞飞翔，或吹奏弹唱，或手捧花果器物。《营造法式》"彩画作"中载有嫔伽（妙音鸟）的标准像：半人半鸟，身披飘带，手托或擎法物，背生鸟翅，飞翔于虚空。[2]《营造法式》卷十二"雕作制度"将"混作"的图案分为"八品"："一曰神仙。真人、女真、金童、玉女之类同；二曰飞仙。嫔伽、共命鸟之类同；三曰化生。以上并手执乐器或芝草、华果、瓶盘器物之属……"[3]这段描述让我们知晓，在这一制作类别中，嫔伽至少有了两种基本样貌，其中一种便是手中持物的"化生"。另一种只称其名，许就是双手合十，亦未可知。就岱庙出土的妙音鸟而言，似为手上捧巾，巾上托盒状物。从外观上判断，不类"芝草、华果"，而乐器需要露出手来演奏，应予排除。剩下的就只有"瓶盘器物之属"了，但仍过于宽泛。寻其寓意不外乎驱邪纳吉、礼佛供奉。若要彻底弄清，恐怕还有待于今后进一步的发现。

4. 关于体量

宋代，琉璃烧造技术已十分成熟，《营造法式》中对原料配比、规格种类、耗工等都一一记述。此时期，妙音鸟作为构件成为宫殿式建筑上常见的装饰，其尺寸亦随建筑

---

[1] "金翅鸟"在正脊中央的例子在云冈石窟中较为多见，相关研究可参见张华：《云冈石窟的建筑脊饰》，《敦煌研究》2007年第6期。

[2] （宋）李诫：《营造法式》，重庆出版社，2018年，第328、329页。

[3] 梁思成：《中国古建筑典范——〈营造法式〉注释》，三联书店（香港），2020年，第282页。

规格而增减。在《营造法式》中,李诫根据建筑类别及开间的多少,划定了各建筑构件的体量范围,嫔伽(妙音鸟)的标准尺寸从"高一尺六寸"到"高六寸"不等,[1]每一级增减模数为两寸。按宋尺合今尺,约在30.9-32.9厘米之间,通常为31厘米左右。[2]下表(表一)将岱庙出土妙音鸟与宋《营造法式》做比较对照,尝试勾连起二者之间的对应关系:

表一　岱庙出土妙音鸟与宋《营造法式》对照表

分类	釉色	尺寸(厘米)	数量	合宋尺	《营造法式》
Ⅰ式	绿釉	43	1	约一尺四寸	"四阿殿七间或九脊殿九间……嫔伽高一尺四寸。"
		44	1		
		56	2	约一尺八寸	
		57	1		
		58	2		
		60	1	约一尺九寸	
	黄釉	46	1	约一尺四寸	"四阿殿七间或九脊殿九间……嫔伽高一尺四寸。"
	未施釉	48	1	约一尺五寸	"四阿殿九间以上或九脊殿十一间以上者……嫔伽高一尺六寸。"
Ⅱ式	绿釉	61(头部残损)	1	约二尺	
Ⅲ式	未施釉	45	1	约一尺四寸	"四阿殿七间或九脊殿九间……嫔伽高一尺四寸。"

除却由于人工测量而导致的1-2 cm的误差,显然,岱庙出土的妙音鸟超出了《营造法式》的规制。这可能是当时的营建早于法式的颁行,或是虽已有制,但因各种原因未得到有效遵行。[3]且法式对于约定并非苛求不变,李诫深谙营造实务,在很多条文后附有"随宜加减""约此加减"等备注,充分照顾到了营建活动所需的因地制宜、灵活变通等特性。尽管上表未能完全反映岱庙出土实物与宋营造法式之间的对应关系,但至少透露出部分端倪。

---

[1] (宋)李诫:《营造法式》,重庆出版社,2018年,第281页。
[2] 陆雪梅:《从苏州博物馆藏宋尺谈起》,《东南文化》2002年第11期。
[3] 尽管当时有官方的规范作为指导(假设岱庙妙音鸟制作于法式颁行之后),由于在实际执行中,受地域、建筑本体、工匠等多重因素影响,亦不能做到分毫不差,相信在实际中完全吻合也是小概率之事。

5. 关于来源

泰山岱庙是古代奉祀泰山神的主要场所,自汉代已有建置,历代崇庙,相袭不绝。有宋一代,对东岳大帝泰山神的崇祀达到极致,作为东岳祖庭的岱庙先后有三次大规模的拓建兴修,至徽宗时期,庙宇规模极其宏大,"岿然如御都紫极,望之者知为神灵所宅。"[1]作为宋代官式建筑上的重要且必要的装饰构件,岱庙出土之妙音鸟可看作是宋代拓修岳庙的有力物证。

这批妙音鸟出土时较为集中,早期曾有学者猜测因其佛教属性与岱庙规制不相符合而被掩埋处理。[2]考察其出土位置在北城墙附近,周围没有任何大型建筑,所以不是建筑损毁以后脱落;因其大小釉色造型均有差异,所以定不是用作一组建筑。且其中有两件未上釉,而琉璃烧造工艺需二次上釉,故是未成品。种种迹象显示一种可能:此地为临时储存或堆放地,附近或许就有烧造处。

就地或就近起窑烧制建筑构件,是古人在大规模修造中通行的做法。2001年,在岱庙雨花道院发现了深度达3米的琉璃残片堆积,经考证,推断为明清时期为修庙而设的临时窑址。[3]作为重要的祠庙,国家对岱庙的每一次增拓,耗费都是不菲的。对于所需物料,要么外购,要么就近就地制作。琉璃烧造往往就地建窑,可以即时根据工程需求调整制作,比较便利,也节省了运输成本。目前,我们还无法确证出土地附近窑址的存在,有待今后新的发现。

四、余 论

源自外域的妙音鸟,最初被作为佛教艺术表现形式而引入,在中国化与世俗化的过程,逐渐摆脱了原有宗教艺术的框架,而成为具有普遍审美的符号。由于时代和地域的差异,使得妙音鸟的形象也呈现出不同的风格,表现在造型姿态、人物面相、衣冠服饰等的多样性。

宋代,于《营造法式》中频繁现身的妙音鸟(嫔伽),兼具装饰与实用功能,已不仅仅服务于释教空间。在宋与辽、金、西夏等少数民族政权先后长期对峙与融合中,中

---

[1] (清)金棨辑,陶莉、赵鹏点校:《泰山志》,山东人民出版社,2019年,第555页。
[2] 刘慧:《泰山岱庙考》,齐鲁书社,2003年,第150、151页。
[3] 赵鹏:《泰安岱庙考古获新发现》,《中国文物报》2005年8月26日。

原较为先进的文化渐为游牧民族统治者所接受,这种影响与渗透也必然在建筑艺术领域有所反映。汉地妙音鸟与当地以及其他文化元素相融合,成就了各具特色的艺术形式。岱庙出土的妙音鸟,作为反映这一漫长演化过程中重要的实物例证,无论就历史价值还是艺术价值来看,都是极为珍贵的。

大汶口文化与泰山信仰的缘起

栾丰实

(山东大学)

位于山东省中部的泰山,海拔1545米,是从华北平原到长江下游地区最高的山峰。泰山的周围地区,分布着大量古代人类活动遗存。自距今7000年前后的北辛文化以来,人类文化的发展连绵不断,经历了由原始社会到文明社会的完整发展过程。在东方地区古文化的长期发展过程中,泰山作为凝聚古代人类思想信仰和崇拜的载体,逐渐形成了博大精深的封禅祭祀文化体系,是构成古代中华精神文化的重要组成部分,被社会上层及广大一般群众所普遍认同。

据《史记·封禅书》记载:"秦缪公即位九年,齐桓公既霸,会诸侯于葵丘,而欲封禅。管仲曰:'古者封泰山禅梁父者七十二家,而夷吾所记者十有二焉。昔无怀氏封泰山,禅云云;虙羲封泰山,禅云云;神农封泰山,禅云云;炎帝封泰山,禅云云;黄帝封泰山,禅亭亭;颛顼封泰山,禅云云;帝喾封泰山,禅云云;尧封泰山,禅云云;舜封泰山,禅云云;禹封泰山,禅会稽;汤封泰山,禅云云;周成王封泰山,禅社首:皆受命然后得封禅。'"

由此可知,古人祭祀泰山的活动由来日久,源远流长。追溯其渊源,应该是古代人们在长期的社会生活和生产实践中,逐渐地把泰山作为天下最重要的自然崇拜的对象,并通过泰山与上天之神进行沟通。从目前的考古发现来看,以泰山为中心的黄河和淮河下游的海岱地区,人类出现的时间甚早。远在距今三四十万年前的旧石器时代早期,就发现有沂源直立人[1]生存在海岱地区中心的泰沂山及周围一带。到距

---

[1] 吕遵谔等:《山东沂源猿人化石》,《人类学学报》1989年第4期。

今二三万年的旧石器时代晚期,又发现有新泰乌珠台晚期智人[1]和沂源千人洞、[2]上崖洞[3]等同时期的旧石器文化遗存。在距今一万多年前的末次冰期期间,海岱地区的低山丘陵和山前平原地带,短时间内出现较多的以细石器为基本特征的文化遗存,可能是随着其拥有者从北方更为寒冷的区域迁徙过来,后来又随着气候的变暖而离开。

距今一万年前后,人类社会进入了一个全新的时代,即发明了农业和家畜饲养业等生产型经济的新石器时代。作为一个相对独立的考古和历史文化区,海岱地区先后经历了扁扁洞类型文化遗存、后李文化、北辛文化、大汶口文化、龙山文化和岳石文化等不同的历史发展阶段。在这一长时段的发展过程中,以农业为主的社会经济不断发展壮大,人类社会由原始逐渐走向文明。在整个海岱地区,就考古学文化的发展序列和古代社会的演进而言,以泰山为醒目地标的鲁中南汶泗流域地区最为清楚和完整。

距今7000-6000年前后的北辛文化,最初发现于鲁中南泗河流域的滕州北辛遗址。[4]北辛文化时期自然环境有较大改善,气候变暖,降雨量增加,农业经济得到较快发展。如农作物的数量增多,主要品种开始由黍向粟变化,南部的泗河流域除了粟和黍之外,还发现水稻遗存。农业经济的发展,导致了区域内的人口数量有较大增长。从文化交流方面来看,北辛文化与南方环太湖地区的马家浜文化、黄河中游地区仰韶时代早期的半坡文化之间,已经开始了文化上的交流和互动,从而加快了各自文化发展的步伐。

距今6000年前后,地处东方的海岱地区进入大汶口文化的历史阶段。最初发现于泰安大汶口遗址的大汶口文化,分布范围遍及黄河和淮河下游的海岱地区,绝对年代约为距今6000-4500年,一般将其划分为早、中、晚三个时期。[5]

大汶口文化早期直接承接北辛文化而来,持续向好的自然环境使社会经济得到进一步发展。这一阶段的遗址数量显著增多,并表现为大小不一的聚落群。较之此前的北辛文化,聚落群的规模有所扩大,内部结构开始发生分化,大小两级甚至大中

---

[1] 吴新智、宗冠福:《山东新泰乌珠台更新世晚期人类牙齿和哺乳动物化石》,《古脊椎动物与古人类》1973年第1期。

[2] 戴尔俭、白云哲:《山东一旧石器时代洞穴遗址》,《古脊椎动物与古人类》1966年第1期。

[3] 黄蕴平:《沂源上崖洞石制品的研究》,《人类学学报》1994年第1期。

[4] 中国社会科学院考古研究所山东队:《山东滕县北辛遗址发掘报告》,《考古学报》1984年第2期。

[5] 栾丰实:《大汶口文化的分期和类型》,《海岱地区考古研究》,山东大学出版社,1997年。

小三级的聚落形态逐渐成为普遍现象。如大汶口遗址这一类大型中心聚落，遗址面积可以达到四五十万平方米，而一般的小型聚落遗址只有数万甚至数千平方米。在大型聚落遗址内部，社会成员之间的政治地位和拥有的社会财富开始出现分化并逐渐加大。如大汶口遗址男性墓主的M2005，墓室规模较大（面积超过8平方米），有椁有棺，随葬品十分丰厚（超过百件），并有象征着权力的斧钺和财富的牛头及猪下颌骨，还有精美的彩陶和象牙器等，显然是掌握着政治、军事甚至宗教权力的酋长一类的社会上层人物。[1] 由此看来，大汶口文化早期阶段的部分地区，已经开始了由平等的原始社会向分层的文明社会的过渡。

距今5500-4500年前后的大汶口文化中晚期阶段，社会发展速度显著加快。在区域聚落结构上，大小不一的聚落群呈现出网络状形态。位于聚落群内部的大型中心聚落遗址，开始在遗址的外围修筑起规模宏大、结构复杂、需要花费较多人力物力财力的城墙和环壕，主要用于防御社会矛盾和冲突引发的局部战争。如近年来在鲁北地区发现的章丘焦家大汶口中期城址，面积12万多平方米，并揭露出一处等级很高、规模宏大的贵族墓地；[2]在鲁南地区发现的滕州岗上大汶口晚期城址，面积近40万平方米，在城址内外也发现有等级较高的墓地。两座城址内均出土数量较多的玉器、白陶和其他高等级精美遗物。从聚落遗址内部的情况来看，社会成员之间的分化进一步加剧，财富向掌握着权力的少数人集中，社会内部出现贵族和平民的等级差别。这一时期，规范人们身份和行为的礼仪制度逐渐形成，如等差、规格清晰的棺椁制度，赋予玉器、彩陶、白陶、象牙器等高端贵重物品的礼器属性，使其成为礼仪制度的载体，等等。宏观上出现规模宏大的城址，微观方面显示出社会内部的分化加剧，这一切昭示着一个新时代的到来，即大汶口文化中晚期阶段已经进入了文明社会的早期——古国时代。

随着中晚期阶段经济和社会的快速发展，大汶口文化的整体实力达到空前的水平。在这一基础上，大汶口文化开始了主要面向西部中原地区的人群迁徙和政治、经济、军事扩张，从而较快地扩大了其分布范围，极大地拓展了大汶口文化的对外影响力。

大汶口文化早期及以前，其分布区域的西部边界大体在京杭大运河一线的西侧。到中晚期阶段，东方海岱地区大汶口文化的创造者——东夷族群，开始了一个成规模

---

[1] 山东省文物考古研究所：《大汶口续集——大汶口遗址第二、三次发掘报告》，科学出版社，1997年。

[2] 山东大学考古学与博物馆学系等：《济南市章丘区焦家遗址2016-2017年聚落调查与发掘简报》，《考古》2019年第12期。

的西进浪潮,他们不仅占据了鲁西南和皖北,并且很快越过这一地区,迅速推进到豫东的商丘、周口一线,使大汶口文化的分布区空前扩大。更有甚者,少量人群向西迁徙的距离更远,行进到今天之京广铁路沿线以西地区,在郑州大河村、禹州谷水河、平顶山寺岗等遗址中,都留下了来自东方大汶口人的遗体(墓葬)和遗物。据此,有的学者把这一阶段的嵩山以东以南地区的考古遗存,称之为"大汶口文化颍水类型"。[1]而东方文化向外围的传播和扩散,则到达了更为遥远的区域,如豫西的洛阳盆地、晋南的临汾盆地、南阳盆地和鄂西北的汉江流域,在偃师二里头、襄汾陶寺、枣阳雕龙碑、保康穆林头等遗址,都发现有数量不一的来自海岱地区大汶口文化的因素(图一)。[2]

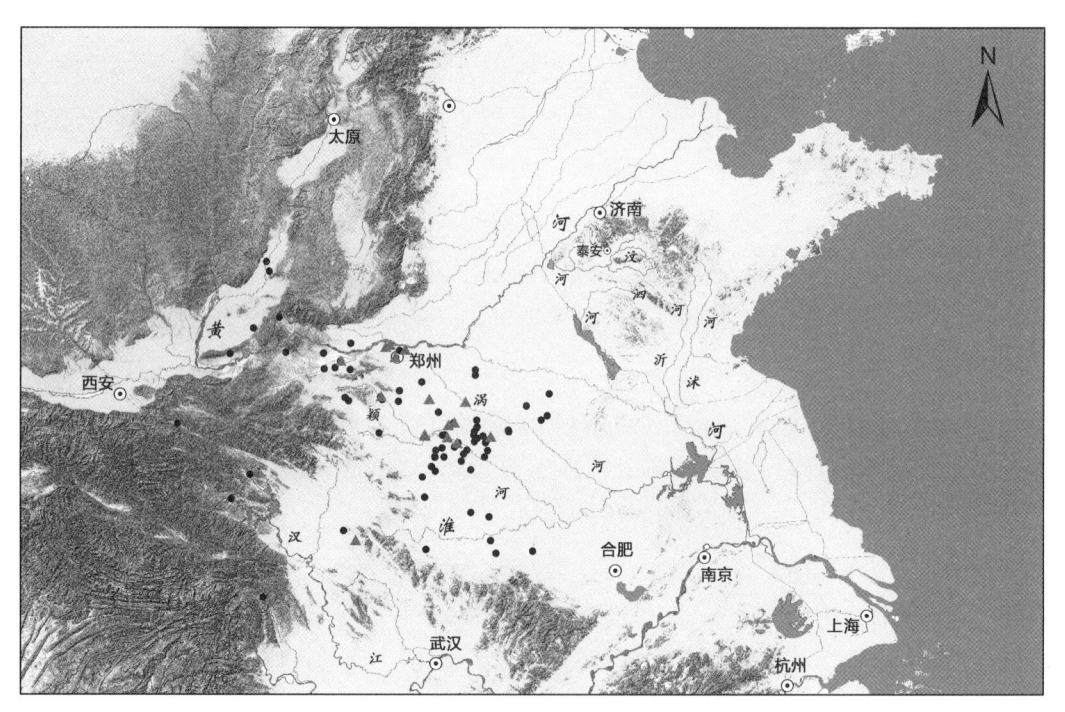

▲ 包含有大汶口文化中期因素的遗址　● 包含有大汶口文化晚期因素的遗址

图一　大汶口文化向西传播示意图

同时,中原地区华夏族群的优秀文化也传播到了东方,被北辛・大汶口・龙山文化系统的东夷族群所吸收和借鉴。如中原地区绚丽的彩陶文化、崇龟习俗、埋葬死者的陶棺和瓮棺葬俗等,都对东方史前文化产生过重要影响。

---

[1] 杜金鹏:《试论大汶口文化颍水类型》,《考古》1992年第2期。
[2] 如地处晋南汾河流域的襄汾陶寺遗址,就存在大量来自大汶口文化的文化因素。参见中国社会科学院考古研究所等:《襄汾陶寺——1978-1985年考古发掘报告》,文物出版社,2015年。

大汶口文化之后,海岱地区的东夷族群与中原地区的华夏族群,一直保持着密切的交往关系。龙山文化和岳石文化时期,虽然夷夏东西分立,但文化上已经呈现出你中有我、我中有你的状态,文化联系日益紧密。所以,才会有古史中关于尧、舜、禹、皋陶、伯益等先贤的禅让传说,发生"后羿代夏"等重大历史事件。

在长达数千年的历史发展过程中,海岱地区东夷族群先民在长期社会实践中创造出的先进文化,不仅使海岱地区的社会发展一度走到全国的前列,也密切地参与了中原地区的文明化进程。也正是因为如此,以大汶口文化"日、火(鸟)、山"图像为代表的崇拜和祭祀山川日月,以墓葬厚葬为特征的崇拜和祭祀祖先等习俗,逐渐形成具有东方特点的礼仪制度,并为中原华夏文化所接受。我们认为,正是在这种长期的文化联系和交流过程中,作为东方标志的泰山,与东方文化一起被中原地区的人们所接受,最终成为中华文化的重要基因之一,并一直持续到秦汉及以后的历史时期。

大汶口遗址社会形态研究

——泰山"柴、望"礼制探源

温兆金

(泰山文物考古研究所)

泰山地处华北平原中部,鲁中南低山丘陵区西北部,主峰玉皇顶,海拔1545米,是山东最高峰,位于泰安市正北。泰山山脉之阳的大汶河(东平县戴村坝以下称大清河),源于新泰及莱芜山区,迂回西流入东平湖,全长208公里,流域面积8536.5平方公里(图一)。

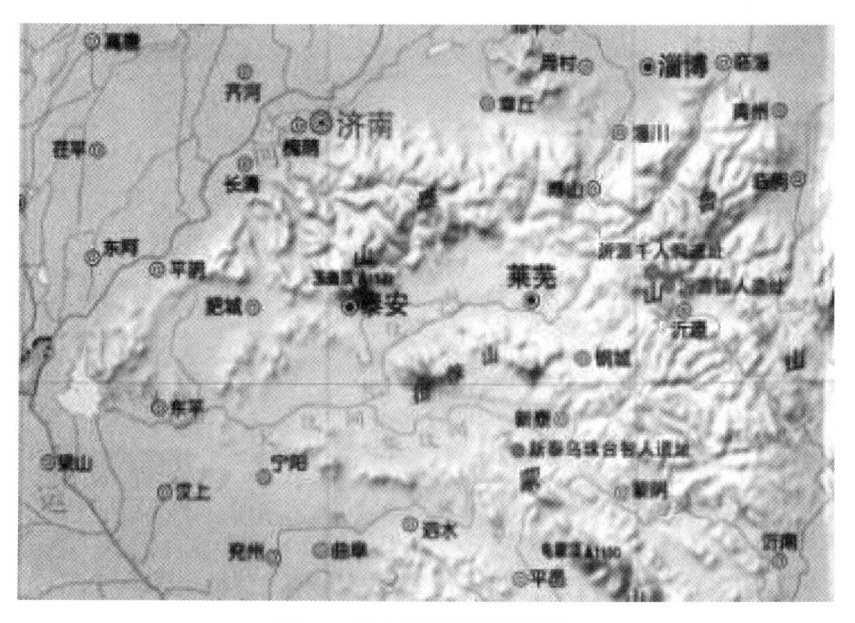

图一 泰山及其周边地形图

1966年,在大汶河上游柴汶河流域的新泰市刘杜镇乌珠台村南石灰岩洞中,发现1枚少女牙齿化石,属于更新世晚期,距今约5万年,处于旧石器时代晚期阶段。大汶河故道下游的宁阳、兖州、汶上以及嘉祥四个县是细石器遗址的集中分布区,"44个地点发现有细石器,其中汶上县27个地点、兖州县10个地点、宁阳县6个地点、嘉祥县1个地点"。[1] 从考古资料来看,大汶河流域的考古学文化谱系为北辛文化(距今7300-6100年左右)、大汶口文化(距今6100-4600年左右)、龙山文化(距今4600-4000年左右)和岳石文化(距今4000-3600年左右),[2] 下接商周文化,这充分表明大汶河是中华民族的重要发祥地之一(表一)。

表一　汶水流域新石器时代遗址统计表
（据《泰安文物大典》等考古资料统计）

地点	细石器	北辛文化	大汶口文化			龙山文化	岳石文化
			早	中	晚		
位泰山区						1	1
泰岱岳区		1(大汶口遗址)	1(大汶口遗址)	1(堡头遗址)	1(堡头遗址)	6	5
新泰市				10	10	13	11
宁阳县	5		2	1	16	12	8
东平县					1	1	
肥肥城市					3	2	
莱芜市				1	1	2	1
合　计	5	1	3	13	32	37	26

从上表可以看出,大汶口遗址是大汶河中上游地区最早也是唯一的一处北辛文化和大汶口文化早期遗址,是泰山之阳最早的新石器时代人类遗存。

一、汶、泗流域北辛文化遗址概况

汶、泗流域的北辛文化遗址集中分布在兖州市的北部,与汶上县以及宁阳县接

---

[1] 胡秉华、刘景芝:《山东汶、泗流域发现的一批细石器》,《考古》1993年第8期。
[2] 佟佩华:《世纪后季山东考古的两项重大突破》,《山东省首届文物科学报告月文集——齐鲁文博》,齐鲁书社,2002年,第10-11页。

壤,有西桑园、小孟和堌城村三处遗址。[1] 另外,在汶上县苑庄乡东贾柏村也有一处北辛文化遗址[2](图二)。

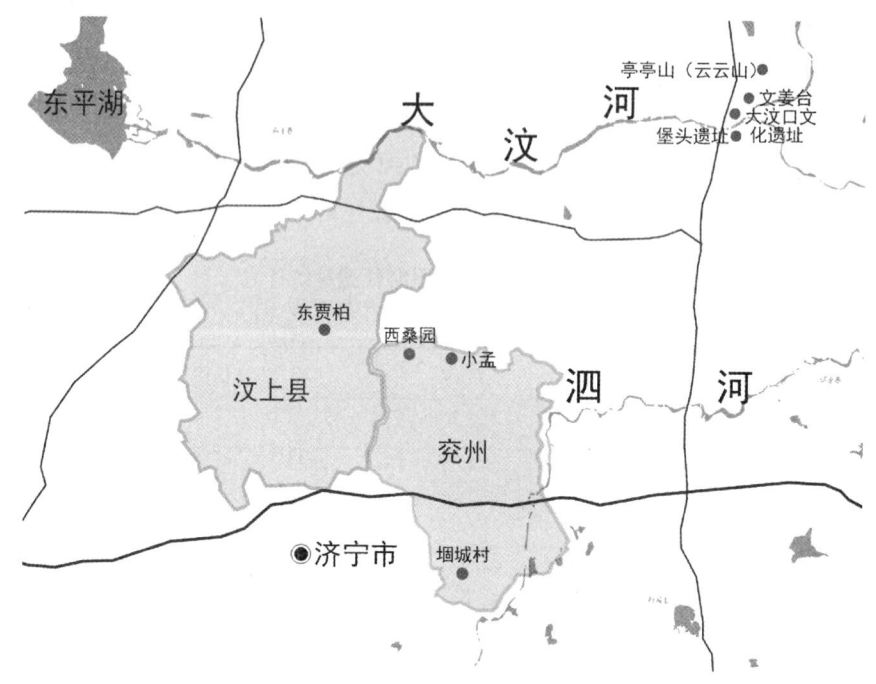

图二 汶、泗流域北辛文化遗址分布图

东贾柏遗址位于汶上县苑庄镇东贾柏村的东南侧,为一凸出的台地,遗址北侧地势较为低洼,并暴露出大片的沙层以及10余米的沙坑,这里过去曾是大汶河故道。从钻探资料及断崖暴露的文化层观察,遗址现存面积约4万平方米,而且大部分保存较好,是一处典型的北辛文化遗址。

1989年与1990年春季文物部门在该遗址进行了两次发掘,发掘面积约1000平方米。两次发掘资料表明:中心部分及其西侧为居住区,东侧为墓地;共清理23座墓葬,除去7座儿童墓和一座迁出墓外,余下的15座墓共有人骨17具,拔除侧门齿者竟有10具,年龄均在20岁以上;墓葬头向基本上朝东略偏北,除一座为66度外,绝大多数在82度-87度之间;主要流行单人仰身直肢葬,兼有多人同性合葬、二次葬、迁出葬等;多数无随葬品。这些习俗均被大汶口遗址先民所继承,有的习俗一直延续到大汶口文化晚期,说明两处遗址有明显的承袭关系。

---

[1] 中国科学院考古研究所山东工作队:《山东泗水、兖州考古调查简报》,《考古》1965年第1期。

[2] 中国科学院考古研究所山东工作队:《山东汶上县东贾柏村新石器时代遗址发掘简报》,《考古》1993年第6期。

另据专家分析：第二期发掘墓葬23座，其中有一个典型的迁葬墓(迁出)，仅剩手、脚趾等零星骨骼，并有一个二次葬墓(从别处迁来的墓葬)，一具骨骼堆放在一起，反映了本氏族内不通婚的习俗；多人同性合葬墓说明该遗址属母系氏族社会的发展阶段。

在东贾柏遗址还发现了细石器，说明在北辛文化之前已有人类生活在这一区域。

二、大汶口遗址社会形态

大汶口遗址位于泰山主峰正前方、大汶河的北岸，距泰安市区约26公里。大汶口遗址最下层为北辛文化遗存，其上为连续发展的大汶口文化早期阶段遗存。[1]

(一) 北辛文化遗存

1. 房址

北辛文化房址共发现房基12座，共有三个房基平面，至少有4处居住点。

第一平面布局：房基坐落在78I和IV区的第七层黄褐色土上。编号房基共7座，即位于土台以北的F209、F212、F211、F206；土台以南的F207；土台以西的F203、F202；土台以东由于未发掘，情况不详。另有未编号的残存房基5座，它们与编号的房基应视为同一居住点，这12座房基分三处，三处居住点相距约50米左右，应属三个族群(图三)。

第二平面布局：房基位于土台南、北各一处；在74南区一处。以上三处同属一个平面的居住点，其中，有两处仍沿用第一平面的第一、第二居住点，F210坐落在第一平面第一居住点的F211西北，并直接打破F211的西北一侧。F2直接叠压、打破第二居住点中未编号房基中的中间一座，亦是一座浅穴式椭圆形房基，残留有居住面和部分柱洞。F1在74南区，在第一平面未发现此处有建筑残迹，F1是一座半地穴式的圆形房基，在F1的近左有残存大柱洞排列有序。此处应当是一处新的居住点(图四)。

---

[1] 山东省文物考古研究所：《大汶口续集——大汶口遗址第二、三次发掘报告》，科学出版社，1997年，第18页。

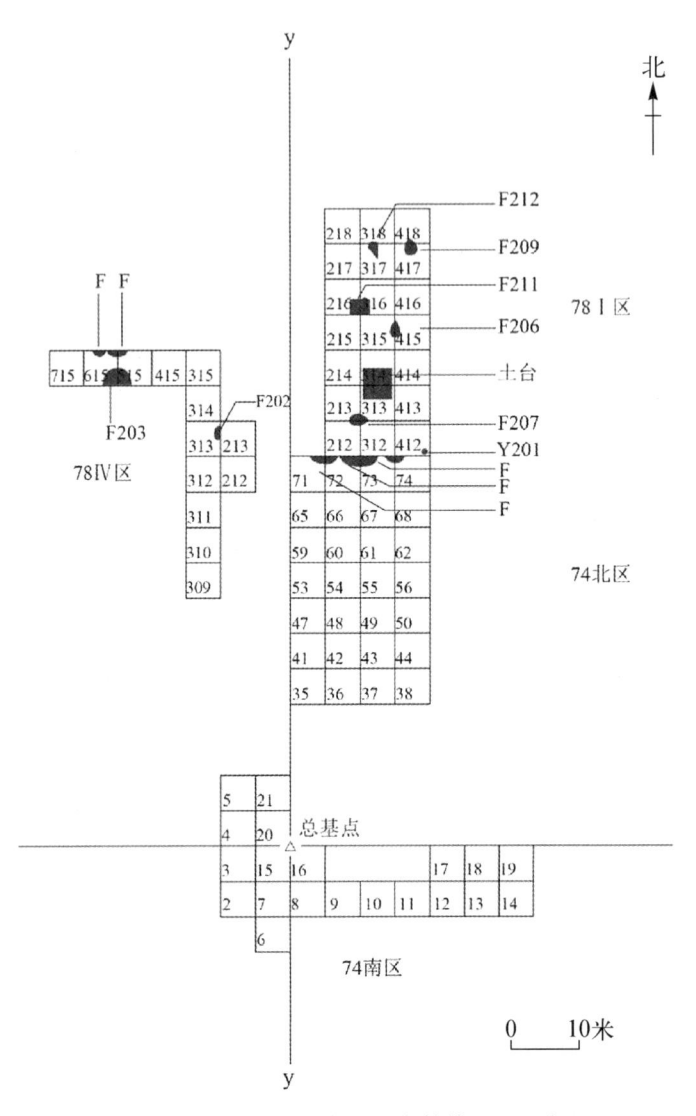

图三 《大汶口续集》北辛文化房基第一平面布局图

第三平面布局：仅残存 3 座房基，其中，有两座沿用第一和第二平面的第一居住点。此外，F3 位于 74 北区，属第三平面的另一居住点（图五）。

以上资料反映第一平面居住点是围绕土台分布的，第一居住点从第一平面一直沿用至第三平面而从未间断，是北辛文化时期的一处重要居住地。

土台以东的未发掘部分，据《山东泰安市大汶口遗址 2012－2013 年发掘简报》刊载：第三层为大汶口文化层，此层下发现大汶口文化时期房址 7 座；第四层夹杂大量红烧土颗粒，亦为当时人工整治的垫土，局部清理后发现大汶口文化时期坑状遗迹 1 处；由于展示需要，发掘区大部第四层下未发掘，从打破生土的坑壁上看，第四层下至

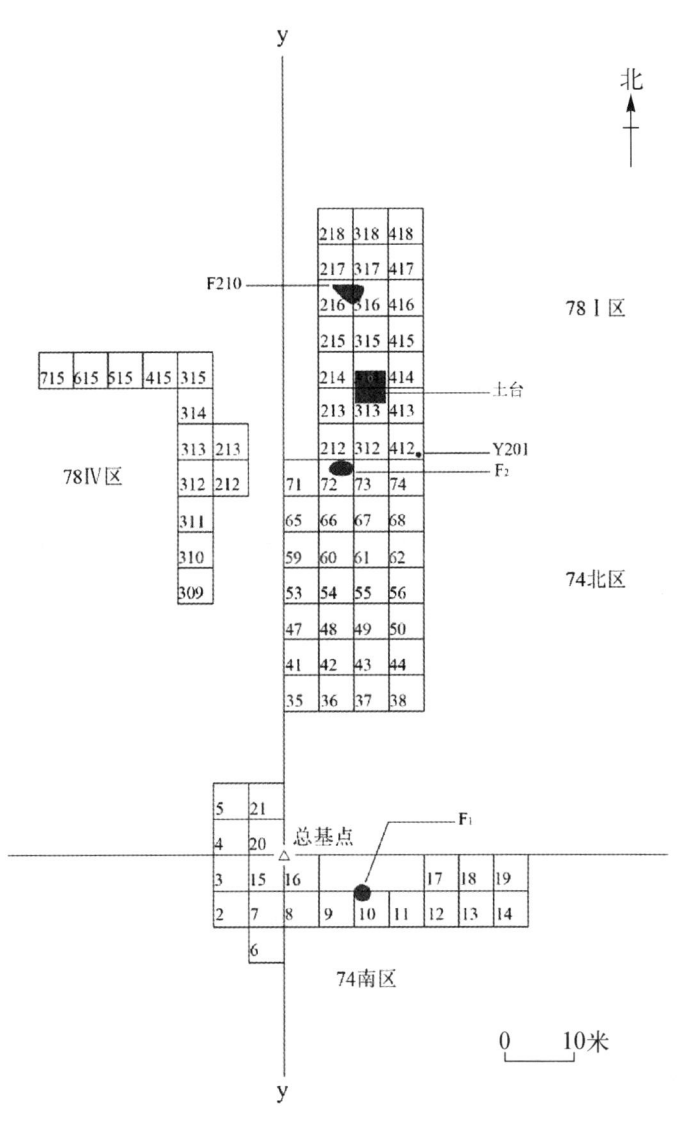

图四 《大汶口续集》北辛文化房基第二平面布局图

少还有一层文化层,"显然更接近北辛文化晚期和大汶口文化早期阶段常见的大型柱坑式房址"。[1] 这说明在土台之东还有北辛文化时期的房址,并一直延续到大汶口文化时期。

从以上分析不难看出,大汶口遗址北辛文化先民最早是围绕土台来布局房址的,对于此土台的性质《大汶口续集——大汶口遗址第二、三次发掘报告》刊载:第七层"有一20平方米左右厚达0.8米,并向四周斜延,形状近似一不规则土台","这或许是

---

[1] 山东省文物考古研究所:《山东泰安市大汶口遗址2012－2013年发掘简报》,《考古》2015年第10期,第24页。

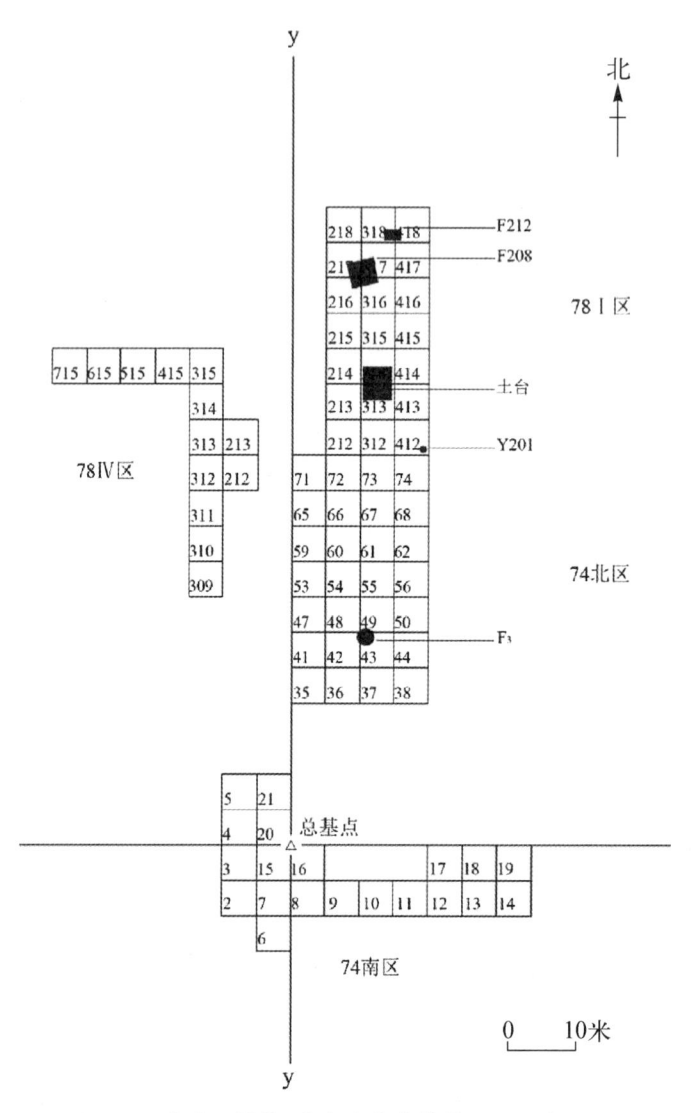

图五 《大汶口续集》北辛文化房基第三平面布局图

一有意修筑的台形遗迹,其用途尚未清楚。此层出土有敛口深腹钵、小口溜肩双耳壶等泥质红陶残器和一些夹砂褐红陶猪嘴形支座,还有沿边双面打制的石铲等残器和猪、鹿等动物残骨"。[1] 第七层以下为生土层,该土台是泰山之阳也是大汶河中、上游地区最早的人类建筑遗存。

---

[1] 山东省文物考古研究所:《大汶口续集——大汶口遗址第二、三次发掘报告》,科学出版社,1997年,第8页。

2. 墓葬

大汶口遗址共发现北辛文化时期的 10 座墓葬集中在 74 南区北部和 74 北区南部之间的一定范围内,说明在这一时期这群人是集中埋葬的,应为同一母系或相互通婚的氏族。在这 10 座墓葬中,M1025 为婴儿墓,骨质不易保存,无法测定墓向,其余墓葬均为头东脚西掩埋。为 85－130 度之间,只有 M1026 墓向为 25 度(图六)。

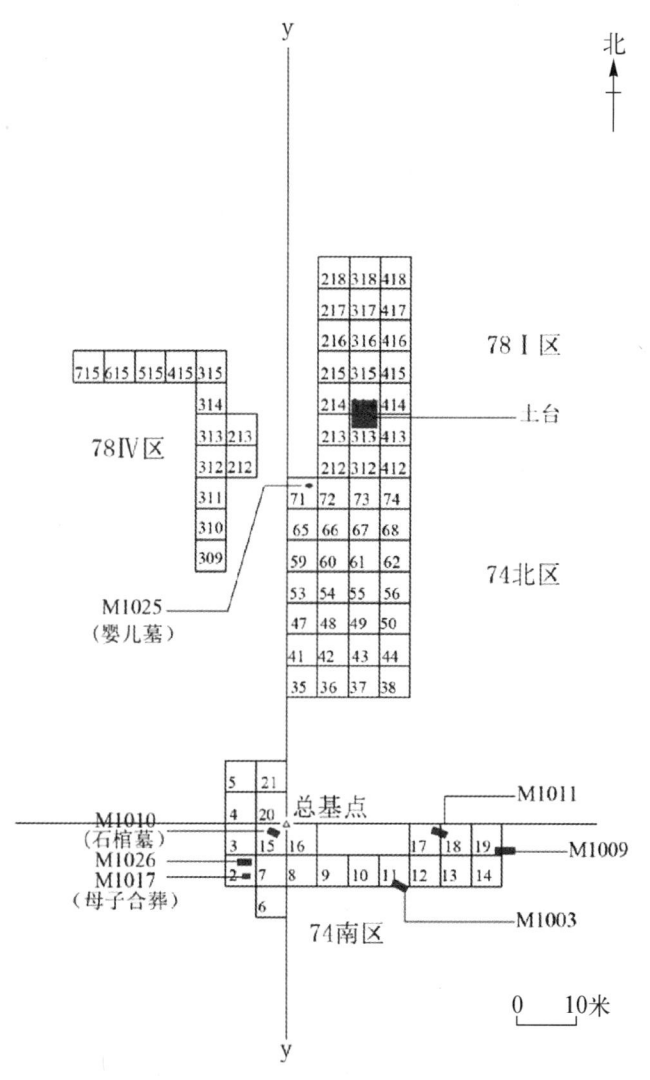

图六 《大汶口续集》北辛文化墓葬一览图

本期墓葬为一次葬,仰身直肢。从不同性别的墓葬和随葬物之间的关系看,男性两例中分别随葬骨(牙)质镞和矛头等武器工具。女性两例中分别随葬的是陶质生活用具碗、壶等。随葬器物虽然不多,尚能反映男女社会分工的不同。

3. 分期与年代

从碳 14 测定的数据来看,大汶口遗址北辛文化绝对年代距今(据发掘报告) 6470－6100 年,为北辛文化晚期阶段的文化遗存,经历约 300 年的发展后进入到大汶口文化早期阶段。

(二) 大汶口文化早期遗存

1. 房址

在 74 年、78 年两次发掘中,发现为数不少的柱洞、柱洞坑等残存建筑痕迹和 3 座房屋残迹。这些房屋分布零星,分别在 78Ⅱ区东部、78Ⅳ区北部和 74 北区南部(图七)。

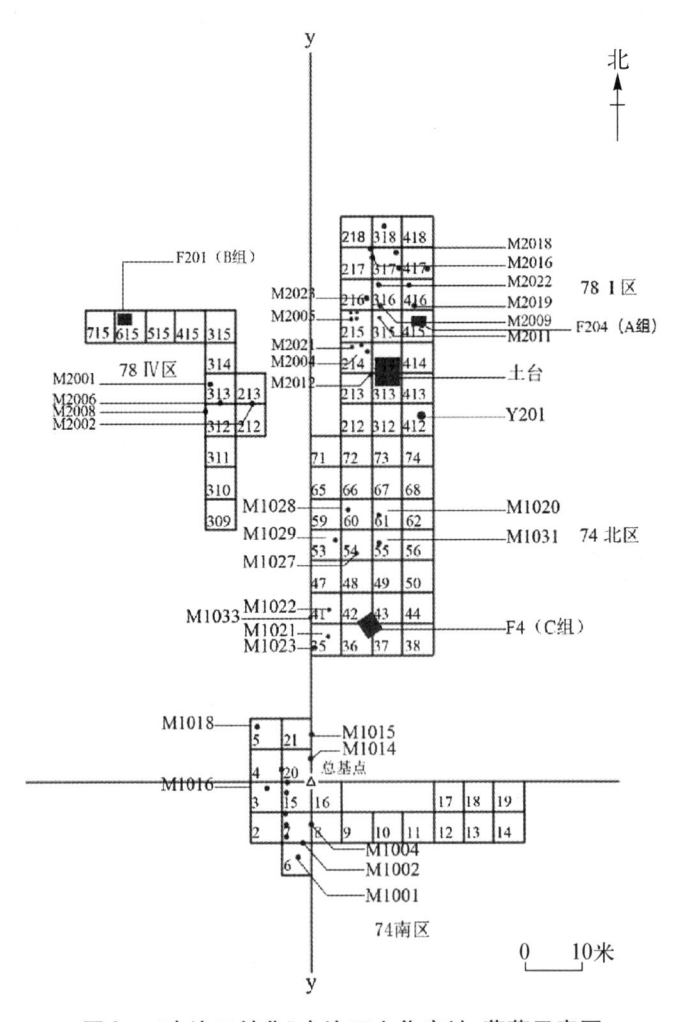

图七　《大汶口续集》大汶口文化房址、墓葬示意图

保存尚好或尚能辨认的3座房屋,分别分布在三个发掘区内,应属于同一平面的房屋遗迹,相隔40-50米之间,分为以下三组:

A组:以F204为代表,坐落在78Ⅰ区东缘,其东为未发掘区。

B组:以F201为代表,坐落在78Ⅳ区的西部,其南、北两面均为未发掘区。

C组:以F4为代表,分布在74北区的中部偏南处。

又据《山东泰安市大汶口遗址2012-2013年发掘简报》刊载:在新发掘区的东部发现大汶口文化房址7座。可见,在进入大汶口文化时期,大汶口先民居址仍是围绕北辛文化时期的土台分布的。

2. 墓地

发现的墓葬数量虽不多,却有分组埋葬的现象。不同墓组之间各有一段间隔距离,从现有资料看可分4组墓地,应是与4组房址相对应的家族墓地(图七)。

第一墓组,位于78Ⅰ区东北部,集中着不同层位的19座墓葬。

第二墓组,集中在74南区西部,共有13座墓葬。

第三墓组,有74北区西部和中部的10座4层下墓葬组成。

第四墓组,分布在78Ⅳ区东部。因其东、西两侧均未发掘,排列情况尚不清楚。

在葬俗上流行单人一次葬,也有少数多人一次合葬墓。在第4B层、4A层下的墓葬才出现部分迁葬墓。从人骨鉴定结果看,这些迁葬墓或一次合葬的死者,都是按性别差异分别埋葬的同性合葬墓。无论是一次合葬墓,还是二次迁葬的合葬墓,既有年龄相仿的死者合葬在一起,也有年龄相差悬殊的老少者集中葬于同一墓坑内。这种不以年龄差别却以性别不同为区分的葬俗,是母系氏族社会亲族制度在葬制上的反映。另一方面,这批墓葬的平面分布又有集群分组埋葬的习俗,并在组内埋葬不同时期的死者,在这些分属不同时期的不同墓组都应属于不同家族的墓地,以示血缘关系的亲疏。

3. 分期与年代

据碳14推算(据发掘报告),大汶口遗址的大汶口文化经历了距今6100-5700年的发展。一期年代,距今6100-6000年;二期距今6000-5800年;三期距今5800-5700年。

4. 代表性陶器

最具代表性的陶器是"八角星状图案"彩陶器(图八),均属大汶口文化三期遗存，距今5800-5700年，共出土四件，分属于四座墓葬。

另据《山东泰安市大汶口遗址2012-2013年发掘简报》刊载：出土大汶口文化时期代表性大口缸2件，均为夹砂红陶直口，圆唇，深腹，腹壁较厚尖底。口部饰四周凹弦纹，腹部饰斜向粗篮纹。口径35厘米、高39.2厘米。另一个口略侈微卷沿，圆唇，腹部逐渐内收，圜底。沿下饰四周凹弦纹。口径41.6厘米、高40.6厘米（图九）。总体来看，这批大汶口文化陶器的器形与鲁中南地区大汶口文化早期晚段同类器近似，即距今5800-5700年，属大汶口文化三期遗存。

图八 "八角星状图案"彩陶器

图九 大汶口文化时期代表性大口缸

5. "燔柴祀日"遗迹

《山东泰安市大汶口遗址2012-2013年发掘简报》刊载：在新发掘区还发现并清理大汶口文化时期灰坑两处，位于发掘区东北部，坑内皆发现有完整的猪骨架。其中H19"填土未见明显分层，为灰褐色致密的沙质土，包含较多烧土、炭屑等。坑内埋有保存完好的整猪骨两具，头东脚西，背向南，上下叠压，判断为成年猪"（图十）；H20"发现1具完整猪骨架，头东背南，个体较小，应为幼猪。北部及中部同一层位上发现大量零散猪骨，至少属两个成年个体，部分猪骨被烧黑。"[1]显然，这应

---

[1] 山东省文物考古研究所：《山东泰安市大汶口遗址2012-2013年发掘简报》，《考古》2015年第10期，第12-13页。

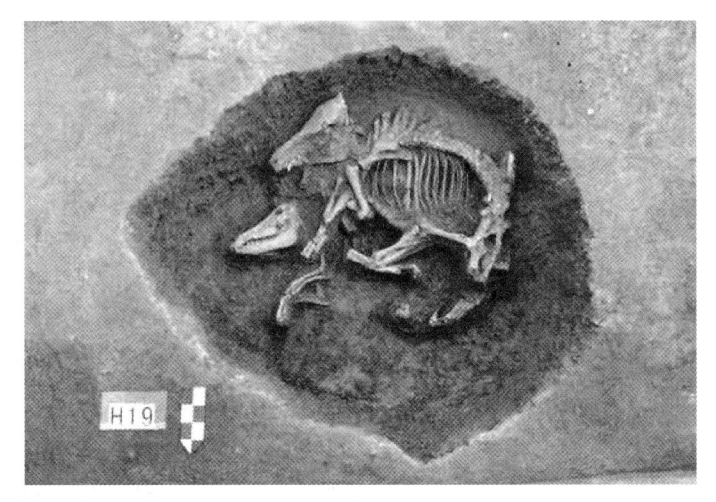

图十　大汶口遗址 H19 遗迹图

该与"实柴祀日"[1]祭祀太阳神有关。

（三）小结

1. 从大汶口遗址遗迹和遗物看,大汶口遗址同汶上县东贾柏遗址具有明显的传承性和连续性,应属同一个文化系统的前后两个阶段。

2. 大汶口遗址北辛文化的年代为距今 6470 - 6100 年,之后进入大汶口文化,大汶口文化经历了距今 6100 - 5700 年的发展。大汶口遗址北辛文化遗存属北辛文化晚期遗存;大汶口文化遗存是大汶口文化发展过程中的早期阶段,在这一时期还处在母系社会,但正迎接着新的父系家族制的诞生。

3. 此次出土北辛文化时期墓葬数量不多,但从其只集中在 74 北区与南区之间的地段看,还是相对集中的,说明在这一时期这群人是集中埋葬的,应为同一母系或相互通婚的氏族。

4. 大汶口墓葬平面分布的四个墓组,应视为四个家族的四处家族墓地;四个家族之间应是四个通婚氏族,即本氏族的男性可与另一个氏族的女性通婚,但不排除与其他族群通婚,这种婚俗在云南某些少数民族中至今仍可见到。

5. 大土台与泰山祭祀,大汶口文化遗址标准地层共分 7 层,大土台位于最下面的第 7 层,由于在第六层才开始有房址出现,这说明在有人类居住以前土台已经使用了很长时间,并且房址均是围绕土台分布的,显然土台与人类的生产和生活无关。据此,该土台应与祭祀有关。

---

[1]　杨天宇撰:《周礼译注》,上海古籍出版社,2004 年,第 275 页。

大汶河流域祭地遗迹最早见于汶上县东贾柏北辛文化遗址,据《山东汶上县东贾柏村新石器时代遗址发掘简报》刊载:房址"F12 第二层遗迹。坑口为规整圆形,直径 2 米,深约 1.5 米。坑口堆积一层红烧土块,其下埋有三只猪骨架,再下至底均为纯净的黄土。可能属祭祀类的建筑遗存"。张长之在《邹县野店遗址》中记叙:邹县"野店遗址内还出土大汶口文化猪坑两座,坑内各埋一头整猪",[1]这与汶上县东贾柏遗址猪坑的性质是相同的。又据《兖州西吴寺遗址第一、二次发掘简告》刊载:发现周代灰坑 700 多个,"在少数灰坑底部发现完整的牛、猪、马等完整骨架"。[2]《尔雅·释天》记载"祭天曰燔柴,祭地曰瘗薶。祭山曰庪县,祭川曰浮沈"。[3]显然以上应属于祭祀土地的遗迹。

在大汶口遗址出土的大汶口文化三期遗存"八角星状图案"的彩陶豆和彩陶盆,显然不属于生活用品,应属于祭祀的礼器。八角星正中的方块应代表高出地面的台子,即祭坛;八角星应代表四面八方,象征大地。祭祀泰山的礼仪,据《公羊传·僖公三十一年(前 629 年)》记载:"三望者何?望祭也。然则曷祭?祭泰山、河、海。曷为祭泰山、河、海?山川有能润于百里者,天子秩而祭之。触石而出,肤寸而合,不崇朝而偏雨乎天下者,唯泰山尔。"[4]据此可知,望祭是祭祀泰山的主要形式。

大汶口遗址,北望为泰山、南邻大汶河,《尔雅·释天》云"祭山曰庪县,祭川曰浮沈",《周礼》也记载"以血祭祭……五岳"。[5]据此,大汶口遗址大土台只能是望祭泰山的祭坛。泰山在大汶口遗址的正北方,生活在大汶河流域的原始先民在大汶河的滋润下、在泰山的庇护下繁衍生息,对泰山的崇拜和祭祀完全在情理之中。北魏郦道元撰《水经注·卷二十四》汶水记载:东晋《从征记》曰:泰山有下、中、上三庙,(今泰山岱庙前身)墙阙严整……门阁三重,楼榭四所,三层坛一所,高丈余,广八尺",[6]至少在东晋时祭祀泰山仍使用祭坛。

6. 火烧整猪与"燔柴祀日",《周礼》记载"以禋祀祀昊天上帝,以实柴(把牺牲放在柴上烧烤,以为享祀)祀日、月、星、辰",[7]《竹书纪年·周武王》也记载"燔鱼以告

---

[1] 张长之撰:《邹县野店遗址》,《山东重大考古发掘纪实》,齐鲁书社,1998 年,第 44 页。
[2] 李季、何德亮:《兖州西吴寺遗址第一、二次发掘简告》,《文物》1986 年第 8 期。
[3] 管锡华译注:《尔雅》,中华书局,2020 年,第 409-410 页。
[4] 梅桐生译注:《春秋公羊传全译》,贵州人民出版社,1998 年,第 216-217 页。
[5] 杨天宇撰:《周礼译注》,上海古籍出版社,2004 年,第 275 页。
[6] (北魏)郦道元著,陈桥驿校证:《水经注校证》,中华书局,2007 年,第 580 页。
[7] 杨天宇撰:《周礼译注》,上海古籍出版社,2004 年,第 275 页。

天"。[1]可见,《山东泰安市大汶口遗址2012－2013年发掘简报》刊载的火烧整猪祭祀遗迹应为祭祀太阳神的原始宗教信仰,即"实柴祀日"。

7. "柴、望"发端于大汶口遗址,《尚书·舜典》记载:"岁二月,东巡守,至于岱宗,柴、望秩于山川,肆觐东后。"[2]"岱宗"应是指舜帝巡守举行"柴、望"的目的地,举行"柴、望"望祭泰山,说明与泰山应有一定的距离,否则不能称望。《尔雅·释天》记载"祭天曰燔柴","岁二月"泰山属于冬季,若在泰山上燔柴祭天是极容易引起山林大火的。据此,舜帝举行"柴、望"之礼和"肆觐东后"不是在泰山上是完全可以肯定的,至于在何处我们还无法作出准确判断,但"柴、望"之礼始于大汶口遗址是不用怀疑的。

另据许慎《说文解字》释"宗"曰:"尊祖庙也。"[3]"岱宗"岱即泰山,"岱宗"应指专用于祭祀泰山神灵的宗庙所在。可见,"岱宗"或许是指大汶口遗址望祭泰山的祭坛,也即今天泰山岱庙的前身。

三、堡头遗址社会形态研究

堡头遗址位于大汶河南岸堡头村,与大汶口遗址隔河相望,是大汶口文化命名地的重要组成部分,文化层厚1－6米,属大汶口文化中、晚期遗址(距今5700－4600年)。堡头遗址是被正规发掘的大汶口文化中、晚期氏族墓葬,极具代表性。

(一) 遗址概况

堡头遗址位于大汶河南岸两条支流的交汇处,与大汶河组成一个三面环水相对封闭的空间,基本属于平原区,土层一般不厚,两米或三、四米以下即是岩层。发掘证明:这是一处大汶口文化中、晚期"集中的氏族公共墓地",共发掘墓葬133座,按发掘顺序编号为1－133号。另外,还发现陶窑1座。[4]

---

[1]《中国古代文化丛书:竹书纪年》(古本整理版本),时代文艺出版社,2009年,第28页。
[2] 陈戍国:《尚书校注》,岳麓书社,2004年,第8页。
[3] (汉)许慎:《说文解字》,中华书局,1963年,第151页。
[4] 山东文物管理处、济南市博物馆:《大汶口——大汶口新石器时代墓葬发掘报告》,文物出版社,1974年。

(二) 墓葬概述

1. 墓葬分布

从堡头遗址墓葬分布图不难看出（图十一）：从北到南可分为 A、B、C、D 四组墓葬，分别是 A 组 13 座、B 组 28 座、C 组 33 座、D 组 59 座，共计 133 座。由于埋葬过于密集和先后时间不同，有十二组墓葬有叠压和打破现象，表明这块墓地的使用延续了

图十一　堡头遗址墓葬分布图

相当长的时间。墓组与时段分布如下表(表二):

表二 堡头遗址墓组与时段分布表

时段 \ 墓组	A组	B组	C组	D组
大汶口文化中期 — 早期墓葬	M[13]、12、54、58、[59]、63、[26]、11、14	M48、43、41、53、45、56、52、84、65、55、51、79、80、81、82	M130、131、6、38、7、8、18、31、32、61、19、23、29、28、33、62、20、66、73	M27、34、30、76、71、129、78、94、102、103、106、101、116、99、132、115、114、119、120、87、86、89、88、90、91、108、109、107、110、111、112
	计9座	计15座	计19座	计31座
大汶口文化晚期(前2800至2500) — 中期墓葬		M67、49、36、44、42、46	M[9]、16、118、62、21	M35、69、[98]、93、75、97、96、121
	计0座	计6座	计5座	计8座
大汶口文化晚期(前2800至2500) — 晚期墓葬	M[10]、72、64	47	M4、5、2、1、15、17、3	M24、[25]、60、77、105、104、100、122、123、124、125、127、117、126
	计3座	计1座	计7座	计14座
不可分辨	M70	M39、50、37、57、83、40	M128、68	M85、74、95、113、133、92
	计1座	计6座	计2座	计6座
合计	13座	28座	33座	59座

注:□内为大型墓葬。

2. 墓葬形制

所有的墓均为长方形竖穴土坑,除了M128为南北向外,其余132座都是东西向,方向多数在73度-125度之间。有的墓穴,在长方形竖穴土坑中,又向下挖一个较小的长方坑,中置人架因而形成生土二层台,有二层台的墓共18座。

3. 葬具

在这里发现了原始木构葬具的遗迹,葬具使用的范围既有成人,也有儿童;既有单人墓,也有双人合葬墓。

4. 埋葬习俗

133座墓葬中,有人骨架的128座。在埋葬习俗上,没有发现男女分别多人集体埋葬的现象,有的只是男女分别埋葬,或成对男女合葬,说明大汶口先民已从母系社会进入到"一夫一妻"制的父系社会。

根据34座墓葬39具人骨的鉴定,单人墓属于男性的14座,女性的16座,接近1比1。3座成年男女合葬墓,按男左女右排列。M35,是一对成年男女同一个女孩合葬。其余4座合葬墓未经鉴定,性别不详。

5. 随葬品的种类和数量

当时人们相信死后有灵魂存在,因此在墓中都放置有数量不等的随葬品。其中既有大量的陶制生活器皿,又有石、骨、角、牙、蚌等不同质料的生产工具、生活用具和装饰品以及祭食等。但是,也有8座墓空无所有。

各墓葬随葬品的数量和质量极不平衡,多寡悬殊,质料优劣差别,相当突出。表明,这里已开始贫富分化,并出现了一些社会分工的现象。

(三)墓葬类型

各组墓葬分为早、中、晚三期,每期分为大(表三)、中、小三种墓葬。

表三 堡头遗址大型墓葬分布一览表

时段＼墓组	A组	B组	C组	D组
早期	M13:男女合葬墓,男左女右,男性颈下放有象牙琮2件,北壁东端置一盔形器,同时自东而西排列猪头14个。			
早期	M59:单人男性墓葬,颈下放有象牙琮1件,盔形器1件,也和猪头放在一起。			
早期	M26:单人葬,腿骨左膝以下不见,头下压着1件象牙琮,左肩上方放1件象牙琮。			
中期			M9:单身男性墓,四面有二层台。	M98:单人葬。

续 表

墓组 时段	A组	B组	C组	D组
晚期	M10：随葬品的精致、丰富，为这批墓葬之冠。死者为一女性，年龄在50－55岁之间。			M65：单人葬。
合计	4	0	1	2

1. 早期大型墓

大型墓 13、59、26，共三组。

M13：属 A 组墓，一对成年男女合葬，有大型葬具，随葬猪头最多。四壁整齐，有葬具。人骨架按男左女右排列，女性卧置的墓底比男性的高出 7 厘米左右。据鉴定，男性约 40 岁左右，女性 30 余岁。仰身直肢，手中握獐牙。

随葬器物 40 余件。男性颈下锁骨间，放有象牙琮 2 件，左手附近有石铲、象牙雕筒、骨匕、牙镰各 1 件，股骨间放置骨镖、骨镞。北壁东端置 1 件粗厚夹砂盔形器（图十二），高达 40 厘米，同时自东而西排列猪头 14 个。

图十二　M13 中粗厚夹砂盔形器

M59：属 A 组墓，单人葬，仰身直肢。腰间有象牙雕筒，满布规则的透雕四瓣花纹，异常精美，头上戴 1 对束发器。锁骨间，佩象牙琮 2 件。盔形器 1 件，也和猪头放在一起。

M26：属 A 组墓，随葬品中有精致的象牙梳，较多的石、骨、角、牙制工具，连陶器、猪头、装饰品等共 60 余件。单人葬，仰身直肢，腿骨左膝以下不见，两手握獐牙。头部左侧有一精美的透雕象牙梳，头下压着一象牙琮。颈部下有小石珠 3 颗，左肩上方放象牙琮 1 件。腰左置石铲一，右边有指环一、龟甲一。二膝间放 1 件骨雕筒。

2. 中期大型墓

M9：属 C 组墓，单身男性，仰身直肢。随葬陶器数量较多，鼎、罐成组，大小形制也一样。石制工具较多，一起出土的还有很多骨、牙料。坑形不甚规整，口宽底窄，四面有不整齐的二层台。左、右手均执獐牙。随葬器物有 70 余件。

3. 晚期大型墓

M10：属 A 组墓葬，随葬品的精致、丰富，为这批墓葬之冠。墓主为一女性，年龄在 50-55 岁之间，仰身直肢，双手握有獐牙。头部佩戴着有 77 个单件组成的 3 串石质装饰品，所佩臂环、指环以及随葬的石铲都是玉质的，并且有大型的象牙雕筒和象牙梳。有玉器。随葬陶器有洁白的白陶，乌亮的黑陶和精美的彩陶，其中陶瓶一项即达 38 件之多。

4. 男女合葬墓

M111：属 D 组早期墓葬，一对成年男女，仰身直肢，比肩而卧，男左女右。男性口张，双手执獐牙，左手佩一指环。女性脚下器物有两组，右为尊、纺轮、骨针、牙料、四不像鹿下颌骨，左为杯、骨匕、石磨棒、骨锥等。

M35：属 D 组中期墓葬，成人骨架两具，小孩一具。成人为一男一女，男左女右。小孩为女性，紧倚在女性右侧。均为仰身葬，男性双手执獐牙，左手佩一骨指环。女性头佩束发器，随葬器物多靠近男性一边。

M1：属 C 组晚期墓，北壁有一向外扩出的小坑，女性即葬于这一小坑内。男性处于中央，两具人架相距 10 厘米。

随葬品集中男性一边，女性仅颈部佩一玉管，右腰间放一龟甲。男的右腰部也配一龟甲。

5. 儿童墓

M36：属 B 组中期墓葬，右肩旁一鬶，右腕外一罐。

M89：属 D 组早期墓葬，头上方出一罐，左手执獐牙。

M68：属 C 组，右腕佩石臂环，左手执獐牙。头右侧 0.2 米处放猪头二。

M94：属 D 组早期墓葬，仰身直肢，有葬具和二层台。脸左一双鼻壶，左股处一獐牙。二层台东北角一杯，东南角两壶，西南角一镂空豆，西北角一鼎、一罐。

M95：属 D 组墓葬，无器物。

6. 特殊墓例

M45：属 B 组早期墓葬，单人俯身葬，仅此 1 例。头向西，双手握獐牙。头上方 1 件灰陶壶，脚下有钵、鼎、背壶等。

(四) 代表陶器

彩绘陶器有两种：一种是入窑之前绘在坯上的，一种是烧后彩绘的。前者为彩陶，后者为彩绘陶。中期75号墓葬出土的腹部绘朱色图像的背壶为泥质灰陶（图十三）。

(五) 小结

1. 墓葬的基本特征

图十三　中期M75出土背壶

死者埋葬在氏族公共墓地里，头向一般向东；葬式以单人仰身直肢为主；早、中、晚三期均有成年男女合葬墓；有拔牙和头骨人工变形的习俗；死者多数手持獐牙；有用龟甲和猪头随葬的习俗；墓葬规模大小、随葬品的多寡、质量水平相当悬殊。

2. 与大汶口遗址的关系

堡头遗址墓葬与大汶河北岸遗址存在继承关系，据《山东泰安市大汶口遗址2012－2013年发掘简报》刊载：大汶河北岸遗址，"关于这7座房址的废弃，有很多火烧痕迹及保存状态推测，应为毁于火灾。需要指出的是，房址废弃后，经过统一整治，普遍铺垫了一层土，这就是第三层堆积。但铺垫好这层土后，不知出于什么原因没有再继续利用，只留下这块平整的地面。根据历次调查发掘成果，大汶河北岸基本不见大汶口文化中、晚期阶段遗存，相应的遗存发现于大汶河南岸堡头村一带（堡头遗址）。"[1]堡头遗址墓葬分为早、中、晚三期，早期墓葬属于大汶口文化发展中的中期阶段，中、晚期墓葬属大汶口文化发展中的晚期阶段，距今5700－4600年，大汶河两岸的两处遗址贯穿北辛文化晚期、大汶口文化的早、中、晚三个阶段的全部过程。

3. 社会形态

(1) 堡头遗址墓葬四个墓组属于四个家族墓地，应为大汶口遗址四个家族的延续。

---

[1] 山东省文物考古研究所：《山东泰安市大汶口遗址2012－2013年发掘简报》，《考古》2015年第10期，第24页。

(2) 从墓葬看,女性的纺轮和装饰品较多,男性的则工具较多,这说明男子在社会生产领域中占据了主要地位。

(3) 大汶口墓群以男、女分别单人葬为主,出现了成对的男女同坑合葬墓,整个墓群发现了 8 座双人合葬墓(35 号还有一个小孩),贯穿早、中、晚三期,经过性别鉴定的 4 座(M13、M111 属于早期墓葬,M35 属于中期墓葬,M1 属于晚期墓葬)都是一对年岁相当的成年男女,其特点是:

① 人骨排列顺序都是男左女右;

② 1 号墓属于晚期墓葬,男性遗体放于墓穴正中,女性则在正穴扩出的一个小方坑中,两性显然处在不平等的地位;

③ M1、M13、M35 三座墓,随葬品的安置偏于男性一侧,这说明这些成年合葬墓的主体是男性,女性处于从属地位,显然,堡头遗址已进入父权制社会。

(4) 大汶口墓群的随葬品有明显的贫富之别,以 M13、M26、M59 三座为例,它们同属于 A 组早期最富有的大墓,早期的象牙器也仅见于这三座墓中,起码应是族长一级的才可能拥有。

(5) 堡头遗址延续了约 1100 年,共发现 133 座墓葬。由于在附近未发现同时期生活遗址,故据此断定:堡头遗址墓葬群只是四个族群的部分墓葬,其余墓葬应在相对应的聚落遗址附近。从大型墓葬的分布规律来看,大型墓葬既在墓组内按时间早晚垂直分布,又在不同墓组之间横向分布,这说明大型墓很可能是同一墓组的族长,又是四个族群共同的首领。族长在族群内实行世袭制,首领在族群之间实行禅让制,堡头遗址应为四个族群的族长(夫妻)公共墓地。

(6) 据堡头遗址发掘报告记述:墓葬发掘中还采集到少量龙山文化遗物和商代遗物。其中龙山文化鬼脸式鼎足 1 件;商代陶盆 1 件、陶罐 1 件、陶壶 1 件、陶豆 1 件。在大汶口文化中晚期墓葬区采集到龙山文化和商代陶器,这只有一种解释:在龙山文化和商代仍有人在此祭祀自己的祖先。

四、大口缸、盉形器、"日月山"大口尊与"实柴祀日"

堡头遗址最具代表性陶器有两种,一是 M13、M59 的两件盉形器,属 A 组早期墓;二是 M75 号墓出土腹部绘朱色图像的背壶,为泥质灰陶。

在大汶口遗址的大汶口文化遗存中发现两件大口缸,属于大汶口文化早期晚段,与堡头遗址 A 组早期大型墓葬出土的两件盉形器具有明显的传承和演变关系。由于出土数量较少,盉形器又放置在大型墓葬的二层台上,同时又与 12 个猪头放在一起,这不得不让我们怀疑:盉形器是煮猪头用的,而且与死者的身份地位有关。

于庄遗址位于宁阳县伏山镇于庄村东南,为配合宁(阳)梁(山)高速建设,2018 年 5 月至 7 月,济南市考古研究所对于庄遗址进行抢救性考古发掘,根据出土器物特征及叠压、打破关系,推测该遗址的具体年代为大汶口文化晚期、龙山文化早期、龙山文化中期、战国时期、西汉时期、北宋时期、明清时期。这次考古发掘的最大成果是在一灰坑中(图十四)发现了 1 件口径 32 厘米、高 62 厘米,一侧腹上部刻有"日月山"图案的大口尊(图十五),该器物在大汶河流域首次发现,考古学价值不言而喻。

图十四　于庄遗址灰坑　　　　图十五　于庄遗址出土大口尊

刻有"日月山"图案的大口尊最早发现于山东莒县陵阳河大汶口文化遗址,该遗址位于山东沂蒙山区东部边缘的山前平原上,靠近陵阳河,共清理墓葬 45 座。"就墓地出土的陶器形态而言,还不具备大汶口晚期的特征,把墓地定在公元前 2800－2650 年间似乎更恰当些,整个墓地经历了大约 150 年左右"。[1] 另外,在陵阳河大汶口文化遗址和附近的大朱家村大汶口文化遗址等处还分别采集到带有" "图案的陶片。于省吾先生在《关于古文字研究的若干问题》一文中,引述了陵阳河发现的

---

[1] 燕生东等:《论陵阳河大汶口文化墓葬所反映的社会分层——从文化人类学和民族学角度说起》,《江汉考古》2001 年第 1 期。

"☼",将其解释为"旦"字,并谓云气承托着初出山的太阳,[1]继之,唐兰先生将"☼"释为昊。[2]

经笔者多年潜心研究,破解这一神秘图案的关键是找准方法。东汉许慎在《说文解字》中说道:"仓颉(jié)之初作书,盖依类象形,故谓之文。其后形声相益,即谓之字。"造字有六法:"一曰指事。指事者,象形者,画成其物,随体诘诎(jí qū,屈折),日月是也。……四曰会意。会意者,比类合谊,以见指撝(wéi,辅佐),武信(诚实守信之谓)是也。"[3]"指事""会意"是古人造字的两种重要方法,如河南南阳出土的一块东汉时期"金乌载日"画像石(图十六),大鸟载日的历史传说在这里表现得淋漓尽致。先秦时代,就已经广有"日中有乌"或"太阳鸟"的记载,其中最明确的要属《山海经·大荒东经》,直称"汤谷上有扶木,一日方至,一日方出,皆载于乌"。[4]乌即大鸟,可见,古人认为太阳是由大鸟载着太阳在天空中运转的,这就是古人对太阳运行的理解。

图十六 "金乌载月"画像石　　　　　图十七 "日月山"大口尊

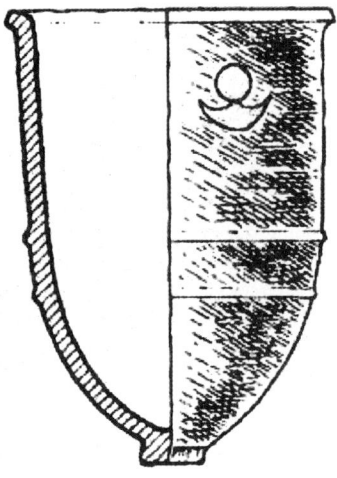

于庄遗址和陵阳河遗址"日月山"大口尊图像可分为上、中、下三部分,但从出土的多件同类图像陶器及残片来看,上、中两部分均连在一起,是不可分割的一个整体(图十七)。太阳是圆的,大口尊刻画图像最上部分代表太阳在学术界基本没有争议,但中间部分争议最大。河南南阳"金乌载日"画像石与大汶口文化堡头遗址45早期

---

[1] 于省吾:《关于古文字研究的若干问题》,《文物》1973年第2期。
[2] 唐兰:《关于江西吴城文化遗址与文字的初步探索》,《文物》1975年第7期。
[3] (汉)许慎:《说文解字》,中华书局,1963年,第314页。
[4] 方韬译注:《山海经》,中华书局,2009年,第233页。

墓葬背壶以及陵阳河大口尊刻画图像应为同一主题。据此,大口尊刻画图像中间部分就是大鸟,上、中两部分就是"金乌载日"图案,代表的就是太阳。最下部分多数学者认为是山,从中国最早的商代甲骨文来看,火和山均写成如大口尊图像下部"山"字的形状,在石鼓文中"蒸"字最下部的"四点旁"直接写成山字,从字形上看,火与山是相同的。从大口尊的形状来看,尖底只能放到柴上使用,《周礼》云"以禋祀祀昊天上帝,以实柴祀日、月、星、辰"。据此,大口尊图像最下部分应是火,意为"以实柴祀日"。大口尊刻画图像作为最早的图像文字演变为今文"炅"字,炅的本意为明亮、火光,即为太阳冉冉升起时祭祀太阳神的情景。堡头遗址出土的盔形器以及大汶口遗址出土大汶口文化早期大口缸的功能是一样的,其传承关系是清晰可辨的,都是用来祭祀太阳神的。

从以上分析不难看出,大汶口遗址自北辛文化晚期至大汶口文化晚期,大汶口先民祭祀太阳神的习俗一直在延续,堡头遗址族长(夫妻)墓葬位于泰山正阳的大汶河南岸,北望泰山,对泰山的崇拜和信仰不言而喻。虽未发现汶水流域大汶口文化中、晚期望祭泰山的遗迹,但完全有理由相信:大汶河北岸的柴、望礼制,在大汶口文化中、晚期,大汶口先民仍在执行,主持"柴、望"之礼的人既是族群的族长、也是祭司,这一礼制被龙山文化时期中原帝王所继承。

《竹书纪年·帝尧陶唐氏》记载:即帝位"五年(前2198年),初巡狩四岳","七十四年(前2129年),虞舜初巡狩四岳"。[1] 舜帝巡狩四岳的这一礼制一直延续到西周,《尚书·周官》记载:"成王六年(前1039年),五服一朝。又六年,王乃时巡,考制度于四岳。诸侯各朝于方岳,大明黜陟。"[2]

五、结　语

综上所述,原生活在汶泗流域下游的北辛先民在距今6470年之前就有在大汶口遗址望祭泰山的原始宗教信仰;约在距今6470年时,四个北辛文化族群来到大汶口遗址望祭泰山的祭坛周围定居;经过300余年的发展,约在距今6100年时进入大汶口文化早期阶段,"实柴祀日"的原始宗教信仰也在此阶段形成;经过400余年的发展,距今5700年时进入大汶口文化中期阶段,母系社会阶段结束,进入"一夫一妻"制

---

[1]《中国古代文化丛书:竹书纪年》(古本整理版本),时代文艺出版社,2009年,第3—4页。
[2] 陈戍国:《尚书校注》,岳麓书社,2004年,第174页。

的父系社会;在大汶口文化中、晚期,大汶口文化遗址在汶水流域广为分布,族群内部实行族长负责制并世袭,族群之间的公共事务由首领负责,并实行禅让制,首领既是行政长官,也是主持柴、望的祭司;经过约1100年的发展,在距今4600年时进入山东龙山文化阶段,国家逐渐形成。

泰山与五帝

李继生

(中共泰安市委党史研究院)

1. 五帝之首的黄帝祖居于哪里？生卒于哪里？

黄帝为人文始祖，因"有土德之瑞，故号黄帝"。其登帝位就意味着国家的诞生。《国语·晋语》："昔少典氏娶于有乔氏，生黄帝、炎帝。黄帝以姬水成，炎帝以姜水成。成而异德，故黄帝为姬，炎帝为姜。"《帝王世纪》：黄帝之母"附宝见大电光绕北斗，枢星照郊野，感附宝，孕二十四月，生黄帝于寿丘。"《史记正义》："寿丘在鲁城东门之北。"宋罗泌撰《路史》：寿丘"在曲阜东北六里"。

《史记·五帝本纪》开章即言："黄帝者少典之子，姓公孙，名曰轩辕，生而神灵，弱而能言，幼而徇齐(聪明机敏)，长而敦敏(诚实勤奋)，成而聪明……神农氏世衰，诸侯相侵伐，暴虐百姓，而神农氏弗能征。于是轩辕乃习用干戈，以征不享……而诸侯咸尊轩辕为天子，代神农氏，是为黄帝。天下有不顺者，黄帝从而征之……迁徙往来无常处，以师兵为营卫。官名皆以云命，为云师。置左右大监，监于万国。"《史记正义》："黄帝自穷桑(在鲁北泗水之阳)登帝位，后徙曲阜。"

《山海经》《淮南子》皆言黄帝之都野位于"天地之中"，即泰山地区，所以黄帝多次封泰山，并"封泰山而不死"。

黄帝创造与发明了人们所希望的古代文明，诸如房屋、衣裳、车船、弓箭、阵法、音乐、器具、井田等。其妻嫘祖发明了养蚕抽丝；大臣苍颉发明鸟兽文；隶首发明算术；容成发明历法等。传其活到152岁(有的说300岁)便离开都城跑到陕西桥山下铸一大鼎，准备犒赏各部落酋长，但这时天空突降黄龙，接其白日升天，故将遗留下的衣冠埋于桥山下，成为"黄帝陵"。但真正的黄帝陵仍在曲阜的寿丘。

考北宋嘉祐六年(1061年)朝散大夫、尚书工部郎中、兖州仙源县(即曲阜)景灵宫太极观公事王逵(主事道人)撰《泰山灵岩千佛殿记》可知：宋真宗赵恒"东封泰山"

后于大中祥符五年(1012年)在寿丘建此观,奉祀于轩辕黄帝,王逵负责"岁时朝献"。今少昊陵一带就是寿丘,金人避孔子讳而改寿陵,俗称万寿山、万石山。少昊陵应在其东北方的"裵丘",又名"云阳山"。

2. 炎黄为什么在汶泗流域争战不休?

《淮南子·兵略训》:"炎帝为火灾,故黄帝禽之。"

从黄帝时代开始,奴隶制国家雏形已形成,"天下有不顺者,黄帝从而征之",炎帝不顺故征之。《太平御览》卷79引《归藏》:"昔黄帝与炎帝争斗涿鹿之野。"涿鹿原以为在河北,王献唐考为在山东春秋时的郱娄,为颛顼后裔居地,在今邹城市。因曲阜有洙水,即远古时的郱娄故地。《大戴礼·五帝德》:"黄帝教熊、罴、貔、豹、虎,以与炎帝战于阪泉之野,三战然后得行其志。"旧史言阪泉在河南扶沟或在河北涿鹿。笔者考其先祖和后裔居地,应在泗水上游的泉林一带:因此地之东为炎帝之祖居地岐山;北为黄帝族祖居地龟山、鳌山及蒙山太平顶前;西为曲阜。

3. 蚩尤为什么要与黄帝决以死战?

《路史·蚩尤传》:"蚩尤姜姓,炎帝之裔也。"他是东夷族的军事领袖,传其有81个氏族,9个部落组成,故史称"九黎族",都于营丘(今临淄),后来周武王封姜尚于此建立齐国。姜尚继承了炎帝与蚩尤的姜姓,所以齐人奉蚩尤为齐地八神之一的兵主。他发明兵器,为冶炼和杂技始祖,铜头铁额,口含沙石,能万战万胜。他与夸父奋起而为炎帝复仇,故要决以死战。

《太平御览》卷15引晋代虞喜所撰《志林》:"黄帝与蚩尤战于涿鹿之野,蚩尤作大雾弥三日,军人皆惑。黄帝乃令风后法斗机以别四方,遂擒蚩尤。"卷15又引《黄帝玄女战法》:"黄帝与蚩尤大战,九战九不胜。黄帝归于泰山,三日三夜雾冥,有一妇人,人首鸟形,黄帝稽首再拜伏不敢起。妇人曰:'吾玄女也,子欲何问?'黄帝曰:'小子欲万战万胜。'遂得战法焉。"《庸城集仙录》也云:"黄帝回归泰山,王母遣使披云狐裘,以符授黄帝说:'精思告天,必有太上之应。'数日后,玄女下降,授黄帝三宫秘略、五音权谋阴阳之术,大破蚩尤。"这进一步证明黄帝就是泰山人。

4. 蚩尤被杀在哪里?葬于何处?其族的下落如何?

蚩尤被杀之地有4个同地异名者:青丘、涿鹿之野、冀州之野、凶犁山或凶犁之谷。死后身首异处。三国魏诸臣集《皇览》:"蚩尤冢在东平郡寿张县阚乡城中……肩髀冢在山阳郡巨野县重聚,大小与阚冢同。"但清人顾祖禹撰《读史方舆纪要》东平州及《封禅书·索隐》引《皇览》又言:"炎帝在曲阜,蚩尤葬汶上。"由此可知,汶泗流域不仅是炎黄和蚩尤互相争战的战场,也是三者建功立业之地。春秋后期楚灵王时(前540年至前528年),南岳衡山祝融墓崩,得营丘九头图,即"九黎族图"。这是蚩尤族被黄帝击败后南下的遗迹。蚩尤族被打败后,一部分退往南方,成为云贵高原苗族的先祖,一部分归服于少昊联盟。

5. 黄帝的五世氏族有何承袭关系?

五帝传说时代的黄帝王朝又称黄帝氏族,即指黄帝及其裔颛顼、喾、尧、舜。这个王朝起于公元前27世纪,止于前23世纪,约500年。黄帝族裔均有上下承袭关系。《史记·五帝本纪》述之甚详:黄帝娶西陵国之女嫘祖为正妃,生两子,"其后皆有天下:其一曰玄嚣,是为青阳,降居江水(即今沂水);其二曰昌意,降居若水(即今汶水)。昌意娶蜀山氏女,曰昌仆,生高阳,高阳有圣德焉。黄帝崩,葬桥山。其孙昌意之子高阳立,是为帝颛顼也……颛顼崩,而玄嚣之孙高辛立,是为帝喾。"依此而言,颛顼为黄帝之孙,帝喾为曾孙,是颛顼的侄子。帝喾娶陈绛氏女,生放勋,即黄帝玄孙尧;又娶娵訾氏女,生挚。帝喾崩后而挚代立,因政迹不显,而其弟放勋立,是为帝尧。尧至年事高时,将帝位"禅让"给舜,舜自称为黄帝九世孙,出自颛顼。

6. 黄帝之子玄嚣少昊氏为什么"以鸟名为官"? 其裔及其古国有哪些?

继太昊之后的氏族部落为少昊氏,与黄帝同期,或谓黄帝长子玄嚣,约为5000年前的大汶口文化中晚期。少昊,名挚,字青阳,因以金德王,故《尸子·仁意》:"少昊,金天氏,邑于穷桑。"他是东夷族的首领,都曲阜,号穷桑氏。《帝王世纪》记之更详:"少昊帝,名挚,字青阳,姬姓也。母曰女节(即西陵国女嫘祖),黄帝时有大星如虹,下流华渚(在泗水华村水库南)。女节意感而生少昊,是为玄嚣,降居江水,邑于穷桑,以登帝位,都曲阜。在位百年而崩。"今曲阜东北有少昊陵。三国蜀谯周著《古史考》:"少昊以金德王,故号金天氏,或曰宗师太昊之道,故曰少昊。"《左传》:"其立也,凤鸟适至,故纪于官为鸟师。凤鸟氏,历正也。"所以,少昊以鸟为官名,以鸟为师,设有工正和农正管理工业和农业。春秋时的莒国和郯国即其后裔。《左传》宣公四年(前605年):"公及齐侯平莒及郯。"《左传》昭公十七年(前525年):郯子来鲁国朝见,鲁昭公设宴款待。昭子问郯子:"少昊氏鸟名官,何故也?"郯子曰:"吾祖也,我知之。昔者黄帝氏以云纪,故为云师而云名。炎帝氏以火纪,故为火师而火名。共工氏以水纪,故为水师而水名。太昊氏以成纪,故为成师而成名。我高祖少昊挚之立也,凤鸟适至,故纪于鸟,为鸟师而鸟名。"

少昊金天氏

少昊

"大汶口文化"陶鬶

少昊下分24支，一直活动在汶泗流域，其裔除莒、郯之外，还有秦、赵等。后来其氏族接受西部仰韶文化，从而孕育出以颛顼为代表的统辖整个中原大地的大颛顼联盟。少昊后裔嬴姓者西迁秦地，成为秦人和赵人的祖先；莱夷一部西迁陕西，成为周人的发祥地；少昊时的古国炎帝裔祝融氏，原在蒙山下，后到泰山下，又西迁中原在今河南新郑建都；其裔斟寻在今潍坊坊子东北建都。五帝时代初期，以爽鸠为图腾的爽鸠氏部落国居于淄河中下游，其酋长曾在少昊氏部落联盟中任"司寇"。

7. 生于汶水的黄帝之孙——帝颛顼在五帝中列第二位，为什么成为中原地区的军事大首领？

颛顼为高阳氏，距今约4500年前，是融合大汶口和仰韶文化之长，又高于其两者的河南龙山文化之代表，正处于阶级社会初期。《帝王世纪》："颛顼，黄帝之孙，昌意之子,姬姓也。母曰昌仆,蜀山氏女,为昌意正妃,谓之女枢。金天氏之末,瑶光之星,贯月如虹,感女枢幽房之宫,生颛顼于若水,首戴干戈,有圣德。生十年而佐少昊,十二年而冠,二十登帝位,以水承金,位在北方,主冬;以水事纪官。始都穷桑,后徙商丘,在位七十八年,年九十八岁。"《山海经·海内经》:"黄帝妻嫘祖生昌意,昌意降若水,生韩流,韩流……取淖(音闹)子曰阿女,生帝颛顼。"《帝系》:"昌意娶于蜀山氏之子,谓之昌仆氏,产颛顼。"古音蜀通淖,淖子即蜀山之子也。顾祖禹考证蜀山在宁阳,蜀亭在泰安城西,与杜预注《左传》"蜀,鲁地,泰山博县西北有蜀亭"相吻合。《吕氏春秋》:"帝颛顼,生自若水,实处空桑,乃登帝位。"《路史·高阳纪》:"帝立于穷桑,有穷桑之号。"他吸收西、北、南三方文化之精华,组成较完整的行政机构:重为南正,掌宗教管理;黎为火正,掌民事。颛顼生于若水,始都穷桑,后徙都于曲阜,又西进都于商丘或帝丘(今河南濮阳)。若水即汶水,而蜀山、穷桑为黄帝祖居地,均在蒙山西麓汶泗流域。所以曲阜东北至泗水两岸是少昊及颛顼的宗主国,均建都于此,也是黄帝氏族的原始祖居地及穷桑的发源地。商丘与帝丘皆在鲁西南西侧。

颛顼是东夷族首领,继承叔父金天部落(在曲阜)酋长已挚之位(前 2598 年继位)。因已挚默默无闻,史家未将其列入五帝。已挚在位 84 年,公元前 2515 年亡,颛顼继位,号称玄帝,在五帝中列第二位。他西进中原后融合羌戎族,成为部落联盟的军事大首领。但后来他也默默无闻,而在执政中却作了一件让当时的男子汉极为高兴的事:下令女人在路上遇到男人,必须先让路,否则流放蛮荒。他于公元前 2437 年驾崩,葬帝丘。

8. 颛顼长子和次子的封国故址在何处?

颛顼在登基前的长子是成国国君,历经五帝时期及夏、商,后被周所灭。其故址在今新泰市楼德镇柴城村,曾出土殷商时带有成国铭文的青铜器。《春秋》鲁襄公十六年(前 557 年)秋:"齐侯伐我北鄙,围城。"(见 1980 年中华书局影印清阮元校刊本《十三经注疏·春秋左传正义》)《水经注·汶水》:"齐师围城,成伐齐师饮马于淄者。"春秋时为鲁孟氏成邑,故址在今宁阳城东与泗水、曲阜相邻的灵山乡北故城、西故城和东庄乡南故城间,东邻西柴城村。今遗址有周至汉代遗物。

颛顼另子为穷蝉。《尚书·舜典》孔疏:"颛顼生穷蝉,穷蝉生敬康,敬康生勾芒,勾芒生桥牛,桥牛生瞽叟,瞽叟生舜。"《史记·正义》穷蝉"帝舜之高祖也"。《五帝本纪》:"自穷蝉以至帝舜,皆微为庶人。"其封于姑幕城,都址在今泗水县城西南金庄乡东西辛庄。附近有姑幕山,后讹为谷垛山。

9. 颛顼之裔有8姓24国是怎样分布的?

在山东者15国,舜及陈、楚皆其后裔,屈原在其《离骚》中即称高阳氏为楚人之始祖。在泰山、蒙山之前的颛顼后裔古国还有祝融、郳国、薛国、铸国、逼阳等。祝融在蒙山下,《海外北经》曾言"居钟山下",东邻"共工"。小邾国在今滕县东南、枣庄市西北,故址即周朝时的倪国。2002年夏在枣庄市西北山亭区东江村,发现春秋时小邾国国君邾友父及其亲属墓群,位于都城遗址中部的东南方:城址东西残长125米,南北宽105米,夯土筑成,并有护城河。郳国有二:其一在曲阜东南与尼山之间的息陬(音邹)镇;其二在邹县南纪王城。薛国在滕县南薛河北岸,故城中心即今皇殿岗村,至战国时被齐所灭;铸国在今肥城汶阳镇东北,是大汶口文化的发祥地,汉代在此设蛇丘县治;逼阳在今蒙山南、枣庄市东南台儿庄西。

10. 少昊之孙——颛顼之侄帝喾在五帝中列第三位,生于何地? 葬于何地?

《帝王世纪》:"帝喾,姬姓也。其母不觉,生而神异,自名曰俊,并齿,有圣德。年十五而佐颛顼,三十而登帝位,都亳。以木承水,在位七十年,年一百五岁而崩。"喾为颛顼之侄,高辛部落酋长,公元前2437年继位,列五帝中第三位,在位70年,为五帝、夏商古国,故址在今曹县城西北莘冢集,又名莘仲集。甲骨与金文中的龙、凤皆从辛,反映莘与龙凤图腾的承袭关系。其地出土了从大汶口文化至商周文化遗存。喾虽都亳州,但从与颛顼是叔侄关系,又从"佐颛顼"而言,应生于汶水。公元前2367年亡后葬顿丘(古邑名,在今河南浚县西。);又言"魂归泰山",葬泰山。

11. 帝喾之长子姬挚继位后为什么不在五帝之列,大权却落到弟弟尧的手中?

帝喾驾崩后,儿子姬挚继位,因政绩不突出,故不在五帝之列,在公元前2358年的一次政变中被杀。

12. 尧居于陶、都于平阳在何处? 尧陵有四处,哪里最可靠?

今考,尧都平阳即今山西临汾的西平阳,新泰古称东平阳,为春秋古城。而定陶及西平阳则是其逐渐西迁之族的地名。今菏泽市城区南为定陶,周武王曾将弟弟叔振铎封于曹地而建曹国,定都陶丘,故称"定陶"。此丘今称仿山,中有深沟叫阿谷,谷东葬振铎长子一支,谷西为次子一支,直至汉时仍有后裔达官贵人葬于此。传曹国25代君王均葬此。再加菏泽还有古巨野泽,周围古迹斑斑,所以有些学者也宣称"菏泽是三皇五帝"的发迹处,笔者考其地实为三皇五帝及其族裔西进中原时的重要过渡地带。

帝尧徙都后的唐即是今河北唐县、望都一带。其卒于成阳或谷林,故尧葬于今菏泽城东北成阳,这里有尧城尧陵,历代奉祀。西汉魏晋极盛,至赵宋尚置守陵户守之。谷林在鄄城县城西南富春乡谷林苗圃,这里也有尧墓。今泗水县北境有尧山,山阳有尧陵、尧前庄,东临华胥国。清嘉庆间新泰知县朱钟在《游徂徕记》中有考证,更为可信。另外,在山西临汾城东北70公里郭村隅涝河北侧有唐尧陵,高50米,周长80米,前有门坊、殿亭等建筑。此即尧裔西迁西平阳城之虚。笔者以为汶泗流域应是其原始祖居地,鲁西南和河北唐县、昌乐唐地及山西临汾应是其族裔迁居后的居地,陵为祭祖的象征。尧时,在位百年期间,发生了一场空前可怕的大水灾,从公元前2297年开始,历时几十年,活动中心在济水流域,即今冀、鲁、豫三省边界,颛顼与喾的国都、陵墓均在此地区。

13. 尧时既有大水灾,又有大旱年,他是怎样诛杀害民之首领和无能之辈的?

《淮南子·本经篇》:"尧之时,十日并出,焦禾稼,杀草木而民无所食。灌兜、凿齿、九婴、大风、封豨、修蛇,皆为民害。尧乃使羿诛凿齿于畴华(在曲阜南)之野,杀九婴于凶水之上,缴大风于青丘之泽,上射十日而下杀灌兜,断长蛇于洞庭,禽封豨于桑林(即空桑)。"《尚书·尧典》及《庄子·在宥》均言:"尧放灌兜于崇山(古泰山),投三苗于三危(在岱阴),流共工于幽都(岱阴),殛鲧于羽山(一说在郯城,何新以为羽山即泰山)。"

14. 尧之子丹朱封于何地?周武王封尧之后于祝在何地?

《路史》:尧之子"丹朱庶弟九,其封于留者为留氏。"故址在今微山湖西岸高楼东南。《礼记·乐记》:"周武王克殷反商,未及下车而封黄帝之后于蓟,封帝尧之后于祝。"祝即铸国,在今肥城汶阳镇东北,春秋为齐所灭。

15. 帝尧在五帝中列第四位,为什么称尧,又称陶唐氏?他的活动中心在哪里?他为什么实行第一次"禅让"?

尧在甲骨文中为两土在上一人在下。班固《白虎通》:"尧犹峣峣也,至高之貌也。"即东方巨人。《说文》:"高远也。"站得高,看得远。尧帝,即好心的君主。《帝王世纪》:"尧伊祁姓也,母曰庆都,孕十四月而生尧于丹陵,名曰放勋。鸟庭荷胜,眉有八采,丰下锐上,或从母姓伊祁氏。年十五而佐帝挚,受封于唐。年二十而登帝位,以火承木,都平阳。"战国《墨子·节用篇》:"尧治天下,南抚交趾,北降幽都,东西至日所出入。"尧为帝喾之子,史言尧居于陶,都平阳,又徙都于唐,号陶唐氏。《竹书纪年》及《左传·哀公六年》孔子引《夏书》均言:陶唐居冀。古冀即汶泗流域和河济间的古兖州地区,亦即今之泰山地区。

尧生丹陵,丹陵即丹山,今名尧山,在潍坊市昌乐县西境;封于唐,昌乐县以唐为地名者五、六处。《昌乐县志》:"县西北五里有尧子丹朱墓。"因那时迁徙无定,故在多处留有遗址遗迹,乃属正常之事,但其活动中心仍应是父辈的汶泗流域。尧于公元前2258年放弃政权,姚重华——大舜摄政,被儒家称为第一次"禅让"。据《史记》载,尧重政权建设,首创"以岳名官"之举,设"四岳"之管方域之事,即分管四岳的诸侯,以此统帅中原、中土、中国地区的部落联盟。舜时因之,所以史家称尧舜为"四岳十二牧"时代。舜就是在四岳推荐下接任联盟集团共主的。后来又按"四岳"之意,将大权传于禹。

16. 孝子大舜帝在五帝中列第五位,为什么史称他的功德如"日月"光照天下?又为什么说他是"东夷之人"?

大舜有虞氏,自称黄帝九世孙,东夷人。甲骨文:鸟头人身,与帝喾均称俊,以凤凰为图腾。《山海经》以为帝俊是太阳、月亮的父亲。日为俊鸟,即"以鸟载日"飞行的太阳神。《帝王世纪》详述其经历:"舜,姚姓也,其先出自颛顼……瞽叟妻曰握登,见大虹,意感而生舜于姚虚,故姓姚氏,字都君,家本冀州……二十始以孝闻,尧以二女娥皇、女英妻之。耕于历山之阳,耕者让畔;渔于雷泽,渔者让渊;陶于河滨,陶者器不窳(音宇,粗劣之意)。尧于是乃命舜为司徒太尉,试以五典(五帝之书),举八凯、八元(指颛顼与喾皆有8个和善之子),四恶(即共工、灌兜、三苗、鲧)除而天下咸服,遂纳于大麓。烈风雷雨弗迷。尧乃命舜代已摄政。明年正月舜始受终文祖,以太尉行事。舜摄政二十八年而尧崩,三年丧毕,舜年八十一,以仲冬甲子月次于毕,始即真,以土承火,色尚黄。以正月元日格于文祖,申命九官十二牧,以禹为司徒。舜年八十一即真,八十三而荐禹,九十五而使禹摄政。摄政五年崩,年百岁也。"《孟子·离娄》:"舜生于诸冯,迁于负夏,卒于鸣条,东夷之人也。"赵岐注:"诸冯、负夏、鸣条皆地名,负海也,在东方夷服之地,故曰东夷之人也。"清代焦循《孟子正义》引《温故录》:"孟子亦据舜生而言东也。由此以推则知历山、雷泽、河滨,与夫负夏、寿丘、顿丘之皆在东土,班班可考。"《尸子》:"虞舜灰于常羊,什器于寿丘,就时负夏,未尝暂息。顿丘买贵,于是贩于顿丘;傅虚卖贱,于是债于傅虚,以均救之。"

17. "舜生诸冯"及"舜耕历山"在何地?

舜之出生地主要有四说:其一,在诸冯,即今平邑县城西北凤凰庄,至清末仍称诸冯庄,据舜帝庙村70岁村民陈现友听祖辈传"舜生诸冯";其二,在平邑县城东南铜石镇,有北诸冯、南诸冯和诸冯铺3个自然村;其三,为姚(桃)虚,在与凤凰庄相邻的泗水县境内;其四,旧言诸冯在菏泽或诸城丹土。笔者考证:当为平邑县城西北的诸冯村及与之相邻的泗水境内的姚(桃)虚,最为可信。这里恰恰是《墨子·南贤中》所说"古者尧举舜于服泽之阳"的雷泽湖岸边,也就是舜之初都城址。

诸冯村和姚(桃)虚背依泗水与平邑交界的历山,其东北有先秦时所建舜帝庙,内奉大舜和娥皇、女英二妃,前有舜桥、舜井。庙毁于"文化大革命"中,但桥与井依然如故。笔者近考其庙,位于历山东南舜帝庙村西北,坐北朝南:正殿五间,明三暗五,配殿三间;四进院落,三重山门。大殿前建马棚,塑白马为保护神。据凤凰庄81岁的朱玉臣和舜帝庙村陈现友言:殿内供舜皇老爷、舜皇小姐及其妹(即娥皇、女英)。原庙占地十余亩,今见遗址东西长约80米,南北宽约60米。1999年考古工作者在此村内发现金代大安元年(1209年)重修庙碑,文曰:"创建久远不可考。"《费邑古迹考》亦言"立庙于斯,其由来远矣"。另外,这里还遗存着很多与凤凰、凤凰山、凤凰蛋有关的古地名及传说,这显然与鸟头人身的大舜图腾有关。

笔者在庙前石拱桥东头地边上,捡到了很多地表文物,如商周鬲足、春秋战国器皿残块和大量汉代布纹瓦及瓦当残片等。在桥西南方有古遗址,多为汉代碎瓦堆积层,东西250米,南北200米,四周为壕沟,笔者疑为小型古城遗址。诸冯村西邻泗水境内的舜之高祖穷蝉国故址和舜之另一出生地姚虚。

泗水之历山即舜之初耕之历山,位于雷泽湖南岸,海拔251米,属低矮的丘陵地,自下而上今已辟为农田,说明自古宜于耕作。历山下有历山村,传为舜耕之地。《泗水钓沉》云:"历山在治东七十里……附近有诸冯村,有舜井,有娥皇、女英台。"元代《舜帝庙碑》:"出泗水县治,溯朝阳而行,八十里之遥,有山曰历山,世传为舜帝所耕之地,其旁九男之诸,二女之台,遗迹者甚多。"千佛山之历山是由大型沉积岩构成,怎能耕田?难以立论。至于其他历山则多为附会或族裔迁徙后的"克隆"地名。

18. 舜迁于"负夏"、卒于"鸣条"、陶于河滨、灰于"常羊"、作什器于"寿丘"、贩于"顿丘"等地名皆在东土的何处?

负夏在曲阜一带。安作璋主编《山东通史·先秦卷》(1983年山东人民出版社)认为:"在今山东泗水县境内。"鸣条,原有三说:一在河南商丘东或开封东南陈留,即商汤伐夏桀战于鸣条之野;二在定陶西;三在山西运城安邑镇北。今据《国语》"汤代桀,桀与韦、顾竭扬威汤于莘之虚"和《史记·殷本纪》"桀败于有女戎之虚,桀败于鸣条",当在莘、戎之间,即今山东曹县一带。河滨,《史记·五帝本纪集解》引皇甫谧曰:"济阴定陶西南陶丘亭是也。"《正义》也言在此古黄河边。但这里一直是尧舜时期的洪水重灾区,一片汪洋。而泗水在古代是黄河泄洪的重要支流,曾被称为"河",且至今泗水县柘沟镇一带仍以"陶乡"著称。再从考古资料看,菏泽的龙山文化遗址少而小,而泗水上游地区的典型龙山文化遗址却多而大,此当为舜之"陶河滨"之地。所以《周礼·考工记》"有虞氏尚陶"、《韩非子·难一》"东夷之陶者器苦窳,舜往陶焉,期年而器牢";常羊既是舜灰于之地,也是炎帝出生地和刑天断首而葬之地,在今新泰市东南方;寿丘在曲阜东北,也是黄帝出生地;顿丘在今河南濮阳市浚县西。

19. 泰安市肥城石横镇南的衡鱼村为什么传为"帝舜成都处"?

衡鱼村有唐代《重修庙会碑记》:"衡鱼,古都君庄地,是处旧有都君祠,由来已久。"清康熙十一年(1672年)《肥城县志·古迹》:"都君庄在城西南四十里衡鱼,即虞舜成都之处。"当地流传着大舜帝仁孝感后母而"以孝治天下"的动人故事,认为这里就是舜帝的祖居地,其字为"都君",所以后人为他在此建都君祠、舜帝庙、舜帝井等。这里也是大舜"耕者让畔,渔者让泽,一年成聚、二年成邑、三年成都"处,虞舜被尊为"都君"。

2004年以郑笑梅为首的考古学家在都君庄东的道口村北发掘了一座传为"舜王冢"的土丘,高10米,径30米,出土了由龙山文化至商周时期的灰陶、红陶、白陶、黑陶等器皿残片及贝壳币,还发现了北辛文化时期含蚌末的黄褐陶鼎足。在这里由都城、墓冢、祠庙和古老的村落,构成了较为完整的证据链,为舜帝在此建都,后又葬此找到了有力证据。

20. 大舜之裔有多少姓氏?都分布于哪里?

大舜一直活动于黄河下游和汶泗流域:舜子季僖封地缯国,故址在金乡县城东北;尧时洪水后,舜赐姓董者封于鬷,故址在定陶县城南,商汤灭夏后又在此建曹国。据历下学者徐北文考,舜之后裔姓氏在山东境内就有陈、田、车、陆、孙、姚、袁、敬、司徒、虞等30多个。《左传》:舜流四凶族"浑沌(即伏羲氏裔)、穷奇(今章丘、邹平一带)、木寿杌(即朱娥,今博山、临朐一带)、饕餮(即凿齿,今沂源、沂水一带),投之四夷,以御魑魅。"

1965年在肥城东潮泉镇北小王庄出土了西周晚期的"陈侯壶、瞵土父鬲"等青铜器:壶为西周时期陈国国君为其女妫鲁陪嫁的媵器,其铭文为:"陈侯作妫橹媵(随嫁)壶其万年永宝用。";鬲为女之夫为另一夫人蓼妃所作。据1991年版《中国历史辞典》857页:"始封之君为胡公(名满),相传为舜之后。都于宛丘(河南淮阳),今河南开封以东、安徽亳县以北,皆为其地。公元前479年为楚所灭。"1972年《文物》杂志第5期载:"小王庄出土一批陈侯为其女陪嫁的媵器,有壶二、鼎二、鬲二、簋二、盘一、匜一、穿带小壶一、勺二,共计13件……传世陈国铜器不少,但确知出土地点的成组陈器这是第一次发现,有相当重要的历史价值,是国家宝贵的文化遗产。"经中国科学院考古研究所确认:"这是一座较大的贵族墓葬,为研究西周文化提供了翔实的资料。"(此出土的?〈上为双目,下为癸〉徒父鬲高12.7厘米,蹄足,腹部有三棱,腹饰卷体夔纹,口内铭"?〈上为双目,下为癸〉土父?改?鬲其万年子子孙孙永宝用。"还出土了缸、罐、鬲、豆等陶器残片,为春秋战国早期遗物。陈国是春秋战国时的诸侯国,建国君主陈胡公本名妫满,因其父任周的陶正有功,后被封于陈地;他的妻子太姬,是周武王的长女;据胙土命氏惯例称陈氏,遂名陈满,字少汤,都宛丘。)然而,陈国国君之女为什么要葬于距宛丘千里之遥的此地?且是一座较大的贵族墓葬,它处于一个墓葬群之中,在此还发现大量的灰、彩陶器与青铜器,原有原始社会留下的居住遗址,故存疑待考。

陈侯壶与铭文

目前全世界八千万陈氏人口中约70%源自江西省德安县车轿镇义门陈庄,故有"天下陈氏出义门"的说法。公元589年,由武帝陈霸先建立的南朝陈被隋所灭后,颍川系的这支陈氏族人四散逃生。约140年后,后主陈叔宝(583年)六弟宜都陈叔明裔孙陈旺携陈昌于唐开元十九年(731年)来此建庄,至宋嘉祐七年(1062年)奉旨分庄,共居332年,15代同居,3900多人共聚一堂,过着室无私财、厨无别馔的氏族公社生活,受唐宋历代恩赐:免征徭役,钦贷粮谷,赐御书"真良家""义居人""至公无私",出现同槽百犬之千古一绝。家法33条,陈氏受姓于舜帝第34世裔孙妫满公,满谥号胡公,人称胡公满。亡国后仍以陈为姓,又衍生出田、袁、胡、陆、费、饶等70多姓,伪、陈、田、姚、胡为称"妫内(前有三点水)五姓",同根同源,为虞舜之后。

21. 大舜驾崩后葬于何处?

舜在位48年,于公元前2208年南巡至湖南而崩,葬九嶷山(今宁远县南),陵前有"帝舜有虞氏之陵"巨型石碑。《孟子》言其"卒于鸣条",怎么又葬湖南呢?显然又是族裔南迁所为,或实为传说。南宋王应麟《困学记闻》言:"舜死葬近莒之纪城。"尚可半信半疑,而最可信的是《大荒南经》:"帝尧、帝喾、帝舜葬于岳山。"岳山即泰山,生于斯而葬于斯。

22. 当年有人问孔子:"黄帝究竟是人还是非人?为什么能活300岁?"

孔子也难以回答,按《春秋命历序》言黄帝传10世。司马贞《史记·索隐》释《五帝本纪》也疑惑:"炎黄两帝虽则相承,但中隔8世,岂黄帝历500年而始代炎帝为天子乎?"其实炎黄都是人不是神,仅是族号传承而已。这正如藏传佛教格鲁派的活佛转世一样:班禅额尔德尼今以传11世、达赖喇嘛传14世。早在130年前摩尔根就在《古代社会》中揭开了这个谜底——是部落联盟的沿袭称号,代代相传。黄帝的早期活动中心是泰山地区,他的称号是天鼋和轩辕,西迁后为有熊等。

23. 为什么"五帝"时父子不同姓?子为母姓?

黄帝除天鼋、轩辕、有熊之外,还有缙云、帝鸿、归藏、帝轩、亦曰地皇等氏族之号。古代氏从母族姓,男子出嫁女方,如舜出嫁于"有虞氏"、禹嫁于"涂山氏",成为妻方成员,所生子女从母姓。尧姓陶唐氏、舜姓"姚氏"、后稷"骀氏",所以父与子就不同姓了。又如尧之子丹朱姓"有虞氏",舜之子姓"商氏"。传黄帝有25子,分嫁给12氏族的女子,便有12姓。他们都是出自6个母族的6位黄帝,因此《集解》:"氏者,所以别子孙之所出。"

殷墟甲骨征夷方卜辞与泰山文化

江林昌

(山东大学历史文化学院)

大约在距今2万年至1万年间的大理冰期,海岸线曾经下退。据有关气候与地理环境的研究资料表明,海平面最低的时候曾经低于今天海平面的150米左右。今天的胶东半岛、辽东半岛、朝鲜半岛乃至日本列岛,那时都曾经连为一体;今天连接欧亚大陆东西伯利亚与北美洲阿拉斯加的白令海峡,以及阿拉斯加西南方向的阿留申群岛与东西伯利亚南向的堪察加半岛、千岛群岛与日本的北海道岛,那时候都连成一片(图一)。因此,东北亚先民曾经因狩猎的需要而通过北方陆地纷纷迁移到北美洲,再沿北美洲西岸的落基山脉往南走,直至中美洲、南美洲。在这样的背景下来看,中国的版图要向今天的黄河、东海延伸很长的一片陆地,而泰山自然就成了当时中国的"天下之中"。

在距今10000年至距今8000年间,地球进入前冰消期、回暖期。海水又开始上涨,最高时高出今天海平面50米。于是,今天的胶莱河两岸、东营、滨州、德州、聊城、菏泽等大片华北平原,以及淮河流域,在那时又都成了汪洋大海。考古工作者在胶东半岛发现的贝丘遗址,都在内陆山坡上,恰好大多高于今天海平面50米左右,而泰山脚下考古勘探也发现了海岸线的残迹。于是,今天的泰山在当时又成了"四海之中",泰山的东、西、南、北四周全是大海。

泰山由"天下之中"到"四海之中"的沧桑巨变,给中华民族的远古先民留下了极为深刻的记忆。所谓"精卫填海""绝地天通"等神话,"天下之中""盖天说"等宇宙观,"泰山封禅""齐地八神"等宗教观,"四海之内皆兄弟""海内存知己,天涯若比邻"等社会观,都应该与此有关。泰山成了中华民族最深层最遥远的文化基因。

从五帝时代开始,泰山就成了中国宗教文化的中心。到了夏商周三代,泰山文化在宗教内涵基础上,又被赋予了强烈的政治、军事、经济等层面的内容。泰山孕育了

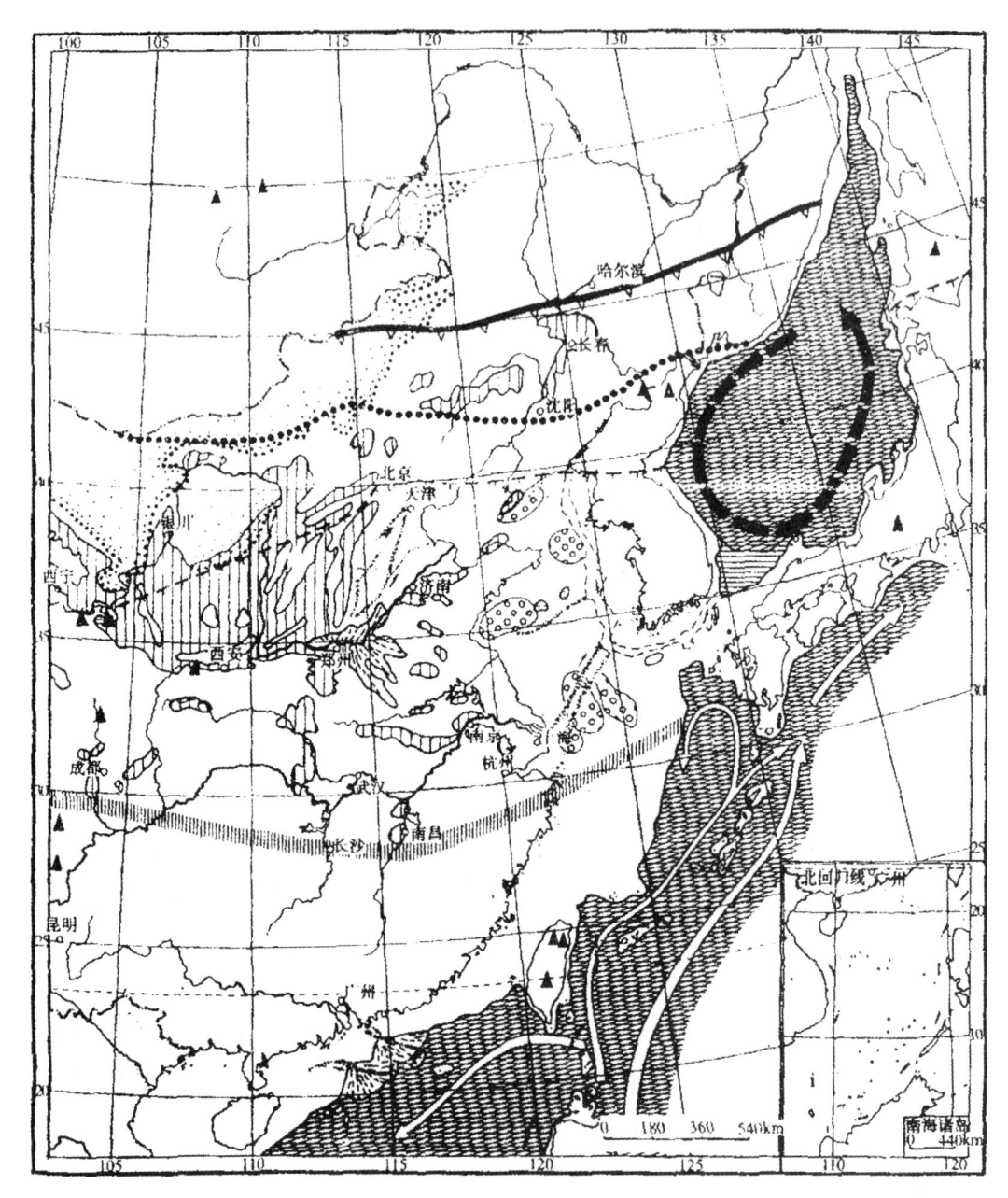

图一　末次冰期盛时古地理略图

(图片来源：马新、齐涛:《中国远古社会史论》,科学出版社,2003年,第11页)

中华民族文化,又象征了中华民族文化。要了解中华民族文化的本质特征,就不能不深入研究泰山文化的深层内涵。有关泰山文化的研究,已经有三千多年的学术史了,取得了丰硕成果,许多问题都已有了共识。当然,有些问题又随着新材料的出现与理论的更新,而引发出新的讨论。本文试图就甲骨学界关于"征夷方卜辞"的讨论所引出的"商王田猎区"问题作综合梳理与补正;在此基础上,就先秦若干重要历史文化内涵特征的形成,提出新的思考。

一、"征夷方卜辞"与"泰山田猎区"

殷墟甲骨文中有"商王征夷方卜辞",商末周初青铜器铭文如小臣艅犀尊等梁山七器也有相关记载。综合起来看,商王朝征夷方共有两次:一为"十祀征夷方",一为"十五祀征夷方"。有关这两次征夷方的王世所属,学术界有不同意见。我们采用帝乙、帝辛两世说。

关于征夷方的方位,过去曾有东方、西方、南方三种不同意见。东方说还有狭义与广义之别:狭义专指山东境内,广义包括鲁、苏、皖交界直至淮河流域。西方说指陕西渭水流域。南方说在江汉流域。有关这些情况,我们曾有文章专列"卜辞征夷方课题的大致背景",作过比较详细的介绍,[1] 此不赘述。目前,学术界大致趋向于采用东方说中的狭义的山东说。明义士、董作宾、李学勤、王恩田、方辉、陈絜等学者的意见可为代表。

(一)"卜辞征夷方"在山东境内的具体地望

卜辞"商王征夷方"的地理方位在山东境内的认定,除了甲骨文"夷"字的释读与文献"东夷"可以明确对应外,还有卜辞"征夷方"过程中所涉及的一系列地名大多在山东境内的有力证据。例如,《合集》36486:"癸未,王卜,贞:旬亡祸,在十月又二,唯征人方,在旧。"说明这次征夷方的具体地点在"旧"。《小屯》2064又谓:"王族其敦夷方邑旧",再次说"旧"是征夷方的具体地点。肖楠《〈屯南〉释文》注"旧"字说:"该字在此为人方的邑名,是商王国进攻之地。"其具体地望,即在山东莱芜境内(详下)。

特别有意义的是,有些征夷方卜辞提供了商王连续几天前后相属的行军地点,学术界称其为"王步卜辞"。而所往的地点,既是征伐的对象,又是征伐过程的旅次所在,学术界称为"驻跸地"。以下两组卜辞是最为典型的:

(1) 乙巳卜,在[商贞:]王田㭰,亡[灾。获]兕廿又☒,[唯]来征人[方]。

丙午卜,在商贞:今日步于乐,亡灾。

己酉卜,在乐贞:今日王步于丧,亡灾。

---

[1] 江林昌、孙进:《征夷方卜辞的跟踪研究与殷墟甲骨分期两系说的不断修订》,《海岱学刊》2016年第2期。

庚戌卜,在丧贞:今日王步于香,亡灾。
辛亥卜,在香贞:今日王步于敢,亡灾。
甲寅卜,在敢贞:今日王步于奠,亡灾。
乙[卯卜],在奠贞:王田自(次)东,[往]来亡灾。兹孚,获鹿六、狐十。
丙辰卜,在奠贞:今日王步羌,亡灾。

(《合集》36501+36752+37410+36772,黄组,门缀)

(2) 丙辰王卜,在奠贞:今日步于羌,亡灾。
戊午王卜,在羌贞:田旧,往来亡灾。兹孚。获鹿、狐。
己未王卜,在羌贞:今日步于桀,亡灾。
庚申王卜,在桀贞:今日步于杏,亡灾。
壬戌王卜,在杏贞:今日步于雍,亡灾。

(《合集》37434,黄组)

以上两版卜辞,提供了商王从"乙巳"至"壬戌"总共18天征夷方过程中的具体地名:

商—祊—乐—丧—香—敢—奠—羌—旧—桀—杏—雍。

据陈絜考证:"'商'即春秋时期汶水下游沿岸之郜邑(今山东东平接山镇郭城村一带),'乐'在济南历城,'丧'在章丘东南,'香''敢''奠'和'羌'则坐落在山东原山南北地带,而'旧'地距离'羌'仅需半日行程,大致亦在今山东莱芜市境内。"[1]据《春秋》经传可知,这一带在春秋时期还有"夷"地之称:

纪人伐夷。——《左传》隐公元年

闵公之死也,哀姜与知之……齐人取而杀之于夷,以其尸归。僖公请而葬之。——《左传》闵公二年

夫人姜氏薨于夷,齐人以归。——《春秋》僖公元年

杨伯峻《春秋左传注》"闵公二年"条:"夷,疑即隐公元年传'纪人伐夷'之夷。"而杜预《春秋经传集解》注:"夷,鲁也(地)。"陈絜据此推测,《春秋》经传所载的"这个'夷'地恐怕坐落在齐、鲁与纪之间,也即汶、淄二水的共同发源地原山以南地带……在地望上讲,这一见载于文献的'鲁夷',颇能与卜辞'夷方'相契合"。[2]经过甲骨学与历史学专家们的不断努力,卜辞征夷方的具体地名被确认的越来越多,据陈絜研

---

[1] 陈絜、田秋棉:《卜辞"龟"地与武丁时期的王室田猎区》,《故宫博物院院刊》2018年第1期。
[2] 陈絜、田秋棉:《卜辞"龟"地与武丁时期的王室田猎区》,《故宫博物院院刊》2018年第1期。

究,可得如下地名方位图(图二):

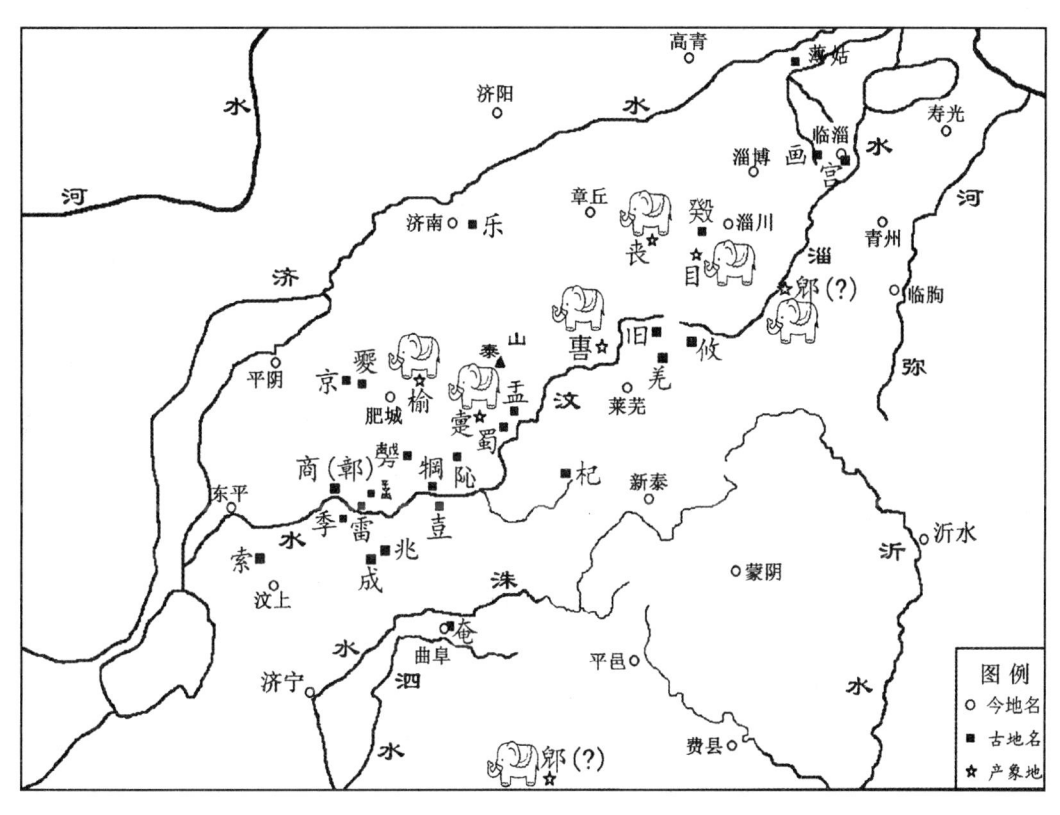

图二 商末田猎区与野象活动区域

(图片来源:陈絜:《商周东土开发与象之南迁不复》,《历史研究》2016年第5期)

商王征夷方路线即在这些地名之间来往,李凯博士据此作有简图如下(图三):

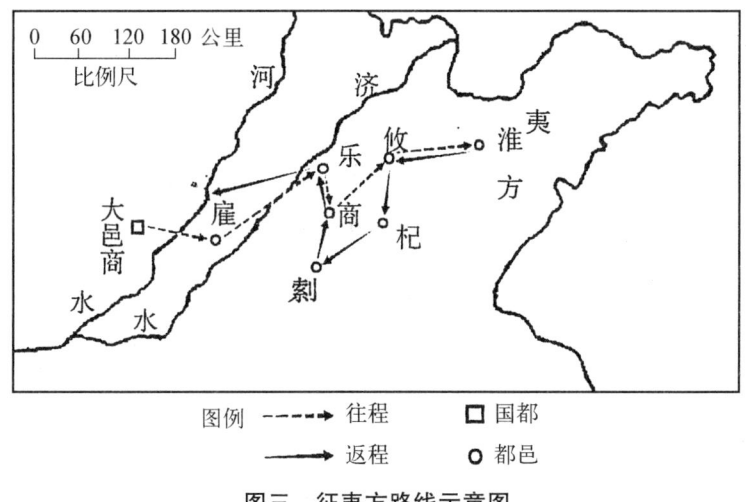

图三 征夷方路线示意图

(图片来源:李凯:《先秦巡狩研究》,北京师范大学出版社,2017年,第54页)

必须说明的是,以上所引陈絜文"线路地名图"与李凯书"线路地名图",并不能完全对应。这是因为学术界考释具体地名时所得结论不同所致。李学勤先生《重论夷方》已指出:"商代过于古远,后世地名相同或相似的又多""甲骨文的地名也会有异地同名的"。[1] 由此可见,对一些地名的具体地望认定,学者们有不同意见,也是正常的。

李学勤先生进一步指出:"要真正确定甲骨文地名的方位,还有赖于寻找考古学的证据。当然,要找出这样的证据谈何容易,但机会终于来了。"[2] 李学勤先生曾在多篇文章中对此作了有效的努力,利用考古材料证明了商王征夷方在山东的3个具体地名,即以索氏铜器证明商王征夷方过程中的地名"索"在兖州;以青州苏埠屯"亚醜铭文"、台北故宫博物院"杞妇卣铜器铭文"证明商王征夷方地名"杞"在新泰、"攸"在新泰至淄博之间。此外,李先生还考证,卜辞征夷方的地名"淮"其实是潍坊的"潍"字,即在今潍坊境内。[3] 过去,郭沫若据此认定,征夷方到了山东南边的淮河流域,显然是不妥当的。

总之,以上所举,为我们进一步考定征夷方地名指明了方向。我们期待有更多的考古资料出现,不断完善卜辞征夷方的相关问题。

(二) 商王"泰山田猎区"的新认识

"卜辞征夷方"地理方位的确立,又引发了学术界对争论不休的"商王田猎区"问题作出新的认识。

中国远古部族都曾有过游牧阶段。而商部族的游牧活动延续时间特长。这可以从商部族活动中心的迁徙经历了"前八后五",以及商族先公王亥、王恒、上甲微向北与有易部族贸易牛羊活动等历史事件中获得确证。游牧活动是远古部族的主要生产与生活方式,因而也就成为部族的核心主流文化。进入农耕文明社会以后,游牧活动便礼仪化、制度化,而定期举行"畋猎"仪式活动。于是农耕与"畋猎"双轨并行。从字源上考察,"田""畋"同字;而"田"为农耕,"畋"为狩猎。"畋猎"仪式活动具有不忘本、强体魄、重教育、序等级、讲团结等政治含义。商代后期从武丁到帝辛,有专门的"王室田猎区",是商代政治、军事、经济、文化的礼仪体现。所以,确定商王田猎区的中心所在及其内涵特征,是商史研究的一个重要课题。

过去,由于材料的局限,学术界关于"商王田猎区"的具体地望所在,认识分歧较

---

[1] 李学勤:《重论夷方》,《民大史学》1996年第1期。
[2] 李学勤:《重论夷方》,《民大史学》1996年第1期。
[3] 李学勤:《海外访古续记(9)》,《文物天地》1994年第1期;《帝辛征夷方卜辞的扩大》,《中国史研究》2008年第1期;《商代夷方的名号和地望》,《中国史研究》2006年第4期。

大。概括起来有如下几说：

  泌阳田猎区，以郭沫若、陈梦家、李学勤等为代表。[1]
  安阳田猎区，以松丸道雄等为代表。[2]
  泰沂田猎区，以董作宾、李学勤、王恩田等为代表。[3]
  濮阳田猎区，以郑杰祥为代表。[4]
  田猎区无定所，以岛邦男、钟柏生等为代表。[5]

其中的"泰沂田猎区"，最早是由董作宾先生提出的。20世纪40年代，董作宾先生作《殷历谱》，明确提出了田猎区问题："殷人以其故都大邑商所在地为中央，称中商，由此而区分四方，曰东土、南土、西土、北土。……东土有田猎区，为武丁以至帝辛历代帝王田游所必至。"董先生系联了卜辞中所见田猎区的具体地点有30多个，分析指出这些田猎地点均在大邑商之附近，"尤以商之东及东北、东南为多。度其方位，在泰山与蒙山之西"。[6]至20世纪50年代，董作宾先生又作《甲骨学五十年》，再次强调他的"泰沂田猎说"："据我的研究，殷代曾以今山东南部泰山和蒙山的西麓有山林川泽地带，作为一个大围场，从武丁以至帝辛，历代打猎都在其地，地名数十，各期习见，我称之为田猎区。"[7]后来，董作宾先生又发表《武丁狩龟卜辞浅说》一文："历代殷王田猎都在一个固定的地方，我称之为田猎区，大致在大邑商（今商丘）以东，在泰山和蒙山一带山麓，有森林湖泽地带，许多地名是有今地可考的。"[8]最近几年，中年学者陈絜在董作宾先生的基础上进一步发表一系列论文，力主"泰山田猎区"，其结论令人信服。[9]现采纳以上各家相关成果，略作阐释。

---

 [1] 郭沫若：《卜辞通纂》，科学出版社，1983年；陈梦家：《殷墟卜辞综述》，科学出版社，1956年；李学勤：《殷代地理简论》，科学出版社，1959年。
 [2] 松丸道雄：《再论殷墟卜辞中的田猎地问题》，《尽心集》，中国社会科学出版社，1996年。
 [3] 董作宾：《殷历谱》《甲骨学六十年》等，见《董作宾先生全集》，艺文印书馆，1989年；李学勤：《商代夷方的名号和地望》，《中国史研究》2006年第4期；王恩田：《帝辛十祀征夷方甲骨复原及其意义》，《殷都学刊》2014年第3期。
 [4] 郑杰祥：《商代地理概论》，中州古籍出版社，1990年。
 [5] 岛邦男：《殷墟卜辞研究》，上海古籍出版社，2006年；钟柏生：《殷商卜辞地理论丛》，台北艺文印书馆，1989年。
 [6] 董作宾：《殷历谱》，《董作宾先生全集》，艺文印书馆，1989年。
 [7] 董作宾：《甲骨学六十年》，《董作宾先生全集》，艺文印书馆，1989年。
 [8] 董作宾：《武丁狩龟卜辞浅说》，《董作宾先生全集》，艺文印书馆，1989年。
 [9] 陈絜等：《"泰山田猎区"与商末东土地理》，《历史研究》2015年第5期；《卜辞"龟"地与武丁时期的王室田猎区》，《故宫博物院院刊》2018年第1期；《卜辞滴水与晚商东土地理》，《中国史研究》2017年第4期。

前面提到"王步卜辞"。具体分析可知,"王步卜辞"与"田猎卜辞"往往是一事之两面。如《殷墟书契前编》二、21、3：

丙辰卜,贞：王其步于良,亡祸；
丁巳卜,行贞：王其田,亡祸,在良。

这里,两辞贞卜的地点都在"良",而一为"王其步",一为"王其田",可见"王步"即"王畋猎"。又如《殷墟文字丙编》88：

丙申卜,争贞：王其逐鹿,□？
丙申卜,争贞：王步？

这里也是两辞对贞,"逐"与"步"对文,可见,"王步"就是"王逐",而"逐"即"逐鹿"。甲骨学家陈炜湛总结说："卜辞言'步'者颇有特殊性,常与商王田猎之事有关。"[1]

王步卜辞与征夷方卜辞是一事之两面。前文引《门缀》拼合的一版黄组卜辞(《合集》36501＋36575),即为"征夷方"与"田猎"活动的合一：

乙巳卜,在[商贞],王田祊,亡[灾。获]兕廿又□,[唯]来征夷[方]。

这里是一卜两事,既占卜在"祊"这个地方"田猎",又占卜"来征夷方"。紧接本条卜辞下面的数条卜辞即为王步卜辞："在商贞"而"步于乐"、"在乐贞"而"步于丧"、"在丧贞"而"步于香"、"在香贞"而"步于敢"、"在敢贞"而"步于奠",已引之于前。这里的"乐""丧""香""敢""奠"等地名应该也是既为田猎地,又为征夷方的地名。相关的事例颇多,兹再举例如下：

(1) 贞：旬亡祸……唯征夷方,在旧。(《合补》11232)
　　戊午王卜,在羌贞：田旧,往来亡灾,此孚,获鹿、狐。(《合集》37434)
(2) 癸未王卜,贞：旬亡祸,在二月,王来征夷方,在商。(《合补》11232)
　　王其田,涉商,至于祊,亡灾。(《合集》28883)
　　王涉商,射祊鹿,亡灾。(《屯南》256)

以上"旧""商""祊"都是商王征夷方所在地,又是商王的田猎所在。所以说,"征夷方"在"旧""商",又说"田旧""田商""射祊"。前文讨论的"乐""盂""画""丧""商""祊"等地名,都是征夷方的具体地点。而这些地点,其实也应该都是"商王田猎区"所在。以下卜辞可以为证：

---

[1] 陈炜湛：《甲骨文田猎刻辞研究》,中山大学出版社,2018年,第38页。

(1) 戊午王卜,贞:田虐,往来无灾。王占曰:吉。

辛酉王卜,贞:田𠷎,往来无灾。王占曰:吉。

壬戌王卜,贞:田敦,往来无灾。王占曰:吉。

丁亥王卜,贞:田盂,往来无灾。王占曰:吉。

戊子王卜,贞:田丧,往来无灾。王占曰:吉。

辛卯王贞,贞:田𠷎,往来无灾。王占曰:吉。(《合集》37746,黄组)

(2) ……在丧贞:[王]田澅(画),衣[逐]……

……卜,在洓(乐)[贞:王]田,衣[逐]……

(3) 丁丑卜,翌日戊王其田澅,弗擒。引吉。

叀祊田,亡灾。擒。引吉。

于廷延田祝,亡灾。引吉。(《吉南》2739,无名组)

(4) 王其田,涉商,至于祊,亡灾。(《合集》28883,无名组)

(5) ……王其比盂犬古田祊,亡[灾]。(《合集》27907,无名组)

(6) 王其田盂,至祊,亡灾。(《合集》28885,无名组)

据陈絜研究统计,商末帝乙帝辛时期在泰山地区进行畋猎的卜辞竟多达2000余条,涉及的具体地点有60多个。[1] 这些卜辞还涉及畋猎的时日、宜忌、畋猎的手段方式、畋猎的专职人员等等,内涵十分丰富。

值得注意的是,以上甲骨卜辞所反映的情况与文献记载、考古发现可以大致对应。文献方面,《左传》昭公四年:

商纣为黎之蒐,东夷叛之。("黎",徐旭生先生已指出即"夷","东黎"即"九夷"。)

《吕氏春秋·古乐篇》:

商人服象,为虐于东夷。

考古学方面。经过中国社会科学院考古所、山东大学考古系与山东省考古研究院等单位几十年来的发掘研究表明,在泰山周围的商文化分布有两大特点。

特点一:商文化分布在泰山南北两区。

泰山北侧,从平阴、济南、章丘、临淄、潍坊一线,即古济水流域与古淄水下游,商文化遗址有长清复兴河、济南刘家庄、济南大辛庄、邹平丁公、桓台史家、寿光古

---

[1] 陈絜:《商周东土开发与象之南迁不复》,《历史研究》2016年第5期。

城、青州苏埠屯等。而这些商文化遗址以大辛庄与青州苏埠屯为中心而形成两大聚落群。

泰山南侧,商文化在邾泗河流域有泗水伊家城、泗水天齐庙、滕州前掌大、滕州轩辕庄、滕州大康留、滕州井亭、济宁凤凰台、济宁潘庙、菏泽安邱堌堆等。这些商文化遗址以滕州前掌大遗址为中心而形成聚落群。

以上商文化遗址,有些显然是子姓商人的统治区;有些则是东夷旧族,但其社会上层已深受商文化影响,表现出商夷融合的趋势。这些现象表明,在商代商文化确已在泰山周围形成了势力范围。[1]

特点二:在这南北两侧商文化区中间的泰山南脚下,则为大片森林区。

泰山西南脚下汶水流域的肥城、东平、宁阳、汶上、梁山、郓城等;泰山东南脚下的泰安、新泰、莱芜;博山境内的淄水上游,共三大平原地,至今没有发现商文化遗址。可能这些地区在当时还是森林茂密、野兽出没,因而还没有先民活动,所以上述商王征夷方的"驻跸地"与商王的"畋猎区"也大多在这个范围内。[2]

以上特征一与特征二的布局情况正好可以由陈雪香的一张考古示意图得到解释(图四)。

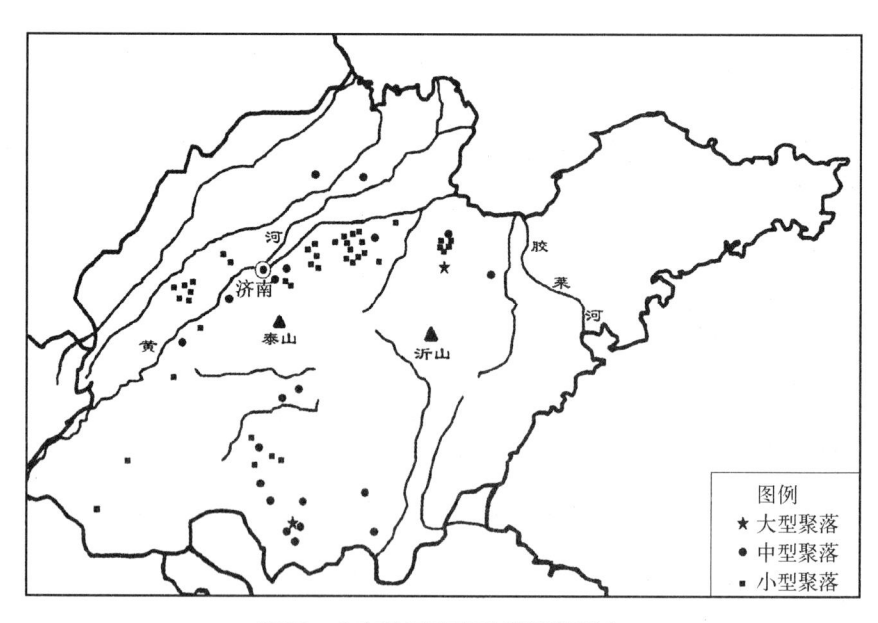

图四 山东地区晚商晚期聚落形态

(资料来源:陈雪香:《山东地区商文化聚落形态演变初探》,《华夏考古》2007年第1期)

---

[1] 陈絜:《商周东土开发与象之南迁不复》,《历史研究》2016年第5期。
[2] 陈雪香:《山东地区商文化聚落形态演变初探》,《华夏考古》2007年第1期。

正是因为这样的原因,陈絜教授等从事甲骨研究的学者认为,商代有个"泰山畋猎区"。[1] 而过去王国维、郭沫若、陈梦家等人所认定的河南"沁阳畋猎区""安阳畋猎区""濮阳畋猎区"等等,现在看来,恐怕都难以成立了。

二、"卜辞征夷方""泰山畋猎区"与先秦历史文化

"卜辞征夷方"与"泰山畋猎区"的确认,有助于我们对先秦时期一些历史文化作出深层次的认识,从而可以更好地理解中华文明的有关内涵特征。

(一) 泰山畋猎活动与野生动植物生态环境

前引陈絜文所举例卜辞可知,商王在"泰山畋猎区"曾捕获大象、麋鹿、犀牛等众多野生动物:

(1) 壬寅王卜,贞:田香(?),往来亡灾。王占曰:吉。兹孚,获狐□、鹿一、麋……
乙巳王卜,贞:田榆,往来无灾。王占曰:吉。
戊申王卜,贞:田王,往来无灾。王占曰:吉。
辛亥王卜,贞:田曹,往来无灾。王占曰:吉。
壬子王卜,贞:田榆,往来无灾。王占曰:吉。
乙丑王卜,贞:田曹,往来无灾。王占曰:吉。
辛未王卜,贞:田曹,往来无灾。王占曰:吉。获象十、雉十又一。
……王卜,贞……往来……王占曰:吉……获……兕一。

(《合集》37364,黄组)

(2) 乙酉卜,贞:王田丧,往来无灾。
丁亥卜,贞:王田曹,往来无灾。擒隹百八十八、象二、雉五。
辛卯卜,贞:王田宫,往来无灾。
……卜,贞……宫,往……无灾。
……卜,贞……丧……来无灾。
……卜,贞……霙……来无灾。

(《合集》37367,黄组)

---

[1] 陈絜、赵庆淼:《"泰山田猎区"与商末东土地望》,《历史研究》2015 年第 5 期。

(3)……王卜,贞:田書……王占曰:吉。兹……卅八、象一。

(《合集》37374,黄组)

(4) 壬寅[王卜,贞]:田[書(?)],往为[无灾]……
乙巳王卜,贞:田霙,往来无灾。王占[曰]:吉。
戊申王卜,贞:田薑,往来无灾。王占曰:吉。……廿……
辛亥王卜,贞:田書,往来无灾。王占曰:吉。
壬子王卜,贞:田書,往来无灾。王占曰:吉。
壬戌王卜,贞:田書,往来无灾。王占曰:吉。获麋五、象一、雉六。
辛未王卜,贞:往来无灾。王占曰:引吉。

(《英藏》2539,《合集》41801摹本,黄组)

(5) ……贞:田書,往[来无]灾。王占曰:吉。
……贞:田榆,往……王占曰:兹孚。[获]……百卌八、象二……

(《合集》37372,黄组)

(6) 贞:王田書……无灾。在十月又二。
壬午卜,贞:王田榆,往来无灾。获隹百卌二、象二。

(《合集》37513,黄组)

(7) ……贞:田書……亡灾。王占……十月又二。
……王卜,贞:田榆,往[来无]灾。王占曰:兹孚。获隹二百五十、象一、雉二。
……王卜,贞:田……往来亡灾。[王占]曰:吉。兹孚。[获]隹百廿二……六。

(《英藏》2542,黄组)

(8) ……贞:王田目……孚。获狐……象三、雉……

(《合集》37478,黄组)

(9) 壬……田霙……亡灾……兹……象……
乙亥王卜,贞:田喪,往来亡灾。王占曰:吉。获象七、雉卅。
戊寅王卜,贞:田書,往来无灾。王占曰:吉。
……巳王卜,[贞]:田書,往[来]亡灾。王占[曰]:吉。

(《合集》37365,黄组)

(10) ……获……鹿一……
……获狐十、麋……脰一、□一、象……雉十一。

(《合集》37365,黄组)

(11) 辛巳卜,贞:王……往来亡……擒。获隹……一、象一……。

乙酉卜,贞:王……往来亡灾。兹……

(《合集》37373,黄组)

以上十一版卜辞,共获大象32头,还有麋鹿等其他动物。而在考古学方面,已在曲阜西夏侯、兖州王因、汶上东贾柏等地发现了史前野象、水牛、扬子鳄等亚热带动物遗存。这些遗存的年代有些已经跨入商周之际。大汶口文化遗址中发现的象牙器相对丰富,有筒、梳、琮、珠、管等20余件。[1] 这些情况表明,从五帝时代到夏商两代总共二千多年时间里,泰山及周边地区曾经是森林茂密、植物丰富、野兽出没、飞禽满天的景象,生态环境十分原始自然。而东夷部族集团正世代长期生存发展在这个神奇原始的自然环境里。

(二) 泰山畋猎活动与先秦图腾神话。

20世纪前半叶,蒙文通先生的《古史甄微》与徐旭生先生的《中国古史的传说时代》把黄河中下游的远古部族概括为河洛地区的华夏集团与海岱地区的东夷集团;傅斯年先生又作《夷夏东西说》,把夷族与商族划为东区,夏族与周族划为西区。而一百年来的中国考古发现与研究,尤其是建国后"考古学区系类型说"与"考古学聚落形态说"的分析,已充分证明"夷夏东西"两区的文化虽有交流,但也有明显的区别。现在,卜辞"泰山畋猎区"的确认,启发我们对"夷夏东西"的部族图腾神话、历史传说作出新的分析。结果发现,"夷夏东西"也存在着明显的区别,即:河洛地区的远古部族大多崇拜鱼虾龙蛇等水族图腾,其活动以平原农耕为主;而海岱地区则崇拜飞禽走兽等山地动植物图腾,其活动以森林狩猎为常。试以东夷部族集团的族名、地名、酋长名的字源分析及其形象特征分析入手,略作说明。

例1:"夷""羿""穷桑"

东夷的"夷"字从大从弓。后羿的"羿"字又作羿,羽即飞鸟。后羿的封地在"有穷"。《左传》襄公四年:"《夏训》有之曰:'有穷后羿'。"后羿因此又称有穷氏。而穷的繁体作"窮",从人从弓,穴声。总之,"夷""羿""羿"都与飞禽走兽有关,与狩猎活动有关。《山海经·海内经》:"帝俊赐羿彤弓素矰,以扶下国。"《楚辞·天问》:"帝降夷羿,革孽夏民;胡射夫河伯,而妻彼雒嫔。"又说后羿"冯珧利决,封豨是射。何献蒸肉之膏,而后帝不若?"《楚辞·离骚》也说:"羿淫游以佚畋兮,又好射夫封狐。"《墨子·非

---

[1] 周跃云、何业恒:《试论野生水牛、四不像鹿和中国龟在黄河中下游的绝迹》,《第四纪研究》2002年第22卷第2期;刘道凡:《我国上古的象牙雕刻》,《文物》1980年第11期。

儒下》说:"古者羿作弓。"这些都描写了夷羿的弓矢技巧与畋猎活动。后羿的联盟部族有寒浞氏。《左传》襄公四年"浞因羿室,生浇及豷",而豷就是大野猪。

例2:"俊""舜"及其联盟部族

"俊"与"舜"为东夷部族祖先酋长名。郝懿行《山海经笺注》、袁珂《山海经校注》均已考证,"俊""舜"实为一神之二名,而他们的共同特点是,可以与飞禽走兽同体互换。关于"帝俊"。

《山海经·大荒东经》:"有中容之国,帝俊生中容,中容人食兽、木实,使四鸟,豹、虎、熊、罴。"

《山海经·大荒东经》:"帝俊生晏龙……食黍,食兽,是使四鸟。""帝俊生帝鸿……黍食,使四鸟,虎、豹、熊、罴。"

以上均说"帝俊"既"食兽""食黍""食木实(野果)",又能驱使飞鸟虎豹,是为亦人亦禽亦兽。这是基于巫术互渗律的人、禽、兽三位同体,又能互为转化的神话思维。

关于"帝舜"。

《山海经·大荒南经》:"帝俊妻娥皇,生此三身之国,姚姓,黍食,使四鸟。有渊四方,四隅皆达,北属黑水,南属大荒,北旁名曰少和之渊,南旁名曰从渊,舜之所浴也。"

这里同写一件事,而开头说是"帝俊",结尾却说是"帝舜"。这说明"俊"与"舜"实际是同一神话名。袁珂《山海经校注》即指出:"经于'帝俊三身'下又言'舜之所浴'。帝俊之即帝舜,已明矣。"《山海经·大荒南经》谓:"帝舜生无淫……爰有歌舞之鸟,鸾鸟自歌,凤鸟自舞。爰有百兽,相群爰处。"《尚书·舜典》:"帝舜曰重华……纳于大麓,烈风雷雨弗迷。"因此之故,帝舜又称"虞舜",以舜为酋长的部族称为"有虞氏"。而《周礼·地官》专门设有管理林木野泽的"山虞""泽虞",其职责都与狩猎有关。

舜的祖父"瞽叟""桥牛""句芒""穷蝉";舜的联盟部族首领"夔""皋陶""伯益"等等,无论其称名还是其行事都充满着动物图腾迹象。例如"皋陶",《淮南子·修武训》说:"皋陶马喙",而《白虎通·圣人篇》说"皋陶鸟喙"。"伯翳",《尚书·舜典》说伯益能够协调"草木鸟兽""让于朱、虎、熊、罴"。《孟子·滕文公上》又说:"舜使益掌火,益烈山泽而焚之,禽兽逃匿。"

例3:"少皞""句芒""颛顼"

少皞是东夷部族的共同祖先。《左传》昭公十七年记载了少皞部族与鸟图腾的关系:

秋，郯子来朝，公与之宴。昭子问焉，曰："少皞氏鸟名官，何故也?"郯子曰：吾祖也，我知之。昔者黄帝氏以云纪，故为云师而云名；炎帝氏以火纪，故为火师而火名；共工氏以水纪，故为水师而水名；大皞氏以龙纪，故为龙师而龙名。我高祖少皞挚之立也，凤鸟适至，故纪于鸟，为鸟师而鸟名。凤鸟氏，历正也。玄鸟氏，司分者也；伯赵氏，司至者也；青鸟氏，司启者也；丹鸟氏，司闭者也。祝鸠氏，司徒也；鴡鸠氏，司马也；鸤鸠氏，司空也；爽鸠氏，司寇也；鹘鸠氏，司事也。

这里用比较的视角指出，不同的部族，其图腾崇拜的内容不同。黄帝族是"云"，炎帝族是"火"，共工氏是"水"，少皞氏是"鸟"。少皞是整个东夷集团的共同祖先，所以"鸟"是其总图腾。以下各支族系又有具体不同形态称名的鸟图腾，所谓"玄鸟氏""青鸟氏""丹鸟氏"等等。少皞氏还有直系部族"穷奇"，又以怪兽为图腾了。

《左传》文公十七年："少昊氏有不才子……谓之穷奇。"

《山海经·海内北经》谓："穷奇，状如虎，有翼，食人从首始。"

《山海经·西次四经》："有兽焉，其状如牛……名曰穷奇。"

关于句芒。句芒也是东夷部族的共同祖先，也以鸟兽为图腾。

《山海经·海外东经》："东方句芒，鸟身人面。"

《墨子·名鬼下》：昔者郑穆公，当昼日中处乎庙，有神入门而左，鸟身，素服三绝，面状正方。郑穆公见之，乃恐惧奔，神曰："无惧！帝享女明德，使予锡女寿十年有九，使若国家蕃昌，子孙茂，毋失。"郑穆公再拜稽首曰："敢问神名?"曰："予为句芒。"

关于颛顼。颛顼也是东夷部族的远古祖先，同样以鸟兽为图腾。

《山海经·海内经》："韩流擢首、谨耳、人面、豕喙、麟身、渠股、豚止，取淖子曰阿女，生帝颛顼。"

《山海经·大荒北经》："东北海之外，大荒之中，河水之间，附禺之山，帝颛顼与九嫔葬焉。爰有鸷久、文贝、离俞、鸾鸟、皇鸟、大物、小物。有青鸟、琅鸟、玄鸟、黄鸟、虎、豹、熊、罴、黄蛇……皆出卫于山。丘方员三百里……有三桑无枝。丘西有沈渊，颛顼所浴。"

《山海经·海外北经》："备隅之山，帝颛顼葬于阳，九嫔葬于阴。一曰爰有熊、罴、文虎、离朱、鸷久、视肉。"

以上东夷部族集团的各祖先酋长，都是人、禽、兽三位一体，这正是动植物图腾崇拜的神话表现。由此可窥见东夷部族集团的特殊内容。

(三) 泰山畋猎活动与先秦历史文化

以上两项是由甲骨卜辞所见商代泰山田猎活动来证明泰沂地区野生动植物生态环境与东夷部族的鸟兽植物图腾崇拜传统。从历史发展的逻辑轨迹看,实际情况应该是,先有泰沂地区野生动植物生态环境的存在,才有东夷部族鸟兽动植物图腾崇拜传统的产生;而这一切,又深刻影响了五帝时代至夏商周三代历史文化内涵特征的形成及其发展。这至少在三个方面已经得到了充分体现:其一,原始宗教"绝地天通"神话与泰山封禅及相关礼制的形成;其二,泰山封禅与巡狩制、分封制、汤沐邑等制度的出现;其三,泰山田猎与大蒐礼、大射礼、乡射礼等礼制的起源。这三个方面,都关系到整个中华民族优秀传统文化的核心内涵,在中华文明起源发展过程中发挥了重要作用,影响巨大。兹事体大,需要专文讨论,此不赘述。

泰山"东更道七器"与泰山祭祀

马纯壮

(泰安市文物考古研究所)

1954年4月,一批工人在今泰安市区灵应宫南东更道村窑场取土时,发现三件铜缶和一件铁盘,山东省文管会在接到泰安分会的汇报后派人前往清理,又发掘清理出三件铜缶,前后共出土了七件器物,并称为"东更道七器"。

当时的文物专家袁明先生提到,"这些物品的排列形式是东西成一条直线,北面正对着泰山最高峰——日观峰(玉皇顶)。每件之间相距三公尺四十五公分左右,都是放在离地面三公尺九十公分的土坑南面,土坑用一块大石盖住。除铁盘外,每件铜器的放置都歪斜,可能是受泥土震动的缘故。器物的排列顺序,从东而起,首先是双鼻虺龙缶(缺盖),其次也是一个双鼻(耳)虺龙缶(缺盖),再其次是双鼻带环蟠虺纹缶(缺盖)、蟠凤纹缶、双鼻带环虺纹缶、蟠凤纹缶,三足铁盘在西头。"[1]

如今,东更道七器现分别收藏在山东博物馆和国家博物馆,笔者据北京大学李零调查考证,列表一[2]如下:

表一 东更道七器

序号	名 称	规 格	形制纹饰	铭文释读
东缶1(鲁博藏)	双鼻(耳)虺龙缶(无盖)	高36厘米、口径24.8厘米、腹径51厘米,重约8.5千克。	无盖,无圆收,无衔环提链,粟纹。	冶尹(器口沿);楚鏽。案:未著录。"冶""尹"两字均是燕国文字写法;"楚鏽"楚是氏,鏽是名。

---

[1] 袁明:《山东泰安发现古代铜器》,《文物参考资料》1954年第7期,第128-129页。
[2] 李零:《东更道七器的再认识》,《中国国家博物馆馆刊》2017年第10期。

续 表

序号	名 称	规 格	形制纹饰	铭文释读
东缶 2（鲁博藏）	双鼻（耳）虺龙缶（无盖）	高 36 厘米、口径 22.3 厘米、腹径 51 厘米、重约 8.1 千克。	无盖，有圆收，无衔环提链，粟纹。	冶尹（器口沿）。案：未著录。
东缶 3（鲁博藏）	双鼻（耳）带环蟠虺纹缶	高 36.4 厘米、口径 23.4 厘米、腹径 64 厘米、重约 13.1 千克。	无盖，有圆收，有衔环提链，粟纹。	冶尹（盖口沿）；右冶尹（器口沿）。案：《殷周今文集成》著录，0990.1 是此器盖铭；0990.2 是此器器铭。
东缶 4（鲁博藏）	蟠凤纹缶	高 36.4 厘米、口径 22.4 厘米、腹径 64 厘米、重约 10.8 千克。	有盖，有圆收，无衔环提链，几何纹。	右冶尹（盖口沿）；楚高（盖口沿外侧）；右冶尹晶（器口沿）；楚鎘（耳）。案：《殷周今文集成》著录，0989.1 是此器盖铭；0989.2 是此器器铭；0989.3 是此器盖铭；0989.4 是此器耳铭。
东缶 5（国博藏）	双鼻（耳）带环虺纹缶	高 35.1 厘米、口径 22.9 厘米、底径 23.4 厘米、腹径 40 厘米、重约 17.8 千克。	有盖，有圆收，有衔环提链，粟纹。	右冶尹，楚（器口沿）。案：未著录。
东缶 6（国博藏）	蟠凤纹缶	高 37 厘米、口径 24.4 厘米、腹径 40 厘米、重约 12.25 千克。	有盖，有圆收，无衔环提链，几何纹。	右冶尹（盖口沿）；楚高（盖口沿外侧）；尹（器口沿）。案："楚高"见《殷周今文集成》，0990.3 著录，其他未著录。
东铁盘 7（国博藏）	三足铁盘	高 13.5 厘米、口径 47 厘米、重 17.4 千克。		

关于上述六缶的形制与纹饰，李零认为缶一和缶二较为相近，缶三和缶五相近，缶四和缶六相近，并推断这批器物可能是分批次埋入地下的祭祀礼器。[1]

有关七器国别，袁明据铭文有"楚"字，认为这批铜器是楚器，杨子范认为器物与寿县蔡侯墓出土器物相近，也推测是楚器——旧多以为这批器物是楚祭泰山所遗。[2] 李零则以东更道六缶的纹饰判断为楚器，其"与朱家集楚器浴缶相似"。[3] 然而东更道六缶的铭文特征，却并非楚国风格——其"冶尹""右冶尹"的写法同燕国

---

[1] 李零：《东更道七器的再认识》，《中国国家博物馆馆刊》2017 年第 10 期。
[2] 李零：《东更道七器的再认识》，《中国国家博物馆馆刊》2017 年第 10 期。
[3] 李零：《东更道七器的再认识》，《中国国家博物馆馆刊》2017 年第 10 期。

铜器右冶尹敦、右冶尹壶等相近。另外"楚"是私名,并非表示国别。[1]

故"东更道七器"的主人,李零认为当是楚考烈王留在鲁地的器物,当楚人退出鲁地后,齐人便拥有了这批铜器,并称这批器物是当时齐王建用留在齐地的燕国工匠,在楚器上加刻铭文,后祭泰山。[2] 结合相关史料,笔者对上述观点持有不同看法,具体探究如下。

一、春秋时期鲁国和齐国祭祀泰山的礼制

泰山祭祀发端于泰山主峰正南方的大汶口遗址附近,在北辛文化时期即距今6470年之前(据相关的大汶口遗址考古发掘报告),原生活在大汶河故道下游的原始先民便在大汶口遗址望祭泰山,不久后大汶口遗址望祭泰山的祭坛周围也出现定居的族群,泰山"柴望"礼制也在这一时期形成。距今约5700年,大汶口先民才离开今大汶口遗址向周边迁徙;大汶口遗址是泰安人类历史的源头,也是国家起源的重要源头之一。[3]

有关泰山柴望礼制的文字记载,最早见于《尚书·舜典》:"岁二月,东巡守,至于岱宗,柴、望秩于山川,肆觐东后。"[4] 同样地,《尚书·周官》亦载有:"六年,五服一朝。又六年,王乃时巡,考制度于四岳。诸侯各朝于方岳,大明黜陟。"[5] 可见直到西周,天子仍在执行柴望礼制。

公元前770年,周平王迁都洛阳后,嵩山成为"天地之中",故称中岳,从此中国由"四岳"时代进入"五岳"时代。"五岳"始见于《周礼·春官宗伯第三》,即"以血祭祭社稷、五祀、五岳"。[6] 另外,《史记·封禅书》还记载有春秋时期泰山祭祀之礼制:"天子祭天下名山大川,五岳视三公,四渎视诸侯,诸侯祭其疆内名山大川。"[7]

鲁国祭祀泰山之礼制,《左传·僖公三十一年(前629年)》记载:

【经】夏四月,四卜郊,不从,乃免牲,犹三望。

---

[1] 李零:《东更道七器的再认识》,《中国国家博物馆馆刊》2017年第10期。
[2] 李零:《东更道七器的再认识》,《中国国家博物馆馆刊》2017年第10期。
[3] 温兆金、陶超:《泰山信仰与国家的起源》,《山东社会科学研究(2017)》,第92-104页。
[4] 陈戍国:《尚书校注》,岳麓书社,2004年。
[5] 陈戍国:《尚书校注》,岳麓书社,2004年。
[6] 杨天宇撰:《周礼译注》,上海古籍出版社,2004年。
[7] (西汉)司马迁:《史记》,台海出版社,2002年,第417页。

【传】夏四月，四卜郊，不从，乃免牲，非礼也。犹三望，亦非礼也。……望，郊之细也。不郊，亦无望可也。[1]

《公羊传·僖公三十一年(前629年)》记载：

　　三望者何？望祭也。然则曷祭？祭泰山、河、海。曷为祭泰山、河、海？山川有能润于百里者，天子秩而祭之。触石而出，肤寸而合，不崇朝而偏雨乎天下者，唯泰山尔。[2]

《左传·宣公三年(前606年)》记载：

　　【经】三年春，王正月，郊。牛之口伤，改卜牛，牛死，乃不郊。犹三望。

　　【传】三年春，不郊而望，皆非礼也。望，郊之属也。不郊亦无望，可也。[3]

《左传·成公七年(前584年)》记载：

　　【经】夏五月，曹伯来朝。不郊(祭天)，犹三望。[4]

　　从以上记载可以看出，望祭仍是鲁国祭祀泰山的主要形式，据笔者考证大汶口遗址东北的文姜台即为鲁国望祭泰山的大型祭坛，且同位于今济宁曲阜的舞雩坛创建年代相当。

　　有关齐国祭祀泰山的礼制，据《晏子春秋·卷一·谏第二十二》记载：

　　景公(前547-前490年)举兵将伐宋，师过泰山，公梦见二丈夫立而怒，其怒甚盛。公恐，觉，辟门召占梦者，至。公曰："今夕吾梦二丈夫立而怒，不知其所言，其怒甚盛，吾犹识其状，识其声。"占梦者曰："师过泰山而不用事，故泰山之神怒也。请趣(通"促")召祝史(男巫，祭祀时主持祝告的人，即庙祝)祠乎泰山则可。"公曰："诺。"

　　明日，晏子朝见，公告之如占梦之言也。公曰："占梦者之言曰：'师过泰山而不用事，故泰山之神怒也。'今使人召祝史祠之。"晏子俯有间，对曰："占梦者不识也，此非泰山之神，是宋之先汤与伊尹也。"公疑，以为泰山神。[5]

　　由以上可知，齐君同样是望祭泰山。

---

[1]（战国）左丘明撰，(晋)杜预注：《左传》，上海古籍出版社，2016年。
[2] 梅桐生译注：《春秋公羊传全译》，贵州人民出版社，1998年，第216-217页。
[3]（战国）左丘明撰，(晋)杜预注：《左传》，上海古籍出版社，2016年。
[4]（战国）左丘明撰，(晋)杜预注：《左传》，上海古籍出版社，2016年。
[5] 李万寿译注：《晏子春秋全译》，贵州人民出版社，1993年，第54页。

二、齐国配林之方位

齐地配林,为齐人祭祀活动的重要场所,如西汉戴圣撰《礼记·礼器》记载:

> 故鲁人(鲁国)将有事于(祭祀)上帝,必先有事于頖宫(与宗庙相似)……齐人(齐国)将有事于(祭祀)泰山,必先有事于(祭祀)配林。[1]

关于"配林"之范围,笔者据东汉末年泰山郡太守应劭撰《风俗通义·山泽·林》载:

> 《礼》记将至泰山,必先有事于配林。林,树木之所聚生也。今配林在泰山西南五六里,予前临郡,因侍祀之行,故往观之,树木盖不足言,犹七八百载间有衰索乎![2]

其中,"予前临郡,因侍祀(在泰山庙祭祀泰山神)之行,故往观之",由此描述,可知应劭当以泰山庙(故址位于今岱庙西北角一带)为坐标,"今配林在泰山(即泰山庙)西南五六里",东汉一里418.5米,五、六里即2092-2511米之间,笔者实地测算,此位置恰在泰安灵应宫以南一带,据此东更道七器出土地很可能是文献记载的齐国之配林。再从灵应宫及其周边地形来看,灵应宫地处英雄山(故称社首山)东南向延伸的余脉上,据明万历三十九年(1611年)《重修泰山灵应宫碑记》记载:

> 迨汉武太初乙酉柏梁台灾,乃禅高里(前104年汉武帝泰山封禅)。其山在泰山下,今易其名而为高里,疑即此山(据笔者考证汉武帝在今灵应宫处祭地)。其下又有辞香岭(今灵应宫下),因四方朝山庶士无不至此辞香者。[3]

从上文不难看出,今灵应宫所在地即古之辞香岭,位于泰山主峰正南、齐国配林正北,可见今灵应宫应是齐国望祭泰山的祭坛故址,这正与"齐人将有事于(望祭)泰山,必先有事于配林"的祭祀制度相吻合,也是汉武帝在此"禅高里"的重要原因。

《礼记·祭法》也记载:

> 燔柴于泰坛,祭天也;瘗埋于泰折,祭地也……山林、川谷、丘陵,能出云为风

---

[1] 杨天宇撰:《礼记译注》,上海古籍出版社,2004年。
[2] (东汉)应劭撰,王利器校注:《风俗通义校注》,中华书局,1981年,第463页。
[3] 张用衡著:《泰山石刻全解》,山东友谊出版社,2015年,第579页。

雨,见怪物,皆曰神。有天下者,祭百神。诸侯在其地则祭之,亡其地则不祭。[1]

另外,据《周礼·春官宗伯第三》记载:

大宗伯之职,掌建邦之天神、人鬼、地示之礼,以佐王建保邦国。以吉礼事邦国之鬼神示,以禋祀祀昊天上帝,以实柴祀日、月、星、辰……以血祭祭社稷、五祀、五岳,以貍(同埋)沈祭山林川泽。[2]

其中的"貍沈祭山林川泽"进一步证明了"东更道七器"应是"将有事于(望祭)泰山,必先有事于(祭祀)配林"的祭器。

三、"东更道七器"的主人考辨

有关此器物之主人,笔者遍查史料,发现了相关联的文字线索,现一一列举。首先,《史记·齐太公世家》有:

二十六年(前379年),康公卒,吕氏遂绝其祀。田氏卒有齐国,为齐威王,彊于天下。[3]

《史记·田敬仲完世家》提道:

(田齐威王)六年(前351年),鲁伐我(齐国),入阳关(故城位于今房村镇南阳关村)。[4]

《竹书纪年·显王》也有相关记载:

十八年(前351年),齐筑房(明堂故址位于今泰山长城岭清阳台遗址)以为长城(齐长城)。[5]

由此可知泰山之阳原属于齐国,此后,至迟在公元前351年,泰山之阳又隶属于鲁。

《史记·楚世家》记载:

---

[1] 杨天宇撰:《礼记译注》,上海古籍出版社,2004年。
[2] 杨天宇撰:《周礼译注》,上海古籍出版社,2004年,第275页。
[3] (西汉)司马迁:《史记》,台海出版社,2002年。
[4] (西汉)司马迁:《史记》,台海出版社,2002年。
[5] 《中国古代文化丛书:竹书纪年》(古本整理版本),时代文艺出版社,2009年,第51页。

(楚顷襄王)十八年(前281年)……还盖长城以为防(泰山齐长城)……则长城之东收而太山之北举矣(从济州长城东至海,太山之北,黄河之南,尽举收于楚)。[1]

至此,到了公元前281年,泰山之阳又已隶属于楚国,鲁国成为楚中之国。据《史记·鲁周公世家》记载:

(鲁)顷公二年(前271年),秦拔楚之郢,楚顷王东徙于陈。十九年(前254年),楚伐我,取徐州。二十四年(前249年),楚考烈王伐灭鲁。顷公亡,迁于下邑,为家人,鲁绝祀。顷公卒于柯。[2]

《史记·楚世家》记载:

(楚王负刍)五年(前223年),秦将王翦、蒙武遂破楚国,虏楚王负刍,灭楚名为郡云。[3]

到公元前223年,楚国为秦所灭,泰山之阳隶属秦国。

另,《史记·田敬仲完世家》记载:

四十四年(前221年),秦兵击齐。齐王听相后胜计,不战,以兵降秦。秦虏王建,迁之共。遂灭齐为郡。天下壹并于秦,秦王政立号为皇帝。[4]

综上所述,泰山之阳这一区域,在公元前351年之前的多数时期内,位于齐国境内,"鲁伐我(齐国)"后,属鲁国管控。而到了公元前281年至公元前223年,泰山之阳又属楚国,直至秦始皇统一中国,可知楚国统治泰山之阳长达59年之久。显然,"东更道七器"应属楚国人祭祀泰山而埋入地下祭祀"配林"的礼器。

---

[1] (西汉)司马迁:《史记》,台海出版社,2002年。
[2] (西汉)司马迁:《史记》,台海出版社,2002年。
[3] (西汉)司马迁:《史记》,台海出版社,2002年。
[4] (西汉)司马迁:《史记》,台海出版社,2002年,第548页。

浅论先秦时期泰山封禅思想的形成
——封禅仪式的"纪念碑性"

甲宗杰　胡利君

(山东省社会主义学院教务处三级主任科员；
泰安高新区北集坡街道办事处第一中学教师)

泰山封禅之事首次见于《管子·封禅》篇，为战国晚期异军突起之说。巫鸿在研究中国古代艺术与建筑时提出了"纪念碑性"(monumentality)和"纪念碑"(monument)的概念，"纪念碑性"和"纪念碑"是"内容"和"形式"的关系。[1]"纪念碑性"是指纪念碑的纪念功能及其持续意义，和"回忆、延续以及政治、种族或宗教义务有关"，只有一座具有明确"纪念碑性"的纪念碑才是一座具有内容和功能的纪念碑。形状和结构不是断定纪念碑的主要因素，而是内在的纪念性和礼仪功能。本文借用"纪念碑性"这一概念，旨在说明泰山封禅是标志着易姓告代的受命仪式，封禅仪式使泰山成为具有超强政治意义的"纪念碑性"的纪念碑。

一、《管子·封禅》一文形成年代与封禅思想的出现

公元前7世纪，齐桓公"九合诸侯，一匡天下"，霸主事业达到顶峰。随着政治权欲的膨胀，齐桓公想要效仿古代帝王"封泰山，禅梁父"。[2] 管仲极力劝阻，终未成行。

---

[1] 巫鸿著，李清泉、郑岩等译：《中国古代艺术与建筑中的"纪念碑性"》，上海人民出版社，2009年，第2—5页。

[2] 司马迁：《史记》，中华书局，1959年，第1491页。

《管子·封禅》载：

> 齐桓公既霸,会诸侯于葵丘,而欲封禅。管仲曰:"古者封泰山,禅梁父者,七十二家,而夷吾所记者,十有二焉。昔无怀氏封泰山,禅云云。虙羲封泰山,禅云云。神农封泰山,禅云云。炎帝封泰山,禅云云。黄帝封泰山,禅亭亭。颛顼封泰山,禅云云。帝喾封泰山,禅云云。尧封泰山,禅云云。舜封泰山,禅云云。禹封泰山,禅会稽。汤封泰山,禅云云。周成王封泰山,禅社首。皆受命,然后得封禅。"……于是管仲睹桓公不可穷以辞,因设之以事,曰:"古之封禅,鄗上之黍,北里之禾,所以为盛。江、淮之间,一茅三脊,所以为藉也。东海致比目之鱼,西海致比翼之鸟,然后物有不召而自至者,十有五焉。今凤凰麒麟不来,嘉谷不生,而蓬蒿藜莠茂,鸱枭数至,而欲封禅,毋乃不可乎!"于是桓公乃止。[1]

《管子·封禅》篇主要讲述了两个方面的内容：一是管仲历数上古 72 帝王封禅泰山之事，二是管仲劝阻齐桓公封禅泰山之事。《封禅》篇已经亡佚，今本《管子·封禅》篇是根据《史记·封禅书》移补的本子。唐尹知章《管子》注云："原篇亡，今以司马迁《封禅书》所载《管子》言以补之。"[2]关于《管子·封禅》篇的可靠性，后世学者多有论及，在此不一一详述。[3] 笔者以为，《管子·地数》篇云："封于泰山，禅于梁父。封禅之王，七十二家"。[4]《地数》篇没有亡佚，其中关于封禅之事的记载当是可信的。

对于上古帝王封禅泰山的真实性尚值得探讨。第一，管仲所举上古帝王举行封礼的地点皆在泰山。从考古学上讲，这点颇值得怀疑。无怀氏、伏羲、神农、炎帝、黄帝、颛顼、帝喾、尧、舜、禹等皆为传说中的上古帝王，其真实性还有待商讨，另其疆域是否鞭及泰山，也很难考实。第二，封礼是在高山上举行的告天仪式，为的是与天接近。《白虎通·封禅》篇云："封禅以告太平也，所以必于泰山何? ……必于其上何? 因高告高，顺其类也，故升封者，增高也。"[5]之所以在泰山顶举行封礼是因为其高近于天，便于与天相接通。如果单从海拔上讲，管仲所举无怀氏、伏羲、神农、炎帝、黄帝、颛顼、帝喾、尧、舜、禹、汤、周成王等人没必要都去泰山登高封禅。泰山在五岳中海拔仅居第三，低于华山和恒山。诚如顾颉刚所云："古代王者建国的地点不同，在他们的王畿里各有高山，例如周都丰、镐，那么西周附近的山推武功的太白山为最高，它

---

[1] 黎翔凤撰，梁运华整理：《管子校注》，中华书局，2004 年，第 952 页。
[2] 郭沫若：《管子集校》(三)，见《郭沫若全集·历史编》(七)，人民出版社，1984 年，第 143 页。
[3] 详细论述可见燕生东与笔者《先秦诸子的泰山观》第四节《管子学派的泰山观》，《齐鲁文化研究》(第十二辑)，泰山出版社，2012 年，第 20—23 页。
[4] 黎翔凤撰，梁运华整理：《管子校注》，中华书局，2004 年，第 1352 页。
[5] 陈立撰，吴则虞点校：《白虎通疏证》，中华书局，1994 年，第 278 页。

海拔四千公尺。为什么周成王住在镐京,要举行确定天子身份的煌煌大典,竟会放弃这座眼前的高山,偏偏到很遥远的东方去,上那海拔才一千五百余公尺的泰山去修封呢?"[1]第三,举行禅礼的地点,管仲提到了四处:云云、亭亭、会稽、社首。关于"云云",《集解》李奇云:"云云山在梁父东。"[2]《索隐》晋灼云:"山在蒙阴县故城东北,下有云云亭也。"[3]《正义》引《括地志》云:"云云山在兖州博城县西南三十里也。"[4]孙作云认为"云云"是"不知所以而敷衍设词……其实云云根本就没有这么一个山"。[5]其余诸山,注释家各执一词,无从确实。关于"会稽",《索隐》:"晋灼云:'本名茅山',《吴越春秋》云:'禹巡天下,登茅山,群臣乃大会计,更名茅山为会稽。'亦曰苗山也。"[6]《正义》引《括地志》云:"会稽山一名衡山,在越州会稽县东南一十二里也。"[7]会稽山在今浙江绍兴,而泰山远在千里之外的山东泰山,两者相隔甚远。古人交通能力有限,一个完整的封禅礼仪当不可能分隔甚远举行。

《管子·封禅》篇所记管仲劝阻齐桓公封禅之事发生在葵丘之会。《国语·齐语》载:

> 葵丘之会,天子使宰孔致胙于桓公,曰:"余一人之命有事于文、武,使孔致胙。"且有后命曰:"以尔自卑劳,实谓尔伯舅,无下拜。"桓公召管子而谋,管子对曰:"为君不君,为臣不臣,乱之本也。"桓公惧,出见客曰:"天威不违颜咫尺,小白余敢承天子之命曰'尔无下拜',恐陨越于下,以为天子羞。"遂下拜,升受命。[8]

此处记载的是葵丘之会时,周天子派宰孔赐胙于桓公,命桓公不用下拜。管仲认为不妥,齐桓公遂下拜受赐。此事没有提及桓公封禅之事,只是围绕是否"下拜"讨论。《左传》僖公九年所记葵丘之会与《国语·齐语》除了没有"为君不君,为臣不臣,乱之本也",几乎如出一辙。[9] 与《左传》和《国语》相比,《管子·小匡》的记载更为详

---

[1] 顾颉刚:《周公制礼的传说和〈周官〉一书的出现》,《文史》(第 6 辑),中华书局,1979 年,第 9 页。
[2] 司马迁:《史记》,中华书局,1959 年,第 1362 页。
[3] 司马迁:《史记》,中华书局,1959 年,第 1362 页。
[4] 司马迁:《史记》,中华书局,1959 年,第 1362 页。
[5] 孙作云:《泰山礼俗研究》,《孙作云文集》(第 3 卷),河南大学出版社,2003 年,第 757 页。
[6] 司马迁:《史记》,中华书局,1959 年,第 1362 页。
[7] 司马迁:《史记》,中华书局,1959 年,第 1362 页。
[8] 徐元诰:《国语集解》,中华书局,2002 年,第 237 页。
[9] 《左传》僖公九年:"夏,会于葵丘,寻盟,且修好,礼也。王使宰孔赐齐侯胙,曰:'天子有事于文武,使孔赐伯舅胙。'齐侯将下拜。孔曰:'且有后命,天子使孔曰:"以伯舅耋老,加劳,赐一级,无下拜!"'对曰:'天威不违颜咫尺,小白余敢贪天子之命无下拜?恐陨越于下,以遗天子羞。敢不下拜?'下,拜;登,受。"

细,增加了齐桓公论述功业和管仲说祥瑞两段文字。

李学勤把《国语·齐语》和《管子·小匡》相比较,认为"《小匡》形成的时代远比《齐语》为晚"。[1] 从《小匡》中齐桓公夸述功业所提及的征伐范围来看,并非齐桓公时势力范围所能抵达的。其中的巴、牂舸,至战国后期才与中原地区关系密切。《小匡》增补的桓公自夸功业和祥瑞内容与《封禅》篇的内容非常相似,有的文字几乎相同。看来《封禅》篇的作者当是借用《小匡》中关于葵丘之会的内容,又增加了上古帝王封禅的史实,从而形成了《封禅》篇。张固也认为管仲本来只是劝告桓公下拜受赐,但是《封禅》篇将其改写成劝阻桓公泰山封禅之事,其成文年代应该在《小匡》之后。[2] 由此可知,齐桓公泰山封禅之说源自战国末期人们的一种设想。

二、封、禅释义

李零认为"封禅"和"坛墠"有关,[3] 坛墠文化即为封禅文化。[4]《说文解字注》云:"筑土曰封,除地曰禅。凡言封禅,亦是坛墠而已。"[5]"坛"和"墠"多在郊野,离人较近;而封禅则远在名山大川,远离人群。与人最为疏远的封禅,保留了人类更古老的纪念和回忆,因此在礼制上享有更崇高的地位。[6]

"坛"是凸起来的台子,"坛"和"封"有关。封礼祭天,需要筑土为坛。如《周礼·春官·肆师》郑玄注:"封谓坛也。"[7]《史记·秦始皇本纪》引《晋太康地记》云:"为坛于太山以祭天,示增高也。为墠于梁父以祭地,示增广也。"[8] 裴骃《集解》引瓒曰:"积土为封,谓负土于泰山上,为坛而祭。"[9]《后汉书·光武帝纪下》"登封泰山",李贤注:"封谓聚土为坛。"[10] 由此可知,"坛"即是"封"。

---

[1] 李学勤:《〈齐语〉与〈小匡〉》,《管子学刊》,1987年创刊号。
[2] 张固也:《〈管子〉研究》,齐鲁书社,2006年,第321页。
[3] 李零:《说"祭坛"和"祭祀坑"》,《入山与出塞》,文物出版社,2004年,第17-20页。
[4] 凌纯声:《北平的封禅文化》,《中研院民族学研究所集刊》(台北),1963年,第16页;凌纯声:《秦汉时代之畤》,《中研院民族学研究所集刊》(台北),1963年,第18页;凌纯声:《中国的封禅与两河流域的昆仑文化》,《中研院民族学研究所集刊》(台北),1963年,第19页。
[5] 许慎撰,段玉裁注,许惟贤整理:《说文解字注》,凤凰出版社,2007年,第1200页。
[6] 李零:《说"祭坛"和"祭祀坑"》,《入山与出塞》,文物出版社,2004年,第19-20页。
[7] 郑玄注,贾公彦疏:《周礼注疏》,中华书局影印《十三经注疏》本,中华书局,1980年,第769页。
[8] 司马迁:《史记》,中华书局,1959年,第242页。
[9] 司马迁:《史记》,中华书局,1959年,第243页。
[10] 范晔、李贤等注:《后汉书》,中华书局,1965年,第82页。

"墠",是平地的场子。《说文·土部》曰:"墠,野土也。"段玉裁注:"野者,郊外也。野土者,于野治地除艸。"[1]"墠"和"禅"同源,"禅"作"墠"讲,这种例子在先秦两汉古籍的古注中频繁出现。如《大戴礼记·保傅》云:"是以封泰山而禅梁甫。"卢辩曰:"禅,谓除地于梁甫之阴,为墠以祭地也。变墠为禅,神之也。"[2]

李零认为许慎对"墠"字的解释是以《诗经》《左传》为依据的,强调的"墠"是城门以外的附近地区,特别是"郊"以外的"野土",而他的"坛"字则是对"墠"字的正确解释,许慎对二者的释义有所混淆。[3] 古书中,"坛""墠"的声旁经常换用,二者存在通假关系。《说文解字》"坛,祭场也",[4]并非对"坛"的解释,而是解释的古书中的"墠"字。"坛""禋"二字通用,《说文通训定声》云:"(墠)实即禅之本字,犹坛亦作禋也。"[5]《汉书·礼乐志》云:"帝临中坛,四方承宇。"颜师古曰:"言天神尊者来降中坛,四方之神各承四宇也。坛字或作禋,读亦曰坛。字加示者,神灵之耳。下言紫坛、嘉坛,其义并同。"[6]此可为证。

"坛"("禋")为祭天之所,而"墠"("禅")则为祭地之所。由于"坛""墠"的通假互用,因此导致"禋"与"禅"的混淆。《说文·示部》云:"禅,祭天也",[7]显然此处的"禅"是从"禋"作祭天之义。朱骏声《说文通训定声》:"是墠为祭地,坛为祭天。禋从坛省,禅从墠省,皆秦以后字。许书收禅不收禋,故云祭天耳。其实为坛无不先墠者,祭天之义,禅自得兼。"[8]《续汉书·祭祀志上》引张晏云:"天高不可及,于泰山上立封,禅而祭之,冀近神灵也。"[9]亦可说明此处之"禅"本应作"禋",指祭天之名。许慎《说文解字》解释"禅"为祭天之名,是忽略了古时"坛""墠"存在的通假关系。通过对《诗经》《左传》《尚书》等古书的对比,李零认为"坛"和"墠"有同源关系,都有"坦"的含义,都是指在城邑外清理出一片空地举行"野祭"。但是随着词义的分化,二者的含义发生了变化。"坛"专指场上凸起来的台子,而"墠"仅指清理出来的场子。"墠"可以没有"坛",但"坛"下必须有"墠"相对应。[10]

---

[1] 许慎撰,段玉裁注,许惟贤整理:《说文解字注》,凤凰出版社,2007年,第1199页。
[2] 王聘珍:《大戴礼记解诂》,中华书局,1983年,第62-63页。
[3] 李零:《说"祭坛"和"祭祀坑"》,《入山与出塞》,文物出版社,2004年,第18-19页。冯时对此也有论述,关于冯时对此二字的释义见冯时:《新莽封禅玉牒研究》,《考古学报》2006年第1期。
[4] 许慎撰,段玉裁注,许惟贤整理:《说文解字注》,凤凰出版社,2007年,第1204页。
[5] 朱骏声撰:《说文通训定声》,武汉市古籍书店影印,1983年,第742页。
[6] 班固:《汉书》,中华书局,1962年,第1054页。
[7] 许慎撰,段玉裁注,许惟贤整理:《说文解字注》,凤凰出版社,2007年,第11页。
[8] 朱骏声撰:《说文通训定声》,武汉市古籍书店影印,1983年,第741页。
[9] 范晔、李贤等注:《后汉书》,中华书局,1965年,第3162页。
[10] 李零:《说"祭坛"和"祭祀坑"》,《入山与出塞》,文物出版社,2004年,第19页。

封禅是和天命有密切关系的宗教活动,是易姓之王主持的一种报天地神祇的祭祀仪式。它不同于古代的帝王巡狩,也不同于一般的山川祭祀。封禅的对象不是山岳,而是天地神祇,它是古代中国传统的自然神崇拜的延续,也是中国传统祭祀的主流。封礼和禅礼必须在不同的地点举行,封只能在泰山,而禅地却可以有多处。如梁父、云云、亭亭、会稽、社首等。封礼和禅礼祭告的神祇也有所不同,封礼于泰山为祭昊天上帝报告功成,而禅礼于地(梁父、社首等等)为祭告后土地祇。因此,文献论及封禅仪式,封礼与禅礼皆分而言之。《史记·封禅书》引《五经通义》云:"易姓而王,致太平,必封泰山,禅梁父。"[1]《封禅书》记载秦始皇封禅,"自泰山阳至巅,立石颂秦始皇帝德,明其得封也。从阴道下,禅于梁父"。[2]《汉书·武帝纪》记载武帝封禅,"遂登封泰山,至于梁父,然后升禋肃然"。[3]《续汉书·祭祀志上》引东汉光武帝封禅刻石文云:"是月辛卯,柴,登封泰山。甲午,禅于梁阴。"[4]都是封、禅分别言之。陕西西安考古发现的王莽封禅玉牒只言"封禪(坛)泰山",[5]唐、宋封禅玉牒、玉册亦仅言"封",[6]均可为证。

三、政治思想语境的变迁:泰山封禅出现的社会背景

封禅起于何时,学术界尚有争议。顾颉刚认为:"还有一项大典礼——封禅,也是从齐国鼓吹起来的……齐国人的眼孔小,他们错认了泰山是世界上最高的山,以为他最能接近上帝,而齐威王以下已经称王,称王即是做天子,该到泰山上去答谢。稷下先生们的议论和著作本来都是为齐王朝服务的,所以古代的七十二王就都该到泰山去封禅。"[7]此说可谓一语中的。

泰山封禅之事,不见于现存其他先秦文献,只见于与稷下学宫关系密切的《管

---

[1] 司马迁:《史记》,中华书局,1959年,第1355页。
[2] 司马迁:《史记》,中华书局,1959年,第1366-1367页。
[3] 班固:《汉书》,中华书局,1962年,第191页。
[4] 范晔、李贤等注:《后汉书》,中华书局,1965年,第3166页。
[5] 冯时:《新莽封禅玉牒研究》,《考古学报》2006年第1期。
[6] 那志良:《唐玄宗、宋真宗的禅地祇玉册》,《故宫文物月刊》(台北)1992年第九卷第十期;邓淑苹:《唐宋玉册及其相关问题》,故宫文物月刊(台北)1992年第九卷第十期。
[7] 顾颉刚:《周公制礼的传说和〈周官〉一书的出现》,《文史》(第6辑),中华书局,1979年,第9页。

子》。《管子》一书,虽托名管仲,其实"非一人之笔,亦非一时之书",[1]这在学术界早已达成共识。顾颉刚认为《管子》"是一部稷下丛书",[2]冯友兰认为《管子》是"稷下学术中心的一部论文集",[3]现代学者白奚的研究认为"《管子》是齐宣王、闵王时期稷下学宫中一批佚名的齐地土著学者依托管仲编集创作而成,目的是为了保齐学的本土特色,高扬齐学精神,发展齐地固有之思想文化,从而同外来学者们争夺在稷下学宫中的主导地位。"[4]

(一) 东周时期政治语境的变迁

东周时期,"王纲解纽""礼崩乐坏",[5]这一新的历史时期从公元前8世纪初到公元前3世纪末持续了大约500年。这一时期中国正在从一个由血缘纽带缔结而成的宗法封建制国家向一个由中央政体统治管理的皇帝郡县制国家转变。

旧典范出现危机,各诸侯国为了在竞争中获胜,不仅要富国强兵,而且也迫切需要寻找新的理论和治国方略。在宗教和思想史领域内,旧有的意识形态和象征物如果无法反映和支持新的现实政治的需要,亦即知识和现实世界产生断裂,它们很快就会被新的意识形态和象征物所取代。地方诸侯国的权力、地位并非主要来自世袭,而是由其军事和经济实力决定的,直接导致了各类建筑的规模迅速增长。巫鸿曾指出这一时期的一个重要现象是"宗族祖庙地位的急剧下降和象征家庭个人权势的'墓'的重要性的日益增长",[6]这些巍峨高大的新式纪念物证明了政治因素已成为艺术和建筑的"特定驱动力"。在诸侯国的都城中出现了巨大的高台式建筑,而在他们的王陵上则出现了巨大的封土。《吕氏春秋·安死》的记载或可证明此时的情况,"世之为丘垄也,其高大若山,其树之若林,其设阙庭、为宫室、造宾阼也若都邑。以此观世示富则可矣,以此为死则不可也"。[7]

古人之所以要在高山上举行封禅仪式,一方面是因为山顶离天比较近,看到的

---

[1] 叶适:《习学记言序目》,中华书局,1976年,第663页。
[2] 顾颉刚:《周公制礼的传说和〈周官〉一书的出现》,《文史》(第6辑),中华书局,1979年,第16页。
[3] 冯友兰:《中国哲学史新编》(第二册),人民出版社,1983年,第197页。
[4] 白奚:《稷下学研究——中国古代的思想自由与百家争鸣》,三联书店,1998年,第221页。
[5] "礼坏乐崩",见于《汉书·艺文志》和《汉书·刘歆传》引汉武帝诏书,语出《论语·阳货》:"君子三年不为礼,礼必坏;三年不为乐,乐必崩"。
[6] 巫鸿著,郑岩、王睿编,郑岩等译:《从"庙"至"墓"——中国古代宗教美术发展中的一个关键问题》,《礼仪中的美术》,三联书店,2005年,第560页。
[7] 许维遹撰,梁运华整理:《吕氏春秋集释》,中华书局,2009年,第224页。

地面的范围也比较广阔,这样很容易激发祭祀者的宗教灵感;另一方面是出于古人登高观望的占有礼仪,意味着对其居住地的征服,具有政治上的象征意义。李零将其称为"领土型"的崇拜。[1]历史文献中屡次提到当时的诸侯国会议或盟誓在高台式建筑或高山上举行。也就是在此时期,泰山周围地区成为诸侯会盟的重要地点之一。

(二) 邹衍的阴阳五行学说

"战国中后期的思想史,有大半篇幅是由稷下学者书写完成的,而其余部分的书写者也都受到稷下学术直接或间接地影响。"[2]邹衍是稷下学宫后期的学者,也是先秦时期阴阳家的代表人物和集大成者,在"百家争鸣"的文化背景下,其阴阳五行学说,无论是在思想传播还是政治影响方面都取得了巨大成功。"邹衍以阴阳主运显于诸侯,而燕齐海上之方士传其术不能通,然则怪迂阿谀苟合之徒自此兴,不可胜数也。"[3]

邹衍的学说主要有两个方面:一是大小九州的地理学说;二是阴阳五行理论,包括五行相生(《主运》的四时教令思想)和五行相胜(《终始》的历史哲学)两部分。"终始"亦即"五德终始"或"五德转移",它是以五行相胜为理论基础,应用于社会的发展和朝代更替。邹衍的"五德终始说"构成了封禅的理论基础。胡适将"齐学"分为三大支流:阴阳家、神仙家与黄老之学。其中神仙家一派,实为以邹衍为代表的阴阳家与活跃在燕齐之地的方士的合流。[4]燕齐方士附会阴阳五行学说,来宣扬自己的理论,"封禅说"亦当为其所创造。顾颉刚在《秦汉的方士与儒生》中认为:"春秋战国之世,齐和鲁是文化的中心,泰山是这两国的界墙。他们游历不远,眼界不广,把泰山看作了全世界最高的山,(连聪明的孔子也会说'登泰山而小天下')设想人间最高的帝王应当到最高的山去祭天上最高的上帝,于是把这侯国之望扩大为帝国之望,定其祭名为'封禅'。"[5]

---

[1] 李零:《秦汉礼仪中的宗教》,《中国方术续考》,东方出版社,2000年,第139页。

[2] 孟祥才、胡新生:《齐鲁思想文化史——从地域文化到主流文化》,山东大学出版社,2002年,第234页。

[3] 司马迁:《史记》,中华书局,1959年,第1369页。

[4] 胡适:《中国中古思想史长编》,欧阳哲生主编:《胡适文集》(6),北京大学出版社,1998年,第439页。

[5] 顾颉刚:《秦汉的方士与儒生》,上海古籍出版社,2005年,第5页。

四、泰山封禅仪式的象征作用

我们不能简单地认为,政治权力从传统的角色脱离出来,凌驾于传统纪念物之上,泰山封禅的纪念碑性地位就得到了实现。泰山封禅之所以成为一个集合式的政治性纪念碑,还需要借助于一定的礼制仪式来完成。"类型学和物质体态不是断定纪念碑的主要因素;真正使一个物体成为一个纪念碑的是其内在的纪念性和礼仪功能。"[1]詹姆斯·沃森认为"仪式是有关转化的——特别是关于从一个到另一个本质或状态的转化……转化的层面将仪式和其他的社会行动区分开来",[2]人或事物由于仪式的举行而得到了神化。但是仪式的过程是主动的,并不纯粹是被动的,这可以帮助我们理解封禅仪式和泰山的关系。内在的纪念性和仪式功能使泰山封禅成为一种象征,一座象征易姓告代的历史和政治的纪念碑。由于只有一位得天命的君主才能够举行封禅仪式,将封禅泰山与大一统相结合起来,反映了东周时期人们渴望天下"定于一"的迫切愿望。这种仪式和象征,是对社会秩序的确认。

仪式是人类思维与行动的本质体现,因此现代社会学、人类学者的研究以从仪式和象征作为切入点来探讨社会与文化及其变迁,它们是"表现和参与社会文化变迁的重要变量"。[3]特纳认为,"仪式"一词更适用于与社会变迁相联系的宗教行为的形式。[4]象征人类学的代表人物克利福德·格尔茨认为通过神圣化了的行动——仪式,才产生出"宗教观念是真实"的信念。通过某种仪式形式,现实的世界和想象的世界借助于其象征性而融合起来,成为一个共同的世界。[5]我们将研究视角转移到泰山封禅中,可以看出封禅仪式反映的正是东周时期社会思想的变迁,为实现大一统的社会秩序提供了一个可供效仿的理想模式。因此,泰山封禅仪式的举行不仅是作为一项最为隆重的国家祀典,更重要的是其中所蕴含的思想史上的重大象征意义,它代

---

[1] 巫鸿著,李清泉、郑岩等译:《九鼎传说与中国古代的"纪念碑性"》,《中国古代艺术与建筑中的"纪念碑性"》,上海人民出版社,2009年,第4页。

[2] 詹姆斯·沃森著,华琛译:《中国丧葬仪式的结构——基本形态、仪式次序、动作的首要性》,《历史人类学刊》2003年第1卷第2期。

[3] 郭于华:《导论:仪式——社会生活及其变迁的文化人类学视角》,《仪式与社会变迁》,社会科学文献出版社,2000年,第5页。

[4] 维克多·特纳著,赵玉燕等译:《象征之林:恩登布人仪式散论》,商务印书馆,2006年,第95页。

[5] 格尔茨著,韩莉译:《文化的解释》,译林出版社,1999年,第138、158页。

表的是一个王朝为宣布天下统一证明自身政权的合法性而举行的一项仪式。

马克斯·韦伯认为:"皇权由巫术的神性中发展出来,世俗的权威与神灵的权威统一于一人之手……皇帝为了获得神性而必须具有的个人品质,被仪式主义者与哲学家加以仪式化,继而加以伦理化。皇帝必须依据古典经书上的仪式和伦理规则生活与行事。"[1]葛兆光也认为古代中国的皇权是一种十分复杂的"普遍皇权",它将历史传统、宗教权威与文化秩序整合于一身;每一个古代中国的王朝都必须经由一系列象征性的仪式,来确认其权力的正当性。[2]战国末期,融合齐地的历史文化传统和阴阳五行思想而构建的封禅这一新型的国家神话与祀典,正是为历代嬗变的王朝提供理论上的依据,即这一仪式恢复和确认其政治、经济和文化的秩序,获得世人的认同。

五、结　　语

成书于战国晚期的《管子·封禅》篇,首次提及泰山封禅之事。封禅和坛墠有关,封禅的对象不是山岳,而是天地神祇。封禅是易姓之王举行的一种报天地神祇的祭祀仪式。泰山封禅仪式的核心内容是权力和合法性之间的关系。一位合法的君主必须遵循历史传统,服从上天的意愿。其政权的合法性不能通过武力攫取,而是必须等待祥瑞的出现并举行受命告天的仪式。此时,泰山封禅已经转化为政治权力合法性的根源,成为历代统治者亟欲借用、垄断的"符号资源"。泰山封禅成为具有内在纪念性和礼仪功能的政治纪念碑,战国末期,泰山文化意识在统一帝国的地位开始真正的凸显起来。

---

[1] 马克斯·韦伯著,洪天富译:《儒教与道教》,江苏人民出版社,1995年,第40页。
[2] 葛兆光:《中国思想史》(第二卷),复旦大学出版社,2001年,第177页。

泰山周明堂遗址调查研究

刘 丰

(泰山文物考古研究所)

泰山周明堂最早见于明嘉靖年间编撰《岱史》中,"在岳之东北,山谷联属四十里,遗址今尚存"。[1]乾隆年间聂剑光撰《泰山道里记》记载较为详细,"双溪萦绕交流,中为周明堂故址(今明家滩一带)。……汉之废基(武帝明堂)又在其旁(沙岭西坡遗址),今称明堂村,讹曰明家滩(沙岭下辖自然村)"。[2]民国年间李东辰(1915－1952年)在《胆云轩随笔·明堂近事》中也有记载,"周明堂在泰山东北址……今地讹呼曰明家滩。……(周明堂)日久年湮,其遗址已难示矣"。[3]据此,现代学者多认为周明堂遗址在今明家滩一带,但"遗址已难示矣"。

一、周明堂遗址概况

为确定周明堂遗址,山东省水下考古研究中心与泰山景区文物考古研究所于2018年底至2019年1月,历时两个月,圆满完成了周明堂遗址的调查与勘探工作,共发现四处汉代遗址,勘探一处。(图一)

第一处是沙岭西坡(泰山汉明堂)遗址,位于大津口乡沙岭村西坡环山路东,南北长33米,东西宽31米,高3.8米,地表下1-1.2米深处发现大量汉代遗存,主要有汉代板瓦、砖等,还发现一片带字残瓦当和一片卷云纹残瓦当。其中带字残瓦当字口比

---

[1] 马铭初等:《岱史校注》,青岛海洋大学出版社,1992年,第109页。
[2] (清)聂剑光著,岱林等点校:《泰山道里记》,山东友谊出版社,1987年,第33页。
[3] (民国)李东辰:《胆云轩随笔》,稿本。

·泰山周明堂遗址调查研究·

[图一 周明堂遗址分布图 — 标注：泰历路、井药路、武药路、冬冻台遗址、瓦子岭遗址、清阳台遗址、药乡国家森林公园、千八盘村、马刨泉、药乡、牛山口村、凤凰岭、沙岭村、沙岭遗址、大津口乡、七里、泰山]

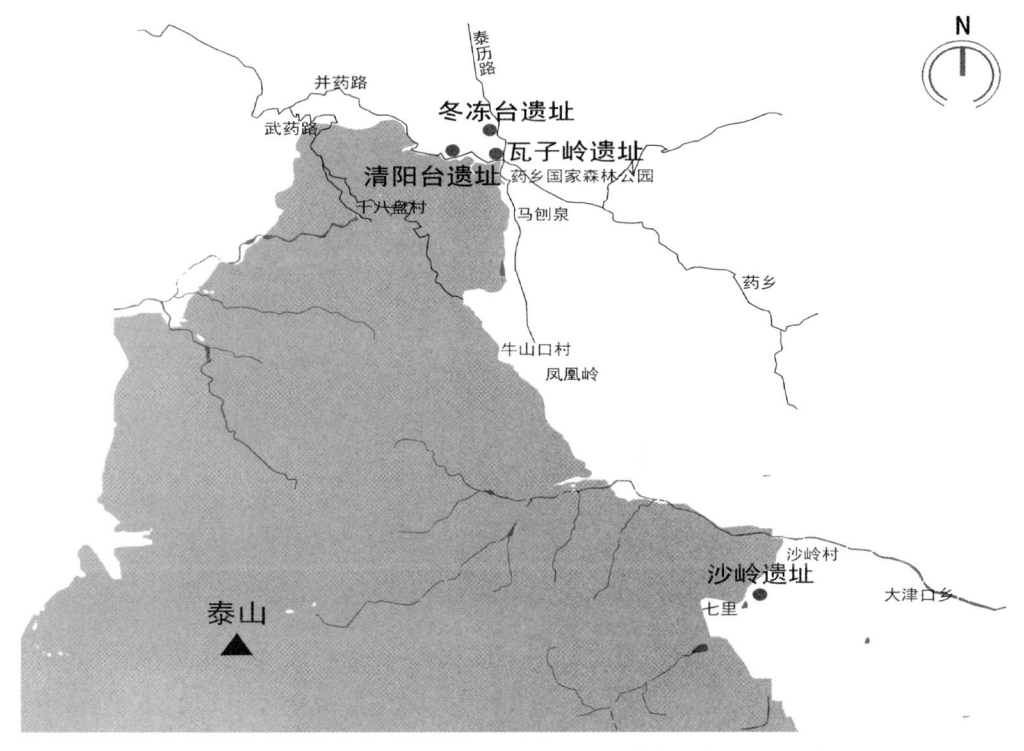

图一 周明堂遗址分布图

较清晰,但无人释读。该遗址坐西朝东,背依泰山支脉,前为缓坡开阔地带,与《泰山道里记》记载的"汉之废基(汉武帝明堂)"相符,确定为汉代遗址。

第二处是瓦子岭遗址,在泰(安)历(城)公路与武(庄)药(乡)公路(长城岭)交汇处,当地群众叫"瓦子岭",遍地汉代瓦砾。据泰山文物专家李继生先生考证:"2002年盛夏,济南市在修筑武(庄)药(乡)水泥公路路基时,在瓦子岭东侧的挖掘机开堂处暴露出一块约20平方米的大殿基址(汉代),35公分见方的大青砖排列整齐,连成一片,两侧新土堆里全是刚被破坏的汉代灰色筒瓦、板瓦、方砖及卷云纹瓦当残块。"《岱览》记载:"瓦子岭,在秋千台(又称冬冻台)西……遍山瓦砾。《县志》云:'故秦离宫'也。"[1]

第三处是冬冻台遗址(今为"齐鲁亲子园"),泰山学院周郢教授在2007年7月27日撰《岱阴秦皇宫与汉武台小记》记载:"俗称冬冻台……台已被芟平过半。但土中仍多(汉代)瓦砾遗存。"

第四处是清阳台遗址,位于瓦子岭遗址正西的长城岭最高峰,《岱览》记载:"仙台

---

[1] 胡立东总纂:《泰山文献集成》(第四卷),泰山出版社,2005年,第621页。

岭,即长城岭……曰:南拱(俗称青阳台,海拔774米,为泰山主峰东北最高峰)。"[1]泰山学者李继生先生2007年12月2日在《泰山长城岭发现秦汉大型祭祀建筑遗址》一文中记载:"在清阳台上还发现了东周时期的鬲足、陶罐等残物。"据实地调查,清阳台遗址由人工堆积而成,近圆形,面积一百余平方米,北为悬崖,南为缓坡,在地表暴露有大量的汉代砖瓦、陶豆残片等。

从以上四处遗址采集的陶片、砖瓦等遗物来看,均为西汉时期遗物,清阳台遗址还发现有东周时期遗物。

二、泰山明堂溯源与演变

明堂最早见于先秦古籍《逸周书·卷六·明堂解第五十五》:

> 周公摄政君天下,弭乱六年,而天下大治,乃会方国诸侯于宗周,大朝诸侯明堂之位。天子之位,负斧依,南面立。率公卿士,侍于左右。三公之位,中阶之前。北面东上,诸侯之位。西阶之西,东面北上,诸子之位。门内之东,北面东上,诸男之位。门内之西,北面东上,九夷之国。东门之外,西面北上,八蛮之国。南门之外,北面东上,六戎之国。西门之外,难免南上,五狄之国。北门之外,难免东上,四塞九采之国。世告至者,应门之外,北而东上,宗周明堂之位也。
>
> 明堂,明诸侯之尊卑也,故周公建焉,而朝诸侯于明堂之位。制礼作乐,颁度量,而天下大服,万国各致其方贿。七年,致政于成王。[2]

泰山明堂最早见于《史记·封禅书》:"初(前110年),天子封泰山,泰山东北阯古时有明堂处(周明堂故基,即清阳台遗址),处险不敞。上欲治明堂奉高旁(奉高明堂),未晓其制度。济南人公玉带上黄帝时(应为春秋)明堂图。"[3]泰山明堂是否早到黄帝时期值得商榷,关于泰山信仰的礼制最早见于《尚书·舜典》:"岁二月,东巡守,至于岱宗,柴(燔柴祀日)、望(望而祭之)秩于山川,肆觐东后。……五载一巡守,群后四朝。"[4]"柴、望"即燔柴祀日、望祭泰山,这一礼制直到西周,周天子仍在执行,

---

[1] 胡立东总纂:《泰山文献集成》(第四卷),泰山出版社,2005年,第621页。
[2] 黄怀信等:《逸周书汇校集注》,上海古籍出版社,2007年,第710-716页。
[3] (西汉)司马迁:《史记》,台海出版社,2002年,第427页。
[4] 陈戍国:《尚书校注》,岳麓书社,2004年,第8页。

《尚书·武成》记载:"武王伐殷。往伐归兽,识其政事,作《武成》。……(四月)丁未,祀于周庙,邦甸、侯、卫,骏奔走,执豆、笾。越三日,庚戌,柴、望,大告武成。"[1]《竹书纪年·周武王》记载:"十五年(前1047年,甲午年)……初狩(巡狩)方岳。"[2]《尚书·周官》记载:"成王既黜殷命,灭淮夷,还归在丰,作《周官》。……六年(前1039年,壬寅年),五服一朝。又六年,王乃时巡,考制度于四岳。诸侯各朝于方岳,大明黜陟。"[3]《竹书纪年·成王》记载:"十九年(前1024年),王巡狩侯、甸、方岳,召康公从。"[4]

前770年,周平王迁都洛阳后中国历史进入东周,嵩山成为"天地之中",故称中岳,从此中国由"四岳"时代进入"五岳"时代。"五岳"始见于《周礼·春官宗伯第三》:"以血祭祭社稷、五祀、五岳。"[5]关于祭祀"五岳"的礼制,《史记·封禅书》记载:"天子祭天下名山大川,五岳视三公,四渎视诸侯,诸侯祭其疆内名山大川。"[6]从此,祭祀泰山有了严格的礼制规定,天子巡狩"四岳"举行"柴、望"之礼演变为天子巡狩"五岳"并祭祀"五岳"之礼,"皆用乐舞"。

古代帝王祭祀泰山还有一种礼制——旅祭,《竹书纪年·帝舜有虞氏》记载:"三十二年,帝命夏后(大禹)总师,遂陟(登)方岳。"[7]"遂陟(登)方岳"即登而祭之,这是最早关于旅祭泰山的记载。《论语·八佾第三》记载:"季氏旅于泰山(登而祭之),子谓冉有曰:'女弗能救与?'对曰:'不能。'子曰:'呜呼!曾谓泰山不如林放乎?'"[8]《史记·封禅书》也记载:"及后陪臣执政,季氏旅于泰山,仲尼(孔子)讥之。"[9]又据《史记·秦始皇本纪》记载:"二十八年(公元前219年),始皇东行郡县,上邹峄山(登而祭之)。立石(峄山秦刻石),与鲁诸儒生议,刻石颂秦德,议封禅望祭山川之事。"[10]《史记·封禅书》记载:始皇二十八年(前219年),"即帝位三年,东巡郡县,祠(登而祭之)驺峄山,颂秦功业";[11]"二世元年(前209年),东巡碣石,并海南,历(登)

---

[1] 陈戍国:《尚书校注》,岳麓书社,2004年,第93页。
[2] 《竹书纪年》(古本整理版本),时代文艺出版社,2009年,第28页。
[3] 陈戍国:《尚书校注》,岳麓书社,2004年,第173-174页。
[4] 《竹书纪年》(古本整理版本),时代文艺出版社,2009年,第31页。
[5] 杨天宇撰:《周礼译注》,上海古籍出版社,2004年,第275页。
[6] (西汉)司马迁:《史记》,台海出版社,2002年,第417页。
[7] 《竹书纪年》(古本整理版本),时代文艺出版社,2009年,第6页。
[8] 金良年:《论语译注》,上海古籍出版社,2016年,第29页。
[9] (西汉)司马迁:《史记》,台海出版社,2002年,第418页。
[10] (西汉)司马迁:《史记》,台海出版社,2002年,第37页。
[11] (西汉)司马迁:《史记》,台海出版社,2002年,第419页。

泰山,至会稽,皆礼祠之(登而祭之)";[1]"汉武帝元封元年(公元前110年)三月,遂东幸缑氏,礼登中岳太室";[2]"(汉武帝于前109年)过祠泰山"[3]等。以上大禹登泰山、"季氏旅于泰山(僭越)"、秦始皇"上邹峄山"、秦二世登泰山、汉武帝"礼登中岳太室""祠泰山"均为登而祭之。旅祭是周天子及秦皇汉武祭祀泰山的专用礼仪,泰山周明堂作为旅祭(登祭)泰山的附属建筑"拜祠上帝(祭祀上帝)",显然不会早于春秋,这也与泰山周明堂考古资料相符。

关于泰山周(春秋)明堂的形制,《史记·封禅书》记载:"上(汉武帝)欲治明堂奉高(故址位于今泰安市区东范镇故县村)旁(奉高汉明堂),未晓其制度。济南人公玉带上黄帝时(应为周天子)明堂图。明堂图中有一殿,四面无壁,以茅盖,通水(便于流水),圜(园)宫垣(与清阳台遗址相符)为复道(上、下道),(殿)上有楼,从西南入(与清阳台遗址相符),命曰昆仑,天子从之入,以拜祠上帝(祭祀上帝)焉。"[4]

从以上看出,公玉带明堂图与清阳台遗址地貌完全相符,依据公玉带明堂图创建的奉高明堂,据《史记·封禅书》记载:"(元封)五年(前106年)修封(汉武帝第三次来泰山封禅),则祠太一、五帝于(奉高)明堂上坐,令高皇帝祠坐对之。祠后土于下房,以二十太牢(牛、羊、猪三牲全备)。天子从昆仑道入,始拜明堂如郊礼。礼毕,燎堂下。而上又上泰山,自有祕祠其巅。"[5]

东汉末年泰山郡太守应劭撰《汉官仪·卷下》也记载:"(奉高)明堂四面起土作堑(壕沟),上作桥,堑中无水。明堂去平城门(奉高城西门)二里所,天子出,从平城门(奉高城西门),先历明堂,乃至郊祀。"[6]

战国时期田齐威王可能在泰山周明堂故址重建过明堂,据《竹书纪年·显王》记载:"(田齐威王)十八年(前339年),齐筑房(齐国明堂)以为长城。"[7]据实地考查,今泰山长城岭瓦子岭遗址东西并无长城遗迹,作为泰山南北重要交通要道齐国在此不设防实在令人费解。"齐筑房以为长城"很可能是指在今清阳台周明堂故基上重建周天子明堂,因为按照礼制天子明堂是神圣不可侵犯的,可作为长城防御的一部分。又据《孟子·梁惠王下》记载:"齐宣王(前320-前302年)问曰:'人皆谓我毁明堂,毁

---

[1] (西汉)司马迁:《史记》,台海出版社,2002年,第419页。
[2] (西汉)司马迁:《史记》,台海出版社,2002年,第426页。
[3] (西汉)司马迁:《史记》,台海出版社,2002年,第427页。
[4] (西汉)司马迁:《史记》,台海出版社,2002年,第427页。
[5] (西汉)司马迁:《史记》,台海出版社,2002年,第427页。
[6] (东汉)应劭撰,(清)孙星衍校集:《汉官仪》,卷下。
[7] 《竹书纪年》(古本整理版本),时代文艺出版社,2009年,第51页。

者? 已乎?'孟子对曰:'夫明堂者王者之堂也。王欲行王政,则勿毁之矣。'"[1]明董说著《七国考·卷四·齐宫室·明堂》认为"齐宣王欲毁明堂,见孟子。……故齐南有泰山云(泰山明堂)"。[2]

《史记·楚世家》记载:"(楚顷襄王)十八年(前281年)……还盖长城以为防……则长城之东收而太山之北举矣(从济州长城东至海,太山之北,黄河之南,尽举收于楚)。"[3]据济南社会科学院张华松先生分析,(楚顷襄王)十八年(前281年)楚国向北扩张危及齐国南境,冈峦起伏的泰沂山区正处于齐之南越,以山代城的传统格局已不适应骑兵战的新形势,泰山地区的石砌长城(瓦子岭遗址东200米处以东有齐长城遗迹)应该修筑于此时。

三、沙岭西坡及长城岭四处遗址与秦汉封禅

(一) 瓦子岭遗址与秦离宫无关

秦始皇是第一个来泰山封禅的,《史记·封禅书》记载:

> 即帝位三年(前219年),东巡郡县……至乎泰山下……而遂除车道,上自泰山阳至巅,立石(今岱庙东御座秦刻石)颂秦始皇帝德,明其得封也。从阴道下,禅于梁父。其礼颇采太祝之祀雍(雍城)上帝所用,而封藏皆秘之,世不得而记也。
>
> ……
>
> (秦)二世元年(前209年),东巡碣石,并海南,历泰山,至会稽,皆礼祠(登而祭之)之,而刻勒始皇所立石书旁,以章始皇之功德。[4]

从上文看出,秦始皇的封禅路线是:从山阳登泰山——岱顶祭天——山阴下山——梁父县地主祠(新泰市裹头城遗址)祭地。秦二世"礼祠"泰山则更为简单,"礼祠之(登而祭之)"。至今,在泰山之阴还未发现任何秦二帝的文化遗存,显然,瓦子岭遗址非"故秦离宫"。

---

[1] 金良年:《孟子译注》,上海古籍出版社,2016年,第34页。
[2] (明)董说撰:《七国考》(卷四),中华书局,1956年。
[3] (西汉)司马迁:《史记》,台海出版社,2002年,第505页。
[4] (西汉)司马迁:《史记》,台海出版社,2002年,第419页。

(二) 沙岭西坡遗址与汉武帝泰山封禅

汉武帝是继秦始皇之后第二个来泰山封禅的,据《史记·封禅书》记载:

(前110年)三月……东上泰山(泰山封禅),泰山之草木叶未生,乃令人上石(纪号石或功德石)立之泰山巅。上(汉武帝)遂东巡海上……

四月,还至奉高(位于泰安东范镇故县村)。……天子至梁父(今新泰市国都镇裏头城遗址),礼祠地主(地主祠)。乙卯……封(祭天)泰山下东方(泰前办事处西城村东城子顶),如郊祠太一(天帝)之礼。……礼毕,天子独与侍中奉车子侯上泰山,亦有封(岱顶古登封台)。其事皆禁。明日,下阴道(从北天门沿今天龙河古称天津河至大津口乡沙岭村一带)。丙辰,禅(祭地)泰山下阯东北肃然山,如祭后土礼。……

天子从禅还(从肃然山回来),坐明堂(沙岭汉武帝明堂),群臣更上寿。于是制诏御史:"……复博(位于今大汶河北岸旧县村)、奉高、蛇丘(位于今肥城市汶阳镇三娘庙遗址)、历城(今济南),无出今年租税……"又下诏曰:"古者天子五载一巡狩,用事泰山,诸侯有朝宿地。其令诸侯各治邸泰山下。"[1]

上文"禅泰山下阯东北肃然山""天子从禅还,坐明堂""令诸侯各治邸泰山下",三处地望究竟在泰山之阴的哪里呢?

北魏郦道元《水经注·卷二十四》记载:

(东晋)《从征记》曰:泰山……上庙在山顶,即封禅处也(岱顶古登封台)。其水(今天龙河)又屈而东流,又东南径明堂下。汉武帝元封元年(前110年),封泰山,降坐明堂于山之东北阯(沙岭西坡遗址)。[2]

金泰和元年(公元1201年)《谷山寺记碑》(现保存在岱庙东碑廊)记载:

其下曰"天津河(今天龙河)",环地百有余顷(今沙岭村周围一带),山势四围(四面环山),盖(大概)"汉(武帝)之明堂在山之东北址",此其地也。道左(今沙岭村明堂路北)二里许(即今沙岭西坡汉代遗存),耕垦之余,瓦砾被之,与沈存中之说"高丽制度,瓦皆有纹"者合。[3]

据上,今沙岭村西坡遗址即汉武帝明堂故基,"天子从禅还(从肃然山祭地回来),

---

[1] (西汉)司马迁:《史记》,台海出版社,2002年,第426页。
[2] (北魏)郦道元著,陈桥驿校证:《水经注校证》,中华书局,2007年,第580页。
[3] 姜丰荣编著:《泰山历代石刻选注》,青岛海洋大学出版社,1993年,第284页。

坐明堂",这说明肃然山与汉武帝明堂不远,否则不能称"还",这不得不让我们想到在其北的清阳台遗址和冬冻台遗址。

关于武帝"禅肃然"的礼制,《史记·封禅书》记载:"如祭后土礼。天子皆亲拜见,衣上黄而尽用乐焉(穿黄色衣服,用乐器伴奏)。江淮间一茅三脊为神藉(荐神用的草席是用江淮间的三脊茅编织而成)。五色土益杂封。纵(放生)远方奇兽蜚禽及白雉诸物,颇以加礼(增加礼数)。兕牛犀象(犀牛和象)之属不用。皆至泰山(下)祭后土。"[1]据此,禅肃然的祭坛应是很大的,清阳台遗址仅有一百余平方米,显然不符合这样大的礼仪需求。因此,冬冻台遗址应为汉武帝禅肃然的祭坛故址。

此次封禅的主要议程完成后,汉武帝下诏曰:"古者天子五载一巡狩,用事泰山,诸侯有朝宿(朝见天子而居之)地。其令诸侯各治邸(官邸)泰山下。"[2]

"古者天子五载一巡狩"取自《尚书·舜典》,"令诸侯各治邸泰山下",唐张守节撰《史记正义》记载:"诸侯各于太山朝宿地起第(居所),准拟天子用事太山而居止。"[3]这就是说,在汉武帝泰山封禅后,令诸侯在古时"太山朝宿地"上建造官邸,据此,瓦子岭应是汉武帝行宫,并非"故秦离宫",古时"太山朝宿地"应当在此地及附近。

汉武帝于元封二年(前109年)第二次来泰山,《史记·封禅书》记载:"遂至东莱,宿留之数日,无所见,见大人迹云。复遣方士求神怪采芝药以千数。是岁旱。于是天子既出无名,乃祷万里沙,过祠(祭祀,即登而祭之)泰山。"[4]《汉书·武帝纪》也记载:"元封二年(前109年)冬十月,行幸雍,祠五畤。幸缑氏,遂至东莱。夏四月,还(从东莱回来)祠泰山。……秋,作明堂(奉高汉明堂)于泰山下。"[5]

从以上不难看出,汉武帝第二次来泰山是"祠泰山",按照周天子礼制应为旅祭,即登(泰山)而祭之。在周明堂故基上重建明堂祭祀上帝,在武帝行宫(今瓦子岭遗址)驻跸,这正与清阳台遗址考古资料相符。

汉武帝第三次来泰山,《史记·封禅书》记载:"初(前110年),天子(汉武帝)封泰山,泰山东北阯古时有明堂处(清阳台周明堂故基),处险不敞(与清阳台遗址相符)。上欲治明堂奉高旁……于是上(汉武帝)令奉高作明堂汶上(奉高明堂故址位于范镇古县村西高台子地)。"[6]从此之后,汉武帝泰山封禅不再从山阴下山,沙岭西坡明堂

---

[1] (西汉)司马迁:《史记》,台海出版社,2002年,第426页。
[2] (西汉)司马迁:《史记》,台海出版社,2002年,第426页。
[3] (唐)张守节撰:《史记正义》,《钦定四库全书》,卷十二。
[4] (西汉)司马迁:《史记》,台海出版社,2002年,第427页。
[5] (汉)班固撰,(唐)颜师古注:《汉书》,中华书局,1999年,第137-138页。
[6] (西汉)司马迁:《史记》,台海出版社,2002年,第427页。

及长城岭礼制建筑遂被废弃。

四、结　　语

综上所述,沙岭西坡遗址为汉武帝明堂故基,简称沙岭汉明堂;冬冻台遗址为汉武帝"禅泰山下阯东北肃然山"的祭坛故址;清阳台遗址为周明堂故基,也为汉武帝元封二年(前109年)在周明堂故基所重建明堂故基;瓦子岭遗址为汉武帝行宫遗址;瓦子岭遗址及附近应为春秋时期"太山朝宿地"和汉武帝"令诸侯各治邸"的所在地。

肃然山考

邓庆昌

(济南市莱芜博物馆)

莱芜处于泰山余脉,历史上是泰山文化区域的重要组成部分,特别是封禅文化,泰安与莱芜更是有着深厚的历史渊源。莱芜历史上有一座山,就是因汉武帝登封泰山祭天后,下禅于此山祭地,从而名载史册,这座山就是肃然山。不少史书均作了记载,如,《水经注》载:"汶水自莱芜……肃然山,州东北七十里。"《金史》载:"莱芜有肃然山、安期山、嬴汶水、牟汶水。"《读史方舆纪要》载:"肃然山州东北七十里。《史记》:武帝封泰山,下阴道,禅泰山下址东北肃然山。是也。其东南即莱芜县界,山势巍峨,对之肃然,因名。"等等。然而,由于时代变迁、名称更迭、记载缺失等原因,后世关于"肃然山"究竟是哪一座山一直存有争论,据莱芜县志中"肃然山在县西北六十里"这一记载,目前,关于"肃然山"争论集中在了寨里镇羊丘山、大王庄镇孤山、大王庄镇香山三个地方。那么,肃然山究竟在何地?是哪一座山?现依据相关史料和文物调查情况作一考证。

一、关于"肃然山"几个争论的依据

(一)肃然山为寨里羊丘山的依据是顾炎武的考证。这一论断也是目前影响最大的,他在《山东考古录·辨肃然山》中,作了如下分析:

《史记》:武帝"禅泰山下址东北肃然山"。注:服虔云:"肃然山在梁父。"按:梁父县在今兖州府泗水县境,是泰山之南,与本文东北不合。《酉阳杂俎》云:"长白山,古肃然也。"亦非。按:《史记》:"帝以乙卯封泰山,明日,下阴道。丙辰,禅泰山下阯东北肃然山。"明日,即丙辰也。本日下山,本日行礼,必在三五十里之内,不当远至长白山也。

《魏书·崔光传》:"弟敬友,尝置逆旅于肃然山南大路之北,设食以供行者。"今泰安州东关往北七十里,地名王许保。其北有山,碑云:"古宿岩山",恐即肃然山也。又按:光武"以二月二十二日辛卯封泰山,夜,下山。明日,百官上寿。暮宿奉高,三十里。明日发,至梁父,九十里。二十五日甲午,禅梁父。"则谓肃然在梁父者亦非。[1]

顾炎武是在排除邹平长白山、新泰梁父山等不同说法的基础上,提出了"古宿岩山恐即肃然山"的论断,成为最有影响的结论。

(二)肃然山为大王庄镇孤山的依据是县志记载。从莱芜历代志书记载来看,大多均记载羊丘山与肃然山为两座山。如,明嘉靖《莱芜县志》在杨丘山条目下载:"杨丘山,在县西北五十里,世传杨六郎隐居于此,见有故城可证",同时在肃然山条目下载"肃然山,在县西北五十里,泰山之麓,其势巍然,汉武帝丙辰禅此山,如后土礼";清康熙《新修莱芜县志》对两座山也分别作了记载:"肃然山,在县西北六十里……泰山之东麓,其势巍然可畏,按史,汉武帝……丙辰禅泰山下阯东北肃然山,如祭后土礼……即此。""杨丘山,在县西北五十里。旧志,昔有杨郎隐此,其故城遗迹尚存……"。因此,从地理位置上,多认为"肃然山"为"孤山"。另外,据调查,此山山顶有五种颜色的石头,砌有石堰,石堰内有青、红、黄、白、黑五种颜色的天然土壤,符合禅地时《史记》"五色土益杂封"的记载。

(三)肃然山为大王庄镇香山的依据是符合县志关于山势和地理位置的记载。香山为莱芜境内海拔最高的山,山势巍峨,在县西北五十里,符合县志关于"肃然山,在县西北五十里,泰山之麓,其势巍然"的记载。

二、关于"羊丘山为古肃然山"的考辩

(一)关于"肃然山在梁父"的考辩。顾炎武在《山东考古录·辨肃然山》指出:"梁父县在今兖州府泗水县境,是泰山之南,与本文东北不合",以此否定服虔云:"肃然山在梁父。"的论断,其实是一个误会,服虔云"肃然山在梁父",并不是指肃然山为梁父山,而是在梁父县地。《史记·孝武本纪》中也有"遂登封泰山,至于梁父,而后禅肃然"的记载,其意思应是相同的。据史料分析,莱芜历史上为牟国、嬴邑和平州邑地,汉初,在这一地区分置嬴县、牟县和莱芜县,并在平州邑置"平州侯",由于平州侯

---

[1] (清)顾炎武撰,戴扬本等点校:《建康古今记(外八种)·山东考古录》,上海古籍出版社,2012年,第131页。

国存在时间不长,旋废,其地划入梁父县。《资治通鉴》也有"唊为平州侯,〔功臣表:平州侯食邑于泰山梁父县。〕"的记载,也就是说,"平州邑"这一地区历史上曾经有一段时间为梁父县地,而从地理位置上分析,肃然山历史上应在"平州邑"区域内,所以史料有"肃然山在梁父""至于梁父,而后禅肃然"的记载。这样来分析,服虔所云和《史记·孝武本纪》所记就应当是比较可信的了。

(二)关于"羊丘山为古肃然山"的考辩。从地理位置上分析,服虔所云和《史记·孝武本纪》所记"肃然山在梁父"来看,肃然山为羊丘山的可能性就比较大了,因为肃然山既然属梁父县,其位置就应在"平州邑"范围内,而孤山、香山均位于今大王庄镇境内,从区域位置上分析,历史上这一地区显然应在嬴县所辖范围内。而羊丘山所在地为寨里镇西南部,历史上属"平州邑"应是比较合理的。从羊丘山历史地位来看,羊丘山位于泰莱盆地的中北部,山势雄伟肃穆,地势险要,因而成为泰安和莱芜的东西大门,是兵家必争之地。据了解,山前原有较大的寺院群落,有孔子殿、碧霞祠、武神堂、药王庙等,山腰东部有戏台,可容万人以上看戏,历史上儒道释三教在此并存,是当时该地区的政治宗教中心。这一方面说明,该地区符合汉武帝选择禅地之所的条件,同时,其后期的兴盛也与受汉武帝禅地影响是分不开的。

(三)"羊丘山为古肃然山"的文献记载。除顾炎武关于《辨肃然山》一文外,《泰山道里记》也认同顾炎武的观点:"《封禅书》:'汉武帝禅泰山下址东北肃然山。'旧志未详。顾炎武考引《酉阳杂俎》,'以长山县长白山当之,非是。'《魏书·崔光传》:'弟敬友,尝于肃然山南设食,以供行者'。又莱芜王许保北有山,碑云'古宿岩山',恐即肃然山也。按:杨邱山东有小陵,舒畅崛起,是其地矣。"[1]另外,今莱芜区寨里镇金堂禅寺有《重建金堂禅寺之记碑》,有碑文载:"西北有山寨曰肃寨……丈老相传者,□□依山之势而高者,□水□曲而经寨,惜于殿毁基崩,□□□□□□尺椽片瓦靡有孑遗。"从这段碑文可知,寨里西北有山寨,名叫肃寨,山上原有庙宇宫殿等古迹,由于岁月久远已经毁坏殆尽。从地理位置分析,这里所说的"肃寨",应为现在的羊丘山,可见,元代,山上尚有寨,叫"肃寨",山名应为"肃然山"。这应是羊丘山为古肃然山的一个实证。

三、"羊丘山为古肃然山"的文物依据

羊丘山周边存在大量汉代以前的遗址,可证明这里在汉代以前应是重要人类生

---

[1] (清)聂剑光:《泰山道里记》,山东友谊出版社,1987年,第35页。

活中心。羊丘山向东不到两公里,即为戴渔池遗址,南北长约650米,东西宽约408米,面积约22万平方米,遗址地表散布着较多周汉陶片,可辨器型有鬲、豆、盆、罐等,据采集标本的特征分析,年代为周汉。遗址东部偏北曾发掘过2座东周木椁墓,即为市级文物保护单位"戴渔池墓群"。除此之外,在方圆5公里范围内已发现的较大遗址还有:

(一)唐王许遗址位于寨里镇唐王许村南,韩王许村西,面积约182000平方米,遗址地表多为耕地,可以采集到一些汉代的盆、罐等陶器残片。据采集标本的特征分析,为汉代聚落遗址。

(二)韩王许遗址位于寨里镇韩王许村南300米处,北距唐王许汉代遗址约200米,面积约86000平方米,遗址地表多为耕地,散布着较多的周汉陶片,可辨器型有鬲、豆、盆、罐、瓦等,为典型的两河交汇处台地遗址。据采集标本的特征分析,这是一处周代和汉代的聚落遗址。

(三)东渔池遗址位于寨里镇东渔池村东,西南300米为戴渔池遗址,面积约33000平方米。遗址位于台地,地势起伏较大,遗址地表多为耕地,散布着数量较多的汉代陶盆、罐、瓦碎片。据采集标本的特征分析,这是一处汉代的聚落遗址,年代较早,遗物丰富,对研究汉代莱芜地区的聚落形态具有重要意义。

(四)宜山窑址位于寨里镇宜山村西南,紧邻宜山村,西距寨里河约200米,面积约73000平方米。据采集标本的特征分析,这是一处汉唐窑址和汉冶铁遗址并存的遗址。

(五)距范围圈不到2公里,于嬴汶河与龙湾沟交汇处,在全国第三次文物普查中,还发现了填补鲁中地区北辛文化空白的张里街遗址。可见,在这样一个不大区域内,密集分布着如此丰富的遗址遗迹,多呈现周至汉代文化特征,足以说明,这一地区在汉代的繁荣兴盛程度,这也是汉武帝将禅地的地点确定在这里的重要依据。

另外,据记载,武帝禅肃然时"用三脊草、飞禽走兽及白雉诸物,用五色土封埋"。羊丘山西正对泰山方向,有一土丘,当地名叫"杏谷堆"(今属大王庄镇大下河村),有人为夯筑迹象,不少人怀疑为墓葬,曾有盗墓迹象,但未发现墓穴存在,但从封禅角度看,此土丘似为武帝封禅时面向泰山方向用"五色土封埋"所形成的土堆,当然这有待于考古发掘以进一步确证。

综上所述,无论从史料记载、地理位置分析,还是从文物佐证上来看,羊丘山应为汉武帝禅地的肃然山。

泰山封禅的起源及秦汉封禅遗址调查研究

温兆金

(泰山文物考古研究所)

《竹书纪年·帝尧陶唐氏》记载：即帝位"五年(前2198年)，初巡狩四岳""七十四年(前2129年)，虞舜初巡狩四岳""八十七年(前2116年)，初建十有二州""九十七年(前2106年)，司空(大禹)巡十有二州"。[1] 巡狩四岳的礼制，《尚书·舜典》记载："岁二月，东巡守。至于岱宗，柴、望秩于山川。"[2] "柴、望"即"实柴祀日"[3]和望祭泰山，"秩于山川"意为使天下有秩序。据大汶口遗址发掘报告记载，在遗址核心区有一约五米见方的人工土台，距今6500余年。[4] 从地层关系来看，在大汶口先民未来此定居之前该土台就已经存在和使用，说明该土台与生产和生活无关，该土台南邻大汶河、北望为泰山主峰，据笔者研究，此土台应与望祭泰山有关。在大汶口遗址还发现了两处距今5700余年的火烧成年猪遗迹，[5]专家认为这两处遗迹应是祭祀太阳神的祭祀遗址和遗迹，这为"实柴祀日"找到了考古依据。综上，泰山"柴、望"礼制发端于大汶口遗址，这一礼制一直延续到西周。

《竹书纪年·成王》记载：四年"王师伐淮夷"。[6]《史记·周本纪》记载："成王既

---

[1]《竹书纪年》(古本整理版本)，时代文艺出版社，2009年，第3-5页。
[2] 陈戌国：《尚书校注》，岳麓书社，2004年，第8页。
[3] 杨天宇撰：《周礼译注》，上海古籍出版社，2004年，第275页。
[4] 山东文物考古研究所等：《大汶口续集——大汶口遗址第二、三次发掘报告》，科学出版社，1997年。
[5] 山东文物考古研究所：《山东泰安市大汶口遗址2012-2013年发掘简报》，《考古》2015年第10期。
[6]《竹书纪年》(古本整理版本)，时代文艺出版社，2009年，第29页。

黜殷命,灭淮夷,还归在丰,作《周官》。"[1]可见,周成王作《周官》是在成王四年(前1041年),《尚书·周官》记载:"六年,五服一朝。又六年,王乃时巡,考制度于四岳。诸侯各朝于方岳,大明黜陟。"[2]据此,舜帝巡狩"四岳"的制度周成王仍在执行,但巡狩的间隔时间发生了变化,有五年一巡狩变为十二年一巡狩。《竹书纪年·成王》记载:"二十五年(前1020年),王大会诸侯于东都(今洛阳),四夷来宾。"[3]《竹书纪年·宣王》记载:"九年(前819年),王会诸侯于东都,遂狩于甫。"[4]这说明,在成王即帝位"二十五年(前1020年)"之后,东都(洛邑)已成为西周统治东方诸侯的政治中心,周天子巡狩四岳的制度逐渐被"王会诸侯于东都"取代。公元前770年,周平王东迁洛邑(今洛阳)后,嵩山成为"天地之中",故称中岳,从此中国由"四岳"进入"五岳"时代。"五岳"始见于《周礼·春官宗伯第三》:"以血祭祭社稷、五祀、五岳。"[5]《史记·封禅书》记载:"周官曰,冬日至,祀天于南郊,迎长日之至;夏日至,祭地祇。皆用乐舞,而神乃可得而礼也。天子祭天下名山大川,五岳视三公,四渎视诸侯,诸侯祭其疆内名山大川。"[6]从此,祭祀五岳有了严格的礼制规定,天子巡狩"四岳"的"柴、望"礼制正式退出国家祀典。

一、春秋时祭祀泰山的礼制

春秋时周天子祭祀泰山的礼制,《论语·八佾第三》记载:"季氏旅于泰山(登而祭之),子谓冉有曰:'女弗能救与?'对曰:'不能。'子曰:'呜呼!曾谓泰山不如林放乎?'。"[7]《史记·封禅书》也记载:"及后陪臣执政,季氏旅于泰山,仲尼讥之。"[8]"旅于泰山"即陟祭,《竹书纪年·帝舜有虞氏》记载:"三十二年,帝命夏后(大禹)总师,遂陟(登)方岳。"[9]据此,诸侯旅祭(陟祭)泰山属僭越,这说明旅祭(登而祭之)泰山是周天子的专用礼制,泰山周明堂(位于泰山长城岭清阳台遗址)即周天子旅祭泰

---

[1] (西汉)司马迁:《史记》,台海出版社,2002年,第17页。
[2] 陈成国:《尚书校注》,岳麓书社,2004年,第174页。
[3] 《竹书纪年》(古本整理版本),时代文艺出版社,2009年,第31页。
[4] 《竹书纪年》(古本整理版本),时代文艺出版社,2009年,第37页。
[5] 杨天宇撰:《周礼译注》,上海古籍出版社,2004年,第275页。
[6] (西汉)司马迁:《史记》,台海出版社,2002年,第417页。
[7] 金良年:《论语译注》,上海古籍出版社,2016年,第29页。
[8] (西汉)司马迁:《史记》,台海出版社,2002年,第418页。
[9] 《竹书纪年》(古本整理版本),时代文艺出版社,2009年,第6页。

山祭天的礼制建筑。

春秋时鲁国祭祀泰山的礼制,《左传·僖公三十一年(前629年)》记载:"夏四月,四卜郊,不从,乃免牲,犹三望。"[1]《公羊传·僖公三十一年(前629年)》记载:"三望者何?望祭也。然则曷祭?祭泰山、河、海。曷为祭泰山、河、海?山川有能润于百里者,天子秩而祭之,触石而出,肤寸而合,不崇朝而偏雨乎天下者,唯泰山尔。"[2]《左传·宣公三年(前606年)》记载:"洒遍春,王正月,郊。牛之口伤,改卜牛,牛死,乃不郊。犹三望。"[3]《左传·成公七年》记载:"夏五月,曹伯来朝。不郊,犹三望。"[4]据笔者考证,泰山之阳的大汶口文姜台创建于春秋早期,即是鲁国望祭泰山的大型祭坛。

春秋时齐国祭祀泰山的礼制,《晏子春秋》记载:"景公(前547-491年在位)举兵将伐宋,师过泰山……占梦者曰:'师过泰山而不用事(祭祀),故泰山之神怒也。请趣召祝史祠乎泰山则可'。"[5]可见,齐国也是望祭泰山。西汉礼学家戴圣所编《礼记·礼器》记载:"故鲁人(鲁国)将有事于(祭祀)上帝,必先有事于頖宫……齐人(齐国)将有事于(祭祀)泰山,必先有事于(祭祀)配林。"[6]据此,齐国也祭祀泰山,按照春秋祭祀泰山的礼制也应为望祭。"齐人将有事于泰山,必先有事于配林",说明齐国望祭泰山的祭坛与配林不会太远。"配林"的地望据应劭撰《风俗通义·山泽·林》记载:"《礼》记将至泰山,必先有事于配林。林、树木之所聚生也。今配林在泰山(泰山庙)西南五六里,予(我)前临郡(担任泰山郡太守),因侍祀(在泰山庙祭祀泰山)之行,故往观之,树木盖不足言,犹七八百载间有衰索(衰而尽乎)!"[7]据此,配林应在今岱庙的西南方向。

1954年东更道村窑场工人发现了三件铜缶和一件铁盘,后又发掘清理出了三件铜缶,前后共出土了七件器物,并称为东更道七器。这些器物出土时位于灵应宫正南,正对岱顶,都是放在深3.9米的土坑南面,土坑用一块大石盖住。[8]根据这些器物的出土地点及埋藏形式来看,专家认为它们应是楚国祭祀泰山的遗物。据此,今灵应宫所在地辞香岭应为齐、楚望祭泰山的祭坛故址。

---

[1] (战国)左丘明撰,(晋)杜预注:《左传》,上海古籍出版社,2016年,第247页。
[2] 梅桐生译注:《春秋公羊传全译》,贵州人民出版社,1998年,第216-217页。
[3] (战国)左丘明撰,(晋)杜预注:《左传》,上海古籍出版社,2016年,第334页。
[4] (战国)左丘明撰,(晋)杜预注:《左传》,上海古籍出版社,2016年,第417页。
[5] 李万寿译注:《晏子春秋全译》,贵州人民出版社,1993年,第54页。
[6] 王文锦:《礼记译解》,中华书局,2001年,第322页。
[7] (汉)应劭撰,王利器校注:《风俗通义》,中华书局,1981年,第463页。
[8] 袁明:《山东泰安发现古代铜器》,《文物参考资料》1954年第7期,第128-129页。

二、泰山封禅的起源与礼制

泰山封禅最早见于《管子·轻重丁》：

> 桓公(前685－643年)曰："天子之养不足，号令赋于天下，则不信诸侯，为此有道乎？"管子对曰："江淮之间，有一茅而三脊，母至其本，名之曰菁茅，请使天子之吏环封而守之。夫天子则封于太山，禅于梁父。号令天下诸侯曰：'诸从天子封于太山禅于梁父者，必抱菁茅一束以为禅籍，不如令者，不得从'，天子下诸侯载其黄金争秩而走，江淮之菁茅，坐长而十倍，其贾一束而百金。故天子三日即位。天下之金四流而归周若流水，故周天子七年不求贺献者，菁茅之谋也。"[1]

据上，泰山封禅即"封于太山，禅于梁父"，也就是在泰山祭天、在梁父山祭地。梁父山是指今天的哪座山，在学术界争议颇大，至今没有定论。究其原因，主要是梁父山、梁父县、梁父县地主祠三者混为一谈。孔子(前551－前479年)在《丘陵歌》中写道："喟然回顾，题彼泰山。郁确其高，梁甫(父)回连。枳棘(zhǐ jí，枳木与棘木)充路，陟之无缘。"[2]据此，梁甫(父)山应是与泰山体量相当的一座大山。《汉书·地理志》记载："泰山郡……县二十四：奉高(位于今泰安城东范镇故县村)……博(位于今邱家店镇大汶河北岸旧县村)……梁父(位于徂徕山之阳新天保镇古城村)。"[3]北魏郦道元著《水经注·卷二十四·汶水》记载："《邹山记》曰：徂徕山在梁甫(县)、奉高(县)、博(县)三县界""汶水又南，左会淄水(柴汶河)，水出泰山梁父县东，西南流，径菟裘城(新泰市楼德镇)北。……淄水又径梁父县故城南，县北有梁父山(徂徕山)"。[4]《魏书·志第六·泰山郡》记载："奉高(位于今泰安东范镇故县村)二汉、晋属。有梁父山。"[5]综上，梁父山即今徂徕山，梁父县因位于梁父山之阳而得名。

《史记·封禅书》记载：

> 秦缪公即位九年(前651年)，齐桓公既霸，会诸侯于葵丘，而欲封禅。管仲曰："古者封泰山禅梁父者七十二家，而夷吾所记者十有二焉。昔无怀氏封泰山，

---

[1] (唐)房玄龄注,(明)刘绩补注,刘晓艺校点:《管子》,上海古籍出版社,2015年,第464页。
[2] 马铭初等:《岱史校注》,青岛海洋大学出版社,1992年,第196页。
[3] (汉)班固撰,(唐)颜师古注:《汉书》,中华书局,1999年,第1271页。
[4] (北魏)郦道元著,陈桥驿校证:《水经注校证》,中华书局,2007年,第581－582页。
[5] (北齐)魏收撰:《魏书》,中华书局,1974年,第2519页。

禅云云;虑羲封泰山,禅云云;神农封泰山,禅云云;炎帝封泰山,禅云云;黄帝封泰山,禅亭亭;颛顼封泰山,禅云云;帝喾封泰山,禅云云;尧封泰山,禅云云;舜封泰山,禅云云;禹封泰山,禅会稽;汤封泰山,禅云云;周成王封泰山,禅社首:皆受命然后得封禅。"[1]

上文"管仲曰:'古者封泰山禅梁父者七十二家,而夷吾所记者十有二焉'",这段文字令人十分费解,发端于大汶口遗址的柴望礼制至春秋时才退出国家祀典,泰山封禅在其他先秦文献中也未见记载,据此,完全可以断定泰山封禅不会早于春秋,"古者封泰山禅梁父者七十二家,而夷吾所记者十有二焉"并不可信。

梁父县地主祠的地望,据《史记·封禅书》记载:

> (秦始皇)即帝位三年(前219年),东巡郡县……于是始皇遂东游海上,行礼祠(祭祀)名山大川及八神,求仙人羡门之属。八神将自古而有之,或曰太公(齐国第一代国君——姜太公)以来作之。齐所以为齐,以天齐也。其祀绝莫知起时。八神:一曰天主,祠天齐。天齐渊水,居临菑南郊山下者。二曰地主(地主祠故址即今新泰市国都镇裹头城遗址),祠泰山郡梁父(县)。盖天好阴,祠之必于高山之下,小山之上,命曰"畤";地贵阳,祭之必于泽中圜丘云。……皆各用一牢(牛、羊、猪各一)具祠,而巫祝所损益,珪币杂异焉。[2]

据笔者考证,今新泰市国都镇裹头城遗址即梁父县地主祠故址,其创建年代据《山东新泰周家庄东周墓发掘简报》记载,墓葬"均为春秋晚期至战国中晚期齐国墓葬"。[3]《左传》止于前468年,未见齐国占领今新泰的记载,齐国应是在前468年之后占领今新泰地区的。据此,齐国创建地主祠(裹头城遗址)应在前468年之后。

三、秦朝帝王与泰山封禅

(一) 秦朝祭祀泰山的礼制

秦始皇统一中国后,祭祀泰山的礼制据《史记·封禅书》记载:

> 及秦并天下,令祠官所常奉天地名山大川鬼神可得而序也。于是自殽以东,

---

[1] (西汉) 司马迁:《史记》,台海出版社,2002年,第418页。
[2] (西汉) 司马迁:《史记》,台海出版社,2002年,第419页。
[3] 山东省文物考古研究所:《山东新泰周家庄东周墓发掘简报》,《文物》2013年第4期。

> 名山五……曰太室。太室，嵩高也。恒山，泰山，会稽，湘山。……春以脯酒为岁祠，因泮冻，秋涸冻，冬塞祷祠。其牲用牛犊各一，牢具珪币各异。[1]

上文虽未记载在何处祭祀泰山，但从应劭撰《风俗通义》中关于配林的记载来看，应是沿袭齐、楚祭坛望祭泰山。

（二）秦始皇泰山封禅

秦始皇泰山封禅，据《史记·秦始皇本纪》记载：

> 二十八年(前219年)，始皇东行郡县……乃遂上泰山，立石(纪号石)，封，祠祀。下，风雨暴至，休于树下，因封其树为五大夫。禅梁父(今新泰市嵊头城遗址)。刻所立石(即秦李斯刻石)。[2]

秦始皇泰山封禅的礼制，《史记·封禅书》记载更为详细：

> 即帝位三年(前219年)，东巡郡县……而遂除车道，上自泰山阳至巅，立石(即秦李斯刻石)颂秦始皇帝德，明其得封也。从阴道下，禅于梁父。其礼颇采太祝(主管祭祀的官)之祀雍(秦都雍城)上帝(天帝)所用，而封藏皆秘之，世不得而记也。[3]

（三）秦二世陟祭泰山

秦二世泰山祭祀的礼制是旅祭(登而祭之)泰山，据《史记·秦始皇本纪》记载：

> 二世与赵高谋曰："朕年少，初即位，黔首未集附。先帝巡行郡县，以示彊，威服海内。今晏然不巡行，即见弱，毋以臣畜天下。"春，二世东行(巡守)郡县，李斯从。到碣石，并海，南至会稽，而尽刻始皇所立刻石，石旁著大臣从者名，以章先帝成功盛德焉。[4]

《史记·封禅书》也记载：

> 二世元年，东巡碣石，并海南，历泰山，至会稽，皆礼祠(陟祭，即登而祭之)之，而刻勒始皇所立石书旁，以章始皇之功德。[5]

---

[1]（西汉）司马迁：《史记》，台海出版社，2002年，第420页。
[2]（西汉）司马迁：《史记》，台海出版社，2002年，第37页。
[3]（西汉）司马迁：《史记》，台海出版社，2002年，第419页。
[4]（西汉）司马迁：《史记》，台海出版社，2002年，第41页。
[5]（西汉）司马迁：《史记》，台海出版社，2002年，第419页。

四、西汉帝王与泰山封禅

(一) 西汉祭祀泰山的礼制

西汉王朝建立后,祭祀大山的礼制据《史记·封禅书》记载:"始名山大川在诸侯,诸侯祝各自奉祠,天子官不领。及齐、淮南国废,令太祝(主管祭祀的官)尽以岁时致礼如故。"[1]据此,西汉早期也有"令太祝尽以岁时致礼"泰山的礼制。

(二) 汉武帝设立泰山郡、创建奉高城

汉武帝继位后对泰山封禅尤为重视,《史记·孝武本纪》记载:"今天子(汉武帝)初即位,尤敬鬼神之祀。元年(前140年),汉兴已六十余岁矣,天下艾安,搢绅之属皆望天子封禅改正度也……欲议古立明堂城南,以朝诸侯,草巡狩封禅改历服色事未就(尚未完成)。"[2]泰山原属济北国辖地,为汉武帝泰山封禅济北王主动"献泰山及其旁邑",在泰山和梁父县地主祠之间设立泰山郡、创建奉高城。《史记·封禅书》记载:"于是(前122年)济北王(都于博城)以为天子且封禅,乃上书献太山及其旁邑,天子以他县偿之(故址位于今长清区卢国故城遗址)。……然后五岳皆在天子之。"[3]

(三) 汉武帝创建泰山宫

《史记·孝武本纪》记载:

> 其(前113年)冬,公孙卿候神河南,见仙人迹缑氏城上,有物若雉,往来城上。天子(汉武帝)亲幸缑氏城视迹。问卿:"得毋效文成、五利乎?"卿曰:"仙者非有求人主,人主求之。其道非少宽假,神不来。言神事,事如迂诞,积以岁乃可致也。"于是郡国各除道(修筑道路),缮治宫观名山神祠所,以望(仙人)幸矣。[4]

在"郡国各除道,缮治宫观名山神祠所"这一历史背景下,在泰山郡治所奉高城至岱顶修建登山御道(泰山东御道)、创建泰山宫,故址位于今泰前办事处西城村城子顶。

---

[1] (西汉) 司马迁:《史记》,台海出版社,2002年,第421页。
[2] (西汉) 司马迁:《史记》,台海出版社,2002年,第83页。
[3] (西汉) 司马迁:《史记》,台海出版社,2002年,第423页。
[4] (西汉) 司马迁:《史记》,台海出版社,2002年,第425页。

《大宋天贶殿碑铭》记载:"辉光下烛,秦既作畤(岱顶登封坛);珍瑞云获,汉亦起宫(泰山宫)。"[1]《岱史·卷八·遗迹纪》记载:"望仙台(泰山宫)在州治(泰安州)东北三十里,汉武帝筑。"[2]《泰山道里记·五》记载:"大津口东五里为青山……南为望仙台,《岱史》云:'汉武帝筑也。'"[3]据笔者考证,今西城村"汉明堂遗址"即泰山宫故址。

(四)汉武帝泰山封禅

1. 前110年汉武帝泰山封禅

《史记·封禅书》记载:

(前110年)三月……东上泰山,泰山之草木叶未生,乃令人上石立之泰山巅。上遂东巡海上,行礼祠八神。……四月,还至奉高。……天子至梁父(梁父县地主祠),礼祠地主。……封泰山下东方(泰山宫故址),如郊祠太一之礼。封广丈二尺,高九尺,其下则有玉牒书,书祕。礼毕,天子独与侍中奉车子侯上泰山,亦有封(今古登封台祭天)。其事皆禁。明日,下阴道。丙辰,禅泰山下阯东北肃然山(今长城岭冬冻台遗址),如祭后土礼。天子皆亲拜见,衣上黄而尽用乐焉。……天子从禅还,坐明堂(沙岭西坡汉武帝明堂遗址),群臣更上寿。……又下诏曰:"古者天子五载一巡狩,用事泰山,诸侯有朝宿地。其令诸侯各治邸泰山下(今长城岭瓦子岭一带)。"[4]

2. 元封二年(前109年)汉武帝陟祭泰山

《史记·封禅书》记载:"(前109年春)于是天子既出无名,乃祷万里沙,过祠泰山。"[5]"过祠泰山"即陟祭(旅祭)泰山,据考汉武帝这次是按照周天子陟祭泰山的礼制登而祭之,按照"济南人公玉带上黄帝时明堂图"在周明堂故基(清阳台遗址)上重建明堂,并在此祭天,在汉武帝行宫(今瓦子岭遗址)驻跸。

3. 元封五年(前106年)汉武帝泰山封禅

《汉书·武帝纪》记载:(元封五年前106年)"春三月,还至泰山,增封(封禅)。甲

---

[1] 姜丰荣编著:《泰山历代石刻选注》,青岛海洋大学出版社,1993年,第171页。
[2] 马铭初等:《岱史校注》,青岛海洋大学出版社,1992年,第115页。
[3] (清)聂剑光著,岱林等点校:《泰山道里记》,山东友谊出版社,1987年,第35页。
[4] (西汉)司马迁:《史记》,台海出版社,2002年,第426页。
[5] (西汉)司马迁:《史记》,台海出版社,2002年,第427页。

子,祠高祖于明堂(奉高明堂),以配上帝,因朝诸侯王、列侯,受郡国计。"[1]《史记》与《汉书》均未记载这次封禅在何处祭地,北埠村因北禅台遗址得名,北埠村位于奉高故城东嬴汶河东,由唐北埠、刘北埠、韩北埠、杨北埠、张北埠五个自然村组成,据负北埠村碑记载:"汉武帝封禅时,在此一带祭地,祭地也称'埠'。明初,有人从河南迁此定居,因负姓多,故名'负北埠'。"据此,北埠台遗址或与汉武帝封禅祭地有关。

4. 太初元年(前104年)汉武帝泰山封禅

《汉书·武帝纪》记载:"太初元年(前104年)冬十月,行幸泰山。十一月甲子朔旦,冬至,祀上帝于明堂(奉高明堂)。……十二月,禅高里(故址位于今灵应宫下辞香岭),祠后土。"[2]

5. 太初三年(前102年)汉武帝泰山封禅

《汉书·武帝纪》记载:"三年(前102年)春正月,行东巡海上。夏四月,还,修封泰山,禅石闾。"[3]石闾的地望《史记·封禅书》记载:"石闾者,在泰山下阯(山脚)南方,方士多言此仙人之闾也,故上亲禅焉。"[4]"仙人之闾"显然是一处西汉之前的古人类遗址,据笔者考证,今大汶口文姜台即"仙人之闾"所在地。

6. 天汉三年(前97年)汉武帝泰山封禅

《汉书·武帝纪》记载:天汉三年(前97年)"三月,行幸泰山,修封(封禅),祀明堂(奉高明堂),因受计"。[5]《史记》和《汉书》均未记载这次封禅在何处祭地,《魏书·兖州》泰山郡记载:钜平县(位于宁阳县磁窑镇钜平县故址)"有亭亭山祠……祝丘"。[6]"亭亭山祠"即今亭亭山汉代祭坛遗址,"祝丘"即文姜台,《史记·封禅书》还记载"黄帝封泰山,禅亭亭",据此,汉武帝这次泰山封禅应是"禅亭亭"。

7. 太始四年(前93年)汉武帝泰山封禅

《汉书·武帝纪》记载:太始"四年(前93年)春三月,行幸泰山。壬午,祀高祖于

---

[1] (汉)班固撰,(唐)颜师古注:《汉书》,中华书局,1999年,第139页。
[2] (汉)班固撰,(唐)颜师古注:《汉书》,中华书局,1999年,第141页。
[3] (汉)班固撰,(唐)颜师古注:《汉书》,中华书局,1999年,第143页。
[4] (西汉)司马迁:《史记》,台海出版社,2002年,第428页。
[5] (汉)班固撰,(唐)颜师古注:《汉书》,中华书局,1999年,第145页。
[6] (北齐)魏收撰:《魏书》,中华书局,1974年,第2519页。

明堂(奉高明堂),以配上帝,因受计。癸未,祀孝景皇帝于明堂。甲申,修封。丙戌,禅石闾(文姜台)"。[1]

8. 征和四年(前89年)汉武帝泰山封禅

《汉书·武帝纪》记载:征和四年(前89年)"春正月,行幸东莱,临大海。还幸泰山,修封。庚寅,祀于明堂。癸巳,禅石闾(文姜台)"。[2]

(五) 神爵元年(前61年)汉宣帝创建泰山庙

《汉书·郊祀志第五下》记载:"其三月,(汉宣帝)幸河东,祠后土,有神爵集,改元为神爵(前61年)。制诏太常:'夫江海,百川之大者也,今阙焉无祠。其令祠官以礼为岁事,以四时祠江海雒水,祈为天下丰年焉。'自是五岳、四渎皆有常礼。东岳泰山于博……皆使者持节侍祠。唯泰山与河岁五祠,江水四,余皆一祷而三祠云。"[3]《汉书·地理志·第八上》记载:"博,有泰山庙(今岱庙前身)。"[4]据此,今岱庙创建于神爵元年(前61年)。

经笔者多次实地考察,燕语城汉代夯土台属汉代官方台形祭祀建筑,形制同新泰市国都镇裹头城遗址(梁父县地主祠故址),曾多次重修,说明使用了很长时间。泰安文物爱好者王延波先生2017年在燕语城采集到一块带有"元康五年"残砖,反字,有的学者认为"元康五年(前57年)"是正刻在砖模上的(图一)。元康是西汉宣帝刘询

图一 "元康五年残砖"图

---

[1] (汉)班固撰,(唐)颜师古注:《汉书》,中华书局,1999年,第147页。
[2] (汉)班固撰,(唐)颜师古注:《汉书》,中华书局,1999年,第149页。
[3] (汉)班固撰,(唐)颜师古注:《汉书》,中华书局,1999年,第1034页。
[4] (汉)班固撰,(唐)颜师古注:《汉书》,中华书局,1999年,第1271页。

的第三个年号,从公元前 65 年到公元前 61 年二月,总共使用 4 年 2 个月。据此,燕语城地主祠创建于"元康五年(前 57 年)"。

五、东汉帝王与泰山封禅

(一) 光武帝刘秀泰山封禅

《后汉书·祭祀上》记载:

"建武三十年(公元 54 年)……三月,上(光武帝)幸鲁,过泰山,告太守以上过,故承诏祭(望祭)山(泰山)及梁父(今徂徕山)。"

三十二年(公元 56 年)"二月,上(光武帝)至奉高……二十二日辛卯晨,燎祭天于泰山下南方(光武帝封祀坛故址位于今岱宗坊西南凤凰台一带),群神皆从,用乐如南郊。……事毕,将升封。或曰:'泰山虽已从食于柴祭,今亲升告功,宜有礼祭。'于是使谒者以一特牲于常祠泰山处(泰山庙),告祠泰山,如亲耕、貙刘、先祠、先农、先虞故事。至食时,御辇升山,日中后到山上更衣,早晡时即位于坛(岱顶古登封台),北面。群臣以次陈后,西上,毕位升坛。尚书令奉玉牒检,皇帝以寸二分玺亲封之,讫,太常命人发坛上石,尚书令藏玉牒已,复石覆讫,尚书令以五寸印封石检。事毕,皇帝再拜,群臣称万岁。命人立所刻石碑,乃复道(原道返回)下。二十五日甲午,禅,祭地于梁阴(燕语城地主祠),以高后配,山川群神从,如元始中北郊故事。"[1]

(二) 汉章帝与泰山

《后汉书·祭祀中》记载:

章帝即位,元和二年(公元 85 年)正月,诏曰:"山川百神,应祀者未尽。其议增修群祀宜享祀者。"

二月,上东巡狩……上至泰山,修光武山南坛兆(光武帝封祀坛)。辛未,柴祭天地群神如故事。壬申,宗祀五帝于孝武所作汶上(奉高)明堂,光武帝配,如雒阳明堂礼。癸酉,更告祀高祖、太宗、世宗、中宗、世祖、显宗于明堂,各一太牢。

---

[1] 许嘉璐主编:《后汉书全译》,汉语大词典出版社,2004 年,第 285 - 289 页。

辛事,遂觐东后,飨赐王侯群臣。[1]

(三) 安帝与泰山

《后汉书·孝安帝纪》记载:

(延光)三年(124年)春二月丙子,东巡狩。……辛卯,幸太山,柴告岱宗。……壬辰,宗祀五帝于汶上明堂(奉高明堂)。癸巳,告祀二祖、六宗,劳赐郡、县,作乐。[2]

《后汉书·祭祀中》也记载:

延光三年(公元124年),上东巡狩,至泰山,柴祭,及祠汶上明堂,如元和(东汉章帝年号)二年故事。[3]

文物爱好者王延波先生2017年在燕语城还采集到一块带有"延光八月廿四日"汉砖(图二),延光(公元122年3月—125年)是东汉汉安帝刘祜的第五个年号,"延光(元年)"也应与燕语城地主祠有关,这说明此时燕语城地主祠仍在使用。

(四) 顺帝与泰山

《后汉书·祭祀中》记载:"顺帝(安帝之后)即位,修奉常祀。"[4]

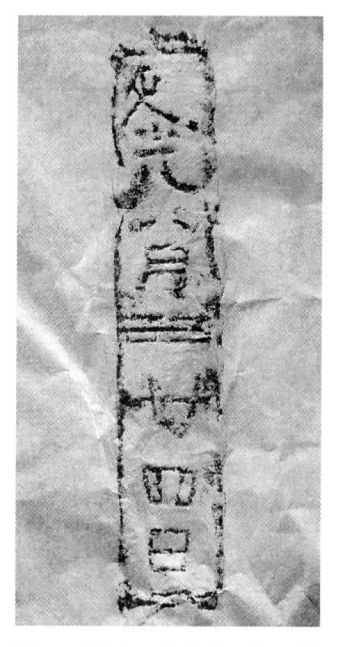

图二 "延光八月廿四日"汉砖图

六、结　　语

综上所述,巡狩四岳的"柴、望"礼制发端于大汶口遗址,这一礼制一直延续到西周,在成王"二十五年(前1020年)"之后,东都(洛邑)遂成为西周统治东方诸侯的政

---

[1] 许嘉璐主编:《后汉书全译》,汉语大词典出版社,2004年,第292页。
[2] 许嘉璐主编:《后汉书全译》,汉语大词典出版社,2004年,第102页。
[3] 许嘉璐主编:《后汉书全译》,汉语大词典出版社,2004年,第293页。
[4] 许嘉璐主编:《后汉书全译》,汉语大词典出版社,2004年,第293页。

治中心,周天子巡狩四岳的制度被"王会诸侯于东都"取代。公元前770年,周平王迁都洛邑(今洛阳)后,中国由"四岳"进入"五岳"时代,从此,天子巡狩"四岳"的柴望礼制正式退出国家祀典。春秋时期陟祭(旅祭)泰山是周天子的专用礼制,望祭泰山是诸侯祭祀泰山的主要形式。泰山封禅不会早于春秋,管子应是泰山封禅论的始作俑者,秦始皇是泰山封禅第一人。汉武帝与秦始皇泰山封禅略有不同,但"封泰山、禅梁父"的基本礼制是相同的,设立封祀坛柴祭天帝是汉武帝的创造,并被光武帝等后世帝王泰山封禅所继承(图三)。

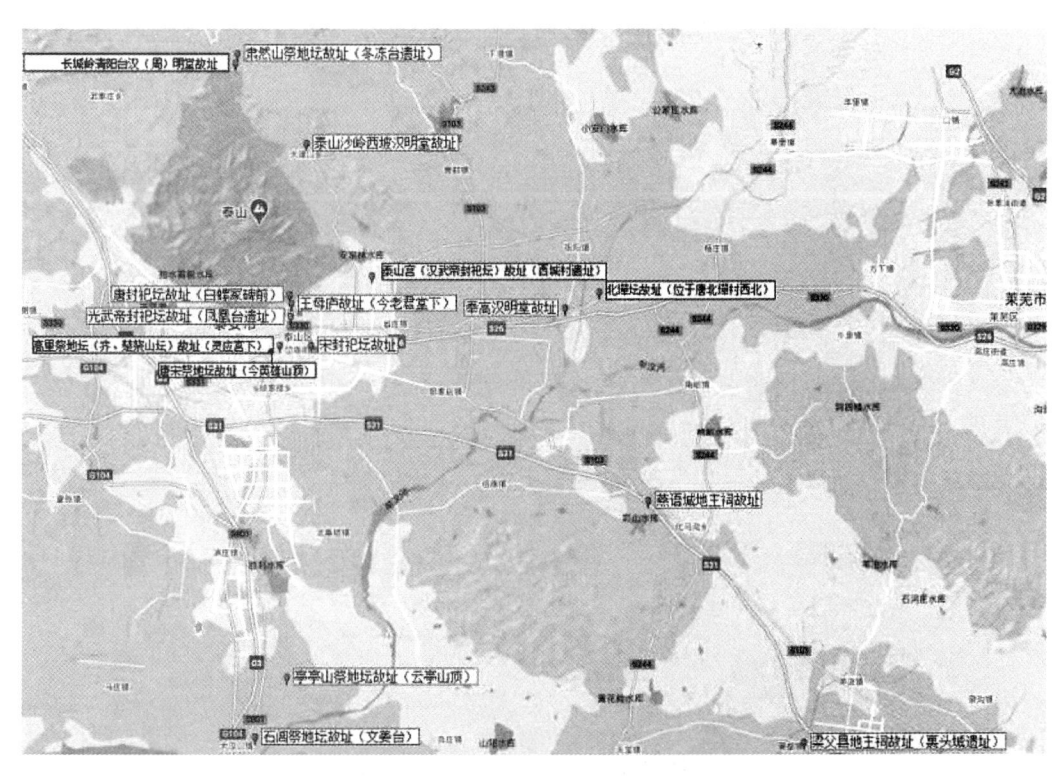

图三 泰山封禅祭地遗址分布图

奉高古城与北埠古镇

陈相元　李　鹏　赵成东
(泰安市奉高文化研究院)

一、奉高古城

奉高古城位于岱岳区范镇故县村，又南毗邻岔河村。其东侧有自东北向西南流的瀛汶河，西侧有自西北向东南流的石汶河，两河于遗址南面交汇流入自东向西南流淌的牟汶河。遗址就处于两河交汇处以北的三角高地之间(图一)。它是历史上第一个因崇

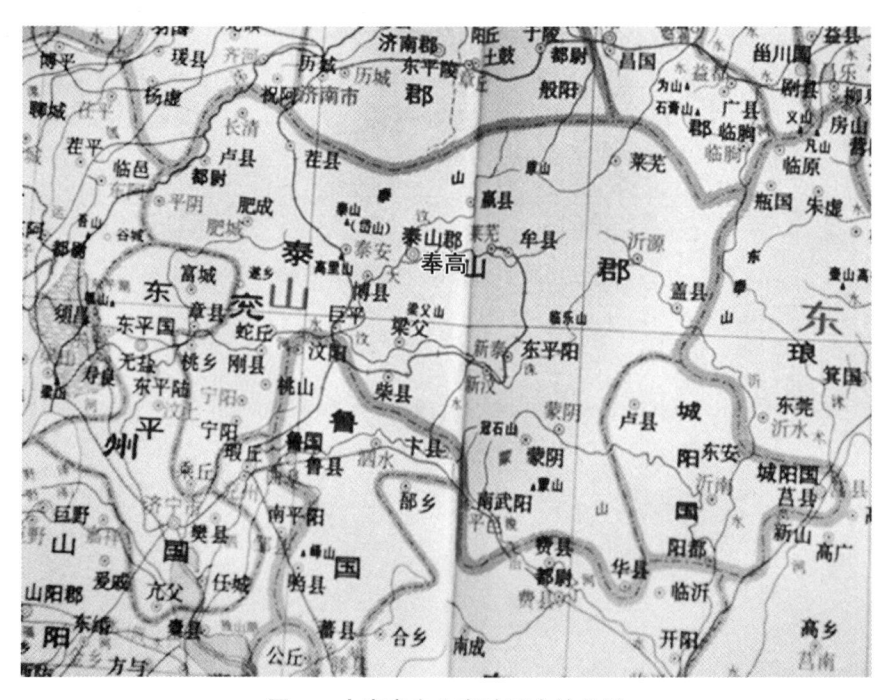

图一　古奉高在山东地图中的位置

祀泰山而专门设立的城市。其始建于汉武帝元封元年(公元前110),曾作为泰山郡郡治和奉高、岱山县县治,也是今泰安城的前身。奉高城,自西汉武帝时期至隋初,长达六百多年,一直是东方名城。其从辉煌到衰弱,实际存在了715年左右。

西汉时武帝八次东封泰山,东汉光武帝刘秀、章帝刘恒、安帝刘祐先后封泰山或祭泰山。由于当时由东谷入山,泰山东麓日渐兴盛,也促进了奉高古城的繁荣。据1956年发现的奉高古城遗址测算,奉高古城东西长800米,南北宽600米,面积48万平方米,比1200年后金代建立的古泰安城的面积略小。

据清乾隆二十五年(1760)《泰安县志》记载,汉魏时的奉高古城,四周有城墙围护,城内楼阁廊宇,气势磅礴,布局严密协调。西城门有3层,分别有哼哈二将、四大天王镇守,塑像逼真,造型优美。城南有"金神庙",城北有"三教堂",祀老子、孔子、释迦牟尼。各种泥塑神佛上百个,有十八罗汉、二十八宿等。每逢初一、十五,四方乡民前往祈祷者络绎不绝。城内店铺林立,人口稠密,为泰山郡政治、经济、文化中心(图二)。

图二　李继生(中)、陈相元(右)、李鹏(左)在奉高古城西门遗址进行实地考察

东汉末年,著名将军皇甫规,著名学者应劭,都在奉高任过泰山郡太守。应劭是东汉末年最后一任泰山郡太守。应劭的部下,诸葛亮的父亲诸葛珪原任梁父县军尉,应劭

任泰山郡太守时,提升诸葛珪为泰山郡郡丞,据说诸葛亮也曾随父在奉高县生活过一段时间,还经常到奉高郊外的北埠桥玩耍。三国时的"建安七子"之一曹植,曾到奉高和北埠古镇游览,写下了著名的五言诗《驱车篇》,留下了"驱车挥驽马,东到奉高城"的诗句。

二、北埠古镇

汉代奉高城北的北埠古镇,位于岱岳区范镇之西故县东北的唐北埠村。泰莱路在村北穿行而过,泰莱高速公路与辛大铁路在村南交汇,交通十分便利。全村耕地面积1713亩,人口1924人,共538户。

唐北埠之名和唐朝没什么联系,北埠是此处的古地名。据地方志和当地姓氏家谱记载,元朝末年,泰山以东古奉高城一带,因战乱和瘟疫,原居民几乎无存。明朝官方在这里安排了唐、刘、韩、杨、张等几个姓氏的移民,后来逐渐形成了唐北埠、刘北埠、韩北埠、杨北埠、张北埠五个自然村,这五个自然村又组成了一个唐北埠行政村。这些自然村之名,承袭了此处的古地名,并将最先迁入的姓氏冠在古地名北埠之上,作为村与村之间的区别。村西的瀛汶河,也叫北埠河。

北埠这一古地名,出现在汉代奉高县城东北两公里处,应该有它的特殊含义。据村里老年人讲,汉武帝到泰山封埠时,曾在此聚土筑坛祭地。封埠是古代帝王在泰山举行的祭祀天地的国家大典。"封"是在泰山顶上筑坛祭天,以报答上苍功德;"埠"是在泰山脚下设坛祭地,以报答厚土功德。据史书记载,汉武帝曾八次到泰山封埠,曾埠亭亭、埠梁父。亭亭和梁父都在奉高城的南面,因而在奉高城北面祭地,被后人称为北埠。因汉武帝封埠留下的北埠之名,千百年来始终未变。

北埠村历史久远,文化底蕴厚重,现存的就有"北埠桥""泉湾""下崖沟""北埠崖""摇灌头""西台湾"等遗迹古称。村里两棵古槐树,树龄均有三百余年。掩埋在历史尘埃之中的汉代北埠古镇,离奉高古城大约两公里。当初是为奉高城提供生活必需品的运转之地。古代城市,是政治、军事、文化中心,但设计面积不大。如东西长800米,南北宽600米的奉高城,除了官府典狱治所、仓库、学校、庙宇、驻军和达官贵人住宅外,留给农贸交易空间十分有限。奉高南郊临水,而城北交通便利,农产丰富,又有深厚的文化内涵,因此,北埠之地很快成为奉高城生活供给和当地商品交换的集镇。当然,城内官员、居民出城游览散心的第一站,也应该是这里。

唐北埠村除了有汉武帝封埠地坛遗址、北埠古石桥遗址外,还有季札子墓。有专家考证,史书中所记载的汉明堂遗址很大可能也建在此处。季札为春秋时吴国宗室,吴王梦寿子,封于延陵,故称延陵季子。季札使齐,其子死在路上,按周礼葬在嬴、博之间,孔子曾前来观看,后人立碑"孔子观礼处"。季札子墓有两种说法:一说在泰安,一说在莱芜。据《水经注》载:"奉高县有吴季札子墓,在汶水南曲中。"清代《泰安县志》:"故县东北三里余有大冢,适在汶水南曲中。"因汶水泛滥,今墓已不存。清末民初老秀才私塾先生李传师对学生讲本土典故,曾多次提到季扎子墓。

据民间相传,东汉时,奉高县曾发生瘟疫,泰山道士崔文子曾到奉高北郊的北埠镇施舍药丸,及时解除了瘟疫。崔文子包药的纸上画着一道虎符,老百姓为了纪念他的救命之恩,便将这虎符的图案刻在了北埠桥墩石上,每到农历正月十六这天,奉高城里的男女老少,争相到桥上跑个来回,据说能跑祛百病。正月十六到桥上跑百病的风俗,在泰山周围一直流传。现在,通过泰山学者和国内考古专家的不断探寻,北埠古石桥墩上的虎符汉画像石,已被发现并妥善保存。

2015年7月上旬,泰山学者李继生、泰山策划研究院副院长陈相元、山东省民间博物馆联盟副秘书长李振安、泰安市唐北埠村党支部书记李鹏等,根据历史记载和民间传说,他们在唐北埠五个自然村的地界内,对汉武帝在唐北埠举行封埠仪式的遗迹,进行了详细考察和发掘取证(图三、图四、图五)。一是唐北埠村村民常说的北埠崖,就在村西北的高地处,这里四周低洼平坦,只有这块台子地明显高出周围的地面。

图三　唐北埠村李振华老人,向来访的李继生、李鹏讲述当地历史风俗民情

图四　泰山学者李继生在北墁崖发掘考察留影

图五　泰山学者李继生在北墁崖发掘考察留影

在考察和发掘中,泰山学者李继生,在北埠崖的土层里发现了汉代残瓦、灰陶片鬲足、豆柄残块,进一步说明此地实乃汉代祭祀遗址。

完成北埠崖的发掘取证以后,又对老地名"北埠桥""泉湾""下崖沟""摇灌头""西台湾"进行了详细的考察取证。

为了证实这些历史遗迹,前来考察的泰山学者李继生和研究人员陈相元、李鹏等在唐北埠村访问了李振华、于方林等几位八十岁以上的老人。李振华说:"杨北埠原来有片苹果园,地势较高,很早以前叫北埠崖;唐北埠以前有座老石桥,叫唐桥子,也叫北埠桥。清末民初,我们村有位私塾先生,叫李传师,他是清朝年间的老秀才,学问很深。听他讲,我们北埠这个地方是块风水宝地,一条神龙卧于村中,汉武帝曾在此筑坛祭地。"

在这次实地勘察发掘过程中,泰山学者李继生、陈相元、李鹏等人,对唐北埠村多年来不断发现的汉代砖瓦、陶器残片、画像石等遗存物,(图六、图七)进行了仔细的分析研究。李继生、陈相元、李鹏一致认为:通过这次勘察走访,进一步证实了北埠村之名,与汉武帝泰山封埠有着直接关系。从一代传一代的口述和发掘的实物来看,可以断定:唐北埠村的北埠崖就是汉武帝筑坛祭地的遗址,唐北埠古石桥与北埠崖均为汉代文化遗存,它们是历史传说的物证。

图六 唐北埠村民在北埠桥附近发现的汉画像石的拓片(现存泰山驴油火烧博物馆内)

图七 唐北埠村民在北埠崖、下崖沟附近整地时发现的太阳纹汉砖(现存泰山驴油火烧博物馆内)

汉武帝泰山封禅史迹新考

周郢

(泰山学院泰山研究院)

汉武帝刘彻曾于元封元年(前110)、元封五年(前106)、太初元年(前104)、太初三年(前102)、天汉三年(前98)、太始四年(前93)、征和四年(前89)前后共八次巡幸、封禅泰山,留下众多遗迹。今对其中若干史迹史事予以探考。

一、汉武帝"泰山下东方封坛"考

汉武帝封禅泰山,在礼制上师心自用,一改旧说山顶筑坛以祭天,山下小山筑坛以祭地即一封一禅之成规,于山下增筑一封坛,成为二封一禅之格局。于此《史记·封禅书》记云:"天子至梁父,礼祠地主,乙卯,令侍中儒者皮弁荐绅,射牛行事。封泰山下东方,如郊祠太一之礼。封广丈二尺,高九尺,其下则有玉牒书。书秘。礼毕,天子独与侍中奉车子侯上太山,亦有封,其事皆禁。"

据此汉武所筑之封天坛有二,其一在岱顶,另一在"泰山下东方"。后坛具体地址则史所未详。东汉时马第伯《封禅仪记》中记山虞署有祭山坛:"马第伯自云,某等七十人先之山虞,观祭山坛及故明堂宫郎官等郊肆处。入其幕府,观治石。石二枚,状博平,圆九尺,此坛上石也。其一石,武帝时石也。时用五车不能上也,因置山下为屋,号五车石。四维距石长丈二尺。广二尺,厚尺半所,四枚。检石长三尺,广六寸,状如封箧。长检十枚。一纪号石,高丈二尺,广三尺,厚尺二寸,名曰立石。一枚,刻文字,纪功德(《太平御览·地部》引作"石二枚,一是武帝时石,用五车载不能上,因置山中为屋,号五车石。一是刻号纪功德,立坛上)。"[1]

---

[1] (清)孙星衍辑,周天游点校:《汉官六种》,中华书局,1990年,第177页。

据马第伯所记祭山坛有"纪号石",系"刻号纪功德",可知即汉武帝所立《泰山刻石文》,亦即封禅刻石。则此祭山坛实为汉武封天坛。至于"祭山坛"之名,刘兴顺先生《泰山国家祭祀史》推测系后来郡中祭祀泰山时,"借用汉武帝山下封天坛",故而得名,言之成理,实可采信。

那么此一"东方封坛"位于何方呢?据马第伯记汉光武帝封禅驻跸奉高时,"国家(指皇帝)居太守府舍,诸王居府中,诸侯在县庭中斋。诸卿、校尉、将军、大夫、黄门郎、百官及宋公、卫公、褒城侯、东方诸侯、雒中小侯,斋城外汶水上。太尉、太常斋山虞。"君臣止宿皆在奉高城内外,太常下榻之山虞署虽在城外,亦应距奉高城不远。东方封坛既在山虞幕府(此应指后庭)中,则必在奉高城附近无疑(过去或据《风俗通义》"岱宗庙在博县三十里,山虞长守之"语,认定山虞署设岱宗庙中,不确。"守"为掌管之义,并不是指驻守庙中)。

汉武帝为祀天而建的封天坛,为何不专建于泰山极顶,而是另建一处于"泰山下东方",此恐与秦汉时代的"崇东"观念相关。清儒顾炎武《日知录》卷二八"东向坐"条言:"古人之坐以东向为尊,故宗庙之祭,太祖之位东向。"此一古礼同人类认知空间方位先后及朝日风俗相关,除去堂室位次与交际之礼外,都城、陵寝布局及一些日常习俗也均体现此"东向为尊"观念。[1] 故汉武帝封禅时,首先行封天礼于"山下东方封坛"。山下之坛实为正坛,故封瘗玉牒书、立纪功刻石等一系列礼仪皆是在此坛举行。此后汉武帝屡屡"至奉高修封焉",应主要指修葺此奉高城外的封天主坛。

由于世代变易,此汉武帝"泰山下东方"封天坛,在东汉之后便湮没无闻,但若细考史料,其遗址仍可指实。奉高故城(今故县)以北有村名北墠,姚庄大云寺金大定五年(1165)所立《华藏世界海图》碑(原碑已毁,日本京都大学藏有旧拓本,《八琼室金石补正》有录文),后香众中有"北善栾真、侯温、谷宽、姜顺、孟通"[2] 等题名(善盖为墠之俗写),另民国十二年(1923)红门小泰山香社碑中也有"韩家北墠庄""杨家北墠庄""唐家北墠庄"等村名,知其名传之久远。而"墠"字之义,据《说文》:"祭处筑土为坛,除地为墠。"又《礼记·礼器》正义云:"封乎泰山者,谓封土为坛,在于泰山之上……禅乎梁甫者,禅读为墠,谓除地为墠,在于梁甫,以告地也。"[3]《康熙字典》又谓墠字"与坛通"。《说文解字注》云:"凡言封禅,亦是坛墠而已。经典多用坛为墠。古音略同也。"关于墠之字意及与祭祀的关系,杨英《"封禅"溯源及战国、汉初封禅说考》有详细

---

[1] 王庆:《东向为尊——一种古礼的文化人类学解释》,《东方论坛》2008年第2期。
[2] (清)陆增祥:《八琼室金石补正》卷一二四,文物出版社,1985年,第876页。
[3] 《礼记正义》卷十二,《十三经注疏》整理本,北京大学出版社,1999年,第13册,第878页。

考述："总地说来，在较早的文献(战国以前)中，'封'指祭祀的含义是其指土堆上植树之'封'的引申义；'禅'字则尚未出现，当时有的是'墠'字，指清整出的平地或于这平地上进行的祭祀或礼仪活动。'封'、'墠'均被纳入'礼'体系内，这跟周代发生的'礼'对早期宗教的彻底改造有关。经过周'礼'的改造，因自然宗教而来的'封'、'墠'均被纳入了'礼'的等级范围之内。"[1]要之，墠是与封禅之典密切相关的建筑。此村以北墠为名，自必与封禅有涉。而在岱东、奉高立有坛墠者，只有汉武帝一家(东汉光武帝时已"燎祭天于泰山下南方")，故此墠址应即汉武帝之封天坛遗址。北墠村名当源于这一民间记忆。言"北墠"者，以其在奉高城北之故也。

此前泰山研究人员考察唐北墠村时，访问了李振华、于方林等几位八旬老人。据李振华介绍："杨北墠原来有片苹果园，地势较高，很早以前叫北墠崖；唐北墠以前有座老石桥，叫唐桥子，也叫北墠桥。清末民初有位私塾先生叫李传师，是清末秀才，学问很深。听他讲，北墠是块风水宝地，一条神龙卧于村中，汉武帝曾在此筑坛。"学者李继生对唐北墠村发现的汉代砖瓦、陶器残片、画像石等遗物进行分析，认为画像石与北墠崖均为汉代文化遗存。[2]

汉武帝在奉高之营建，今又获一新史证。2005年前姚庄出土一瓦当，其文据书家之辨识，系"过宫盖观"，字体系汉代风格。其义为"超过所有的宫殿和观宇"。[3]按此语绝非普通宫室廨宇所可僭用，推测应为汉代封禅宫室或祠宇，此或为北墠为西汉封坛在此提供一则旁证。

二、汉代铜器中的"泰山宫"考

1961年12月28日，在西安西郊阿房宫遗址北部出土西汉铜器22件，其中12号铜鼎通高35.2厘米，口径32厘米，腹径29厘米，腹深22厘米，重15.3公斤。直耳，扁圆腹，环底，三蹄形足。有盖，盖上有三环钮。鼎盖朱书"第廿六"三字，器身有铭文五行三十字，文云：

泰山宫鼎，容一石，具盖并重六十二斤二两。甘露三年，工王意造。第百一

---

[1] 杨英：《"封禅"溯源及战国、汉初封禅说考》，《世界宗教研究》2015期第3期，第48页。
[2] 陈相元：《泰山学者在封墠遗址发掘考证新发现》，《泰安日报》2015年8月15日第三版。
[3] 逸空：《"过宫盖观"瓦当文字鉴别》，逸空新浪博客。

十六。[1]

又于 1972 年,陕西乾县文物部门征集到一泰山宫铜行灯(一种悬挂或持用之灯具)。上灯盘直径为 11.5 厘米,深 11.9 厘米,下灯盘直径 2.5 厘米,深 2.3 厘米、通高 7.5 厘米。柄长 6.5 厘米,高 7.5 厘米,宽 3 厘米。灯足高 2.5 厘米。其下灯盘镌铭文曰:

> 泰山宫行灯,二盘并重四斤九两,甘露二年,工王意造。第四十一。[2]

上述泰山宫鼎及行灯今分别藏陕西历史博物馆及乾县文物管理所。

(一) 汉"泰山宫"之建置:上述两件铜器皆镌"泰山宫",故引起考古学家之特别注意。陈直先生认为:"泰山宫,《汉书·地理志》在泰山郡下漏注,当为武帝封泰山时所建筑,以地名宫,与东阿宫同,皆不见于《地理志》注文。"[3]黄展岳先生对此说则持异议,认为此鼎应是立于泰山庙之物,称"陈直先生断此泰山宫乃武帝封泰山时所建,而责《地理志》漏注,似尚有可议。案武帝元封元年始封泰山,翌年建明堂,其后又六次修封,史汉皆有翔实记载,苟另建有泰山宫,史汉恐不至漏失",认为泰山宫可能即泰山庙之别名,"此鼎疑为泰山郡博县泰山庙原物"。[4]泰山研究者多采后说,认为泰山宫即泰山庙(岱宗庙)。

今按:汉鼎铭中之"泰山宫"见于汉人旧籍。今试举证:《艺文类聚》卷十一《帝王部一·总载帝王》引东汉蔡邕《独断》云:

> 天子以天下为家,不以京师宫室为常处,当乘舆以(或应为行)天下,故谓之车驾,天子自谓行在所。今虽在京师,言在行所也。巡狩天下,所奏事处皆为宫,在长安则曰长安宫,在泰山则曰泰山宫,唯当时所在。

《四部丛刊》本《独断》卷上此段文字作:

> 天子以天下为家,不以京师宫室为常处,则当乘车舆以行天下,故群臣托乘舆以言之,或谓之车驾,天子自谓曰行在所,犹言今虽在京师,行所至耳。巡

---

[1] 西安市文物管理委员会:《西安三桥镇高窑村出土的西汉铜器群》,《考古》1963 年第 2 期。

[2] 乾县文物志编辑委员会:《乾县文物志》第四卷《金石》,陕西乾县文化局,1983 年,第 69 - 70 页。另《续陕西通志稿》卷一三八及《汉代金文》卷三均收录一件"奉山宫行灯",铭文:"奉山宫行灯,并重四斤,造九十七。"又宁阳博物馆所藏宁阳伏山镇曹家庄墓群出土汉代铜勺有隶书铭文"奉山宫口一升重一斤三两,工陈造"(刘康:《泰安文物大典》,泰山出版社,2013 年,第 443 页)。奉山宫文献未载,疑"奉"字为"泰"异体,铭文实为"泰山宫"。附记备考。

[3] 陈直:《古器物文字丛考·西安高窑村出土西汉铜器铭考释》,《考古》1963 年第 2 期。

[4] 黄展岳:《西安三桥高窑村西汉铜器群铭文补释》,《考古》1963 年第 4 期。

狩天下,所奏事处皆为宫,在京师曰奏长安宫,在泰山则曰奏奉高宫,唯当时所在。

——蔡邕于此屡叙汉家制度,将"宫"专指为皇帝之"奏事处","在泰山则曰泰山宫"一语,更明确指出"泰山宫"为汉帝巡狩泰山时所居。蔡邕的这段记载,为辨清汉鼎中"泰山宫"属性提供了确证。

在《汉杂事》中也有一条类似记载,《太平御览》卷七十六《皇王部一·叙皇王上》引其书云:

> 天子以天下为家,不以京师宫室为常处,则当乘舆以行天下,犹谓之车驾,今虽在京师,京师言在行所。巡狩天下,所奏事处皆为宫,在长安则曰长安宫,在泰山则曰奉商[高]宫,唯当时所至。

《汉杂事》与《独断》文字略同,当同出一源。有趣的是:《独断》称"在泰山则曰泰山宫",而《汉杂事》则称"在泰山则曰奉高宫"(商为高之讹),这二字异文,遂使我们由此获知:泰山宫又名奉高宫。

"奉高"者,系汉武帝为祀泰山,而割赢、博地所置之县。《太平御览》卷三九《地部四·泰山》引邱渊之《齐记》云:"泰山东岳也,瀛(赢)、博二县共界,汉武封禅割置此县,以供祀泰山,故曰奉高。"奉高宫名又见晋《太康郡国志》。《通典》卷五四《礼十四》注引其书云:"奉高千五百六户。此为奉高者,以事东岳,帝王禅代之处,是以殊之也。故有明堂,在县西南四里。又有奉高宫。"宫以"奉高"为名,当是因宫室建于奉高县境,而以地名宫(此例甚多,如陈直所举之"东阿宫",此外见之于史籍还有"东平宫""汶阳宫"等)。西汉帝君巡狩至泰山者,惟有汉武帝刘彻一人,故"泰山宫"之建,应为汉武时事。

根据这两条汉人记载,我们可明确获知"泰山宫"为汉帝东巡泰山之行宫,建于奉高县境,而泰山庙为奉祀泰山之所,在相邻之博县境内(《汉书·地理志》"博有泰山庙"一语可证)。两者不仅性质迥异,地点亦自不同。可见陈直先生关于泰山宫为汉武封岱所筑宫室说实为确解,而他家认为泰山宫即泰山庙则不尽得当。

(二)汉"泰山宫"之罢废:"泰山宫鼎"之出土地,为汉上林苑故址;同时出土之铜器中,铭文多有"上林"之字可证;而"泰山宫行灯"现身地则为乾县。现存两件泰山宫铜器全部出现于关中,当非偶然。这或与西汉晚期泰山宫之罢废有关。

田天在其《秦汉国家祭祀史稿》中论述西汉后期祭祀状况时指出:"宣帝对封禅、巡狩兴趣有限,泰山及其周边的明堂等高等级祭祀不被强调。常规修封或仍有祠官代理,但皇帝从未亲巡,这当然使得泰山的重要性有所下降。"又称:"因封禅与修封活动的冷却,以泰山为中心的东方祭祀圈逐渐衰微。"[1]

从大的历史轨迹来看,田天的论述是准确的,但若细绎史书,其间还是颇经曲折。汉武帝封禅停止后,泰山各种祀典渐次冷落。但宣帝即位后,为宣示其为武帝嫡曾孙之正统性,于本始二年(前72年)下诏称:"朕以眇身奉承祖宗,夙夜惟念孝武皇帝躬履仁义,选明将,讨不服,匈奴远遁,平氐、羌、昆明、南越,百蛮乡(向)风,款塞来享;建太学,修郊祀,定正朔,协音律;封泰山,塞宣房,符瑞应,宝鼎出,白麟获。功德茂盛,不能尽宣。"(《汉书》卷八《宣帝纪》)下诏武帝巡狩所幸之郡国,皆为立庙。泰山为武帝封禅之所,其庙祀规模自应超出他郡。接着元康后数年间,凤凰、神雀数集泰山,宣帝至为大赦天下。宣帝对泰山加以崇祀,对先祖武帝之泰山行宫进行修葺也势所必然。铸造泰山宫鼎、泰山宫行灯应是在这一背景下进行的。

随着昭宣中兴的结束,西汉进入衰败阶段,政局动荡,皇帝对东方之祀无力顾及,不仅再无帝王巡狩封禅,泰山祠祀在正史中也不被提及,至此泰山地区祠祀终被彻底"弱化与边缘化"。[2] 在这种形势下,武帝泰山宫之罢废势所必然。由于其器具为皇家御制,地方官府不能擅用,大抵汉廷感觉弃置可惜,便大量调至长安长林苑等处。英国崔瑞德等编《剑桥中国秦汉史》中称西汉元帝时,"长安继续得到充实,皇帝仍在收集工场制作的铜器以装饰皇宫,有的珍宝被送往长安之西的上林苑"。[3] 这也许便是泰山宫铜器不出于泰山,而是出于关中的原因所在。

(三)汉"泰山宫"之故址:汉"泰山宫"之所在,根据泰山新出文物,也有线索可寻。1981年,泰安乡民于俗传"汉明堂"故址捡得一方"长乐未央"瓦当。按"长乐未央"瓦当习见于汉代宫室建筑,这一瓦当发现于此地,说明当时此地为一汉宫遗址。马铭初先生对此有所考证:"泰山东侧所谓的明堂,究竟是个什么建筑呢?这当为汉武封禅时的行宫。元封元年封泰山后武帝下诏:'古者天子五载一巡狩,用事泰山,诸侯有朝宿地,其令诸侯为治邸泰山下。'汉武一生来泰山八次,前后达二十二年之久,他的属下都建立封禅时用的公馆,好大喜功的汉武帝,更应有华丽的行宫,这是无可怀疑的。……《大戴礼》与《封禅书》都说明堂用茅草盖顶,瓦当自然不是建造明堂之物,同时,'未央'二字也不会用在明堂上,这也可作为这里不是汉武明堂的佐证。"[4] 这一处汉宫遗址,位于泰山东麓,距奉高治所(今岱岳区范镇故县村)不足四十里,西

---

[1] 田天:《秦汉国家祭祀史稿》,生活·读书·新知三联书店,2015年,第217页。

[2] 田天:《秦汉国家祭祀史稿》,生活·读书·新知三联书店,2015年,第210页。

[3] (英国)崔瑞德、鲁惟一:《剑桥中国秦汉史:公元前221年至公元220年》,中国社会科学出版社,1992年,第217页。

[4] 马铭初:《岱下集·汉武明堂故址考》,泰安市政协文史委,1996年,第41页。

汉时当属奉高县辖,此与"奉高宫"之名正合。此点亦可在口碑中获得旁证。民国巴斯《泰安印象杂记》云:"明坛(堂)泉在离城东不远的小皇城上。"[1]"皇城"正帝王宫室之谓。可见世俗所谓"汉明堂故址",实为汉武帝行宫所在,亦即西汉鼎铭中之"泰山宫"。

三、霍嬗从封与果都疑冢

《史记·封禅书》:"礼毕,天子(汉武帝)独与侍中奉车子侯(奉车都尉霍嬗字子侯,世称奉车子侯)上泰山,亦有封。其事皆禁。"汉武帝在封禅大典中,独携一尚在童稚之霍嬗(时年约十岁)登泰山,实有寓意。

其一,武帝封禅"勒兵十八万骑,旌旗径千里",盖欲以此"威震匈奴"(《汉书·武帝纪》),而汉朝对匈战争之名将,首推霍去病,"功冠诸军",实为单于王庭最为畏惧之人。霍嬗为去病之子,去病虽英年早逝,但胤子犹在,武帝携其登封,正可以霍家名号威慑匈奴。

其二,霍去病实为大汉首开封禅之人,元狩四年(前119年),去病远征漠北,大破其众,遂"封狼居胥山,禅姑衍,临翰海而还"(《汉书·匈奴传上》)。按清人周寿昌曾对此质疑说:"封山铭功犹可,至云禅,几僭天子之礼。"[2]封禅大典皆是由皇帝主导其事,霍去病仅为军将,何以敢代替皇帝,至漠北举行封禅?惟一可能的解释是,此是遵照武帝密旨而行,或者说是君臣合谋定计。汉武帝亲政后,对封禅大典念念不忘。随着对匈奴作战不断获胜,其对封禅的期望也日加迫切,故让霍去病借出击匈奴深入漠北的机缘,在敌境名山代行一场封禅大典,作为汉天子封禅的预演和政治舆论。——这应是对去病封禅的一种合理解释。又司马相如元狩五年(前118年)作《封禅书》中托"大司马"之言劝武帝封禅。检《汉书》卷十九《百官公卿表》,元狩四年至元狩六年"票(与骠通)骑将军霍去病为大司马"。相如将霍去病托为劝行封禅者,虽为影射,或有所据。据此约可推定,霍去病既是汉武帝封禅的支持者,又是首次封禅的执行者。而去病子名"嬗",据《集韵》,其字与封禅、禅让之"禅"字相通。一般认为,元封元年霍嬗卒时约当十岁,其生年当在元狩四年,正去病封禅漠北之时,则"嬗"名或正纪此勋业。汉武独携嬗行封禅礼,或借此彰示霍家与封禅之渊源。

---

[1] 巴斯:《泰安印象杂记》,《进德月刊》第一卷第九期《泰安号》,1936刊。
[2] (清)周寿昌:《汉书注校补》卷三八,商务印书馆,1936年。

霍嬗下山后,不久得病暴死,汉武思之不已,《文心雕龙·哀吊篇》言:"霍子侯暴亡,帝伤而作诗。"今传《思奉车子侯歌》即怀霍嬗之作:"嘉幽兰兮延秀,蕈妖淫兮中溏。华斐斐兮丽景,风徘徊兮流芳。皇天兮无慧,至人逝兮仙乡。天路远兮无期,不觉涕下兮沾裳。"因诗中有"至人逝矣仙乡",魏晋后道教遂有子侯升仙之说。[1] 又《新论》《风俗通义》皆有武帝杀霍嬗传说:"武帝出玺印石,裁有兆朕,奉车子侯即没其印,乃止。武帝畏恶,亦杀去之",[2] 盖汉人野语,未足置信。又霍嬗卒未归葬茂陵霍去病墓,当是就近安葬,惟其墓地不详。"新泰境内大冢有十,考其制疑皆古诸侯王,而亦无可辨识"。[3] 其中果都有成子崖(广福寺东北),自古传有汉武小皇子暴病而亡葬此。附近毛家庄有大古墩等七墩,传为汉官之墓。[4] 据此推测霍嬗可能葬在新泰果都。

四、汉武帝"八矣"颂泰山语辩

"高矣、极矣、大矣、特矣、壮矣、赫矣、骇矣、惑矣。"——这段泰山赞语,形象地描绘出泰山高大雄伟、拔地通天的磅礴气势,语言生动,形容贴切,堪称"十六字而颂岱诗文之事尽"!近年出版的一些泰山著作,都称这段赞语是汉武帝所说。然查阅《史记》《汉书》的有关文字,却均未载录此语;《全上古三代秦汉三国六朝文》汉武帝名下载有《泰山石刻文》等文,但从中也找不到这段赞辞的只言片语。

今考此段文字,出自元人唐肃所撰的《日观赋》中。唐肃(约1331-1374)的《日观赋》(收入《丹崖集》卷一)是一篇借古讽谕的文章,赋文假托汉征和四年汉武帝封禅泰山告成,在甘泉宫大会群臣,作者借东方朔之口,描绘了泰山日观峰的壮丽景色,从而引出汉武帝的一番感叹:

> (汉武帝)封禅即毕,还朝甘泉。于是东方(朔)大夫上千万寿,已而言曰:"臣等昨奉国家,告成岱宗,因得览观于岩之东。臣询其名,是曰日观……"帝曰:"嘻!若是则高矣、极矣、大矣、特矣、壮矣、赫矣、骇矣、惑矣……"

---

[1] 李玥凝:《"奉车子侯"小考》,《秦汉研究》,2012年,第174-183页。
[2] (汉)应劭:《风俗通义·正失第二》,王利器校注:《风俗通义校注》,中华书局,1981年,第65页。
[3] (清)卢绂:《高堂生墓表》,《四照堂文集》(卷十六),第7页。
[4] 曹青、郭晓琳主编:《山东古国古城》"襄头城",山东友谊出版社,2019年,第180-181页。

读过上文即可知,所谓"汉武帝作"之说,显然是把文学作品中的假托之词,当成历史上实有之语了。古代作赋多采用问答体,所设主、客往往假历史人物之名,如宋玉赋中言楚怀王、襄王梦云雨于高唐,庄子赋中称孔子见盗跖于泰山,皆造作故事,并非史录。近代学者余嘉锡先生在《古书通例》"明体例第二"中对此类作过精辟论述:"诸子著书,词人作赋,义有奥衍,辞有往复,则设为故事以证其义,假为问答以尽其辞,不必实有其人,亦不必真有此问也。"又引刘知几、顾炎武之说云:"自战国以下,词人属文,皆伪立主客,假相酬答。……采为逸事,编诸史籍,疑误后学,不其甚耶?""古人为赋,多假设之辞,序述往事,以为点缀,不必一一符同也。"[1]明乎此,则知所谓甘泉宫君臣的对答,皆是出于作者之虚构。"八矣"之语实为唐肃所说,充其量也只能说是唐肃借汉武帝之口所云,不可据此而定为汉武实有之语。

如果再作追溯,"八矣"之词也非唐肃的首创,而是源出唐人杨敬之《华山赋》,其赋中云:"臣赞之曰:若此古矣、祖矣、大矣、广矣、富矣、庶矣、骇矣、怖矣!上古之事,粗知之矣,而神之言又闻之矣。"[2]其"矣"凡八,而曰"大"曰"骇"与《日观赋》属辞全同,因袭之迹,宛然俱在。这实是汉武帝"八矣"之词的最早源头。

---

[1] 余嘉锡:《古书通例》,上海古籍出版社,2014年,第200-201页。
[2] 许结主编:《历代赋汇》(2),凤凰出版社,2018年,第445页。

泰山无字碑考

刘 丰

(泰山文物考古研究所)

泰山无字碑立于岱顶玉皇庙正前方的平台上，正对极顶石，通高5.84米，自下而上分别为：石卯、石柱(底部稍大于上端)、顶覆石(碑帽)、顶柱石(顶端石柱)。无字碑何时、何人、何原因所立文献无载，由于没有镌刻文字，世人俗称无字碑。(图一)

关于无字碑的记载最早见于宋人晁补之《谒岱祠即事》诗云："初疑无字碑，莹洁谁敢文。"金代元好问(1190－1257年)在《东游记略》中写道："岳(泰山)顶四峰，曰秦

图一 泰山无字碑

观(泰山极顶),曰越观,曰周观,曰日观,秦观有封禅坛(秦汉登封坛),坛之下有秦李斯碑(无字碑)。"[1]元好问认为无字碑为秦碑,后人多从其说。元代杜仁杰至元元年(1264年)在《东平张宣慰登泰山记略》中记载:"薄暮至绝顶(泰山极顶)……倾观李斯碑(泰山无字碑)。"[2]明代《侍郎万恭表泰山之巅碑》也记载:"隆庆壬申(1572年)春……于时臣恭(万恭)以八月禋(祭祀)泰山,报成绩也。余乃历巉岩(chán yán,陡而隆起的岩石),逾险绝,抚秦碑(无字碑),登日观,已乃陟山巅……近睇则秦碑(无字碑)若正笏,丛石如群圭。"[3]

最早对泰山无字碑为秦碑这一"世传"之说产生怀疑的是明谢肇淛,他在《五杂俎·卷四·地部二》中记载:

秦始皇泰山立无字碑,解者纷纭不定。或以为碑函,或以为镇石,或以为欲刻而未成,或以为表望,皆臆说也。余亲至其地,周环巡视,以为表望者近是。盖其石虽高大而厚,与凡碑等,必非函也。此石既非山中所产,又非寻常勒字之石,上有芝盖,下有跌坐,俨然成具,非未刻之石也。考之《史记》,始皇以二十八年上泰山,立石封祠祀下,风雨暴至,休于树下,因封其树为五大夫。禅梁父刻所立石,其辞云云,则泰山之石已刻矣。今元君祠(碧霞祠)旁公署中尚有断碑(秦刻石)二十九字,此疑即所刻之石也,然则片石之树,其巅为祠祀,表望明矣。[4]

清初著名学者顾炎武在《日知录·卷三一·泰山立石》中记载:

岳顶无字碑,世传为秦始皇立。按秦碑(秦刻石)在玉女池上,李斯篆书,高不过五尺,而铭文并二世诏书咸具,不当又立此大碑也。考之宋以前亦无此说,因取《史记》反复读之,知为汉武帝所立也。[5]

1961年,郭沫若先生登泰山时作《登泰山观日未遂》诗云:"摩抚碑无字,回思汉武年。"可见之,郭沫若先生也认为无字碑是汉武帝所立。

无字碑究竟是秦立还是汉立,以上诸说均有臆断之嫌,究竟何时所立,至今难见分晓。

---

[1] 转引自周谦、吕继祥:《泰山古今游记选注》,山东人民出版社,1987年,第16页。
[2] 转引自周谦、吕继祥:《泰山古今游记选注》,山东人民出版社,1987年,第16页。
[3] 马铭初等:《岱史校注》,青岛海洋大学出版社,1992年,第142页。
[4] (明)谢肇淛著:《五杂俎》,中央书店,民国二十四年复印本,卷四·地部二。
[5] (清)顾炎武著,陈垣校注:《日知录校注》,安徽大学出版社,2007年,第1804-1805页。

一、无字碑并非无字

杜仁杰在《东平张宣慰登泰山纪略》中记载:"薄暮至绝顶(极顶)……倾观李斯碑(无字碑),仅得数字(说明无字碑并非无字),其余漫不可视。下自登封坛(极顶),皆历代摩崖。"[1]据此,杜仁杰曾在无字碑上发现有少量文字。

清唐仲冕著《岱览·卷八》记载:"石(无字碑)西南棱下,有行书一'帝'字,其笔法在唐宋之间,未知谁所为也。"[2]清·金棨著《泰山志》亦记载:"石(无字碑)西南棱上有正书一'帝'字,审其笔法颇似唐人,或为好事者为之。"[3]另据泰山景区工作人员赵波平考证,泰山无字碑上有四个神秘小字,这四个字分别是"震""极""为""帝",其中,"帝"字在古籍中有记载,"震""极""为"三字为赵波平于2009年4月发现。[4]

二、泰山无字碑与秦、汉无关

无字碑属花岗岩,在当时的运输条件下,从山下运至山顶是不可能的。据山东科技大学地质学者测定,无字碑石质同岱顶"丈人峰"的石质、花纹、颜色一致。[5]据此可判断,无字碑石料取自岱顶。

最早在泰山顶立石的是秦始皇,《史记·秦始皇本纪》记载:

> 二十八年(前219年),始皇东行郡县,上邹峄山,立石(指峄山秦李斯刻石),与鲁诸儒生议,刻石颂秦德,议封禅望祭山川之事。乃遂上泰山,立石(指秦始皇登封坛前不刻字的纪号石),封,祠祀。下,风雨暴至,休于树下,因封其树为五大夫。禅梁父(故址位于今新泰市襄头城遗址)。刻所立石(指泰山秦

---

[1] 转引自周谦、吕继祥:《泰山古今游记选注》,山东人民出版社,1987年,第21页。
[2] 胡立东总纂:《泰山文献集成》(第三卷),泰山出版社,2005年,第176页。
[3] 胡立东总纂:《泰山文献集成》(第三卷),泰山出版社,2005年,第359页。
[4] 赵波平:《泰山无字碑或为武则天所立——兼述新发现的总章摩崖》,《泰山学院学报》2014年第2期,第33-35页。
[5] 马铭初等:《岱史校注》,青岛海洋大学出版社,1992年,第111页。

李斯刻石)。[1]

第二个在泰山顶立石的是汉武帝,《史记·孝武本纪》记载:"东上泰山,山之草木叶未生,乃令人上石立之泰山颠。"[2]据此,汉武帝立石是从山下运至泰山顶的,显然与无字碑无关。

第三个在岱顶立石的是东汉光武帝刘秀,《后汉书·志第七·祭祀上》记载:

> 上许梁松等奏,乃求元封(汉武帝年号)时封禅故事,议封禅所施用。有司奏当用方石再累置坛(岱顶登封坛)中,皆方方尺,厚一尺,用玉牒书藏方石……方石四角又有距石,皆再累。枚长一丈,厚一尺,广二尺,皆在圆坛(指登封坛)上。其下用距石十八枚,皆高三尺,厚一尺,广二尺,如小碑,环坛立之,去坛三步……又用石碑(指刻字"功德碑"),高九尺,广三尺五寸,厚尺二寸,立坛丙地(登封坛正南偏东),去坛三丈以上,以刻书。[3]

以上可看作是光武帝泰山封禅的预案,关于具体仪式,《后汉书·志第七·祭祀上》还记载:

> 二十二日辛卯晨,燎祭天于泰山下南方(泰山下封祀坛),群神皆从,用乐如南郊(祭天)……事毕,将升封……至食时(吃早饭时间),御辇升山,日中后到山上更衣,早晡时即位于坛(指岱顶登封坛,在今泰山无字碑之北玉皇庙处),北面。群臣以次陈后,西上,毕位升坛。尚书令奉玉牒检,皇帝以寸二分玺亲封之,讫,太常(朝廷掌宗庙礼仪之官)命人发坛上石(坛上用石),尚书令藏玉牒已,复石覆讫,尚书令以五寸印封石检。事毕,皇帝再拜,群臣称万岁。命人立所刻石碑(指刻字的光武帝功德碑),乃复道下。[4]

据上,光武帝刘秀泰山封禅的登封坛用石可分两部分:一是登封坛上用石;二是登封坛外用石,即"立所刻石碑"。

关于光武帝刘秀岱顶登封坛外用石的情况,据光武帝泰山封禅随从官马第伯撰《泰山封禅仪记》记载:

> "马第伯自云某等七十人,先之山虞(管理山泽的官署),观祭山坛及故明堂,宫郎官等郊肆处(城外市场),入其幕府观治石。石两枚,状博平,圆九尺,此坛

---

[1] (西汉)司马迁:《史记》,台海出版社,2002年,第37页。
[2] (西汉)司马迁:《史记》,台海出版社,2002年,第87页。
[3] (宋)范晔撰:《后汉书》,中华书局,2014年,第1025页。
[4] (宋)范晔撰:《后汉书》,中华书局,2014年,第1026页。

（岱顶登封坛）上石也……一纪号石（无字），高丈二尺，广三尺，厚尺二寸，名曰立石。一枚，刻文字纪功德（刻字）。"[1]

据上不难看出，光武帝岱顶登封坛外用石主要有两种：一是纪号石，也叫立石，不刻文字；二是功德石，刻文字。

关于秦始皇、汉武帝、光武帝在泰山极顶登封坛外用石的情况，马第伯在《泰山封禅仪记》中还写道：

> 早食上，晡后到天门（指泰山南天门）郭……东上一里余，得木甲（木神像）……东北百余步，得封所（指登封坛，在今玉皇庙处），始皇（秦始皇）立石（指无字纪号石）及阙在南方（登封坛之南），汉武（指汉武帝纪号石）在其（秦始皇纪号石）北。二十余步得（到）北垂圆台（登封坛），高九尺，方圆三丈所。有两阶，人不得从，上从东陛上，台上有坛，方一丈二尺所，上有方石，四维有距，石四面有阙。[2]

在秦汉建筑中有"树阙以表门"的建筑形制，以上秦始皇的阙是指岱顶登封坛前的大门，"始皇立石"是指不刻字的纪号石，位于登封坛正南，汉武帝的纪号石在秦始皇纪号石之北，两者距离不是太远，再向北"二十余步"到登封坛（古登封台）。据此，在登封坛与汉武帝纪号石之间再无立石，无字碑紧靠古登封坛，显然，无字碑与秦始皇、汉武帝、光武帝无任何关系，也就是说今无字碑应是光武帝之后遗物。

三、无字碑实为唐高宗补立"唐登封纪号碑"

第四个在泰山顶立石的是唐高宗李治，《旧唐书·志第三·礼仪三》记载：

> （麟德）三年（666年）正月，帝（高宗李治）亲享昊天上帝于山下（泰山下封祀坛），封祀之坛，如圆丘之仪。祭讫，亲封玉策，置石感，聚五色土封之。圆径一丈二尺，高九尺。其日，帝率侍臣已下升泰山。翌日，就山上登封之坛（位于岱顶日观峰西、大观峰北大平台处）封玉策讫，复还山下之斋宫。其明日，亲祀皇地祇于社首山（今泰安市区英雄山）上，降禅之坛，如方丘（祭地）之仪。……于是诏立登

---

[1] 转引自周谦、吕继祥：《泰山古今游记选注》，山东人民出版社，1987年，第1—2页。
[2] 转引自周谦、吕继祥：《泰山古今游记选注》，山东人民出版社，1987年，第2页。

封、降禅、朝觐之碑，各于坛所。[1]

据上，唐高宗李治曾在岱顶登封坛"诏立登封"之碑。另据北宋赵明诚撰《金石录·卷第四·目录四·唐、伪周》记载：

第六百六十七："唐登封纪号碑侧【正书，在泰山顶】"[2]

上文"碑侧有字"，说明碑阳和碑阴无字，这与无字碑极相符。

《金石录·卷第二十四·跋尾十四·唐·唐登封纪号文》记载：

《唐登封纪号文》，凡两碑皆高宗自撰并书。其一大字摩崖刻于山顶（岱顶）；其一字差小，立于山下，然世颇罕传（说明比较隐蔽不易被发现）。政和初（1111年），予亲至泰山，得此二碑入录焉。[3]

综上，唐高宗泰山封禅在岱顶共立两块纪号碑：一是《唐登封纪号文大字摩崖》，据笔者考证位于岱顶大观峰"云峰"刻石下，后毁，今为乾隆御制诗刻；二是"碑侧正书"、正反面无字的《唐登封纪号碑》，由于文献记载不详，是否为泰山无字碑，特做如下探究。据马第伯《泰山封禅仪记》记载，光武帝封禅登封坛外用石"一纪号石（不刻文字），高丈二尺，广三尺，厚尺二寸，名曰立石。一枚，刻文字纪功德"，即纪号石（碑）无字，立石（功德石）刻字，《唐登封纪号碑》正、反面无字，是否为秦汉时期的"纪号石（不刻文字）"呢？

2009年4月，泰山景区赵波平在距泰山无字碑西南9米处发现一处极重要的唐代摩崖石刻。刻文为："承试郎行兖州金乡县令萧文□□□□监作，何□巧人徐□□曲赵思□系□□顾（以下缺五字），总章元年（668年）九月三日起作，至二年二月十四日碑成，监讫。"该碑历时近半年，且工期多为冬季，正有利于泼水成冰拖运大碑；而且由兖州金乡县令"监作"，不用兖州泰山地方官"监作"，这是兖州以上的官方工程是可以肯定的，所立的碑肯定不是小碑，与《泰山无字碑》的工程量是相符的。如果是常规的立碑，人们会在碑身上刻立碑事由、立碑时间和监作人等，不会将应当刻到碑上的重要内容刻到别处。这说明在"承试郎行兖州金乡县令萧文□□□□监作"的碑上没刻常规的碑文，这与《泰山无字碑》上没有刻文字也相符。

《旧唐书·本纪第五·高宗下》记载：

总章元年（668年）"夏四月丙辰，有彗星见于毕、昴之间。乙丑，上避正殿，

---

[1]（后晋）刘昫著：《旧唐书》，中华历史文库，第604页。
[2]（宋）赵明诚撰，金文明校证：《金石录校证》，广西师范大学出版社，2005年，第61页。
[3]（宋）赵明诚撰，金文明校证：《金石录校证》，广西师范大学出版社，2005年，第415页。

减膳,诏内外群官各上封事(密奏),极言过失。于是群臣上言:'星虽孛而光芒小,此非国眚,不足上劳圣虑,请御正殿,复常馔。'帝曰:'朕获奉宗庙,抚临亿兆,谪见于天,诚朕之不德也,当责躬修德以禳之。'群臣复进曰:'星孛于东北,此高丽将灭之征。'帝曰:'高丽百姓,即朕之百姓也。既为万国之主,岂可推过于小蕃!'竟不从所请。"[1]还记载:"藉文鸿业,仅保余位。封岱礼天(泰山封禅),其德不类。"[2]

《资治通鉴·卷第二百一·唐纪十七》总章元年(668年)也记载:

> 戊寅,上幸九成宫。夏,四月,丙辰,彗星见于五车。上避正殿,减常膳,撤乐。许敬宗等奏请复常,曰:"彗见东北,高丽将灭之兆也。"上曰:"朕之不德,谪见于天,岂可归咎小夷!且高丽百姓,亦朕之百姓也。"不许。戊辰,彗星见。[3]

也就是在"封岱礼天,其德不类"这一背景下,唐高宗以为两年前的泰山封禅出了差错,东封泰山是有过失的,故"朕之不德,谪见于天"。此时的唐高宗对泰山封禅产生了恐惧,需要补正,乾封三年(668年)丙寅,改元为总章元年。唐高宗泰山封禅的登封坛没有同秦汉帝王一样选在"古登封台"(今玉皇庙)处,也没有立秦汉封禅的"纪号石",唐高宗以为这就是两年前泰山封禅的差错,故必须补立"纪号石(今无字碑)",也即《金石录》记载的《唐登封正、反面无字纪号碑》以改正过错。

四、结 语

综上所述,泰山无字碑主要有秦立和汉立两说,均属臆断;无字碑并非无字,与秦始皇、汉武帝、光武帝均无关,实为唐高宗李治为改正泰山封禅的过错补立的"唐登封纪号碑",相当于秦、汉时期立于登封坛前的"纪号石"。

---

[1] (后晋)刘昫著:《旧唐书》,中华历史文库,第58-59页。
[2] (后晋)刘昫著:《旧唐书》,中华历史文库,第71页。
[3] (宋)司马光编纂:《资治通鉴》(三),岳麓书社,1990年,第640页。

《唐登封纪号文大字摩崖》与《唐登封纪号文小字碑》考

郭 伟

(泰山风景名胜区管理委员会虎山管理区)

《金石录·第六百六十二》记载:"唐登封纪号文一(拓片序号):高宗撰并行书,飞白书额。乾封元年(666年)二月(立)。"[1]

《金石录·第六百七十》记载:"唐小字登封纪号文三:小字,在泰山下。"[2]

《金石录·跋尾十四·唐登封纪号文》记载:"《唐登封纪号文》,凡两碑皆高宗自撰并书。其一大字摩崖刻于山顶(岱顶);其一字差小,立于山下,然世颇罕传。政和初(1111年),余亲至泰山,得此二碑入录焉。"[3]

据上,唐高宗泰山登封纪号文碑共有二块:一是《唐登封纪号文大字摩崖》,位于泰山顶;二是《唐登封纪号文小字碑》,位于泰山下。关于两碑的具体位置文献无载,至今仍属泰山重大迷案。

一、《唐登封纪号文大字摩崖》考

据文献记载,唐高宗泰山封禅的礼制主要有四项:一是在岱顶登封坛(故址位于岱顶日观峰西的大平台)祭天;二是在山下封祀坛柴祭天帝;三是在社首山(今英雄山顶峰)地坛祭地;四是在朝觐坛会见群臣。唐高宗泰山封禅后,《旧唐书·礼仪三》记

---

[1] (宋)赵明诚撰,金文明校证:《金石录校证》,广西师范大学出版社,2005年,第60页。
[2] (宋)赵明诚撰,金文明校证:《金石录校证》,广西师范大学出版社,2005年,第61页。
[3] (宋)赵明诚撰,金文明校证:《金石录校证》,广西师范大学出版社,2005年,第415页。

载:"于是登封、降禅、朝觐之碑,各于坛所。"[1]据此,"登封"碑有两处,一处位于登封坛,即《唐登封纪号文大字摩崖》;另一处位于封祀坛,即《唐登封纪号文小字碑》。"降禅"碑位于社首山祭地坛;"朝觐"碑位于朝觐坛(故址位于今泰安市区迎春中学南门一带)。

《唐登封纪号文大字摩崖》的具体位置,据(宋)李攸著《宋朝事实》(卷十一)封禅记载:"初,王钦若言唐高宗(大字摩崖)、玄宗(《纪泰山铭》)二碑之东,石壁南向平峭,欲即崖成碑以勒圣制(《述功德铭》)。"[2]可见,《唐登封纪号文大字摩崖》位于今《纪泰山铭》之西的崖壁上。

又据《岱史·卷八·遗迹纪·摩崖碑》记载:"(岱顶)摩崖碑有二,在岱顶东岳祠(东岳庙)后,以为唐玄宗八分书《纪泰山铭》,字五寸许,遒劲可爱;一在崖右(《纪泰山铭》之西),刻唐苏颋(tǐng)撰《东封朝觐颂》,字径寸余,书法类晋。近闽人林淳以"忠孝节廉"四大字覆刻其上,铲毁殆尽。"[3]上文已提到"朝觐"之碑即唐苏颋撰《东封朝觐颂》碑原立于朝觐坛,据此,《岱史》是把《唐登封纪号文大字摩崖》误以为是唐苏颋撰《东封朝觐颂》了。清初顾炎武将错就错,在《金石文字记(卷三)》中记载:"东封朝觐颂(摩崖碑),苏颋撰,开元十四年(立),在《纪泰山铭》右石崖上。有闽人林焞开府山东,以忠、孝、廉、节四大字产于其上,颂文毁去,其十三四观者笑之。"[4]《泰山道里记》记载:"又唐高宗《朝觐碑》、苏颋《封东岳朝觐颂》,皆磨于崖,并佚。康熙二十三年圣祖仁皇帝御题'云峰'二大字。今上御制《戊辰二月晦夜宿岱顶》诗二首,《恭颂皇祖勒崖"云峰"二大字》诗一首,并勒此崖之西。"[5]《朝觐碑》与《封东岳朝觐颂》实为一碑,《泰山道里记》仍是沿袭《岱史》之谬。

综上,今岱顶大观峰"云峰"刻石下即原《唐高宗登封纪号文大字摩崖》。

二、《唐登封纪号文小字碑》考

(一) 白骡冢与《白骡冢碑》

唐郑綮(qǐ)撰《开天传信记》记载:

---

[1] (后晋)刘昫著:《旧唐书》,中华历史文库,第604页。
[2] (宋)李攸著:《宋朝事实》,中华古典精华文库,第141页。
[3] 马铭初等:《岱史校注》,青岛海洋大学出版社,1992年,第114页。
[4] (清)顾炎武:《金石文字记》(复印本),四库全书,卷三·东封朝觐颂(碑)。
[5] (清)聂剑光著,岱林等点校:《泰山道里记》,山东友谊出版社,1987年,第19-20页。

上(唐玄宗)将登封泰山(泰山封禅),益州进白骡至。洁朗丰润,权奇伟异,上遂亲乘之。柔习安便,不知登降之倦。告成礼毕,复乘而下。才下山坳(山间平地),休息未久,而有司言白骡无疾而殪(yì,死亡)。上叹异之,谥曰:"白骡将军",命有司具槥椟(huì dú,棺材),叠石为墓,在封禅坛(唐封祀坛)北一里余。于今在焉。[1]

以上就是泰山白骡冢的来历,白骡冢"在封禅坛(唐封祀坛)北一里余"。

关于白骡冢的位置,据《泰山道里记》记载:"《泰山小史》谓(白骡冢)'在岳阳,碑记冢迹尚存。'《泰安县志》'在红门东'。"[2]《白骡冢碑》位于今泰山红门景区泰山林科院正南约一百米处,石灰岩质,风化极为严重,文字已无法辨识(图一)。

图一 《白骡冢碑》

(二) 今《白骡冢碑》与唐玄宗白骡无关

《泰山道里记》记载:

> 然红门东有丰碑(《白骡冢碑》)断踣,趺下磨灭无字,惟碑额棱上有"垂拱元年(685年)月廿五造二年(686年)五月"十二字,碑侧犹存宋人题识"当日东封安在哉,茫茫今古泯尘埃",字句可读。翻转审视,底面有行书,字影差小,隐隐莫辨。按赵明诚《金石录》云:"唐登封纪号文,高宗撰并行书,飞白书额,小字,乾封元年(666年)二月。一勒石山上,不知毁于何时。一立碑山下。"[3]

据上,从《白骡冢碑》碑额棱上有"垂拱元年(685年)月廿五造二年(686年)五月"来看,应为后人题记,《白骡冢碑》的立碑时间明显早于垂拱元年(685年),显然,《白骡冢碑》也与唐玄宗白骡无关。再从碑侧犹存宋人题识"当日东封安在哉,茫茫今古泯尘埃"来看,《白骡冢碑》必定与唐高宗乾封元年(666年)泰山封禅有关。又据《金石录》记载,《唐登封纪号文碑(小字)》"立于山下,然世颇罕传",与《白骡冢碑》地理环境极为相符。据此,《白骡冢碑》实为立于唐封祀坛的《唐登封纪号文小字碑》。

---

[1] 转引自(清)聂剑光著、岱林等点校:《泰山道里记》,山东友谊书社,1987年,第41-42页。

[2] (清)聂剑光著、岱林等点校:《泰山道里记》,山东友谊书社,1987年,第42页。

[3] (清)聂剑光著、岱林等点校:《泰山道里记》,山东友谊书社,1987年,第42页。

(三) 唐高宗封祀坛考

《白骡冢碑》为石灰岩质，并非本地所产，实为外运之物。再从《白骡冢碑》所处的地理环境以及立于《一天门坊》下的"嘉靖叁拾肆年（1555年）《盘路起工处》题刻来看，今红门路——罗汉崖路是当时的登山路线，《白骡冢碑》恰位于当时登山御道之侧（图二）。

图二 《白骡冢碑》位置图

《旧唐书·高宗下》记载："麟德三年（666年）春正月戊辰朔，车驾至泰山顿（停下）。是日亲祀昊天上帝于封祀坛，以高祖、太宗配飨。己巳，帝升山行封禅之礼。"[1]《新唐书·礼乐四》记载："高宗乾封元年（666年），封（封禅）泰山，为圆坛（封祀坛）山南四里，如圆丘，三墠，坛上饰以青，四方如其色，号封祀坛。"[2]唐高宗封祀坛位于"山南四里"，正与今《白骡冢碑》地望相符。

《旧唐书·本纪第八·玄宗上》记载："开元十三年（725年）十一月丙戌，至兖州岱宗顿。丁亥，致斋于行宫。己丑，日南至，备法驾（玄宗御用车马）登山，仗卫罗列岳下百余里。诏行从留于谷口，上与宰臣、礼官升山（考试登山）。庚寅，祀昊天上帝于上坛（登封坛位于岱顶日观峰西、大观峰北），有司祀五帝百神于下坛（封祀坛）。"[3]从"诏行从留于谷（山谷）口""有司祀五帝百神于下坛（封祀坛）"来看，唐玄宗是沿用唐高宗封祀坛"祀五帝百神"的。据此，今《白骡冢碑》所处大土台实为唐"封祀坛"故址。

---

[1]（后晋）刘昫著：《旧唐书》，中华历史文库，第57页。
[2] 欧阳修、宋祁等：《新唐书》（志第四·礼乐四），中华书局，2003年。
[3]（后晋）刘昫著：《旧唐书》，中华历史文库，第118页。

结　　语

　　综上所述,《金石录》记载的《唐登封纪号文大字摩崖》位于今岱顶大观峰《云峰》刻石之下;《唐登封纪号文小字碑》即今《白骡冢碑》,《白骡冢碑》所处大土台实为唐"封祀坛"故址;白骡冢位于今《白骡冢碑》之北"一里余"即今林科院院内。

由岱庙碑刻看乾隆帝的泰山神信仰活动

马纯壮

(泰安市文物考古研究所)

泰山南麓的岱庙,北有岱宗坊,南有双龙池。庙始建于西汉,发展至北宋形成如今式样。此后的岱庙屡屡被翻修,它既是泰山神即民间俗称"东岳大帝"的居所,也是帝王祭祀泰山神的场所之一。其中,清代有康熙、乾隆二位帝王曾亲自谒岱庙,而乾隆既是登泰山次数最多,也是拜谒岱庙最频繁的帝王。现今学界对乾隆帝的泰山信仰活动做了不少研究,不过多侧重对其碧霞元君相关信仰活动研究,较少涉及乾隆帝泰山神信仰活动。而岱庙内的乾隆朝碑刻文献和市博物馆所藏的地方志史料均详细记有乾隆帝泰山神信仰活动,因此本文拟围绕岱庙乾隆帝所留碑刻,结合方志,分析乾隆帝泰山神信仰活动及其发展,不足之处还请方家指正。

一、清代的岱庙及其信仰活动

泰山高与天接,自史前时期便被当地先民视为祭祀崇拜的对象,随着不断地推崇,先秦多位统治者陆续到泰山顶"柴望"。进入封建社会,秦汉帝王多次来此封禅,泰山也被人们视为地府,掌管人死后世界,并在汉代衍生出人格化的泰山神,此后很长时间内,其影响都很深远,下至民众、上至帝王均尊崇备至,北宋朝廷为此还拓建泰山神庙(图一)。明代开始,禁止民众进入岱庙祭祀泰山神,加之北宋在泰山兴起的另一神灵碧霞元君职司不断地扩大,使泰山神地位逐渐下降——清代泰山神在民间的影响力已远不及碧霞元君。由此可见,泰山神比碧霞元君起源更早,且较长时间内都是对泰山乃至华北地区影响较大的神灵,明清时期才逐渐衰落下来。

图一　岱庙天贶殿

尽管到清代,普通民众仍不得在岱庙开展祭祀活动,但是满清入关不久的顺治八年(1651)朝廷就恢复了遣使致祭泰山神的制度,且延续明制,一方面,各帝基本都曾遣官到泰山脚下供奉泰山神的岱庙致祭、祈福,康熙、乾隆二帝甚至亲自到岱庙祭祀,求百姓安居乐业、社稷稳定,康熙、雍正、乾隆帝均曾大规模重修岱庙,维护庙貌,还派专人重绘殿内壁画,如《康熙重修岱庙碑》的"招集木作泥水等匠四百人,分工齐修……大殿内墙、两廊内墙,俱用画工书像"。[1]另一方面,地方官祭祀泰山神也延续了明代常规祭祀的等级、时间、仪式,岱庙始终是最重要的祭祀场所。另外更应注意的是,康熙、乾隆帝登泰山祭碧霞元君时,也多次来岱庙祭祀泰山神,其中乾隆帝还留下了大量精美供品。

今人多认为清代统治者并非秦汉帝王那样,对神灵持敬畏态度,特别是乾隆帝多次到泰山祭祀,不过是随意登岱,仅将泰山视为皇帝赏景作诗的去处,清代岱庙及山东各州县东岳行宫的香火也远不及碧霞祠、灵应宫等碧霞元君庙宇更旺。清康乾二帝不再像秦、汉、唐、北宋等帝严谨登山祭祀、悉心安排祭祀活动是史实,然借助岱庙内乾隆所刻诗碑、遣官代祭碑以及方志部分资料可知,乾隆帝并非自登基之始便有此观念,而是经一定时间后再转变而来。通过这些碑刻及文献,能更全面地了解乾隆帝泰山神信仰观念的变化特征。

---

[1]　张用衡:《泰山石刻全解》,山东友谊出版社,2015年,第138页。

二、乾隆帝亲自和遣官代立碑刻

乾隆帝是在岱庙乃至泰山所留题字题刻数量最多的帝王，还派使臣代替他刻立了多通碑刻。这些现存碑刻以题诗为主，本节对乾隆帝所留题字不再列入，仅对他在岱庙留下的涉及泰山神信仰活动以及泰山景物内容的保存较为完整的碑刻进行讨论，并探究乾隆亲立碑刻与遣官代刻碑在内容和数量方面的特点。

（一）题刻碑刻主要内容有所变化

通过笔者实地调查并结合今人论著知，乾隆帝自乾隆十三年(1748)首次登泰山、祭岱庙，到乾隆五十五年(1790)最后一次巡幸山东的四十余年间，共十一次来泰安，六次登上岱顶，甚至在晚年乾隆曾计划登岱，但据《清实录》载，当时"自直隶至东省一路行宫，当此积水不无浸渗坍塌"，[1]不便于驻扎休息而作罢。笔者统计出他在乾隆十三年(1748)、十六年(1751)、二十二年(1757)、二十七年(1762)、三十六年(1771)、四十一年(1776)、五十五年(1790)共七次来泰途中于岱庙留下的碑刻发现，其字迹清晰、保存较完好，包括使臣代立碑在内总共39处(通)诗刻、碑刻，碑文内容大多简洁，且有以下特点(图二、图三)。

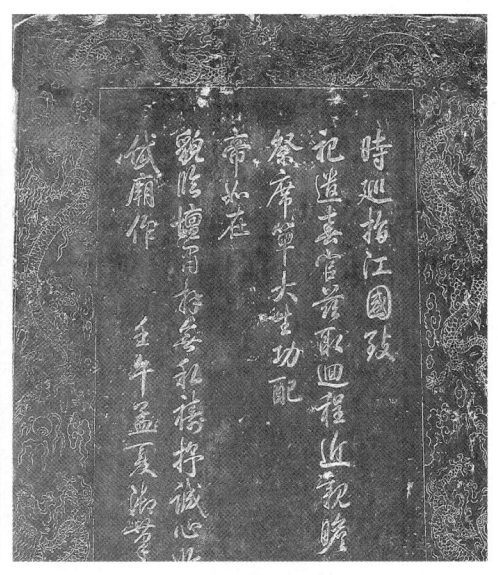

图二 乾隆东御碑亭诗碑　　　　　**图三 乾隆西御碑亭诗碑**[2]

---

[1]《清高宗实录》卷一千四百五十八，乾隆五十九年八月丁巳。
[2] 以上图片均系笔者实地拍摄。

一方面，以乾隆三十六年(1771)为界，在此之前的诗碑以记述他在岱庙亲祀活动以及阐明其泰山神信仰观念居多：

乾隆十三年共刻4处，即《奉皇太后登岱》《题环咏亭》《题唐槐》和东御碑中由富尼汉代刻的《祀岱庙二律》。其中《题环咏亭》和《题唐槐》以描绘岱庙内的环咏亭、唐槐为主，另外两篇重点提及的内容为"奉皇太后"登泰山和"祀岱庙"的过程。

乾隆十六年刻2处，即《恭依皇祖登岱诗韵》和东御碑的《谒岱庙作》。前者分两首诗，是乾隆依康熙帝《登岱》诗之韵而作，[1]此次乾隆帝未登泰山、仅拜谒了岱庙，因而第一首诗主要是他对上次登泰山的回忆，"赓吟尚忆尧登顶"，还想到了尧帝登泰山的传说，第二首诗是对他拜谒岱庙祭祀心态的表露，如诗文的"只有丰年祈帝贶，愧无明德答神凭"等。

乾隆二十二年有3处题刻碑刻，即乾隆二十二年告祭碑、《过泰山三依皇祖诗韵》、西御碑《谒岱庙六韵》。第一首告祭碑由礼部左侍郎介福代祭并刻立，是为祈社稷安定；《过泰山三依皇祖诗韵》分两首诗，其第一首"圣宗永古并崇岳，恺泽于今在九州，纵是瞠乎嗟莫及，觐扬敢不意淹留"，依旧是歌颂康熙之功德，第二首为描写灵岩寺；西御碑《谒岱庙六韵》的"用趁回途便，一申肃拜诚"，说明他此次是南巡视察返京途中而祭祀岱庙的，并称"仰载无私祷，祈年有屏营"，其祭祀为民而不为己。以上三首诗均在诗文开头有描绘景物的简要内容，重点仍是描写他祭祀泰山神的心理状态、祭祀活动过程。

乾隆二十七年留下3处诗刻，即西御碑的《谒岱庙作》、东碑墙的《过泰山作》及《登泰山五依皇祖诗韵》。他此次未登泰山，均主要记述其祭祀岱庙的心态，如《过泰山作》有"欲笑相如逢汉武，更非张说谀唐明"，对前人封禅活动进行批判，以此申明他谒岱庙是虔诚为民之举，又如《谒岱庙作》"肃拜无私祷，抒诚心始安"、《登泰山五依皇祖诗韵》"结揽圣情昭泰麓，照临民隐遍齐州"，也是或表达其亲祀活动的心态，或赞颂康熙帝恩德。此外，他还在乾隆三十五年刻立了《重修岱庙记碑》一通，为庆贺岱庙重修完成而记事。

由以上可知，乾隆十三年4处诗刻有两篇是"祀岱庙"并登山，乾隆十六年2处均重点写的谒岱庙的活动，其次是描绘山间景色，乾隆二十二年3处诗刻重点是彰显帝王的泰山神信仰观念，及其在岱庙的拜谒活动，乾隆二十七年3处诗刻则记述其祀神的虔诚心态，乾隆三十五年刻立的碑刻是为庆岱庙修缮成功、并祈其母身体健康。可见此时期乾隆将个人谒庙过程及其泰山神信仰观念在碑中着重记录，各诗文开头也

---

[1] 张用衡：《泰山石刻全解》，山东友谊出版社，2015年，第139页。

多有"谒""登""祭"等字。

另一方面,乾隆三十六年及其以后的诗刻重点是对泰山、岱庙景物的描述:

乾隆三十六年他登临泰山顶,共留下 11 处诗刻,即《题汉柏之图》其一、《飞来石》《题咏无字碑》《日观峰》《咏五大夫松》《题白云洞》《题回马岭》《莲花洞》《题壶天阁》诗碑、《环咏亭》其二、东御碑《谒岱庙六韵》。其中东御碑《谒岱庙六韵》主要描写乾隆帝此次在岱庙的祭祀活动,如"庆落卜良日,展诚恰仲春"记载此次祭祀活动时间,"肃拜经九载,慈宁值八旬"说明了祭祀缘由。其余 10 处诗刻均着重描绘泰山、岱庙景物,除《咏五大夫松》碑和《环咏亭》碑之二,其余均为内容简洁的七言绝句诗(《题咏无字碑》为五言绝句),这些诗刻为研究乾隆朝的泰山建筑、古树等景物以及乾隆帝文笔提供了重要资料。

乾隆四十一年乾隆帝又到岱顶,岱庙存有他当时所作的 6 处诗刻,即《回马岭》《题壶天阁》《题五大夫松》《题汉柏之图》其二、东御碑《谒岱庙六韵》《环咏亭》其三。其中,乾隆帝撰《回马岭》《题壶天阁》《题五大夫松》诗碑,既对这些地名由来进行了阐述,又描绘了这几处景物;《题汉柏之图》其二则是为他所绘制的"汉柏图"的序言,与岱庙景物以及他的信仰观念没有太大关联;东御碑《谒岱庙六韵》既有对他谒庙活动的描述,如"庆落当辛卯,来瞻兹丙申。安舆欣苾止,古庙展诚纯",也有对岱庙景物的描绘:"松柏那论旧,丹青尚若新";《环咏亭》之三主要描述环咏亭的样貌,如"四面回廊环古屋,题诗嵌壁满其间"。

乾隆五十五年是他最后一次登泰山,并留下 9 处诗刻,即《题汉柏之图》诗碑之《汉柏》《题壶天阁》《朝阳洞》《登封台》《题日观峰》《桃花峪》《题丈人峰》《飞来石》诗碑和西御碑《谒岱庙瞻礼作》。其中,《题汉柏之图》诗碑之《汉柏》是研究当时汉柏图碑样貌的补充资料;《题壶天阁》《朝阳洞》《桃花峪》通篇是对壶天阁、朝阳洞等地点的介绍,并附带有对景物的赞美,《题日观峰》重点描绘乾隆帝在泰山看到的日出盛景。另外,《谒岱庙瞻礼作》和《登封台》的诗文与景物无关,主要表述他在岱庙祭祀的心理状态;《题丈人峰》《飞来石》诗碑,则通篇是对这些地名由来的考释。

由上可知,岱庙现存的乾隆三十六年 11 处诗刻,10 处写的是泰山或岱庙的景物;乾隆四十一年 6 处诗刻,4 处诗刻描写泰山、岱庙之景,有 1 处既提到谒庙活动,又描写了岱庙的景象;乾隆五十五年 9 处诗刻,4 处与岱庙、泰山的风景描述相关联。此时期仅 4 处诗刻内容以记述其亲祀活动或祀神心态为主,可见乾隆帝开始将诗碑内容的重点转移到岱庙尤其是泰山景物上,边赏景边题诗,同此前倾向于发表个人谒庙心理状态、记述祭祀活动大不同。

研究泰山文化多年的汤贵仁先生曾提出康乾等帝王在泰山祭祀一事上远不及秦汉等帝王,缺少了敬畏之心登岱祭祀,乾隆只是将泰山作为了自己手中把玩的玩物。[1]笔者不敢苟同,通过调查整理乾隆帝在岱庙所留碑刻,能看出至少他在乾隆三十六年之前虽不及秦汉帝王般战战兢兢,但对泰山及其神灵是怀有一定敬意的,例如在多次未登泰山的情况下仍绕道来岱庙祭祀泰山神,献上精美祭品,并在乾隆三十五年将岱庙修葺一新,更值得注意的是,他亲撰的多处诗刻内容多是描述其虔诚拜谒的心态,甚至八旬高龄依然登岱、于岱庙祀神。

(二) 题刻碑刻数量的增加

由相关学者统计的资料可知,乾隆帝在乾隆十三年(1748)、十六年(1751)、二十二年(1757)、二十七年(1762)、三十六年(1771)、四十一年(1776)、五十五年(1790)共七次来泰,并留下大量诗碑、题字,其中有37处诗碑(不包括告祭碑、重修碑各一通)现存于岱庙,现据碑文时间对碑刻数量情况列表如下(表一):

表一　岱庙现存乾隆帝诗碑数量分布[2]

年份	乾隆十三年	乾隆十六年	乾隆二十二年	乾隆二十七年	乾隆三十六年	乾隆四十一年	乾隆五十五年
数量	4处	2处	2处	3处	11处	6处	9处

由上表可知,岱庙现存的乾隆帝所留诗碑,在数量分布上以乾隆三十六年、乾隆四十一年和乾隆五十五年这三个年份居多,乾隆三十六年之前,乾隆帝六次来岱庙,有四次来岱庙的同时留下诗碑,不过数量普遍较少,另外在乾隆二十一年和乾隆三十年两次来泰,一次登岱顶、一次仅到岱庙望祭,然而未在岱庙发现这两次活动所留下的诗碑。此外在乾隆四十五年和乾隆四十九年,乾隆帝南巡到过岱庙,也未在岱庙内发现相关诗碑。

故岱庙现存乾隆帝亲作的诗碑,在数量分布上呈前少后多的情况,以乾隆三十六年为界,乾隆三十六年之前共计6次来岱庙,留下11处诗刻,乾隆三十六年及以后共5次来岱庙留下26处诗刻,后期的碑刻明显更多,内容上,前期以记录其拜谒活动、信仰观念居多,后期更重视对美景的观赏。

至于内容转变之原因,笔者认为:一是与乾隆帝晚年生活态度有密切关联,即

---

[1] 汤贵仁:《泰山封禅与祭祀》,齐鲁书社,2003年,第190-195页。
[2] 仅包括乾隆帝所作的有关泰山、岱庙景物或其信仰观念的诗碑、碑刻。

乾隆晚年南巡同时，游览江山美景，热衷于赋诗、作画；二是乾隆朝后期，碧霞元君信仰传播更加广泛，当地民众早已将碧霞元君奉为泰山的最重要神灵，泰山神地位下降，神威不再，也使其祭祀岱庙等活动融进了更多观赏庙宇景物的自由成分；三是乾隆三十六年之前，边疆等地仍有不稳定，他即位不久，遂大多将精力集中在维护统治稳定方面，而泰山神自古就是护佑国家安定之神，一味因游览赏景而登岱、祭岱庙并题诗，显然不符合前代延续的虔诚祭仪，又会增加地方不信任感。至于数量增多的原因，一方面，乾隆时期内廷官员在巡察山东及其他地方时，常有"骚扰驿站之事"，[1]并愈演愈烈，乾隆帝也应当看到了这一乱象，故多次南巡，也多选择泰山这一南巡的中转站休息调整；另一方面，乾隆帝热衷游玩的性格，以及晚年寄情山水的行为习惯，是其诗碑在乾隆三十六年以后迅速增多的主观因素，诗碑是他观念转变的鲜明体现。

三、碑刻与地方志所载的乾隆朝遣使致祭活动

乾隆帝在岱庙留下的这些诗碑，使我们对乾隆帝泰山神信仰活动及其信仰观念的转变有了进一步认识，同样地，与元、明等朝代统治者一样，他也遣官代其到岱庙致祭泰山神并立碑记事，《泰山志》记载乾隆朝皇帝亲自来泰山及派大臣祭祀泰山多达36次。然因种种原因，目前岱庙所存的乾隆年间遣官代祭碑已不多，碑石保存完好的也仅有乾隆二十二年的介福《致祭东岳岱宗之神碑》一通，然而内容已漫漶，清《泰山志》收录了此碑文：

> 乾隆二十二年正月二十五日，皇帝遣礼部左侍郎介福，致祭于东岳泰山之神。曰：惟神造化钟灵，奎娄应象，览众山而莫并。气盖坤维，冠五岳以称尊。位符震始，风云吐纳，崇朝彰布泽之功。神秀氤氲，庶类荷育成之德。朕省方南土，驻跸东邦，抱瑞霭于天门；曾登峻极，望祥光于日观。式赖洪庥，用遣专官，载申致祭。神其来格，尚克歆承。[2]

残碑有3通，均嵌于百碑墙内，即乾隆二十年《龚学海致祭碑》、乾隆二十七年的《恩丕

---

[1]《清仁宗实录》卷九十六，嘉庆七年三月乙未。
[2]（清）金棨：《泰山志》，泰山出版社，2005年，第23页。

致祭碑》和《兆惠致祭碑》，然而三通残碑均仅存个别字，[1]内容与乾隆二十二年的致祭碑碑文大同小异。

比起现存明显不足的碑刻资料，地方志则对乾隆朝官方遣官致祭泰山神活动记载清晰，并列表如下（表二）：

表二　乾隆帝遣官致祭活动情况[2]

时　　间	遣祭官身份与人名	祭祀缘由
雍正十三年(1735)	翰林院侍讲学士伊尔敦	乾隆嗣位
乾隆十四年(1749)	内阁学士明德	报谢神灵护佑，皇妃册礼完成
乾隆十五年(1750)	大臣归宣光	中宫摄位、册礼
乾隆十六年(1751)	太仆寺长官伊拉齐	随皇帝南巡致祭
乾隆十七年(1752)	翰林院学士朱兰泰	为皇帝母亲庆生
乾隆二十年(1755)	内阁学士龚学海	平叛准噶尔而报谢神灵
乾隆二十二年(1757)	礼部左侍郎介福	随皇帝南巡致祭
乾隆二十四年(1759)	吏部右侍郎五福	平叛回部而报谢
乾隆二十七年(1762)	吏部右侍郎恩丕	为皇太后加徽号
	协办大学士兆惠	随皇帝南巡致祭
乾隆三十年(1765)	工部右侍郎五福	随皇帝南巡致祭
乾隆三十六年(1771)	礼部侍郎德福	随皇帝致祭
乾隆三十七年(1772)	吏部右侍郎曹秀先	加皇太后徽号
乾隆四十一年(1776)	内阁学士汪廷玙	报谢神灵护佑平叛
乾隆四十五年(1780)	礼部右侍郎达椿	随皇帝南巡致祭
乾隆四十六至乾隆四十八年(1781-1783)	都统德保（每年致祭一次）	"雨泽缺少"
乾隆四十九年(1784)	睿亲王	随皇帝南巡致祭
	御前侍卫阿尔达	随皇帝南巡致祭
乾隆五十年(1785)	同上	为乾隆帝庆生
乾隆五十一年(1786)	同上	祈国家安定

---

[1] 郭笃凌：《岱庙百碑墙考》，《泰山学院学报》2019年第1期，第53页。
[2] 资料来源：孟昭水：《岱览校点集注》，泰山出版社，2007年；（清）金棨：《泰山志》，泰山出版社，2005年。

续　表

时　　间	遣祭官身份与人名	祭祀缘由
乾隆五十二至乾隆五十四年（1787－1789）	工部侍郎阿尔达（每年均致祭一次）	均是祈国家安定
乾隆五十五年（1790）	内阁学士图敏	庆乾隆五十大寿
	成亲王永瑆	随皇帝南巡致祭

由上表可知，乾隆帝不仅是亲自祭祀泰山神最多的帝王，也屡屡遣官致祭。他频频因国家社稷之事务或皇族内部日常事务，遣礼部、工部等中央大臣乃至亲王致祭，此延续了康熙、雍正等朝的遣祭规格，同时不难看出，遣祭官几乎是清一色的满族官员，他即位当年即雍正十三年，便派翰林院伊尔敦前来告祭，而在此之前的致祭活动，尚且还是宗人府的汉族官员吴梁致祭，查阅方志也可看出，顺治、康熙朝遣祭泰山神官员绝大多数为汉官，由汉官到满官，这是乾隆朝中央遣官致祭活动的很突出变化。笔者才疏学浅，也对以上现象的产生，发表下个人的拙见：

首先，这与乾隆帝维护满清统治秩序有关，如朝廷在主张"满汉一体"进而支持泰山神信仰活动的同时，帝王也为防止过度汉化而"首崇满洲"，即着眼于以满族为首的统治阶级的利益，以满官做为主祭、汉官为陪祭也算这一政策侧面的体现；又如乾隆御制的《重修岱庙记碑》，碑文还根据汉文增加了满文译文，也可视为他对"满汉一体"理念的宣扬。其次，乾隆还多次因皇室成员册封礼成等事遣祭，故对满清贵族致祭的记载较多。最后，还应和乾隆帝鼓励满族官员融入中原汉族社会有所关联，通过派遣中央满族官员来到泰山进行祭祀等，也能令这些满族官员更深切地了解中原的山神信仰。此外，乾隆三十六年以后却未再发现遣官致祭泰山神的碑刻，直到嘉庆四年才再出现遣祭泰山神的碑刻，此现象如何产生？是否曾经刻立但已无存？这些问题还需各界更多的关注与研究。

因此，假若乾隆帝不重视泰山神，而是登泰山只为赏景，那他完全不需要派遣中央大臣级别的祭祀官、不远千里地来岱庙拜祭祈福，而他不但遣大臣致祭，还多次亲至岱庙祭祀，遣祭泰山神的频次也远高过前代，如明代中后期，常有十几年才致祭一次的情况。

四、结　　论

从整个古代泰山神信仰活动来看，乾隆帝可谓来岱庙祭祀、攀登泰山最频繁的帝王,他在岱庙留下的大量诗刻,向今人说明乾隆帝并非自始至终都因为单纯地赏美景而登泰山、游岱庙的,而是以乾隆三十六年为分水岭,由此前以谒庙活动过程及虔诚礼神观念为主,逐渐地转到此后的以悠然游览泰山景物为重的,这与他晚年生活态度以及当时较稳定的政治、文化等环境密不可分。同时,乾隆比前代帝王更乐于遣使致祭泰山神,且与康熙等朝不同的是,乾隆开始派满族大臣前来,也应当顺应满清统治阶层倡导的"满汉一体"理念,使上至王公贵族,下至满族民众,皆加深了对中原信仰文化的理解。因此至少在清乾隆朝的前三十余年,统治者仍将泰山视为一座"政治性大山",将泰山神视为社会稳定的护佑神,且借亲祭、遣官致祭泰山神灵宇并刻碑记事等种种活动,代表皇室成员与黎民百姓与神灵相联系着。

平 安 使 者
——泰山石敢当

邱志刚

(泰山风景名胜区管理委员会)

在中国大陆和港澳台广袤区域以及海外深受中华文化影响的地区,于路巷岔口、村落周边、桥梁两侧、河道岸边……经常可以看到刻有"石敢当"或"泰山石敢当"文字的碑碣,以此辟邪厌殃。相关的民间故事传说,既丰富多彩,又内涵深邃。这种有着悠久的历史渊源且流传了数千年的"泰山石敢当"习俗,至今仍在民间继续传承着。2006年5月被国务院公布为首批国家级非物质文化遗产名录中。

第一节 泰山石敢当的渊源与演变

在"石敢当"或曰"泰山石敢当"这个词组中都有一个"石"字,就是这个"石"字,透露出了石敢当的最基本的文化内涵,即灵石可以抵挡一切,也就是说灵石崇拜是石敢当(泰山石敢当)信仰习俗的渊源所在。就其演变脉络而言,大体上可分为三个阶段,即灵石崇拜—石敢当—泰山石敢当。

一、灵石崇拜

在远古时代,原始先民的生产力水平及自然知识的认知水平极为低下,有些自然现象能给人类生存造成危害,因而使人类感到恐惧;某些自然物或自然现象则能给人类提供生活、生产所必需的生存条件,故又使人类心存感激。这两方面的因素,促成了"自然崇拜"这一原始宗教思想的产生。此诚如费尔巴哈所指出的那样:"自然是宗教最后的、原始的对象,这一点是一切宗教、一切民族的历史充分证明的。"[1]山岳的高大,地貌的奇异,气象的变幻,动物的出没,植物的生长,有时神秘莫测,因此被视为具有灵性,这样大山也就成了崇拜的对象。"崇拜"之"崇"字,按照《说文解字》的解释:"嵩高也,从山宗声。"是说崇拜之信仰源自对大山的崇拜。石源于山,既然大山具有灵性,构成大山的岩石理所当然的也就具有了灵性,如同大山一样成为崇拜的对象。

人类与山石发生关系甚古。早在人类的童年时代,他们生活在山区,居住于山洞,以坚硬石头制作成生产工具,考古学界把以石器为主要生产工具的人类历史发展阶段称之为"石器时代"。中国大地上石器时代的遗存甚多,早、中、晚各个阶段的地点多达300余处。早期的如距今约180万年的西侯度遗址,出土了32件石制品;距今约170万年的元谋猿人遗址,先后出土了7件石器。到了旧石器时代中、晚期,中国旧石器文化进入空前繁荣的发展阶段,制作石器的技术也有了提高,丁村遗址还发现了石器制作场,出土石器多达2000余件。到了新石器时代,不仅石器种类繁多,而且制作精细。取之于山的石头不仅给他们提供了制作生产工具所必需的坚硬的原材料,制作出的这些众多的石质生产工具,也提高了他们的生产力。从"有用"的角度分析,石头——石器亦成了他们崇拜的对象。仰韶文化的一件陶器有一幅《鹳鱼石斧图》绘画,"石斧"被视为具有灵性,同时也是鹳部落首领权力的象征。

玉乃石之精华,旧石器时代就有玉制品出现。新石器时代以来,玉器作为一种重要的礼器和工艺美术品得到了长足的发展,历万年不变,有的学者估计,仅史前玉器一项,包括考古发现的、传世的和散落于世界各地的中国史前玉器,总数不下20万件。[2]玉崇拜远非一般意义上的灵石崇拜,而是社会发展过程中有关科学、哲学、美学和社会政治、伦理观念的综合体现。《礼记·聘义》载孔子曾讲过"君子比德于玉"。许慎《说文解字》中阐释道:"玉,石之美。有五德:润泽以温,仁之方也;鳃理自外,可以知中,义之方也;其声舒扬,专以远闻,智之方也;不挠而折,勇之方也;锐廉而不忮,洁之方也。"有鉴于此,在中国的方块汉字中,用玉作偏旁的字有500多个,道教有神曰"玉皇大帝",泰山女神则曰"天仙玉女"。清乾隆皇帝曾御赐给泰山神一块"温凉玉圭",玉圭上刻有日月星和河海岱,典出于《周礼·春官·大宗伯》:"以玉作六器,以礼天地四方。以苍璧礼天,以黄琮礼地,以青圭礼东方。"泰山位于神州大陆的东方,主青、主木、主生,礼泰山以青圭,是一种传统的礼制。

---

[1] 费尔巴哈著,荣震华等译:《宗教本质》第三节,《费尔哈哲学著作选集》(下卷),三联书店,1962年,第436-437页。

[2] 王永波、张春玲:《齐鲁史前文化与三代礼器》,齐鲁书社,2004年,第413页。

巨石文化也是古代灵石崇拜的一种表现形式。新石器时代晚期和青铜时代早期,包括中国在内的世界各地都有"巨石文化"分布。在巨石文化遗存中,有一种名为"门希尔"(Menhir)的,即单独竖立着的一块巨石,亦称"竖石"或"独石"(Monolith),是巨石文化中最简单的一种;还有一种是由许多"门希尔"排列在一起的,学名叫"多尔门"(Dolmen),亦称"列石"或曰"石桌"。关于中国古代的巨石文化,据古文字学家康殷的研究成果是:"我以为它十分明显的即初年崇拜的那种 T 形巨石之形……此形巨石实物,早在辽西、四川都曾发现。也曾出现在云南石寨山出土的西汉时铸造的铜'贮贝器'上——描写滇池地区祭祀的塑像中。大约相当于西方学者所谓的'石桌'(Dolmen),只是形状小异。而在我国东北海城与岫岩之间的祠式多尔门'石棚',却与西欧多尔门相近。"[1]康殷还认为,"T 形巨石之形"的那"T",就是"示"。"示"是什么?按照《说文解字》的解释:"示,事神也。凡示之属皆从示。"在中国文字中,凡表示与崇拜或祭祀有关的文字,大都从"示",如神、礼、社、祐、祖、祀、祠、祝、祈、祷、禅、祭、宗等等。从"示"之"社"字,原意是祭祀土地神的地方。立石为社以事神的习俗,在商时期非常普遍,故《淮南子·齐俗训》讲:"殷人之礼,其社用石。"郑玄在为《周礼·春官·小宗伯》作注时也认为:"社之主,盖石为之。"考古工作者曾在江苏铜山丘湾发掘一处商代的社祀遗址。遗址中心有四块天然巨石,周围有 20 具人骨,两个人头骨和 12 具狗骨,且全部人骨架和狗骨架的头向都朝向中心大石,显然是一处典型的用人牲祭石的遗址。俞伟超认为:"人狗被杀是以中心大石为神祇进行祭祀的结果,并且这种祭祀方式曾进行多次,这已不是偶一实行的临时活动,而是一种固定的习俗。"[2]

祖先崇拜和生殖崇拜中也透露了一些灵石崇拜的信息。石祖、石阴等作为男女性器的象征而受到崇拜,祖先的"祖"字,在甲骨文中作"且",为男性生殖器的形象,加"示"是谓对祖先的崇拜。史前文化遗址中发现了不少石祖实物。类似的石主、石柱、石塔及像形石也具有同样的功能。永县不二门有一处竖立的岩石,被当地土家族人认为是女阴的象征,同样对它敬之如祖。云南剑川石钟寺的阿秧白,至今还有许多求育的妇女前去抚摸这块被认为具有特殊生殖力的神石,以至于象征部分被摸得很光滑了。泰山地区的求子风俗是用小块石头压在树桠上,谓之"押子"。

中国古代还有"石头生人"的神话传说,最典型的例子是"禹生于石"和"涂山氏化石生启"。此大致有两种说法:一是把石头作为生育婴儿(禹)的母亲或母体,这就是

---

[1] 康殷:《古文字形发微·释示》,北京出版社,1990年。
[2] 俞伟超:《铜山丘湾商代社祀遗迹的推定》,《考古》1973年第5期。

《淮南子·修务训》所说的及《随巢子》所讲的"禹产于石昆石";再者是感石而生,《遁甲开山图》所谓禹母"得石子如珠,爱而吞之",感石受孕即是此说。今河南登封嵩山南麓万岁峰下尚存汉代筑建的"启母庙"和"启母阙",距阙北 190 米处有一座开裂的巨石,即"启母石"。颜师古注《汉书·武帝纪》引《淮南子》云,大禹治水三过家门而不入,其妻涂山氏化为巨石,"巨石破北方而生启"。这里涉及了两个方面的信仰问题,即:石头是有灵性、有灵魂的,唯其有灵性、有灵魂,才有涂山氏变成石头的可能;同时石头又是具有生殖功能的,唯其有生殖功能,涂山氏才能在化石之后生出一个活生生的夏王启来。

二、石敢当

上述种种灵石崇拜仅仅为石敢当信仰民俗的产生作了铺垫,最早关于"石敢当"的文字记载出现在汉代史游的《急就篇》中。《急就篇》为我国现存最早的儿童识字课本,全书共 2144 个字,最后的 128 个字是东汉人所加的,实际上原书仅有 2016 个字。全书的内容可分为三个部分:一是姓氏名字,在 400 余字中包括了 100 多个姓氏;二是器物百物,用 1100 余字,介绍了 400 多种器物、100 多种动植物、60 多种人体部位器官、70 多种疾病和药物的名称;三是用 440 多字介绍文学法理。全书把 2000 多个单字编成三言、四言、七言的韵语,便于儿童记忆。"石敢当"三字出现在《急就篇》介绍姓氏的部分中,原文是:"师猛虎,石敢当,所不侵,龙未央。"唐代经学大师颜师古注云:"卫有碏、石买、石恶,郑有石癸、石楚、石制,皆为石氏。周有石速,齐有石之纷如。其后亦以命族。敢当,言所当无敌也。"颜氏所谓"敢当,言所当无敌也"极是,而认为"石"为姓氏固然不错,但其中隐寓的更深刻的文化内涵还没有揭示出来。其实上述四句奥妙所在是,"师""石""所""龙",在这里表象为姓氏,如果整句联系起来看,还有着姓氏作用之外的功能:师猛虎,可释为以猛虎为师;石敢当,可释为石之敢当;所不侵,言其谨慎、诚实;龙未央,则"言益寿无极"。如果上述理解不误的话,石敢当之"石",也可以解释为坚硬的灵石了。清人徐珂在其《清稗类钞》"泰山石敢当"条中认为:"是石敢当云者,亦虚构二字,与石姓相配成文耳。后人乃镌诸石,为禁压之用。"后来石敢当立石选择"龙虎之日"及石敢当上面加刻虎头等,可见把石敢当与"龙""虎"结合在一起,并不是一种偶然的巧合。

目前我们所知有关石敢当最早的实物是宋代出土的唐代石敢当。宋人王象之的《舆地纪胜》、明代人黄仲昭的《八闽通志》以及后来的《莆田县志》等,都记载了宋代庆历四年(1044)在福建莆田县出土唐代大历五年(770)"石敢当铭"一事:"庆历四年,秘书丞张纬出宰莆田,在新县堂中,其基太高,不与他室等,治之使平,得一石铭长五尺,阔亦如之。验之无刊镂痕,乃墨迹焉。其文曰:石敢当,镇百鬼,厌灾殃,官吏福,百姓康,风教盛,礼乐张。唐大历五年四月十日县令郑押字记。并有石符二枚具存。"这次无意间的考古发现意义重大:一是石敢当即灵石可抵挡一切,这"石"就是山石的石,并非姓氏;二是能镇鬼厌殃;三是可使官福民康;四是用石敢当镇宅(官府)。此后,石敢当信仰习俗在民间的广泛传播,盖与此有关。宋人施青臣在其所编纂的《继古丛编》中记述当时吴地民间以石敢当镇宅的习俗颇为详细:"吴民庐舍,遇街衢直冲,必设石人,或植片石,镌'石敢当'以镇之,本《急就章》也。"这与今天设置泰山石敢当的功能完全相同。

三、泰山石敢当

在"石敢当"前面加"泰山"二字而成为"泰山石敢当"是情势所需的逻辑必然。

宝岛台湾台北"中研院"傅斯年图书馆收藏有金代的"泰山石敢当"拓片计两组:一组名为"金如意院尼道一首座幢记",共两张,在第一张上有"泰山石敢当,安镇,吉利"的字样。另一组名为"金泰山石敢当蒙古文",共8张拓片,在第一张拓片上有"元亨利贞,泰山石敢当,安吉"的字样;在第8张拓片中出现了"皇统六年岁次丙寅十二月丙申朔二十五日乙时建"的字句。在第一组拓片的文字记载中,讲述了俗姓邢氏尼姑的家事,碑文涉及到时代提到了"大金",但没有具体年号。第二组拓片中明确提到的"皇统六年"是金熙宗完颜亶的年号,为公元1146年,亦为南宋高宗绍兴十六年,这与福州于山顶碑廊中保存的南宋绍兴年间的"石敢当"碑是同一个时期。由此可以说明,在"石敢当"前面加"泰山"二字成为"泰山石敢当",最晚出现在南宋、金代时期。

在"石敢当"前为什么要加"泰山"二字呢?这与泰山在国人心目中的地位与功能有着密切的关系。首先,泰山是一座高大雄伟之山。在神州大陆的东方,泰山是唯一的一座大山,虽然海拔仅有1545米,但相对高度达1400余米,有着"拔地通天"之势,是比大山还大之山,故曰"太山"。其自然山体之博大,宏观形象之宏伟,自然美景之绚丽,这都给古人留下了深刻的印象,早在距今五六千年前的新石器时代,海岱地区的大汶口文化居民,就以图像文字的形式记载了泰山。进入阶级社会,有关泰山之高大的文字随处可见:《诗经·鲁颂》讲"泰山岩岩";《尚书·禹贡》《尚书·舜典》称泰山为"岱""岱宗";《淮南子·地形训》把泰山誉为"中央之美者"。雄才大略的汉武帝面对泰山更发出了"高矣、极矣、大矣、特矣、壮矣、赫矣、骇矣、惑矣"的慨叹。其次,泰山是一座神灵之山。古昆仑山即泰山。[1]《淮南子·地形训》谓:"昆仑之丘,或上倍

---

[1] 何新:《诸神的起源》第五章,三联书店,1986年。

之,是谓凉风之山,登之而不死;或上倍之,是谓悬圃,登之乃灵,能使风雨;或上倍之,乃维上天,登之乃神,是谓太帝之居。"特别是泰山神——泰山玉女、泰山府君,到了宋代已有了广泛的影响,泰山玉女被封为"碧霞元君",泰山府君则由君而王、由王而帝,地位大为抬升。其三,泰山是一座神圣之山。先秦已有七十二位君王祭祀泰山之说。《尚书·舜典》曾载:"岁二月,东巡守,至于岱宗,柴,望秩于山川。"进入封建社会,从秦皇汉武到宋真宗赵恒,历代帝王的封禅告祭,使泰山成了国之"镇山"。对此郭沫若曾有过一段精彩的论述:"所谓东方主生,帝出乎震,于是泰山便威灵赫赫了。自秦汉以来历代帝王封禅,也就是向泰山朝拜。比帝王还高一等,因而谁也不敢藐视泰山了。"[1]其四,也是最为重要的,泰山是一座平安吉祥之山。《易经》中有语曰:"履而泰,然后安。"泰山之"泰"字在这里就是大吉祥的意思。汉代刘安的《谏武帝伐南越书》及《汉书·严助传》也曾讲:"天下之安,若泰山而四维之。"后世之所谓"稳如泰安""安如泰山""国泰民安""泰山安则四海皆安"均缘于此。至于石敢当与泰山的结合出现在宋代,这与当时的历史背景有关。从宋真宗到南宋灭亡,可谓内忧外患不断,统治者需要有一个给世人交代的说法,宋真宗的办法是伪造祥瑞、封禅泰山、媾和于外,于是乎起到了一定的作用,暂时的安定也促进了经济、文化的发展。到了高宗建炎元年(1127),金军攻入汴京,北宋灭亡南迁,最后定都于临安(今杭州)。国破思故土,有病想名医,此时泰山"镇国"平安文化的象征意义更加凸显,而东南沿海地区的石敢当镇邪厌殃信仰习俗也广泛流传,两者之间文化内涵的相似性及其情势所需,自然而然地出现了"泰山石敢当"信仰。宋、金南北对峙,金人出于政治上的考虑,对泰山以礼相待;泰山地区的原住居民则把泰山作为种族不亡的精神支柱,这也为金人统治下的北方地区流行"泰山石敢当"习俗提供了基础条件。

第二节　泰山石敢当的分布与传播

　　泰山石敢当信仰习俗,源于泰山地区,传播到中华大地乃至海外。就其中心区域而言,一是山东,二是福建,少数民族居住区也普遍存在着泰山石敢当信仰。至于泰山石敢当在海外的影响,则以日本为最。各地的泰山石敢当信仰习俗,既有相同的一面,但也显现出不同的区域特色,如山东中心区的泰山石敢当在"石敢当"三个字前多加"泰山"二字,而福建中心区的泰山石敢当则多镌刻"石敢当"三字等等。

---

[1]　郭沫若:《读随园诗话札记》,作家出版社,1962年。

一、山东及其周边地区的泰山石敢当

山东是中国古代文明的发祥地之一,泰山从这里崛起,黄河从这里入海,圣人从这里诞生。特别是泰山信仰的影响,以海岱地区为中心,向四周辐射,形成了一个如同泰山信仰般的"泰山石敢当"信仰民俗中心区。特别是"石敢当"与"泰山"的结合,使"泰山石敢当"在这个区域内的影响更加深入人心,泰山石敢当变异形态——石将军、石大夫的出现,更呈现出了鲜明的区域特色。

在泰安市岱岳区夏张古镇一处古驿站遗址中,发现一块泰山石敢当石刻,上刻"镇宅""泰山石敢当""大吉"字样,碑属明代遗物。这种"镇宅"的泰山石敢当也有诸多不同的形态,大部分是竖刻"泰山石敢当"五字,或竖刻"镇宅泰山石敢当"七字,但文字内容及文字多少也稍有不同者:莱芜黄庄三村把"泰山石敢当"写成"太山石敢当",青州市井塘村的泰山石敢当写作"泰山镇宅石敢当",济南市历城区柳埠窝铺村的泰山石敢当写成"勅令镇宅泰山石敢当";《闯关东》电视剧的主要场景拍摄地济南历城区朱家峪的碑刻只镌刻"泰山石"三个字。还有的地方书刻"太公在此",这与泰山石敢当的功能完全一致。

山东地区泰山石敢当形态变化最大者当属金元之际泰山石敢当的人格化。元陶宗仪《南村辍耕录》卷十七云:"今人家正门适当巷陌桥道之冲,则立一小石将军,或植一小石碑,镌其上曰'石敢当',以厌禳之。"今见最早的"石将军"似出于金代,咸丰《宁阳县志》卷二《山川》记载:"陪山:东与告山相直,古将军堂奇迹在焉。告山东北里许,山麓溪径旁有一黑砂石,高三尺许,上有'将军堂'三字。……北有一大石,不知何人刻作人形。又有一石,刻'大定七年十月五日'。"石将军形象来自五代时勇士石敢。清《泰山志》卷十九引元陶宗仪《说郛》"石敢当"条云:"凡阳宅冲处,率树小碣曰'泰山石敢当'。石敢,乃五代勇士。先是晋高祖自镇州朝京师,适愍帝出奔,止传舍。敢袖铁锥侍高祖,遇变,遂与左右格斗而死。稽《宅经》须避方煞,故取'石敢当'耳。其曰'泰山',则又镇宅之义也。"五代猛将"石敢"与灵石之"石敢当",由于名字相似,于是在民间传说中便合二为一。到了明清,这种合二为一形象已被民间所广泛认可,有石敢当诗赞为证:"甲胄当年一武臣,镇安天下护居民。捍冲道路三叉口,埋没泥途百战身。铜柱承陪闲紫塞,玉关守御老红尘。英雄往来休相问,见尽英雄往来人。"[1]田野调查,当今莱芜杨庄尚存清代刻有"泰山石敢当"五字的将军形象石敢当雕像,有的雕像还刻有"石大将军"四字。至于石敢当亦即石将军的"籍贯",文献记载甚少,但民

---

[1] (明)徐𤊹著,沈文倬校注:《徐氏笔精》(卷七),福建人民出版社,1997年。

国年间何振岱的《西湖志》卷二十四引《听雨轩赘笔》则讲:"石敢当,泰安人,古勇士也。"应该说这是合乎情理的。

　　石敢当信仰到了明清时期,又发生了一次重要演变,即从"石敢当"演变为一位悬壶济世、祛病活人的新形象——"石大夫"。清初学者王士禛在《古夫于亭杂录》卷六"太山石敢当"条中有载:"齐鲁之俗,多于村落巷口立石,刻'太山石敢当'五字,云能暮夜至人家医病。北人谓医士为大夫,因又名之曰'石大夫'。""石大夫"的出现与明朝万历版《章丘县志·轶事》中的一段记载有关:"东陵山下大石,高丈余,有神异。不时化为人,行医邑中。嘉靖八年,尝化一男子假星命,自号石大夫,至渭南刘家。是时,前令刘凤池方为诸生,见其支干,即下拜曰:'我父母也。异日登第,必令吾章丘。'凤池谔然,后果登进士,谒选得章丘。迹其人,父老并不知,夜梦见石曰:'我非人,东陵山下亭亭大石即我也!'凤池因往祭其处,留诗刻之,立为庙。邑人有沉疾多往祈祷,辄托之梦寐为人医,无不立愈。"今石大夫庙已毁,但大夫石犹存,当地人称之为"石大夫爷"。到了清代道光年间,石大夫的形象进一步丰满。泰山东麓之岱岳区祝阳乡北有祝山,清道光年间建有"石大夫庙",现存《石大夫庙叙》碑,《庙叙》以生动的笔触描写了一则人神间"富贵不易交"的故事:"先是前明大夫尝鬻药江南,见五尺童,揖而延之坐,曰:'是吾邑父母也,愿异日勿相忘,吾石姓,可访我于东山之下。'候以茶而别。后果成进士,以知县用,分符章邑。乃赴东山访问,并无石姓。小憩于巨石下,恍惚假寐时,其人至矣。指石而曰:'此即我,相别数十年,今蒙屈驾,时来一晤。'倏别而醒,若惊若失,因揖石,为其内子祷疾,寻愈。镌文于石身,以彰灵异,旁为矮屋妥焉。"

　　山东周边的京津、河北、山西和东北也都有类似山东地区的泰山石敢当信仰习俗。古都北京,属泰山信仰文化圈,如北京的"东岳庙""妙峰山"等等都颇具影响。有关泰山石敢当信仰,至今仍能找到一些实物线索:复兴门东南方向现中央音乐学院的后墙外边保留着一块石敢当石碑;王府井大街北口中国社会科学院考古研究所内保留着一块较为完整的石敢当碑碣;王府井北口路西的翠花胡同一院的墙上嵌有一块砖刻的泰山石敢当;由美国基督教公理会创建于1864年的原"育英学校"(今北京市二十五中)也放置一块用自然石刻写的"泰山石敢当";北京东四三条53号院南屋后墙上镶嵌的一块"泰山石敢当",碑高130厘米,宽30厘米,顶端刻一虎头形象,怒目而视,呈卧状,额头上的"王"字清晰可见,造型逼真,刻工精细。

　　山西是晋商的发源地,包括山东在内全国各地都有晋商会馆。这些发了财的晋商们,不仅回老家筑建豪宅大院,而且带回了"镇邪厌殃保平安"的泰山石敢当信仰习俗。在世界文化遗产地平遥古城,"庞宅"门口树立一块"泰山石敢当",上半部分还刻有花纹。今已辟建为平遥县博物馆的"清虚观",东墙外的一条巷子内也立有一块"泰山石敢当"。灵石县城东12公里处静升镇,有一处清乾(隆)嘉(庆)年间所建的"王家大院",大院有各类房屋近千间,院落50余,依山而建,布局有序。在大院的巷子尽头,有一处十分精细的泰山石敢当砖雕,顶部设有遮檐,两旁还有描写此地风景的楹联:"午日临轩呈霁色,南山当户耸奇峰。"祁县的"乔家大院"距今省会太原仅有50公里,始建于清乾隆年间,整个大院占地达4175平方米,由6幢大院20个小院共313间房屋组成。在这座大院的掩壁墙正中镶嵌着一块高200厘米、宽40厘米的"泰山石敢当",上部精刻有虎头,下部是莲座宝座浮雕,可以说是一件罕见的石敢当艺术品。定襄县河边镇是阎锡山的家乡,在河边镇的街巷路口、住宅院落等处也立有"泰山石敢当大吉"碑刻。

泰山石敢当信仰在东北地区的传播由两大因素促成:一是山东人大移民,也就是"闯关东";再者东北为满清人的龙兴之地,清朝统治者特别是康熙、乾隆出于政治上的考虑,崇信泰山,康熙皇帝还特意撰写了一篇名曰《泰山山脉自长白山来》(俗称《泰山龙脉论》)的论文,论证长白山与泰山龙脉相连。基于这两个方面的因素,泰山在东北无论是汉人还是满人心目中都有着崇高地位,随之而来的泰山石敢当信仰习俗也在该地区落地生根。辽宁省北宁市四方台村满族佟氏家族普遍信仰"泰山石敢当"。佟氏家族认为,若谁家大门正对着大路,在门前设置"泰山石敢当",就能够镇住顺路而来的鬼魅和邪气。新宾满族自治县爱新觉罗氏肇氏家族聚居地,也有大量的泰山石敢当发现,如果院落的大门朝向冲着街巷对着公路、冲着塔对着庙宇,他们就在大门的左侧立一块"泰山石敢当"以此来镇邪厌殃,逢凶化吉。

二、福建及周边地区的泰山石敢当

福建古称"闽",地处我国东南一隅。战国时期,福建为越人所居,因而有了"闽越"的称谓。自三国以后,汉人逐渐入闽,汉、越文化交融,作为北方传统文化组成部分的许多习俗在闽地生根。上述历史文化背景,为石敢当信仰习俗在福建的产生与发展奠定了基础。史料显示,早在唐代,福建汉民就已经将"石敢当"当作镇宅的风水器物,宋代福建莆田县县衙出土的唐大历五年(770)"石敢当"碑碣,是迄今我国发现最早的"石敢当"实物。

宋明以来,福建的"石敢当"信仰融入了不少佛教、道教及祖先崇拜的内容。如福州碑廊保存的石敢当碑刻,横书"石敢当",直书"奉佛弟子林进晖,时维绍兴载,命工砌路一条,求资考妣生天界。"莆田也有类似的情况。莆田一带石敢当碑刻,经常设置在佛龛之下,当地居民每天早晚上香叩拜,以求佛祖和石敢当驱邪、消灾与安民。福建的石敢当不仅历史悠久而且流传区域十分广泛,其信仰功能和碑刻形态也呈现出多样化的态势。福建泉州,早在宋元时期便成为世界第一大港,信仰文化的交流与碰撞,使泉州成为石敢当较为集中的地区。泉州市区曾井巷曾经有一处被认为最具泉州特色的石敢当,这处石敢当刻在泉州特色浓郁的"出砖入石"墙上。

福建石敢当一大特点是与"狮子"的结合。泉州市区广平巷27号许宅外,有一清代刻勒的石敢当,狮子虽然造型简单,但雄伟抽象,狮口大张朝天,在狮身上有隶书"石敢当"镌字。被认为是泉州风狮爷的石敢当位于泉州西街古榕巷40号,小狮子放在对冲巷口墙上的一个小洞内,离地约10厘米,身高15厘米,宽10厘米,石头刻制,栩栩如生,威猛异常。厦门的石敢当也多以狮型为主,当地人称"石狮爷"。厦门石顶巷还建有一座"石狮爷庙"。这里供奉的石狮爷造型夸张,相貌奇特:蓝脸膛、白眉毛、白眼圈、黑瞳仁,嘴唇咧开,露出两排既齐且长的白牙齿,颇似喜庆的吉祥物。厦门石狮爷还影响到金门岛,在金门与抵御风灾的风伯相结合,形成了独具金门特色的"风狮爷"。古宁头李将军镇威第,有一座石敢当,刻有狮子、古钱、宝剑、八卦,上镌"泰山石敢当",可谓是一种完美的结合。

澎湖也是与福建接邻的地区,石敢当信仰在此十分盛行。澎湖由于地理环境特殊,居民早期生活条件恶劣,时有不测之虞,民众为祈求生产、生活的安宁,普遍设置辟邪厌殃之物。石敢当的安放,在澎湖各地住宅、通衢要道、山顶海边等极为常见。据澎湖"县政府"20世纪90年代初期出版的《澎湖的石敢当》一书和其他相关报道记载,当时彭湖县所属村落中尚存石敢当109座,其中以距大陆最近的花屿岛最多,达79座。花屿岛是早期大陆移民澎湖的第一站,几乎每家都设有一座石敢当,有的一家更有三座之多,成为岛上建筑的一大特色。花屿岛石敢当设立的位置,以置于门墙中的最多,形式上有原型石敢当、雷令石敢当及强调安座、安镇、止煞功能的石敢当等;其次为置于屋后墙角下的石敢当;再次是置于路旁及山头上的类似石敢当。花屿岛还有一座八卦形石敢当,置于门旁墙脚下,是岛上诸多石敢当中较为特殊的一种形式。澎湖西屿的内垵村现有石敢当21座,其中八卦石敢当1座,雷令石敢当1座,北斗七星石敢当1座,石敢当4座,另外,还有碑文中有"阿弥陀"字组的4座、符令2座,其他形式的5座。

台湾岛也有许多泰山石敢当。彰化西螺古镇的泰山石敢当是台湾现存最大的一座,位于大同路178号民宅旁,加上基座更高达3米有余。为清道光七年(1827)所立,其形象为狮头,额头上书斗大的"王"字,口中衔着一把宝剑,竖刻"泰山石敢当"五个大字,颇为壮观。云林县大坑乡水碓村三岔路口也有座镌刻"大清石敢当"的碑刻,农历初一、十五及年节,均有人前来祭拜,是一座属于公设性质的石敢当。板桥市里还有多处石敢当庙。其一,实践路石敢当庙。庙内供奉三块石敢当,中间较大者刻"石敢当"三字,左方一块刻"泰山石敢当"五字,右方一块则无字。其二,忠孝路石敢当庙。庙题"石敢当公"。其三,信义路石敢当庙。该庙有"石敢当碑记",文称:"昔人游姓祖先,在土城外藤坑一七〇番地三落厝,有泰山石敢当,奉祝显化人感到,善士大德建庙保安宁。"

港澳地区虽然一度被异族占领,但作为中华民族大家族成员的港澳居民们心系中华传统文化,信仰泰山石敢当。如香港龙跃头就有两座泰山石敢当,一座在东阁围村口,一座在永宁围村口。另外,建于清同治年间的香港湾仔北帝庙内还供奉着"泰山石敢当"碑。澳门也有多处泰山石敢当。始建于明代弘治元年(1488)的妈阁庙内,奉供五块石头:一块是泰山石敢当,一块是石敢当,两块为南无阿弥陀佛,一块为无字石。大三巴街女娲庙旁的泰山石敢当虽然不大,但香火不断,有一副楹联这样写道:"是一拳灵石,庇千载黎民。"另外三巴门坊土地庙内以及新桥轿巷口"石敢当行台"内均有石敢当供奉。

三、少数民族地区的泰山石敢当

在中国大陆,包括新疆在内的所有省(市、自治区)份都有关于石敢当的报道。作为一种信仰习俗,泰山石敢当产生并主要流传在汉族地区,但是,少数民族同胞或因与汉文化的交流,或因与汉族杂居,也就有意或无意地渐染汉风了。不过,他们不是全盘接受,而是与本民族、本地区的固有风俗相结合,形成了"复合型"信仰。

西南地区的羌族居住区,本来就有"白石"崇拜的习俗,随着泰山石敢当信仰习俗的传至,又与本民族的图腾相结合起来,形成了本地区、本民族特色鲜明的表象特征。这个地区的"泰山石敢当",碑上端多刻一兽头,兽为大口吐舌,谓之"吞口"。至于兽头为何物不一定,有狗、有虎、有狮、有羊、有鹿等等。四川阿坝藏族羌族自治州九寨沟内的"九寨天堂",有一座泰山石敢当标志性雕塑,上端为虎头,底座是羊头,中间竖刻"泰山石敢当"五个大字,这三者的结合很有意思。"羌"字从羊,羊是羌族的图腾。西南地区除羌寨刻勒"吞口"泰山石敢当外,也有不少是作"门神"用的,这个地区的羌族、侗族、水族、白族、彝族等均有此风俗,他们门上钉制虎头,在虎口中书刻"泰山石敢当"五字。

广西的少数民族居住区也有类似的情况。广西左右江一带的壮族居住区,在石敢当的上端常雕一狗头或狮头。广西三江县林溪乡程阳侗族村的一吊脚楼房,立一青石,方柱状,上刻狮头,突目,凹鼻,阔口,吐舌,舌上书刻"泰山石敢当"。广西罗城仫佬族自治县内,汉族村和仫佬族村都发现有"泰山石敢当",但有着明显的不同:汉族村的泰山石敢当立于路口要冲,正面迎对着直冲家门口的道路,而仫佬族村所立的泰山石敢当,则因为大山对村子包围,存在缺口;汉族村的比较精致,仫佬族村的比较简单;汉族立泰山石敢当讲究吉日,而仫佬族不讲究。当然汉族村和仫佬族村的泰山石敢当也有一些共同之处,其功能都是镇邪,材料均为石质,字体用汉字繁体等等。

雷州半岛位于我国大陆的最南端,北与广西毗邻,南隔琼州海峡与海南岛相望,是我国三大半岛之一。在雷州半岛的徐闻、雷州、廉江、遂溪等地的城乡,至今仍留存有大量形态各异的石狗,广西的中、南、西部以及海南北部地区也有为数不少的石狗,云南文山广南、广东东莞、南海等地,以及东南亚的越南、新加坡等国家也有少量石狗发现。雷州半岛石狗的基本形态是前腿向前撑直,后腿弯曲呈蹲坐状,昂头,尾巴上翘贴于背后,部分石狗还露出雄性的生殖器。雷州半岛石狗文化盛行渊源有自,即古属百越之地的雷州半岛原住居民深受神犬槃瓠崇拜的影响,在长期的历史演变过程中,石狗又成了辟邪镇灾功能的灵物。值得关注的是,在这些石狗身上刻有"泰山"(还有刻八卦、"王"字的)、"石敢当"、"泰山石敢当"。石狗身上刻"泰山"二字不足为奇,神犬槃瓠即"盘古"。据《述异记》记载:"秦汉间俗说:盘古氏头为东岳,腹为中岳,左臂为南岳,右臂为北岳,足为西岳。"既然盘古的头是东岳泰山,那么在神犬槃瓠身上刻"泰山"二字当是情理之中的事了。至于石狗上刻"石敢当"或"泰山石敢当",主要因为两者功能一致,石狗再加上"泰山石敢当",不是更具有辟邪镇灾的威力吗!雷州半岛的泰山石敢当实物形态除与石狗结合外,还有独立的"泰山石敢当"或"石敢当"碑刻存在。这种现象的存在,与唐宋以来外地移民的迁入有关:这些移民主要来自闽南的兴化府、泉州府和漳州府,为石敢当信仰的中心区,灵魂深处的石敢当信仰,也随着移民迁入了雷州半岛,这就形成了石敢当与石狗文化相融合的局面。

四、日本及海外其他地区的泰山石敢当

泰山石敢当在海外的传播主要由两大因素促成:一是在历史上与中国关系十分密切的周边国家,深受汉文化的影响;二是华人走天下,把泰山石敢当的信仰习俗带到了侨居或定居国家(地区)。

海外的泰山石敢当信仰以日本最为普遍,也最为丰富多彩。据日本学者洼德忠等介绍,在日本全国 47 个都道府县中,已有 24 个发现了石敢当的遗物或遗迹。[1]日本南方主要集中在冲绳县和鹿儿岛县,北方则集中于秋田县。目前在日本发现的最早的泰山石敢当实物在冲绳县久米岛具志川村,石质,高 120 厘米,宽度上下不一,

---

[1] 窪德忠:《从石敢当看中国、冲绳、奄美》,日本《南岛史学》第 23 号。

约 30-40 厘米。中间刻"泰山石敢当"五字,右侧刻"雍正十一年癸丑八日大吉"。"雍正"是中国清朝皇帝的年号,"雍正十一年"即公元 1733 年。此碑既然刻有清朝皇帝的年号,无疑碑的原产地是在中国。在冲绳发现刻有清朝皇帝年号的泰山石敢当并不奇怪。众所周知,明清时期,琉球也就是冲绳是对中国朝贡贸易最多的一个藩属国,明代闽中地区"河口人"(如尤溪、长乐、南安)就有 36 姓移至琉球,在琉球的闽人后裔常回闽经商,因此,两地的民俗文化具有很多的亲缘性。在时间上仅次于久米岛的另一块石敢当位于鹿儿岛县入来町,建于 1739 年。江户时代(1872)日本学者桔南谿在鹿儿岛见过此碑,并在其所著的《西游记》中作了考证:"萨州(今鹿儿岛)位于日本西南隅,距唐土甚近,船只往来自由,大概昔人在大陆见到石敢当碑,遂在此地亦仿效建立。"日本学者山崎鹿藏曾对秋田县的石敢当进行过田野调查和研究,在 1925 年调查时仅秋田市内就发现了 47 座石敢当,到 1985 年再次调查时仍尚存 20 座。

日本石敢当形制与中国石敢当稍有差异,很少有无文的或雕刻成某种动物形象的,大多刻字。多数刻"石敢当""泰山石敢当",此外还有多种多样的文字内容,但万变不离其宗,如"敢石当""敢当石""石敢塔""石干当""石岩当""石敢堂""石垣当""石散当""石当散""散当石""敢当""明石敢当""石将军""石将军敢当""心石敢当""石将""泰魁石当""山石敢当"等。造成如此众多的石敢当文字形态,有的是有误所致,有的则是有意而为。其中的"干""岩"在日语中与"敢"字音同或音近,造成了混用;"散"与"敢"字及"堂"与繁写的"當"字字形相近,造成了误用。因石敢当常嵌入石墙,故有意写成"石垣当";石敢当的原意是灵石可以抵挡一切,把石敢当写成"敢当石",凸显的是灵石崇拜;至于"泰魁石当"和"山石敢当",前者意在借泰山和北斗魁星加大石敢当的威力,后者见之冲绳,是因为历史上冲绳一带存在琉球王国"尚泰王朝",模仿中国的避讳习俗,省去了"泰山石敢当"中的"泰"字。

除日本外,中国周边的朝鲜半岛、越南、泰国及东南亚的菲律宾、新加坡、马来西亚都有泰山石敢当存在。马六甲众多的店铺檐上方普遍供有"泰山石敢当之神位",当与明朝郑和下西洋有关。

第三节 泰山石敢当的功能与价值

"石敢当,镇百鬼,厌灾殃,官吏福,百姓康,风教盛,礼乐张。"这是唐代人对石敢当司职与功能的概括。其实,石敢当在不同历史时期,不同区域,不同自然、文化、环境下也有所不同,但平安文化的基本内涵则没有改变。

一、镇宅厌殃

镇宅是石敢当(泰山石敢当)最主要的司职与功能之一,其信仰习俗的分布也最为广泛。汉代《淮南万毕术》载:"丸石宅四隅,则鬼神无能殃也。"北朝庾信的《小园赋》谓:"镇宅以埋石。"吴兆宜注《荆楚岁时记》云:"十二月暮日,掘角,各埋一大石,为镇宅。"敦煌文献伯三五九四写卷中有《用石镇宅法》之条文,详细记载了唐开元年间之镇宅的用法与作用:"凡人居宅处不利,有疾病,耗财,以石九十斤,镇鬼门上,大吉利。""人家居宅已来,数亡遗失钱不聚,市买不利,以石八十斤,镇辰地大吉。""居宅以来数遭□□,口舌,年年不饱,以石六十斤,镇大门下,大吉利。"伯四五二二背面的《宅经》中,还记载了镇宅石能够保佑宅主升官乃至平息家庭纠纷:"取来赤石一,悠长五寸,钱五文,阳宅埋丑地,阴宅埋未地,必迁官。""妇姑争斗,取石重六十斤,埋门外,即罢。"在镇宅石上刻"石敢当"三字,是在唐代中期大历五年(770),它埋于莆田县县衙之下。

明清至民国年间,石敢当的镇宅厌殃习俗已从埋石镇宅演变成砌石于房屋墙壁或立石街衢。就北方而言,山东省枣庄市底阁曾发现一块奇特的石头,呈红色,高110厘米,宽65厘米,厚35厘米,上刻"镇宅煞鬼"及"隆庆二年立"字样。隆庆是明穆宗的年号,隆庆二年即公元1568年。田野调查发现,在北方地区加"镇宅"二字或不加"镇宅"二字的"泰山石敢当"石碑镶嵌房屋墙壁或立在街衢要冲者比比皆是。南方地区乃至海外的镇宅泰山石敢当信仰习俗也大体如同中国北方,《通俗编》引《继古丛编》云:"吴民庐舍,遇街直冲,必设石或植片石,镌'石敢当'以镇之。"

泰山石敢当镇宅还演绎出许多有趣的民间传说故事。邓尔雅于20世纪20年代收集的一则民间故事讲:相传康熙年间,将军拜音达礼年,以邸中东廊与浮图相向,居者辄不利。适道出江南,因诣龙虎山,乞张真人厌胜之术,甫就坐,有赫衣道士跌坐楹西,真人指谓将军曰:"祈此师可也。"因礼拜之。道人曰:"此宅煞细故,以大字镇之当吉。"索纸大书"泰山石敢当"五字,款署纯阳子书。将军惊谢,旋失道人所在。真人曰:"本日纯阳师值殿,公幸遇之,福缘无量哉。"遂奉以南归,勒石东廊,字径逾尺。见者咸谓出入虞褚间。[1] 宗力、刘群在《中国民间诸神》一书中所载的一则民间故事与此有异曲同工之妙:康熙年间,广东徐闻县数任知县到任不几日即卒于任上。某黄知县知其事,携一风水先生赴任。先生查明系本县一座宝塔之影正落于县太爷公座之上,诸官皆因不能经受宝塔之压力而死。遂于县衙前立碑,刻"泰山石敢当"五字,

---

[1] 邓尔雅:《石敢当》,载民国《民俗》41-42期合刊。

谓泰山之力可以敌宝塔。此后遂无事。[1]

"(姜)太公在此"是泰山石敢当镇宅的一种变异形态,在各地泰山石敢当信仰分布区域内均有一定数量的发现。山东莱芜钢城区黄庄镇黄庄三村有一处"太公在此",位于冲街大门的门楣上方。山东桓台东营村的一处刻字为"镇宅太公在此"广东潮州一带有的则把"姜太公在此"写在红纸上,然后贴在墙上。日本冲绳县八重山市博物馆则收藏了一座刻有"泰山石敢当""(姜)太公在此"两行并行文字的石刻。"泰山石敢当"和"姜太公在此"在功能上原本一致,这里合刻于一碑,进一步强化功能的意味非常明显。泰山石敢当变异为"姜太公在此",与《封神演义》的影响有关。在《封神演义》中,姜子牙(姜太公)封黄飞虎为"东岳泰山天齐仁圣大帝,执掌幽冥地府十八层地狱。凡一座生死转化人神仙鬼,俱从东岳勘对,是为五岳之首"。姜太公吕望,历史上确有其人,为周朝的开国元勋,周初被封于齐。既然泰山神都是他封的,那么他的神威一定要大于泰山神了。所谓泰山石敢当即"泰山石—敢当",姜太公也就什么都敢当了。

镇宅类泰山石敢当信仰的形成是传统风水理论指导下的产物。风水理论讲究"气",并引出了"天气""地气""阳气""阴气""风气""水气"等成对的范畴,实际上就是追求人身的小宇宙之"气"与周围环境的大自然宇宙之"气"相协调,以保证人的生理健康和心理平衡,从而获得种种好运,故风水特别忌讳"阴气""死气""泄气""漏气"等"煞气"。由于自然环境的不同,有时"煞气"不可避免,则在居住适当的地点埋桩立石,上刻"泰山石敢当",这样就可以挡住或驱除煞气确保平安吉祥了。

为了确保泰山石敢当有其法力,各地在制作安放泰山石敢当的过程中,形成了各具特色、繁简不一的仪式。如明代《灵驱解法洞明真言秘书》载:"凡凿石起工,须择冬至日后甲辰、丙辰、戊辰、庚辰、壬辰、甲寅、丙寅、戊寅、壬寅,此十二日乃龙虎日,用之吉。至除夜,用生肉三片祭之,新正寅时,立于门首,莫与外人见。凡有巷道来冲者,用此'石敢当'。"对于石敢当尺寸的大小,有些地区民间也有约定成俗的规定。清福州高衡士《相宅经纂》卷四载:"高四尺八寸,阔一尺二寸,埋入土八寸,上刻虎头,再凿'泰山石敢当'五字。凡有街道来冲者,用此制之。凿石起工,须择冬至后六辰六寅龙虎日,用之则吉。至除夕,以生肉三片祭之,新正寅时竖立,莫令外人见之为妙。"另外,还有一些特殊的处理办法,如山东肥城市石横二村在制作泰山石敢当时,要在夜间用鸡冠血拌上白芷、朱砂等,涂在刻字上,以增强石敢当的威力。

---

[1] 宗力、刘群:《中国民间诸神·石敢当》,河北教育出版社,1986年。

二、医病救人

明清时期,以泰山为中心的北方地区有石敢当即"石大夫"的民间传说,所谓"大夫",就是医生,"云能暮夜至人家医病",清人王士禛在其《古夫于亭杂录》中有载。蒲松龄的小说《韩方》篇也讲到:"齐东韩方,性至孝,父母皆病,因具楮棉,哭祷于石大夫庙。"溯源,可从中国古代巫师、巫术中找到线索。巫师的职责之一是占病加治病。曾任东汉泰山太守的应劭在其所著《风俗通义》中提供了另一种类型的线索:"汝阳彭氏墓路头立一石人,在石兽后。田家老母到市买数片饵,暑热行疲,顿息石人下小瞑,遗一片饵去,忽不自觉。"此事被路人哄传,说"石人能治病,愈者来谢之"。又说"头疼者摩石人头,腹病者摩石人腹""凡人病自愈者,因言得福力",故尊墓前的那尊石人为"贤士"。泰山王母池道观内树有两块奇石,据其形状,一曰"日石",一曰"月石"。"月石"与"药石"发音相近,因此,每逢庙期,"月石"周围便挤满了摸石头的人,他们认为,摸摸"月石",再摸摸身体上有病患的部位,病就会减轻或者治愈。

美国汉学家葛维汉对四川宜宾进行调查时也发现以石治病的情况:"长江边上的叙府(今宜宾市)附近,有一座统称白石寺的小庙。起初有一块巨大的白色石头,比其他的石头高而白。人们开始崇拜它,认为它有治愈疾病的力量。后来围绕着这块白石建立了一座庙,并且增了几尊普通的偶像。这白石自然仍被崇拜,假如一个人花几个铜钱买一些极少的石屑,磨成砂子泡水喝下,便可使他的病痊愈,这个过程也许先由石头的体积和洁白引起自然感官的畏惧而发生的。这块石头不是因为一个神偶居在里面受到崇拜,而是认为这巨石本身即为一个具体超凡行善力量的神。"[1]松花江下游的赫哲族人也认为石头神能治病。据凌纯声调查:赫哲族专事看时疫和传染病的领神娘娘阿哈,有时也领"石头公公"及"石头婆婆"。这些石偶被供奉在一木制神庙内,如阿哈马法(萨满的一种)看出病人遇中邪魔时,就求石头公公捉鬼怪。[2]

中国传统中医使用"中药"治病,《山海经·大荒西经》讲昆仑山"百药爰在",古代文献中还讲西王母操有"长生不死之药"。秦始皇、汉武帝东封泰山及东巡,虽然主要是政治原因,但也有求仙访药的私意。道教有炼丹之术,其中称为"外丹"者就是烧炼矿石药物用以服食的炼丹方法,中草药多采自大山,药矿石也采自于山,这样药与山、与石也就发生了联系。这些"中药",不仅可以治病,还可以用来"镇宅"。敦煌文献中唐代镇宅药方的原料都是石头(矿物质),计有雄黄五两,朱砂五两,硅青五两,白石膏

---

[1] 葛维汉:《四川的宗教信仰》,《民间文化论坛》1989 年第 6 期。
[2] 凌纯声:《松花江下游的赫哲族》,国立中研院历史语言研究所单刊甲种之十四,1934 年。

五两,紫石膏五两。其镇宅药方的用法是:"右件等物石函盛之,置中庭,以五彩随埋之,彩三尺,令人宅吉。"[1]

其实泰山神也具有着医生或类医生的司职功能。罗香林研究,碧霞元君主要司职有八,其八便是"疾病的凶吉"。[2] 泰山顶上"碧霞祠"中的碧霞元君属神有"眼光娘娘"。北京朝阳门外的东岳庙和崇文门外的南药王庙中的"娘娘"塑像中也不乏与治疾有关者:除"眼光娘娘"(眼光圣母惠照明目元君)外,还"癍疹娘娘"(癍疹圣母保佑和慈元君)、"痘疹娘娘"(痘疹圣母立毓隐形元君)。天津天后宫内的娘娘塑像更为形象生动:眼光娘娘手托一只大眼状,象征明目祛眼疾,雅称"眼光明目元君";癍疹娘娘左手握一形似莲蓬的东西,上有许多癍点,雅称"癍疹回生元君";耳光娘娘作双手捧一人耳状,雅称"耳光元君"。在祈求祛病的民众中,既有为本入祈求祛病者,也有为亲朋好友祈求者,特别是为父母双亲祈求祛病的人,有时其虔诚之心竟达到了"病态"的程度,既不乘车坐轿,也不双腿不停的赶路,而是叩头至山顶,有的十步一叩头,有的五步一叩头,有的三步一叩头。更有甚者,自出家门就一步一叩头,一直叩到泰山顶上碧霞祠娘娘像前,烧香许愿曰:如亲人病愈,便在岱顶"舍身崖"舍身还愿。舍身还愿无疑是愚昧的,也屡遭官方禁止,但从另一个侧面看,他们认为泰山女神碧霞元君是会治病的,是有办法治好病的,只要心诚。既然泰山神可以治病,那么与泰山融为一体的"泰山(神)——石敢当"理当也会治病了。

民间传说中的泰山石敢当治病救人是与"驱妖"联系在一起的。陶阳等在泰山地区采风时收集到两则,其中一则的大意是:泰山有一个人,姓石,名敢当,家住徂徕山下桥沟村。他很勇敢,什么都不怕,好打抱不平。泰山南边的汶口镇有一人家的闺女被妖气缠身,面黄肌瘦,很是虚弱,找了许多先生来看都没有治好。家人听说泰山有一个石敢当很勇敢,就把石敢当请到家里。闺女家人按照石敢当的交代准备了十二个童女、十二个童男,男童一人一个鼓,女童一人一面锣;同时还准备了点燃着灯捻芯子灯盘并用一口锅把它盖住。天黑时,只见从东南来了一阵妖风。说时迟,那时快,石敢当一脚把锅踢翻,灯光大亮,童男童女一齐敲锣打鼓。妖魔见势不妙,就向东南方向逃跑了,据说逃到了福建。妖魔又先后在福建和东北等地缠扰姑娘,石敢当均用同样的办法予以驱除。石敢当想,全国这么大,妖魔到处去,为了彻底而有效地解决问题,石敢当想了一个办法:"就这样吧,泰山石头很多,找石匠在石头上打了我的家乡和名字——'泰山石敢当',谁家闹妖气,就把它放在谁家的墙上,那妖魔就吓跑

---

[1] 高国藩:《敦煌古俗与民俗流变—中国民俗探微》,河海大学出版社,1989年,第501页。
[2] 罗香林:《碧霞元君》,载民国《民俗》69-70合刊。

了。"以后就传开了,说妖魔怕泰山石敢当,各地盖房都把刻有"泰山石敢当"石头或碑垒在墙上。[1] 这则民间故事所反映的基本内容,不仅仅是泰山石敢当能驱妖救人,同时指出泰山石敢当的老家就在泰山,全国各地的"泰山石敢当"都是家居泰山的泰山石敢当的驻外大使。

三、抵御灾害

中国幅员辽阔,各地的自然条件不同,自然灾害频繁发生,对人类的生存带来了很大麻烦,尤其是在生产力水平相对低下的古代。人类童年时代产生、并影响至今的"自然崇拜"观念,就寓含着对自然特别是自然灾害的畏惧。控制自然灾害、征服自然灾害是先人们不懈地追求。中国古代的许许多多神祇都与控制或征服自然灾害有关,如尊大禹、尊龙王为神是因为他们能治水,尊妈祖为神是因她能治服海妖,尊后羿为神是因他能射日,尊精卫为神是因为他能填海,如此等等,不胜枚举。在这种历史文化背景下,有些山石就被赋予了抵御自然灾害的功能。

专管除旱降雨的神石。早在先秦时代,就有泰山为雨水之源之说。如《公羊传·僖公三十一年》讲:"泰山之云触石而生,肤寸而合,不崇朝而雨遍天下者,唯泰山尔。"至今泰山地区仍有民间谚语曰:"泰山盖帽,回家睡觉。"所谓"泰山盖帽"就是泰山顶上有云,马上就下雨了,赶快回家吧。唐《石敢当碑铭》所谓石敢当"厌灾殃",其中就包含着降水除旱和镇洪防洪的功能。祈求神石降水的民俗事项相当普遍:道藏本《搜神记》卷五中有一条材料讲:"(石神)庙在廉州(今广东省合浦县)之府城东,相传昔人有渔于海者,凡一磐石得潮而至,心知其为神。……凡水旱札瘥,祷之辄应。"任松如《水经注异闻录》上卷之二一五也记载了河南洛阳山上有一块石头能司职降雨:"……王隐《晋书》曰:惠帝使校尉陈总仲元,诣洛阳山请雨。总尽除小祀,惟存大石而祈之,七日大雨。"《晋书》还记载了这位陈总仲元,在洛阳山向大石祈雨成功后,又被请去终南山祈雨:"陈总迁殿中侍御史,遣诣终南山请雨。总先除小石祠,唯存大石一所而祈之。祈文曰:'峨峨大石,佐岳通理,含滋吐润,惠我四海'。"居住在四川省汶川、松潘一带的羌族也有向白石祈雨的习俗。

专司镇水的神石。台湾彰化西螺古镇,位于浊水溪南岸。大同路178号民宅旁有一座立于清道光七年(1827)高大的"泰山石敢当",是当地居民为了防堵水患而刻勒的,当地流传着一则与浊水溪北岸水尾村斗法的民间故事:相传山洪暴发,浊浪排空,水尾村安置法器红银水笔,导致浊水全部涌向南岸。西螺人也请来法师立了此座

---

[1] 陶阳等:《泰山民间故事大观》,文化艺术出版社,1984年,第199页。

高大的"泰山石敢当",使浊水逆转北岸,水尾村民则乘夜用黑狗血泼洒石敢当,顿时,鬼哭狼嚎,风雨交加,三天三夜乃止,浊水也复归了平静。至今西螺百姓仍对泰山石敢当虔诚祭拜。四川灌县(今都江堰市)的镇水神石——石犀、石人、石柱,与李冰治水有关,闻名中外。《水经注》《古今集记》及《华阳国志·蜀志》对此均有记载:"(李冰)于玉石女房下白沙邮作三石人,立水中,与江神约:水竭不至足,盛不没肩。"又载:"外作石犀五头以厌水精,穿石溪于江南,命曰犀牛里。后转置犀牛二头:一在府市市桥门,今所谓石门是也;一在渊中。"灌县宝瓶口离堆下,有一块石头露出,相传为李冰锁龙石,《灌县乡土志》有载:"离堆在城西角,李守所凿,下有深潭,冬日截江修堰,终古不涸。父老相传,为锁孽龙处。"用石人、石兽镇水和治水官员造石人、石兽,也得到了考古实物资料的证明:1974年3月3日,出土了传说中的李冰石像和另一尊没有刻字的石人像。李冰石像的胸部衣襟间刻有三行隶书文字:"建宁元年润月戊申朔二十五日,都水椽尹龙,长陈壹造三神石人,珍(镇)水万世焉。"这说明,这三尊石人造于公元168年(建宁元年),镇水目的甚明。

抵御风患的"风狮爷"。狮子的原产地并不在中国。生活于汉武帝时期的张骞,出使西域打通与西域各国的交往后,西域诸国的王者陆续向中国皇帝赠送狮子为礼物,狮子才在中国出现并得以繁殖生存。原产于西域的狮子来到中国之后,不仅使中国增加了一种新的动物,而且逐渐进入了中国人的民俗生活,成为中国人所喜爱的吉祥动物。李时珍《本草纲目》曰:"狮子出西域诸国,为百兽长。"这种观念的变化主要表现在两个方面:一是狮子普遍成为宫殿、城池、陵墓、宅第的守卫者;二是成为几乎遍及全国、主要是在春节前后广场演出的群众性文艺活动——狮子舞、狮子灯的重要角色。东南沿海一带特别是众多的岛屿,多为强劲季风气候,风患是危害当地居民最主要的自然灾害,为抵御风患,他们把狮子与石敢当结合起来,形成了抵御风患的"风狮爷"信仰习俗,如金门岛的村落入口、村郊、水池等地,普遍树立抵御风煞入侵的风狮爷。

四、平安大使

平安是中华民族的不懈追求,平安文化是中华传统文化最重要的组成部分,其影响至深至远,凡有华人的地方、凡受到中华文化影响的地方,都能看到平安文化的影响。我国历史上的秦汉首都叫"长安";泰山被赋予"国泰民安"的意蕴,泰山脚下的古城名曰"泰安"。泰山之"泰"字本来就有平安吉祥的涵义,典出《易经》之"履而泰,然后安"。其实早在距今8000年前,泰山在先民心目中就是平安之山了。距今8000年前冰河期的结束,导致华北大平原汪洋一片,惟独泰山成为"孤岛",就是这座"孤岛"

最为安全,救生灵于涂炭,留下了我们的"根"。进入阶级社会,泰山的地位逐渐抬升,把它看作是"国之镇山"。且不讲古有先秦七十二位君王巡守祭祀泰山之说,秦皇、汉武及其历代帝王封禅泰山,既有文献可考,也有实物证据。雄才大略的汉武帝还在泰山铸造了一尊大鼎,有《鼎铭》明确阐释了它的象征意义:"登于泰山,万寿无疆。四海宁谧,神鼎传芳。"如此泰山与石敢当结合在一起,不仅巩固了泰山的平安文化,同时也拓展了泰山的平安文化。

  自然的泰山是不可移动的,但泰山石是可以搬动的、携带的,把泰山石携带哪里,就等于泰山到了哪里,不方便运输携带者,在本地所产的石质材料上刻(写)有"泰山""泰山石"等字样也均有同样的功能。据叶涛所著《泰山石敢当》一书提供的图片可知,山东济南有"泰山石"碑刻,浙江温州有"泰山在此"碑刻,雷州半岛在石狗的底座上刻有"泰山"二字。[1] 泰山石敢当或曰石敢当被神话后,由于人们普遍渴求平安吉祥的心理需求,泰山石敢当信仰得以迅速和普遍的传播。1995年9月3日(台湾)《中国时报》(周刊)刊载的李金生的一篇文章题目即是《风狮爷长翅膀,石敢当走他乡》;1998年3月8日《台湾日报》刊发的廖本立的文章名曰《无声的保镖——泰山石敢当》。从这个意义讲,泰山石敢当是名副其实、尽职尽责的平安大使。由此说开去,内涵深邃的泰山石敢当信仰不仅具有平安文化的使用价值,而且还具有文化传承价值、民族认同价值、文化交流价值和艺术审美价值,它既是当今中国构建和谐社会的软实力所在,同时也是中华民族对世界人类的一大贡献。

参考文献:

[1] 叶涛:《泰山石敢当》,浙江人民出版社,2007年。
[2] 马昌仪、刘锡诚:《石与石神》,学苑出版社,1994年。
[3] 汤贵仁:《泰山封禅与祭祀》,齐鲁书社,2003年。
[4] 吕继祥:《古今民俗》,齐鲁书社,2000年。
[5] 刘慧:《泰山宗教研究》,文物出版社,1994年。
[6] 袁爱国:《泰山风俗》,济南出版社,2001年。
[7] 泰山风景名胜区管理委员会编:《泰山石敢当习俗》(首批国家级非物质文化遗产申报文本),2005年。
[8] 宫崎:《石敢当的现状》(日文),东京川新生社,昭和六十一年。

---

[1] 叶涛:《泰山石敢当》,浙江人民出版社,2007年,第126页、127页和131页。

泰山西王母信仰的起源与沿革

魏莉莉

(泰安市泰山文物考古研究所)

泰山王母池位于泰山南麓,环山路之北,东临梳洗河,西与老君堂(老子庙)为邻。西王母和碧霞元君是泰山两大女神信仰之一,由于资料极度匮乏,关于泰山西王母信仰的起源至今仍属泰山重大谜案。本文试从文献和考古资料入手,特对泰山西王母信仰的起源与沿革作如下探究。

一、泰山西王母信仰的起源

《山海经·西山经》记载:

又西北三百五十里,曰玉山,是西王母所居也。西王母其状如人,豹尾虎齿而善啸,蓬发戴胜,是司天(掌管天象)之后及五残(五残星)。[1]

《山海经·海内北经》记载:

西王母梯几而戴胜杖。其南有三青鸟,为西王母取食。在昆仑虚北。[2]

《竹书纪年·周穆王》记载:

十七年(前946年),王西征昆仑丘,见西王母。其年,西王母来朝,宾于昭宫。[3]

---

[1] (清)吴仁臣撰:《山海经广注》,中华书局,2020年,第92页。
[2] (清)吴仁臣撰:《山海经广注》,中华书局,2020年,第409页。
[3] 《中国古代文化丛书:竹书纪年》(古本整理版本),时代文艺出版社,2009年,第33页。

西周时期《穆天子传·卷三》记载:

> 吉日甲子。天子(穆王)宾于西王母。乃执白圭玄璧,以见西王母,好献锦组百纯……西王母再拜受之。乙丑,天子觞西王母于瑶池之上。[1]

综上,在《山海经》中西王母是神,"其状如人,豹尾虎齿而善啸";在《竹书纪年》和《穆天子传》中,西王母是周穆王时期居住在昆仑山一带的部落或方国首领。

到了汉代,西王母与统治者的神仙思想相结合,形成了对西王母的全面崇拜,《史记·司马相如列传》记载:"西望昆仑之轧沕慌忽兮……吾乃今目睹西王母矐(huò)然白首,戴胜而穴处兮,亦幸有三足乌为之使。必长生若此而不死兮,虽济万事不足以喜。"[2]至此,西王母从一个人兽不分的神仙演化为一个大众比较容易接受、专做善事的老妇人形象。

西王母的职司,据西汉中期哲学家焦赣撰《焦氏易林·卷一》记载:

> "稷为尧使,西见王母。拜请百福,赐我嘉子。"
> "安如泰山,禄佑屡臻。虽有豹虎,不敢危身。"
> "三人为旅,俱归北海。入门上堂,拜谒王母,劳赐我酒。"
> "患解忧除,王母相予。与喜俱来,使我安居。"
> "龙化为虎,泰山之阳。众多从者,莫敢救藏。"[3]

西王母在民间的信仰,最早见于《汉书·哀帝纪》:"(建平)四年(前9年)春,大旱。关东(函谷关以东)民传行西王母筹,经历郡国,西入关至京师。民又会聚祠(祭祀)西王母。"[4]在社会危机和天灾中,西王母是能除灾灭祸的救世主和带来吉祥的神人。祭祀西王母的礼制,据北宋李昉《太平御览·卷五百二十六·祭礼下》引《汉旧仪》记载:"祭西王母于石室,皆在所二千石、令长(秦汉时治万户以上县者为令,泛指县长)奉祠。"[5]石室即祭祀西王母的石屋或神龛,说明比较简陋;"令长奉祠"西王母,说明属于官方祭祀,祭祀规格比较高。

泰山西王母信仰,最早见于三国时曹植《仙人篇》诗:

> 仙人揽六箸,对博太山隅。

---

[1] 高永旺译注:《穆天子传》,中华书局,2019年,第92-93页。
[2] (西汉)司马迁:《史记》,台海出版社,2002年,第851页。
[3] (西汉)焦赣:《焦氏易林》,《丛书集成初编》,上海商务印书馆,1939年,第235页。
[4] (东汉)班固撰:《汉书》,中华书局,2007年,第87页。
[5] (宋)李昉:《太平御览》,四库全书刊本,第25页。

……
　　驱风游四海,东过王母庐。
　　俯观五岳间,人生如寄居。[1]

据山东省东阿县曹植墓开皇十三年(593年)立《曹植墓碑》记载,曹植于黄初"四年(223年)改封东阿王",《仙人篇》即写于此时,这是关于泰山西王母信仰最早的文字记载,王母庐位于今泰山老君堂处。[2]

王母庐的建筑规制,据《晋书·志第九·礼上》记载:"及(东晋)穆帝升平(357-361年)中,何琦论修五岳祠曰:晋末伍缉之《从刘武王西征记》述当时泰山'有上中下三庙,墙阙严整。'"[3]北魏末郦道元《水经注·卷二十四》进一步记载:"《从征记》曰:泰山有下中上三庙,(泰山庙)墙阙严整……中庙(王母庐)去下庙五里,屋宇又崇丽于下庙。"[4]

二、泰山王母庐的沿革

(一) 武定六年(548年)王母庐改为泰山岱岳寺

《魏书·释老志十第二十》记载:

　　迁洛(今河南洛阳)移邺(东魏都城),踵如故事。其道坛在南郊,方二步,以正月七日、七月七日、十月十五日,坛主、道士、高人一百六人,以行拜祠之礼。诸道士罕能精至,又无才术可高。武定六年(548年),有司执奏罢之。其有道术,如河东张远游、河间赵静通等,齐文襄王(高澄)别置馆京师而礼接焉。[5]

司马光《资治通鉴·卷第一百六十一》记载:

　　五四八年秋七月"乙卯,东魏大将军澄(高欢之子高澄)朝于邺。以道士多伪滥,始罢南郊道坛。"[6]

《资治通鉴·卷第一百六十六》还记载:

---

[1] 马铭初等:《岱史校注》,青岛海洋大学出版社,1992年,第197-198页。
[2] 温兆金:《揭秘泰山双束碑》,《大众日报》2015年5月27日。
[3] (唐)房玄龄:《晋书》,《武英殿二十四史》,第21页。
[4] 陈桥驿:《水经注校证》,中华书局,2007年,第580页。
[5] (北齐)魏收:《魏书》,中华书局,1974年,第3055页。
[6] (宋)司马光:《资治通鉴》(三),岳麓书社,1990年,第85页。

五五五年八月"齐主(高洋)还邺,以佛、道二教不同,欲去其一,集二家学者论难于前,遂敕道士皆剃发为沙门;有不从者,杀四人,乃奉命。于是齐(北齐)境皆无道士。"[1]

至此,北齐境内道教场所全被取缔,在这一历史背景下,泰山王母庐也不得不改为泰山岱岳寺。(隋)费长房撰《历代三宝记·卷十二》记载:隋开皇元年(581年),隋文帝令"五岳之下,宜各置僧寺一所"。[2] 又据《续高僧传·卷二十六·释慧重传》记载:

仁寿(601年)置塔,敕召(慧重)送舍利于泰山之岱岳寺。初至放光,乃至入塔,相续流照。岳(泰山)上白气三道下流,至于基所(塔基)。岳神庙(岱庙)门无故自开,如是者三。识者以为神灵归敬故也。[3]

据考证,今岱庙石经幢即隋文帝仁寿置塔(图一)。[4]

图一

(二) 唐显庆六年(661年)岱岳寺改为岱岳观

《旧唐书·本纪第六·则天皇后》记载:

永徽六年(655年),废王皇后而立武宸妃(武则天)为皇后。高宗称天皇,武后亦称天后。后素多智计,兼涉文史。帝自显庆(656-661年)已后,多苦风疾,百司表奏,皆委天后(武则天)详决。自此内辅国政数十年,威势与帝无异,当时称为"二圣"。[5]

"双束碑"最早的唐显庆六年(661年)造像记载:

---

[1] (宋)司马光:《资治通鉴》(三),岳麓书社,1990年,第147页。
[2] 大正一切经刊行会:《大正新修大藏经》,(台湾)新文丰出版公司,1983年,第49册,第107页。
[3] (唐)道宣撰,郭绍林点校:《续高僧传》,中华书局,2014年,第1090页。
[4] 温兆金:《泰山岱庙石经幢应是隋文帝"仁寿置塔"》,《中国文物报》2018年4月20日第4版。
[5] (后晋)刘昫等撰,(后晋)赵莹编修,刘毅整理:《旧唐书·则天皇后本纪六》,北京燕山出版社,2010年,第37页。

显庆六年二月廿二日,敕使东岳先生郭行真,弟子陈兰茂、杜知古、马知止,奉为皇帝(李治)、皇后(武则天)七日行道,并造素像一躯,二真人夹侍。[1]

为皇帝、皇后造像显然是正殿主神,这说明在造像前主殿已存在,也就是说现在只是把原岱岳寺的佛教造像改为道教造像而已。

又据周天授二年(691年)造像记载:

奉圣神皇帝(武则天)敕,缘大周革命,令元贞往五岳四渎投龙作功德。元贞于此东岳行道,章醮投龙,作功德一十二日夜。又奉敕敬造石元始天尊像一铺,并二真人夹侍,永此岱岳观中供养。[2]

元始天尊为正殿主神,这是"岱岳观"第一次在双束碑中出现。

周圣历元年(698年)造像记载:

奉为天册金轮圣神皇帝(武则天尊号),敬造等身老君(老子)像壹躯,并贰真人夹侍。[3]

至此,老子成为岱岳观的主神。

周长安元年(701年)造像记载:

奉十一月七日敕……又于观(岱岳观)侧灵场之所(今泰山王母池处),设五岳一百廿盘醮礼,金龙玉璧并投山讫。又用镇彩纹缯敬造东方玉宝皇上天尊一铺,并二真人仙童玉女等夹侍,□□□□供养。[4]

上文"又于观(岱岳观)侧灵场之所",今泰山王母池即创建于此时。

三、泰山王母池的创建与沿革

王母池创建于周长安元年(701年),原属岱岳观的附属建筑,后改祀西王母,天

---

[1] 宿基国等:《泰山鸳鸯碑布局之谜》,《泰山文博研究》,山东书画出版社,2008年,第215页。
[2] 宿基国等:《泰山鸳鸯碑布局之谜》,《泰山文博研究》,山东书画出版社,2008年,第220-221页。
[3] 宿基国等:《泰山鸳鸯碑布局之谜》,《泰山文博研究》,山东书画出版社,2008年,第233-234页。
[4] 宿基国等:《泰山鸳鸯碑布局之谜》,《泰山文博研究》,山东书画出版社,2008年,第222页。

宝元年(742年)李白登泰山诗云:"朝饮王母池,暝投天门(南天门)阙"。[1]

"双束碑"唐大历七年(772年)斋醮记载:

> 奉敕于岱岳观修金录斋醮,及于瑶池(泰山王母池)投告事毕,故题记。[2]

岱岳观、瑶池(王母池)第一次同时出现在双束碑题记中,从此岱岳观、瑶池(王母池)各有所指。

"双束碑"唐大历十四年(779年)王圆、冯珣(xún)、王昌宇等题名记载:"同登岱岳……因憩于王母池。"[3]

刘禹锡(772-842年)《送东岳(泰山)张炼师》诗云:

> 东岳真人张炼师,高情淡雅世间稀。
> 堪为烈女书青简,久事元君住翠微。[4]

上文"元君"即西王母,"翠微"指王母池。

今王母池山门内池北洞内《重修王母殿碑》,为宋代皇佑五年(1053年)所立,碑文虽不可读,但完全可以断定此时王母池的正殿为王母殿,主祀西王母。

《岱史·第十八卷·袭庆守钱伯言游览记》记载:

> 宣和己亥(1119年)九月二十四日,面奉玉音,至奉符(今泰安)催视岳祠(今岱庙)。后一月……谒岱岳观,留连池(王母池)上。[5]

上文"留连池上",即游览王母池。

据《岱史·第九卷·灵宇纪·至元碑刻禁约》记载:

> 泰安州准东岳提点监修官牒开称:"……东本州城北岱岳庙(岱岳观)系中庙……左侧西王母殿宇(今王母池)经毁不存……"当职。准此。……至元二十九年(1292年)九月日榜。[6]

"西王母殿宇(今王母池)经毁不存",说明西王母信仰已中止多年。

据《岱史·第十八卷·登览志·登泰山记》记载:

---

[1] 马铭初等:《岱史校注》,青岛海洋大学出版社,1992年,第199页。
[2] 宿基国等:《泰山鸳鸯碑布局之谜》,《泰山文博研究》,山东书画出版社,2008年,第236-237页。
[3] 宿基国等:《泰山鸳鸯碑布局之谜》,《泰山文博研究》,山东书画出版社,2008年,第232页。
[4] (清)蘅塘退士编、曹敏行译注:《唐诗三百首》,江西人民出版社,2016年,第190页。
[5] 马铭初等:《岱史校注》,青岛海洋大学出版社,1992年,第350页。
[6] 马铭初等:《岱史校注》,青岛海洋大学出版社,1992年,第140页。

>　　成化（元年）乙酉（1465年）春……是岁三月朔……回抵泰州公馆夜酌。……北行二里，过白鹤泉，泉出石罅……从西折北二里，有王母池，泉甘而冽，滇沸怜澈，不竭不溢……又北五十余步，曰吕岩（位于今七真殿处），有吕仙石像。[1]

上文仅记"有王母池（王母泉）"，说明此时西王母殿仍未修复。

据位于王母池山门内东侧清乾隆四十八年（1783年）立的《合山（合祭泰山）会记碑》记载：

>　　等会也，合山以名；非事游观也，虔奉祷祀也。……谒王母池建醮已经十五年余（1768年），恐久远难继，谨勒石以遗方来。[2]

从上文"谒王母池建醮已经十五年余"来推算，合山会约始于乾隆三十三年（1768年），这说明"西王母殿宇经毁不存"的王母池已被修复，同时增建东西配殿，供奉药王孙思邈，今王母池建制基本形成。

综上所述，泰山西王母信仰发端于两汉之际，王母庐原位于今老君堂，武定六年（548年）王母庐改为岱岳寺，唐显庆六年（661年）岱岳寺又改为岱岳观。今王母池创建于周长安元年（701年），原属岱岳观附属建筑，后改祀西王母，历经唐、宋、元、明、清，时废时兴，延续至今。

---

[1] 马铭初等：《岱史校注》，青岛海洋大学出版社，1992年，第351-352页。
[2] 张用衡著：《泰山石刻全解》，山东友谊出版社，2015年，第1304页。

碧霞元君信仰的起源与碧霞祠创建

魏莉莉

(泰安市泰山文物考古研究所)

碧霞元君又称泰山老母,是泰山乃至全国比较有影响的女神之一,碧霞元君信仰发端于泰山岱顶,碧霞祠是奉祀碧霞元君的祖庭。

一、岱顶最早的女神信仰

岱顶最早的女神信仰,据东汉光武帝刘秀泰山封禅的先从官马第伯撰《封禅仪记》记载:

> (二月)十五日,始斋。……是朝上山……早食上,晡(下午3时至5时)后到天门郭(今南天门)……东上一里余,得木甲。木甲者,武帝时神也。[1]

木甲的具体位置,《泰山道里记》记载:

> (南天门)东为天街,庐而市者可三十家。劭(应劭)所谓《汉官仪》:"东上一里,得木申。木甲者,武帝时神也。"是其地矣。[2]

上文"木甲者,武帝时神也",即木雕汉武帝时神像,据《史记·孝武本纪》记载:

> 孝武皇帝(汉武帝)初即位,尤敬鬼神之祀。……后六年,窦太后(?-前135年)崩。其明年,上徵文学之士公孙弘等。明年,上(汉武帝)初至雍(雍城遗址位

---

[1] 周谦、吕继祥主编:《泰山古今游记选注》,山东人民出版社,1987年,第2页。
[2] (清)聂剑光著:《泰山道里记》,山东友谊书社,1987年,第15页。

于今宝鸡市凤翔县),郊见五畤(秦汉时祭祀天帝的祭坛)。后常三岁一郊。是时上(汉武帝)求神君,舍之(供奉)上林(上林苑)中汜(fán,姓)氏观(道观)。神君者,长陵女子,以子死悲哀,故见神于先后(妯娌)宛若。宛若祠(祭祀)之其室,民多往祠(祭祀)。平原君(汉武帝外祖母)往祠,其后子孙以尊显。及武帝即位,则厚礼置祠之内(皇宫)中,闻其言,不见其人云。[1]

据上,"神君"信仰始于汉武帝,其职司是祭祀之后"子孙以尊显"。泰山"神君"信仰始于何时无从考证,自光武帝泰山封禅后,也未发现岱顶神君信仰的文字信息。

二、北宋之前岱顶未发现祭祀性宫室建筑

《晋书·志第九·礼上》记载:

及(东晋)穆帝升平(357-361年)中,何琦论修五岳祠曰:晋末伍缉之《从刘武王西征记》述当时泰山"有上中下三庙,墙阙严整。庙(泰山庙)中柏树夹两阶,大二十余围,盖汉武帝所植也。……门阁三重,楼榭四所,三层坛一所。"[2]

北魏晚期郦道元著《水经注·卷二十四》进一步记载:

《从征记》曰:泰山有下中上三庙,(泰山庙)墙阙严整……中庙(王母庐)去下庙五里,屋宇又崇丽于下庙……上庙在山顶,即封禅处也(岱顶古登封台)。[3]

《旧唐书·志·卷三·礼仪三》记载:

封禅之礼,自汉光武之后,旷世不修。隋开皇十四年(公元594年),晋王广率百官抗表,固请封禅。文帝令牛弘、辛彦之、许善心等创定仪注。至(开皇)十五年(公元595年),行幸兖州,遂于太山之下,为坛设祭,如南郊之礼,竟不升山而还。[4]

直到北宋真宗泰山封禅,也未发现岱顶有祭祀性宫室建筑的记载和实物资料。

---

[1] (西汉)司马迁撰:《史记》,台海出版社,1997年,第83页。
[2] (唐)房玄龄等著:《晋书》,《武英殿二十四史》,第21页。
[3] (北魏)郦道元著,陈桥驿校证:《水经注校证》,中华书局,2007年,第580页。
[4] (后晋)刘昫等撰:《旧唐书》,中华书局,1975年,第881页。

三、岱顶玉女信仰

泰山顶玉女信仰最早见于大中祥符二年(1009年)《禅社首坛颂碑》铭文:"惠洽于人,虽小不舍,新玉女之像是也。"[1] "玉女之像"即泰山玉女之像,关于其来历宋元时期马端临编撰《文献通考·卷九十·郊社考二十三》记载:

> 泰山玉女池(位于岱顶碧霞祠西墙外)在太平顶,池侧有石像(玉女像),泉源素壅而浊。东封(宋真宗封禅)先营顿置,泉忽湍涌,上徒升山,其流自广,清泠可鉴,味甚甘美。经度制置使王钦若请浚治之。像颇摧折(风化极为严重),诏皇城使刘承珪易(改为)以玉石(玉石像)。既成,上(宋真宗)与近臣临观,遣使凿(凿刻)石为龛,奉置旧所(原来的地方),令(王)钦若致祭,上(宋真宗)为作记。[2]

据上文,"玉女池(泉)"因"池侧有(玉女)石像"而得名(图一),石像即泰山玉女石

图一

---

[1] 姜丰荣编著:《泰山历代石刻选注》,青岛海洋大学出版社,1993年,第197页。
[2] (元)马端临撰:《文献通考》(卷九十·郊社考),中华书局,1986年。

雕;由于宋真宗封禅,泰山玉女从露天石像——玉像——砻石为龛以祭之的演变,文献记载甚详。据笔者实地考察,在创建碧霞祠之前,今玉女池是登岱顶的必由之路,另据马第伯撰《封禅仪记》记载"山南胁(同肋)神泉,饮之极清美利人"。[1]"神泉"即今"玉女池(泉)",可见,玉女信仰明显晚于光武帝泰山封禅时的神君信仰。再从玉女石像的形制、安放位置来看,玉女和神君信仰均属民间信仰,"像颇摧折"说明玉女信仰也比较久远,在同一区域、同一信仰应有连续性,据此推断,与始于两汉之际的岱麓西王母信仰一样,[2]玉女信仰应是神君信仰的延续。

宋嘉祐(1056 - 1063 年)时王山撰《盈盈传》记载:

> (泰山)绝顶有玉女池在焉。石螮潆瀯,湛然镜清。州人重之,每岁无贵贱皆往祠谒(祭祀)。[3]

宋邵伯温(1055 - 1134 年)在《邵氏闻见录》中记载:

> 昔(元祐间)罢兖(兖州)曹(今曹县),与一二友祠(进香)岱岳(泰山)。因登绝顶,行四十里,宿野人(指住山之人)之庐。前有药灶地,多鬼箭、天麻、玄参之类。将五鼓初,各仗策而东,仅一二里,至太平顶,丛木中有真宗东封坛遗址。拥褐(粗布衣)而坐,以伺日出。[4]

据上,宋嘉祐(1056 - 1063 年)时,"砻石为龛"祭祀玉女仍是主要形式。

四、碧霞祠的创建与沿革

(一) 北宋岱庙创建玉女祠

据岱顶刘衮题名刻石记载:

> 兖海守刘衮奉诏祈雪,次谒玉女祠,率巡山刘孟、邑令林会登二绝顶,临四观,遍览胜概。元祐丁卯(1087 年)孟春三日。[5]

---

[1] 周谦、吕继祥主编:《泰山古今游记选注》,山东人民出版社,1987 年,第 3 页。
[2] 温兆金等:《泰山岱庙石经幢应是隋文帝"仁寿置塔"》,《中国文物报》2018 年 4 月 20 日,第 4 版。
[3] (宋)李献民编:《云斋广录》(卷九),中华书局,1997 年,第 70 页。
[4] 周谦、吕继祥主编:《泰山古今游记选注》,山东人民出版社,1987 年,第 8 页。
[5] 张用衡著:《泰山石刻全解》,山东友谊出版社,2015 年,第 985 页。

上文"奉诏祈雪"在今岱庙，"次谒玉女祠"说明玉女祠距今岱庙不远或就在岱庙内。田承军撰《碧霞元君与碧霞元君庙》记载：

> 泰山岱庙有一《东岳元君香火社碑》拓片，碑文已漫漶不清，但可见碑文开头是"碧霞元君香火"，碑文有"知人命长短""山西"等字；立碑时间是"大宋辛酉岁冬十月望后"，树碑者中有"东阿社"等字样。大宋应是北宋，而北宋的辛酉年共3个：961年、1021年、1081年。[1]

此碑应立于1081年，这说明此时今岱庙内建有"玉女祠"。另据赵鼎臣撰《游山录》记载：

> 政和甲午（1114年）夏四月，余与犹子（侄子）奕祖德，将诣（到）奉高（今泰安）……至奉符县馆于西寺，己未复谒岳帝祠（今岱庙）下，周览庙貌久之，至炳灵公祠，因游玉女池，池水尽竭，出败楮钱（祭祀时焚化的纸钱）如山。邂逅县尉曹余庆者，语余云"岁至四月八日，则四方之来者益希，因决水取池中所投物，籍而归之观（应指"玉女祠"）中。县吏察焉，仆为是来也。"余问以今岁所得，曰"凡得黄金二百铢有奇，白金数倍其重，缣缯衣服，下至袜履，亦数百"云。[2]

"至炳灵公祠，因游玉女池""籍而归之观（玉女祠）中"，说明直到北宋末期玉女祠还存在。

（二）金代岱顶创建玉仙祠

清人阮元撰《山左金石志·卷十七》金代题名记载：

> 皇姑濮国大长公主奉命同驸马濬州防御蒲察敬诣岱岳（泰山神），焚香礼毕。明日，遂登绝顶，拜于玉仙祠下。时明昌元年（1190年）三月十二日。[3]

"拜于玉仙祠下"，说明此时岱顶已有了祭祀泰山玉女的宫室建筑。

（三）元代张志纯"大新玉女（仙）祠"后改称昭真观

泰山南天门下《天门铭》刻石记载：

> 泰山天门（今南天门）无室宇尚也。布山张炼师（张志纯，元代著名道士）为

---

[1] 田承军：《碧霞元君与碧霞元君庙》，《史学月刊》2004年第4期。
[2] 枣林庄、刘琳：《全宋文》（卷二九八三），上海辞书出版社、安徽教育出版社，2006年，第138册，第246页。
[3] 毕沅、阮元：《山左金石志》，《卷十七·历代碑志丛书》（第15册），江苏古籍出版社，1998年。

之经构,累岁乃成,可谓破天荒者也,齐人杜仁杰于是乎铭之。[1]

杜仁杰(约 1201-1282 年)在为张志纯撰写的《泰安阜上张氏先茔记》记载:

> 经构迄今三十余年无空日,故自绝顶大新玉女祠(玉仙祠),倍于故殿三之二,取东海白玉石为像如人然,一称殿之广袤。天门(南天门)旧无屋,又创立之。[2]

上文说明,南天门创建略晚于玉女祠。杜仁杰在《东平张宣慰登泰山纪略》中记载:

> 以至元(1264 年)重九(重阳节)前三日……薄暮至绝顶……日没少顷,寒气已逼人,如仲冬时。从者燎薪围坐以待旦。参逈中,公起步,自(岱顶)玉女池登日观峰。[3]

杜仁杰这次登泰山在至元元年(1264 年),当时"玉仙祠"还在改、扩建中,所以不具备接待条件,这是造成杜仁杰一行夜宿玉女池的重要原因。"大新玉女祠",在中统五年(1264 年)《天门铭》刻石后有"昭真观主翟庆真同立"的题记,昭真观即"大新玉女祠"之后的称谓。"玉仙(女)祠"属民间祠祀建筑,"昭真观"则属道教建筑,从此开始,民间信仰的泰山"玉女"也就成为道教尊神了。

《明英宗实录·卷一三三》记载:

> 正统十年(1445 年)九月乙亥山东济南府泰安州道正司奏:"东岳泰山上有昭真等宫观,俱系历代古迹神祠,年久损坏,乞赐修葺。"从之。[4]

"泰山上有昭真等宫观"说明昭真观直到此时的称谓仍未改变。

(四)天顺五年(1461 年)重修昭真观后改称昭真祠

明许彬在天顺五年(1461 年)撰写的《重修玉女祠记》记载:

> 予自永乐九年(1411 年)发解山东,还登此山(泰山),距今五十有一年。为天顺辛巳(1461 年),又得陪巡按山东监察御史康骥德良、按察使王铖世昌同一

---

[1] 张用衡著:《泰山石刻全解》,山东友谊出版社,2015 年,第 950-951 页。
[2] 陈垣编纂:《道家金石略》,文物出版社,1988 年,第 496 页。
[3] 马铭初等:《岱史校注》,青岛海洋大学出版社,1992 年,第 351 页。
[4] 周郢:《泰山碧霞元君祭:从民间祭祀到国家祭祀——以清代"四月十八日遣祭"为中心》,《民俗研究》2012 年第 5 期。

登览,瞻(游览)泰山天仙玉女碧霞元君之神。[1]

明成化朝尹龙1479年撰《重修泰山顶庙记》记载:

"昭真祠在泰山绝顶,世传谓。圣天子(明宪宗)御极十有五年(1479年),命太监陈喜来修祀事(祭祀)。明年,诏修是祠,即故址增饰之。祠殿为间者五,以奉元君;左右回廊各三间,则护从之神居焉。神道有门,钟鼓有楼。""维我列圣,每遇登极,必遣廷臣以祀方岳(泰山),又时命中贵有事于祠(昭真祠)。"[2]

据上,天顺五年(1461年)重修昭真观后改称昭真祠。

(五)弘治八年(1495年)重修昭真祠后改称碧霞灵应宫

徐溥于弘治八年(1495年)撰《重修碧霞灵应宫记》记载:

弘治八年(1495年)春正月,巡抚山东都御史熊公翀言:泰山绝顶碧霞灵应宫毁于火,宜治。事下户部议,谓泰岳有生物功,凡祠关祀典者不宜不饬。且神以灵故,四方奔走士女操金帛为祷祈者,岁所积甚夥。宜令按察宪臣籍之,以为工费。诏可。[3]

"碧霞灵应宫"应为这次重修后的新名称,关于这次重修后的建筑形制,据红门景区元君殿东刻于明弘治十年(1497年)的《重修碧霞灵应宫记碑》记载:

弘治八年(1495年)春正月,巡抚山东□察院昭金都御史熊公翀,言泰山绝顶旧有碧霞灵应宫,祀天仙玉女之神,封为碧霞元君者,毁于火,宜治。……工役既集,卜日治事,凡为正祠五间,为左右配享之祠各三,为从神之祠各一,为钟鼓之楼者亦如□焉。□于圣水之祠一,为道院二,区其东为间十有七,其西加二。为官使之厅九,畜牲之房加一。为门之间三,绰楔二。其为庙之貌,抟埴、彩绘、袍笏、簪佩之服皆□,栋宇、翠题、木石、瓴甓、丹垩之物,无不具者。凡为间八十九,凡用银以两计者七千三百有奇,为夫若干而成。熊公乃致书京师,请予记。[4]

(六)弘治十六年(1503年)始遣官致祭成为定制

现存最早的御祭元君文为弘治朝明孝宗之作:

---

[1] 弘治《泰安州志》卷六《文》。
[2] (明)汪子卿撰,周郢校证:《泰山志校证》,黄山书社,2006年,第236页。
[3] (明)汪子卿撰,周郢校证:《泰山志校证》,黄山书社,2006年,第237页。
[4] 张用衡著:《泰山石刻全解》,山东友谊出版社,2015年,第796页。

> 维弘治十六年(1503年)岁次癸亥正月朔初一日己巳,皇帝遣御马监太监苗逵,致祭于碧霞元君曰:懿德含弘,仁慈广霈,佑苍生于寿域,鼓群品以沾依。兹因眇躬,偶爽调摄,敬祈圣力,永佑康宁。特以香帛,用伸告祭,益彰灵应,福佑家邦。谨告。[1]

明人马一龙撰《东封纪略》记载:

> 章圣太后正德间(1506-1521年)方遣一武臣进香,而天下自是盛行。[2]

嘉靖(1522-1566年)时皇太后也以皇帝无子,遣外戚致祭元君,有祈神"默运化机,俾子孙发育,早锡元良"[3]的记载。

(七)嘉靖晚期致祭元君达到顶峰

碧霞元君信仰由于皇家的参与,影响日趋扩大,带动广大民间信士的广泛参与。明王世贞在《游泰山记》中记载:

> 余自戊午(嘉靖三十七年)己未(嘉靖三十八年)间(1558-1559年),有事于泰山者三而其稍可纪者第二游也。其初为正月晦……三鼓起,启堂之北扉而望,若曳匹练者,自山址上至绝顶,又似聚萤数百斛囊中,光熠耀不定。问之,乃以兹时士女礼元君灯,鱼贯而上者也。其颂祝亦隐隐可听云……
>
> 至六月朔,偕御史段君按部泰安,段君约以三日登……自是为十八盘者三,而穿中窦曰天门(泰山南天门)……行可里许,为元君祠,元君者,不知其所由始,或曰即华山玉女也,天下之祝釐祝福者趣焉。祠宇颇瑰伟,而岁所入香缗以万计,用供县官匪颁。其右为御史所栖。[4]

三阳观万历十七年(1589年),道士昝复明立《皇醮碑记》记载:

> 钦差乾清宫近侍、御马监(管理御用兵符)太监樊腾,遵奉大明皇贵妃郑淑旨(郑贵妃),敬诣(yì,到)东岳泰山顶圣母娘娘(岱顶碧霞祠)陛前,虔修醮(jiào,祭神)典,遍礼诸圣。[5]

---

[1] (明)汪子卿撰,周郢校证:《泰山志校证》,黄山书社,2006年,第239页。
[2] (明)马一龙撰:《玉华子游艺集》(卷十九),《北京图书馆古籍珍本丛刊》第108册,第692页,书目文献出版社,1992年。
[3] 马铭初等:《岱史校注》,青岛海洋大学出版社,1992年,第149页。
[4] 马铭初等:《岱史校注》,青岛海洋大学出版社,1992年,第365-366页。
[5] 张用衡著:《泰山石刻全解》,山东友谊出版社,2015年,第1497页。

万历二十一年(1593年)《东岳碧霞宫碑》记载：

> 齐鲁道中,顶斋戒弥陀者声闻数千里,策敝足茧而犹不休,问之,曰:"有事于碧霞",问故,曰:"元君能为众生造福如其愿",贫者愿富,疾者愿安,耕者愿岁,贾者愿息,祈生者愿年,未子者愿嗣,子为亲愿,弟为兄愿,亲戚相厚,靡不交相愿。而神亦靡诚弗应。[1]

(八) 万历二十二年(1594年)始开遥叩元君之先例

三阳观万历二十二年(1594年)畓复明立《皇醮碑记》之二记载：

> 钦差乾清宫近侍、御马、尚膳监(掌皇帝及宫廷膳食及筵宴等事)太监曹奉、李奉,今承明旨,遥叩(遥拜)泰山顶上圣母娘娘,进香遍礼诸神。[2]

三阳观万历二十四年(1596年)畓復明立《皇醮碑记》之三记载：

> 钦差乾清宫近侍、□□监太监□曾,今奉明旨,遥叩泰山顶上圣母娘娘(碧霞元君),敬神拜献,遥礼诸神。[3]

三阳观万历二十七年(1599年)《皇醮摩崖刻石》记载：

> 钦差乾清宫近侍,□□□太监王朴、刘超□、□□□,明旨遥叩……泰山……[4]

(九) 乾隆六年(1741年)重修碧霞灵应宫后改称碧霞宫

清道光八年(1828年)徐宗干《泰山玉印记碑》记载：

> 山顶碧霞祠旧有玉印……乾隆庚申(1740年)祠毁于火,移贮县库。[5]

碧霞祠乾隆六年(1741年)《重建泰山神庙碑》记载：

> 粤以乾隆六年(1741年),特遣专官,董建灵宇,殿庭廊庑、门序观阙,崇闳壮丽,鸟斯革,翚(huī)斯飞(宫室宽广犹似鸟展翅),眈眈翼翼,琉璃丹碧,辉映日星,黼(fǔ,帝座)座、璇题、像设、神御穆然,其容范金惟肖。山半为香亭,宝鼎中

---

[1] 王锡爵:《东岳碧霞宫碑》,《重修泰安县志》(卷十四),1929年刊本。
[2] 张用衡著:《泰山石刻全解》,山东友谊出版社,2015年,第1498页。
[3] 张用衡著:《泰山石刻全解》,山东友谊出版社,2015年,第1499页。
[4] 张用衡著:《泰山石刻全解》,山东友谊出版社,2015年,第1499页。
[5] 张用衡著:《泰山石刻全解》,山东友谊出版社,2015年,第173页。

峙,覆以重檐,载陟斯憩,兴仰止焉。鸠役庀材,胥出内帑,公旬不劳,经费不损,凡土木之工若干,阅期有六旬而竣。[1]

《乾隆帝起居注》记载:

> 乾隆十三年(1748年)"二十九日癸未……登岱……至朝阳洞、碧霞宫、东岳庙、青帝宫、玉皇顶诸处拈香。""三十日甲申,上诣碧霞宫、关帝庙拈香。""三月初一日乙酉,上诣碧霞宫、朝阳洞诸处拈香。"[2]

据上,乾隆六年(1741年)重修"碧霞灵应宫"后改称碧霞宫。

(十) 乾隆三十五年(1770年)重修碧霞宫后改称碧霞元君庙

据碧霞祠《重修碧霞元君庙碑》记载:

> 亿兆人奔走奉事碧霞元君之神……是庙自辛酉(即乾隆六年)鼎新,距今垂三十载,因敕工官,往会所司,支内帑金,庀材增葺,闳垲(hóng kǎi,闳,宏大;垲,地势高而干燥)完致,所以答神贶,所以祈神禧,胥于是焉。在其经始,则己丑(乾隆三十四年,公元1769年)季春。其蒇(chǎn,完成)成,则庚寅(乾隆三十五年,公元1770年)孟冬也。[3]

清吴振棫《养吉斋丛录·卷七》记载:

> 太山碧霞元君庙,旧时派御前侍卫,或乾清门侍卫前往进香,后颇有骚扰驿站者。嘉庆六年后,惟派内务府司员一人,赍香供至山东省城,交巡抚祇领。司员即日出城。四月十四日,或巡抚或司道一员,齐诣太山。十六日到山,十八日行礼。[4]

(十一) 道光五年(1825年)重修碧霞元君庙后改称碧霞祠

碧霞祠道光五年(1825年)《重修岱顶碧霞祠记碑》记载:

> 今岁孟夏既望,额奉御香,修吉礼。周视祠宇,殿角残缺,西庑就圮,然未合,遽请帑金专章入告也。命有司即时营缮。谨计庸庀材,群力交赞,击鼛(鼓)董勤,

---

[1] 张用衡著:《泰山石刻全解》,山东友谊出版社,2015年,第999页。
[2] 周郢:《泰山碧霞元君祭:从民间祭祀到国家祭祀——以清代"四月十八日遣祭"为中心》,《民俗研究》2012年第5期。
[3] 张用衡著:《泰山石刻全解》,山东友谊出版社,2015年,第1007页。
[4] (清)吴振棫撰:《养吉斋丛录》,北京古籍出版社,1983年,第72页。

不怼于素,□若髧(dàn,形容兢兢业业)若,孔安孔固,于以钦崇秩祀,为吾民邀景贶而膺介祉也。[1]

另据碧霞祠道光十五年(1835年)《重修泰山碧霞祠记碑》记载:

> 山之巅故有碧霞元君神祠……乃于甲午七月廿有二日大兴工作……为大殿、为配殿、为御碑之亭、为神楼、为石台、为石沟、为山门、为钟楼、为戏楼、为神门、为道房、为朝房、为垣,凡十八所。……乙未七月廿又二日工竣,故迹旧新,堕败悉整,山之百灵要眇,惝恍(chǎng huǎng,不愉快)群从元君,胒蚃(xī xiǎng,联绵不绝)来会。[2]

五、结　语

综上所述,岱顶女神信仰始于汉武帝时期"神君","玉女"信仰应为"神君"信仰之延续;宋真宗泰山封禅,从露天祭祀石雕玉女演变为"砻石为龛"祭祀玉雕玉女;哲宗元祐年间在今岱庙创建玉女祠;金代在岱顶创建玉仙祠;元代张志纯"大新玉女(仙)祠"后改称昭真观;天顺五年(1461年)重修昭真观后,改称昭真祠;弘治八年(1495年)重修昭真祠后,改称碧霞灵应宫;万历二十二年(1594年)始开"遥叩"碧霞元君之先例;乾隆六年(1741年)重修碧霞灵应宫后改称碧霞宫;乾隆三十五年(1770年)重修碧霞宫后改称碧霞元君庙;道光五年(1825年)重修碧霞元君庙后改称碧霞祠。

---

[1] 张用衡著:《泰山石刻全解》,山东友谊出版社,2015年,第988-989页。
[2] 张用衡著:《泰山石刻全解》,山东友谊出版社,2015年,第993-994页。

泰山崇奉老子三题

张 琰

(泰山学院)

泰山贵为五岳之首,儒释道并举,既有孔子之祭,又有佛老之庙宇。据现存史料,泰山最早祭祀老子之地为创建于泰山东南麓的老君堂,之后对老子的祭祀深入泰山支脉。本文拟在学界研究的基础上,爬梳现存泰山文献,梳理泰山崇祀老子的遗迹及其历史沿革等。

一、白 鹤 宫

乾封元年(666年)正月,唐高宗、武则天封禅泰山,行封天之礼时,白鹤云集封禅坛,唐高宗下诏令天下诸州各建道观一所,名"白鹤",以祀老子。关于此事,杜光庭《道教灵验记》卷三《宫观灵验》言:"古老云:天皇大帝封禅东岳,鹤集于封坛之上,敕天下置观,以白鹤为名。"[1]庐山白鹤观、[2]赤城白鹤观、[3]北庭白鹤

---

[1] 陶敏主编:《全唐五代笔记》,三秦出版社,2012年,第2647页。
[2] 《重修庐山白鹤观记》言:"庐山五老峰前有白鹤观,道士刘混成骑鹤飞升处也。唐高宗敕建此观,而宋学士苏瞻常独游此,观棋有诗。"(王思任著,李鸣注评:《王思任小品全集详注》,北京联合出版社,2018年,第155页。)
[3] 《嘉定赤城志·宫观》记载:"天庆观,在州东北一里一百步,面挹双峰,背负重冈,号城阙胜地。旧名白鹤观。按尤守袤《昊天殿记》未详建立岁月。夏英公竦《三官堂碑》云'因茅盈驾鹤上仙故名'。然按杜光庭《灵验记》云:'天皇东封,鹤集其坛,俾诸州为老子筑宫,号以白鹤。'陈师道《诗话》亦曰:'唐高宗东封有鹤下焉,乃诏诸州为老子筑宫,以白鹤为名。'此建观之始,夏说误也。"(陈耆卿纂、徐三见点校:《嘉定赤城志》,中国文史出版社,2004年,第419页。)

观、[1]郾乡县白鹤观、[2]丰城县白鹤观[3]均在这一背景之下或者新建或者赐额。明宋焘《泰山纪事·地集》言："老君堂，即白鹤宫。武后东封，鹤集其坛，使诸州为老氏筑宫，号以'白鹤'。宫在王母池西，其松柏苍郁，老干虬枝，俱似千余年物。其所竖碑文犹存。"[4]《泰山道里记》亦云："老君堂，古岱岳观之一隅也。唐为老氏筑宫，武后赐额曰'白鹤'。"以上诸书表明，兖州之白鹤观置于泰山岱岳观一隅，并立《白鹤观碑》。遗憾的是，由于《白鹤观碑》遗失，白鹤观建立的时间尚不能确考。那么，唐高宗诏建之白鹤宫为何建在岱岳观，岱岳观又是何种性质的庙宇？

关于岱岳观，五代范资《玉堂闲话》言："泰岳之麓有岱岳观，楼殿咸古制，年代寖远。"[5]至元二十九年（1292年）立《泰安州禁约碑》曰："东岳有上中下三庙，本州城北岱岳庙系中庙，唐时武则天将岱岳庙改作道观。"[6]《岱史》卷九《灵宇纪》云："（岱岳观）废址中有古柏、古松十余株，其枝干如虬如龙。曾览国朝（明）高诲记云：'汉武帝东封时植'。盖即此柏。"[7]岱岳观之历史久远由此可知。又乾隆《泰安府志》言："老君堂，在后土殿东。唐武后为老氏筑宫，赐额'白鹤'。仰此其前旧有岱岳观，所谓泰山中庙也。"[8]可见，岱岳观原为泰山中庙，武则天封禅后，改其为岱岳观，并委道士住持。伍缉之《从征记》云泰山中庙曰："泰山有下、中、上三庙……中庙去下庙五里，屋宇又崇丽于下庙，庙东西夹涧。"[9]泰山上中下三庙，其中中庙最为恢弘，《岱臆》记述中庙遗址云："老君堂旧为岱岳观，泰山中庙，其制恢宏，逾于下庙岱庙。何以见之？自老君堂后至中溪南岩幡竿石，壖基宏畅，均为庙址。近有农人掘田得碎瓦砾，并有残碑六七方，及柱础、雕栏碎片，知当日黄瓦绿甍、木石钩栏，不亚金源后之岱庙也。且考残碑为宋元符三年（1100）制文，约略为荆湖南路鄂州通城等处捐施钱贯修门及

---

[1] 陈春声主编：《海陆交通与世界文明》，商务印书馆，2013年，第69页。

[2] 《大元大一统志》言："白鹤观，在郾乡县之西陵十五里，昔帝者封禅于东岳，感仙鹤五百余只降于坛上，天下许置观，以'白鹤'为名。"（《大元大一统志》卷三百六十，民国三十六年国立中央图书馆影印玄览堂丛书续集景袁氏贞节堂钞本）

[3] 据《江西通志》记载："白鹤观在丰城县西严家山。按本县实录真人甘战飞升于此，族人建飞仙庵，后改广福观，唐高宗封禅见白鹤飞翔，凡未赐观额者皆以白鹤为名，后废。"（谢旻等监修、陶成等编纂：《江西通志》（卷一百十一），第6433页。）

[4] 汤贵仁、刘慧主编：《泰山文献集成》（第2卷），泰山出版社，2005年，第34页。

[5] （宋）李昉等编、华飞等校点：《太平广记》（卷四九七），团结出版社，1994年，第2320页。

[6] 马铭初、严澄非校注：《岱史校注》，青岛海洋大学出版社，1992年，第140页。

[7] 马铭初、严澄非校注：《岱史校注》，青岛海洋大学出版社，1992年，第210页。

[8] （清）颜希深修，成城纂：《泰安府志》（卷七），清乾隆二十五年刻本，第243页。

[9] （北魏）郦道元著，谭属春、陈爱平点校：《水经注》（卷二二），岳麓书社，1995年，第368页。

钩栏,动回百间,某'琳'独施壹间,可见当日钜工修举,诚修旷古之崇丽者也。固不第用《岱览》引《从征记》《灵验记》即知之,而由余发见之断碑残础,更可明矣。"[1]岱岳观之宏丽由此可见一斑。

武则天改中庙为岱岳观后,该观即成为唐代的皇家道观。岱岳观现存双束碑(又名鸳鸯碑)一通,碑之四周遍刻题记,每面作四五层,每层刻文一二首。其中唐代题刻共二十九则,纪年始于显庆六年(661),迄于贞元十四年(798),记录了唐朝七帝(唐高宗、中宗、睿宗、玄宗、代宗、德宗及周武则天)派遣道士至泰山岱岳观建造像的史实。[2]其皇家道观的身份由此可窥一斑。泰山现存记载及题刻表明,有宋一朝,岱岳观仍为泰山开展道教活动的重要场所。

元至正八年(1348年)《岱岳观重修三清殿记》记载:"岱岳观今修道之士住持,看管盖于今者有年矣。曩经年代,殿舍摧塌,不无堕废耳。"[3]由于三清殿"废坏年深""圣像铁石之胎",岱岳观提举朱德远及奉道信士庄荣等重修,重修之后的岱岳观"焕然一新,甚为壮观"。[4]现存古代文献仅在介绍老君堂及武后赐号时提到白鹤宫,而白鹤宫的地位亦不显要。顾炎武《求古录》云:"泰山之东南麓王母池有唐岱岳观,今存茅屋三楹,土人称为老君堂。"[5]可见至迟万历年间,岱岳观仅剩遗址,业已有了老君堂的俗称。最早将白鹤宫称为老君堂的文献为《岱史》,其言:"东岳中庙,在岳之阳,王母池之东。昔名岱岳观,今土名老君堂,仅存三清小殿。"[6]万历七年(1579),鉴于老君堂荒废,乡民曾募款重修。[7]乾隆三十九年(1774),张开东游览泰山,作《老君堂》诗:"洛邑元元庙,泰山老子堂。仙根同蒂叶,古碣并鸳鸯。白果千年树,丹书百代光。"内提到老君堂内有鸳鸯碑及千年白果树的情形。现存老君堂最后一次维修的时间为民国八年(1919)。民国《重修泰安县志》中载民国八年(1919),老君堂增佛殿、药王殿、灶君祠,成为厨师参拜祖神之所。[8]

---

[1] (民国)王亨豫撰:《岱臆》,稿本。

[2] 关于双束碑的研究,参见周郢《泰山"鸳鸯碑"史事新笺》(《泰山学院学报》1997年第4期)、《武曌与泰山鸳鸯碑》(《中国道教》1999年第1期)。

[3] (元)佚名《岱岳观重修三清殿记》,2010年出土于岱岳观旧址,今存老君堂前庭。

[4] 《岱岳观重修三清殿记》,2010年出土于岱岳观旧址,今存老君堂前庭。

[5] (清)顾炎武:《求古录》,文渊阁《四库全书》本。

[6] 马铭初、严澄非校注:《岱史校注》,青岛海洋大学出版社,1992年,第140页。

[7] 老君堂出土一残碑,残文有"修于万历七年,今已荒废",是本年有重修工程。

[8] 民国《重修泰安县志》载:"民国八年(1919)重修,堂宇颇完整,业厨膳者增修灶君祠,又有佛殿及药王殿等。每届重阳,各匠作界就中酿资祭享。"

二、二圣宫

二圣宫位于徂徕山东南麓乳山之下,此地风景秀丽,依山环水,曾为唐六逸[1]遗址。关于二圣宫的创建,《贫乐岩二圣堂碑记》云:

> 我鹿公先生……北豳襄溪人,善森其名,茂之其字也。素业儒书,尤深于《易》,仆□向日从事环庆,得识眉宇。兵乱之后,垂十五余载,今□复与公相会。……以□其事公□□□指语默动静,无非道也。公□□孔子□□□老氏之教,又谓昔者孔子适周,问礼于老氏。以尊先进,因立二像于一堂。……泰定军节度使时侯父子,崇信教□□□下□德望□,若公之志行,宜其见重。仆忝与公有旧,因拜圣容,礼成而后,不能无言。[2]

据碑文,二圣宫的创立者为鹿善森。鹿善森,北豳襄溪(今甘肃庆阳)人,字茂之,始业儒,精于《易》学,后以儒入道,碑文言其入道经过曰:

> 善森先师同里铁李真人,师事□□□□子郭凤仙几三十年,得诀了悟。真人未尝读书,经史之言,问无不知。或□□□时数处应请。一日,善森与二三友人,讲《易》于刘氏宅,真人忽至□谓众人曰:'大易神变不测,岂庸俗能探赜幽□乎!'□□元旨一坐倾听,从来未之闻也。复谓善森曰:'以尔学道,若不屏聪蔽明、黜华□□,□□□于今之世矣。'因感悟斯言,它日断发毁形,敬□师前叩头请教,乃锡旨训曰:'戒之戒之,道以德为本,德以孝为基,尔终亲□□□□。'善森□□母以寿终老,虽屡涉艰险,常惕□□,不忘初□。岁在癸巳,来寓钜平,后改蹯徂徕,不悔入道之晚,务在力行。[3]

鹿善森在同里铁李真人的引导下,于其母亲逝世后入道。金天兴二年(1233),鹿氏前往钜平(今泰安市大汶口镇)隐修,后又移居徂徕山贫乐岩,[4]并在泰定军节度使、开

---

[1] 开元二十八、九年李白移家东鲁期间,曾与孔巢父、韩准、裴政、陶沔、张叔明诸人隐于徂徕山竹溪(今岱岳区良庄镇高胡庄二圣宫附近),诗酒唱和,时称"竹溪六逸"。《岱览》记载:"六逸者,唐开宝间孔巢父、李白、韩准、裴政、陶沔、张叔明隐此,号'竹溪六逸'。"

[2] 参见陈垣编纂,陈智超、曾庆瑛校补:《道家金石略》,文物出版社,1988年,第1078-1079页。

[3] 参见陈垣编纂,陈智超、曾庆瑛校补:《道家金石略》,文物出版社,1988年,第1078-1079页。

[4] 贫乐岩为鹿善森在徂徕山的隐居之处,文人杜仁杰曾为其撰《贫乐岩铭》,并刻记于二圣堂,今佚。

国侯时珍父子的资助下创建了二圣堂。时珍幕客高诩为撰《贫乐岩二圣堂碑记》。时人又立修建二圣宫记碑,中称:"夫崇观耳,时侯运成美之心。"[1]称颂时珍襄助创建二圣堂之举。

至于鹿善森创建二圣堂的时间,碑文没有明确记载。《贫乐岩二圣堂碑记》立于定宗元年(1246),由此可知,二圣堂创建时间不会晚于定宗元年。初建之时的二圣堂规模不大,左供老子,右祀孔子。宪宗九年(1259),时珍又捐其青石泺祖业地施与二圣观,永为庙产。[2]中统元年(1260),名士杜仁杰为鹿善森撰《贫乐岩铭》,东平行台严忠济之弟严忠范为书刻于二圣观中。时珍任职东平府,行台严实先后授其昭勇大将军、泰定军节度使、兖州营内观察使、元帅左监军等职,时、严两家更结秦晋之好。很可能正是基于时珍与严实家族的姻亲关系,鹿善森与严实幕府成员杜仁杰、宋子贞、高翿、高诩等多有交往。

鹿善森创建二圣宫后,广收弟子,弘扬道教。至元二十年(1283)"徂徕老人"李德和撰《创修洞阳观记》,记载其弟子创立洞阳观一事称:"(柳志议)终年入道,礼徂徕山二圣铁李真人之高弟,世传□□□□(按阙字当为栖玄子鹿森)也,志□□师,谨敬默授。"[3]

清康熙年间,二圣宫有了较大发展,除了初创时期的二圣堂外,还修建了三清殿。康熙五十二年(1713),学者赵国麟携言:"渡石梁,至阁下,遥瞻阁上两像并坐,东为老子,西为孔子,此二圣宫所由名也。坐老聃于左,岂惑于史迁问礼之说欤?抑尊神道尚右之说欤?吾姑未暇辨,谨拜于西偏,以明惟知有吾孔子而已矣。由阁东拾级而上,为三清殿,其下贫乐岩,为元人鹿茂之隐居处。鹿以儒隐于黄冠。杜仁杰撰铭碑。'碎为十余段,道士作乱石砌屋壁,残剥不可读。"[4]可见,此时二圣宫规模扩大,包括二圣阁、三清殿等建筑。唐仲冕《岱览》记载了二圣宫增建玉皇阁、王母殿及三清殿之事,其文云:"增建玉皇阁、王母殿、三清殿,今堂圮。三清殿侧贫乐岩,元人鹿善森茂之,以儒隐于黄冠之所。"[5]限于资料不足,上述三殿的具体修建时间尚不得而知。

清同治年间,隐仙观吕祖蓬莱派道士王密松被信众请至二圣宫,并住持二圣宫十余年。在其住持期间,二圣宫得以大规模扩建,道院西北隅筑堂室数楹,并创修竹溪

---

[1]《二圣宫残碑》,今置庙子林区院内。
[2]《二圣观田园记》摩崖,勒二圣宫附近石壁,今佚。
[3] 李德和撰:《创修洞阳观记》,原碑在沂南青驼镇附近。
[4](清)唐仲冕编撰、孟昭水校点集注:《岱览校点集注》,泰山出版社,2007年,第623页。
[5](清)唐仲冕编撰、孟昭水校点集注:《岱览校点集注》,泰山出版社,2007年,第620页。

书屋,乱时以为避兵之所,治世则为肄业之堂。[1]民国时期,该观较少受时局影响,道脉传递不绝。

三、古文《老子》碑

陕西省周至县楼观台说经台门洞碑廊的东侧现存元刻古文《老子》碑两通,碑高2.24米,宽1.08米。第一通碑额刻"古老子"古文三字,碑阳碑阴刻古文《老子》经文;第二通碑无碑额,碑阳碑阴续刻古文经文,经文后刻高翿小篆题跋和李道谦题跋。[2]为了方便后文分析,现移录高翿题跋和李道谦题跋如下:

> 壬子冬十二月,予改同制泰安。到官未逾月,有会真宫提点张寿符过予,求书五千言。因循于今,仅三年矣。昨因病暇静中,始得书之。老子旧有古本,历岁滋久,加之兵乱,散失不复可见。偶于古文韵海中检讨缀辑,阅月乃成。体制之妍丑,笔力之工拙,具眼者自能识之。时岁舍乙卯冬十月,松岩贞隐高翿书于斋之心轩。

> 鲁之大儒高翿文举者,善于古篆。尝为会贞宫提点张志伟寿符书道德五千言,其笔法之精妙,古今罕有。掌教宗师玄逸真人张君,近得是书,日常珍玩。至元庚寅春,钦承睿命,祀香岳渎。越三月初吉,驰抵来秦,驻车终南山重阳万寿宫。首出囊赍,暨此篆文,召楼观提点聂志元辈,命工募刻贞石,署诸说经台上,昭示永久。呜呼休哉! 诚玄门一大盛事。予惟玄元氏始以二经授于是台,历数千百年间,久而益尊。今宗师真人复以是经刻石于斯,使后学有所矜式,其于弘教可谓知所先务矣。谨拜手稽首,窃识其本末。明年辛卯夏蕤宾日,夷门天乐道人李道谦书。[3]

据高翿[4]题跋,元宪宗二年(1252)十二月,高氏担任泰安同制一职,任职不满一

---

[1]《清同治二年创修竹溪书屋碑记》,今存徂徕林场庙子林区院内。
[2] (宋)杜从古撰、丁治民校补:《集篆古文韵海校补》,中华书局,2013年,第236页。关于高翿所书古文《老子》的艺术价值、特点等,郭子直:《记元刻古文〈老子〉碑兼评〈集篆古文韵海〉》,《古文字研究》(第21辑),中华书局,2001年。一文进行了详细的分析和论述。
[3] 王宗昱编:《金元全真教石刻新编》,北京大学出版社,2005年,第84—85页。
[4] 据《贫乐岩二圣堂碑记》《古文道德经跋》《重修光华寺碑》《全公律师行状》《泰定军节度使左副元帅时侯神道碑》《真静崔先生传碑》《镇国上将军张侯(弼)神道碑》等碑,考高翿生平如下:高翿,号松岩真隐,金元之际益津(今河北霸县)人。金末进士,曾于金季出官环庆(治今甘肃庆阳)。金亡,高翿入严实幕府,严实委以"东平路万户总管府掌书记"。高翿后担任"太(泰)安州次官",宪宗时擢官"泰安州大必阇赤"。

个月,会真宫提点张寿符请其书写《老子》。高翿自古文韵海中检讨缀辑,于宪宗五年(1255)十月完成。据李道谦题跋,高氏为张寿符所写《老子》经文,被全真道第十一任掌教玄逸真人张志仙获得,并于至元二十九年(1292)刻于楼观台。高翿和李道谦题跋所涉会真宫及张志伟均出自泰山。

会真宫原为古奉高宫,大中祥符元年(1008)宋真宗封禅泰山后,下诏改古奉告宫为会真宫,"增葺室宇,务从严洁,无事雕饰,自京选名德道士住持焚修,仍给供具物"。[1] 大中祥符二年(1009)三月二十六日又诏:"会真宫尊像……衣冠制度,宜令太常、礼院、道录院检详典故,科仪颁下"。[2] 大中祥符三年(1010)二月,兖州官吏在奉高宫建成会真宫(今泰安军分区院),诏赐以闲田、邸店、蔬圃。[3] 会真宫建成后,终宋一朝,皆为皇家道院。元代,泰山高道张志纯住持会真宫。《岱史》云:"元张志纯居会真宫数载,道行高迈,赐号崇真保德大师,赐紫服。宫在明时尚有玉皇殿及李白诗刻。后悉毁于火,仅存张志纯偈颂。"[4] 乾隆:《重修泰安县志》卷九《寺观》云:"会真宫:在城东南隅,古之奉高宫也。……置玉皇殿,宏丽轩敞。又中有吕纯阳、李太白石刻。元张志纯修道于此,诏赐号为崇真保德大师,授紫服。即其处也。明万历二十二年秋毁于火,遂废。"[5] 由上引诸文可知,会真宫为泰山著名的道教宫观,张志纯[6]为元代泰山著名的全真道士,曾长期担任会真宫住持。

元宪宗二年(1252),张志纯请高翿书《老子》五千言,后该经文为全真掌教张志仙所有。据《大元清和大宗师尹真人道行碑》记载,张志仙获得高氏古文《老子》的时间,应为至元二十七年(1290)。该碑文云:"至元二十七年,玄门掌教玄逸张君真人,被朝命巡祀岳渎,驰驿来秦,炷礼于古楼观宗圣宫,崇祖道也。"[7] 是年,代祀西岳之时,命工募刻于碑。

---

[1] (宋)赵恒:《改奉高宫曰会真宫诏》,参见《全宋文》(卷二三四),第13册,第394页。
[2] (宋)赵恒:《详定五岳衣冠制度等诏》,参见《全宋文》(卷二四〇),第6册,第96页。
[3] 《宋史》卷三〇〇《张傅传》。
[4] 马铭初、严澄非校注:《岱史校注》,青岛海洋大学出版社,1992年,第170页。
[5] 乾隆《重修泰安县志》卷九《寺观》。
[6] 关于泰山道士张志纯的研究,参见赵卫东《金末元初全真高道张志纯三考》(赵国华、刘固盛主编:《熊铁基八十华诞纪念文集》,华中师范大学出版社,2012年,第330-338页)及其著作《金元全真道教史论》(齐鲁书社,2010年)等。
[7] 贾戫:《大元清和大宗师尹真人道行碑》,参见陈垣编纂、陈智超、曾庆瑛校补:《道家金石略》,文物出版社,1988年,第680页。

四、余 论

除了上述所论白鹤宫、二圣宫及高翱书古文《老子》之外,泰山还有以下 6 处崇祀老子的遗迹。一为吴道人庵。据玄宝鍪《创修吴道人庵记》记载,宣统年间,道人于道义成于泰山西麓桃花峪禊山之阴创吴道人庵,其庵三进院落,有玉皇殿、老君洞及茶寮、香积之室等建筑,其中有老子范铜铸像。(玄宝鍪《创修吴道人庵记》,民国十年立,已残,今在吴道人庵故址)二为望山老君洞。据唐仲冕《岱览》记载,团山西南望山,有石屋曰老君洞。三为围屏峰老君堂。唐仲冕《岱览》记载,泰山极顶天街北为凤凰山,凤凰山东为围屏峰(《岱史》称作"悬石峰"),旧有老君堂。四为全山老君洞。《岱史》称,全山有七十二洞,其之一即为老君洞。五为獒山东全真观。据田野考察,獒山东全真观遗址上,大殿西壁画为老君故事。六为凌汉峰三阳观老子刻像。万历二十三年(1595),皇三子朱常洵遣内官将《太上老君常清静经》刊石于观中,碑阳上半部刻《太上老君常清静经》18 行,碑阳下半部刻太上老君说经图,线条流畅,形象生动。

泰山崇奉老子,既有唐代、明代皇室的推崇,也有金元时期泰山道士的虔祀。在皇室与道教的合力推动下,老子的图像、经文与神职得以呈现于泰山,并进而传播至陕西周至地区。在一定意义上,老子与泰山互借威势,前者因后者而愈显尊贵,后者因前者而提升自身在道教中的地位。泰山崇奉老子的演进历程,从一个侧面显示道教自唐而清的地理布局与传播网络。

同样的泰山,不一样的精彩

——以"渐入佳境"石刻研究为例

宋洪兵　丁海洋

(泰山风景名胜区管理委员会)

几乎在每个文人心目中,山都是一个潜在的精神家园。早在春秋时期,人们还处在大山崇拜的时候,孔子已经将泰山作为审美对象,并且提出了"仁者乐山,智者乐水"的重要哲学审美观。之后众多古圣先贤和文人墨客都追随孔子的"登泰山而小天下"的脚步来到泰山,他们从更高的精神层次体会泰山的内涵,鉴赏泰山的美蕴。

摩崖石刻是泰山文化遗产的重要组成部分,据统计,泰山石刻1568处,石刻数量在中国名山之中列居首位。泰山的文化内涵在泰山石刻上得到充分表现,可以说泰山石刻是我们民族文化史的一个缩影,[1]石刻书法亦贯穿古今书法史,蕴含历史文化、书法艺术和点景化境的多重属性。泰山古登天御道的石刻处于泰山历史文化轴线之中,在整个泰山自然景观之中,又具有极其特殊的景观研究价值。[2]可以说泰山石刻是人们研究泰山历史文化、自然造境思想以及所蕴含的人生哲理最可靠的依据。

一、"渐入佳境"石刻概况

"渐入佳境"出自《晋书·文苑传·顾恺之》:"恺之每食甘蔗,恒自尾至本。人或怪之,云:'渐入佳境'。"意思是甘蔗下端比上端甜,从上到下,越吃越甜,比喻境况逐渐好转或风景、情趣等逐渐深入而达到美妙的境地。古人喜用"渐入佳境"形容游山之趣。

---

[1] 姜丰荣:《泰山石刻大观》,线装书局,2002年。
[2] 黄永有:《培远堂手札节要校注》,广西大学硕士论文,2008年。

泰山"渐入佳境"石刻有三。其一，在万仙楼北约40米盘路东侧巨型自然石上，落款"心月姚奚"；其二，在斗母宫北约40米盘道西侧不大的一块石壁上，刻于清光绪二十六年（1900年），"庚子闰八月，岱宗权守石祖芬题"；其三位于升仙坊北约90米盘路东侧崖壁上，刻于康熙四十五年（1706年），落款"康熙丙戌清和下浣，蒲坂韩镐题"。

二、题名及题刻年代考究

三处"渐入佳境"石刻，其中斗母宫和升仙坊两处分别是清光绪二十六年石祖芬题、清康熙四十五年韩镐题，而万仙楼处题名及题刻年代未知。经查阅张用衡先生《泰山石刻全解》[1]和袁明英先生《泰山石刻》，[2]书中记载"题名及年代残"，但从照片看，题名落款有字痕，却无法辨识，实为遗憾。2021年4月，泰山管委会对山上部分石刻用传统工艺进行保护填色，此"渐入佳境"的题名终得辨识，经泰山学院周郢教授确认，确定落款为"心月姚奚"，但年代仍未知。

据泰山学院周郢教授《"水帘洞"洞名榜书重现：泰山〈西游〉胜迹又获新证》，明高诲《游泰山记》文中记载：泰山斗母宫西北有水帘洞，"泉自天绅岩出，飞流垂练"。明《泰山志》中记其处有榜书洞名石刻："水簾泉……一在岩岩亭右，刻姚奚书。"现在水帘洞悬壁西北壁有一斗大残字，系"洞"字之下半。其左又有行草小字，作"□书"，与明志记载一致。

图一　姚奚"渐入佳境"石刻

明《泰山志》卷四《杂志》云："姚奚书端中丞祈雪碑，皆有帖意。"端中丞即嘉靖间山东巡抚端廷赦，其祈雪碑（《告岳文》）作于嘉靖二十三年二月（明《泰山志》卷一《祀祝》）。据此可推知"水帘洞"榜书之书写时间应在此前后。姚奚其人生平不详，推测其为嘉靖年间名臣端廷赦的幕僚（具体生平有待进一步考证），"渐入佳境"与"水帘洞"洞名榜书同为姚奚所题，年代为明朝嘉靖年间（图一）。

---

[1]　张用衡：《泰山石刻全解》，山东友谊出版社，2015年。
[2]　袁明英：《泰山石刻》（第四卷），中华书局，2007年。

三、"渐入佳境"价值体现——景观格局

泰山主体岩石形成于 25-28 亿年前,经过长期沧海桑田的地质演化,泰山的基本轮廓形成于距今 3000 万年左右,受喜马拉雅造山运动的影响隆升,泰山南侧依次形成了泰前断裂、中天门断裂、云步桥断裂。泰山的新构造运动不仅造就了泰山很多奇特的典型地质地貌类型,更为古今游客开拓出一条天然的"登天御道",也为文人墨客的题刻吟咏提供了天然的纸张。泰山石刻、古建筑连同登山道路和群峰间的自然景色构成一个奇妙的景观格局。它不仅反映着中国古代"天人合一"的价值追求,更蕴含了不同时代、不同人物最为宝贵的人生感悟。

红门至南天门的登山道路最早是汉光武帝派人在封禅之前修筑的。其中,一天门、中天门、南天门是这条登山道的三个重要节点,把这条道路分成了四个不同坡段,也营造了四个景观序列。一天门以下是缓坡,大约为 7 度,是登山的心理准备阶段;一天门至中天门坡度为 17 度,是登山初始阶段;中天门至南天门坡度达到 30 度,是登山的最艰难阶段,要经过艰难跋涉和心理上的考验;南天门之后地势平坦,属于"天府仙界"。万仙楼和斗母宫都位于登山的最初始阶段,刚刚展现出松柏青翠、清泉流响、曲径通幽的环境,是刚刚远离俗世红尘的过渡点。有称红门、斗母宫区域为梵仙乡,万仙楼处"渐入佳境"落款为"心月姚霁",其中"心月"乃佛家用语,意为明净如月的心性。姚霁之题刻选在道边滚圆巨型自然石上,石刻未作边框,自然脱脱,点石成景。石祖芬题刻在斗母宫以北不远盘道西侧一块不太显眼的山石上(图二)。斗母宫是泰山主登山盘道上最为幽静所在,有"听泉山房""三潭叠瀑""卧龙槐"等景观,历史上就是达官贵人登山小憩之所。《老残游记》记载:"但凡上等客官,上山都是在这庙里吃饭。"作为地方主官的石祖芬当然也会作为贵

图二 石祖芬"渐入佳境"石刻

客在此留连,哪怕是时事艰难、公务冗繁。石祖芬此处题刻选点比较低调,加之周边景观丰富,如果不仔细观察,甚至会忽略它的存在。韩镐的"渐入佳境"选在升仙坊处,而且在明万历山东巡抚张允济"东柱"题刻和明嘉靖汉中知府翟涛"天门石壁"题刻中间,位置又略高于两者,颇有"不信今时无古贤"的感觉。升仙坊是泰山十八盘的起始处,是登山过程中最艰难的一段,这时候出现的"渐入佳境"折射出作者的更高人生境界,更是鼓励人们无限风光在险峰,继续攀过这段路就能感受"山顶我为峰""一览众山小"的非凡气势。

四、"渐入佳境"价值体现——书法艺术

万仙楼北姚霁之"渐入佳境",字面高 140 厘米,宽 52 厘米,四字竖列 1 行,字径 35 厘米,楷书。斗母宫北石祖芬之"渐入佳境",字面高 123 厘米,宽 60 厘米,四字竖列 1 行,字径 23 厘米,楷书。升仙坊北韩镐之"渐入佳境",字面高 260 厘米,宽 84 厘米,四字竖列 1 行,字径 50 厘米,行草。

姚霁石刻正文为楷书,落款为草书,其体量在三处题刻中居中,书法与自然山石浑然一体,很有天人合一的感觉,表现出作者率性天真的性格。石祖芬题刻正文落款皆为楷书,体量为三处之中最小,选点位置不甚明显,表现出作者平正严谨的性格,体现了作者既向往山林之乐,又稍显拘谨内敛的心态。韩镐的"渐入佳境"为行草,体量为三者中最大,字体粗壮遒劲,很有流动感,风格比较自由潇洒,体现了作者性格豪迈、旷达自信,题刻落款则为楷书,反映出作者为官的守正持重。同时,其与两侧"东柱"和"天门石壁"的楷书题刻形成"品字结构",书法变化与视觉景观灵动和谐,相映成趣(图三)。另外,三处石刻中,一处描写近景"天门石壁",另一处歌颂泰山为东天一柱("东柱"),而韩镐登高四望,情满于山,享受"精神四飞扬""如出天地间"的攀登乐趣,抒写"志欲小天下,特来登泰山"(明代杨继盛《登泰山》)的豪迈情怀。风格迥异的书法风格因其气韵特质不同而审美价值不同,同时也折射出题刻作者的不同心境。

图三 韩镐"渐入佳境"石刻

五、意境原因分析

"渐入佳境"三个题刻的作者从地理位置自下到上依次是明朝嘉靖年间姚霁、清朝光绪年间石祖芬、清康熙年间韩镐,我们尝试从三人所处的历史背景以及个人人生境遇分析,"渐入佳境"所体现的三人的主观价值。首先,从题刻的历史背景看,清光绪年间外患不断,兵连祸结,是近代中国半殖民地半封建社会灾难深重的时期。石祖芬题刻"渐入佳境"的年代为清光绪二十六年闰八月,正是八国联军侵入北京后清政府与各国外交使团交涉《议和大纲》的时期,动荡的社会又初露苟安迹象。而韩镐题"渐入佳境"则是在清朝康熙年间,社会发展进入鼎盛时期,人民安居乐业。与光绪和康熙时期相比,明嘉靖年间皇帝昏庸,毛泽东主席评价嘉靖皇帝,"炼丹修道,昏庸老朽,坐了四十几年天下,就是不办事"。此时国家没有大规模的战争,整个社会的发展水平还相对稳定。总的来说,姚霁题刻的年代社会发展比较中庸,石祖芬题刻的年代社会动荡、内忧外患,韩镐题刻的时代是改朝换代后社会走向稳定、繁荣的时期。

从作者自身境遇进行分析,根据上文所述可见,姚霁为一幕僚,官职不高或者是一般文人,他的题刻更多体现的是自由、率真的真性情。石祖芬,晚清苏州人,善诗,喜集句,工楷书。同治末为浙江候补县丞,光绪元年代理永嘉县丞,九年署知县,捐同知,十年入刘铭传幕抗击侵台法军,十五年升山东候补同知、候补知府,代理泰安知府,二十年四月任驻横滨兼筑地领事,二十六年参与中德高密铁路案交涉,二十八年致仕归居香溪。一说同知石祖芬举动轻浮,于光绪十六年被革职(有待进一步考证)。题"渐入佳境"时任泰安代理知府,翌年写七言律诗《经石峪看红叶》,"休上危桥云步迥,更高寒处更凄凉",用枫叶的傲霜写出了"高处不胜寒"和艰难时代志气难抒的忧思情怀,与作者自身境遇相契合。

韩镐,山西蒲州人,曾任济南知府,出身官宦世家,祖父韩承宣曾任历城知县,崇祯年间抗清烈士(山东济南之双忠泉和双忠祠,皆为纪念明朝末年因抗清而罹难的山东巡抚宋学朱和历城知县韩承宣),曾祖韩奎,为明代刑部主事。可以说,韩镐出身世家望族,处于国家走向繁荣昌盛的年代,家学深厚,志气甚高,所以在他看来,泰山的佳境应更高更远。

六、结　　论

一直以来,泰山以"登山励志"为传统,数千年来,从帝王将相到文人墨客再到布衣百姓,都在登山读史中激励人生,以求奋发向上,勇于攀登的精神。古人云:"夫美不自美,因人而彰"。三处题刻体现了不同时代、不同人物、不同意境之美:姚霁题刻体现了平庸时代自由审美之境的旷达飘逸之美;石祖芬题刻体现了艰难时代公务闲暇之境的守正严谨之美;韩镐题刻体现了繁荣时代攀登超越之境的蓬勃豪迈之美。泰山的美不仅仅是自然风光之美,更是自然景观与文化遗产融合之美。从美学的角度来看,我们可以理解为人们把自我的思想情感、主观意识投射到泰山的自然景观之中,让其具有人为的思想,也就是自然景观人格化的过程,而泰山摩崖石刻正是这一过程的典型体现。[1] 泰山三处不同的"渐入佳境"石刻,因题刻作者不同的人生境遇和所处的不同的历史背景,成就了三处石刻不同的景观价值、书法艺术价值和意境美学价值,蕴含了深刻的哲学内涵。

"泰山岩岩,鲁邦所瞻。"现在中国特色社会主义进入了新时代,富强民主文明和谐美丽的社会主义现代化强国建设"渐入佳境"。亘古泰山,精神常新。我们要认真遵循习近平总书记勉励我们勇做新时代泰山"挑山工"的指示,以永不懈怠的精神状态和一往无前的奋斗姿态,以"捧日擎天"的光明追求,"国泰民安"的美好寄托,"会当凌绝顶"的攀登意志,"重如泰山"的价值取向,"不让土壤"的博大胸怀,[2] 为实现中华民族伟大复兴的中国梦贡献新的更大力量。

---

[1] 刘波:《西北联大时期的焦工精神及其当代价值》,中国矿业大学"第六届西北联大与中国高等教育论坛",2017年11月1日。

[2] 刘兵、刘晓明、臧德奎:《论泰山中路石刻价值与其景观构成特点》,《中国园林》2014年第7期。

从流传的诡异看现存"秦泰山刻石"的真伪

赵兴彬

(泰山学院历史学院)

"秦泰山刻石"初为秦始皇二十八年(前219)至三十七年(前210)之间七大刻石之一,共144字。秦二世元年(前209),胡亥东巡又在秦始皇原刻石上,添加78字二世诏书:"皇帝曰:'金石刻尽始皇帝所为也。今袭号而金石刻辞不称始皇帝,其于久远也如后嗣为之者,不称成功盛德。'丞相臣斯、臣去疾、御史大夫臣德昧死言:'臣请具刻诏书刻石,因明白矣。臣昧死请。'制曰:'可。'"因此,完整的"秦泰山刻石"包含了秦始皇和秦二世刻辞,总计222字。《史记·秦始皇本纪》抄录全文时,部分文字使用了汉代通用语词,如将"亲巡远黎"记为"亲巡远方黎民",把合文"廿"记为"二十"等,因而《史记》载文比原刻辞多3字。另有十余处用语相异,但意义相同。[1]

现存于岱庙东御座的"秦泰山刻石",共有"臣去疾臣请矣臣"7个完整篆字和"斯昧死"3个残字,已被定为国家一级文物。然而这仍无法消除人们对其真实性的质疑。理由是:认定它为真品的学者,不仅没有提供强有力的新证据,亦无法解释其种种疑点。譬如,它的来路情节为何如此诡异?"发现"者汪汝弼、蒋因培的人品是否具备诚信度?当时的权威金石学著作为什么不予著录,相反却有强烈的质疑声?毛澂(字蜀云)"大索十日"所得是否为汪汝弼时"发现"之物?等等。梁启超先生在论古书辨伪时曾说:"从书的来历暧昧不明而定其伪"。[2] 其实,所有古籍、文物、文献,如果其来路出现神秘情节,则殊为可疑;如果制作者或发现者的人品不淑,亦断不可轻信,这已成为辨伪学上两条铁律。从这两条铁律角度去考察现存10字"秦泰山刻石",可

---

[1] 侯学书:《泰山刻石安国藏百六十五字本准秦文说》,《徐州师范大学学报》1999年第2期。
[2] 梁启超:《古书真伪及其年代》,《饮冰室合集·专集》(第73卷),中华书局,1989年,第42页。

以发现其为翻刻品的可能性极大。

一、历经沧桑　命途多舛

考索文献,从较早的东汉马第伯《封禅仪记》到元、明诸多游记诗文可知,[1]原刻石最晚在明正德五年(1510)乔宇游泰山时,一直矗立在岱顶无字碑南,即明代所建"去封号碑亭"位置。据北宋刘跂、董逌亲自踏勘后分别在其《泰山秦篆谱序》《广川书跋》中的描述,该碑是一块"似方而非方""四面广狭皆不等""不加磨砻"的粗糙顽石,有四个面和四个棱面,按西、北、东、东南顺序,共环刻22行秦篆,满行12字。碑高"八九尺"(宋尺),包括"乱石培其下"者四五尺,总高约合今263.3厘米。[2]碑文不断遭到剥蚀、损毁。

然而到了明嘉靖三十七年(1558),王世贞游泰山时,发现成化元年(1465)山东按察使李裕《登泰山记》所言秦刻石,已经不在岱顶了,所行《无字碑》"则非此石",只是在碧霞祠西侧玉女池旁,见到"一石三尺许,刻李斯篆二行"。[3]万历十一年(1583)、十七年,山东学道吴同春两次登泰山考察秦刻石,并请人把刻石从所嵌山岩中取出,发现残石正面仅存二世诏书文2行30字,其他三面为便于嵌入山岩而做过"各加凿削"。清洗后发现,此石"真面目与无字碑莹泽无异",显然与刘跂所见"不加磨砻"以及欧阳修引江休复描述"石顽不可镌凿"的粗糙原石,不再是同一块石头。[4]到万历二十七年(1599),东昌府司理谢肇淛再次见到玉女池旁这块刻石时,它已仅存二世诏书29字。[5]

清雍正八年(1730),内务府郎中丁皂保曾主持大规模修缮泰山盘道和庙宇,此时将"二十九字"刻石,由玉女池旁迁移到碧霞祠内东庑。[6]乾隆五年(1740)六

---

[1] 如:元人郝经《太平顶读秦碑》、杜仁杰《东平府路宣慰张公登泰山记》,明人杨士奇《长安绎山碑跋》、李裕《登泰山记》、乔宇《游泰山记》等。

[2] 张鹏、林宏:《复建秦泰山刻石始末》,《泰山乡镇企业职工大学学报》2000年第2期。

[3] (明)王世贞:《游泰山记》,《古今图书集成·方舆汇编·山川典》(第十七卷)《泰山部艺文三》,中华书局,民国二十三年(1934)影印本,第一八四册,第35页。

[4] (明)吴同春:《登泰山记》《续游泰山记》,同前引《古今图书集成·方舆汇编·山川典》(第十八卷)《泰山部艺文四》,第一八四册,第41页。

[5] (明)谢肇淛:《登岱记》,同前引《古今图书集成·方舆汇编·山川典》(第十七卷)《泰山部艺文三》,第一八四册,第39页。

[6] (清)朱孝纯纂:《泰山图志》卷五上《金石志一》,乾隆三十九年(1774)刻本。

月,碧霞祠罹火,"庙宇器物焚毁几近"。乾隆七年(1742)重修碧霞祠时,再未搜寻到此石。对于其中缘由,宋翔凤解释:盖因翻刻品"碑材既薄,易于破碎",[1]以致彻底湮灭。

不可思议的是,时隔75年后,即嘉庆二十年(1815),它又奇迹般死而复生了,其情节诡异怪诞。据清道光年间泰安知县徐宗幹等人的《秦李斯小篆碑题跋》记述:嘉庆十九年(1814)汪汝弼由济阳县来泰安接替蒋因培任知县,泰安县衙的司理徐钰(字石生)进言道:听说岱顶有九十余岁的赵姓老人,数十年前甃(zhòu,泰安方言把垒砌井池护壁之类的工序叫"甃")玉女池时,曾见池中的残石依稀有字迹。次年(1815)春,由汪汝弼委托"雅志好古"的前任知县蒋因培以及本城生员柴兰皋等人,至玉女池中捞出了残石2块,尚存10字,有7字完整。汪汝弼遂把它镶嵌到岱顶东岳庙西侧新建的"宝斯亭"内。10字版"秦刻石"由此产生。道光十二年(1832),东岳庙塌圮,从瓦砾中找到残石后,徐宗幹急命道士刘传业移至山下岱庙内保存。[2]

汪汝弼"发现"的这两块"秦刻石",在光绪十九年(1893)时又被盗,[3]县令毛澂(字蜀云)"大索十日",终于在城北门的桥下复得已断为3截的残石,拼接后,重置于岱庙院内。[4]宣统二年(1910)知县俞庆澜,在岱庙环咏亭造一石屋,存置此石及徐宗幹题跋、俞庆澜序共3块刻石,合拼在一起,并环设铁栅栏保护。1928年春,国民党山东省政府短暂设于泰安期间,改岱庙为中山市场,环咏亭被毁,三块碑又被移至东御座院,嵌于砌砖亭内;建国后又加置玻璃保护。1937年此碑曾再次失盗。

通过上述刻石的曲折流传过程,可以发现有三个时段最为可疑:一是明正德五年(1510)至明嘉靖三十七年(1558)之间,二是嘉庆二十年(1815)汪汝弼的"发现",三是光绪十九年(1893)毛澂"大索十日"的失而复得。后文详论。

---

[1] (清)宋翔凤:《秦泰山刻石残字考》《朴学斋文录》(卷三),《续修四库全书·集部》,上海古籍出版社,1995年影印本,第1504册,第11-16页。

[2] 见道光八年(1828)徐宗幹修,蒋大庆纂:《泰安县志》(卷十一)《金石录》引汪汝弼跋,以及现存秦刻石10字碑徐宗幹跋。

[3] 赵新儒《新刻泰山小史》注称,此次失盗发生在光绪十六年。按,此实为光绪十九年之误。因为据有关史料,毛澂三次出任泰安知县分别在光绪十八至二十一年、光绪二十六年、光绪二十八至三十年。而光绪十六年时,泰安知县为汪瀛,毛澂尚在曹县任上。见舟子:《毛澂与泰山》,载《仁寿文史》第六辑,仁寿县政协文史委编印,1991年1月,第9-10页。

[4] (明)萧协中撰,赵新儒校注:《新刻泰山小史》,民国二十一年(1931)泰山赵氏藏板(排印本),第20页。

二、拓本曾经繁复　传世真品稀少

　　与刻石流传的命途多舛相对应，秦泰山刻石拓本亦曾繁复杂乱、鱼目混珠。[1]其最早拓本，为宋大中祥符元年兖州太守所献40余字本。[2]宋仁宗庆历年间，先有镇守东平的宋庠(号莒公)派人至山顶摹得48字本，据此覆刻了新碑并作序。接着，奉符县令江休复(号邻几)又将48字本覆刻于县廨，内容全为二世诏书。宋徽宗大观二年、政和三年，避居东平的刘跂两次登上泰山，得到完整的222字秦刻石拓本，有146字清晰可读，他为此撰有《泰山秦篆谱序》。[3]其间，东平学者董逌也做了考察。[4]惜乎宋人原拓本今已全佚。

　　元代至元年间，行台侍御史李处巽，得刘跂摹本后，刊于建业郡庠，从此刘跂拓本赖以浸广。

　　明代拓本共有3种：一是安国"165字本"，为明代江苏锡山人安国(字民泰，号桂坡)旧藏，附有安国题跋，学界一般认为它剪裱自刘跂《泰山秦篆谱序》。二是安国"52字本"，仅为二世诏书文字，此本属于"165字"简化本。[5]安国旧藏，现存于日本，是目前所见公认的最接近于宋代原拓的可靠拓本。民国八年上海艺苑真赏社最早影印。

　　三是"29字本"，流传最广，但其是否拓自原石，向有不同看法。道光《泰安县志》等记称，明嘉靖年间北平许某于泰山榛莽丛中，得到29字秦刻石，恐其湮没，遂移至碧霞祠东庑。有人据此认为，"29字本"即拓自此石，因而是真品。然而，前述吴同春、谢肇淛两人亲眼所见，晚至万历年间玉女池旁尚有此石，至雍正八年时才由丁皂保移至碧霞祠东庑，这显然相互抵牾。这说明，要么县志记载年代有误，要么根本无此事。明万历年间学者孙鑛，在其《〈书画跋〉跋》卷二"峄山碑"条下，附议："《泰山碑》

---

[1] 详见：琦枫：《秦刻石及其拓本的流传》，《紫禁城》1982年第4期；王秋方：《泰山残刻二十九字拓本》，《中国历史文物》2003年第3期。

[2] (宋)赵明诚：《金石录》卷十三，马铭初选注：《泰山历代文献粹编》，山东友谊出版社，1989年，第80页。

[3] (宋)刘跂：《泰山秦篆谱序》《学易集》(卷六)，《钦定四库全书·集部三·别集类二》，上海古籍出版社1987年影印本，第1121册，第588-589页。

[4] (宋)董逌：《泰山篆》《广川书跋》(卷四)，同前引《钦定四库全书·子部·艺术类一·书画之属》，第813册，第375-376页。

[5] 容庚：《秦始皇刻石考》，《燕京学报》民国二十四年(1935)六月第十七期。

久已亡,近忽搜有二十九字,余曾拓得,乃二世元年续刻,自'臣斯'起至'昧死请'三十字中,阙'臣'下一'德'字。其字微泐,间有修改痕,却犹少存运笔势,疑或是古刻。再细玩,傍乃有小楷字,不知系何语,为篆画穿破。未有篆在先而细书加于粗画上者,则亦似是唐、宋人重勒者耳。"[1]因此自清代嘉庆以来,金石名家如宋翔凤、张德容、潘祖荫、容庚等,均认为玉女池旁的秦碑是翻刻品,是"好事者移江邻几所刻于山上"后,29字拓本再从翻刻之石椎拓而来。容庚先生在《秦始皇刻石考》一文提出三点考辨,最后判定"泰山刻石二十九字本"乃翻刻。容先生的考辨颇具说服力。

另有一据称是窃自北宋官藏法帖的淳化五年(994)"绛帖本",容庚先生认为它实际晚于刘跂之帖。

清代的拓本,真伪混杂,且多为29字或10字翻刻本。如甲秀堂翻刻本、聂剑光县署土地祠29字本、阮元北湖祠塾本、孙星衍德州县学《高贞碑》阴29字本、蒋因培文庙10字本、吴云焦山本、廷珫29字本、梁章钜委徐宗干岱庙29字摹刻本、陈澧学海堂10字本等。许多人再以摹拓本翻刻于石,以致29字或10字仿品刻石几近泛滥,只是世事沧桑,即使复刻仿品,留存至今者,亦只剩岱庙碑廊所藏聂剑光、徐宗干复刻碑。[2]

有人认为:"仅以某一拓本来否定泰山所存秦残石的存在是不合逻辑的。无论明代许某的二十九字还是其他的二十九字,或清二十九字甚至十字拓本的真假,都不影响现有二世刻石为秦刻残石的真实性。因为拓本与残石有着不同的存在形式,没有必然的隶属关系。"[3]这种思维,匪夷所思。拓片的流传情况,既反映原石的存佚、损益状态,又反过来成为翻刻碑石的依据,二者本来就是相辅相成或者相反相成的,根本无法割裂开来,何言"没有必然的隶属关系"?

三、现存10字刻石真伪辨析

以下通过对秦刻石流传的三个神秘环节以及发现者汪汝弼、蒋因培人品诚信度分析,大抵可以认定现存10字刻石,并非原物孑遗,而是翻刻品。

首先是明正德五年(1510)至嘉靖三十七年(1558)之间,原秦刻石到底哪里去了?

---

[1] (明)孙鑛:《〈书画跋〉跋》,同前引《钦定四库全书·子部·艺术类一·书画之属》,第816册,第58页。
[2] 陶莉:《岱庙碑刻研究》,齐鲁书社,2015年,第10-11页。
[3] 谭业刚主编:《泰安区域文化通览·泰山卷》,泰山出版社,2012年,第120页。

从前述可知,经风雨剥蚀和人为破坏,秦碑与刻字虽屡有刓损,但至少到明正德五年(1510)时,秦泰山刻石原物一直矗立在岱顶原址,即《无字碑》南约7米处的"去封号碑"亭位置,这有确切记载为证。[1]然而到明嘉靖三十七年王世贞,以及万历年间吴同春、谢肇淛游泰山时,他们皆表明原址已经没有原石了。他们只是在玉女池旁见到一块约有29字的残石。这说明,秦刻石原碑在明正德五年至明嘉靖三十七年之间,发生了重大变故,即原位置的秦刻石失传了。那么玉女池旁的残石是否为原刻石的孑遗呢？这成为辨别10字秦刻石真伪的首当其冲的环节。

据现有记载,明南京礼部尚书乔宇,是最后一个亲眼见到秦刻石仍矗立原处的人,其在《游泰山记》称,玉皇"殿南为始皇封禅碑",山巅有"秦颂功德碑"(按:此实指无字碑);[2]而王世贞是最早一个声明原石不在岱顶并且所在《无字碑》"则非此石"的人,他也是记载中最早见到玉女池旁残石的人。从正德五年到嘉靖三十七年,有48年漫长岁月,世事沧桑,任何事情都可能发生,秦刻石具体经历了怎样遭际,无从详考。但现有资料显示,在这48年里,秦刻原石早已灰飞烟灭,玉女池旁残石,应为翻刻品。其理由是:

第一,两碑的石质差异很大。欧阳修《集古录》引江休复言,以及刘跂《泰山秦篆普序》等亲见者,都明确记述原秦刻石的特点是"石顽不可镌凿""不加磨砻",应属于比较粗糙的泰山花岗石。而玉女池旁残石,据吴同春称,其石质"与无字碑莹泽无异""非当时之旧"。

第二,对于玉女池旁残石来历,清代金石学家宋翔凤认为,"盖好事者移江邻几所刻于山上"。他分析道:"(秦篆谱)序记刻石尺度、形制甚详。石既四面,岂能以一面镶置玉女池旁？且石似方非方,则必大而正,岂能火熻遂成片片也？""按,东平地远,盖好事者移江邻几所刻于山上,碑材既薄,易于破碎,后弃榛莽中,明人始搜得置于碧霞元君祠中玉女池旁,遂传为秦刻。且《集古录》明言石顽不可镌凿,而今存旧拓二十九字,后刻许氏跋语数行尚工整,知别是一石非难镌凿者。盖秦石粗顽,故文易模黏,其存而稍剥蚀者即不可辨。此江氏与刘氏同时所见而字多少悬殊,所谓'残缺蔽闇,人不措意也'"。[3]然笔者认为,此翻刻碑也未必是江邻几原刻,应是依江邻几48字摹本再次翻刻,其年代不超出明正德五年至明嘉靖三十七年之间。故而道光《泰安县

---

[1] 有人臆测,秦刻石在宋真宗时就已经矗立在玉女池旁了。此论甚谬。

[2] (明)乔宇:《游泰山记》,同前引《古今图书集成·方舆汇编·山川典》(第十六卷)《泰山部艺文二》,第一八四册,第34页。

[3] (清)宋翔凤:《秦泰山刻石残字考》同前引《续修四库全书·集部》,上海古籍出版社,1995年影印本,第1504册。

志》所载北平许某得残碑于榛莽丛中之事,应当属实,只是县志中所记迁移地址有误,即把移至碧霞祠西之玉女池旁,误记成了乾隆八年丁皂保"移碧霞祠东庑"之事。

第三,后世广泛流传的29字拓本,大多来自玉女池旁这块翻刻残碑。对此,容庚先生已有颇具说服力的辨识。他分析道:"余谓清人信此本(指29字本)为真者,大抵以明许某之跋,及吴同春《游泰山记》为根据。而吴氏已言'非当时之旧'。而其所以非当时之旧者,则以'其三面欲就岩安置,各加凿削'。案原石方面二尺余,安置不难,何至削石而就岩。一也。《集古录》引江邻几言'石顽不可镌凿'。吴氏言'与无字碑莹泽无异'。二也。以安国本相较,有绝相似处,而泐蚀更甚,神采不如。三也。有此三证,故敢断言廿九字本之非真秦刻。"[1]即使明代的翻刻本,跟宋代拓本相比较,也已经"神采不如"了,更遑论故意作伪的10字摹仿本了。

第四,如果将公认可信的安国本拓片,跟现存10字本刻石中那些相同的字放在一起比较,立刻就会发现,不但二者笔画线条粗细不同,而且运笔的流畅性,结体的自然度,在气韵上亦迥然有别,后者给人以患得患失、畏首畏尾的运笔感觉,明显是故意作伪者共同弊病所致(比对如图一)。

安国本:斯臣去　　　　　　　　安国本:矣臣昧　　现存10字刻石的七字:臣去疾臣请矣臣
疾御史　臣请具刻诏书　　　　死请

图一　安国本拓片与现存 10 字刻石对比图

第五,反过来看,假如现存10字刻石真的出自秦刻原石,那么它就不应该恰巧只有二世诏书内容而丝毫不涉及秦始皇的刻辞。这只能有一个解释,即因为江邻几48字摹本,本来就只有二世诏书内容罢了。

由此可知,玉女池旁刻石本来就是翻刻品,即使汪汝弼从玉女池打捞出来的那两块断石不是他故意伪造的,那么现存10字刻石也绝不可能是秦刻石原物了。更何

---

[1] 容庚:《秦始皇刻石考》,《燕京学报》民国二十四年(1935)六月第十七期。

况,汪汝弼的所谓"发现",实际是一次新的造假。以下我们通过分析第二个神秘环节,即嘉庆二十年(1815)汪汝弼的"发现"经过及其汪汝弼等人的人品诚信度,即可昭然若揭。

从前述汪汝弼发现10字"秦刻石"的题跋记述,不难看出,其情节诡异,神秘怪诞,经不住推敲。

其一,自乾隆五年(1740)碧霞祠火灾丢失玉女池残石后,至嘉庆二十年(1815),已经75年杳无音信,它早不出世、晚不现身,偏偏在汪汝弼一到任,就奇迹般地出现了,这种巧合近于虚妄,令人难以置信。要知道,清朝时期的玉女池,并不是宋代时的古玉女泉,[1]它不但距离碧霞祠很近,而且其水不深,"纵广及深俱二尺许",池水清澈,水上有亭,人们经常光顾,一眼就可望穿池底,为什么乾隆七年重修碧霞祠时竟然没有人看到或下水寻找一番?

梁启超指出:"金石学之在清代又彪然成为一学科也,自顾炎武作《金石文字》始,实为斯学滥觞。"[2]由于清代"文字狱甚严,通人学士,含毫结舌,无处宣其志意,因究心于考古",[3]由此清代金石学得到复兴并迅猛发展,犹如奇峰突起,一改元明时期颓靡之势,成为一时显学。其名家如云,如顾炎武、黄宗羲、朱彝尊、钱大昕、孙星衍、翁方纲、阮元、吴式芬、王昶等;其著作如雨,仅《清史稿·艺文志》及其补编、拾遗所录,就达1400多部。[4]乾嘉朝更是金石学繁盛时代,在秦刻石遗失的75年间,学者们一直都在苦苦寻觅,既然翻刻碑曾立于玉女池旁,难道这期间就没有任何学者去玉女池里搜寻一番?那位"甃"玉女池的九十余岁赵姓老人又是谁?他"甃"玉女池时发现此石,为什么不及时上报?众所周知,按照常规操作程序,"甃"池子时,必先在"甃"前清理池壁,"甃"完之后还要清理淤底,为什么当时清淤时唯独把这两块残石滞留水底?这完全不合情理,应是典型的谎言穿帮!另一方面,如果说这两块残石是真的,那它就不应该仅仅局限于"二十九字"拓片的文字范围;如果说它正是从"二十九字"碑上剥落下来的,那么"二十九字"碑不是早在雍正八年就迁移到碧霞祠内东庑了吗?它何以又诡秘地重返玉女池底了呢?

---

[1] 2007年4月,泰山景区在碧霞祠西侧清理出一口圆形水井,经学者考证认为,它就是宋真宗大中祥符元年(1008)封泰山时所见的古玉女泉,因明代大规模扩建碧霞祠,导致此泉埋没。明弘治四年(1468)在碧霞祠西侧新发现一处泉水,被误认为是古玉女泉,并加以修葺,四壁砌石,水上建亭,此乃"发现"10字残石的玉女泉。见邓东:《寻找泰山上的古玉女泉》,《齐鲁晚报》2007年4月20日。

[2] 梁启超:《清代学术概论》,上海古籍出版社,2005年,第49页。

[3] 马宗霍:《书林藻鉴》,文物出版社,1984年,第340页。

[4] 见章钰、武作成等编:《清史稿艺文志及补编》,中华书局,1982年;王绍曾主编:《清史稿艺文志拾遗》,中华书局,2000年。

更为奇怪的是,汪汝弼"发现"10字秦刻石的当时及稍后,一些金石权威名家及其著作,不但没有给出正面评价,而且有的干脆不予著录。最能说明问题的,当属冯云鹏、冯云鹓的《金石索》。该书刻于道光元年,是当时金石著作之大成。嘉庆二十年前的碑刻由冯云鹏游访汇录,其后由其弟冯云鹓搜罗而成。按说这种与汪汝弼同时代的金石大家,对于轰动一时的汪汝弼如此重要的惊世大发现,冯氏兄弟应该极为关注并大肆宣扬才对,可事实上,他们仅仅著录了"二十九字"拓本,而对"10字"刻石只字未提,这暗示着什么? 应是不言而喻的。再后来的金石著作,如汪鋆《十二砚斋金石过眼录》、陆耀遹《金石续编》、洪颐煊《平津读碑记》、叶昌炽《语石》等,也只是照葫芦画瓢,简单撮录《秦李斯小篆碑》题跋,而不置一喙。而宋翔凤、张德容、潘祖荫、容庚等人,更是釜底抽薪,直接质疑"二十九字"碑,自然也就否定了来自"二十九字"碑的"10字刻石"的真实性。金石大家潘祖荫,时称"潘神眼",孝钦皇后(慈禧)言"潘祖荫所鉴定者,固无大谬也",其高足叶昌炽又是金石集大成者,如果不被他们所击赏,10字刻石的真实面目也就可想而知了。

其二,造假成为时代风气。清朝自乾隆中期以后,官场腐败、世风日坏,至嘉庆朝已是典型的皇朝中衰期。其时,"贪墨大吏,胸臆习为宽侈,视万金呈纳不过同于壶箪馈问,属吏迎合非倍往日之搜罗剔括不能博其一欢,官场如此,日甚一日";[1]"近年以来,风气日趋浮华,人心习成狡诈。属员以贪缘为能,上司以逢迎为喜,踵事增华,夸多斗靡,百弊丛生,科敛竟溢陋规之外。上下通同一气,势不容不交结权贵以作护身之符";[2]"大抵为官长者,廉耻都丧,货利是趋,知县厚馈知府,知府善事权要,上下相蒙,曲加庇护"。[3] 官吏除大肆搜刮钱财外,更是极力追求物质享受,而对政务漠不关心,"因循疲玩",苟且塞责。连嘉庆皇帝都承认"方今大弊,官无实心,民多伪诈;官则因循怠玩,民皆绉张为幻"。[4] 直隶总督颜检对于发生在自己辖境的严重蝗灾,竟然敢对皇帝谎称"蝗虫只吃青草、不吃庄稼"! 如果不是嘉庆帝在御花园和书桌上发现大量蝗虫,颜检还真可能蒙混过关。在这种世道下,地方官吏甚至连省部的公章都敢私雕假造,[5]更何况无关政局的石刻。即使比较清正的士大夫,也往往津津

---

[1] (清) 章学诚:《上执政论时务书》,《章学诚遗书》(卷二九),文物出版社,1985年,第328页。
[2] 尹壮图奏折,转引自(清) 姚元之、李解民校:《竹叶亭杂记》(卷二),中华书局,1982年,第53页。
[3] 吴晗:《朝鲜李朝实录中的中国史料》(第11册),中华书局,1980年,第4810页。
[4] (清) 颙琰:《实心行实政说》《清仁宗御制文二集》(卷一〇),故宫博物院编:《故宫珍本丛刊·集部》,(第五八一册),海南出版社,2000年;《因循疲玩论》,《清实录》(卷三六四),中华书局,1986年。
[5] (清) 昭梿:《私造假印案》,《啸亭杂录》(卷八),中华书局,1980年。

乐道于声色娱乐，或托佛老以自释，或沉醉于笔墨书画而不能自拔。与此相表里，金石学勃兴，收藏金石之风盛极，清皇命臣乐此不疲，地方百官则争相献纳，民间更是趁机造假制赝。金石学磅礴于世，必然带来两大后果：一是久已淹没的古物碑版真品被大量搜罗出来，"于是山岩、屋壁、荒野、穷郊，或拾从耕夫之锄，或搜自官厨之石，洗濯而发其光采，摹拓以广其流传"。[1] 二是作伪造假之风大行其道，官方民间的利欲之徒，不惜邀功请赏、欺世盗名、蒙混牟利，致使赝品迭出。因而在这样的社会大环境下，石刻文物必然鱼龙混杂、真伪难辨。

其三，10字刻石的"发现"者汪汝弼、蒋因培等人，品格低劣，诚信度低，让人难以信服。

汪汝弼(1766-1820)，字富言，号梦楼。[2]《明清进士题名碑》豁然刻写他的籍贯是河南夏邑人，然而他实际是当时的江苏徐州府砀山(今属安徽砀山县)人，其考取功名所使用的户籍，实为徇私舞弊、投机钻营。因为清朝前期，分布于江苏、安徽等地的汪氏宗族，可谓簪笏联缨，几代人都纵横官场，在朝中盘根错节、人脉夤缘。单从汪汝弼所在的汪氏支系来看，从其曾祖父汪润在康熙年间做国子监典簿开始，子孙大多入仕，地位显赫。比如，汪汝弼的祖父汪德馨曾累官至广东按察使；大伯父汪化龙曾任刑部奉天司郎中、东昌知府；父汪皋鹤翰林出身，累官至甘肃平凉知府；四叔汪德竣任京都北城兵马司正指挥。由于乾隆四十六年(1781)，其父汪皋鹤深陷甘肃王亶望"捐监冒赈"贪腐窝案，经朝中汪氏族人奋力营救，才幸免一死，被罢官发配至黑龙江。这种重刑犯官出身，按清朝的科举要求，年仅16岁的汪汝弼便失去了考取功名的资格。然而，其伯父汪化龙通过上下其手、疏通关系，先把汪汝弼过继为嗣子，再在砀山县西邻的河南夏邑县空挂一个户口。经过一番迂回操作，本来作为犯官遣戍之子没有科举资格的汪汝弼，由此便具备了读书、科举、入仕资格。但为了稳妥起见，他还是弃学从戎，进入直隶当兵，在其武官身份的四叔汪德竣请托下，因军功而被时任兵部尚书的族人汪承霈提携，至嘉庆七年(1802)成为直隶总督颜检手下的一员裨将。[3] 又通过疏通直隶步兵首领庆成，终被嘉庆帝"赏给监生，准全应试"。[4] 具

---

[1] 康有为：《广艺舟双楫》，上海书画出版社、华东师范大学古籍整理研究室编：《历代书法论文选》，上海书画出版社，1979年，第756页。

[2] 安徽砀山县西关小学汪莉女士为笔者特别提供了有关汪汝弼的资料，在此感谢。

[3] 汪本强：《古郡数往——砀山历史文化概览》，大众文艺出版社，2010年，第234-236页；汪本强：《砀山翰林汪汝弼故闻》，《砀山汪氏翰林文化研究》(内刊)2018年第1期；(清)刘庠、方骏谟修：同治十三年(1874)《徐州府志》"砀山汪氏"。

[4] (清)戴均元题奏，《大清仁宗睿皇帝实录》"嘉庆七年"，《清实录》(第二〇册)，中华书局影印本，1986年。

备了"监生"资格,就可以直接参加会试、廷试。最终40岁的汪汝弼于嘉庆十年(1805)考中进士,在翰林院听差。三四年后外放,先后任济阳知县、泰安知县、临清知州(未到任)。汪汝弼与曾任直隶总督、后降为山东按察使的温承惠,同属于和珅派系。这是因为"相貌白皙而英俊""机敏且善察言观色",曾任直隶总督、吏部尚书的大学士英廉(又名冯英廉,时称"英相"),其孙女即为和珅的夫人。英廉曾主掌翰林院并几次出任直隶总督,温承惠、汪汝弼皆为其"高足""门下",都善于投机钻营、欺上瞒下、贪赃枉法。据协办大学士、户部尚书托津《题覆山东济阳县完解》:"嘉庆十七年罚俸银,应将续报全完之济阳县,调任泰安县知县。汪汝弼原议降俸二级戴罪完纳之案,照例准其开复。嘉庆十九年六月十三日。"[1]可见汪汝弼在嘉庆十七年的济阳知县任上,曾遭朝廷罚俸、降级,其原因大概:一是在他治下的济阳境内,由孙维俭、董怀信等传习的大乘教、金丹教、八卦教等邪教势力蔓延,汪汝弼跟时任直隶总督的温承惠等人一样,均以失察之责被处分;二是胆大妄为,在家乡砀山越制修建府宅。嘉庆十九年(1814)六月,他接替蒋因培调任泰安知县时,虽得到"开复",但污点无法抹除。汪汝弼的人品到底如何,我们还可以从他一到泰安就亲手制造的一桩惊天奇案、被后人列入清代八大奇案之一的泰安徐家楼"徐文诰案",得到更加透彻的认识("清代八大奇案"之中,仅汪汝弼父子就身涉2案)。

汪汝弼甫一到任,不但神奇地"发现"失传了75年的10字"秦刻石",而且紧接着在嘉庆二十年(1815),他因亲手制造了震惊朝野、闻名天下的冤案——泰安"徐文诰案",而被革职流放新疆,最后吞金自杀。

泰安徐家楼"徐文诰案",在《清史稿》的《温承惠传》、[2]《帅承瀛传》以及《清仁宗实录》和部分清代档案(如童槐之孙童德厚的举人档案)中都有所记载。清人笔记、野史中记述更详,如方浚师《蕉轩随录》转录静海张某(历官山东、浙江知县)的《宦海见闻录》、[3]包世臣《安吴四种》之《书三案始末》、小横香室主人《清朝野史大观》等。当时民间还编成了戏曲《盘龙山传奇》《白沙河》,在南北各地广泛演出。因笔者大姑母的婆家即为徐文诰的直系后裔,故笔者儿时常在徐家大楼院内玩耍,也听到过大人们

---

[1] (清)协办大学士、户部尚书托津题本:《题覆山东济阳县完解》,明清档案工作室、中研院文史语所编《明清档案》,档案号第112177-001。

[2] 赵尔巽等:《清史稿》(第三十七册),中华书局,1976年,第11349页。

[3] (清)方浚师:《徐文诰案》,《蕉轩随录》卷四,同治十二年十二月退一步斋刊本。《清代史料笔记丛刊·蕉轩随录》,中华书局,1995年,第44-45页。

讲述的不少故事。[1]因案情曲折离奇、枝节横生、跌宕起伏，导致几种记载互有参差，但经今人仔细梳理，[2]该案的实情已经比较清晰，其大体经过如下。

该案发生在今属山东泰安市岱岳区祝阳镇徐家楼村。嘉庆二十年（1815）农历五月二十九日深夜，该村大财主、捐纳监生徐文诰家，遭到王大壮、王三壮等14名盗匪持土枪抢劫，并打死了护院拳师柏泳柱，打伤家丁徐士朋。徐文诰兄弟二人闻讯持土枪驱赶时，盗匪已逃之夭夭。第二天报案到县衙，知县汪汝弼赴现场勘查。由于当时山东境内盗匪、邪教案件频发，治安状况极差，嘉庆皇帝以及山东巡抚都对盗匪、邪教案件极为敏感，对府、州、县的官吏督责甚严，如果在辖境内发生盗匪案件，不但要限期破案，还要严厉问责，必予处分。因而许多官吏皆"闻匪色变""讳盗莫深"，都试图把盗匪案件竭力曲解降级为一般性的偷窃案件或情杀、仇杀案件，以敷衍塞责。此前已被"罚俸降级"弄得如惊弓之鸟的汪汝弼，更是如此。由于汪汝弼本来就与和珅一样，性喜贪贿，所以汪汝弼也试图敲诈一笔钱财，便对此案的初审初判，施展了自己弄虚作假、欺上瞒下的老伎俩。他先反诬徐文诰说，分明没有强盗，而是徐文诰自己用鸟枪打死了柏泳柱，然后嫁祸于强盗，所以罪魁祸首是徐文诰，必须把徐文诰收监问罪。徐文诰惊恐，也明白汪汝弼的用意，便让人给汪汝弼送去2000两银子，[3]以求开脱。此时，汪汝弼又为徐文诰谋划了一出"顶包"丑剧：他让徐文诰出钱财买通一个叫霍大友的佃户"顶包"，就说因疑有盗贼开枪误杀了死者，然后再由汪汝弼轻判，把"凶手"霍大友发配三千里结案。不想，死者柏泳柱的妻子认为此判刑太轻，大骂汪汝弼贪赃枉法，随之上告到山东省城的臬台，由此便开始了反反复复、错综复杂的审理过程，还惊动了嘉庆皇帝，先后三次御批，并派钦差大臣督办会审，在抓捕了真凶和起获了赃物后，迁延四年多，直至嘉庆二十四年十月，徐文诰冤案才得以平反昭雪。

案件审理中，实际是围绕三个判决走向展开的：一是汪汝弼原审原判假造的"顶包"丑剧，即"罪犯"霍大友疑贼而误杀柏泳柱。这对汪汝弼是最有利的。复审中，故意庇护汪汝弼的官员，主要是其旧交温承惠和历城知县郭志青（汪汝弼的同年进士）。二是徐文诰为凶手，并贿赂霍大友顶罪。这对汪汝弼也有利。支持者主要是山东两

---

[1] 比如儿时听大人们讲：徐文诰被平反后，有一次到浙江一带经商，当看到当地戏台上把徐文诰的形象装扮得十分丑陋时，台下的徐文诰怒不可遏，立刻跃上戏台，对观众大声说："我就是那个徐文诰本人！大家看看，我长得有你们戏中那么丑吗？"引起了极大轰动。

[2] 鲍青：《徐文诰案："讳盗为窃"引发离奇冤案》，《大众日报》2019年3月30日；臧马：《徐家楼巨案的真实内情》，《春秋》2003年第1期；赵兴彬：《清八大奇案之一：泰安"徐文诰案"始末》，《泰安日报·金周刊》"揭秘"，2012年12月22日。

[3] 案件上诉期间，因汪汝弼恐惧，又及时把银子退还了案主。

任巡抚和舜武、程国仁(其子程家督亦为汪汝弼同年),以及济南知府胡祖福、候补知府钱俊、候补历城县令周承宽、候补知州李岗。三是盗匪为凶手,徐文诰是受害者。这对其他审理者皆不利,尤其是对于原审原判的汪汝弼。支持这一结论的是山东按察使童槐(亦为汪汝弼同年)、钦差大臣刑部左侍郎帅承瀛、右侍郎文孚。结案后,山东官场发生地震,许多官员被处理,期间已被升任临清知州尚在家丁忧的汪汝弼,被革职发往乌鲁木齐戍边,不久吞金自尽。[1]

本来是一起极为简单的盗贼持枪抢劫杀人案,但由于汪汝弼的最初导演,竟演变成了一起曲折离奇、真假难辨的荒诞丑剧,以致审理过程之曲折、涉案官员之多、层次之高、影响之大,堪与清末《杨乃武与小白菜》案相比肩。试想,一个敢于制造如此惊天假案的汪汝弼,还能有什么假不敢伪造的? 谁还敢相信他的"发现"是真"秦刻石"呢?

汪汝弼为何不亲身至岱顶玉女池,而是委托前任知县蒋因培、泰城生员柴兰皋去代为打捞"秦刻石"? 在这方面,汪汝弼也是颇费一番心机的,凸显了他的狡诈。他自当导演让人制造赝品投入水池,当然自己就不宜再当演员了。他需要制造一个自己置身事外的超脱假象,以掩人耳目、假戏真做、暗度陈仓。而蒋因培"生而聪迈,读书过目成诵,十岁通韵语,十七以国子监生应顺天乡试,为乌尔吉祭酒法式善所击赏,由是知名"。[2] 援"投效"例,他初被授予阳谷县丞。其人虽颇具文才,"诗文敏赡,工绘事",但恃才傲物、放荡不羁,性情"顾驰不羁,酒后好詈骂","仕齐鲁,日为平康游。夏日,尝插花拥髻,放舟大明湖,遇上官,亦不引避,惟伛躯唱诺而已";[3]"日以诗酒自豪""为人落拓不持节仪""裸身唱曲,偎妓饮酒";[4]甚至在被遣戍之地,他亦不忘带上姬妓陪侍。蒋因培的最后结局正是因为擅写"禀皇诗句"、私自"刊改公牍"而被以"越职狂谬、挟私阻挠"弹劾革职,发配军台戍边,后被其外甥严烺赎回。[5] 蒋因培同样属于贪贿之徒,其弟弟曾有诗句嘲讽他:"造成东倒西歪屋,用尽贪赃枉法钱。"他与舒位、王昙等人一样(时有"位艳昙狂"之称),同属于"性好文,以宏奖风流为己任"的法式善之流。这类性情放荡不羁、行为不检、不拘小节、粗疏大意的人物,对于文物的考证,往往不求缜密、不究细节、不辨牡牝。法式善就是有名的"修书不谨"者,他在嘉

---

[1] 今人对于"徐文诰案"的叙述,仍然有诸多细节较为混乱。笔者认为,前述鲍青《徐文诰案:"讳盗为窃"引发离奇冤案》一文,比较准确和清晰。

[2] (清)黄安涛:《山东齐河知县蒋君墓志铭》,《清代碑传全集·续碑传集》,上海古籍出版社,1987年,第1006页。

[3] 徐珂:《蒋伯生日为平康游》,《清稗类钞·娼妓类二》(第十一册),中华书局,1984年,第5203页。

[4] (清)昭梿:《啸亭杂录·续录》,新兴书局,1984年,第529页。

[5] 赵杏根、张莲:《诗人蒋因培遣戍军台考》,《东吴学术》2020年第1期。

庆十二年因"纂修《宫史》篇叶讹脱",而被贬为庶子。[1]他们的这一共同特点正好被汪汝弼所利用。汪汝弼这样做的好处是,一旦赝品被蒋因培识破,则似乎与汪汝弼无关;一旦不被识破,则正好可以借蒋因培的名声把黑货洗白、鱼目混珠,借此激扬政绩名声,对上可以邀功请赏,还可以洗脱此前被罚俸、降级的耻辱,一举多得。

其四,毛澂"大索十日"所得,当为其部下敷衍塞责再次造假之物。本来汪汝弼的"发现",即使他不是有意造假,也早已不是秦刻原石了。然而这两块汪汝弼假造的10字残石,被移到岱庙保存后,于光绪十九年被盗,县令毛澂"大索十日",在泰城北门桥下"复得",而且由原来的两块残石变成了3截断块。然而,泰城很小,地毯式搜查何需"十日"?"城北门桥下"是搜索要冲,盗贼是匿赃于此还是害怕被搜出而故意抛掷于此?如果把这解释为盗贼因害怕被搜出而故意抛弃,那就过于低估盗贼的胆量和隐藏手段了。这些情节也显然不合常理。而县令毛澂是一个很注重政声之人,如果这种重大文物失窃案发生在他治下的眼皮底下,那对于他意味着什么,他很清楚。而在当时文物造假泛滥、造假技术非常娴熟的条件下,仿造、做旧一件石刻,可谓轻而易举、分分钟钟之事。尤其关键的是,当时泰城内民间,类似10字秦刻石的仿品俯拾皆是,搞一个移花接木的替身,几乎不需要新做。人们经常忽略这个细节:本来是两块残石,而此次所得实际是3块残石,也就是把第二块一断为二。最让人不可思议的是,为什么摔断时其缝隙居然奇迹般地避开了原来的字迹?以至于无论是那完整的7个字还是残泐的那3个字,皆毫发无损。如果不是有意为之,那么这种巧合几无可能。当然话说回来,毛澂的人品跟汪汝弼迥然不同,他为官正直、清正廉洁、勤政爱民,曾三次出任泰安知县,所谓"三治泰安,泰安益治",深受泰安士民爱戴,政声颇佳。可以肯定,毛澂不太可能主动造假。但是,这不能排除其部下造假的可能性。笔者推测,在毛澂"大索十日"的最后几天,其部下瞒着毛澂,弄来仿刻品(当时泰城民间此仿品极多),并且故意打断一截,以蒙混过关,为毛澂救场。关于此点,有待进一步研究。

综上所述,现存岱庙已经被列入国家一级文物的10字"秦刻石",它既不是秦刻石真品的孑遗,也与玉女池旁29字翻刻碑没有任何关系。它首先是嘉庆十九年在汪汝弼导演下投入玉女池的两块赝品,在移至岱庙被盗后,已经不知下落。光绪十九年毛澂"大索"所得,疑为其部下为救场所献冒替之物。

当然,对解决现存"秦刻石"的真伪问题,最直接的证据应是对刻石进行理化、微痕、纳米等现代技术手段鉴定。只可惜,目前这些技术仍不具备。在不具备这些技术的前提下,传统辨伪手段仍具有一定信度和效度。

---

[1]《清史稿》卷四百九十《法式善》;《清史列传》(卷七十二)《法式善》;阮元《揅门先生年谱》。

文史互动背景下的历代泰山辞赋创作

姜维枫

(山东社会科学院文化研究所)

辞赋是较早成熟起来的一种文体,其"体国经野,义尚光大"[1]"抒下情而通讽喻""宣上德而尽忠孝"[2]的赋用特征极为突出,与国家政治文化的关系极为密切。泰山辞赋是以泰山为题材的辞赋,其创作不仅贯通了由汉至清的全部历史,而且自其产生时便进入帝王国家政治的核心。那么,不同时代的泰山辞赋呈现怎样的创作特征?其创变流衍样态如何?其与当世政治文化历史呈现怎样的互动?本文尝试加以梳理,以求教于方家。

一、两汉魏晋南北朝:颂美封禅与批判现实

公元前221年,嬴秦建立起中国历史上第一个"大一统"王朝,秦始皇即帝位后第三年(前219)沿驰道东巡,封泰山、禅梁父、封松刻石,成为有信史记载的封禅泰山的第一位帝王。秦始皇虽为封禅首帝,并留下"亲巡远黎,登兹泰山"[3]等刻石文字,然秦代并无泰山辞赋传世。泰山辞赋创作发轫于汉代,司马相如《封禅文》为泰山辞赋的开篇之作。

封禅是两汉思想的主潮,汉代泰山辞赋多以封禅为主题,司马相如《封禅文》、扬

---

[1] (南朝梁)刘勰著,范文澜注:《文心雕龙注》,人民文学出版社,1958年,第134-135页。
[2] (汉)班固撰:《两都赋序》,(南朝梁)萧统编,(唐)李善注:《文选》,上海古籍出版社,1986年,第3页。
[3] (清)金棨辑,陶莉、赵鹏点校:《泰山志》,山东人民出版社,2019年,第423页。

雄《剧秦美新》、班固《典引》[1]均言封禅，班固、崔骃、刘珍、马融等为汉章帝、汉安帝东巡泰山所创制的同题《东巡颂》，[2]亦属此类。同为封禅而作，马、扬、班三大赋家着眼点不同，"司马相如《封禅文》重在炳玄符，抑古扬今；扬雄《剧秦美新》致力渲染合符受命，尊古昭今……班固《典引》颂扬炎汉绍尧、孔为赤制等"。[3]三篇封禅文"扬今""昭今""颂汉"的指向一致，且气韵宏阔，包蕴万端，传达出赋家对大一统王朝的自信。

具言之，司马相如《封禅文》采问对体，假大司马与天子对话，敦请天子封禅，颂美天子"仁育群生，义征不譓"的仁义之举，称美内圣外王思想、颂扬大一统文化"诸夏乐贡，百蛮执贽，德侔往初，功无与二，休烈浃洽，符瑞众变，期应绍至，不特创见。意者泰山梁父设坛场望幸"；继之阐述封禅理由——"大汉之德，逢涌原泉""若然辞之，是泰山靡记而梁父罔几也"——和封禅目的"舒盛德，发号荣，受厚福，以浸黎民"，天子广布盛德以浸润黎民；赋末曲终奏雅，发警戒之语，讽谏天子勤谨恭敬、居安思危："披艺观之，天人之际已交，上下相发允答。圣王之德，兢兢翼翼，故曰于兴必虑衰，安必思危。是以汤武至尊严，不失肃祗；舜在假典，顾省厥遗，此之谓也。"扬雄《剧秦美新》仿司马相如《封禅文》，为王莽新政而创制，属美新政劝封禅之作，历来颇受争议，被认为是扬雄的"白圭之玷"。赋文立足于"大新受命，上帝还资""奉若天命，穷宠极崇""堂堂有新，正丁厥时"之天命观，敦勉帝王勤政不已。

东汉光武中兴之后，出现明章之治，汉明帝与汉章帝均致力于构建礼乐文化，汉章帝尤其推崇儒家德化与礼乐治道，劝勉农桑，发扬孝悌古风。班固《典引》创作于汉章帝元和三年(86)，赋文因枝振叶、沿流溯源。赋文基于明帝以相如言封禅、颂功德、"贤迁远矣"之旨，意在超越"相如封禅，靡而不典；扬雄美新，典而无实"[4]之弊，修成一部典实相参之作。《典引》叙写汉之历史、制度与符命，阐述汉典如何绍续，并结合章帝制礼作乐，将颂美与劝谏相融合，突出"仁风""威灵""勤愍旅力"等帝王德行；以议论之笔写天命所归，敦勉圣上"垂精游神，苞举艺文，屡访群儒，谕咨故老，与之斟酌道德之渊源，肴覈仁谊之林薮，以望元符之臻焉"，崇扬艺文、道德、仁义，彰显儒学者

---

[1] 本文所引司马相如《封禅文》、扬雄《剧秦美新》、班固《典引》均以(南朝梁)萧统编，(唐)李善注上海古籍出版社1986年版《文选》为底本，除特殊情况外不再胪列出处。

[2] 本文所引赋/颂，均以马积高主编、湖南文艺出版社2014年版《历代辞赋总汇》为底本，为行文方便，除特殊情况外不再胪列出处。

[3] 郭思韵撰：《谶纬、符应思潮下"封禅"体的与时因变——以〈文选〉"符命"类为主线》，《文学遗产》2016年第2期。

[4] (南朝梁)萧统编，(唐)李善注：《文选》，上海古籍出版社，1986年，第2158页。

献,充满现实关怀。

元和二年(85),章帝东巡,班固、崔骃等作同题《东巡颂》,以显帝德。延光三年(124),安帝东巡,刘珍作《东巡颂》,书写祭天祀祖、规范典制、度齐俗、相人伪,以颂美帝王。马融《东巡颂》表达绍续儒家修德礼制思想,以迈种德、求失礼、增修德、袭善令,文末以山岳崇拜表达对国家享祚亿载的祝愿。

两汉泰山辞赋除"封禅""东巡"专赋之外,泰山亦出现在其他赋作中,如司马相如《上林赋》、扬雄《羽猎赋》。《上林赋》假亡是公对子虚、乌有及齐楚两国进行批评,之后笔锋一转,极力描摹天子上林苑的巨丽之美和天子游猎的空前盛况,赋云:"于是乎背秋涉冬,天子校猎。乘镂象,六玉虬,拖蜺旌,靡云旗,前皮轩,后道游。孙叔奉辔,卫公骖乘,扈从横行,出乎四校之中。鼓严簿,纵獠者,河江为阹,泰山为橹,车骑雷起,隐天动地,先后陆离,离散别追……""泰山为橹",在司马相如描绘的宏图胜境之中,泰山作为众岳之魁,与黄河长江并提,成为天子上林苑最为雄奇的构成之一——"橹"(瞭望台)。扬雄《羽猎赋》作于汉成帝永始四年(前13),赋文开篇云:"或称戏农,岂或帝王之弥文哉?论者云否,各亦并时而得宜,奚必同条而共贯?则泰山之封,乌得七十而有二仪?是以创业垂统者俱不见其爽,逴迹五三孰知其是非?"以天子校猎比附古七十二帝封禅泰山,阐明朴素合礼、帝王文质并时得宜,同条而共贯之理。马、扬二赋中,泰山均作为天子游猎的背景和赋家颂美敷陈的道具,并非赋之主干,然从中亦可窥见泰山在上古时期重要的政治文化地位。

总之,两汉泰山辞赋以封禅巡狩为主体,泰山主要作为封禅巡狩的背景与载体,更多承载了帝王家国、礼制德化等思想。封禅主题之外,此期的泰山辞赋尚笔涉都邑、瓜果等,如刘桢的《鲁都赋》《瓜赋》,文体与内容均别具一格。

魏晋南北朝时期,泰山辞赋呈现出不同于两汉时期的创作特征,于颂美之外增加了批判的内容与精神,以阮籍《东平赋》《亢父赋》(又称《元父赋》)为代表。《东平赋》作于魏正元二年(255),是年阮籍任东平相。《晋书·阮籍传》载:"及文帝辅政,籍常从容言于帝曰:'籍平生曾游东平,乐其风土。'帝大悦,即拜东平相。籍乘驴到郡,坏府舍屏障,使内外相望,法令清简,旬日而还。帝引为大将军从事中郎。"[1]阮籍自请东平,既有暂避政治相倾的原因,也有寻求自全之计的考量。《东平赋》在章法上突破都邑赋的传统写法,避开劝百讽一的结构模式,而以东平象征司马氏治下的黑暗社会,由自然到人文,从民风到官场,全面铺陈东平丑陋之状,令人"居之则心昏,言之则志哀,悸罔徙易,靡所寤怀",以文学实现吐心中之块垒,极批判能事之目的;政治实践

---

[1] (唐)房玄龄撰:《晋书》,中华书局,1974年,第1360页。

方面则以此在司马氏面前展示了自己的理政能力,实现自保。阮籍处境的艰难与人格的矛盾统一可见一斑。

《亢父赋》的创作时间与《东平赋》大致相同,二赋的批判现实精神一致,相较之下,《亢父赋》篇章更简短。赋文起笔写亢父城地理状况"穷地""卑小""危隘",田地物产"土田污除""秽菜惟产",民风"人民顽嚣梼杌,下愚难化"。如此开篇者,古今中外实罕其匹。赋家如此构思乃着眼于魏晋之交,世风日下之大背景,言在此而意在彼。作者认为导致人民"顽嚣梼杌,下愚难化""放散肴乱""狼风豺气""侧匿颇僻,隐蔽不公,怀私抱诈,爽慝是从"的原因乃在于"太阳不周兮殖物靡嘉""不肖群聚,屋空无贤""鸱鸮群翔"。司马氏集团的篡逆乖张,倒行逆施不仅有悖于儒家政治伦理"礼义不设,淳化匪同"(《亢父赋》),"古哲人之微贵兮,好政教之有仪"(《东平赋》),亦与道家所崇尚之"彼玄真之所宝兮,乐寂寞之无知"(《东平赋》)的玄真清静无为相乖忤。

都邑赋、京都赋的创作,自东汉前期杜笃之《论都赋》开始,继之有班固《两都赋》、崔骃《反都赋》,东汉中期又有张衡《二京赋》《南都赋》等,以上诸赋均以大赋形式呈现。阮籍两篇都邑赋则一变而为小赋,然其抒情方式又不同于一般抒情小赋之或咏物以寄意,或抒发士人自身之挫败感,如张衡之《思玄赋》《归田赋》。《东平赋》《亢父赋》融合传统都邑赋与抒情小赋的写法,其批判精神直接上承东汉中期以来的辞赋及政论文,如赵壹《刺世疾邪赋》,其于"狼风豺气"中怀孤抱愤的形象和批判精神与阮籍同期《咏怀诗》中之"亲昵怀反侧,骨肉还相仇""季叶道陵迟,驰骛纷垢尘"[1]的旨趣是一致的。较前期及同期的泰山辞赋,阮籍辞赋的批判精神与忧患意识独树一帜,为旁人所不及。

魏晋南北朝时期,文人的审美意识普遍觉醒,出现大量吟咏山水自然、以象表意之作,泰山辞赋亦复如是,呈现与两汉泰山赋专注封禅主题的相异性特征。如王俭《和萧子良高松赋》、谢朓《高松赋》(奉竟陵王教作)、张正见《山赋》,三篇赋虽非专咏泰山与泰松,然与同期其他《高松赋》不同,三篇赋作均笔涉泰岱。以王、谢赋为例,王俭《和萧子良高松赋》开篇云:"山有乔松,峻极青葱;既抽荣于岱岳,亦擢颖于荆峰。"高松发荣于岱岳,松岱双美的意象可谓峻伟之极!后文由物及人:"偓佺食和而辅性,墨翟昌言于宋围。想周穆之长阪,念东平之思归。若乃朔穷于纪,岁亦暮止。隆冰峨峨,飞雪千里。揽三秀而靡遗,望九山其相似。翔雁哀回于天津,振鹭惊鸣于川。嗟万有之必衰,独贞华之无已。积皓霰而争光,延微飚而响起。"以传说与史载偓佺、墨翟、周穆、刘苍、屈原等高节之典,称美高松"贞华无已""微飚延响"的品格。谢朓《高

---

[1] (魏)阮籍著,陈伯君校注:《阮籍集校注》,中华书局,1987年,第386、389页。

松赋》开篇云:"阅品物于幽记,访丛育于秘经。巡汜林之弥望,识斯松之最灵。提于岩以群茂,临于水而宗生。岂榆柳之比性?指冥椿而等龄。"品评高松"性灵""群茂""宗生""长寿"之特质,后文由物及人"若乃体同器制,质兼上才。夏书称其岱畎,周篇咏其徂徕。乃屈己以弘用,构《大壮》于云台。幸为玩于君子,留神心而顾怀",以"岱畎""徂徕"之松最称高妙,"质兼上才",由品藻岱松至品藻人物的指向非常明显。王、谢二赋均由言及象,由象见意,受品藻人物风尚及玄学言象表意思潮影响明显。

此外,南北朝时期尚有程骏的《庆国颂并表》、虞通之的《明堂颂》,均与封禅无涉。前者表达了颂美圣德、申厚风化之意,敦免君王重视农耕、与民衣食,虽属"颂"体,然并非一味颂美,包含劝谏之意,兼具"颂谏"精神。后者则包含建章立制以垂范后世、休光下盈等内容。总之,相较于两汉,魏晋南北朝泰山辞赋多以"赋"名篇,题材内容则更加多元,且富于批判精神,对于前代赋家热衷的封禅题材加以回顾总结,刘勰认为封禅功用在于"表权舆,序皇王,炳元符,镜鸿业",封禅文"构位之始,宜明大体,树骨于训典之区,选言于宏富之路,使意古而不晦于深,文今而不坠于浅,义吐光芒,辞成廉锷,则为伟矣",[1]从主题功用及文章结构、言意、主题等方面对其加以肯定。

二、唐代:高歌进取与沉静内敛

唐代自太宗朝开始,政治、经济、军事、文化全面发展,自太宗"贞观之治"经高宗、武后至玄宗朝,唐代社会全面走向繁盛,成为当时世界政治与文化中心之一。唐王朝自太宗贞观四年(630)至高宗显庆二年(657),先后打败突厥、吐谷浑、高昌、西突厥,这种强大的军事力量一直延续到玄宗开元、天宝年间,唐王朝保境安民,达一百二十余年之久。国家治理方面,三省六部制、府兵制、科举制、赋役制、均田制等的施行,加之手工业、商业、交通、贸易等的发达,形成了唐前期政治军事稳定、文化繁荣的局面。《开天传信记》记载了玄宗开元年间,天下大治、物阜民丰的繁庶盛况:

> 开元初,上励精理道,铲革讹弊,不六七年,天下大治,河清海晏,物殷俗阜。安西诸国,悉平为郡县。自开远门西行,亘地万余里,入河隍之赋税。左右藏库,财物山积,不可胜较。四方丰稔,百姓殷富,管户一千余万,米一斗三四文,丁壮之人,不识兵器。路不拾遗,行者不囊粮。其瑞叠应,重译麕至,人情欣欣然,感

---

[1] (南朝梁)刘勰著,范文澜注:《文心雕龙注》,人民文学出版社,1958年,第394-395页。

登岱告成之事。上犹惕励不已,为让者数四焉。[1]

此为唐代社会的第一时期。自玄宗朝后期,唐代社会进入第二阶段,此期均田制遭到破坏、土地兼并严重,中央政治、军队日益腐败,地方节度使势力不断扩大,军事割据日益严重。唐玄宗天宝十四年(755)安史之乱爆发,唐代宗宝应二年(763)内战结束,自此国力锐减,唐由统一而变为藩镇割据的局面,国势由盛转衰。

唐代泰山辞赋创作明显分为前后两个时期。初盛唐时期的泰山辞赋,多以封禅与明堂为主题,以泰山象征国家正统与天下一统,辞赋创作充满高歌进取的盛世气象,焕发出国势上升期"勃承天光,礼乐克备"(张余庆《祀后土赋》)的风貌特征。中晚唐期,泰山辞赋内容对前期有所突破,题材内容和情感类型相对多元,整体呈现冲淡平和、沉静内敛的气局,泰山多为感物抒情的背景,部分辞赋对前朝的封禅盛典、贞符祥瑞等有所反思与批判;部分辞赋在表达对前朝封禅泰山的崇敬之外,流露出对封禅的素怀与荣悴不时、人生苦短之叹。晚唐泰山赋出现咏物之作,借物言志,歌咏君子贞洁、忠厚之品格。

唐代是继汉代之后创作"封禅"主题最为集中的时期。太宗、高宗、玄宗三朝,朝议封禅典礼盛行,以"封禅""明堂"为题的赋颂较多,唐代的封禅赋文主要集中在这一时期。唐人以"封禅""明堂"为主题的文章,多以"表""颂""议"为题,以赋为题者较少。如长孙无忌、李百药、颜师古、岑文本、许敬宗、高若思、骆宾王、蒋钦绪、裴漼等均献表请封禅,张说、苏颋等还有贺封禅、颂封禅之作,魏征有《明堂议》,李白、刘允济有《明堂赋》。

相较汉代,唐代泰山辞赋出现论正朔的思想意识。唐代泰山辞赋在远绍两汉泰山辞赋对礼乐文化的追求之外,蕴含明显的正统观、大一统观和以华化夷等思想。长孙无忌《请封禅表》:"击壤而谣,传清音于戎狄;耕田而食,建可封于皂隶""俾夫一代衣冠,寘其名于册府;四方夷狄,凿其窍于灵宫。则普天欣赖,怀生再造,朝闻夕死,抃若登仙。"[2]表达了"击壤而歌""耕田而食"垂衣而治的治世理想,描绘出四夷来归、人文化成、天下一统的和谐画面。刘允济《明堂赋》:"统正朔之相循,起皇王之踵武。大礼兴而三灵洽,至道融而万物睹,其在国乎……道不言而有洽,物无为而自致。向明南面,高居北辰。属天下之同轨,率海内以严禋,想云台以应物,考明堂以临人。协

---

[1] (唐)郑棨撰:《开天传信记》,(五代)王仁裕等撰,丁如明辑校:《开元天宝遗事十种》,上海古籍出版社,1985年,第50页。

[2] 本文所引长孙无忌《请封禅表》均据周绍良主编:《全唐文新编》卷一三六,吉林文史出版社,2000年,第1535-1536页。

和万寓,怀柔百神。降虔心,启灵术,采旧典,询故实。表至德于吹万,起宏规于太一。欣作之于有范,仁成之于不日。工以奔竞,人皆乐康。访子舆于前迹,揆公玉之遗芳。顺春秋之左右,法天地之圆方。"包含了辨正朔、大一统、兴礼乐的思想和追求王道圣怀、功成道贞、无为而治的儒道理想。其"三阳再启,百辟来朝。元纁雾集,旌旆云摇。湛恩毕被,元气斯调",则描绘出诸侯来朝、夷狄向风、君临天下的大一统画卷和天下安泰和谐的气象。李白的《明堂赋》实现了自家提出的"辞赋壮丽,义归博达"[1]的赋学主张,写明堂"俨似太庙,处乎中央。发号施令,采时顺方","九夷五狄,顺方面而来奔",凸显了远悦近来、开放包容的盛唐气象。

初盛唐的泰山辞赋进一步论述建章立制、礼乐文化的重要性,将礼乐与刑罚对举,申述礼乐的教化作用。以作为意识形态载体的封禅礼乐仪典,来伸张大国政治与文化自信,玄宗朝的封禅文通常纵向梳理立国之正统雄武,本朝致力建章立制、礼作乐制与革故鼎新,行文交织着坚定的统治合法性和高度的礼乐制度自信意识。张说的《封禅颂》章甫始即在儒家礼仪的框架内讨论封禅之必要性与可行性:"封禅之义有三,帝王之略有七。七者何?传不云道、德、仁、义、礼、智、信乎?顺之称圣哲,逆之号狂悖。三者何?一位当五行图箓之序,二时会四海升平之运,三德具钦明文思之美,是谓与天合符,名不死矣。有一不足而云封禅,人且未许,其如天何!"[2]认为"位当""时会""德具"三者是封禅之要义,不可或缺;道德仁义礼智信,七者兼备方可称为圣哲,也是对帝王的约束。苏颋《东封朝觐颂》称:"《传》不云乎,'君子勤礼,敬之至也'。《易》不云乎,'先王作乐,豫以动也'。慎矣哉!礼乐之为用。故执礼者具,删弊则质,宜之自我。"[3]指出"勤敬谨慎"的礼乐态度和"宜之自我"的礼乐本质。

安史之乱后,唐朝国力虚弱。泰山辞赋不再以封禅为主题,辞赋内容与审美风格均发生转变,内容更趋多元,风格归于沉静,颇具哲思。唐代宗大历年间,丁春泽的《日观赋》充满"观日"的崇敬之情和对盛世不在的怀想:"昔者帝王御宇,立极垂统。封禅及此成功,巡狩应其春仲。莫不登兹绝顶,遐烛大明。思煦之义,穷造化之精,以为日象,一人之德,岳是三公之名。信王侯之设险,俾夷狄之来平。方今一德无为,三光有象,动植昭泰,神祇胼蚃,千岩瑞色,思效祉以爰升;万壑春云,欲入封而空上。客有才乏羽仪,心思骞翥,每积聚萤之志,难登望日之处。引领终夕,含情达曙,如照烛之有期,故踌躇而不去。"赋家抒发今昔不同之情怀,唐初帝王御宇,登兹封禅,可谓气

---

[1] (唐)李白撰:《大猎赋》,马积高主编:《历代辞赋总汇》(第2册),湖南文艺出版社,2014年,第1388页。
[2] (明)汪子卿撰,周郢校证:《泰山志校证》,黄山书社,2006年,第183页。
[3] (明)汪子卿撰,周郢校证:《泰山志校证》,黄山书社,2006年,第181-182页。

象岩岩,高扬进取;如今虽三光有象,但盛世难再,流露出无为而治之情怀。赋家一方面生发可望而不可即的"难登望日之处"之感怀,另一方面仍"引领终夕,含情达曙",情感微曲含蓄,与盛唐岱赋气象不同。与丁春泽同时期的独孤授作有《江淮献三脊茅赋》,该赋借称咏三脊茅以彰美封禅,作品由称美"物"之尊贵到思考"礼"之本质。作者认为"物"为"礼"之外在呈现:"道未格也,虽有采而必无;岳可封焉,纵不求而自有。观王者之得失,知礼事之臧否。"道未格则礼必无,岱岳可封,纵然不求而依然存在,因此封禅的本质不在山岳而在礼制,将礼事臧否与政教得失相因果。柳宗元的《贞符并序》对历代帝王围绕封禅而进行的"贞符"矫饰进行反思与批判,认为"德实受命之符""受命不于天,于其人;休符不于祥,于其仁。惟人之仁,匪祥于天;匪祥于天,兹惟贞符哉!"视"仁德"为贞符祥瑞,实乃"以德治国"精神之先声。作者从正反两面加以例证:"未有丧仁而久者也,未有恃祥而寿者也。商之王以桑谷昌,以雊雉大,宋之君以法星寿;郑以龙衰,鲁以麟弱,白雉亡汉,黄犀死莽,恶在其为符也?不胜唐德之代,光绍明濬,深鸿厖大,保人斯无疆。宜荐于郊庙,文之雅诗,祗告于德之休。"《贞符并序》的价值不仅在于其反思批判精神,还在于提出了"德实受命之符"的理念,和以"利安元元"为务的民本思想,蕴含理性思维与科学精神。

晚唐时期,泰山辞赋不以封禅为宗,泰山成为若隐若现的背景,赋家借咏物以表达对人格理想的追求。如高孚的《白云起封中赋》称咏具有"穆清""贞白"人格之美的君王,表现出与盛唐以"神武""广矣大矣"称美帝王不同的价值观与审美取向;李曾的《山川出云赋》以山川云气喻君臣之道,表达"与道兴灭,随时屈伸"的思想;路荡的《拔茅赋》以菁茅比德君子"传其洁,守其贞"的人格。总之,中晚唐岱赋内容与审美风格均趋向沉静内敛,与初盛唐时期文化的外向与高扬特征不同。

三、宋代:华丽虚妄与质实尚朴

公元960年,赵宋建国。宋太祖赵匡胤鉴于中唐以来藩镇割据的历史教训,加之太祖本人以兵变黄袍加身,因此在兵权控制方面煞费苦心。先以杯酒释兵权,解除了石守信、高怀德等武将的兵权,开启了宋代重用文臣治国的方略。对外政策方面,宋太宗时期,两次攻辽,两次失败,于是太宗放弃收复燕云,改为防守。对内政策,宋初统治者施行"不抑兼并"之策,导致贫富对立严重,王小波、李顺等发动农民起义,公元994年建立大蜀政权。这场农民起义发生在宋初,促使统治者认识到守内的重要性。"重文抑武""守内虚外"的国策在宋初逐渐形成。宋廷守内虚外,辽国则不停地侵扰边境,至宋真宗当政时,朝廷上形成了主战与主和两派。宋真宗景德元年(1004),宰相寇准力主真宗北上澶州督战,宋军取得澶渊之战的胜利。然而宋真宗却与辽议和,双方以兄弟相称,订立澶渊之盟,每年送给辽大量的绢、银以实现不得交侵之目的。澶渊之盟是宋真宗封禅泰山的直接动因,以封禅为主题的泰山辞赋随之出现。宋真宗之后,封禅彻底退出历史舞台。宋初以来形成的重文抑武的国策激发了宋代文人普遍关注国家社会和参与政治的热情。学术方面,北宋以来,理学成为士大夫阶层的主体意识与思想,宋代文学载道倾向明显。宋代泰山辞赋主要呈现如下特征。

第一,封禅再次成为宋初至真宗朝岱赋创作的主流,内容与文辞均呈现虚饰华丽之征。中华文化造极于宋世,然终宋一朝并未实现一统,但这并不影响宋廷上下封禅的热情。《宋史》记载:"太宗即位之八年,泰山父老千余人诣阙,请东封。帝谦让未遑,厚赐以遣之。明年,宰臣宋琪率文武官、僧道、耆寿三上表以请,乃诏以十一月二十一日有事于泰山,命翰林学士扈蒙等详定仪注。既而乾元、文明二殿灾,诏停封禅,而以是日有事于南郊。"[1]太宗的封禅虽被一场宫内大火叫停,然时朝臣纷纷献东封赋,王禹偁作《请东封赋》,[2]惜乎已佚。田锡于宋太宗太平兴国六年(981)二月、雍熙四年(987)九月,两次上书请封禅,[3]其《泰山父老望东封赋》当作于此间,赋作延续封禅文关于"天意人心交泰""厚德""至仁"等意旨,据此可推知此期献赋盛况。宋代唯一实现封禅的帝王是真宗,赵恒也是历史上最后一位封禅泰山的皇帝。大中祥符元年(1008),宋真宗为挽回"澶渊之盟"为"城下之盟"之耻,"君臣相欺,侈言祥瑞",利用神道设教、借封禅泰山宣示"天命""正统""夸示外国",以镇服四海、取信天下。这一时期的几篇泰山辞赋均以封禅为主题,王旦《封祀坛颂》、陈尧叟《朝觐坛颂》、王钦若《社首坛颂》,合称"北宋三颂",[4]专为真宗封禅而作,借助天命、夷夏等思想,夸耀真宗功绩美德,将其推至历代所无、惟我独尊的高度。王旦《封祀坛颂》称"夷夏太和,天人交感""万国以朝,四夷接武",陈尧叟《朝觐坛颂》云"河海夷晏,岩廊穆宣",王钦若《社首坛颂》谓"不以功成而自大,治定而自矜,炳乾文,号神岳。仰怀天贶,不敢以怠遑;俯述世功,用归乎德美。此实历代之所未有,上圣之所独臻也。"真宗封禅,本基于"澶渊之盟"之耻,加之君臣自编自导的虚妄不实的"天书"事件,因此使封禅失去

---

[1] (元)脱脱等撰:《宋史》,中华书局,1977年,第2527页。

[2] "王公……《请东封赋》,前知盛德之事,必行圣代……",(宋)苏颂撰:《小畜外集序》,《苏魏公集》卷六十六,清文渊阁四库全书补配清文渊阁四库全书本。

[3] 分别见于《续资治通鉴长编》卷二二、二八,第495、639页。

[4] 本文所引"北宋三颂"均以(明)汪子卿撰,周郢校证的黄山书社2006年版《泰山志校证》为底本,除特殊情况外不再胪列出处。

了敬天祷民的真诚和崇高的仪式感,沦为纯粹自欺欺人的形式,不仅在后世饱受诟病,在大中祥符四年(1011)就受到来自朝臣孙奭"何为下袭汉、唐之虚名,其不可九也"[1]的质疑。因此,"北宋三颂"尽管篇幅较长、内容丰富,三颂因失却真实性的基础,整体予人夸饰不实之感,加之三颂结构相对单调、文辞踵事增华,已难觅唐代封禅文所呈现的基于国家一统、文化自信所传递的多元信息。

第二,平易简净、质实尚朴的文风格调。与真宗朝三颂华而不实不同,宋代泰山辞赋亦有平易简净、质实尚朴的另一脉,范仲淹与罗椅的同题《明堂赋》均以文化礼仪建制为旨归,可为此种风格之代表。范仲淹的《明堂赋》集中阐释"何谓明堂"与"明堂之道",此赋不局限于时代,不喋喋于礼仪夸饰,表达了对清俭之礼的追求:"明以清其居,堂以高而视。壁廓焉而四达,殿岧焉而中峙。礼以洁而俭,故表之以茅;教以清而流,故环之以水。"传达出对"清""明""高""洁""俭"的价值追求。赋作以明堂之四季与天下政治相关和,阐释治国当依"春荣夏繁秋清冬静"之法:"斯乃顺其时,与物咸宜,适其变,使民不倦者也。"以追求和平、仁孝、止伐、民本、法制的理想社会。主张"约其制,复其位。俭不为其陋,奢不为其肆。斟酌乎三五,拟议乎简易。展宗祀之礼,正朝会之义。广明堂之妙道,极真人之能事。以至圣子神孙亿千万期,登于斯,念于斯,受天之禧,与天下宜而已乎"。明堂尚俭不奢,简而易行,此乃礼义之妙道,先王应以此垂范后世,国祚方能长久。范仲淹的《明堂赋》从治国之道的角度阐述明堂之礼,毫不夸饰,其思想境界远高于三颂。南宋罗椅的《明堂赋》认为明堂应尚质:"茅茨采椽,至质之物,车乘玉辂,旗建日月,无乃非类,文质无别。""宋型文化幽淡清新而收敛内省"[2]的风格特征于范、罗二人之《明堂赋》可见一斑。

第三,沉潜内敛、极富哲思的文化气质。范仲淹的《明堂赋》阐述儒道互融的治国之道,启人深思,极富思想性。借赋明堂阐明政教,实质是对"明堂者,明政教之堂"[3]的阐释,范仲淹认为"明堂之设也,天子居之,日慎日思",天子居明堂思万物之消长,慎生灵之安危;明堂乃"天子布政之宫",天子对民布施德政,明堂"斯乃顺其时,与物咸宜,适其变,使民不倦者""揖让而治天下者,明堂之谓也";范仲淹将"齐和寿仁"的儒家之道与"侵淳泽以咸若,乐鸿化于自然"的道家主张合二为一,认为"此明堂之道也"。李纲的《有文事必有武备赋》,作者基于两宋之际国家覆亡朝廷风雨飘摇的大背景,从理论思想方面反复阐述"文事武备,全才必兼"之重要,认为"刑作教弼,文

---

[1] (元)脱脱等撰:《宋史》,中华书局,1977年,第12803页。
[2] 虞云国:《略论宋代文化的时代特点与历史地位》,《浙江社会科学》2006年第3期。
[3] (清)阮元校刻:《毛诗正义》,《十三经注疏本》,中华书局,1980年,第436页。

资武全。惟两器之兼用,乃一道之当然""勇不惧而仁不忧,固并推于达德;文足昭而武足畏,盖有俟于全才""不能全文武之道,何以致久大之勋?""有国有家,惟仁惟义。虽诞敷于文德,宜克修于武备""盖以治安之本,在于文武之兼",赋文基于鲜明的爱国精神与忧患意识,而传递出深沉的文武兼备的治国理想。在阐明文武兼备之必要后,继之表达了于外患内忧之际,期冀得文武全才,以股肱帝室之急切:"大哉武之于文,虽二而一。藏于无用之用,盖以不必而必。方今外患侵而中国微,安得文武全才,以股肱于帝室?"范李二人的泰山赋呈现出两宋辞赋与文化沉潜内敛、极富哲思的一面。

四、元代:封禅告退与山水方滋

宋真宗以谶纬之术、假造"天书"虽然实现封禅,也将封禅推向末途,宋之后历代帝王不再封禅。元代是历史上首个由非汉族政权实现一统的封建王朝,元初统治者于立国之前,便开始思考建立统一的多民族国家的构想。史上第一篇以"泰山"名篇之赋,即出现于此期,作者为蒙元名儒郝经。郝经与忽必烈及其《泰山赋》所陈思想,颇值研究。宪宗(蒙哥罕)年间,忽必烈曾向郝经咨询"经国安民之道",郝经"条上数十事",忽必烈"大悦,遂留王府",郝经向忽必烈反复陈述德化天下之略,阐述"古之一天下者,以德不以力"[1]之理。辞赋"体国经野,义尚光大"[2]的文体特征,在元代泰山辞赋创作中,集中表现为反思封禅与规模治国理路。题材方面,由于封禅退出历史舞台,泰山作为自然山岳的地理特征进一步受到文人关注,元代泰山辞赋出现更多自然山岳的书写,郝经、杨维桢、戴表元、王旭、梁斯立、唐肃等人的赋岱、咏岱赋中,均蕴含泰山自然地理元素。

元代泰山辞赋的封禅主题出现新变,由汉唐以来"颂美封禅"的主流倾向转向对封禅的反思。杨维桢《封禅赋》为元代唯一一篇以"封禅"为题的赋作,赋文直书"圣主不封禅,而凡主之不应兮",指明封禅之荒诞不经:"由人主之好名,纷佞臣之逢欲。故劳民而张费,贻一时之惨毒。崇封降禅,其祀兮何志?泥金涂玉,其秘兮何辞?上不足以格皇穹,下不足以福蒸黎。不过夸诩功德,而为长生不死之祈者乎?"此外,杨维桢在其《泰元神策赋》中以欲抑先扬的笔法,再次对封禅之荒诞加以批判:"甲午灾林光之门,乙酉焚柏梁之台。祥瑞未至,咎征频来……而又何必论秦穆之锡而昌,汉武

---

[1] 皆引自(明)宋濂等撰:《元史》,中华书局,1978年,第3698页。
[2] (南朝梁)刘勰著,范文澜注:《文心雕龙注》,人民文学出版社,1958年,第135页。

之增而授者也？"梁斯立的《岱宗赋》以岱为宗，开篇颂赞"据中原而至尊……居五岳之雄长，巍然为众山之宗主"，继之批评历代君王徒炫封禅，侈铭功而颂德，曲解尧舜之巡狩，指出封禅徒荒唐而无益。梁斯立更深刻地指明"秦皇汉武之封禅适足为泰山之羞"，认为历代帝王行封禅弃文教，有如楚人买椟还珠之举。作者认为足为万代之式、于方今应效法者应为"唐虞之肆觐"，倡导圣皇御世，行"德治""文教"，修"望秩之礼"，如此方能"裨泰山巍然永镇乎亿万年之封疆"。

元代泰山辞赋在反思否定封禅的基调之下，泰山辞赋与文化主要集中在两个方面：

第一，以郝经《泰山赋》为代表，开启思考治国理路。郝经的《泰山赋》不仅是辞赋史上第一篇直接以"泰山赋"的名篇之作，其开创性的价值还体现在思想史、政治史、文化史等多个方面。赋云："中维岱宗，独尊而雄；盘踞万古，莫与比隆。……粤惟兹山，首出庶岳。……孰如兹山，中华正朔。建极启元，衣冠礼乐。……孰如兹山，衮冕黻珽，朱弦疏越。纯粹中正，崇高溥博。"首先，郝经赋将泰山与其他山岳加以比较，以泰山象征"大一统""华夷一家"思想。赋作思想主旨与赋家"能行中国之道，则中国之主也"[1]的夷夏观是一致的。不惟如此，郝经还认为"天之与兴，不在于地而在于人，不在于人而在于道，不在于道而在于必行力为之而已矣"，[2]郝经关于"天""地""人""道""行"思想的阐释，可谓思想史上之"泰山"，足以俯瞰睥睨"封禅"本事。其次，郝赋以泰山象征"中华正朔"，视中华为正统，"将泰山精神与中华国魂紧密绾合"，[3]突出泰山独有的人文精神内涵。再次，郝赋于宋元"霸道"横行之际，力主和谈，提倡实行"礼乐""仁德""王道"之治，《泰山赋》云："建极启元，衣冠礼乐。天宇夷而皞皞，王道裕而绰绰""有如是之神，储膏溢泽，蒸为桑土。衣被天下，民无寒苦。……有如是之仁。既高而大，又神而仁。乃于岳麓，笃生圣人。续太皞之统，萃奎璧之真……膏泽其民，尧舜其君。德与山高，名与山尊。"足见其治国理政之远见。

元末明初唐肃的《日观赋》极具价值。唐肃《日观赋》以汉征和四年(前89)武帝亲耕钜定返驾泰山、封禅既毕欢朝甘泉为背景，假设武帝与东方大夫君臣问答，突出"山惟岳尊，岳惟东最"。赋文以泰山象征帝王，"居高察卑"一小众山，东方大夫委婉劝勉帝王施行以德康民、垂拱而治的思想。唐肃《日观赋》的价值有二：其一，文学表达上，假托汉武帝关于泰山"高矣、极矣、大矣、特矣、壮矣、赫矣、骇矣、惑矣"的"八矣"之

---

[1] 李修生主编：《全元文》(四)，江苏古籍出版社，1998年，第103－104页。
[2] 李修生主编：《全元文》(四)，江苏古籍出版社，1998年，第259页。
[3] 周郢著：《碧霞信仰与泰山文化》，山东人民出版社，2017年，第367页。

叹,刻画描摹出泰山峻极超拔、经天纬地的磅礴气势,堪称"十六字而颂岱诗文之事尽";其二,赋末关于儒道互鉴的治国理路:"收远讨之疲兵,罢求仙之淫祀。大开明堂,垂拱而治。"其思想不仅呼应元初郝经之论,又上应魏征"文武并用,垂拱而治。何必劳神苦思,代百司之职役哉?"[1]之议,更远绍《易·系辞下》:"黄帝尧舜垂衣裳而天下治,盖取诸乾坤。"[2]由此可见,封禅辞赋所贯穿的历代治道理想。

第二,"封禅渐替,山水方滋",宋以后封禅退出历史舞台,封禅祀典不断被否定、质疑,以颂美封禅为主题的泰山辞赋渐次衰替,泰山作为自然山的地理特征以及由此提升的人文特质,逐渐得到赋家关注与歌咏。唐肃《日观赋》极写泰山自然与人文"八矣"之境:

> 帝曰:"嘻!若是则高矣极矣!大矣特矣!壮矣赫矣!骇矣惑矣!子能抽秘思,骋妍词,想像仿佛,为予赋之乎?"大夫乃置觞肃衽,修辞而对曰:"臣闻玄黄肇分,清浊殊位。玄精峙结,限隔风气。山惟岳尊,岳惟东最。矧斯岩之旁出,莫巽隅而特异。东介丘之近连,西石门之迥对。眺□坛之不遥,俯天关之犹坠。缘绀道之百盘,犹可仰而未至。其为体也,歘釜崱屴,巀嶪岹嶤,若铲五丁,若戴六鳌。蠢乾运而莫极,镇坤维而不摇。亩孰计其延广,仞孰测其崇高。云烟在下,羲娥可招。宿星辰于廉隅,吐风雨于岩嵝。飞猱之臂,不得而陟;巨鹏之翼,不能以超。盖将吞西华,压南衡,驾中嵩,轶北恒。微九河其线委,小七泽其栖盈。彼王屋、太行,终南、五老,岷嶓、雁荡之秀拔,天台、会稽之奇峭;不啻堁阜之争雄,培塿之呈巧。斯俊伟以绝伦,谅形容之莫表。若乃夜气正寂,阴魄既沦。万籁绝响,六合同昏。悄漏刻之既平,忽灵鸡之一鸣,睇东方之渐豁,窥赤曜之上腾。丹縠微露,颁盘欲呈。竣乌刷翮以习飞,烛龙衔光而迅征。走神丹于宝鼎,拥玉帐于金钲。尔其吐旸谷,拂扶桑,沸鲸波,荡洪荒。员规闪烁以上下,列彩绚烂而周章。一沐而水府为之震摇,再颒而蛟龙为之遁藏。沧重光而益晃,澡五色而逾光。赫艳璀璨,瞳昽烨煌。势将历九阿以朏明,越曾桑而载骧。"[3]

这一段君臣对话,完全摆脱传统封禅话语。东方大夫对泰山的大段描摹紧扣汉武帝的"八矣"之叹,首先描摹泰山自然形胜,穿插李白、庄子诗文中"飞猱""巨鹏"等神话,不无夸张之笔;继之将泰山与"西华""南衡""中嵩""北恒"进行对比,分别以动词"吞""压""驾""轶"写泰山胜出四岳;又以太行王屋等与泰山相较,更显他山与"堁

---

[1] (唐)魏征撰:《谏太宗十思》,(明)吴讷辑:《文章辨体》(卷二十二),明天顺刻本。
[2] (清)阮元校刻:《周易正义》,《十三经注疏本》,中华书局,1980年,第87页。
[3] 李修生主编:《全元文》(五十八),江苏古籍出版社,1998年,第22页。

阜争雄""培塿呈巧"无异;在大段摹写之后,以泰山之俊伟绝伦、形容莫表收束。赋文结构方面,一切自然形胜的描摹均为接下来的"日出胜境"做铺垫。在万籁俱寂、天地同昏的大背景之下,灵鸡一鸣,划破静寂,继之东方渐晓,踆乌刷翮,烛龙衔光,绚烂洪荒,泰山日出似乎可以照亮天地古今,笔力传神。较唐代丁春泽《日观赋》,唐肃《日观赋》将对自然泰山的描摹置于君臣问对体及"览物知道"的结构中加以观照,可见唐肃赋笔力更雄健、境界更见宏阔、构思更见婉转富有变化。

元代泰山辞赋关注自然泰山的地理特征,由自然而人文,表达文人士大夫对于坚贞保节、静处包容等人格修养的追求。戴表元于宋亡后曾一度隐居不仕,自云"性好山水,每杖策东游西眺",[1]后人评"其文清淡雅洁,蓄而始发"。[2]戴表元的《静轩赋》《容容斋赋》赋主均为东平人,为广义的泰山赋。《静轩赋》借赋"静轩",表达了作者"学坐""学默""息交""寡求"的人生体悟,作者认为"人之营营,与识俱生",惟"大静之士"方能体味"时然后出""时然后处""时然后默""时然后语,不得已而语,则玉振而金声"的道理。王旭的《鸣鹤赋》借鹤鸣之"气高亮而非怒,声清哀而不淫"的特质,表达追求优游逍遥、结伴良朋、安心无累、洁身归隐的处世态度。梁斯立的《汶篁赋》歌咏汶篁播迁流寓燕地,坚贞不改、安固劲节、贞固保节的品格。

五、明代:敷陈家国与触兴致情

明代太祖立国,相较于之前的征服王朝元,虽杀伐立减,然却将专制集权制度化。明代皇权的专制程度前所未有,太祖、成祖两朝不仅滥杀文臣武将,又设置锦衣卫、东厂、西厂等特务机构,代替皇权加强对臣僚和百姓的监督,之后则发展为代表皇权行事。与文人相关的人才制度方面,明太祖建国后很快恢复文官制度,政权稳定后,又恢复科举考试,选拔人才。然明代科举仅设进士一科,《明史》记载:"科目者,沿唐、宋之旧,而稍变其试士之法,专取四子书及《易》《书》《诗》《春秋》《礼记》五经命题试士。"[3]主要发挥朱子学经义,儒生考试所据典籍删除了一切与政权抗衡的内容。这样做的结果是,不仅儒家思想沦为对君权服务的工具,同时造成整个文官体系根本不足与皇权形成制衡,反而成为皇权统治的工具。整体而言,明代科举出身的士大夫多

---

[1] 李修生主编:《全元文》(十二),江苏古籍出版社,1998年,第2页。
[2] (民国)柯劭忞撰:《新元史》,卷二百三十七列传第一百三十四,民国九年天津退耕堂刻本。
[3] (清)张廷玉等撰:《明史》,中华书局,1974年,第1693页。

数屈服于皇权之下,忠君观念前所未见。另一方面,明朝政府的腐化、败政、党争导致财政日绌,入不敷出。明武宗正德十三年(1518),明政府为了弥补国库空虚,下令在泰山征收香税。香税制一直延续到清雍正十三年(1735),方下旨革除。在这一大的政治文化背景之下,明代泰山辞赋创作,体制多散体大赋,内容多歌功颂德。另一方面,从封禅文化角度看,宋代之后,历代帝王不再封禅泰山,为泰山辞赋创作卸下了沉重的颂美封禅主题。再一方面,明建国后朱元璋于洪武三年(1370)诏令削去泰山神封号,改称"东岳泰山之神",其实质是去泰山的人格化、神圣化,恢复泰山山岳之神的本初面貌。明太祖此举拓宽了文人书写泰山的视域,赋家笔下泰山人文与自然尽呈。因此,明代泰山辞赋不限于封禅与家国主题,散体大赋与抒情小赋并行,赋家敷陈泰山历史、称美泰山自然,反思封禅、检讨历史、颂美现实、咏物抒怀,大夫家国情怀与文人隐逸深情,兼而有之。

明代泰山辞赋创作充分发挥大赋"体国经野"之特质,敷陈泰山悠远的文化生成历史、独尊的山岳地位、倚天拔地的山岳形胜、丰饶的物产、多元的信仰传说,在否定前朝封禅的同时,实现对方今圣朝的颂美。苏志乾《岱山赋》、释慧秀《岱宗赋》、谢肇淛《东方三大赋》、范守己《泰山赋》、马一龙《泰山赋》等均为散体大赋。这些散体大赋,规制宏大,铺排繁复,极尽骋辞炫彩、声貌夸张之能事;在辞赋结构上,往往赋前有序,赋文主体或兼采主客问对;思想情感方面,体物、抒情、说理兼而有之,然整体上呈现情少辞多的创作倾向。

谢肇淛的《东方三大赋》作于万历四十二年(1614),时作者以水部郎任视河张秋。赋作仿司马相如《子虚赋》与《上林赋》,虚构了震旦丈人、垂白海翁、都水使者三人,设为问对,结撰成篇。开篇写都水使者自称南陬之鄙人,向宾客请教齐鲁大都巨丽之美。震旦丈人首先向都水使者描述了泰山宇内独盛的巨丽图画,称扬泰山灵区高崒,历史悠久,物产丰饶,丰隆的国家气象,神祇祚胤而宇内独盛,堪称"群灵之府,天孙之居,擅独尊专于函夏,称雄长于方舆者"。垂白海翁闻言,首先肯定了泰山"登之而小天下,成之不让土壤"的特质,接着认为泰山"幅巾员 不踰于齐鲁,登陟亡过于万丈",难以称盛。继之称扬大海导聚百川万壑,气势辽阔磅礴,物类丰富称奇,"可谓侔八荒而配九围,长四渎而王百谷者也",认为震旦丈人刚才的"抗首膏唇,自夸多謕,不亦井坎之蛙,望洋而长笑者乎?"垂白海翁的话令震旦丈人"衡视内惭,语塞中熛"。最后都水使者正襟危坐,从新的思想基点上对垂白海翁和震旦丈人所论展开批评,指出:"独夸乡国之山水,较广狭以相高,雄张聒聒,斗捷叨叨。虽汪洋以自姿,不亦卮言而无操乎?且就二客广狭而论,泰山之雄峙,诚不若东海之混茫矣。而东海亦安得定至大之倪,称域外之方哉!"然后,笔锋一转,开始极力推尊孔子"穷宇宙之斯文",其影响之大,乃至"荒山穷泽之叟,披发左衽之村,莫不瞻景行而慄惕,企遗迹而咨欣"。都水使者的一番议论令二客"目骇耳回,神腆色怩,踽踽而起",遂发出"予诚齐人也!知有山海而已,不知阙里之广大,亡出其右。请自今以往,不敢不齰其唇,谨负墙于鲁诸生之后"的感叹。谢肇淛《东方三大赋》的特点为:其一,铺排夸张,极声貌以穷文。如铺写泰山一段:"是以自无怀氏以降,易姓递王七十二后,恒以仲春之时,生长之候,至于岱宗礼,修巡狩。鲸钟铿,凤羽翣,玉辂升,和鸾奏。风伯清尘,玄冥屏瞖。大官具祠,奉常戒酎。燔柴升香,茧犊载豆。三牺既荐,五牲孔富,齐心冥契,无声无臭。受天命于皇丘,告成功于曾岫。八骏驱驰,六龙辐辏;日驭后先,星旗左右。白起封中,彩凝斋后。还坐明堂,以朝牧守。上计受釐,介尔万寿。舞鹤台空,瘗骡草宿。金泥彪炳于霞岑,玉检玢豳于云窦。丰碑纪号,无非绘凤之雄文;杰壁镂铭,尽是惊鸾之史籀。其有形兆垠堮者,千八百余夷。吾之所不知,仲尼之所未究。"震旦丈人所铺陈者,为历代帝王之巡狩封禅。对于封禅,自宋赋中即有否定者,元明泰山赋否定之声不绝如缕。然谢肇淛赋却借封禅,表达泰山悠久的历史、神圣的国家地位,高度的文化自信,时期特殊之处。其二,对儒家文化的崇尚。大赋的结构是曲终奏雅,但讽谏内容往往单薄,乃至不免于劝,谢赋亦为如此。结构上,作者反复对比夸张,在否定前者的基础上,肯定后者,踵事增华,叠床架屋,最终将夸张达到极致。谢肇淛《东方三大赋》在关于泰山、大海、孔子的铺陈对比中,最终实现了对以孔子为代表的儒家文化的称颂。谢肇淛《东方三大赋》的后世影响,其一,"东方三大"发展为书画文化符号,如清代乾隆年间李廷芳、秦瀛、李宪乔、汪彝铭等均有同题律赋之作,嘉庆年间画家吴文征有《东方三大图》,龚自珍、陈文述、庄绥甲[1]等为之依题赋诗;其二,引发后世书写泰山文化专赋之先声,如《登泰山小天下赋》《挟山超海赋》《一览众山小赋》《泰山不让土壤赋》等。

以散体大赋书写泰山,除表达泰山五岳"独尊"的地位以及钟灵毓秀之品格外,承元代对"封禅"理性认知的余绪,明代否定封禅,然言辞并不激烈,甚或流露"登封弗续"的复杂情绪。马一龙的《泰山赋》追溯封禅的源头,肯定黄帝柴望巡狩,否定秦始皇踵武邀功:"溯黄帝建图兮,春狩柴望而辙东;胡吕政徼福兮,封禅踵武以为功。"苏志乾《岱山赋》云:"此亦天下之玮丽壮观也。尔其皇风载融,帝道郅理。……穆穆蔼蔼,清宁康泰。埒造化而受功,德二仪而跻大。一人有庆,兆民共赖。皇哉皇哉,猗欤休哉!是泰山靡记而梁父靡几,管仲之所不必谏,长卿之所不必书者也。"否定的情感

---

[1] 陈诗《题吴南芗文征东方三大图盖泰山渤海孔林也》、龚诗《题吴南芗东方三大图,图为登州蓬莱阁,为泰州山,为曲阜圣陵》、庄诗《题吴南芗文徵东方三大图》。

并不强烈。与元代作者直接否定封禅不同,释慧秀的《岱宗赋》云:"无怀之典既阙,轩辕之鞅不臻。玉简渺茫,金泥销缩。墟秦汉之遗踪,悼登封之弗续。"表达了对封禅弗续的遗憾。赋末乱辞表达了对方今王朝的颂美之辞:"鸿惟我明,秩号当矣。遣告以时,国运昌矣。我赋且歌,思永长矣。"明代以散体大赋写泰山,可谓"揄扬之意胜,讽谏之义鲜矣"。[1] 总之,相较于汉唐,明代的专制集权导致文人笔下的泰山辞赋失却了开放包容的盛世风度。

陈琏的《登泰山赋》作于明建文三年(1401),是年九月陈琏由桂林府教授升任国子助教,北游登岱。赋文首先盛赞泰山为群山之宗、广也无朋、高也无匹的独尊地位,再陈说自己"典司桂籍,旋旆瑶京,行寻洙泗,思访祖庭"的登岱因由,接着写岱顶览观之怡然心情,感慨封禅遗迹不存和历史的盛衰隆替。继之发出"仙可遇而不可求,道可悟而不可学。……孰能违正理,越天常,而超冥漠也邪"的登岱观览体悟。陈琏此赋叙事、写景、抒情、议论兼备,尤其值得称道的是,在以泰山名篇的辞赋中,出现纯然的写景抒情文字:"维时季秋,金气始肃。天风号寒,响振林木。倏阳光之熹微,渐华星之爤煜。嬉游已契乎夙心,栖息喜安乎幽独。爰假榻于洞房,喜清梦之方熟。"这种基于现实的写景抒情,远非空漠的想象与虚幻的演绎文字可比,开启了明代泰山辞赋感物抒情、写景感怀、天真自然的另一脉。申旟的《泰山观日出赋》作于嘉靖三十一年(1544),该赋写景状物,景情相生,描写日出过程细腻生动:"迟东方兮未明,晰微芒兮海滨。渐赤霞兮万里,映沧波兮粼粼。朱光腾烁兮一跃,惊见火山兮半轮。谓羲驾兮已升,乃鲛宫兮尚轮。圆辉外见兮如隔琉璃之景,曜德中涵兮若屈元化之娠。沖瀜沉瀁兮映初照以明灭,胶鬲顽洞兮浮玄旻而无垠。忽乾坤之低昂兮,荡漾摇空。互水天以吐吞兮,瞳眬欲晨。光呵欻以掩忽兮,嘘吸潮汐。波浡潏而漻涛兮,簸荡化钧。"将历史与当下,现实与理想间相融合,情感抑扬起伏,不仅摆脱了泰山辞赋颂美圣王贤君的主调,而且在同题材的咏物抒情赋中也别具一格。融景于情,体物尤深:"信乎登太山而小天下兮,倚天拔地而为五岳之宗也。叹劳生之堪哀兮,吾何为乎淹留。望故乡之谙蔼兮,心灼烁其离忧。怀亲舍而惨云飞兮,气欷歔而涕流。情眷然而思归夫耕兮,慕曾氏之前修。"采用骚体抒发离忧之情,思想与情感,内容与赋体颇为协调。赋末云:"愿得归田娱我情,静观无始契无名。周天一息千万程,不出户庭游八纮。"情感真切,一派天然,体现小赋"因变取会""触兴致情"的特征。李东阳之子李兆先作《望岳赋》,赋作写因迫岁序,家书催还,经泰山而未能登临的遗憾:"方解乎清济之缆,徒怅望乎遥天之岑。兴长叹以遐眺,见万丈之崎嵚。"作者认为:"彼泰山兮可游,眷吾亲

---

[1] (清)刘熙载著,王气中笺注:《艺概笺注》,贵州人民出版社,1986年,第280页。

兮不可以我留;彼天梯兮可蹑,趋吾家兮不可以中辍。"泰山可再游,然亲情不可中辍,这是一篇充满亲情和温度的辞赋,可视为明代泰山赋由咏物逞辞、侈丽闳衍到"拟诸形容""象其物宜"的一种转向。陈琏《登泰山赋》、李兆先《望岳赋》、申旞《泰山观日出赋》均抒写自己"登岱""望岳""观日"之所见所感,情感思想摆脱前代泰山辞赋胶着板滞之风,不仅可见创作者怡然真切之情,而且泰山形象亦具平民化色彩而可亲近,可作为明代泰山辞赋咏物抒情小赋的代表。

明代泰山辞赋还有抒写隐逸情怀的一脉,以姚绶《岱宗密雪图赋》与杨守陈《五松图赋》为代表。姚绶赋为元末明初著名书画家王蒙的《岱宗密雪图》而赋,杨守陈赋为宾客所画《五松图》而赋。两篇赋文均基于泰山水墨丹青而作,传达出文人基于理想的写意与追求。

姚绶《岱宗密雪图赋》云:

> 谷风扇而春绿,海日生而潮红。涧壑纷乎其争流,崦嵫蔚乎其相通。披丰草之委翳,蔼嘉木之菁葱。故于景也,宜有密雪。云同一色,霰集维業。欻尔飘扬霏微,零乱激烈。颠崖扑蒎,流泉明灭。仆夫旋其役车,室人塞其傍穴。尔乃牛羊下来,飞鸟迴绝。乃冈乃巘,高平莹洁。乃纪乃堂,迂远昭晰。皎长风之玉树,凝大块之琼屑。若夫庙貌孔硕,朱甍飞翠。晃素光之玲珑,荡清景之依稀。羌若堕梨花于夜径,沾柳絮于春衣。金城澹而失色,银海眩而生辉。

辞赋作于明成化十八年(1482),姚绶对自己未到泰山深感遗憾——"嗟攀跻之罔由",因此只能"托绘事以纵观"。与丹青之外的实体泰山不同,此赋写景非常细腻,作者从景致的色彩变化、物象动静相宜、小大轻重悬殊等角度,摹写岱宗盘然稳坐之姿,以"素光玲珑""清景依稀""梨花坠径""柳絮沾衣"等物象衬托岱宗之庙貌孔硕、风雪不动。相对的物象——轻盈与沉稳、白雪与朱甍、安静与灵动——彼此生发、相得益彰。辞赋作者能纯粹从抒情主体的观感出发而做出如此极富个性化的描写,减少了历代泰山赋踵事增华的单一形象。作者笔下的泰山既有深厚的历史感,又极富个性化的文人意趣。杨守陈为明景泰二年(1451)进士,官至吏部右侍郎,兼詹事府丞,其《五松图赋》以问对体结撰,歌咏五大夫松由仕而隐的心路变化:"……(五松)类睢阳之宋老,似山阴之汉叟。秦皇帝不得而臣,晋徵士不得而尽友。昔与吾若金兰之交,今与吾若参辰之宿。爰求肖似之真,以慰离索之久也。吾今辞斗禄,却五浆,解朝绂,乘归航,将随五公者于广莫之野,无何有之乡。时抉其祕宝而食之,将后天不老而凋三光。"表达自己欲踵武五大夫松高逸的归隐情怀。

明代泰山辞赋佳作尚有乔宇的《泰山赋》。乔宇(1464-1531)为明成化二十年

(1484)进士,曾官兵部尚书。《泰山赋》作于明武宗正德五年(1510),赋文以山东饥旱,自己代祀东岳祈雨为背景,书写祀毕登顶的观览和感悟。此赋价值有两点:其一,视野宏阔,具有深宏的宇宙意识。作者将游观与祀岱融为一体,书写泰山品汇交泰、气吞沆瀁的宇宙气象,赋境宏阔。其二,为历代泰山辞赋中,首篇基于现实的恫心民瘼之作。作者将祀岱、登岱与民情融为一体,说"念民瘼之可恫,饬使职之无怠",希求泰岱"降锡福祉,芟除灾害。走万姓之明禋,溥群方之大赉"。作者对泰山的描写超越简单的天人比附,既有宏阔的宇宙意识,又表达对民生疾苦的关心,并祈愿国泰民安。乔宇《泰山赋》表达基于现实的民生关怀,其后世响应者,如清陈梦雷的《泰山赋》、赵国华的《奉命祭东岳赋谨序》。

历时地看,明代泰山辞赋内容含藏丰富,远胜于前代。对前代封禅加以反思,在华夷之辨方面较少书写;士大夫在颂岱美圣的主调之余,借赋文敦免君王明德修政、体察民瘼;可贵的是在元人赋岱基础上,创新歌咏自然泰山、咏物抒怀及表达士大夫人格修养的辞赋。

六、清代:自然人文与颂美讽喻

清代泰山辞赋创作数量为历代之冠,题材内容更趋多元,以"泰山""赋"名篇者最多。清代泰山辞赋创作大致分为三个时期,清前期,基于夷狄入主中原的现实与心理,论证王朝正统与形塑帝王形成了清初岱赋创作的文化心理背景,清初的泰山辞赋集中于康熙朝,高压与怀柔并用是康熙朝的对内政策,此期的泰山赋创作具有宣示正统、颂美一统、形塑帝王怀柔黎庶的意识指向。乾嘉时期汉学兴起,泰山辞赋创作出现了以泰山自然与人文意象为题的佳作,赋家诠释泰山人文理念、表达儒家治道理想,然多颂德少讽喻,不免于"形胜旨微"。晚清国势衰颓,泰山辞赋多模拟少创新,赵国华的《泰山赋》,批判社会现实,堪称佳作;涂景涛的作品流露出对国家社会的担忧,然缺乏新意。

清前期泰山辞赋与文化绍承元明两代遗绪,对封禅传统加以扬弃,以"东巡""省方"之礼,代替前代"封禅"仪典,突出鲜明的政治指向。高士奇《登岱颂》、查昇《东巡赋》、陈梦雷《泰山赋》分别以康熙二十三年(1684)、康熙四十二年(1703)康熙帝亲祀泰山为背景,三赋在对前圣后王与方今帝王的比勘中完成对今圣的颂美。高士奇《登岱颂》云:"勿以省观所至,劳我兆人""不袭五载一巡、十二年一巡之辙,而告祭以时,成民是念";查昇《东巡赋》云:"登日观而览八极兮,固亦协八荒而谐万国也。缅汉唐以来之建邦兮,未若幅员之广被也。"陈梦雷《泰山赋》云:"前圣尊为三公,爰举怀柔之祀;后王侈言封禅,以希帝座之通""我国家二仪共泰,六合攸同……乃陋秦汉之不经……问俗以观风,爰望秩之是展",[1]"前圣"祭祀乃为怀柔,"后王"侈言封禅乃希冀帝座永续,圣朝视后王封禅为鄙陋,而行问俗观风、祝釐告虔,弃后王之不经,绍承追摹前圣"怀柔"之祀,"惠爱斯民"。赋文一面在颂美帝德时形塑康熙帝勤政爱民特征,一面流露出大一统的国家自信。

乾嘉时期,泰山辞赋呈现两种创作倾向,其一,延续康熙朝泰山辞赋的政治旨向,将泰山比附帝王,形塑理想帝王。刘凤诰为乾隆五十四年(1789)进士,其《僬侥戴泰山赋》《泰山观日出赋》作于嘉庆六年(1801)为政山东学政期间,赋作绍续康熙朝遗风,描绘帝王政治气象,前者将僬侥与泰山比较,小大悬殊,情感最终指向国家一统、八方来慕:"我皇上寿献冈崇,封增砺固。尧天共戴,徕雕题帕首之伦;亥步难周,辟輂谷梯峰之路。听声呼万岁之祥,效顶祝八方之慕。"《泰山观日出赋》始于泰山观日而归于颂圣,先写泰山"镇于东"之地理位置,客与我同游泰山登乎日观,描摹泰山日出胜景:"三壶悬圭,耀六岳八瀛之首;九龙衔烛,游五光十色之间。"在对泰山作了充分的蓄势描摹之后曲终奏雅,颂美帝王:"我皇上福曜重辉,寿山贞固。"周藩的《泰山赋》亦属此类。其二,在乾嘉汉学影响下,出现以"泰山文化意象"为题的系列专赋,赋家以"一览众山小""登泰山小天下""挟山超海""泰山不让土壤""泰山为群岳之长"等文化意象为题,一面以赋说理、感物体道,一面表达修齐治平的理想与颂美之情。汪棻《一览众山小赋》,依题而赋,诠释抒发登临泰山"眼底纷纷,胸间了了"之情怀;李廷芳《泰山不让土壤赋》指出:"是知大能容小,高不辞卑。撮土堆来,绕岚光之上下;乱峰聚处,环黛影之参差。浑似民之归仁,共熙来而止所。又如水之善下,不虚受而谁其。"依题而赋,阐明大能容小、归仁善下之理。何其荄《孔子登泰山赋》认为:"仁者之乐在山,学者之宗惟圣。岩岩表天作之崇,巍巍颂日跻之敬。识欲远而见欲周,处弥高而德弥盛。瞻言百里,东山之杖履徘徊;更上一层,岱岳之烟云掩映。……盖将以示俯察仰观之妙,而非徒为探幽揽胜之人。"阐明见识广远、思虑方能周全,居高方能临下,处弥高而德弥厚之理,并在最后点题——自己并非徒为揽胜探幽之人,表达了由物体道之旨。嘉道年间游金垣的《开元摩崖碑赋》,称美唐玄宗开元文治盛世,摩崖就石为碑、宛若天造,赞美书法即山泼墨,不假人为,实质是对唐玄宗开元年间理想治道之称美。其他如辛文沚《泰山为群岳之长赋》等,均能依题而赋。泰山辞赋的这一

---

[1] 本文所引陈梦雷《泰山赋》均据陈梦雷:《松鹤山房文集》(卷二十),《清代诗文集汇编》,上海古籍出版社,2010年,第179册,第547-548页。

创作思潮,一直绵延至清晚期。如李慎传的《泰山北斗赋》、张大观的《一览众山小赋》、熊传策的《挟山超海赋》、陈浩恩的《挟太山以超北海赋》、周庆贤的《登泰山而小天下赋》等。

清后期的泰山赋多怀念、模拟前朝之作,如顾槐三的《拟李白明堂赋》、谭献的《明堂赋》《明堂后赋》,赋家身处晚清而将明堂背景置于汉唐,徒托空言,呈现出王朝末期的衰败迹象,赋外之意是表达对当世的不满。晚清值得注意的泰山赋有两篇,赵国华的《奉命祭东岳赋谨序》和涂景涛的《登岱赋》。

赵国华《奉命祭东岳赋谨序》作于光绪十七年(1891),该赋的创作理念、辞赋立意与传统辞赋以颂美为主调的追求迥异,此赋不以夸饰为要,主要写人事、朝政、律令之是非黑白颠倒:"舍律令而不用,充私言于公庐。官转徙以为利,直更代而吹嘘。态百出而莫穷,事一致而忘污。罪乞请而可贷,死无故而忽苏。溃公钱于阱穴,豢盈路之鼷狐。召夤缘之四至,聚游手而不驱。长风气之狙诈,坏人生之廉隅。"[1]作者痛感江河日下、社会丑态百出、充满狡诈之风,写为官者有法不依,官府充满私信之言,为官者唯利是图,行事不以事实为凭。赵国华《奉命祭东岳赋谨序》,无论立意结构均颠覆了汉大赋"劝百讽一"的传统,可谓"劝一讽百",是难得的辞赋佳作。涂景涛生当晚清,曾职奉天府尹衙署金州厅海防同知。《登岱赋》的具体创作时间不详,否定封禅的态度与宋后岱赋主流倾向一致,认为"侈立石于嬴氏,愚探策于汉武",后世帝王徒羡登封告成,而不恤庶民疾苦:"争勒封以告成,曾何恤元瓷,元之疾苦。"作者肯定圣清踵武东巡之举:"惟圣清之凝命,数考祥以卜征。嘉五繇之诸谷,踵虞巡而东行。临介邱以驻跸,□望幸于苍灵。敬燔柴以修秩,允殷荐之惟馨。埽禨巫之诞辞,耻盖号以况荣。勤度方而省俗,浸仁惠于萌生。爰搞藻以纪实,寿元石而镂铭。伻□辉于万嗣,庶永保乎鸿名。"认为帝王如果能够体恤百姓,绍续尧舜度方省俗遗风,延修古礼德逮黎庶,行仁惠于群生,或许能够永保鸿名。涂景涛生当19世纪末20世纪初,其对于封禅的认知并无新意,对圣清的颂美与施政仁惠的表达,更暴露出思想的局限。赋末云:"憾我生之独晚,未滥厕于法丛。缅景铄于前烈,徒临风而第颂。魄登高之能赋,羞荆璞之自贡。望訣荡其俶开,幸天门之可扛。"遗憾自己生不逢时,不能随盛清皇帝的车驾巡省四方;对自己虽能登高而赋,却不能厕身大夫之列感到羞愧,并希望上天能够赐予自己仕进的机会。

---

[1] 本文所引赵国华《奉命祭东岳赋谨序》均据赵国华《青草堂三集》卷七,清光绪十八年济南刻本。又见《清代诗文集汇编》编纂委员会:《清代诗文集汇编》,上海古籍出版社,2010年,第738册,第702页。

清代泰山辞赋对海岱气象、乡风民俗等亦满怀真挚,作或阔朗、或细腻的书写。孔昭焜生于孔门世家,陶樑称其人"往往放言高论,傲睨一切",评其诗"所作亦凌厉震踔,生气坌涌"。[1] 其《浮云连海岱赋》借杜甫《登兖州城楼》"浮云连海岱"之典,描写垂天布濩之云,称颂海岱钩联,万千气象,抒发"儿孙九镇,襟带神州"的情怀。唐仲冕的《陶山赋》对父母邱垄难返湘水,深抱愆罪之感,对乡邑士民率钱负土、襄助坟茔表达感念之情;蒲松龄的《秦松赋》称美秦松气骨,赞美士人高节,传递出安贫乐道的人生态度。

总而言之,清代泰山辞赋内容更加多元,庙堂与民间、理想与现实、家国与人伦、自然与人文等均有书写,颂美王政、形塑帝王为清初岱赋主题,乾嘉以降出现了以泰山人文意象为主题的律赋;晚清赵国华的《奉命祭东岳赋谨序》是"讽百劝一"的佳作;赋体方面,散体大赋、抒情小赋、律赋并行。

概言之,由汉至清,泰山辞赋历经两千年发展演变,文体、题材、主题均已臻成熟完备。若从"文以载道"之文学功用及辞赋"义尚光大"之文体特征着眼,随着封建政体的终结,泰山辞赋创作之走向消歇,是为历史之必然。

---

[1] (清)陶樑撰:《利于不息斋集序》,孔昭焜撰:《利于不息斋集》不分卷,清道光间刻本,天津图书馆藏。

东岳访古
——黄易的泰安旧事

田承军

(泰安市文物保护中心)

黄易(1744-1802),字大易,号小松,又号秋盦,别署秋影庵主、散花滩人等。浙江钱塘人。工书,善绘事,精通诗文,尤长于金石之学,为篆刻"西泠八家"之一。著有《小蓬莱阁金石文字》《小蓬莱阁金石目》,辑有《黄氏秦汉印谱》《种德堂集印》等,其诗文被后人辑为《秋盦遗稿》。黄易生活在乾嘉时期,当时正值金石考据学勃兴,大量的金石碑版被发现和出土,许多文人学者对西周金文、秦汉刻石、六朝墓志、唐人碑版深感兴趣,考古之风盛行,书法上的碑学也获得进一步发展。黄易就是当时有志于此的一位著名金石家、鉴赏家。后世有学者将他与钱大昕、翁方纲、孙星衍、王昶并称"金石五家"。为访拓金石,黄易足迹几遍华夏之半,直隶元氏县《汉祀三公山碑》、南宫县《大隋南宫令宋君象碑》、河南卫辉《齐太公吕望表碑》、山东济宁《汉朱君长三字刻石》、曲阜《熹平二年残碑》等一批重要碑刻由他访得并加以保护。特别值得称赏的是乾隆五十一年(1786)嘉祥武氏祠的重新发现,堪称黄易金石学成就的巅峰,是乾嘉金石学的一大亮点。王念孙曾说:"秋盦司马醉心金石,凡蜡屐所经,断碣残碑无不毕出,访剔之勤,椎搨之精,实前人所未及。"[1]他在书法、篆刻、金石碑版的搜集、整理与研究等方面都有极高的成就,为清代金石学的发展做出了重要贡献。作为金石学家和运河官员,他在泰山留下的雪泥鸿爪,也值得追忆和怀念。

---

[1] (清)王念孙跋黄易"嵩洛访碑图"册,转引自朱琪:《黄易的生平和金石学贡献》,《西泠印社》总第27辑,第9页。

一、岱麓访碑

　　泰山自古在政治、宗教、民俗等诸多方面深刻影响着中国社会,也使该地成为文化积淀最为丰厚的地区之一。钟鼎彝器和碑刻等金石古器是文化繁荣的重要标志,因泰山之故,泰安地区的历代碑刻尤为集中,《泰山述记·金石》论泰山石刻:"自秦汉以迄于北齐、魏、隋、唐、宋、金、元、明,碑碣如林,多经名士揣摩。"[1]泰山及周边地区一直是金石学家关注和研究的焦点,著名者有北宋的刘跂、欧阳修、赵明诚,清初的顾炎武,清中期的钱大昕、阮元等,他们或辩证字形,或诠释史实,在考证中多有突破,使泰山石刻的史学价值得以阐发。

　　黄易自乾隆四十三年(1778)到济宁做运河官员,此间时有外任,但多数时间都居于此,"自官山左,恒在济宁",直至嘉庆七年(1802)二月卒于运河同知护理运河道任上。因久在济宁,遍游泰山及周边地区并考察金石成为黄易多年之夙愿。乾隆五十三年,此愿终于得偿。这一年黄易45岁,官兖州府捕河通判,他和好友李铁桥同至泰山观石刻摩崖,之后绘《登岱观碑图》留作纪念。这次泰山之行,有关黄易的年谱及研究罕有提及。图上有黄易题跋:"戊申(乾隆五十三年,1788)春季同铁桥先生登岱观摩崖碑,属为补图以志雪泥。"钤印易、小松、秋盦行人等印。画中黄易袖手而立,目光随铁桥先生的指点看去,像是听其述古追今而若有所思,又像在品评探讨摩崖碑刻之优劣,二人风神潇洒,极具文士情态。在右侧的峭立石壁上,画面中虽未出现碑刻,但绝壁高处横生的松柯,使画面显得古意盎然。李铁桥是山东济宁人,黄易挚友,家风好古,搜碑之功最著,他与黄易的努力使济宁很多汉碑、画像得以保存。嘉庆二年初,黄易有了第二次访碑泰山之缘。他于正月初七携女婿李大峻以及拓工,从济宁出发,渡泗河,过邹城、曲阜、汶河,十一日至泰安府。因岱麓盘路尚积冰雪,未能登陟,只游览了岱庙、冥福院。十二日离开泰安赴济南。在济南的十余日间,同山东按察使、著名金石学家孙星衍,以及同乡好友、钱塘学者江凤彝等游览大明湖、龙洞、佛峪、千佛山等胜迹,交流和切磋金石。在离济赴泰途中游览灵岩寺并拓碑。三十日又回泰安,知府金棨等接待,晚宿岱庙雨花道院。二月一日同江凤彝等登岱。初二日早至日观峰,午后下山,还憩雨花道院。岱庙有碑记其事:"嘉庆二年二月癸酉署按察使孙星衍来谒岱庙,泰安府知府金棨、运河同知黄易、阳湖杨元锡、钱塘江凤彝同至,次日宿登

---

[1] (清)宋思仁:《泰山述记》,泰山文献集成本,泰山出版社,2005年。

封台,观日出始去。"[1] 初三日,与孙星衍等人在山足畅游,观王母池吕公洞诸胜,扪老君堂鸳鸯碑,饮于白鹤泉道院,遍游岱庙,看汉柏唐槐,晚息岱麓书院。初四日游天书观,至蒿里山观后晋石幢而返。初五日,同李婿乘车返济。留仆在泰安、灵岩尽拓诸碑,再还济宁。

黄易登岱有访碑日记,返回济宁后,他又创作了《岱麓访碑图》,均为墨笔写生山水。在《后石屋》图的题跋中,黄易记述了此次访碑经历:"嘉庆二年正月七日,余携女夫李此山游岱,自邹鲁达泰郡。淑气虽舒,盘道犹雪,不及登山,遂至历下,与江秬香遍览诸胜。二月至泰山,登绝顶,遍拓碑刻,夙愿始偿。遇胜地,自留粉本,成图二十有四,并记所得金石,以志古缘。七月廿七日,钱唐黄易。"二十四图一部分记录泰山名胜、碑刻,另一部分记录作者在往返途中所见,按先后顺序分别为:《岗山》《铁山》《尖山》《孟子庙》《孔子庙》《孔林》《大汶口》《大明湖》《龙洞》《佛峪》《千佛山》《五峰》《功德顶》《灵岩寺》《甘露泉》《铁袈裟》《对松山》《开元摩崖碑》《岱顶》《后石屋》《石经峪》《樱桃源》《王母池》《岱庙》。画面无绚丽的色彩和工细的勾勒,淡墨简笔,冷逸幽隽,泰山及周边地区名胜尽收眼底。

黄易性嗜古代残碑断碣,所至辄搜访于荒烟宿莽间,孜孜惟恐不及。此次访碑虽时值早春一二月,春寒料峭,积雪成冰,山路险阻,仍乐此不疲。如记《岱庙》:汉柏六,唐槐一,最古。峻极殿阶下数柏亦奇。西一柏虬枝偃曲,尤可爱。寄生桧,根枝郁茂。飞来柏,露根倒垂,理不可解。怪石凡九,西一石透瘦有致,刻字曰:大安元年奉符令吴衍同母王氏谨献。铁桶二,有建中靖国元年李谅名。庙内大中祥符二年杨亿撰天贶殿碑,六年晁迥撰东岳天齐仁圣帝碑,韩琦、范仲淹等题种放诗刻,宣和六年宇文粹中及大定□年杨伯仁修庙碑,元贾鲁诗刻。又如记《王母池》:一天门东群玉庵祀王母。宋皇祐间炼师庞归蒙辈居此,有题名石刻。庵临中溪之深涧,瘦石清幽,瀑流层叠,天然图画。跨涧有洞,祀吕仙,仙于宋绍圣、政和间题诗二首。金大定间刻石,西为白鹤观。唐高宗以下六帝一后修醮题名,双碑趺合而束之名鸳鸯碑,碑首有皇祐四年李陟、宋禧题名。又西,后土殿壁,宋范致君题名。溪上虬在湾,石庵阴森,《泰山纪胜》谓之小蓬莱。有巡山李元英、孙明叔等分书题名最妙。权廉使孙公渊如、金太守素中,同余与江秬香、杨耘珊登岱后游此。廉使篆书刻石纪之。再如记《开元摩崖碑》:东岳庙后悬崖削壁,为大观峰,又曰弥高岩。唐开元十四年明皇分书摩崖碑,字径五寸,额字径一尺九寸,凡廿四行,行五十一字。后小字分书诸王从臣名,惜为明人题字掩之。聂剑光止见开国公李元纮等。余细拓,字多数倍,燕国公张说之名

---

[1] 引自岱庙碑。

尚在,书体何减汉法。在左壁得开元廿三年道士董灵宝、宋赵明诚等题名。右壁得乾封元年设醮题名三段。秦李斯篆二十九字残碑,旧在岳庙,乾隆五年失去,今莫可踪迹。宋真宗摩崖碑在岩东,惜唐东封朝觐颂不存一字也。

《岱麓访碑图》每一图景的题记,不但描写了该景物所在的地理位置、景色特点、文物古迹,而且详细记述了这些胜地遗存的古碑及其时代、内容、现状、艺术特色、价值等,并加以详细考证,兼记作者与朋友的活动。题记对图画既是补充更是升华,使人有如临其境、如见其石的感觉。此图册现藏故宫博物院,属一级甲文物。有学者评价:"完全记实的科学图谱式的画图,附以诠释内容的题跋和画龙点睛的题名,既确立了黄易访碑图独树一帜的风格,也承载了诸多乾嘉金石学的第一手信息。"[1]当代著名学者陈振濂评价《岱麓访碑图》:"金石家黄易……作品有更浓郁的金石气。这一点也已为《岱麓访碑图》所证实。雄伟浩瀚的泰山变成了一种形式媒介,其形象似乎不太重要了,而古拙的、籀篆气十足的笔法松动地施展开来,苍茫朴茂,宛如蝉翼古拓那样,线条的圆厚与线条组织的大智若愚不刻意疏密,似乎凸显出一种金石家的典型风度——意在古趣不在于视觉愉悦。"[2]

有关这次访碑的成果,黄易《岱岩访古日记》称"此行所得不少也"。另外,从他与阮元的信函亦可得见,嘉庆二年(1797)"丁巳三月,得钱塘黄司马易书云……近日济南、泰安一带新出六朝、唐人石刻甚多,皆未录入,待好古者勒为续编"。[3]

二、与泰安士人的友谊及金石寻访的影响

黄易与当时泰安官员和名士多有来往,曾为泰安布衣金石家聂钫(字剑光)收藏的元刻《天门铭》拓本题签,后为泰安知府宋思仁收藏。嘉庆二年初他访碑泰山,知府金棨等人均给予热情接待,江凤彝全程陪同。在济南期间,所到之处也是江凤彝伴往。江凤彝,字秬江、秬香,晚号盥道老人,钱塘人,嘉庆三年举人,曾官浙江景宁教谕。工隶书,嗜金石,搜罗考撰既富且精,与黄易友。父江清在泰安为官,凤彝随父之任。在泰期间,助学政阮元辑《山左金石志》,助知府金棨辑《泰山志》。《新甫得碑图》的创作更可见黄、江二人之友情。乾隆五十八年(1793),江凤彝在新甫山(在今新泰

---

[1] 秦明:《黄易〈访古纪游图〉中的金石学》,《西泠印社》总第 27 辑,第 19 页。
[2] 陈振濂:《陈振濂谈中国绘画史》(四、明清),浙江古籍出版社,2007 年,第 161 页。
[3] (清)毕沅、阮元:《山左金石志》(卷七),《历代碑志丛书》(第 14 册),江苏古籍出版社,1998 年,第 795 页。

北境)下张孙庄发现《晋任城太守羊君夫人孙氏碑》(又称《孙夫人碑》)。该碑为隶书,高2.5米,宽0.97米,厚0.2米;20行,行37字,计706字。立于西晋泰始八年(272),主要记载了任城太守羊君之妻孙夫人贤良忠孝之美德。魏晋时期连年战乱,国库空虚,民不聊生,朝廷下令薄葬禁碑,因此流传至今的丰碑巨碣很少,西晋石刻原本稀见,妇人碑铭更少,此碑尤显珍贵,与掖县《郛休碑》、河南卫辉《齐太公吕望表碑》并称"晋代三大丰碑"。该碑书体严整、笔画凝重、转折峭拔,是魏晋时期汉字书法由隶向楷过渡的重要印迹,对研究晋代书法和镌刻艺术具有重要价值。《金石萃编》《山左金石志》《八琼室金石补正》等金石著作均有著录,评价极高。嘉庆二年,新泰知县建碑亭保护,泰安知府金棨撰写了碑记,碑文由江凤彝手书,嵌于孙夫人碑之碑阴。

此碑面世后,黄易曾向金石家奚冈等友人大加宣扬,扩大了该碑在金石学界的知名度。他还与奚冈等十二位名家各绘《得碑图》一帧,这在考碑史上实乃绝无仅有之事。王培荀《乡园忆旧录》记载:江秬香孝廉游新甫,草莽中得晋任城太守孙夫人碑,黄小松(易)为作《新甫得石图》。适阮芸台(元)学使辑《山东金石志》采入,孙渊如(星衍)题曰"小宝晋斋"。秬香在济以示刘寄庵(大绅),寄庵题诗中有云:"天下神物终不朽,西晋隶书世尚有。新甫古柏供樵苏,孙夫人碑鬼为守。"[1]作图之外,黄易还与翁方纲、钱大昕、阮元等名家学者为江凤彝收藏的孙夫人碑拓题写了跋语。另外,《小蓬莱阁金石目》是黄易金石收藏的目录底本,书中也有对孙夫人碑之考订记叙,该书稿曾由江凤彝长期收藏。

乾嘉时期的济宁,在黄易周围形成一个以探寻古碑为旨趣的学术团体,济宁成为访碑最活跃的地区。近在咫尺的黄易等人的访碑成就对泰安的访碑活动产生了巨大影响。清代中晚期,泰安一些湮没于历史尘埃中的碑刻,如嘉庆年间秦泰山刻石之再度发现、蒿里山元徐世隆诗碑的发现等都因为金石爱好者的努力,得以重见天日,进入学界的研究视野。

三、与泰安的渊源及末任知府李汝谦

乾隆四十七年(1782),黄易开始在泰安府下辖的东平州做州判,[2]为知州的佐贰官,历时三年。《秋盦遗稿》存有两首关涉泰安的诗篇,一为《过东平有感》:本是膏

---

[1] (清)王培荀:《乡园忆旧录》(卷三),齐鲁书社,1993年,第182页。
[2] 光绪《东平州志·卷十 职官表》。

腴地,连荒奈岁何。盖藏齐鲁少,道路困穷多。求饱趋烟火,遮寒采薜萝。我惭分半刺,无计起沉疴。还有《过汶河》:此水原东指,偏令转野桥。激冰声细细,赴壑气迢迢。润壤资农义,浮船责我曹,民生兼国计,临履敢辞劳。两诗应是宦途之作,均不知作于何时。

　　长期宦居济宁的黄易,也留意于东鲁世家前贤的旧藏。他曾收藏有乾隆初年泰安籍大学士赵国麟的部分碑拓。赵国麟字仁圃,号拙庵,泰安县城东关人,康熙四十八年进士。曾任知县、知府、布政使、巡抚、尚书。乾隆四年,授文渊阁大学士。赵国麟藏书甚丰,精于收藏。尤喜藏砚,存世古砚中有其收藏铭记者甚多,多为佳品。乾隆四十八年,黄易将所得泰安赵国麟旧藏《魏范式碑》寄于翁方纲,请其题跋,翁氏自是年腊月至次年二月四次为此拓本撰写跋语。对肥城孝堂山郭氏墓石祠(当时隶属泰安府,今属济南长清),黄易也给予了高度关注。乾隆四十五年(1780),黄易根据赵明诚《金石录》中关于汉郭巨石室的记载,遣工传拓,得"成王""相""胡王"等字,为前所未录。[1] 阮元记称,嘉庆二年(1797)"丁巳三月,得钱塘黄司马易书云,郭巨石室尚有建安二年高令春及天保九年刘章、武定二年南青州刺史郑伯猷题刻,乡未见者"。[2]

　　泰山斗母宫一处碑刻也留有黄易题名。该碑为《创修斗母宫钟鼓楼记》,记述了乾隆末年斗母宫的一次建筑工程,具名者有衍圣公孔宪培、漕运总督毓奇、山东兖镇总兵柯藩以及泰安周边地区的地方官,另有多位运河官员,如兖州府运河同知冯鹏飞、兖州府泇河同知龚孙枝、东昌府上河通判师元悬、东昌府下河通判冯津,时任兖州府捕河通判黄易也名列其中。该碑立于乾隆五十三年,这是作为运河官员的黄易在泰山留下的雪泥鸿爪。

　　清王朝覆亡后,黄易的六世外孙、从日本留学归来的济宁才子李汝谦被任命为民国之初的泰安知府(时山东尚未裁知府),这短暂的经历使他成为泰安历史上最后一位知府。李汝谦是黄易长女黄润五世孙,字一山,家学渊源,工金石,善隶书,富收藏,家藏汉碑甚富,有《螺楼海外文字》等著作。李汝谦为黄易诗文的整理和所藏古物的保护贡献良多。《秋盦遗稿》是黄易去世后,其子黄元长、女黄润为他搜集的遗文。黄易逝世后108年即宣统二年(1910),李汝谦将这些遗文石印出版,影印本现收于《续修四库全书》。故宫博物院藏有武梁祠画像册宋拓孤本,内容是第一石的上二列画

---

[1] "得碑十二图"之"肥城孝堂山石室图",转引自秦明《黄易〈访古纪游图〉中的金石学》,《西泠印社》总第27辑,第20页。

[2] (清)毕沅、阮元:《山左金石志》(卷七),选自《历代碑志丛书》(第14册),江苏古籍出版社,1998年,第795页。

像。该拓榜题清晰,有名人书跋及观款,钤印共127方。拓本曾藏唐顺之、马曰璐、汪雪礓等人处。后来因黄易访得武梁祠,汪雪礓将此拓本赠黄易。黄易对此拓极为珍视,题跋云:"乾隆乙未夏五月,扬州汪君雪礓初得此本,邀易与江玉屏同观于江鹤亭秋声馆,古香可爱,为之心醉。"[1]清道光二十九年后被火烧,李汝谦得火后残本,将其重裱成册,并增题跋一册。此拓现残存帝王七图、孝子四图,可见未烧前白纸挖镶装裱形式。该拓本极其珍贵,虽然残缺,仍被列为一级甲文物。

李汝谦有一印章曰"太山太守"。[2]民国二年(1913)二月,泰安府裁撤,被降为县知事,故又自署曰"岱宗殿守",意为泰安末代知府也。在任不久,在官场倾轧中去职。甲寅(1914)七月,他为泰山斗母宫撰书楹联:"桃花千树刘郎去,壁垒一新李令来。"署名岱宗殿守济宁李汝谦。[3]李汝谦任职泰安为黄易的泰安之缘最终划上了句号。

---

[1] 转引自秦明《黄易〈访古纪游图〉中的金石学》,《西泠印社》总第27辑,第32页。
[2] 徐一士:《一士类稿 一士谈荟》"李汝谦"条,书目文献出版社,1984年,第454页。
[3] 李东辰:《胆云轩随笔》,王佛生抄本,泰山区档案馆藏。

泰山文物古迹中的励志内涵

田承玉　吕继祥

(泰山风景名胜区管理委员会)

习近平总书记指出:"人无精神不立,国无精神不强。精神是一个民族赖以长久生存的灵魂,唯有精神上达到一定高度,这个民族才能在历史的洪流中屹立不倒,奋勇向前。"在中国的名山峻岳中,没有哪座山能像泰山那样,自然山体之雄伟,历史文化之悠久,文物古迹之众多,赋含精神之深邃,郭沫若誉之为"中华文化史的局部缩影",丰厚的文化积淀,使泰山成为中华民族的精神家园。1987年被联合国教科文组织列入世界文化与自然双重遗产清单。在众多的泰山文物古迹中,蕴含"励志"精神文化内涵者尤其明显,本文仅举要以阐释之。

一、从"孔子登临处"说开去

在泰山之阳的泰山盘道登山起始处,建有一座与孔子有关的石坊:四柱三门式,宽6.8米,通高6米,侧顶高5.25米,额书"孔子登临处"五个大字,创建时间为明嘉靖三十九年(公元1560年),落款是"巡抚山东地方都察院右副都御史万安朱衡、钦差总理河道都察院右金督御史南昌胡植、巡抚山东监察御史襄阳刘存义同立"。说来立坊的时代并不算早,立坊者的官职和名望也不算太大,但其中一个"登"字蕴含的信息量却非常之大。

众所周知,孔子是春秋鲁国人,当年齐鲁两国以泰山为界,"泰山之阳鲁也,泰山之阴齐也",而泰山主峰在鲁国境内,且被视为鲁国的镇山,孔子所编订的《诗经》之《鲁颂》中就有"泰山岩岩,鲁邦所瞻"的诗句,泰山之巅存有"瞻鲁台"名胜及大字石刻;"苛政猛于虎"的典故也发生在孔子"过泰山侧";孔子对泰山有着特殊的感情,晚年身体不支之际,他曾以泰山自况:"泰山其颓乎?梁木其摧乎?哲人其萎乎?"孔子以泰山自况也得到了他的弟子们和后人的认可。子贡曾讲"泰山其颓,则吾将安仰?"隋朝人刘斌其《和谒孔子庙》也有"何言泰山毁,空惊逝水流"的诗句。明朝人严云霄更是直言"孔子圣中之泰山,泰山岳中之孔子"。其实自况泰山的孔子一生都在励志,如周游列国多年等,虽然他生前的政治理想并没有实现乃至落迫,但身后却成了"万代师表",乾隆所作《谒孔林酹酒》中以"教泽垂千古,泰山终未颓"的诗句,来赞扬孔子像巍巍泰山一样,千古所宗,永远不倒。

当年孔子登山是出于什么目的呢?孔子自己没有明说,但孔儒思想的集大成者孟子却揭示了谜底:"孔子登东山而小鲁,登泰山而小天下!"孔子登泰山之后,借登泰山而抒发胸怀天下者,历代不乏其人。那位确立"独尊儒术"的汉武帝一生八次登封泰山,并在此立丰碑、铸大鼎,并亲撰鼎《铭》曰:"登于泰山,万寿无疆;四海宁谧,神鼎传芳。"这是何等的励志啊!唐代大诗人杜甫,年轻时曾登临泰山并作有《望岳》诗,抒发了"会当凌绝顶,一览众山小"的天下情怀。由此可以推测,万安等在山东为官者在泰山盘道起始处建"孔子登临处"石坊,是意在传承和弘扬孔子的"励志"精神!

明代纂修的《泰山志》讲:"泰山胜迹,孔子称首。"此言不虚。大约与建立石坊的同时期,在泰山之巅又修建一处"孔子庙",历经明清民国,至今尚存。清道光十二年

图一 "孔子登临处"石坊与"登高必自"碑刻

(公元1832年)曾任曲阜知县和时任泰安知县的徐宗干进士为孔子庙题联曰:"仰之弥高,钻之弥坚,可以语上也;出乎其类,拔乎其萃,宜若登天然。"上联摘自《论语》,下联摘自《孟子》,内涵深邃,对仗巧妙。孔子最有资格稳坐泰山之巅,"山登绝顶我为峰"啊!徐宗干知县后迁升分巡台湾兵备道,又把一帧泰山孔子庙孔子像墨轴带到了台湾,摹刻于石,"谨拓以授书院司经诸幼童,各奉安于塾",倍受顶礼膜拜。徐宗干对此感叹不已:"海外彬彬邹鲁之风,且胜于中邦。"如此重视教育,也可以说是励志之为吧!孔子庙之阳,望吴峰下还建有一处"望吴圣迹"牌坊,清人金棨《岱览》载曰"李树德题"额,典出《韩诗外传》:"孔子与颜子望吴门,颜子以为白练,孔子曰马也。"颜子和孔子在泰山之巅向南远望,望到的是"白练"还是"白马"并不重要,关键是他们望到了吴门(即吴国之城门),诚然眼望是不可及的,但若是心"望",那便很正常,孟子也讲过"孔子登泰山而小天下"!

二、从"登高必自"碑刻想到的

在"孔子登临处"石坊的东侧,立有一块石碑,通高2.46米,宽0.82米,上镌刻"登高必自"四个大字,落款为"嘉靖甲子(公元1564年)仲春之吉,古相宏斋翟涛题,青社载玺顿首书"。关于"登高必自"的含义,数百年来,无数游人驻足考察,思考其义。

其实,"登高必自"典出儒家经典《礼·中庸》:"辟(譬)如行远必自迩,辟如登高必自卑。"碑刻中省了一个"卑"字,却为后人留下了更为广阔的想象空间。"迩"是"近"的意思,"卑"是微小低下的意思。先贤有云:"合抱之木,生于毫末;九层之台,起于累土";"不积跬步无以至千里,不积小流无以成江河"。也就是我想常讲的"千里之行始于足下"和"万丈高楼平地起"。望远须登高,登高必自卑,只有从低矮处开始,连续不断地攀登,才能到达无限风光的险峰。

当然也可以依据"登高必自卑"内涵和句式,将"卑"字改作他字,如"登高必自强"。中华传统文化讲究"天行健,君子自强不息"。泰山的海拔高度为1532.7米,但相对高度达1400多米,故有"拔地通天"之势,虽有盘道可借,但并非一路坦途。泰安人把登泰山叫"爬泰山",什么是"爬"?就是手脚并用,看看那些小脚老太太们爬泰山的情景,十分虔诚,从不言累,令人肃然起敬。冯骥才先生在"文革"期间爬过泰山,目睹了香客的虔诚,他在《进香》这篇游记中记述:"到泰山拜佛的人,近自山下方圆几十里的村落,远自数百里之外的德州一带。不论远近,仅仅从山脚起始攀登,及至山顶,也得跋涉二十余里的山路,又多是回绕而陡峭的石阶。偏偏寺庙大都修筑在半山之上,就得使这些七老八十小脚老婆婆们,千辛万苦爬上山顶。我纳闷,当初这些修寺庙的人,怎么没替善心老婆婆想一想呢?有人告诉我,这正是考验老婆婆们的诚心。不经过千折百回、劳其筋骨的辛苦,怎能知其真假?佛爷向来是不肯轻信于人的。不管这种说法是不是笑话,反正至诚不二的老婆婆们都执意这样做了,她们的虔诚与毅力,不单会感动神灵,也常常感动那些不信佛的年轻人。"更令人惊叹的是,2021年暮春,山东临沂一位103岁的老人在家人的陪伴下又徒步登上了泰山山顶,还连说"不累"!待回到临沂家中的第二天,还骑着三轮车到市场去买菜呢!其实这李清兰老人早在20世纪70年代就与泰山结缘,于是就年年爬泰山,坚持了50多年。精神的力量是无穷的。

再如"登高必自己"。即登高要靠自己。今日之登泰山,虽然有现代化的汽车、缆车可乘,古人中也不乏坐轿乘马者,但却失去了爬泰山的意义。登山中途有一个叫"回马岭"的名胜点,"传是真宗回马处",乾隆皇帝登山至此,对宋真宗皇帝给予了讽刺,并作《题回马岭》诗镌刻于石:"昔人回马地,进马跋岩屳。夫子有明训,功毋一篑停"。冯玉祥将军寓居泰山时,曾考察过坐轿游山者,很不以为然,其作《山轿》诗曰:"上泰山,坐山轿,好看风景好逛庙。一人安坐两个抬,三把轿子爬盘道。爬盘道,真苦劳,慢慢紧紧总不到。肩头皮带千斤重,汗流气喘心急跳。一劳苦,一逍遥,抬的坐的皆同胞。国难当头需要管,时间劳力不白抛。"

还有"登高必自醒"等等。也就是说登高要头脑清醒,要有自知之明,不能有眼不识泰山。泰山之"泰"字,不仅有很大很大的意思,也有着平安吉祥的意涵。泰山胸怀之博大,可保佑"国泰民安"。清康熙年间,泰山普照寺有位法号叫元玉的住持撰写过一则《国泰民安铭》:"愿天下人泰,泰山始是泰;愿天下人安,泰安始是安。若是一人不安,便是泰安不安;若是一人不泰,便是泰山不泰。"这就是一位出家人对泰山的感悟。著名学者庞朴先生生前曾爬过泰山,考察过"登高必自"碑刻,庞先生的感悟是:"它昭示游人应有脚踏实地、循序渐进、埋头苦干、胸怀大志的精神。它可以算是泰山这本人文教科书的第一课,也是中华精神的主旋律。"

三、从爬"十八盘"悟出的

泰山治修盘道至少已有二千多年的历史,曾任泰山太守的东汉人应劭在其《汉官马第伯封禅仪记》中记载:"(汉光武帝)二月九日到鲁,遣守谒者郭坚伯将徒五百人治泰山道。"至于今日南天门以下的那段盘道(十八盘处),当时称"环道",意即"羊肠逶迤"的盘旋山道，时人登山的情景是："后人见前人履底，前人见后人顶，如画累中人矣。"

历经沧桑变迁的今日之"十八盘"，始于对松山附近的"开山"（"云门"），终于南天门（"天门"）。所谓"盘"，是指一段连续的石阶，合计97盘1633级，垂直高度400余米，而两点之间的距离却在千米以内，其陡峭程度可想而知。民间俗称"十八盘"共有三段，即"紧十八，慢十八，不紧不慢又十八"。"紧十八"在最高处，当然也是最为险峻处，按照传统习惯往往以九和九的倍数表示多数，三个十八盘（虽然不是97盘）却暗示虽然天门在望，但"行百里者半九十"，仍需加倍努力啊！

"十八盘"特别是"紧十八盘"是泰山盘道中的最险峻处、最难爬的一段，无疑也是最接近山顶的一段。古往今来，凡有志之士者，无不以攀爬"十八盘"、征服"十八盘"为奋斗目标。20世纪20年代的一处泰山摩崖刻石说道："愿同胞努力前进，上达极峰，独立南天门，高瞻远瞩，捧日擎云，可以张志气，拓胸襟，油然而生爱民拯世之心。感斯山之固，国家柱石，日新日峻，巍然吾民族之威棱。"1981年4月下旬，时任中共中央总书记的胡耀邦视察泰安，兴致勃勃地攀登了泰山十八盘。后不久，他《在庆祝中国共产党成立六十周年大会上的讲话》中，把实现社会主义现代化建设比作攀登泰山十八盘，鼓励全国人民："我们一定能够征服'十八盘'，登上'南天门'，到达'玉皇顶'，然后再向新的高峰前进！"

图二　泰山"十八盘"盘道

在众多攀登泰山十八盘的人群中,有一个令人礼赞的群体,她就是"泰山挑山工"。看看挑山工们,虽肩负重荷,但脚踏实地奋勇向前,那种"亦步亦趋凌霄汉,敢向天庭领风采"的精神风貌,冯骥才先生誉之为"具有中华文化气质""具有那种阳刚精神"。一生四十多次攀登泰山的北京大学杨辛教授,曾作有《泰山挑夫颂》:"挑山工,挑山工,性实在,不谈空;步步稳,担担重;汗如泉,劲如松;顶烈日,迎寒风,春到夏,秋到冬;青春献泰山,风光留大众;有此一精神,何事不成功。"2018年1月5日,习近平总书记在新进中央委员会的委员、候补委员和省部级领导干部学习贯彻党的十九大精神研讨班上重要讲话中,强调要作风过硬时指出:泰山半腰有一段平路叫"快活三里",一些人爬累了,喜欢在此歇脚。然而,挑山工一般不在此久留,因休息时间长了,腿就会"发懒",再上"十八盘"就更困难了。作风建设同样如此,越到紧要关头越不能松懈。只要以滚石上山的劲头、爬坡过坎的勇气,保持定力、寸步不让、深化整治、见底见效,就能一步步实现弊绝风清、海晏河清。同年6月中旬,习近平总书记到山东视察工作,发表重要讲话,希望山东广大干部群众以永不懈怠的精神状态和一往无前的奋斗姿态,真抓实干,埋头苦干,做新时代泰山"挑山工"。笔者长期工作在泰山管理部门,对泰山挑山工们"挑山不畏难、登山不畏险、坦途不歇脚、重压不歇肩"的优秀品格深为敬仰。

"山再高,往上攀,总能登顶;路再长,走下去,定能到达"。习近平总书记对我们的激励,应牢记在心,奋力践行。

参考文献:
[1] 泰山管理委员会编:《泰山石刻大全》(增订本),齐鲁书社,2019年。
[2] 李正明等主编:《泰山研究论丛》(1-5集),青岛海洋大学出版社,1989-1992年。
[3] 宗良煜等著:《泰山:一个民族的精神家园》,山东文艺出版社,2001年。
[4] 冯骥才著:《泰山挑山工纪事》,作家出版社,2014年。
[5] 泰山管委会编:《勇做新时代泰山挑山工——谈泰山精神》,山东人民出版社,2019年。

泰山与生态文明

张 鹏

（泰山学院）

生态文明，是指人类遵循人、自然、社会和谐发展这一客观规律而取得的物质与精神成果的总和；是指人与自然、人与人、人与社会和谐共生、良性循环、全面发展、持续繁荣为基本宗旨的文化伦理形态。泰山过于浓厚的政治色彩、宗教色彩、文化色彩和民俗色彩在一定程度上遮蔽和掩盖了其自然美景和秀美风光。其实，作为世界自然、文化双重遗产的泰山，她的苍松翠柏庄严、巍峨、葱郁；她的溪泉清澈、灵秀、缠绵；而缥缈变幻的云雾则使它平添了几分神秘与深奥。泰山既有秀丽的麓区、静谧的幽区、开阔的旷区，又有虚幻的妙区、深邃的奥区；还有旭日东升、云海玉盘、晚霞夕照、黄河金带、石坞松涛、对松绝奇、桃园精舍、灵岩胜景等十大自然景观，宛若一幅天然的山水画卷。山水相依，植被葱茏的泰山孕育了生机勃勃的自然生态奇观，泰山文化中也蕴涵了富有东方哲学魅力的生态文明的因子。《韩诗外传》有句曰："山者，万人之所瞻仰，草木生焉，万物殖焉，飞鸟集焉，走兽伏焉。生万物而不私，育群物而不倦，出云导风，天地以感。国家以宁，有夫仁人志士。此仁者所以乐山也。水者，缘理而行，不遗小间，似有智者，动而下之；似有礼者，蹈深而不疑；似有勇者，鄣防而清；似知命者，历险致远；似有德者，天地以感，群物以生，国家以宁，万事以平。此智者所以乐水也。"杨辛赞美泰山"松石为骨，清泉为心"，泰山风光是山光水色集大成者，生态文明当然应该是泰山文化题中应有之意。

一、除故生新　相代之道

在中国古代文化中，生态思想多半是直觉的、感悟的、混沌的、灵性的表述，虽然不具备完整的生态思想体系,却往往透递出精神的聪慧与生命的气韵。众所周知,泰山之所以成为中国传统文化中的神山、圣山、首山,一个主要因素是五行学说的诞生及泰山所处的方位。泰山在五岳中位居东方,为东岳。按五行学说,东,于五行为木,于五色为青,于四季为春。在中国古代文化里,这些元素均与生命和生长有关,加之日月经天,自东而始,因此,古人常把东方以及象征东方的东岳泰山视为万物生长之源,起始之地。因此,东方成为生命、生长的主宰所在。这也是古人崇拜东方的根本原因。由于日月又分别代表着阴阳明暗,因此,东方及泰山亦成为古人心目中的阴阳交替之所,是起始、交代、更替的象征,"岱宗"名称的由来即源于此。西汉刘向在《五经通义》中对"岱"和"宗"的含义进行了诠释。他认为"泰山,五岳之东岳也,为兖州镇。一曰岱宗,言王者受命易姓,报功告成,必于岱宗也,东方万物之始,交代之处。宗,长也,言为群岳之长也"。东汉应劭《风俗通义》卷十亦云:"泰山……一曰岱宗。岱者,始也;宗者,长也。万物之始,阴阳交代。"后来学者也基本上沿袭了以上的解释,并加以具体化。如《太平御览》卷十八"时序部三"引南朝梁崔灵恩《三礼义宗》:"东岳所以谓之岱者,代谢之义。阳春用事,除故生新,万物更生,相代之道,故以代为名也。"泰山研究学者陈伟军教授曾经撰文指出,完全可以把"生命主宰""万物由生""除故生新"等作为提炼泰山精神的认识基础,以体现泰山文化中"源起""始生""更替""崛起"等文化内涵,而这也恰是泰山文化的核心元素,是泰山之所以成为众山之尊的根本所在。在这一层面上,有一个极能体现这一文化特质的词汇是"元生万物",庶可作为泰山精神的核心成分。"元生万物"一词来源于清康熙年间任山东左布政使的泰安人施天裔为岱庙坊题写的对联:"峻极于天,赞化体元生万物;帝出乎震,赫声濯灵镇东方。"意为巍峨的泰山上与天齐,辅佐天地生育万物;东岳大帝身处镇位,声威显赫镇守东方。无论"赞化体元生万物"如何断句,其中的"元生万物"四字可谓是泰山文化的精髓所在,非常恰切地展示了泰山文化的核心精神。

泰山文化中包含了儒家、道家、佛家的思想,而这几家的思想都含有生态文明和生态理念。泰山是山岳中的孔子,孔子是圣人中泰山。儒家主张仁者要热爱大自然,亲近大自然,把融入大自然视为最大的快乐、人生追求的最高志趣。儒家认为,天是包括四时运行、万物生长在内的自然界,天即自然界的功能,自然界是有生命的自然界,它本身就是生命整体。儒家倡导"畏天命",要求人们敬畏自然,对自然界不能随心所欲,对自身的行为要保持警觉。自然界有其自身的规律,人类应按这些规律办事,如果违反这些规律,就会受到惩罚。儒家倡导"知天命",要求人们去认识、掌握自然的规律,认识到人与自然和谐的重要性。只有认识了天人关系,才能倾听自然界的呼声,从而达到"不逾矩"的境界。儒家还倡导"制天命",就是人类可以在掌握自然的运行规律的基础上利用它为人类谋福利,使天地万物为人类发挥好的作用。道家则认为,人要以尊重自然规律为最高准则,以崇尚自然、敬畏天地作为人生行为的基本皈依。道家认为,天、地、人"本是同根生",要"知常""知和""知止""知足"。"知常",就是说认识了天地运动变化的"规律",才能明智。"知和",就是说和谐是自然的根本规律。"知止",就是说要认识、把握天地万物的极限和限度,以限制或禁止自己的行为。"知足",就是说人们要走出自己的不符合实际的欲望。道家关于天人关系有一段精彩的论述:道生一,一生二,二生三,三生万物;人法地,地法天,天法道,道法自然。它指出了天与人或者天地万物的同源性、同律性,天与人在演化过程中虽有很大的差异,但天与人还是遵循着同样的规律。佛教认为,只有公平地对待所有生命及其权利,才能建立真正合理的生态平衡观,才能彻底有效地改善生态环境。佛教主张佛性平等,把自然万物看成与人类一样有感情、有觉悟、有灵性,一样有生存权利和生命尊严;肆无忌惮地伤害自然,破坏生物间和谐共处,是不公平、不理智的。佛教主张因果相依,人类与自然万物之间互为因果、相互依存、共生共荣,共同构成一个生命的网络;人类征服自然的企图,通常只会破坏自然环境;一旦环境恶化,人类文明也就随之衰落。佛教主张报众生恩,任何生命都是其生存环境的产物,人的身体是由他周围的物质有机关系演化中而形成的,人受到了万物的恩惠,人类要正确地认识自己所受到的恩惠,努力为环境和其他生物作出贡献。佛教主张戒禁杀戮,人类不仅要珍惜自己的生命,而且要珍惜众生的生命;人类要想有一个良好的生存环境,就必须与自己生存环境里其他生命体共生。佛教还主张和谐相生,认识自然的目的是在揭示世界,寻求人类以及人类与众生之间的和谐生存方式,实现共生共荣。

二、青帝尊崇　发育万物

青帝,是中国古代传说中五帝之一,掌管天下的东方,亦是古代帝王及宗庙所祭祀的主要对象之一,亦称"苍帝""木帝"。在"先天五帝"的概念中,青帝即为太昊。五行中对应木,季节中对应春天,五色中则对应青色。道教尊奉为神。传说青帝主万物发生,位属东方,故祀于泰山。岱顶有青帝宫,岱麓旧有青帝观。隋开皇十五年(595年)隋文帝东巡时,在青帝观设坛祭拜。宋大中祥符元年(1008年),宋真宗登泰山时,加封青帝为广生帝君,并撰刻碑记,赞颂青帝"节彼岱宗,奠兹东土,生育之地,灵仙之府"。自隆寿宫石坊西行,过真武殿,走进朝阳洞,穿吕祖庙和寿星庵两遗址,便到了万木簇拥的青帝宫。青帝乃中国古代神话中的五大天帝之一,即东方之神。据

《尚书纬》说:春为东帝,又为青帝。所以青帝又称为春神,亦作苍帝。青帝宫原是祭祀青帝之所,青帝也自然便是这里满山绿色的主宰者了。

泰山的山林和植被郁郁葱葱,具有非常可观的生态价值。自然山林,万界生物,在中国古人的"万物有灵"的意识中,都是和"天"保持着确定关系的存在。从这样的观念基础出发,山林本身也具有了某种神性。《史记·封禅书》记载了秦始皇封禅泰山的著名故事:"即帝位三年,东巡郡县,祠驺峄山,颂秦功业。于是征从齐鲁之儒生博士七十人,至乎泰山下。诸儒生或议曰:'古者封禅为蒲车,恶伤山之土石草木。埽地而祭,席用菹秸,言其易遵也。'始皇闻此议各乖异,难施用,由此绌儒生。而遂除车道,上自泰山阳至巅,立石颂秦始皇帝德,明其得封也。从阴道下,禅于梁父。其礼颇采太祝之祀雍上帝所用,而封藏皆秘之,世不得而记也。"齐鲁诸儒生所谓"古者封禅为蒲车,恶伤山之土石草木",体现了一种文化传统,透露出对山林自然生态的尊重。"蒲车",司马贞《索隐》:"谓蒲裹车轮,恶伤草木。"秦始皇没有遵循这一东方传统,因此遭到儒学学者的非议。据司马迁记述:"始皇之上泰山,中阪遇暴风雨,休于大树下。诸儒生既绌,不得与用于封事之礼,闻始皇遇风雨,则讥之。"贵为千古一帝的秦始皇,一旦遭遇狂风暴雨也只好荫庇于大树下,这本身就是对自然力量的敬畏与尊重。

泰山的很多景点都是绿色的海洋,生态资源丰富。对松山位于朝阳洞北,又名万松山。双峰对峙,古松万株,苍翠蓊郁,层层叠叠,又名万松山、松海。云出其间,天风莽荡,虬舞龙吟,松涛大作,堪称奇观。李白有"长松入云汉,远望不盈尺"的诗句。乾隆则称"岱宗穷佳处,对松真绝奇"。谷口有"松门""松云绝壁""举足腾云"及"发育万物,峻极于天"的摩崖石刻。谷内有"雄山胜景""苍松翠霭"题刻。前有对松亭,耸立西崖,为明代乾坤楼旧址。原盘路在溪东,旧有圣水桥,清乾隆末年改路于溪西。亭对岸绝壁有大字题刻"龙洞""林远尘""明月松翠""涛声云影""松风吹冷尘心"等,对松山堪称泰山自然景观的绝佳代表。柏洞位于歇马崖北的盘道两旁,古柏夹道,浓荫蔽日,人行其间,好像进入了荫凉的洞中,故名"柏洞"。清光绪二十五年(公元1899年)张玢立石,上题"柏洞"二字,遂成地名。酷暑炎夏,游人至此,顿觉清风拂面,凉爽宜人。巧妙地借用植物的阴翳,妙手偶得的灵感,使得这一处景观呈现出人与自然和谐相处的生态理念。

万仙楼盘道西侧有一组大型现代石浮雕。这是为纪念泰山林场建场50周年而于20世纪末建起的植树造林纪念碑。浮雕中,人们荷镐、担桶,扛着树苗,一副豪情满怀的样子,表现了20世纪40年代末至50年代泰山林业工作者绿化荒山的故事。浮雕之下,是《泰山植树造林记》碑,碑文儒雅易懂,由当代泰山研究专家姜丰荣先生撰写。泰山古时植被丰茂。史书记载那时的泰山是"茂林满山,合围高木不知有几""朱樱满地,古木参天";"凌汉峰南竹林森森,未风先鸣";"盘道两侧,茂林间草"。那时,泰山的原始森林看来是极其茂盛的。杜甫的一首《望岳》"岱宗夫如何,齐鲁青未了"更是传唱了千余年,早已尽人皆知,而泰山在人们的心目中似乎也永远是郁郁葱葱,苍翠无际。但到了清末之后的百余年间,由于战乱和灾荒,泰山植被遭到严重破坏,除了庙宇附近和后山等残存了不足 3000 亩古树外,其他地方几乎都成了秃山。以致 20 世纪 40 年代初,郭沫若在飞机上俯视泰山时却只见万象萧条,一片灰褐。于是他反杜甫诗意吟出一句"都云青未了,我看赤无毛"。竟是十分形象地道出了泰山当时的状况。那时的泰山民生凋敝,不但满山树木被砍尽,连草根都被挖出当了柴烧,诗圣笔下青未了的泰山早已是满目荒凉惨不忍睹了。1948 年,泰安城解放,新组建的泰山林场下令停止放牧、挖柴,实行封山育林。1955 年至 1958 年,泰山打响了一场世所罕见的植树造林战役,近万名林业工人、农民、解放军官兵、机关干部、学校师生开进深山,住石窝帐篷,饮山涧泉水,不畏艰险,不讲报酬。三年过去,山坡绿了,山脊绿了,连无法攀缘的峭壁悬崖的石缝中靠绳索吊人上去植下的幼树也绽出了簇簇的新绿。

  五狱之尊的泰山生长着品种繁多的中草药,据不完全统计约有 600 个品种,分属于 130 科,其中有不少名产药材和稀有品种。据现在了解由于经年采集及缺乏良好管理,有的药材已在不断减少,甚致绝种,如泰山紫草、四叶参现已很难采到。其次如泰山参(杏叶沙参)、何首乌(白首乌)、山常山(穿山龙)、玉竹、黄精、黄芩也在逐渐减少。由于前几年当地以小檗科的三颗针为原料提取黄连素,致使三颗针砍伐殆尽,已引起各方面的关注。近年泰山附近的一些单位从外地引种了一些药材加上不断发现的新的药用植物,品种陆续有所增加,如泰山林场引种了茶树、毛竹、人参、杜仲、黄柏等。上高药场引种了百多种中草药;王母池附近的林校标本园内引种了大量树木标本,其中不少是中草药,如喜树为抗癌药材,岱庙内大量花卉树木中,其中也有一些属于中草药品种。泰山中草药计有葵芦、北五味子、紫参、筋骨草、瞿麦、小粟、铃兰、升麻、威灵仙、香需、白属菜、黄琴、黄茂、牛芬子、颧章、褛斗菜、歪头菜、老鹳草、玉竹、枸杞等等。这些中草药吸纳天地之灵气,滋养万民,也是泰山生态价值的重要体现。良好的自然环境也使泰山上各种动物得以生殖繁衍。泰山的鸟类属 14 个目,35 个科,140 余种。其中主要的有 95 种,属 13 个目,32 个科。泰山鸟类主要分布在针阔混交林地带,和低山居民点。泰山的鸟类以山斑鸠、大山雀、黄眉柳莺、戴胜、燕雀、黄喉、金翅雀等较为常见,回马岭以下的森林茂密处,为鸟类集聚最多的场所。每年春季,黄雀、黄喉和金翅雀均成大群出现。泰山的哺乳类动物属古北界、华北区,有 15 种,分属5个目、6个科。它们栖息于沟谷灌草丛中或耕地附近,掘穴而居,并有贮食越冬的习性。常见的有刺猬、狼、赤狐、獾以及黄鼬。由于泰山水质清冽而富含矿物质,泰山也有很多鱼类,主要有赤鳞鱼、黄䱂鱼、青鱼、草鱼、鲢鱼、鲤鱼、鳜鱼、鲫鱼、团头鲂、三角鲂、赤眼鱼、罗非鱼、棒花鱼、鲶鱼、泥鳅、白条、黄鳝、梭鱼等。赤鳞鱼是泰山珍贵的鱼类特产。

生态文明讲求人与自然环境的相互依存、相互促进、共处共融。《论语》里说:"泰山不辞土壤,河海不择细流,所以成其大。"联合国秘书长潘基文先生解释这段话说:"为人要善于接受所有的人,对于不同的思想、观念和行为,要兼收并蓄,这才能成就自己。"这句话堪与"君子和而不同"相提并论,都散发着一种"包容万有,海纳百川"的大家气象,这是生态思想的重要组成部分。"万物并育而不相害,道并行而不相悖"万物同时生长而不相妨害;日月运行四时更替而不相违背。这是一个宇宙大自然的法则,要实现社会和谐,就必须有这种包容的胸襟。

三、山城相依　天人合一

德国当代学者梅勒在《生态现象学》中指出:生态学是人类的家政学。泰山的生态价值促成了泰安城的城市功能,泰山与泰安,山城一体,风景秀丽,风光旖旎,和谐共荣。泰安市区坐落在泰山脚下,位于山东省"一山一水一圣人"的黄金旅游线中间。泰山东望大海,西襟黄河,以拔地通天之势虎踞中国东方。泰安依山而建,山城一体,交通便捷,位置优越,自然资源丰富。泰安也因泰山而得名,取"泰山安则四海皆安",寓意"国泰民安"。泰安已先后荣获"国家卫生城"、首批"中国优秀旅游城市""旅游胜地四十佳"等荣誉称号。长期以来,泰安人对泰山也倍加呵护与珍爱。先后投入巨资对景区文物古迹进行修缮维护,对环境进行彻底整治,使泰山的自然风光和历史文物得以完整保存,是自然与文化遗产融为一体的典范,也是民众诗意栖居的理想胜地。泰安城的不少建筑都刻意少建楼层,以防遮住市民仰望巍巍泰山的视线。泰山六千多级盘道,都是像楼梯一样平整安全的,使游客在攀登高山的过程中履险如夷,人文关怀和自然情怀有机结合相得益彰。山景房在泰安所有的楼盘中是价格最昂贵的,山景资源不仅能与市民发生更多的互动性,对追求健康的现代人具有吸引力。山景住宅已经不单纯将山色当成纯粹的景观,平时可以去健身、运动、旅游、爬山等活动,让住户与大自然更亲近。自然山体可以与居民产生共鸣,它的参与性和互动性跟水景房相比显得更强。居民可以充分享受到与大自然的零距离接触。自然生态环境不仅是提升居住环境的重要因素,山景楼盘不仅有景观概念,更富有休闲、健康功能,换言之山景与水景相比,不仅是用来看的,更可以亲密接触。从中国造字法的角度来讲,"临山而居者,仙也",泰安的市民确实是幸运的。

泰安不少建筑都阐释了中国古典生态思想的精华。天外村,位于西溪谷口,大众桥西侧,为西路登山之始。这里既是山城结合部,也是环山公路与西溪游览公路的交汇点和游客集散地。2000年开始对天外村路进行综合治理,首先建成"天圆地方"广场,"天圆地方"是"天人合一"之意,古帝王封禅大典即是在泰山极顶设圆坛以告天,然后在山下设方坛以祭地,以示"天圆地方"。《淮南子·天文训》中曾论及:"是故天不发其阴,则万物不生;地不发其阳,则万物不成。天圆地方,道在中央。日为德,月为刑。月归而万物死,日至而万物生。远山则山气藏,远水则水虫蛰,远木则木叶槁。"很多泰安市民晨练登山,吊嗓长啸,汲泉取水,真正达到了依山傍水,绿色生活,这是生态文明建设的具体体现。

泰山泉水历史悠久,资源丰富,文化底蕴深厚,是泰山文化的重要组成部分,多年来登山取水已经成为泰安市民日常生活一景。汉代就有"上泰山,见神仙。食玉英,饮醴泉"的美文。民国初,医学家高宗岳在《泰山药物志》中把泰山玉液泉的泉水列为泰山特产十二大名药之一。从古到今,泰山泉水与群众的生产生活息息相关,成为造福于民的生命之水。宋代就有"疏浚白鹤泉,城中能行舟"的记载。清光绪初年,泰安的官员为解决泰城居民饮水之难,在遥参亭前开凿双龙池,修"曹公渠",专引王母池之水,环绕岱庙注入池内。曹公渠每隔五十步留一井口,供居民打水。冯玉祥在民国年间隐居泰山时开凿了普照寺前的"大众泉"和王母池前的"朝阳泉",供市民饮用。如今,泰山泉水依然受到群众的青睐。许许多多的泰城市民把健身和取山泉水结合在一起,天天、年年上山取泉水。泰山泉水属低矿化度、低钠中性矿泉水,水中含有锶、锌、铁、钴、钼、镍等20多种对人体有益的微量元素,达到了国家天然饮用矿泉水的标准要求。泰山泉水,是大自然造物主留给泰安人民的宝贵财富,我们要从对子孙后代负责的高度保护好泰山的泉水资源。

2009年刚刚开通的泰山环山路东起天烛峰,西至桃花峪,是泰山的保护线、重要的旅游线、泰城重要的交通线和代表泰安形象的景观线。随着总长为26公里的环山路全线贯通,这条连通东西的宽阔大道,就像是一条蜿蜒曲折的玉带,把泰山桃花峪、天外村、红门、普照寺、天烛峰等30多处景区景点串成了一条美丽的珍珠项链。行走在环山路上,让人有着非凡的惬意,向北望,巍巍泰山近在咫尺,往南看,跃动泰城尽收眼底,道路两旁栽种着各种花卉苗木,环山路被装扮成了"空中花园",成了泰山的一条景观大道。泰山女儿茶和栗子、核桃等泰山名吃,便捷的环山路吸引了不少游客住宿、就餐、购物,许多饭店在环山路附近安家落户,农家游、果园游、生态游交相辉映。环山路铺平了泰山和泰安城实现经济效益、生态效益、社会效益综合开发的道路。而定期举行的环山竞走、山地自行车大赛,更是吸引了远近为数众多的爱好者,"绿色、健康、人文"理念三者可谓珠联璧合。

美国著名生态伦理学家、文学家利奥波德在其名文《象山那样思考》提出过:"我们大家都在为安全、繁荣、舒适、长寿和平静而奋斗着。鹿用轻快的四肢奋斗着,牧牛人用圈套和毒药奋斗着,政治家用笔,而我们大家则用机器、选票和美金。所有这一切带来的都是同一种东西:我们这一代的和平。用这一点去衡量成就,似乎是很好的,而且大概也是客观的思考所不可缺少的,不过,太多的安全似乎产生的仅仅是长远的危险。也许,这也就是梭罗的名言潜在的含义。这个世界的启示在荒野。大概,这也是狼的嗥叫中隐藏的内涵,它已被群山所理解,却还极少为人类所领悟。"人类必需像山那样思考,如果我们能充分领悟泰山所蕴含的生态伦理思想,将对建设和谐社会大有裨益。

后 记

《考古学视野下古代泰山文明学术研讨会论文集》即将付梓出版,这是山东省水下考古研究中心自2021年开始推出的"山东省涉水文化遗产保护研究系列丛书"之一,是2020年11月19-21日在泰安召开的"考古学视野下古代泰山文明学术研讨会"的学术成果。会议的召开和文集的出版,是我们关注研究泰山区域文化、带动泰安文化遗产保护工作持续发展的又一个举措,也发挥了考古学学术体系和话语体系的作用,彰显出我们考古工作者的责任担当。

一、会议召开背景

习近平总书记在2020年9月28日中央政治局集体学习时对考古工作做出重要论述,其中提出要求"继续探索未知、揭示本源""做好考古成果的挖掘、整理、阐释工作"。习近平总书记对山东工作重要批示中,要求山东"用好齐鲁文化资源丰富的优势,加强对中华优秀传统文化的挖掘和阐发"。以考古学视野研究阐发好山东地区的优秀传统文化是我们考古工作者的责任和使命,召开学术会议并出版会议文集是做出贡献的最有效途径之一。

按照个人学术研究规划,拟对山东各个区域和文化交界区长期连续开展考古学研究。过去几年我在山东省文物考古研究院时曾经主持召开以莒文化、鲁文化、齐文化、齐鲁文化为主题的学术研讨会,对苏鲁豫皖地区、胶东地区商周时期考古学文化进行了专题研讨,取得了丰硕成果;曾计划2019年召开古代泰山区域文明学术研讨会,却因新冠疫情的影响而被迫取消。2020年6月省文化和旅游厅党组安排我到山东省水下考古研究中心任职,结合单位的工作任务,策划组织召开了这次"考古学视野下古代泰山文明学术研讨会"。

泰山区域是一个相对独立的地理单元,以泰山为中心的山脉位于泰沂山系的西部,被现在的黄河、大汶河、小清河围绕,行政区划包括泰安市和济南市黄河以东县区,古代泰山区域南部被大汶河环绕,济水流经其西北部,北部为小清河上游。以泰山为中心的区域,有发达的史前文化,5000多年前大汶口文化时期率先进入文明阶段,产生了东夷族团创造的高度文明;商、西周时期,中原地区文化沿济水、大汶河东渐并在这里不断与东夷文化碰撞融合,齐、鲁等诸多古国文化在这里交融,成为齐鲁文化的重要分布区域;秦汉以后,随着帝王封禅泰山和历史文化的发展,逐渐形成了著名的泰山文化,再次从区域文化上升为主流文化。但是,长期以来泰山区域考古学研究相对滞后,所以,发挥考古学科、学术和话语体系的优势,加强对泰山区域文化、泰山文化的深入研究具有十分重要的现实意义。

山东省水下考古研究中心工作性质是以涉水文化遗产保护研究为对象开展工作,此前我们已经在东平县开展东平湖水下考古工作,并取得了阶段性成果,在东平县设置有"山东水下考古泰安工作站"。2019年我们与山东大学文化遗产研究院合作开展"泰山文化遗产调查研究——寻找封禅之路"课题研究,亦取得诸多收获。为配合工程建设,我们于2020年10－12月对泰山区西城村遗址进行了抢救性发掘。在编制的"十四五"工作规划中,我们将大汶河流域考古调查、勘探、发掘、研究作为重要工作内容。在配合工程文物保护、土地出让考古前置的背景下,我们将泰安市作为重点支持地区之一。

综上所述,泰山区域文化遗产丰富而重要,为促进考古学研究和满足经济社会发展的需要,结合我们在泰安工作的良好基础、持续开展学术研究的计划,通过友好协商确定在泰安召开"考古学视野下古代泰山文明学术研讨会",可谓是天时地利人和。

二、会议主题与规模

1. 会议名称:考古学视野下古代泰山文明学术研讨会

2. 会议举办:山东省水下考古研究中心主办,泰安市文化和旅游局、泰山风景名胜区管理委员会协办。

3. 会议主题:以古代泰山文明、大汶河流域古代文化为中心,运用考古资料,结合文献记载和前人研究成果梳理阐释泰山文化。包括但不限于以下内容:泰山文化的传承发展脉络研究,泰山文化的精神内涵与时代价值研究,泰山及周边区域文化遗存调查与研究,泰山封禅与祭祀文化研究,泰山文化保护传承路径研究,泰山及周边区域文明探源。

3. 会议酒店:泰安市东岳山庄(泰安市泰山区环山东路2号)

4. 会议规模:来自山东大学、山东师范大学、泰山学院等院校和故宫博物院、山东省社会科学院、山东省文物考古研究院、山东省水下考古研究中心、济南市考古研究院、泰安市文物考古研究所、泰安市辖区文博单位等考古文博单位及地方文化研究机构专家学者代表 80 余人参加会议。会议共收到论文 48 篇,现场发言代表 34 人,领导、专家致辞 7 人。

5. 会议特点:一是新资料新观点多,既有周明堂考古勘探、西城村考古发掘等考古新资料,也有泰山封禅文献新考证,还有民俗文化研究等。二是会议提交论文多,质量水平高,很多论文观点新颖,论证严密,并且有的已经成稿。三是参会单位及其人员面广而集中,从高校、科研单位,到地方文化研究机构,到文博系统都有代表参与会议。

三、会议收获

1. 会议致辞:开幕式阶段泰安市文化和旅游局苏雪峰局长、泰山风景名胜区管理委员会原副主任吕继祥先生、泰山学院副校长王雷亭教授和山东省水下考古研究中心主任刘延常研究馆员先后致辞,闭幕式阶段泰安市文物事业管理局田学峰局长、潍坊市博物馆孙敬明研究馆员和刘延常先后致辞与总结。

2. 会议研讨内容

与会代表立足泰山及其周边区域,对古代泰山文明、泰山区域文化、泰山文化等进行探讨交流,既有宏观论述,又有具体考证,既有文献研究,也有考古实证。

在古代泰山文明研究层面,山东大学栾丰实教授从天地山川祭祀的产生,泰山崇拜和海岱地区文化发展三个方面,阐述"泰山崇拜的缘起",提出泰山崇拜、泰山信仰和泰山封禅活动的思想根源应该产生在大汶口地区和大汶口文化时期,并随着大汶口人的西迁,把这种文化和思想,带到了中原地区。潍坊市博物馆孙敬明研究馆员,以"大汶口文化陶文缀义"为题,对莒县陵阳河、诸城前寨、宁阳、蒙城等遗址出土的大汶口文化陶尊及刻画文字进行研究阐释,明确其所蕴含的文化与文明之内涵,及在中华文明起源探究中的重要意义。山东大学王青教授,重点讲述了宁阳于庄遗址出土大汶口文化大口尊及图像陶文的重要学术意义,提出泰山等高山地带可能发现牙璋、大口尊等祭祀遗存,在鲁南地区山前平原各遗址也会出土相关遗存,于庄陶文的发现只是前奏,这些遗存的进一步发现,将更加有力地推动泰山古代文明的研究。

山东大学江林昌教授,提出研究泰山文化值得注意的两个新课题,并对"由商末'征夷方卜辞'引出的'泰山畋猎区'及相关问题特点"和"由气候变化、海水进退所形成的泰山地理位置的变迁考察相关问题"两个课题进行阐释,开阔了大家的视野。省水下考古研究中心主任刘延常,以泰山周边区域商周文化遗存为基础,从中原文化东渐、文化交流融合、齐鲁文化形成等方面,阐述了古代泰山文明的发展与传承。山东师范大学燕生东教授通过先秦诸子的泰山观的分析,提出大约春秋晚期,伴随着齐鲁文化的繁荣和诸子百家的渲染,泰山地位的上升;战国时期,经过齐鲁学者的渲染,渐趋独尊之势,以至于人们认为泰山自古以来地位就是最受尊崇的;降至汉代,泰山摆脱了地区性大山的意义成为五岳之长,具备了宇宙山的机能,成为大地的中心。

在泰山封禅专题研究方面。泰山学院历史文化学院曹建刚副教授介绍了二十世纪以来的泰山封禅研究状况,故宫博物院考古研究所王睿研究员对秦皇汉武实施的封禅仪制和明堂制度进行溯源和追踪,对封禅和明堂再研究,提出"每个特定的时期根据现实需要对历史记忆有意的重新改造和利用"的观点。泰山学院周郢教授,对汉武帝封禅遗迹山下东方封坛和泰山宫,提出新的考证。山东大学文化遗产研究院王建波副教授,则对宋真宗封禅经停的迎銮、翔銮、太平驿、回銮驿四驿位置进行了严密考证。山东省水下考古研究中心魏泽华介绍了《泰山封禅文化遗产调查研究》项目工作进展与收获,詹森杨汇报了泰山区周明堂遗址考古勘探工作收获,司久玉介绍了泰安市西城村遗址考古收获与汉明堂遗址概况。

济南市莱芜区、章丘区,泰安市岱岳区、新泰市、肥城市、宁阳县、东平县、泰山管委、徂汶景区等地方文物部门汇报了当地史前至汉代文化遗存基本情况;省文物考古研究院研究馆员高明奎介绍了大汶口遗址发掘的收获及相关区域调查情况;济南市文物考古研究院副研究馆员郭俊峰介绍了20年来济南城市考古从史前至汉代的考古成果。这些文化遗存和考古成果为研究古代泰山文明,泰山区域文化和泰山文化等提供了众多实物资料。

3. 论文集:会议文集共收录文章49篇,主要包括泰山区域史前至汉代文化遗存发现与研究,考古学文化和相关文物研究,泰山信仰、泰山祭祀与泰山封禅的文物考古研究,泰山文化研究等几个方面。

四、致谢

考古学视野下古代泰山文明学术研讨会的召开,会议论文集的出版,一直得到了山东省文化和旅游厅领导的关心、文物保护与考古处的支持。山东省文化和旅游厅副厅长、山东省文物局副局长王廷琦先生在百忙之中为会议文集撰写了序言。

会议的召开得到了泰安市文化和旅游局、泰安市文物事业管理局、泰安市文物考古研究所(现为泰安市文物保护中心)、泰山风景名胜区管理委员会、泰山学院的鼎力支持与帮助,山东省文物考古研究院、济南市考古研究院、章丘区博物馆、泰安市辖区文博单位积极参与并介绍了相关考古发现。

山东省水下考古研究中心的张宾、魏泽华、古笑雷、司久玉与泰安市文物保护中心田承军、邢向前、赵晓莹、马天成、张荣欣等同志们为代表的会务组,从会议筹备、组织实施、现场服务等各方面都认真细致、热情周到、辛勤付出。

魏泽华负责会议文章的收集、作者联络、与编辑对接等系列工作,她积极负责、认真努力,付出了大量艰辛劳动。

上海古籍出版社张亚莉女士友善沟通、规范编辑、严格要求,确保了文集能够高质量快速出版。

值此会议文集出版之际,对会议召开和文集出版给予关心、支持、参与和帮助的单位与个人表示诚挚感谢!

今后,我们将围绕黄河、大运河、大汶河、小清河等涉水文化遗产保护研究工作,与泰安市、济南市等文物考古研究单位持续合作,为促进泰山区域文化的研究、传承与弘扬做出更多新贡献。

刘延常

2021年11月18日于泉城唐冶新城

图书在版编目(CIP)数据

考古学视野下古代泰山文明学术研讨会论文集／山东省水下考古研究中心，泰安市文物保护中心编. —上海：上海古籍出版社，2021.12
ISBN 978-7-5732-0189-8

Ⅰ.①考… Ⅱ.①山… ②泰… Ⅲ.①泰山－文化研究－文集 Ⅳ.①K928.3-53

中国版本图书馆CIP数据核字(2021)第246182号

考古学视野下古代泰山文明学术研讨会论文集
山东省水下考古研究中心　泰安市文物保护中心　编
上海古籍出版社出版发行
(上海市闵行区号景路159弄1-5号A座5F　邮政编码201101)
(1) 网址：www.guji.com.cn
(2) E-mail：guji1@guji.com.cn
(3) 易文网网址：www.ewen.co
常熟市人民印刷有限公司印刷
开本188×260　1/16　印张34　插页5　字数627,000
2021年12月第1版　2021年12月第1次印刷
ISBN 978-7-5732-0189-8
K·3107　定价：188.00元
如有质量问题，请与承印公司联系